집일 금광명경소
輯逸 金光明經疏

동국대학교 불교기록문화유산아카이브사업단(ABC)
본서는 문화체육관광부 지원으로 동국대학교 불교학술원에서 간행하였습니다.

한글본 한국불교전서 신라 25
집일 금광명경소

2019년 5월 20일 초판 1쇄 인쇄
2019년 5월 30일 초판 1쇄 발행

지은이 원효
옮긴이 한명숙
펴낸이 윤성이
펴낸곳 동국대학교출판부

주소 04620 서울시 중구 필동로 1길 30
전화 02-2260-3483~4
팩스 02-2268-7851
Homepage http://dgpress.dongguk.edu
E-mail book@dongguk.edu
출판등록 제2-163(1973. 6. 28)
편집디자인 나라연
인쇄처 네오프린텍(주)

ⓒ 2019, 동국대학교(불교학술원)

ISBN 978-89-7801-950-7 93220

값 31,000원

이 책의 무단 전재나 복제 행위는 저작권법 제98조에 따라 처벌받게 됩니다.

한글본 한국불교전서 신라 25

집일 금광명경소
輯逸 金光明經疏

원효元曉
한명숙 옮김

동국대학교출판부

집일 『금광명경소金光明經疏』 해제

한 명 숙
동국대학교 불교학술원 조교수

1. 개요

『금광명경金光明經』이 우리나라에 전해진 것은 7세기 중기 혹은 말기 경이다.[1] 본 경은 여래의 수명壽命에 대한 논의 및 삼신설三身說, 여래장설如來藏說, 참회법懺悔法, 공사상空思想, 다라니陀羅尼, 방생放生, 사천왕四天王의 호국護國, 국왕의 올바른 통치법, 계절에 따른 병의 발생 원인과 그 치유법 등의 다양한 주제를 다루고 있다. 따라서 일반적으로 대승의 근본교리와 밀교적인 요소 등을 두루 포함하고 있는 경으로 평가받고 있다.[2] 동아시아 여러 나라에서는 특히 호국적인 면을 중시하여 『법화경法華經』·『인왕반야경仁王般若經』과 함께 호국삼부경전護國三部經典으로 일컬어지며 널리 유포되고 신앙되어 왔다.[3]

---

1 이것은 본 경의 「四天王品」에서 유래한 사천왕사四天王寺가 679년 창건된 것과 원효 등을 비롯한 당대 학자들의 문헌에 인용된 행적을 통해 추정한 것이다.
2 藤谷厚生(2005), pp.5~6.
3 김상현(1976), p.194.

신라의 저명한 학자 대부분이 본 경에 대한 주석서를 남겼지만[4] 현재 전해지는 것은 한 부도 없다. 현대에 이르러 후대의 여러 문헌에서 인용문의 형태로 전해지는 것을 엮어서 집일본輯逸本을 만드는 작업이 진행되고 있다. 원효의 『금광명경소金光明經疏』도 김상현金相鉉에 의해 집일본이 발표되고, 후쿠시 지닌(福士慈稔)에 의해서 더 확장된 형태로 산일문散逸文을 모으는 작업이 이루어졌다. 집일 『금광명경소』는 이러한 학자들의 선행 연구를 두루 살펴서 그 성과를 계승하고 부족한 부분을 필자가 보충하여 새롭게 편찬하고 번역한 책이다.

　　『금광명경소』는 우리나라에서 찬술된 『금광명경』에 대한 최초의 주석서이다. 현재 전해지는 『금광명경』 세 가지 한역본 중 보귀寶貴가 편찬한 『합부금광명경合部金光明經』을 대본으로 삼아서 각 구절마다 상세하게 풀이하였다. 다만 집일본이라는 한계가 있기 때문에 현재 편찬된 책에는 『합부금광명경』 본문 중 해석되지 않은 부분도 많다. 『합부금광명경』 제19 「수기품授記品」은 일문逸文을 전혀 찾지 못하였고, 일문이 다수 존재하는 품도 경문과 대조해 보면 해석이 누락된 부분을 많이 볼 수 있다. 이는 이 책에 의해 원효의 사상을 파악하려고 할 때 주의해야 할 점이기도 하다. 예를 들면 특정 품에 대한 해석의 분량이 바로 그 품에 대한 원효의 무관심의 정도를 나타내는 것이라고 해석하는 것이 가능하지 않다는 점을 고려해야 한다는 것이다.

---

4 ① 원효元曉(617~686), 『金光明經疏』(『金鼓經疏』·『金鼓經義記』) 8권. ② 승장勝莊(700~703, 義淨 주도의 譯場 참여 행적 보임), 『金光明最勝王經疏』 8권. ③ 경흥憬興(620년경 출생하고 704년~713년 사이 입멸한 것으로 추정), 『金光明經略意』 1권·『金光明經述贊』 7권·『金光明最勝王經略贊』 5권·『金光明最勝王經疏』 5권 혹은 10권. ④ 둔륜遁倫(650~730), 『金光明經略記』 1권. ⑤ 태현太賢[경덕왕(742~765) 때 행적 보임], 『金光明經述記』 4권·『金光明經料簡』 1권.

2. 저자

원효는 신라 진평왕 39년(617)에 경상북도 압량군押梁郡에서 태어났고, 속성은 설씨薛氏이다. 대략 15세 전후에 출가한 것으로 전해진다. 특정 스승에게 의탁하지 않고 낭지朗智·혜공惠空·보덕普德 등의 여러 스승에게서 두루 배웠다. 학문적 성향도 또한 그러하여 특정 경론이나 사상에 경도되지 않고 다양한 사상과 경론을 두루 학습하고 연구하였다. 34세에 의상義湘과 함께 현장玄奘에게 유식학을 배우기 위해 당나라로 떠났지만 상황이 여의치 않아 중간에 되돌아왔다. 45세에 재시도를 감행했으나 도중에 "마음이 모든 것의 근본이며 마음 밖에 어떤 법도 있지 않다."라는 깨달음을 얻고 되돌아왔다. 이후 저술 활동에 전념하여 80여 부 200여 권의 저술이 있었던 것으로 전해지며, 현재 이 가운데 22부가 전해진다. 원효는 오롯이 출가자로서의 삶에 갇혀 있지 않고 세간을 두루 돌아다니면서 대중과 하나가 되어 불교를 전파하면서 그들을 교화하는 데 힘을 기울였다. 그의 삶과 사상은 진속일여眞俗一如·염정무이染淨無二·화쟁和諍 등으로 집약할 수 있다. 신문왕 6년(686) 혈사穴寺에서 입적하였다. 고려 숙종肅宗이 화쟁국사和諍國師라는 시호諡號를 내렸다.

3. 『금광명경소』의 전승 현황

이미 서술한 것처럼 원효의 『금광명경소』는 현재 전해지지 않는다. 『내량조현재일체경소목록奈良朝現在一切經疏目錄』에 따르면 천평 15년(743)의 기록에서 "『금광명경소』 8권. 원효 지음."이라고 하였는데, 이것이 본서의 존재를 확인할 수 있는 최초의 기록이다. 또 같은 책 승보 3년(751)의 기록에서는 "『최승왕경소最勝王經疏』 8권. 원효 지음."이라고 하였는데 이는 문제의 소지가 있다.『최승왕경』은『금광명최승왕경』의 약칭인데, 이 책은『금광명경』에 대한 여러 가지 이역본異譯本 중 하나로 원효가 죽은 이후에 한역된 것이기 때문이다. 당시 이미『금광명최승왕경』이 일본에 유포되어 활발하게 연구되고 있는 상태였기 때문에 동본이역이라는 측면에서 이를 구별하지 않고『금광명경소』를『최승왕경소』라고 기록했을 것으로 추정할 수도 있다. 또 같은 책 승보 4년(752)의 기록에서는 "『금고경소』8권. 원효 지음."이라고 하였다. 또한『법상종장소法相宗章疏』(914, 일본)에서도 여전히 "『최승왕경소』8권. 원효 지음."이라고 적고 있는데,[5] 이것 역시 앞에서 서술한 맥락으로 이해할 수 있다. 보다 뒤의 시기에 찬술된 경록인『신편제종교장총록新編諸宗教藏總錄』(1090, 한국)에서는 "『금광명경소』8권. 원효 지음."[6]이라고 하였고『동역전등목록東域傳燈目錄』(1094)에서도 "『금광명경소』8권[원효 지음. 밖의 제목은『금광명경소』이고 안의 제목은『금고경소』이다.]"[7]라고 하였다.

이상의 기록에 따르면 8세기 중반부터 11세기까지는『금광명경소』의 존재를 확인할 수 있다. 또한 원효 이후에 찬술된『금광명경』주석서 가운데 명일明一의『금광명최승왕경주석』・상등常藤의『금광명최승왕경주』・원효願曉의『금광명최승왕경현추』(이하『현추玄樞』로 약칭함)의 세 문헌에서 본서를 인용한 현황에 의거하면 8세기~9세기까지 일본에서 활발하게 연구되었음을 알 수 있다.

그러나 12세기부터는 본서가 유포된 흔적을 찾을 수 없다. 다만 기변基辨(1722~1791)이『대승법원의림장사자후초大乘法苑義林章師子吼鈔』에서 원효의『금고경소』를 네 차례 인용한 것이 보이는데,[8] 이것이 직접 인용문이라

---

5 『法相宗章疏』(T55, 1138c).
6 『新編諸宗教藏總錄』권1(T55, 1170b).
7 『東域傳燈目錄』(T55, 1153b).
8 『大乘法苑義林章師子吼鈔』(T71, 582c・586a・587c・589a).

면 이 시기까지『금광명경소』가 존재했다고 해야 한다. 그런데 이 네 차례의 인용문은 모두 선주善珠(723~797)가『법원의경法苑義鏡』에서 인용한 것[9]과 내용이 동일하기 때문에 직접 인용문이라고 확정할 수는 없다.

이 밖에 중국에서 찬술된 경록이나 후대의 주석서에는 본서에 대한 기록이 보이지 않는다.[10] 단 김상현(1994)은 당나라의 규기窺基(632~682)가 원효의『금고경소』를 인용한 사례가 있기 때문에 일찍이 중국에도 전해진 것으로 보아야 한다고 하였지만[11] 이 주장은 지나치게 비약적이다. 김상현의 입장을 정리하면 다음과 같다. 첫째, 규기의『대승법원의림장』에서 "어떤 사람이 말하였다. '솔이심率爾心이 일어난 뒤에 심구심尋求心이 일어나지 않는다고 하는 것은 옳지 않으니 가르침의 이치에 어긋나기 때문이다.'"[12]라고 하였다. 둘째, 일본의 기변이 본서에 대한 주석서인『대승법원의림장사자후초』에서 "(규기가『대승법원의림장』에서) 자불란自不亂을 밝힌 것[13] 가운데 세 번째는 차이가 있는 설을 제시하여 분별하고 풀이한 것이다. (여기에서) '어떤 사람'이라고 한 것은 신라의 원효 논사이다. 그 논사가 지은『금고경소』에서 자세하게 밝혔다."[14]라고 하였다. 그러므로 기변의 말이 타당하다면, 규기는 원효의『금고경소』를 보았다고 해야 한다.

그런데『대승법원의림장』의 동일한 글에 대해서 기변보다 훨씬 이전의 학자인 선주는『법원의경』에서 "(『대승법원의림장』본문에서) '어떤 사람이 말하였다. 「솔이심率爾心이 일어난 뒤에 심구심尋求心이 일어나지 않는다고 하는 것은 옳지 않으니 가르침의 이치에 어긋나기 때문이다.」'라고

---

9 『法苑義鏡』(T71, 166c · 168b · 168c · 169b).
10 필자가 중국에서 찬술된『金光明經』주석서의 본문을 모두 꼼꼼히 살펴본 결과이다.
11 김상현(1994), p.262.
12 『大乘法苑義林章』권1(T45, 257a).
13 『大乘法苑義林章』권1(T45, 256c).
14 『大乘法苑義林章師子吼鈔』(T71, 582c).

한 것은 원효 스님 등도 또한 이 뜻을 채용하였으니『금고경소』에서 설한 것과 같다."[15]라고 하였다. 여기에서는 원효도 "어떤 사람"과 입장을 같이 한다고 하였을 뿐이고 "어떤 사람"이 바로 원효라고 확정하지는 않았다. 그러므로 기변의 글은 이러한 선주의 서술을 비약한 것으로 파악하는 것이 타당할 것으로 생각된다.

4. 집일『금광명경소』의 편찬 작업

1) 선행 작업에 대한 비판적 검토

지금까지『금광명경소』집일은 두 차례 시도되었다.

첫째는 김상현이『동양학』제24집에 발표한 것[16]이다. 주로 직접 인용문을 발췌하였지만 간접 인용문도 일부 발췌하였는데 모두 228회 1만 2천여 자로 이루어졌다. 본 집일문은 발췌 대상 문헌을 원효願曉의『현추』에 한정하여서 대상 문헌의 비포괄성이라는 한계를 갖고 있다. 또한『현추』안에 산재한 많은 인용문이 누락되었고, 품에 따른 주석의 배열에도 오류가 나타나며, 인용문을 잘못 끊은 사례도 종종 보인다.

둘째는 후쿠시 지닌이『日本仏教各宗の新羅・高麗・李朝仏教認識に関する研究』라는 책에서 발표한 것이다. 이 책은 19세기 말까지 일본불교 각 종파에 소속된 문헌에서 우리나라 출신 논사의 이름이 언급된 것 혹은 우리나라에서 성립된 문헌의 이름이 언급된 것을 모두 추출하여 정리한 것이다. 이 가운데『금광명경소』산일문만 모은 것을 잠정적으로 후

15『法苑義鏡』(T71, 168b).
16 김상현(1994).

쿠시 지닌의 집일본이라고 할 수 있다. 이 책에서는 모두 여덟 가지 문헌[17]에서 563개의 인용문을 추출하였다. 이 가운데『현추』만 별도로 계산하면 모두 517개인데, 이는 김상현이 추출한 228개보다 두 배 이상 많은 것으로 이전의 집일본을 넘어서는 연구 성과를 보여 주고 있다. 그렇지만 이 집일문도 역시 원천적으로 잘못 추출한 것(1개), 원효의 글인데 누락된 것(10개), 인용문을 잘못 끊은 것(매우 많음), 앞·뒤로 문장을 보충하지 않으면 무의미한 것(매우 많음) 등과 같은 다양한 문제가 보인다.

2) 새 집일본의 편찬 작업 과정

첫째, 원효 이후 중국·우리나라·일본에서 찬술된『금광명경』관련 주석서의 목록을 작성하였다.[18] 이 가운데 현존하는 문헌을 모두 찾아서 원효의 글을 인용한 사례가 있는지 일일이 확인하였다. 그 결과 중국에서 찬술된 문헌에서는 그 사례를 전혀 찾을 수 없었다. 우리나라에서 찬술된 문헌은 이미 밝힌 것처럼 현존하는 것은 없다. 다음에 일본에서 찬술된 문헌에서는 후쿠시 지닌이 그의 집일문에서 찾아낸 문헌을 제외하고는 그 사례를 찾을 수 없었다. 다만 그 용례에 있어서는 이미 서술한 것처럼『현추』에서 후쿠시 지닌의 집일문에서 누락된 글 10개가 발견되었다. 이렇게 하여 후쿠시 지닌의 집일문 총 563개와 필자가 추가한 것 10개를 합쳐 모두 573개의 글을 집일하였다. 후쿠시 지닌의 집일문 중 인용문을 잘

---

17 ① 안징安澄(763~814)의『中論疏記』(T65, No.2255), ② 원효願曉(835?~871)의『金光明最勝王經玄樞』(T56, No.2196), ③ 선주善珠(723~797)의『法苑義鏡』(T71, No.2317), ④ 명일明一(728~798)의『金光明最勝王經註釋』(T56, No.2197), ⑤ 평비平備(8세기경)의『最勝王經羽足』, ⑥ 상등常騰(740~815)의『註金光明最勝王經』(『日本大藏經』4), ⑦ 청범淸範(963~999)의『五心義略記』(T71, No.2318), ⑧ 기변基辨(1722~1791)의『大乘法苑義林章師子吼鈔』(T71, No.2323).
18 藤谷厚生(2005), pp.26~28을 참조하여 보충하였다.

못 끊은 것은 보충하거나 삭제하고 인용문 자체가 오류가 있는 것은 삭제하였다.

둘째, 이렇게 만들어진 집일문을 해당 주석서와 상응하는 경전의 본문과 함께 배열하였다. 집일문의 내용을 『합부금광명경』의 원문과 대조하여, 품별로 해당 경문을 먼저 수록하고 그 뒤에 해당 집일문을 집어넣는 방식으로 배열하였다. 단 경의 종지, 교체 등을 설한 것은 제1「서품序品」 이전에 배열하였다. 또한 『금광명경』 관련 문헌이 아닌 것에서 추출한 것이어서 상응하는 경문을 확인하기 어려운 글은 잠정적으로 제24「부촉품附囑品」 뒤에 배열하였다.

셋째, 『금광명최승왕경』을 대본으로 삼은 주석이라고 의심되는 인용문은 아직 원효의 글이 아니라고 확정할 수도 없기 때문에 삭제하지 않고 『합부금광명경』과 『금광명최승왕경』을 함께 배열하고 그 뒤에 집일문을 두어 독자가 확인하고 판단할 수 있게 하였다.

이러한 작업 과정을 통해서 후쿠시 지닌의 집일문은 3만 1천여 자였으나 필자에 의해 1만 4천여 자가 추가되어 총 4만 5천여 자의 집일본이 완성되었다.

3) 남겨진 문제들

엄밀한 의미에서 집일본은 직접 인용문만을 대상으로 해야 할 것으로 생각된다. 그것만이 그 책의 본래 모습일 것이기 때문이다. 실제로 에타니 류카이(惠谷隆戒)에 의해 이루어진 법위法位의 『무량수경의소無量壽經義疏』와 의적義寂의 『무량수경술의기無量壽經述義記』는 직접 인용문만 뽑아서 싣는 형식을 취하였다. 그런데 그들이 추출 대상으로 삼은 문헌을 직접 살펴보면, 직접 인용문 이외에도 법위와 의적의 견해를 확인할 수 있는 간접적인 자료가 산재해 있다. 직접 인용문은 그 분량이 매우 적은 상태에서 이러한 글은 해당 경에 대한 범위와 의적의 견해를 연구하기 위한 자료로서 활용 가치가 매우 높은 것이다. 그러므로 안계현安啓賢·김상현·후쿠시 지닌 등은 간접적인 자료를 모두 포함하는 형태의 집일본 혹은 집일문을 만들었다. 그런데 이 경우에도 자료의 풍성함이라는 장점이 있지만 몇 가지 문제점이 발생한다.

첫째, 발췌자가 문장 전체의 맥락을 파악하지 못했을 경우, 문장을 잘못 추출할 수 있다. 실제로 후쿠시 지닌의 집일문 중 특히 간접적 자료에서 전후 맥락을 잘못 끊은 사례가 매우 많이 발견되는 것은 이러한 문제의 실례를 보여 준다.

둘째, "승장이 원효의 견해를 검증하여 말하였다.(莊徵曉云.)", "경흥이 원효를 검증하여 말하였다.(興徵曉云.)" 등과 같은 것은 원효의 견해와는 관련이 없다. 원효의 견해에 대한 비판적 입장을 나타내는 것이기 때문이다. 그런데 후쿠시 지닌의 집일문에는 이러한 글을 모두 집어넣었다. 원효에 대한 전반적 정보를 전달해 주는 것으로서는 의미가 있다는 판단하에 필자도 역시 이를 그대로 따랐다.

5. 『금광명경소』의 구성과 내용에 대한 이해

1) 『금광명경소』는 어떤 책을 대본으로 삼았는가?

『금광명경』은 여섯 차례에 걸쳐서 한역이 이루어졌다.

○ 제1본 : 북량北涼 몽손蒙遜 때 담무참曇無讖(385~433)이 한역하였다. 모두 4권 18품으로 이루어졌다. 현재 『금광명경』이라는 이름으로 전해지고 있다. 현존하는 범어 고사본과 가장 일치하는 내용을

담고 있는 것으로 평가된다.

○ 제2본 : 후주後周 무제武帝(560~578 재위) 때 우파국優婆國 출신의 야사굴다耶舍崛多가 동학인 사나굴다闍那崛多(523~600)와 함께 4권본을 재정비하고 품을 추가하였다. 곧 4권본 「참회품懺悔品」에서 장행長行을 「몽금고품夢金鼓品」이라 하고, 게송을 「참회품」이라고 하여 두 품으로 나누었고, 「사신품捨身品」에서 장행을 분리하여 「현보탑품現寶塔品」이라고 하였다. 또한 「수량품壽量品」과 「대변천신품大辯天神品」은 분량을 늘려서 한역하였다. 모두 5권 20품으로 이루어졌다. 경록에서 보통 『금광명경갱광수량대변다라니경金光明經更廣壽量大辯陀羅尼經』이라고 일컬어진다. 이 한역본은 현재 전해지지 않는다.

○ 제3본 : 552년 서인도 우선니국優禪尼國 출신의 진제眞諦가 4권본에 「삼신분별품三身分別品」·「업장멸품業障滅品」·「다라니최정지품陀羅尼最淨地品」·「의공만원품依空滿願品」의 네 품[19]을 추가하였다. 모두 6권 22품으로 이루어졌다. 경록에서 『금광명경』 혹은 『금광명제왕경』으로 일컬어진다. 이 한역본은 현재 전해지지 않는다.

○ 제4본 : 진제 삼장眞諦三藏이 「다라니최정지품」에서 빠진 부분을 보충하였다. 모두 7권으로 이루어졌다. 경록에서 『금광명경』 혹은 『금광명제왕경』으로 일컬어진다. 이 한역본은 현재 전해지지 않는다.[20]

---

19 Radich(2014)는 이 네 품의 원천자료가 『菩薩藏經』·『大乘三聚懺悔經』·『莊嚴菩提心經』·『大方廣菩薩十地經』·『解節經』·『深密解脫經』·『孔雀王呪經』·『Kāyatrayāvamukhaśāstra』(D3980; P5290)일 가능성을 제시하였다.[烏力吉吉日嘎拉(2014) p.29 재인용]

20 藤谷厚生(2005)은 진제의 6권본과 7권본을 구별하는 것은 단지 법수法數의 일관성을 위해서 시설한 것일 뿐이라고 하여 양자를 나누는 것은 실제와 부합하지 않는 것이라고 하였다. 그리고 상등의 『註金光明最勝王經』(N6, 458a)에서 7권본을 "547년(태청 1)"에 한역된 것이라고 하였는데, 6권본을 보충한 7권본이 552년에 한역된 6권본보다

○ 제5본 : 북인도 건타라국犍陀羅國 출신의 사나굴다闍那崛多가 「은주다라니품銀主陀羅尼品」과 「촉루품囑累品」을 한역하였고, 대흥선사大興善寺 보귀寶貴가 597년(개황 17) 기존의 한역본에 이것을 첨가하였다. 모두 8권 24품으로 이루어졌다. 이 한역본은 현재 『합부금광명경』이라는 이름으로 전해지고 있다.

○ 제6본 : 당나라 때 의정 삼장義淨三藏이 인도에서 돌아와 703년 한역하였다. 『합부금광명경』과 비교할 때, 「금승다라니품金勝陀羅尼品」·「여의보주품如意寶珠品」의 두 품을 추가하였고, 『합부금광명경』의 「사천왕품四天王品」은 「사천왕관찰인왕품四天王觀察人王品」·「사천왕호국품四天王護國品」으로 열었고, 『합부금광명경』의 「공덕천품功德天品」은 「대길상천녀품大吉祥天女品」·「대길상천녀증장재물품大吉祥天女增長財物品」으로 열었으며, 『합부금광명경』의 「찬불품讚佛品」은 「시방보살찬탄품十方菩薩讚歎品」·「묘당보살찬탄품」·「보리수신찬탄품」·「대변재천녀찬탄품」으로 열었다. 또한 「서품」의 처음과 「사천왕품」·「수량품」의 끝을 보충하였고, 「대변재천녀품」을 확대하였다. 모두 10권 31품으로 이루어졌다. 이 한역본은 현재 『금광명최승왕경』이라는 이름으로 전해지고 있다.

이상과 같이 『금광명경』은 여섯 차례에 걸쳐서 한역이 이루어졌고, 이

앞서 한역된 것이 논리적으로 맞지 않다고 하여 그 근거를 제시하였다.(pp.2~3) 그런데 필자의 입장에서 볼 때, 이것은 본문을 지나치게 협소하게 해석한 것이다. 본문의 해당 부분을 그대로 해석하면 "태청 1년에 중국에 와서 무제를 만났다. 그리고 이후 역경에 종사하였다. 「최정지품」의 빠진 부분을 보충하여 8권본을 만들었다."라는 것이다. 이 글을 반드시 태청 1년에 「最淨地品」을 보충한 것으로 이해하는 것은 문제의 소지가 있다. 진제의 전기를 소략화한 것이기 때문에 "태청 1년에 무제를 만난 후 역경에 종사하다가 나중에 「최정지품」의 빠진 부분을 보충한 것"으로 파악해도 무방하다. 그렇다면 진제는 6권본을 만들고 다시 그 속에서 「最淨地品」을 보충하여 7권본을 완성한 것이라고 할 수 있다.

가운데 세 가지가 현재 전해지고 있다. 후지타니 아쓰오(藤谷厚生)는 어떤 근거도 제시하지 않고 원효의 『금광명경소』를 담무참 한역본에 대한 주석서라고 하였는데,[21] 이는 타당하지 않다. 반면 김상현은 일찍이 본서가 『합부금광명경』에 대한 주석서임을 밝혔다.[22] 이것도 역시 특별한 근거를 제시하고 있지는 않지만, 현재 『현추』에 인용된 원효의 글을 살펴보면 『금광명경』 원문이 대부분 『합부금광명경』과 일치하고, 특히 담무참본에는 없는 품, 예를 들면 「삼신분별품」·「업장멸품」·「다라니최정지품」 등과 관련된 인용문이 매우 많다. 따라서 김상현의 견해가 타당하다.

2) 구성과 내용

『합부금광명경』은 모두 24품으로 이루어져 있는데, 현 집일본에는 제19 「수기품」과 관련된 글은 전혀 없다. 집일문의 분량이 방대한 것은 제2 「수량품」, 제3 「삼신분별품」, 제6 「다라니최정지품」, 제20 「제병품」이고, 중간 정도의 분량인 것은 제1 「서품」, 제4 「참회품」, 제5 「업장멸품」, 제7 「찬탄품」, 제8 「공품」, 제9 「의공만원품」, 제10 「사천왕품」이며, 나머지 품은 집일문이 매우 적다. 집일본에 대해 이러한 계량적 고찰은 무의미하고 더 나아가 이것에 의거한 확정적 판단은 매우 위험할 수도 있다. 그럼에도 불구하고 이를 제시하는 것은, 그 품에 대한 저자인 원효의 영향력을 보여 주는 것일 수도 있다는 생각 때문이다.

현재 『금광명경소』에 수록된 집일문에는 본서의 구성을 확인할 수 있는 글이 없다. 따라서 원효가 『금광명경』 전체를 어떤 식으로 분과하였는지 확인하는 것은 불가능하다. 다만 집일문의 대부분을 발췌한 대상 문헌

---

21 藤谷厚生(2005), p.9.
22 김상현(1976), p.260.

인『현추』에서 "(1) 가르침이 일어난 인연을 서술함, (2) 종지와 교체를 나타냄, (3) 가르침에 포함되는 것을 밝힘, (4) 경명經名의 뜻을 풀이함, (5) 본문을 풀이함"의 다섯 단락으로 나누고 해당처에 원효의 글을 인용하였기 때문에, 이 구성에 의거하여 원효의 입장을 파악하기로 하겠다.

(1) 가르침이 일어난 인연을 서술함

원효와 관련된 언급은 매우 소략하여 정확한 내용을 파악하기는 어렵다. 다만『현추』에서 "삼장三藏과 원효가 뜻을 따져 가면서 해석하였다. 모두 자세히 설명한 것은 그곳에서 설한 것과 같다. 진실한 능립能立(논증)으로 잘못된 집착을 무너뜨리기 위한 것이다."[23]라고 한 것에 의해 올바르지 않은 견해에 의거하여 집착하는 중생을 교화하기 위한 것이라는 입장을 확인할 수 있다.

(2) 종지와 교체를 나타냄

① 종지

『금광명경』의 종지에 대한 기존의 학설을 크게 두 가지로 제시하고 각 견해의 문제점을 지적한 후 다시 양자를 모두 활용해야 참된 의미에 도달할 수 있다고 하여 원효 특유의 화쟁과 회통의 정신을 보여 주고 있다. 이를 간단히 정리하면 다음과 같다.

○ 제1설 ― 진제 삼장眞諦三藏(499~569) : 삼신三身의 본유本有를 보이

---

[23]『玄樞』(T56, 484a).

고 사덕四德의 무생無生을 나타내었다.
- 제2설—어떤 사람 : 보리菩提와 열반涅槃의 인과因果를 종지로 삼고 본과本果와 시과始果를 끝까지 설하였으며 연인緣因(간접적 원인)과 정인正因(직접적 원인)을 모두 나타내었다.
- 원효의 비판 : 처음의 논사는 평등문平等門을 보존하였지만 인과 차별의 상相을 잃었다. 뒤의 논사는 차별문을 얻었지만 한맛인 평등한 성품을 잃었다.
- 원효의 입장 : 그런데 경문의 뜻을 잘 생각해 보면 서로 통한다는 것을 알 수 있다. 곧 염오와 청정의 차별을 폭넓게 말하면서 실제實際의 한맛을 움직이지 않고, 법계의 평등을 왕성하게 밝히면서 원인의 상과 결과의 상을 무너뜨리지 않으니, 모두 함께 한맛으로 평등하고 다름이 없는 가운데 차별이 있는 것이다. 문단을 나누고 뜻을 풀이해 보면 이 뜻이 저절로 드러난다. 두 가지 설 중 하나만 취하면 다하지 못한 것이고 두 가지 뜻을 넘나들며 모두 써야 두루 미치지 않음이 없다는 것을 알아야 한다.[24]

② 교체

『현양성교론顯揚聖敎論』에서 설한 교체敎體에 대한 논의[25]에 의거하여, 여섯 가지의 문文[26]과 열 가지의 의義[27]를 제시하였다.[28] 그리고 더 나아가

---

24 『玄樞』(T56, 486a).
25 『顯揚聖敎論』권12(T31, 535c).
26 여섯 가지의 문文 : 명신名身·구신句身·문신文身·어語·행상行相·기청機請이다.
27 열 가지의 의義 : 첫째는 지의地義(자량지資糧地·가행지加行地 등)이고, 둘째는 상의相義(자상自相·공상共相 등)이며, 셋째는 작의의作意義(승해작의勝解作意·원리작의遠離作意 등)이고, 넷째는 의처의依處義(사의처事依處·시의처時依處 등)이며, 다섯째는 과환의過患義(꾸짖을 만한 것을 싫어하는 것)이고, 여섯째는 승리의勝利義(찬탄할 만한

서 문과 의의 교상敎相의 체에 대하여 "이와 같은 문과 의는 식식識을 떠나서 일어나는 것이 아니다. 그러므로 유식唯識을 가르침의 체라고 설한다. 우선 세속世俗을 따라 임시로 이와 같이 설한 것이다."[29]라고 하여, 문과 의는 세속적인 입장에서 시설한 것임을 밝혔다. 이에 논의를 진문眞門에 대한 것으로 진전시켜서 『유마힐소설경維摩詰所說經』에서 "법을 설하는 이는 설한 말이 없고 사람들에게 나타내 보인 이치도 없다. 그 법을 듣는 이도 들은 말이 없고 얻은 이치도 없다."[30]라고 한 것과 『열반경涅槃經』에서 "여래께서 항상 법을 설하지 않은 것을 안다면 이것이 보살이 다문을 온전히 갖춘 것이라고 한다."[31]라고 한 것을 인용하여 말하기를 "성性의 관점에서 가르침의 체를 나타내면 얻을 것이 없는 것(無所得)을 그 체로 삼으니 얻을 것이 있다면(有所得) 부처님의 가르침이 아니기 때문이라는 것을 알아야 한다."[32]라고 하였다.

교체에 대한 논의는 세속적 진리에 입각한 것일 뿐이기 때문에 그 자체의 논리에 집착한다면 그 어떤 것이라도 정당성을 확보할 수 없다고 하는 원효 특유의 논의의 전개 방식이 여기에서도 드러난다.

(3) 가르침에 포함되는 것을 밝힘

『해심밀경解深密經』의 삼시三時의 교판에 의거하여[33] 본 경(『금광명경』)을

것을 찬탄하는 것)이며, 일곱째는 소치의所治義(염오된 법)이고, 여덟째는 능치의能治義(청정한 법)이며, 아홉째는 약의略義이고, 열째는 광의廣義이다.

28 『玄樞』(T56, 487b).
29 『玄樞』(T56, 488c).
30 『維摩詰所說經』 권1(T14, 540a).
31 『涅槃經』 권24(T12, 764c).
32 『玄樞』(T56, 488c).
33 『解深密經』 권2(T16, 697a)에서 부처님의 가르침을 세 시기로 나누어서 첫 번째 시기

제3시인 현료교顯了教에 속하는 것이라고 하였다.³⁴ 단 원효는 법상종에서 제2시에 반야부 경전을 배속시키는 것에 대해서는 이견을 제시하였는데,³⁵ 그 논지를 간략히 정리하면 다음과 같다.

○ 논의의 대상 : 어떤 사람은 제2법륜에 모든 부류의 반야계 경전을 배속시켰다.
○ 원효의 견해 : 이 설은 옳지 않다.
  – 근거 1 :『대반야경大般若經』에서 본 경은 삼승三乘을 두루 가르치기 위한 것임을 밝혔다.³⁶『해심밀경』에서는 "두 번째 법륜은 단지 대승을 발심發心하고 나아가서 닦는 이를 위한 것이다."³⁷라고 하였다. 그러므로 제2법륜은『대반야경』을 섭수하지 않는다.
  – 근거 2 :『섭대승론석攝大乘論釋』에서『대반야경』이 삼자성三自性과 무자성無自性을 설했다고 하였기 때문에³⁸ 은밀상隱密相은 없다고 해야 한다. 그러므로 제2법륜은『대반야경』을 섭수하지 않는다.³⁹

에는 성문승을 위해 사제의 법륜을 설하였고, 두 번째 시기에는 대승을 발심하여 나아가서 닦는 이들을 위해 은밀상隱密相으로 법륜을 굴렸으며, 세 번째 시기에는 널리 모든 승乘을 발심하여 나아가는 이를 위해 현료상顯了相으로 법륜을 굴렸다고 한 것을 말한다.

34 『最勝王經羽足』(T56, 819c).
35 이 논의는『金光明經』이 아니고 반야부 경전이지만『金光明經』주석서에서 별도로 책명을 제시하지 않고 인용한 것이기 때문에『金光明經疏』에서 언급한 것으로 보아도 무방할 것으로 생각된다.
36 『大般若經』권13(T5, 709c)에서 "대승을 구하고, 독각승獨覺乘(연각승緣覺乘)을 구하고 성문승聲聞乘을 구하는 이는 이 반야바라밀다를 배워야 한다."라고 한 것을 참조할 것.
37 『解深密經』권1(T16, 697a).
38 『攝大乘論釋』권1(T31, 382c)에서,『大般若經』에서 설한 것이라고 하면서 본 경을 인용하여 삼자성과 삼무자성의 가르침을 설한 것을 말하는 것 같다. 단『攝大乘論釋』에서『大般若經』의 글이라고 하면서 인용한 것과 꼭 일치하는 글을 현행『大般若經』에서는 찾을 수 없다.

(4) 경명經名의 뜻을 풀이함

범어에 의거한 갖춘 의역어는 『금광명계경金光明契經』이라고 하고, "금"은 칠보 중 가장 뛰어난 것이고 네 부류의 전륜성왕 중 가장 뛰어난 것, 곧 금륜왕金輪王이기 때문에 본 경을 이것에 비유하였고, "광명"은 모든 빛을 하얗게 비추기 때문에 본 경을 이것에 비유하였으며, "계경"은 중생의 근기와 인연(機緣)에 계합하여 선근善根을 낳는 것, 도리道理에 계합하여 이치의 근원을 현시하는 것, 법신을 장엄하는 것, 진실한 궤범을 짓는 것, 문과 의가 다함이 없고 법이 흘러 끊어짐이 없는 것의 뜻을 갖추고 있다[40]고 하였다.

이렇게 축자적 해석을 하는 데 그치지 않고 "'금광명경'이라고 한 것은 저 세간의 일을 제시하여 출세간의 도를 비유한 것이다. 이렇게 가설된 이름에 의해 이름이 끊어진 세계를 나타낸다."[41]라고 하여 언어에 얽매이는 것을 경계하였다. 또한 "이름은 실상實相의 손님이지만 실상을 불러올 수 있는 것은 이름이고, 사事는 이理보다 엉성하지만 이치를 통달하게 하는 것은 사事이다."[42]라고 하여, 언어를 부정하고 이치를 얻으려는 태도에 대해서도 역시 경계하여 언어가 이치를 깨달을 수 있는 중요한 수단이라는 점을 강조하였다.

---

39 『玄樞』(T56, 489c). 이것은 『大慧度經宗要』(T33, 73b)에서도 언급되고 있는 내용이다.
40 『玄樞』(T56, 495b).
41 『玄樞』(T56, 494a).
42 『玄樞』(T56, 494a).

(5) 본문을 풀이함

① 단락을 나눔

본 경의 단락을 나누는 것과 관련하여 기존의 학설을 소개하고 그 문제점을 지적한 후 자신의 입장을 제시하였다. 이를 간략히 정리하면 다음과 같다.

- 제1설 — 창 법사暢法師를 중심으로 한 여러 학자의 설 : 제1 「서품」은 서분이고, 제2 「수량품」에서부터 제9 「의공만원품」까지는 정설분이며, 제10 「사천왕품」부터 제24 「부촉품」까지는 유통분이다.
- 제2설 — 소 법사韶法師가 전한 진제의 설 : 제1 「서품」은 서분이고, 제2 「수량품」에서부터 제22 「사신품」까지는 정설분이며, 제23 「찬불품」· 제24 「부촉품」은 유통분이다.
- 소 법사가 창 법사의 설을 파척함 : 제2 「수량품」은 석가의 과果를 밝혔고, 제17 「선집품」· 제22 「사신품」은 석가의 요인了因을 밝혀서 인과의 관계에 있는데, 과를 정설분이라고 하고 인을 유통분이라고 하는 것은 타당하지 않다.
- 원효의 비판적 견해
  - 제1설에 대한 비판 : 제19 「수기품」· 제22 「사신품」은 보리과菩提果와 보살행菩薩行을 밝혔기 때문에 정설분이라고 해야 한다. 또한 여기에는 유통분의 특징이 보이지 않는다.
  - 제2설에 대한 비판 : 제10 「사천왕품」· 제15 「산지품」은 오직 유통분의 뜻만 있을 뿐이어서 이를 정설분에 넣는 것은 타당하지 않다.
- 원효의 입장 : 이렇게 다양한 문제가 발생하기 때문에 도안道安 등

에 의해 전해져 오던 세 단락으로 나누는 방식을 이 경에 적용하는 것은 가능하지 않다. 세친世親이 여러 단락으로 나눈 것과 같은 사례를 좇아서 일곱 단락으로 나눈다.[43]

원효는 본 경을 서분·정종분·유통분이라는 일반적인 구조로 단락을 나눌 때 나타나는 다양한 문제점을 지적하고 일곱 단락으로 나누어야 한다고 하였지만, 현재 그 자신이 어떻게 단락을 나누었는지를 확인할 수 있는 자료는 없다.

② 본문을 풀이함

본서는 집일본이기 때문에 그 내용에 의해 전체 구조를 확인하고 체계적으로 이해하는 것은 가능하지 않다. 따라서 여러 품에서 다룬 내용 중 주목할 만한 것을 몇 가지 골라서 서술하도록 하겠다.

제1「서품」: "여시아문如是我聞"에 대해 듣는 주체가 무엇인지에 대한 다양한 논의가 이루어져 왔다. 원효는 "이근耳根이 듣는 것"이라는 설, "이식耳識이 듣는 것"이라는 설을 제시한 후, 이들은 모두 한 가지에 집착한 것이라고 비판하고 여러 가지 연이 화합하여 들음이 성립하기 때문에, 근과 식이라는 개별적인 것을 버리고 아我라는 총괄적인 것을 좇아서 "아문我聞"이라고 한 것이라고 하였다.[44]

제2「수량품」: 수壽와 명命에 대해 다음과 같은 논의가 있다. 개별적인

---

43 『玄樞』(T56, 496c).
44 『玄樞』(T56, 502a).

관점에서 논의하면 이전의 업에 의해 인생引生한 것은 명행命行이고, 현재의 연에 의해 인생하는 것은 수행壽行이다. 둘째는 융통하는 관점에서 논의하면 명과 수는 차별이 없고 다만 말의 편의에 따라서 "명"이라고 하지 않고 "수"라고 하였을 뿐이다.[45]

제3 「삼신분별품」 : 세 가지의 삼신설, 곧 『무상의경』·『대승기신론』·『금광명경』의 삼신설을 제시하였는데, 이를 요약하면 다음과 같다.

『무상의경』[46] : 도리의 차이에 의한 것. 곧 매우 심오한 도리(甚深道理)에 의해 법신을 세우고, 넓고 큰 도리(廣大道理)에 의해 응신을 세우며, 온갖 덕을 갖춘 도리(萬德道理)에 의해 화신을 세운다.

『대승기신론』[47] : 연의 차별에 의한 것. 차별연差別緣이고 평등연平等緣이며, 이 두 가지 모두에게 소의연所依緣이 되는 것이다.

「삼신분별품」 : 모양이 같지 않은 것에 의한 것. 첫째는 여러 가지 모양이고, 둘째는 하나의 모양이며, 셋째는 그 근본이 되는 것으로 동일함과 다름을 떠난 모양이다.[48]

삼신에 대해서 "중생을 교화하기 위하여 방편으로 이 몸을 나타내기 때문에 화신이라고 한다. 근기와 인연에 응하여 나타내기 때문에 또한 응신이라고도 한다. 일체의 장애를 떠나고 이치와 상응하기 때문에 응신이라고 한다. 온갖 실천행에 대한 보답으로 뛰어난 과보를 얻은 모습을 나

---

45 『玄樞』(T56, 534a).
46 『無上依經』 권상(T16, 472c).
47 『大乘起信論』(T32, 578c). 단 여기에서는 차별연과 평등연만 말하였고, 세 번째는 임의로 이 둘을 통합한 것으로 보인다.
48 『玄樞』(T56, 565a).

타내니 또한 보신報身이라고도 한다. 모든 공덕법이 의지하는 체體이기 때문에 법신이라고 한다. 자체에 본래 끝까지 변화하지 않는 성질을 가지고 있으니 또한 자성신自性身이라고도 한다."[49]라고 하였다.

열반에 대해서 "'열반'은 곧 청정한 법계이다. 이 응신과 화신에 의지하여 저 법계를 설하면 유여열반이라 한다. 남은 것이 있는 두 가지 몸은 열반과 다른 것이기 때문이다. 이 법신에 의지하여 저 법계를 설하면 무여열반이라 한다. 열반과 다른 별도의 남은 것이 있는 몸이 없기 때문이다."[50]라고 하고, 더 나아가서 궁극적 관점에서 "열반의 체는 유여열반과 무여열반의 두 가지도 없고, 본래청정열반과 무주처열반과 유여열반과 무여열반의 네 가지도 없다. 전의轉依에 의해 나타난 진여를 체로 삼는다. 단지 뜻에 의해 두 가지를 세우기도 하고 네 가지를 세우기도 하는 것이다."[51]라고 하였다.

제6 「다라니최정지품」 : 「참회품」은 지전地前의 보살과 관련된 것이고, 이 품은 지상地上의 보살과 관련된 것이다. 본 품에서는 지상의 보살의 수행과 관련하여 열 가지 발심과 열 가지 바라밀을 설하였다. 이것에 대해 대부분의 학자는 전자가 결과이고 후자가 원인이라고 해석하였다. 그런데 원효는 전자가 원인이고 후자가 결과라고 하여 독자적 해석을 보이고 있다.[52] 또 본 품에서 제10 법운지에 대해서 "법신은 허공과 같고 지혜는 큰 구름과 같아서 모든 것을 두루 가득 채우고 덮게 하니 그러므로 제10지를 법운지法雲地라고 한다."라고 하였는데, 원효는 『해심밀경』·『십지경론』의 이설異說을 대조하여 이를 보다 자세하게 설명하였다. 곧 『해심

---

49 『玄樞』(T56, 565a).
50 『註金光明最勝王經』(N4, 526b).
51 『玄樞』(T56, 569c).
52 『玄樞』(T56, 612c).

밀경』의 설⁵³을 해석하여 "추중의 몸(변역신)이 허공처럼 넓어져서 큰 구름 같은 법신을 포용할 수 있기 때문에 법운지라고 한다."라고 하였고,『십지경론』의 설⁵⁴을 해석하여 "첫째, 부처님의 큰 구름 같은 법의 비를 받을 수 있기 때문에 법운이라고 하니, 이는 받는 것을 좇아서 이름을 세운 것이다. 둘째, 이 지위의 보살은 중생을 위해 대비의 구름을 일으켜 법의 비를 뿌릴 수 있기 때문에 법운지라고 하니 이는 일으키는 것을 좇아서 설한 것이다."⁵⁵라고 하였다.

제20「제병품」: 본 품에서는 게송의 형식으로 절기를 나누는 법의 차이, 그리고 그 절기에 따라 발생하는 병의 종류, 병에 대한 치유법을 설하였는데, 그 내용이 매우 축약적이어서 이해하기 쉽지 않다. 따라서 주석자에 따라 해석의 차이도 많다.⁵⁶ 이 가운데 절기와 관련된 것을 살펴보면 다음과 같다.『합부금광명경』에서 "세 달은 여름이고, 세 달은 가을이며, 세 달은 겨울이고, 세 달은 봄이니라. 이는 열두 달을 세 달씩 나누어 설한 것이니, 이와 같이 헤아리면 한 해는 네 시절이니라. 두 달씩 나누어서 설하면 여섯 시절이 채워지니라. 세 달마다 셋째 달이 근본을 섭수하고 두 기氣가 두 달마다 시절을 나타내느니라."⁵⁷라고 하여 네 절기와 여섯 절기의 두 가지를 제시하였다. 원효는 이것에 대해 "오행五行에 의거하면 근본을 지말에 섭수시키기 때문에 네 시절을 세운다. 또한 두 가지 기(음기와 양기)에 의해 시절의 차별을 나타내기 때문에 여섯 시절을 세운다. '오행'이라는 것은 1월과 2월은 목木이 왕성해지고 3월은 쇠약해지면서 토土

---

53 『解深密經』권4(T16, 704a).
54 『十地經』권8(T10, 569c).
55 『玄樞』(T56, 625c).
56 예를 들면 원효願曉는『玄樞』(T56, 699b)에서 본 경의 "三三本攝"이라는 구절에 대해서 다섯 가지 설을 제시하였다.
57 『合部金光明經』(T16, 395a).

가 왕성해지며, 4월과 5월은 화火가 왕성해지고 6월은 쇠약해지면서 토가 왕성해지며, 7월과 8월은 금金이 왕성해지고 9월은 쇠약해지면서 토가 왕성해지며, 10월과 11월은 수水가 왕성해지고 12월은 쇠약해지면서 토가 왕성해진다. 이 가운데 맹孟(각 세 달의 첫 번째 달)과 중仲(각 세 달의 두 번째 달)은 근본이고, 계季(각 세 달의 마지막 달)는 그 지말이다. 지금 사행四行(목·화·금·수)에 의해 성립되는 근본(1월·2월, 4월·5월, 7월·8월, 10월·11월)을 사계四季(3월·6월·9월·12월)라는 지말에 섭수시키기 때문에 세 달마다 세 번째 달이 근본인 달을 섭수하는 것이다."[58]라고 하여 절기의 구분을 음양오행설에 의거하여 해석하였다. 이 밖에 절기에 따른 병의 발생 및 치유법 등에도 음양오행의 원리를 적용한 해석을 하였다. 집일문인데도 불구하고 본 품의 분량에 비해 집일문의 분량이 매우 많은 것에 의해 원효가 이 품에 대해 매우 높은 관심을 보였음을 추정할 수 있다.

6. 참고 문헌

福士慈稔(2011~2013), 『日本仏教各宗の新羅·高麗·李朝仏教認識に関する研究』 제1권(2011)·제2권 상(2012)·제2권 하(2012)·제3권 (2013), 身延山大学東アジア仏教研究室.

藤谷厚生(2005), 「金光明経の教学史的展開について」, 『四天王寺国際仏教大学紀要』 大學院 第4号, 四天王寺国際仏教大学.

_____(2012), 『『金光明経』の成立と展開」, 『日本仏教学会年報』 通号77, 日本仏教学会.

烏力吉吉日嘎拉(2014), 「『金光明経』の思想的研究」, 東洋大学大学院

---

[58] 『玄樞』(T56, 699b).

博士學位論文.

김상현(1976), 「고려시대의 호국불교 연구」, 『학술논총』 제1집, 단국대학교.

_____(1994), 「輯逸金光明經疏」, 『동양학』 제24집, 단국대학교 동양학연구소.

이수미(2017), 「『금광명경』 삼신설에 대한 원효의 이해」, 『한국불교학』 제82집, 한국불교학회.

최연식(2005), 「8세기 신라 불교의 동향과 동아시아 불교계」, 『불교학연구』 12, 불교학연구회.

김복순(2009), 「신라와 고려의 사상적 연속성과 독자성」, 『한국고대사연구』 54, 한국고대사학회.

김용표(2012), 「한국불교사의 호국 사례와 호국불교 인식」, 『대각사상』 17, 대각사상연구원.

오재근 외(2016), 「신라 승려의 『금광명경』 「제병품」 주석을 통해 살펴본 한국 고대 불교의학」, 『의사학』 제25권 제3호(통권 제54호), 대한의사학회.

여인석 외(1995), 「우리나라 고대 불교의학의 한 단면 ; 원효의 경우」, 『의사학』 제7권 2호, 대한의사학회.

김일권(2000), 「원효와 경흥의 『금광명경』 주소에 나타난 신라의 천문 성수 세계관」, 『신라문화』 제17 · 제18 합집, 신라문화연구소.

차례

집일輯逸『금광명경소金光明經疏』해제 / 5
일러두기 / 31

제1장 가르침이 일어난 인연을 서술함 ……… 33

제2장 종지와 교체를 나타냄 ……… 36
  1. 종지를 나타냄 ……… 36
  2. 교체를 나타냄 ……… 46

제3장 가르침에 포함되는 것을 밝힘 ……… 54

제4장 경명經名의 뜻을 풀이함 ……… 59

제5장 본문을 풀이함 ……… 63
  1. 문장의 단락을 나눔 ……… 63
  2. 본문을 해석함 ……… 68
    제1 서품序品 ……… 68
    제2 수량품壽量品 ……… 95
    제3 삼신분별품三身分別品 ……… 159
    제4 참회품懺悔品 ……… 254
    제5 업장멸품業障滅品 ……… 292
    제6 다라니최정지품陀羅尼最淨地品 ……… 331
    제7 찬탄품讚歎品 ……… 413
    제8 공품空品 ……… 428
    제9 의공만원품依空滿願品 ……… 449
    제10 사천왕품四天王品 ……… 495

제11 은주다라니품銀主陀羅尼品 512
제12 대변천품大辯天品 521
제13 공덕천품功德天品 527
제14 견뢰지신품堅牢地神品 533
제15 산지귀신품散脂鬼神品 537
제16 정론품正論品 546
제17 선집품善集品 554
제18 귀신품鬼神品 558
제19 수기품授記品 562
제20 제병품除病品 563
제21 유수장자자품流水長者子品 591
제22 사신품捨身品 598
제23 찬불품讚佛品 604
제24 부촉품付囑品 609

[기타] 『금광명경소』 해당처가 불분명한 집일문
 1. 선주善珠의 『법원의경法苑義鏡』 집일문 610
 2. 청범淸範의 『오심의약기五心義略記』 집일문 613
 3. 기변基辨의 『대승법원의림장사자후초大乘法苑義林章師子吼鈔』 집일문 614

찾아보기 / 617

일러두기

1 '한글본 한국불교전서'는 문화체육관광부의 지원을 받아 동국대학교 불교학술원에서 수행하고 있는 '불교기록문화유산아카이브(ABC)사업'의 결과물을 출간한 것이다.
2 이 책은 역자가 현재 전해지지 않는 원효의 『금광명경소』 일문逸文을 후대의 문헌에서 찾아서 엮은 것을 저본으로 하였다. 각 소에 상응하는 『금광명경』 본문은 역자가 넣은 것이다. 『금광명경』은 『대정장』에 수록된 것을 저본으로 하였다.
3 본 역서의 차례는 본문에 대한 이해의 편의를 위해 역자가 임의로 넣은 것이다.
4 본 역서에서는 『금광명경』 본문과 저자의 해석을 경과 소로 구분하였다. 본문에서 '問'은 문으로 '答'은 답으로 처리하였다.
5 번역문에 이어 원문을 수록하였고 띄어쓰기를 표시하기 위해 온점(。)을 사용하였다.
6 음역어는 현재의 한문 발음대로 표기하였다. ⓢ는 범어를 뜻한다.
7 원문의 교감 사항은 번역문의 각주와 별도로 원문 아래 부분에 제시하였다. 원은 발췌 대상 문헌의 편찬자가 교감한 내용이다. 역은 번역자가 교감한 내용이다.
8 약물은 다음과 같다.
   『 』: 서명
   T : 『대정신수대장경』
   X : 『만속장경』
   H : 『한국불교전서』
   N : 『일본대장경』

제1장 가르침이 일어난 인연을 서술함[1]

소 (『대지도론大智度論』 권1에서) 열일곱 번째로 "또 다음에"라고 한 부분에서 (서술한 글) 가운데 "대치실단對治悉檀[2]이라고 하고"[3]라고 하였다.〔마지막에 "비량比量[4]을 성립시키기 위한 것이다."[5]라고 한 것은 이 뜻이다. 그러므로

---

[1] 이 제목은 『金光明最勝王經玄樞』에서 세운 것에 의거한 것이다. 곧 『金光明最勝王經玄樞』는 크게 다섯 부분으로 본 경을 풀이하였다. 첫째는 가르침이 일어난 인연을 서술하였고, 둘째는 종지와 교체를 나타냈으며, 셋째는 가르침에 포함되는 것을 밝혔고, 넷째는 경명經名의 뜻을 풀이하였으며, 다섯째는 본문을 풀이하였다. 이하의 제목은 이를 따른 것이다.

[2] 대치실단對治悉檀: ⓢ pratipakṣa-siddhānta. 부처님이 중생을 교화하기 위해 세운 교법을 네 가지 범주로 총괄한 것 중 하나. '실단'이란 ⓢ siddhānta의 음역어로 인정된 정설定說·관점·견해·기준 등의 뜻이며, 성취成就·종宗·인印 등으로 의역한다. 병에 따라 적합한 약을 처방하는 것처럼 근기와 인연에 따라 적절한 가르침을 설하는 것을 말한다. 예를 들면 유有에 집착하는 중생에게는 공空을 설하고 공에 집착하는 중생에게는 유를 설하거나 혹은 탐욕이 많은 중생에게는 부정관不淨觀을 설하고 산란한 중생에게는 수식관數息觀을 설하는 것과 같은 것이다. 나머지 세 가지는 세계실단世界悉檀·각각위인실단各各爲人悉檀·제일의실단第一義悉檀이다.

[3] 『大智度論』 권1(T25, 60b)에서 "또 다음에 (영원하지 않은 것을) 영원한 것이라고 여기는 전도된 견해에 집착하는 중생은 모든 법이 서로 유사하게 상속하면서 있는 것을 알지 못한다. 이와 같은 사람이 영원한 것이 없음을 관찰하면 이것은 대치실단이고 제일의실단은 아니다.(復次。著常顚倒衆生。不知諸法相似相續有。如是人觀無常。是對治悉檀。非第一義。)"라고 한 것을 참조할 것. 제일의실단이란 직접적으로 제법의 실상實相을 설하는 것, 곧 임시적인 관점에서가 아니라 절대적인 관점에서 설법하는 것이다. 예를 들면 "언어가 모두 끝나고 마음의 작용도 멈추었으며 태어남도 없고 소멸함도 없다."라고 하는 것이 여기에 해당한다. 이러한 가르침에 의해 중생이 궁극적 진리를 깨달을 수 있기 때문에 이것을 입리실단入理悉檀이라고도 한다.

[4] 비량比量: ⓢ anumāna. 인명론因明論(논리학)의 용어. 추론·추리와 통하는 말. 삼량三量의 하나. 진비량眞比量이라고도 한다. 감관에 현전하지 않는 대상을 그것의 존재를

• 33

"비량을 성립시키기 위해서이다."라고 한 것이다. 다른 부파의 논사들이 대승이 부처님의 설이라는 것을 믿지 않았기 때문에 서방의 승군勝軍[6] 논사가 40년 만에 하나의 양량[7]을 지어서 "모든 대승경전은 다 부처님의 말씀이다. 내지 (이러한 주장은)『증일아함경增一阿含經』등의 (아급마경과 같다.)"[8]라고 하였다. (이 경을 설한 뜻을) 삼장三藏[9]과 원효 종장宗匠(曉匠)이 뜻을 따져 가면서 해석하였다. 모두 자세히 설명한 것은 그곳에서 설한 것과

나타내 주는 표징(因)을 매개로 하여 간접적으로 인식하는 방법이다. 곧 이미 아는 사실을 근거로 삼아 아직 알지 못하는 것을 비교하여 입증하고 바른 앎을 산출하는 것이다.

5 『金光明最勝王經玄樞』(T56, 483c)에서 "수나라 때 굴다본崛多本에 따르면 간략하게 세 가지 원인이 있어서 부처님께서 이 경을 설하였다. 권청했기 때문이고, 처음과 중간과 마지막이 (모두 좋은 것이기) 때문이며, 비량을 성립시키기 위해서이다.(隋時崛多本。略由三因。佛說此經。謂勸請故。初中後故。比量成故。)"라고 한 것을 가리키는 것으로 보인다. '굴다본'은 수나라 때 사나굴다闍那崛多(Ⓢ Jñānagupta. 불덕佛德·지덕志德, 523~600)가 한역한 5권『金光明經』에 대한 그 자신의 주석서를 가리키는 것으로 보이는데, 한역본과 주석서 모두 현재 전해지지 않는다.

6 승군勝軍 : Ⓢ Jayasena의 의역어. 음역어는 사야서나闍耶犀那이다. 서인도 출신의 저명한 유식학자. 현애賢愛에게서 인명학因明學을 배우고, 계현戒賢에게서『瑜伽師地論』을 배웠으며, 안혜安慧에게서 성명聲明, 대승과 소승의 경론을 배웠다. 대승경전이 모두 부처님이 설한 것임을 논증하였는데, 이를 승군비량勝軍比量이라고 한다. 현장玄奘이 인도에 갔을 때 2년간 그의 문하에서『唯識決擇論』·『意義理論』·『成無畏論』등을 배웠다.

7 양량 : Ⓢ pramāṇa. 논리학 용어. 척도·표준의 뜻. 지식의 진위를 판정하는 표준이 되는 것. 대상을 바르게 인식하게 하는 수단을 가리킨다. 비량比量(추리)·현량現量(지각)·성언량聖言量(성인·성전의 가르침)을 삼량三量이라고 하고, 여기에 비유량譬喩量(비유)를 합한 것을 사량四量이라고 한다.

8 『成唯識論述記』권4(T43, 352a)에서 "곧 승군논사이다. 40여 년 만에 하나의 양량을 지어서 말하였다. '모든 대승경전은 다 부처님의 말씀이다. 이것은 종宗(주장)이다. 양자(입론자와 대론자)가 모두 분명하게 인정하는 '부처님의 말씀들이 아닌 것'에 포함되지 않기 때문이다. 이것은 인因(이유. 증표證標)이다.『增一阿含經』등의 아급마경(아함경)과 같다. 이것은 유喩(사례)이다.'(即是勝軍論師。四十餘年。成立一量云。諸大乘經。皆是佛說。宗也。兩俱極成。非諸佛語。所不攝故。因也。如增一等阿笈摩經。喩也。)"라고 한 것을 참조할 것.

9 삼장三藏 : 진제 삼장眞諦三藏(499~569)을 가리키는 것 같다.『金光明最勝王經玄樞』의 서문에서 "진제 삼장은 7권『金光明經』을 한역하고 그것에 대한『義記』를 지었다."라고 하였고, 또한 "원효願曉는 이 책을 서술하면서 진제 삼장의 뜻을 근본으로 삼고, 사나굴다闍那崛多의 뜻을 지말로 삼았다."라고 한 것을 참조하였다.

같다. 진실한 능립能立(논증)으로 잘못된 집착을 무너뜨리기 위한 것이다.]¹⁰ 『금광명최승 왕경현추』¹¹】

第十七復次中。對治悉檀【後比量成故。此意也。故云比量成者。有餘部師。不信 大乘是佛所說。是以西方勝軍論師。四十年中。作一量云。諸大乘經。皆是佛語。乃 至如增一等。三藏及曉匠等徵釋。皆具如彼。以眞能立。破邪執故。】¹⁾【金光明最勝 王經玄樞】²⁾

1) 역【 】는 집일문에서 원문과 세주細註가 섞여 있을 때, 세주를 구별하기 위해 역자가 만든 표기이다. 단 『大正藏』에 수록된 『金光明最勝王經玄樞』(이하 『玄樞』라고 함)에는 할주割註(본문 사이에 두 줄의 작은 글씨로 단 주석)의 형식으로 기재되어 있음을 밝혀 둔다. 2) 역 이는 앞의 글의 출처를 밝힌 것이다. 『金光明經疏』 집일문의 대부분은 『玄樞』에서 발췌한 것이기 때문에 이하 『玄樞』에서 발췌한 것은 별도로 출처를 밝히지 않는다.

---

10 『金光明最勝王經玄樞』(T56, 484a).
11 『금광명최승왕경현추金光明最勝王經玄樞』: 일본 헤이안 시대 전기의 스님 원효願曉 (835?~871)가 지은 책. 원효는 삼론학三論學을 중점적으로 공부하였고, 법상종·밀교 에도 능통하였다. 본서는 원효元曉 사후에 한역된 『金光明最勝王經』에 대한 주석서이 고, 원효元曉의 주석서는 『合部金光明經』에 대한 주석서이다. 두 경은 동본이역이기 때문에 본서는 곳곳에서 원효元曉의 주석을 인용하였다. 실제로 『金光明經疏』 집일문 의 대부분은 본서에서 발췌한 것이다. 이하 『玄樞』로 약칭한다.

제2장 종지와 교체를 나타냄

1. 종지를 나타냄

소 첫째, (종지에 대한) 다양한 학설이라는 것은 다음과 같다.

삼승三乘의 입장에 의거하면 승장勝莊[12]이 말하기를 "진제 삼장眞諦三藏[13]이 말하였다. '이 경은 삼신三身[14]의 본유本有를 보이고 사덕四德[15]의 무생

---

12 승장勝莊 : 신라 출신의 중국 유학승. 7세기~8세기 초반 중국에서 활동한 행적이 보인다. 법보法寶 등과 같은 유력한 인물과 함께 역장에 참여하였다. 저술로『梵網經述記』2권과 『金光明最勝王經疏』8권의 집일본輯逸本이 전해진다. 원측圓測(613~696)의 제자라는 주장도 있다.
13 진제 삼장眞諦三藏 : 499~569. 서인도 출신의 역경승. 구마라집·현장·의정과 함께 중국 4대 역경가로 일컬어진다. '진제'는 ⑤ Paramārtha의 의역어로 음역어는 파라말타波羅末陀이다. 546년 중국에 들어와 64부 278권의 경론을 공역共譯하였다. 현재 30부만 전해지는데 모두 불교 연구의 귀중한 전적으로 평가받고 있다. 특히 한역경론 중『攝大乘論』·『攝大乘論釋』의 영향이 두드러져서 남조 섭론학파의 중요한 이론적 근거가 되었고, 진제 자신도 또한 이것으로 인해 섭론종의 개조로 존숭되었다.
14 삼신三身 : 불신佛身을 세 가지 측면에서 구별한 것. 명칭이나 개념이 일률적이지 않지만 본서의 대본인『合部金光明經』에 따르면 법신法身·응신應身·화신化身이다. 법신은 이법理法이 쌓여서 이루어진 몸이고, 응신은 공덕법이 쌓여서 이루어진 몸이며, 화신은 지법智法이 쌓여서 이루어진 몸이다. 곧 법신은 일체의 번뇌를 끊어 없애고 일체의 선법善法을 갖추어서 오직 법여여法如如(자신의 깨달음을 이루기 위한 것)와 여여지如如智(다른 사람을 구제하기 위한 것)만 갖추고 있다. 응신은 보살·이승·범부 등을 교화하기 위해 나타낸 몸으로, 삼십이상과 팔십종호를 지니고 목 뒤에는 둥근 광명이 비치는 모습이다. 화신은 모든 중생을 위해 여러 가지 법을 닦고 수행을 원만하게 이루고 그 수행의 힘으로 자재함을 얻어서 중생의 상황에 따라 여러 가지 모습을 나타낸 것이다. 응신과 화신은 임시로 나타낸 것이고 법신만이 진실한 존재이다.

無生을 나타내었다.'"라고 하였다.【혜소慧沼[16]가 "전해져 온 것이다."[17]라고 하였고, 동대사東大寺의 일공一公이 풀이하기를 "백마사白馬寺[18]의 소 법사韶法師[19]가 진제 삼장의 해석을 전한 것이다."라고 하였다.】

初異說者。若依三乘。莊云。眞諦三藏云。此經示三身本有。顯四德無生。
【沼云。傳也。東大一公註云。白馬寺韶法師。傳眞諦三藏解。】

어떤 사람은 말하기를 "이 경은 보리菩提와 열반涅槃의 인과를 종지로 삼고, 본과本果와 시과始果를 끝까지 다 설하였으며, 연인緣因(간접적 원인)과 정인正因(직접적 원인)을 모두 나타내었다."라고 하였다.【혜소慧沼는 바로 이것을 취하였다.[20]】

---

15 사덕四德 : 여래의 법신이 지닌 네 가지 덕. 첫째는 상常이다. 여래의 법신이 그 체가 영원히 머물고 영원히 변하지 않는 것을 말한다. 둘째는 낙樂이다. 여래의 법신이 영원히 모든 고통을 여의고 열반적정涅槃寂靜의 큰 즐거움에 머무는 것을 말한다. 셋째는 아我이다. 여래의 법신이 자재하게 걸림이 없어 유아有我・무아無我의 망상에 의거한 집착을 멀리 여읜 대아大我인 것을 말한다. 넷째는 정淨이다. 여래의 법신이 일체의 번뇌를 모두 여의어 청정한 것을 말한다.
16 혜소慧沼 : 651~714. 당나라 때 법상종 스님. 치주대사淄州大師라고도 불린다. 15세에 출가하여 계율을 엄격하게 지켜 소사리沼闍梨라고도 불렸다. 현장玄奘・규기窺基에게 배웠다. 규기가 입적한 후에 원측圓測이 『成唯識論疏』를 지어 규기의 설을 반박하자 『成唯識論了義燈』을 지어 그 설을 비판하였다. 저술로 『金光明最勝王經疏』・『因明入正理論義斷』 등이 있다.
17 『金光明最勝王經疏』 권1(T39, 176c)에서 "진제의 해석을 전하여 말하기를(傳眞諦釋云)"이라고 한 것을 가리킨다.
18 백마사白馬寺 : 중국에서 가장 오래된 절. 동한東漢 명제明帝 때 인도에서 섭마등攝摩騰과 축법란竺法蘭이 경을 싣고 중국에 들어왔을 때, 이들을 위해 창건한 것으로 전해진다.
19 소 법사韶法師 : 『新編諸宗教藏總錄』(T55, 1170a)에서 "『금광명경소』 4권, 경소 지음(金光明經疏四卷. 驚韶述。)"이라고 한 것에 따르면, '소 법사'는 진陳의 경소警韶(508~583)를 가리키는 것으로 보인다. 또 경소는 그 행적에서 진제 삼장이 『金光明經』을 새롭게 번역하는 계기를 제공했던 일이 보인다. 따라서 『新編諸宗教藏總錄』에서 '驚'이라고 한 것은 '警'의 오식으로 볼 수 있을 것 같다.

有說。此經菩提涅槃因果爲宗。究暢本始二果。備顯緣正兩因。【沼卽取之。】

이것은 바로 원효가 설한 것이다. 그러므로 『팔권경소』[21] 권1에서 말하였다.

此卽曉說。故八卷經疏第一云。

처음의 논사는 평등문平等門을 보존하였지만 인과차별의 상相을 잃었다.【승장은 바로 이것을 취하였다. 혜소가 말하기를 "삼신의 본유는 인에 의거하면 그럴 수 있지만 과를 설한 것이라면 옳지 않다. 어찌 보신과 화신을 닦지 않고도 이미 얻을 수 있겠는가? 인위因位에 있으면 여래장如來藏이라고 하고 법신이라고 하지 않는 것과 같기 때문이다. 사덕의 무생은 법신에 의거하여 설한 것이라면 이치상 바르지만 보신과 화신의 관점에서 설한 것이라면 결정코 무생이 아니다. 『열반경』에서 부처님이 여덟 가지의 자재한 자아(八自在我)[22]를 지닌 것 등을 설한 것[23]과 같다. 변계소집성遍計所執性[24]에 의거하여 설한 것이라면 또한 이치상 어긋남이 없

---

20 『金光明最勝王經疏』권1(T39, 176c).
21 『팔권경소八卷經疏』: 『合部金光明經』8권에 대한 원효의 주석서, 곧 『金光明經疏』를 가리킨다.
22 여덟 가지의 자재한 자아(八自在我): 법신이 지닌 네 가지 덕 중 하나인 아我가 갖춘 능력을 여덟 가지로 나타낸 것. 팔대자재아八大自在我라고도 한다. 『涅槃經』권21(T12, 746c)에서 "첫째, 한 몸으로 티끌처럼 많은 몸을 나타낸다. 둘째, 하나의 티끌 같은 몸으로 삼천대천세계를 가득 채운다. 셋째, 삼천대천세계를 가득 채우는 몸으로 가볍게 먼 곳에 도달한다. 넷째, 여러 공간에서 한량없는 부류의 모습을 나타내지만 항상 한 국토에 머물러 계신다. 다섯째, 모든 근根이 각각 그에 상응하는 특정 대상에 갇히지 않고 모든 대상을 두루 지각한다. 예를 들면 귀로 보기도 하는 것이다. 여섯째, 일체법을 얻지만 얻었다는 생각이 없다. 일곱째, 한 수의 게송의 뜻을 설하여도 한량 없는 겁이 지나도록 그 뜻이 다하지 않는다. 여덟째, 몸이 허공처럼 모든 곳에 두루 가득한데도 허공을 볼 수 없는 것처럼 여래도 또한 그러하여 진실로 볼 수 없지만 자유자재하기 때문에 모든 사람이 볼 수 있게 한다."라고 하였다.
23 『涅槃經』권21(T12, 746c).

다."²⁵라고 하였다.]²⁶

初師存平等門。而正¹⁾因果差別之相。【莊卽取之。沼云。三身本有。據因可爾。說果卽非。豈報化身。未修已得。如在因位。名如來藏。非一²⁾名法身故。四德無生。據法身說。理卽爲正。約報化說。非定無生。如涅槃說。佛有八自在我等。據遍計說。³⁾】

1) ㉠ '正'은 '失'인 것 같다. 2) ㉠『金光明最勝王經疏』에 따르면 '一'은 연자衍字이다.
3) ㉠『金光明最勝王經疏』에 따르면 '說' 뒤에 '理亦無違'가 누락되었다.

뒤의 논사는 차별문을 얻었지만 한맛인 평등한 성품을 잃었다.【승장이 말하기를 "경의 본문에 준하면 단지 상주常住하는 삼신의 차별을 설하였을 뿐이고 열반은 설하지 않았으니 어떻게 열반의 인과라고 말할 수 있겠는가?"라고 하였고, 혜소가 말하기를 "진여眞如²⁷는 비록 본유일지라도 인위에서는 과라는 명칭을 얻지 못한다. 보신과 화신은 반드시 닦아서 이루는 것인데 어찌 본과本果와 시과始果라고 할 수 있겠는가? 또한 인은 비록 연인과 정인이 있지만 예전의 학설에서 대체로 진여를 삼신의 정인으로 삼는다고 했으니 이것은 이치에 맞지 않는다.『능현중변혜일론』에서 설한 것²⁸과 같다."²⁹라고 하였다.】

---

24 변계소집성遍計所執性 : 유식학에서 설한 세 가지 존재 형태와 관련된 용어. 세 가지란 첫째, 변계소집성으로 허망분별에 의해 분별된 허구적 존재 형태를 말하며, 이취二取, 곧 능취能取(아는 것, 곧 주관)와 소취所取(알려지는 것, 곧 객관) 등을 그 내용으로 한다. 둘째, 의타기성依他起性으로 모든 것의 기체基體가 되는 다른 것에 의존하는 존재 형태를 가리키며 허망분별을 그 내용으로 한다. 셋째, 원성실성圓成實性으로 완성된 존재 형태를 말하며 공성空性을 그 내용으로 한다.
25 『金光明最勝王經疏』(T39, 176c). 혜소가 앞에서 진제의 설을 제시하고 그 문제점을 지적한 것이다.
26 『玄樞』의 서술 방식에 따르면, 세주는 원효의 글이 아니고『玄樞』의 저자가 주석한 것으로 보아야 한다. 이하 별도로 밝히지 않는다.
27 진여眞如 : 진실하여 허망하지 않고 그 본성이 변하지 않는 것. 사물의 실상, 그러한 실상이 드러난 세계, 그러한 실상을 이해할 수 있는 성품 등을 가리킨다.
28 『能顯中邊慧日論』권1(T45, 409c). 본서는 혜소가 지은 것이다. 7~8세기 법상종에서 오성각별五性各別·삼승진실三乘眞實·일승방편一乘方便을 선양하면서 여러 가지 논쟁이 일어났는데, 이 책은 특히 법보法寶가『一乘佛性究竟論』에서 제시한 일승진실설을

後師得差別門。而失一味平等之性。【莊云。唯[1])經文者。但說常住三身差別。不
說涅槃。如何說言涅槃因果。沼云。如[2])雖本有。在因不得名果。報化必在修成。何名
本始二果。又因雖有緣正。舊說多以眞如爲三身之正因。此不應理。如慧日論。】

1) ㉟『玄樞』미주에 따르면 '唯'는 '准'일 수도 있다.   2) ㉟『金光明最勝王經疏』에
따르면 '如' 앞에 '眞'이 누락되었다.

그런데 경문을 잘 생각해 보면 통합되지 않을 것은 없다. 염오와 청정
의 차별을 폭넓게 말하면서 실제實際(진실의 궁극)의 한맛을 움직이지 않
고, 법계의 평등을 왕성하게 밝히면서 원인의 상과 결과의 상을 무너뜨
리지 않으니, 모두 함께 한맛으로 평등하고 다름이 없는 가운데 차별이
있는 것이다. 글의 단락을 나누고 뜻을 풀이해 보면 이 뜻이 저절로 드
러난다. 두 가지 설에서 하나만 취하면 다하지 못한 것이고 두 가지 뜻
을 넘나들며 모두 써야 두루 미치지 않음이 없다는 것을 알아야 한다.【승
장이 말하기를 "오직 보리의 인과를 종으로 삼는다."라고 하였는데 태현太賢[30]은 이
것을 따랐다. 혜소가 말하기를 "지금 두 가지 해석이 있다. 하나는 승장의 뜻을 취한
것이고 또 하나는 원효의 뜻을 취한 것이다.[31] 그런데 두 가지를 모두 취하는 것[32]이
뛰어난 것이다."[33]라고 하였다.】[34]

논박하기 위해 지은 것이다.
29 『金光明最勝王經疏』(T39, 176c). 혜소가 앞에서 어떤 사람의 설을 제시하고 그 가운데
본과와 시과, 연인과 정인에 대해 문제점을 지적한 것이다.
30 태현太賢 : 신라의 스님. 원측圓測(613~696)의 손제자, 곧 도증道證의 제자로 알려져
있다. 55부의 저술이 있었던 것으로 전해지지만 현재 『成唯識論學記』· 『起信論內義略
探記』· 『梵網經古迹記』· 『菩薩戒本宗要』· 『藥師經古迹記』 등의 5부만 전해진다.
31 이것은 『金光明最勝王經疏』 권1(T39, 176c)에서 "하나는 오직 보리의 인과를 경의 바
른 종지로 삼는다(一云。唯以菩提因果爲經正宗。)고 주장한 것이고, 또 다른 하나는 (보
리의 인과와 함께) 또한 열반의 인과를 설하는 것도 종지로 삼는다(一云。亦說涅槃因果
爲宗故。)고 주장한 것이다."라고 한 것을 원효願曉가 전자는 승장의 견해이고 후자는
원효元曉의 견해라고 규정한 것이다.
32 두 가지를 모두 취하는 것 : 보리와 열반의 인과를 모두 종지로 삼는 것을 말한다. 곧
원효의 설이다.

然尋經文。無所不統。廣談染淨差別。不動實際一味。盛明法界平等。不壞因果二相。皆同一味平等。不異差別。科文釋義。斯意自彰。當知二說。偏取未盡。通用兩義。乃無不周。【莊云。唯以菩提因果爲宗。賢卽依之。沼云。今有二解。一取莊義。一取曉義。卽云。然雙取勝。】

소 원효가 말하기를 "'어떤 사람이 말하기를'[35]이라고 한 것은 삼장三藏을 가리키는 것이 아니다."라고 하였다. 지금 『의기義記』[36]를 자세히 살펴보아도 역시 이 글이 없다.[37]

曉云。有說不指三藏。今詳義記。亦無此說。

소 삼장이 말하기를 "이 경은 삼신의 미묘한 근본을 보이고 일제一諦의 궁극적인 귀의처를 나타내며, 내지 인과의 세 가지 법[38]을 밝히는 것을 체로 삼고 진제와 속제를 일제一諦로 혼용시키는 것을 종지로 삼는다."라고 하였다.『대승의장』 권1에서 "법신을 종지로 삼는다."[39]라고 하였다. 가상嘉祥[40]이 말

---

33 『金光明最勝王經疏』 권1(T39, 177a). 혜소는 경의 종지를 밝히는 부분에서 먼저 진제의 설과 어떤 사람의 설을 제시하였다. 그리고 다음에 "지금 경의 종지를 밝히면 간략하게 두 가지 해석이 있다."라고 하면서 보리의 인과를 종지로 삼는다고 한 것과 보리의 인과와 함께 열반의 인과도 종지로 삼는다고 한 것을 제시하였다.
34 『玄樞』(T56, 486a).
35 바로 앞의 글에서 "有說"이라고 한 것을 가리킨다.
36 『의기義記』: 『玄樞』 서문에 따르면 "진제 삼장은 7권 『금광명경』을 한역하고 『의기』를 지었다."라고 하였다.
37 『玄樞』(T56, 486a).
38 인과의 세 가지 법 : 법신·반야·해탈을 가리킨다. 이 세 가지는 인위에 있으면 불성이라 하고, 과위에 있으면 불과라고 한다.
39 『大乘義章』 권1(T44, 467a).
40 가상嘉祥 : 549~623. 중국 수나라 때 삼론종 스님인 길장吉藏을 달리 일컫는 말. 가상사嘉祥寺에 머문 데서 유래한 이름이다. 『中論』·『百論』·『十二門論』에 대한 주석서 및 삼론종의 개론서라고 할 수 있는 『三論玄義』·『大乘玄論』 등을 지어 삼론종을 집대성

하기를 "정법正法인 중도中道를 체로 삼고 삼점三點[41] 사덕四德을 종지로 삼는다."[42]라고 하였고, 도선道宣[43]이 이것을 바로 취하였다. 자세한 것은 그 소에서 설한 것과 같다.】

지금 이 해석을 보니 어떤 글도 통섭하지 않음이 없고 어떤 이치도 다하지 않음이 없다. 원효는 바로 이것에 일치한다. 그러므로 앞의 인용문은 근거 없는 말이라는 것을 알아야 한다.[44]

三藏云。此經示三身妙本。顯一諦窮歸。乃至明因果三法爲體。混眞俗一諦爲宗。【大義章第一云。法身爲宗。嘉祥云。正法中道爲體。三點四德爲宗。宜[1]卽取之。具如彼疏。】今觀此釋。文無不統。理無不窮。曉卽契之。故知先引。是浪言矣。

1) ㉠『東域傳燈目錄』에 따르면 '宜'는 '宣'의 오식으로 보인다. 이하 인명과 관련된 것은 모두 동일하다. 별도로 밝히지 않는다.

소 처음에 경의 종취를 밝히는 것은 다음과 같다. 이『금광명최승왕경』의 종지는 여러 학설이 각각 다르다.

初明經宗趣者。此經王宗。諸說各異。

하였다. 본 경과 관련해서는『金光明經疏』가 전해지고 있다.
41 삼점三點 : 대열반大涅槃이 갖추고 있는 세 가지 덕인 법신·반야·해탈을 범어 이伊(∴) 자의 세 점에 비유한 것. 세 점이 서로 동일하지도 않고 다르지도 않으며 완전히 일치하지도 않고 여의지도 않는 관계로 구성된 것을 나타낸다.
42 『金光明經疏』권1(T39, 160b).
43 도선道宣 :『東域傳燈目錄』(T55, 1153b)에서 "『금광명경소』10권【합하여 5권이다. 보적사寶積寺 사문 도선 지음】"이라고 한 것을 참조하여 '선宣'을 도선으로 보았다. 다만 남산율종의 종조인 도선(596~667)은 보적사와 관련된 기록이 보이지 않고, 중국의 보적사 또한 9세기 말경 창건된 절로 전해지기 때문에 동일 인물이라고 확정지을 수는 없을 것 같다.
44 『玄樞』(T56, 486b).

먼저 백마사 소 법사가 진제 삼장의 해석을 전하여 말하기를 "이 경은 삼신의 본유를 보이고 사덕의 무생을 나타내며 과과果果의 망연忘緣(연을 다한 것)을 열어서 여여한 진실을 깨닫게 하였다."라고 하였고, 또 어떤 사람은 말하기를 "이 경은 보리와 열반의 인과를 종지로 삼고 본과와 시과를 끝까지 다 설하며 연인과 정인을 모두 나타내었다."라고 하였으며, 원효 스님은 말하기를 "앞의 두 논사의 설은 모두 도리가 있다. 단지 하나의 도리만 취하면 (어느 것을 취하든) 서로 다하지 않은 것이 있다. 두 가지 뜻을 넘나들며 모두 써야 두루 미치지 않음이 없다."라고 하였다.

且白馬寺。韶法師。僧¹⁾眞諦三藏解云。此經示三身本有。顯四德無生。開果果忘緣。解如如眞實。又有說云。此經菩提涅槃因果爲宗。究暢本始二果。備顯緣正兩因。元曉師說。前二師說。皆有道理。但取一途。互有不盡。通用兩義。乃無不周。

1) ㉠ '僧'은 '傳'인 것 같다.

경흥憬興⁴⁵ 법사가 말하기를 "이 경은 상주常住의 인과를 종지로 삼는다."라고 하였고, 승장 스님은 해석하기를 "단지 보리의 인과를 경의 바른 종지로 삼는다."라고 하였다.

興法師說。此經常住因果爲宗。勝莊師解。但以菩提因果爲經正宗。

혜소 스님이 해석하였다.

---

45 경흥憬興 : 신라 법상종 스님. 7세기 중반~8세기 초반까지 활동한 행적이 보인다. 백제 지역인 웅천주熊川州 출신. 저술로 『無量壽經連義述文讚』・『三彌勒經疏』・『金光明最勝王經略贊』 등이 있다.

惠沼師解。

지금 경의 종지를 밝히면 간략히 두 가지 해석이 있다.

첫 번째 해석은 다음과 같다. 보리의 인과를 종지로 삼는다. 무엇 때문인가? (본 경에서는) 단지 수명의 분량과 삼신三身의 차별을 설했을 뿐이고, 또한 제4권에서는 단지 보리심의 원인을 물었고 부처님께서는 답하기를 단지 십바라밀을 행하는 것이라고 설하였을 뿐이며,[46] 또 「부촉품」에서는 오직 "보리의 바른 원인을 이미 너를 위해 설하였다."[47]라고 하였을 뿐이다. 그러므로 단지 보리의 인과를 종지로 삼는 것을 알 수 있다.

두 번째 해석은 다음과 같다. 또한 열반의 인과를 설하는 것도 종지로 삼는다. 「수량품」에서는 세 번에 걸쳐서 "또 다음에"라고 하면서 각각 열 가지 뜻 때문에 열반이라고 한다고 하였고,[48] 또 여래의 열 가지 행을 밝히고 나서[49] "이것이 열반의 진실한 모습이라는 것을 알아야 한다."[50]라고 하였다. 그러므로 또한 열반의 인과도 종지로 삼는 것을 알 수 있다.

이 두 가지의 설은 (각각) 임의로 취하고 버린 것이다. 그런데 둘을 모두 취하는 것이 뛰어나다. 이하 생략.[51] [52]

---

46 『金光明最勝王經』 권4 「最淨地陀羅尼品」(T16, 417c)에서 사자상무애광염보살師子相無礙光焰菩薩이 보리심을 얻는 인연이 무엇인지 질문하고, 부처님께서 십바라밀을 보리심의 원인이라고 대답한 것을 가리킨다.

47 『金光明最勝王經』 권10(T16, 455c).

48 『金光明最勝王經』 권1(T16, 407a)에서 열반의 열 가지 뜻을 밝히고, 이어서 "또 다음에"라고 하여 두 번 더 열반의 열 가지 뜻을 밝힌 것을 가리킨다.

49 『金光明最勝王經』 권1(T16, 407c)에서 "열 가지 희유한 법이 있으니 여래의 행行이다."라고 하고 열 가지의 행을 밝힌 것을 말한다.

50 『金光明最勝王經』 권1(T16, 408a).

51 『金光明最勝王經疏』 권1(T39, 176c). 일부 문장은 생략되었다.

52 『金光明最勝王經註釋』(T56, 717a).

今辨經宗。略有二解。一云。菩提因果爲宗。何以故。但說壽量及三身差別。又第四卷。但問菩提心因。佛答但說十度之行。又付囑品云。唯菩提正因。已爲汝說。故知但以菩提因果爲宗。二云。亦說涅槃因果爲宗。壽量品中。以三復次。各十義故。名爲涅槃。又辨如來十種行已云。當知是謂涅槃眞實之行。[1] 故知亦以涅槃因果爲宗。此二種說。任意取捨。然雙取勝。云云。

---

1) ㉘『金光明最勝王經』에 따르면 '行'은 '相'이다.

【『금광명최승왕경주석』[53]】
【金光明最勝王經註釋】

---

53 『금광명최승왕경주석金光明最勝王經註釋』: 일본 스님 명일明一(728~798)이 지은 『金光明最勝王經』에 대한 주석서이다.

2. 교체를 나타냄

소 다섯 가지 문[54]의 명칭은 비록 대당삼장大唐三藏[55]이 설한 것[56]을 따른다고 해도 문文(글)과 의義(의미)[57]는 모두 원효의 설을 취한다. 뜻은 비록 그럴 수 있지만 문의 숫자는 확정하기 어렵다.[58]

五門之名。雖依三藏。而文義者。皆取曉說。義雖可然。門數難定。

소 원효가 말하였다. "대승에서는 여섯 가지의 문文[59]과 열 가지의 의

---

54 다섯 가지 문 : 능전能詮의 교체敎體와 관련된 다섯 가지 문을 가리킨다. 첫째는 허망한 것을 거두어 진실한 것으로 돌아가는 문(攝妄歸眞門)이고, 둘째는 상相을 거두어 식識으로 돌아가는 문(攝相歸識門)이며, 셋째는 가립된 것을 실재인 것에 종속시키는 문(以假從實門)이고, 넷째는 세 가지 법(오온·십이처·십팔계)으로 교체를 결정하는 문(三法定體門)이며, 다섯째는 법수法數로 교체를 나타내는 문(法數出體門)이다.
55 대당삼장大唐三藏 : 당나라 때 법상종의 개조인 현장玄奘(602?~664) 스님을 가리키는 말. 경·율·논 삼장을 두루 통달했다는 뜻에서 유래한 이름이다. 인도에 오랫동안 머물면서 당대의 뛰어난 논사에게 『瑜伽師地論』·『俱舍論』 등을 두루 배웠다. 645년 많은 경론을 가지고 중국으로 돌아왔다. 이후 19년 동안 여러 사람들과 함께 75부 1,335권에 달하는 경론을 번역하였다.
56 원측이 『解深密經疏』 권1(X21, 171c)에서 교체를 밝히면서 주석 54에서 제시한 다섯 가지 문을 세우고 이것을 대당삼장의 가르침이라고 하였다.
57 문文과 의義 : '문文'을 구체화하면 명名(단어·낱말·이름)·구句(문장)·문文(글자·음소)의 셋으로 구성된다. 또한 '의義'를 구체화하면 모든 사물과 모든 사물의 의미 등의 두 가지로 구별된다. 그런데 이 두 가지는 인식 작용에 있어서는 결합 관계에 있다. 어떤 사물이 인식된다는 것은 바로 그 사물에 의미가 부여되기 때문이다.
58 『玄樞』(T56, 487a).
59 여섯 가지의 문文 : 명신名身(단어의 집합)·구신句身(문장의 집합)·문신文身[글자(음소)의 집합, 자신字身·미신味身 등이라고도 함]·어語(음성적 언어·미묘한 언어·위역違逆하지 않는 언어 등)·행상行相(모든 온蘊·처處·계界 등과 상응하는 언어)·기청機請(중생의 요청으로 일으킨 언어)을 가리킨다. '명'은 물질·소리·향기 등과 같은 단어를 가리키는 것으로 의미를 갖고 홀로 쓰일 수 있는 말의 가장 작은 단위이다. 그 개념에 해당하는 대상을 떠올리게 하는 힘을 갖고 있다. '구'는 단어(名)로 구성된 문장을 가리킨

義^{60}를 교체教體(가르침의 본질)로 삼는다. 문과 의를 대상으로 삼아서 믿음과 이해를 일으키기 때문이다. 문 가운데 통틀어서 음성, 명신名身(단어의 집합)과 구신句身(문장의 집합), 설하는 이, 듣는 이가 있으니, 이 네 가지가 화합해야 비로소 뜻이 드러나기 때문이다.『현양성교론』에서 설한 것^{61}과 같다."^{62}

曉云。大乘之中。六文十義。以爲敎體。文義爲境。生信解故。文中通有音聲名句說者聽者。此四和合。方顯義故。如顯揚也。$^{1)}$

1) ㉥ 이것은 집일문 전체가 세주이다. 이하 이런 경우는 글자의 크기를 줄여서 구별하지 않고 단지 주석을 달아 세주임을 밝히도록 하겠다.

소 원효가 말하였다.

曉云。

"명名 등의 세 가지에 모두 사용되는 이름인 '신身'이라는 것은 사물의 뜻이 신의 뜻이고, 합하여 모인 것이 신의 뜻이다. 예를 들어『입능가경』에서는 명名·구句·자字를 통틀어서 '신'이라고 한 가운데 명신과 사물은

다. 예컨대 "제행은 무상하다." 등과 같은 것이 여기에 해당하며, 이것에 의해 동작·성질·시제 등의 관계가 이해된다. '문'은 sa·dha 등과 같은 낱낱의 글자를 가리킨다. '신'이란 이러한 것들의 집합을 일컫는 말이다.
60 열 가지의 의義 : 첫째는 지의地義(자량지資糧地·가행지加行地 등)이고, 둘째는 상의相義(자상自相·공상共相 등)이며, 셋째는 작의의作意義(승해작의勝解作意·원리작의遠離作意 등)이고, 넷째는 의처의依處義(사의처事依處·시의처時依處 등)이며, 다섯째는 과환의過患義(꾸짖을 만한 것을 싫어하는 것)이고, 여섯째는 승리의勝利義(찬탄할 만한 것을 찬탄하는 것)이며, 일곱째는 소치의所治義(염오된 법)이고, 여덟째는 능치의能治義(청정한 법)이며, 아홉째는 약의略義이고, 열째는 광의廣義이다.
61 『顯揚聖敎論』권2(T31, 535c);『瑜伽師地論』권81(T30, 750a)에도 나온다.
62 『玄樞』(T56, 487b).

이름은 다르지만 뜻은 같다.'⁶³라고 하였으니 이러한 뜻에 의거하면 하나의 명과 하나의 구 등을 모두 신이라고 한다. 『아비담비바사론』에서는 '하나의 자와 하나의 명일 경우 명은 명신이라 하지 않고 (자는 자신이라고 하지 않는다.)'⁶⁴ 등이라고 하고 그 밖에 자세하게 설하였다. 이것은 합하여 모인 것의 뜻에 의거하여 신이라고 한 것이다. 그러므로 하나의 명 등에 대해서는 신이라고 하지 않는다.

> 名等三種通名身者。事物義是身義。合集義是身義。如楞伽說。名句字通名中。言¹⁾身事物。名異義一。若依此義。一名一句等。皆名身也。婆沙論云。一字一名者。名不名身等。乃至廣說。此依合集之義曰身。故一名等。不名爲身。
>
> 1) ㉎『入楞伽經』에 따르면 '言'은 '名'이다.

다음은 개별적인 이름을 풀이한다.

'명'은 분명한 것을 말한다. 부르는 것(召遝)을 뜻으로 삼는다. '분명하다'는 것은 첫째는 소전所詮의 의義와 합치하여 분명하게 알 수 있는 것이다. 둘째는 능연能緣의 의意와 합치하여 분명하게 상相을 짓는 것이다. '부르는 것'이라는 것은 속遝은 소召와 같다. 소리에 의해 앞의 사물을 부르는 작용을 하는 것을 말한다. 소리에 의해 부르는 작용을 하는 것이 바로 이 '명'이기 때문이다.

'구'는 구분하는 것을 말한다. 구경究竟(궁극적인 것)을 뜻으로 삼는다. '구분'이라는 것은 하나의 구 안에 여러 자字가 구분되어 차별되는 것을 말한다. 하나의 명과 하나의 자는 구분되는 것이 없기 때문이다. '구경'이라는

---

63 『入楞伽經』 권4(T16, 536a). 어떤 법에 의해 이름을 지으니, 이런 맥락에서는 명신과 사물이 같은 의미라는 것을 말한다.
64 『阿毘曇毘婆沙論』 권9(T28, 58a).

것은 첫째는 능전能詮(언어 일반)의 구경이다. 여러 가지 명을 섭수하여 원만한 구를 이루니, 이것을 넘어서 다시 능전의 작용은 없기 때문이다. 둘째 소전所詮(언어에 의해 나타나는 의미)의 구경이다. 제법의 자성自性과 차별을 나타내니, 이것을 제외하고 별도로 의미(義)를 설명할 만한 것은 없기 때문이다.

'자'라고 한 것은 미味라고도 하고 문文이라고도 한다. 자는 머무는 것(止)이다. 자신의 상相에 머물고 바뀌는 일이 없다. 흘러서 변하지 않기 때문에 '자'라고 한다."[65]

次釋別名。名是明了之辭。召速爲義。言明了者。一合所詮義。顯了可知。二合能緣意。分明作相。言速召者。速猶召也。謂聲召於前物之用。聲所召用。正是名故。句是區分之辭。究竟爲義。言區分者。謂一句內諸字區分差別。一名一字。無區分故。言究竟者。一能詮究竟。謂攝諸名。成圓滿句。過此是更無能詮用故。二所詮究竟。謂顯諸法自性差別。此外無別可詮義故。所言字者。亦名爲味。亦名爲文。字猶止也。止於自相。而無改轉。由不流變。故名爲字。[1]

1) ㉠ 이것은 집일문 전체가 세주이다.

소 원효가 말하기를 "이 세 가지(명신·구신·문신)는 음성 위에 가립한 것이다. 불상응법不相應法[66]을 그 본질로 삼는다. (십팔계十八界[67] 중) 법계

---

65 『玄樞』(T56, 487c).
66 불상응법不相應法 : 색色도 아니고 심心도 아니지만 색과 심의 작용 위에 임시로 세워진 것을 가리키는 말. 유식학에서 심불상응법心不相應法 중 언어 활동을 구성하는 요소로 명·구·문의 세 가지를 든다. 이것은 소리(聲)를 그 분위分位(나뉘는 자리)에 따라 달리 이름을 붙인 것일 뿐 소리를 떠나서 있는 것은 아니기 때문에 진실한 체성이 없음을 나타낸다.
67 십팔계十八界 : 육근六根(인식 기관)·육경六境(인식 대상)·육식六識(인식 작용)을 합하여 일컫는 말이다.

• 49

法界에, (십이처十二處⁶⁸ 중) 법처法處에, (오온五蘊⁶⁹ 중) 행온行蘊에 섭수된
다. 개별적으로 말하면 인人이든 법法이든 자성自性의 증언增言이 명의 체
이고, 인이든 법이든 차별差別의 증언이 구의 체이다. 이 둘이 의지하는
것인 모든 자字가 문의 체이다. 여기에서 '증언'이라는 것은 이 명과 구는
뛰어난 능력이 있어서 법상法相을 나타낼 수 있기 때문에 증언이라고 하
였다."라고 하였다. 자세한 것은 그곳에서 설한 것과 같다.⁷⁰

> 曉云。此三皆是於聲假立。不相應法。以爲其性。法界法處行蘊所攝。別而
> 言之。若人若法。自性增言。是爲名體。若人若法。差別增言。是爲句體。此
> 二所依。何等諸字。是爲文體。此增言者。謂此名句。有增上能。能顯法相。
> 故曰增言。廣如彼也。¹⁾
>
> 1) ㉠ 이것은 집일문 전체가 세주이다.

【소】 【문】 이와 같이 안립한 문과 의의 교상教相은 그 체가 무엇인가? 【답】
원효가 말하기를 "앞에서 설한 문과 의의 상은 성性의 관점에서 말하면
유식唯識을 체로 삼는다."⁷¹라고 하였다.

> 問。如是所安。文義敎相。其體何耶。答。曉云。謂如前說文義之相。剋性而
> 言。唯識爲體。

---

68 십이처十二處 : 내육처內六處(六根, 인식 기관)와 외육처外六處(六境, 인식 대상)를 합
하여 일컫는 말이다.
69 오온五蘊 : 일체의 유위법有爲法을 다섯 부류로 구별한 것. 색온色蘊(물질적인 것 일
체)·수온受蘊(감수 작용의 결과물 일체)·상온想蘊(지각 작용의 결과물 일체)·행온行蘊
(의지 작용의 결과물 일체)·식온識蘊(안식眼識 등을 비롯한 일체의 인식 작용의 결과물
일체)을 가리킨다.
70 『玄樞』(T56, 488a).
71 『玄樞』(T56, 488b).

소 원효가 말하기를 "나타내는 주체인 마음에 나타난 모양이 모여서 현현하니 내지 이와 같이 178법이 있다. 같은 종류를 서로 섭수하면 다섯 가지를 넘어서지 않는다. 첫째는 어語이고, 둘째는 명이며, 셋째는 구이고, 넷째는 자이며, 다섯째는 의미(義)이다. 내지 이 다섯 가지를 줄여서 섭수하면 두 가지이다. 앞의 네 가지는 문文이고, 뒤의 한 가지는 의義이다. 그러므로 문과 의를 체로 삼는다고 설한다. 이와 같은 문과 의는 식識을 떠나서 일어나는 것이 아니다. 그러므로 유식唯識을 교체라고 설한다. 우선 세속世俗을 따라 임시로 이와 같이 설한 것이다."라고 하였다.[72]

曉云。能現之心。所現之相。聚集顯現。乃至如是一百七十八法。以類相攝。不出五種。一語二名三句四字五義。乃至此五。略攝爲二。前四是文。後一是義。故說文義以爲體。如是文義。不出識外。故說唯識。以爲教體。且隨世俗。假說如是。

소 문 진문眞門은 무엇인가?

問。眞門何也。

답 원효가 말하였다.

答。曉云。

"여如가 아닌 것을 (임시로) 시설하여 이와 같은 법이 있는 것이다.[태현이 말하였다. "이 가운데에 비유非有라고 하는 것은 공성空性에 나아간 것이니 또한 승의

---

[72] 『玄樞』(T56, 488c).

勝義라고도 하고 또한 진여眞如라고도 한다."[73]] 그 이유는 다음과 같다. 명과 구는 모두 자에 의해 성립되고, 그 자는 다시 온갖 소리를 지어서 일어난다. 하나의 자를 설할 때 여러 찰나刹那[74]가 지나간다. 여러 찰나에 일어난 소리가 모여서 하나의 글자가 성립된다. 이 여러 소리를 추구해도 화합의 뜻은 없다. 앞의 시간에는 뒤의 것이 없고 뒤의 시간에는 앞의 것이 없다. 있는 것과 없는 것은 추구해도 화합할 수 없다. 앞의 시간과 뒤의 시간도 있다고 해도 또한 화합하지 않으니 시간의 분위가 다르기 때문이다. 마치 과거와 미래의 관계와 같다.

소리가 이미 화합하지 않으면 자도 또한 성립되지 않으니 자가 이루어지지 않는다면 명과 구가 어디에 있겠는가? 문文이 이미 성립되지 않는다면 의義가 어떻게 성립될 수 있겠는가? 문과 의가 있지 않으니 무엇을 교체로 삼겠는가? 소취所取(알려지는 것, 객관)인 상相을 이미 얻을 수 없는데 능취能取(아는 것, 주관)인 식識을 어떻게 있다고 할 수 있겠는가?

비록 얻을 수 없지만 실질적으로 없는 것은 아니니 임시로 온갖 연緣에 의지하여 나타나기 때문이다. 온갖 연에 의지하여 나타나는 것이라면 환술에 의해 나타난 현상과 같은 것이어서 끝내 유有를 얻을 수 없다.

여래께서는 이와 같은 것을 통달하고 설하신다. (그러므로) 하루 종일 말씀하셨어도 일찍이 말씀하신 것이 있지 않다. 그것을 듣는 이도 또한 그러하여 문과 의를 얻지 않으니 이와 같은 것을 비로소 다문多聞을 온전히 갖춘 것이라고 한다.『유마힐소설경』에서 '법을 설하는 이는 설한 말이 없고 사람들에게 나타내 보인 이치도 없다. 그 법을 듣는 이도 들은 말이

---

73 의타기성에 의거하여 있는 것이고, 원성실성에 의거할 때는 비유非有라는 것을 설명한 것 같다.
74 찰나刹那 : Ⓢ kṣaṇa의 음역어. 수유須臾·염경念頃 등으로 의역한다. 시간을 나타내는 최소 단위. 순간을 가리키는 말. 정확한 시간은 출처에 따라 다르다. 이것을 현재의 단위로 변환하면 0.018초라는 설, 0.013초라는 설 등이 있다.

없고 얻은 이치도 없다.'[75]라고 하고, 『열반경』에서 '여래께서 항상 법을 설하지 않은 것을 안다면 이것을 보살이 다문을 온전히 갖춘 것이라고 한다.'[76]라고 한 것과 같다.

성性의 관점에서 교체를 나타내면 얻을 것이 없는 것(無所得)을 그 체로 삼으니 얻을 것이 있다면(有所得) 부처님의 가르침이 아니기 때문이라는 것을 알아야 한다. 성의 관점에서 체를 나타내면 (그 뜻이) 이와 같음을 알아야 한다."[77]

非如施設。有如是法。【賢云。此中非有。謂卽空性。亦名勝義。亦名眞如。】所以然者。名之與句。竝字所成。其字復作衆聲而起。說一字時。經多刹那。多刹那聲。合成一字。求此多聲。無和合義。前時無[1] 後時無前。有之與無。求無和合。前後二時。有亦不合。時分異故。猶如去來。聲旣無合。字無所成。字不成者。名句何在。文旣不立。義何得成。文義非有。誰爲敎體。所取之相。旣不可得。能取之識。何得爲有。雖不可得。而實非無。假依衆緣。而顯現故。若依衆緣。而顯現者。如幻事相。終不得有。如來如是通達而說。終日言而未曾有言。聞者亦爾。不得文義。如是乃名具足多聞。如淨名言。夫說法者。無說無示。其聞法者。無聞無得。涅槃經言。若知如來[2]不說法。是名菩薩具足多聞。當知剋性出敎體者。以無所得而爲其體。若有所得。非佛敎故。剋性出體。應如是知。

1) ㉠『玄樞』 미주에 따르면 '無' 뒤에 '後'가 있을 수도 있다. 2) ㉠『涅槃經』에 따르면 '來' 뒤에 '常'이 누락되었다.

---

75 『維摩詰所說經』 권1(T14, 540a).
76 『涅槃經』 권24(T12, 764c).
77 『玄樞』(T56, 488c).

제3장 가르침에 포함되는 것을 밝힘

소 가르침에 포함되는 것은 네 가지가 있다. 바로 원효의 설을 취한다. 뒤에서 대조한 것과 같다.[78]

攝教有四。卽取曉說。如後對也。

소 원효가 말하였다.

曉云。

"어떤 사람은 '두 번째 법륜이라는 것은 여러 부部의 반야계 경전을 말한다.'[79]라고 하였는데 이 설은 옳지 않다. 그 이유는 『대반야경大般若經』의 경우, 삼승三乘을 두루 가르치기 위한 것임[80]을 경의 글[81]과 논에서 분명하게 설했기 때문이다. 그러나 이 경(『해심밀경』)에서 설하기를 '두 번째 법륜은 단지 대승을 발심發心하고 나아가서 닦는 이를 위한 것이다.'[82]라

---

78 『玄樞』(T56, 489a).
79 법상종에서 『解深密經』의 삼시三時의 교판에 의거하여 반야부 경전을 제2시에 배대한 것을 말한다. 원효는 『大慧度經宗要』(T33, 73b)에서 경과 논의 다양한 문장을 제시하여 이 주장이 옳지 않음을 증명하고 제3시에 속하는 것이라고 하였다.
80 곧 사교 중 삼승통교三乘通教임을 나타낸 말이다.
81 『大般若經』권13(T5, 709c)에서 "대승을 구하고 독각승獨覺乘(緣覺乘)을 구하고 성문승聲聞乘을 구하는 이는 이 반야바라밀다를 배워야 한다."라고 한 것을 참조할 것.

고 하였다. 그러므로 (두 번째 법륜은) 『대반야경』을 섭수하지 않는다는 것을 알아야 한다. 또한 논에서 『대반야경』을 인용하여 (이 경이) 삼자성 三自性과 무자성無自性을 설한 것⁸³을 (보여 주었다.) (그렇다면) 어떤 은밀 상隱密相(진리를 직접적으로 나타내지 않은 것)이 있어서 두 번째에 속한다고 할 수 있겠는가?⁸⁴

그러므로 알아야 한다. 여러 부部의 반야계 경전에는 은밀교隱密敎와 현료교顯了敎(진리를 직접적으로 완전하게 나타낸 것)가 있다. 오직 대승을 발심 하고 나아가서 닦는 이를 위한 것과 같은 경우는 은밀상으로 설한 것이니 두 번째에 속한다. 『대반야경』과 같이 삼승을 두루 가르치기 위한 것이라 면 요의了義(완전하고 궁극적인 이치)를 설한 것이니 세 번째에 속한다. 이와 같이 설하는 것이 경문에 미묘하게 일치한다."⁸⁵

有云。第二法輪者。謂諸部般若。是說不然。所以然者。如大般若。普爲三 乘。經文及論。分明說故。而此經說。第二法輪。但爲發趣修大乘者。故知

---

82 『解深密經』 권1(T16, 697a).
83 『攝大乘論釋』 권1(T31, 382c)에서, 『大般若經』에서 설한 것이라고 하면서 본 경을 인 용하여 삼자성과 삼무자성의 가르침을 설한 것을 말하는 것 같다. 단 『攝大乘論釋』에 서 『大般若經』의 글이라고 하면서 인용한 것과 꼭 일치하는 글을 현행 『大般若經』에서 는 찾을 수 없다.
84 법상종의 삼시의 교판에서 제2시는 『解深密經』에서 "대승을 발심하고 나아가서 닦는 이들을 위해 '모든 법은 공하여 자성이 없고, 생성도 없으며 소멸도 없다. (이렇게) 본 래 고요한 자성이 열반이다.'라는 것에 의지하여 은밀상隱密相으로 법륜을 굴린 것이 다."라고 하였다. 제3시는 『解深密經』에서 "널리 모든 승乘을 발심하고 나아가서 닦는 이를 위해 '모든 법은 공하여 자성이 없고, 생성도 없고 소멸도 없다. (이렇게) 본래 고 요한 자성인 열반 역시 자성이 없는 성품이다.'라는 것에 의지하여 현료상顯了相으로 법륜을 굴린 것이다."라고 했다. 그러므로 이 글은 법상종에서는 반야계 경전은 무자 성을 설하지 않았다는 점을 들어 제2시에 소속시켰지만 『攝大乘論釋』에서 이미 반야 계 경전이 무자성도 설하였음을 말하고 있기 때문에 이 주장은 타당하지 않다는 것을 보여 주기 위해 서술한 것이다.
85 『玄樞』(T56, 489c).

不攝大般若經。又論所引大般若經。說三自性及無自性。有何隱密而屬第二。當知諸部般若之中。有隱密教及顯了教。若其偏爲發趣修大乘者。隱密相說。是屬第二。如大般若。普爲三乘。了義說者。屬於第三。如是說者。妙契經文。[1)]

1) ㉮ 이것은 집일문 전체가 세주이다.

소 자세한 것은 원효가 설한 것을 따른다. 자기 혼자의 의견대로 하려는 마음을 가져서는 안 된다.[86]

具依曉說。不可師心。

소 원효 스님(元師)[87]이 말하기를 "세 가지 법륜이라는 것은 첫째는 사제四諦[88]이고, 둘째는 은밀隱密이며, 셋째는 현료顯了이다. 차례대로 『해심밀경』에서 제시한 세 시기[89]에 해당한다. 지금 이 경은 세 번째 법륜에 섭수된다."라고 하였다.[90]【『최승왕경우족』[91]】

---

86 『玄樞』(T56, 490a).
87 원효 스님(元師) : 후쿠시 지닌(福士慈稔)은 『日本仏教各宗の新羅・高麗・李朝仏教認識に関する研究』 제2권 하 p.18에서 "'원사元師'라는 이름의 법사가 『금광명경』의 주석서를 쓴 기록이 없고 『법계도기총수록』에서 상원사相元師・원사라고 한 것이 한 번 있기는 하지만 그 내용이 본서의 인용 부분과 사상적으로 간격이 있기 때문에 본문의 원사는 원효로 보아야 한다."라고 하였다.
88 사제四諦 : 성문승을 깨달음으로 이끄는 네 가지 근본적인 진리. 고제苦諦(일체는 고통이라는 진리)・집제集諦(고통의 원인은 집착이라는 진리)・멸제滅諦(고통을 소멸한 경지인 열반이 있다고 하는 진리)・도제道諦(고통의 소멸로 이끄는 실천도가 있다는 진리) 등을 가리킨다.
89 세 시기 : 『解深密經』 권2(T16, 0697a)에서 부처님의 가르침을 세 때로 나누어서 첫 번째 시기에는 성문승을 위해 사제의 법륜을 설하였고, 두 번째 시기에는 대승에 대해 발심하여 나아가서 닦는 이들을 위해 은밀상으로 법륜을 굴렸으며, 세 번째 시기에는 널리 모든 승乘에 대해 발심하여 나아가는 이를 위해 현료상으로 법륜을 굴렸다고 한 것을 말한다.

元師云。三法輪者。一者四諦。二隱密。三顯了。如次則深密經三時也。今此經第三法輪攝也。【最勝王經羽足】

소 원효가 뜻을 반영하여 말하였다.[92]

曉影意云。

"십이지十二支(십이연기)[93]는 두 가지로 나눌 수 있다. 첫째는 내신內身의 측면에서 안립한 연기이다. 앞의 여섯 가지 지支를 말한다. 둘째는 (경계를) 수용受用하는 측면에서 안립한 연기이다. 뒤의 여섯 가지 지를 말한다.[94] 앞은 소의所依이고 뒤는 능의能依이다.

십이분교十二分敎[95]의 건립도 또한 두 가지가 있다. 여섯 가지는 문文의 차별에 의해 분위分位를 건립한 것이고, 여섯 가지는 의義의 차이에 의거하여 분위를 건립한 것이다. 문은 소의이고 의는 능의이다. 저 두 가지에 상대하여 이 두 가지 분위를 세운 것이다. '문에 의거한 여섯 가지'라는 것

---

90 『最勝王經羽足』(T56, 819c).
91 『최승왕경우족最勝王經羽足』: 일본 스님 평비平備(9~10c)가 지은 『金光明最勝王經』에 대한 주석서이다.
92 『玄樞』 본문에서, 이 글 바로 앞부분에서 '부처님께서 가르침의 형식으로 십이분교十二分敎를 설립한 것은 바로 십이연기를 대치하기 위한 것'이라고 한 것과 관련된 것임을 나타낸 것으로 보인다.
93 십이지十二支(십이연기): 고통의 발생(유전)과 소멸(환멸)의 구조를 열두 가지 고리로 설명한 것. 열두 가지의 발생 구조는 무명無明→행行→식識→명색名色(정신적인 것과 물질적인 것: 六境)→육처六處(六根)→촉觸→수受→애愛→취取→유有→생生→노사老死로 이루어진다. 노사에서부터 거꾸로 올라가면 열두 가지 소멸의 구조가 성립된다. 무명으로 인해 끝내 노사 등의 고통이 발생하고, 노사 등의 고통이 소멸됨으로 인해 무명도 소멸한다.
94 『瑜伽師地論』 권10(T30, 324a).
95 십이분교十二分敎: 불법을 그 내용에 따라 열두 가지로 분류한 것. 가장 이른 시기에 성립된 것으로 알려진 경전 분류법이다.

은 계경契經(長行)·응송應頌(祇夜, 重頌)·기별記別·풍송諷誦(伽陀, 孤起頌)·자설自說·논의論議이고, '의에 의거한 여섯 가지'라는 것은 인연因緣·비유譬喩·본사本事·본생本生·방광方廣·희유希有(未曾有法)이다." 자세한 것은 그곳에서 설한 것과 같다.[96]

十二爲二。一內身緣起。謂前六支。二受用緣起。謂後六支。前是所依。後是能依。十二分敎。建立亦二。六依文別。分位建立。六依義異。分位建立。文是所依。義是能依。對彼二種。立此二分。依文六者。謂契經應頌記別諷誦自說論議。依義六者。謂因緣譬喩本事本生方廣希有。具說如彼。

---

[96] 『玄樞』(T56, 490ab).

제4장 경명經名의 뜻을 풀이함

소 이와 같은 여러 가지 해석[97]은 이전의 학설을 수용하여 다듬은 것이다. 가까이는 원효의 풀이를 반영하였고, 멀리는 양梁 진제 삼장의 뜻을 취하였다. 모두 뒤에서 간략하게 인용하고 대조한 것과 같다.[98]

如是衆釋。潤飾舊說。延[1)]影曉釋。遠取梁義。竝如次下。略引對也。
1) ㉠『玄樞』미주에 따르면 '延'은 '近'일 수도 있다.

소 원효가 말하기를 "범어 수발나파사울다마수다라修跋那頗沙欝多摩修多羅[99]는 금광명계경金光明契經이라고 의역한다."라고 하였다.[100]

曉言。修跋那頗沙欝多摩修多羅。此云金光明契經。[1)]
1) ㉠ 이것은 집일문 전체가 세주이다.

소 원효 스님이 말하였다.

元師云。

---

97 바로 앞에서 진술한『金光明最勝王經』이라는 이름에 대한 다양한 해석들을 가리킨다.
98 『玄樞』(T56, 493b).
99 수발나파사울다마수다라修跋那頗沙欝多摩修多羅 : '수발나(ⓈSuvarṇa)'는 금, '파사(Ⓢprabhāsa)'는 광, '울다마(Ⓢottama)'는 명, '수다라(Ⓢsūtra)'는 계경이라고 의역한다.
100 『玄樞』(T56, 493b).

"이름을 풀이하는 것은 다음과 같다. 범어 수발나파파사울다마수다라 修髮那波頗沙欝多摩修多羅는 금광명계경金光明契經이라고 의역한다. '금광명' 의 뜻은 총괄적인 것이 있고 개별적인 것이 있다. 총괄적인 특성을 말하면 '금'이라는 것은 칠보 중 가장 뛰어나고 사륜왕四輪王[101] 중에서도 상위에 있다. 따라서 이 경이 십이분교 안에서 가장 뛰어난 것을 사륜왕 중에서도 왕이 되는 것에 비유하였다. '광명'이라는 것도 또한 총괄적인 것이 있고 개별적인 것이 있다. 개별적인 특성을 말하면 '광'은 빛이 해와 달 등에 있는 것이고, '명'은 문수보살文殊菩薩[102]·약왕보살藥王菩薩[103] 등의 주위에 발현되는 것이다. 총괄적인 특성을 말하면 어떤 빛(光)도 밝히지(明) 않음이 없는 것이니 '명'은 빛의 색이다. 지금 여기에서 취한 것은 그 총괄적인 뜻을 취한 것이다."[104]【『최승왕경우족』】

釋名者。修髮那波頗沙欝多摩修多羅。此云金光明契經。金光明義。有總有別。總相而言。所言金者。七寶中最首。四輪王中爲上。以喩此經十二分內最勝四輪王中爲王也。光明者。亦有總別。別相而言。光在日月等中。明發殊藥等上。通相而言。無光不明。明是光色。今此所取。取其通義也。【最勝王經羽足】

소 원효가 말하기를 "'금광명경'이라고 한 것은 저 세간의 일을 제시

---

101 사륜왕四輪王 : 천하를 통일하고 평화롭게 통치하는 네 부류의 전륜성왕轉輪聖王을 가리키는 말. 각각 지니고 있는 윤보輪寶의 종류에 따라 금륜왕金輪王·은륜왕銀輪王·동륜왕銅輪王·철륜왕鐵輪王이라고 부른다. 각 왕은 차례대로 네 개의 주(四洲)·세 개의 주·두 개의 주·한 개의 주를 다스린다.
102 문수보살文殊菩薩 : 사대보살四大菩薩 중 하나로 반야경전과 관계가 깊다. 석가불釋迦佛의 협시夾侍로 부처님의 지혜를 나타낸다.
103 약왕보살藥王菩薩 : 좋은 약을 베풀어서 중생의 몸과 마음의 병을 치료해 주는 보살. 아미타불의 25보살 중 하나이다.
104 『最勝王經羽足』(T56, 819c).

하여 출세간의 도를 비유한 것이다. 이 가립한 이름으로 인해 이름이 끊어진 세계를 나타낸다. 이른바 이름은 실상實相의 손님이지만 실상을 불러올 수 있는 것은 이름이고 사事는 이理보다 엉성하지만 이치를 통달하게 하는 것은 사이다."라고 하였다.[105]

曉云。所言金光明經者。擧彼世事。以況出世之道。因此假名。以表絶名之方。所謂名賓於實。實之能召者名也。事疏於理。理所通之者事也。

소 혜소가 뜻을 따르면서 말하기를 "여기에서의 뜻은 이 세 가지를 관통하기 때문에 '제왕'이라고 하였다."[106]라고 하였다. 경흥은 수隋 가상嘉祥의 뜻을 취하였다.[107] 본문에 들어가서 해석한 것과 같다. 원효의 풀이는 앞에서 설한 것과 같다.[108]

---

105 『玄樞』(T56, 494a).
106 『金光明最勝王經疏』 권1(T39, 180a). 바로 앞의 글을 보아야 "세 가지"라는 말의 의미가 드러난다. 앞의 글을 보충하여 본문을 번역하면 다음과 같다. "셋째, '제왕'이라는 것은 세 가지 뜻이 있다. 첫째는 법신을 밝힌 것이니 『화엄경』에 의거한 것이다. 『화엄경』은 법신을 체로 삼는다. 둘째는 지혜를 밝힌 것이니 『반야경』을 관통한 것이다. 『반야경』은 지혜를 체로 삼는다. 셋째는 사덕을 밝힌 것이니 『열반경』을 거둔 것이다. 『열반경』은 상常 등을 정체正體로 삼는다. 여기에서의 뜻은 이 세 가지를 관통하기 때문에 제왕이라고 하였다.(三帝王者有三義。一明法身攝華嚴。華嚴以法身爲體。二明智慧貫波若。波若智慧爲體。三明四德收涅槃。涅槃常等爲正體也。此意由貫斯三。故曰帝王。)"
107 『金光明經疏』(T39, 161a)에서 "금광명은 모든 경의 왕이네.'라고 한 것은 다음과 같다. 이 경의 이름은 법신의 상주를 설하였고 또한 세 가지의 세 가지 뜻을 나타냈기 때문에 이러한 이름을 세웠다. 소승보다 뛰어나기 때문에 '왕'이라고 하였다.(是金光明諸經之王者。此經名說法身常住。亦表三種三義。故立此名。過於小乘故言王也。)"라고 한 것을 가리키는 것 같다. "세 가지의 세 가지 뜻"이란 같은 책(T39, 160b)에서 "그 종지의 궁극적 지점을 논하면 세 가지의 세 가지 법을 나타낸다. 첫째는 삼신의 불과를 나타내고, 둘째는 열반의 세 가지 덕을 나타내며, 셋째는 세 가지 불성佛性을 나타낸다.(論其宗極。表三種三法。一表三身佛果。二表涅槃三德。三表三種佛性。)"라고 한 것을 말한다.
108 『玄樞』(T56, 495b).

沼影義云。此意由貫斯三。故曰帝王。取¹⁾隋祥義。如入文釋。曉釋如上。²⁾

1) ㉠『玄樞』미주에 따르면 '取'는 '興取'일 수도 있다. 2) ㉠ 이것은 집일문 전체가 세주이다.

소 원효가 뜻을 반영하여 말하였다. "(십이분교 중) 처음에 '계경'이라고 한 것에 다섯 가지 뜻이 있다. 첫째는 중생의 근기와 인연(機緣)에 계합하여 선근善根을 생기하는 것이다. 둘째는 도리道理에 계합하여 이치의 근원을 현시하는 것이다. 셋째는 이렇게 생기한 것과 현시한 것으로 법신을 장엄하는 것이다. 이것은 꽃을 엮어 만든 장식품(結鬘)의 뜻이다. 넷째는 앞의 세 가지 뜻을 갖추어서 진실한 궤범을 짓는 것이다. 이것은 승묵繩墨(먹줄)의 뜻이다. 다섯째는 문과 의가 다함이 없고 법이 흘러 끊어짐이 없는 것이다. 이것은 끝없이 솟아나는 샘물의 뜻이다.¹⁰⁹ 계경의 뜻(訓)은 이 다섯 가지 뜻을 포함한다. 그러므로 바른 번역은 수다라修多羅(S) sūtra, 經)가 아니겠는가."¹¹⁰

曉影。初云契經。有其五義。一契會物機。出生善根。二契當道理。顯示理原。三以此生顯。莊嚴法身。是經¹⁾鬘義。四具上三義。爲作眞軌。是繩墨義。五如是□□□戈立總。²⁾ 是涌泉義。契經之訓。含此五義。故用正翻。修多羅不。³⁾

1) ㉠『雜阿毘曇心論』에 따르면 '經'은 '結'인 것 같다. 2) ㉠『維摩經玄疏』에 따르면 '如是□□□戈立總'은 '文義無盡法流不絶'인 것 같다. 3) ㉠ 이것은 집일문 전체가 세주이다.

---

109 『雜阿毘曇心論』권8(T28, 0931c);『維摩經玄疏』권5(T38, 547c).
110 『玄樞』(T56, 495b).

제5장 본문을 풀이함

1. 문장의 단락을 나눔

소 원효가 말하였다.

曉云。

"저 서역의 세친보살世親菩薩[111] 등은 대상이 되는 경에 따라서 바로 여러 단락으로 나누었다. 이곳의 도안道安[112] 법사 등은 여러 경을 통틀어서 매번 세 단락으로 나누었다. 그 뜻을 이해한 것에 따른 것이니 모두 도리가 있다. 이제 이 경은 대부분 세 단락으로 나눈다. 그런데 그 과문科文(글을 분과한 것)은 두 가지 해석을 넘어서지 않는다.

若彼西域。世親菩薩等。隨所依經。直作多分。若依此土。道安法師等。通

---

[111] 세친보살世親菩薩 : 세친世親은 [S] Vasubandhu의 의역어. 바수반두婆藪槃豆라고 음사한다. 4~5세기경 생존한 인도 대승 유식학파의 대표적 논사. 본래 설일체유부 소속이었으나 형인 무착無著의 영향으로 대승으로 전향하여 미륵에서 무착으로 이어지는 유식사상을 계승하고 완성시켰다.

[112] 도안道安 : 동진東晉의 스님. 312년 혹은 314년 출생. 중국불교 초기에 불교 발전에 크게 기여한 중심인물. 구마라집鳩摩羅什을 초빙하여 함께 한역경론을 정리하고 『衆經目錄』을 지었다.

於諸經。每作三段。隨其意解。皆有道理。今於此經。多作三段。然其科文。
不過二釋。

창 법사暢法師[113] 등의 여러 법사가 말하였다.

'처음의 한 품[114]은 서분序分이고, 다음의 여덟 품[115]은 정설분正說分이며,「사천왕품四天王品」이후의 품[116]은 유통분流通分에 섭수된다.「사천왕품」등의 여섯 품[117]에서는 다만 수호하는 것과 이익을 주는 것과 경을 수지하는 것의 가르침을 바로 밝혔을 뿐이고 다시 별도로 소전所詮의 의리義理를 나타낸 것은 없기 때문이다.「정론품正論品」이후의 여러 품[118]에서는 오직 수지할 것을 권하고 유통시키는 행을 나타냈을 뿐이다. 그러므로 아울러 유통분이라는 것을 알아야 한다.'

暢法師等諸師說云。初之一品爲序分。次有八品爲正說。四王品後攝流通分。以四王等六品之內。直明護益持經之乘。更無別顯所詮義理故。正論品

---

113 창 법사暢法師 :『東域傳燈目錄』(T55, 1153)에서 "『금광명합부경소』3권【현창 지음. 7권경을 '합부'라고 한다.】(金光明合部經疏三卷【玄暢述。七卷經云合部。】)"라고 한 것을 참조할 때 '창暢'은 현창玄暢을 가리키는 것 같다. 보통 진제가 한역한『金光明經』을 7권본이라고 하는데, 이 경에 대한 주석서를 썼다면 이 현창은 위진魏晉의 현창(416~484)과 동일인물이라고 할 수 없다. 또한 본문에서 경소憬韶(508~583)가 현창의 글을 비판한 것이 보이기 때문에 당나라 때 스님 현창(797~875)이라는 가설도 성립하지 않는다.
114 처음의 한 품 : 제1「서품」을 가리킨다.
115 다음의 여덟 품 : 제2「수량품」, 제3「삼신분별품」, 제4「참회품」, 제5「업장멸품」, 제6「다라니최정지품」, 제7「찬탄품」, 제8「공품」, 제9「의공만원품」을 가리킨다.
116「사천왕품」이후의 품 : 제10「사천왕품」에서부터 마지막인 제24「부촉품」까지의 열다섯 품을 가리킨다.
117「사천왕품」등의 여섯 품 : 제10「사천왕품」에서부터 제15「산지귀신품」까지의 여섯 품을 가리킨다.
118「정론품正論品」이후의 여러 품 : 제16「정론품」에서부터 마지막인 제24「부촉품」까지의 아홉 품을 가리킨다.

後諸品之中。唯顯勸持流通之行。故知竝是流通分也。

소 법사韶法師가 진제의 풀이를 서술하였다.
'처음의 한 품[119]은 서분이고, 제2「수량품」이후에서 제22「사신품」까지 합하여 21품은 정설분이며, 가장 마지막의 두 품[120]까지는 유통분이다. (정설분에서) 앞의 여덟 품[121]은 경의 정체正體를 열었고 제10「사천왕품」이후는 경의 힘과 작용을 찬탄하였기 때문에 이 모든 글은 다 정설분이다.'라고 하였다.

韶法師述眞諦解云。初一品是序分。壽量品後乃至捨身。合二十一品是正說分。最後二品是流通分。以前八品。開經正體。四王品後。歎經力用。故此諸文。皆爲正說。

이 법사(소 법사)가 앞의 (창 법사의) 뜻을 파척하여 말하였다.
'제2「수량품」은 석가의 과를 밝혔고, 제19「수기품」은 제자의 과를 밝혔으며, 제4「참회품」·제8「공품」등은 제자의 요인了因[122]을 밝혔고, 제17「선집품」·제22「사신품」은 석가의 요인을 나타내었다. 인과로서 이치가 같으니 어찌 정설분이 아니겠는가, (같이 인과를 설하는 것인데) 어찌 반드시 나중에 설한 것이라고 하여 유통분이라고 하겠는가?'

此師破前義云。壽量明釋迦果。授記明弟子果。懺悔空等顯弟子了因。善集捨身顯釋迦了因。因果理同。何非正說。何必後說。以爲流通耶。

---

119 처음의 한 품 : 제1「서품」을 가리킨다.
120 가장 마지막의 두 품 : 제23「찬불품」·제24「부촉품」을 가리킨다.
121 앞의 여덟 품 : 제2「수량품」에서부터 제9「의공만원품」까지를 가리킨다.
122 요인了因 : 실상을 분명히 알 수 있게 하는 원인이 되는 것, 곧 지혜를 가리킨다.

이 두 법사의 설은 모두 득실이 있다. 무엇 때문인가.

제10 「사천왕품」 등과 내지 제15 「산지품」은 오직 유통분의 뜻만 있고 전혀 정설분의 특징은 없다.[123] 또한 제19 「수기품」·제22 「사신품」 등은 보리과菩提果와 보살행菩薩行을 밝혔으니 정설분에 해당하는 글이고 유통분의 특징은 없다.[124] 그런데 정설분은 유통분의 뒤에 있을 수 없고[125] 유통분이 정설분의 앞에 있는 것도 또한 가능하지 않다.[126]

(정설분이 유통분의 뒤에 있을 수 없기 때문에 첫번째 설에서는) 뒤의 것으로 앞을 좇아서 유통분에 섭수시킴으로써 정설분의 뜻을 잃었고,[127] (유통분이 정설분의 앞에 있는 것도 가능하지 않기 때문에 두 번째 설에서는) 앞의 것으로 뒤를 좇아서 정설분에 섭수시킴으로써 유통분의 뜻을 잃었다.[128] 그러므로 이 두 가지 설은 아직 완전한 것이라고 할 수 없다.

此二師說。齊有得失。何者。四王品等乃至散脂。唯有流通之意。都無正說之相。又授記品捨身品等。明菩提果及菩薩行。是正說文。非流通相。然正說不可在流通後。流通其正說之前又復不可。以後從前。攝流通分。而說[1]) 正說之旨。以前從後。攝正說分。而失流通意。故此二說。皆未盡善。

1) ㉠ 전후 문맥에 따르면 '說'은 '失'인 것 같다.

---

123 두 번째 설과 관련된 것이다.
124 첫 번째 설과 관련된 것이다.
125 첫 번째 설에서 유통분은 유통→정설(제19품)→유통→정설(제22품)→유통의 구조로 이루어져 있는데, 그렇다고 해서 유통분의 뒤에 다시 정설분을 둘 수는 없다는 말이다.
126 두 번째 설에서 정종분은 정설→유통→정설의 구조로 이루어져 있는데, 그렇다고 해서 정설분 앞에 유통분을 둘 수는 없다는 말이다.
127 첫 번째 설에서 정설분에 해당하는 제19품·제22품을 유통분에 해당하는 앞의 품을 좇아서 유통분에 섭수시켰고, 이로써 정설분의 뜻을 잃었다는 말이다.
128 두 번째 설에서 유통분에 해당하는 제10품~제15품을 정설분에 해당하는 뒤의 품을 좇아서 정설분에 섭수시켰고, 이로써 유통분의 뜻을 잃었다는 말이다.

여러 경에서 설한 것이 글의 형세가 같지 않다. 혹은 글의 형세가 세 단락으로 나누는 것이 적합한 경우도 있고 혹은 글의 형세가 여러 단락으로 나누는 것이 합당한 경우도 있다. 이제 이 경의 글의 형세를 볼 때, 세 단락으로 나누어서 풀이하는 것은 합당하지 않다. 앞으로 섭수하든 뒤로 섭수하든 모두 잃음이 있기 때문이다. 지금 이 경은 일곱 단락으로 나눈다." 자세한 것은 그곳에서 설한 것과 같다.[129]

且諸經說。文勢不同。或有文勢。宜作三段。或有文勢。合作多分。今此經文之勢。不合三段之釋。若進若退。皆有失故。今作七分。廣如彼也。

---

129 『玄樞』(T56, 496c).

2. 본문을 해석함

제1 서품[130]
序品第一

경 이와 같이 나는 들었다.[131]

如是我聞。

소 원효가 뜻을 반영하여 말하기를 "처음의 '이와 같이'라는 것은 들은 것을 총괄적으로 제시하여 믿고 수순하는 정情이 있음을 나타낸 것이다. 『대지도론』에 의거하면 믿는 모습이다.[132]"라고 하였다.[133]

曉影云。初如是者。總擧所聞。表有信順之情。依智度論。謂是信相。

소 구룡丘龍[134]이 『금고경의기金鼓經義記』[135]에서 말하였다.

---

130 이하 품명과 경의 본문은 집일문의 내용에 의거하여 역자가 집어넣은 것이다. 집일문의 대상 문헌인 『玄樞』·『羽足』 등은 모두 『金光明最勝王經』을 대본으로 한 것이지만 원효의 『金光明經疏』는 『合部金光明經疏』를 대본으로 하였기 때문에 『合部金光明經』을 집어넣었다.
131 『合部金光明經』(T16, 359c).
132 『大智度論』 권1(T25, 63a).
133 『玄樞』(T56, 500c).
134 구룡丘龍 : 원효 스님을 가리키는 말. '구'는 청구靑丘의 줄임말로 신라를 가리키고, '용'은 존칭으로 쓰인 것이다.
135 『금고경의기金鼓經義記』: 원효의 『金光明經』에 대한 주석서. 『金鼓經』은 『金光明經』의 다른 이름이다. 원효의 저술에서 『金鼓經』이라 하여 인용한 글은 모두 『合部金光明經』과 일치한다.

"처음의 '이와 같이'라는 것은 들은 것을 총괄적으로 제시하여 믿고 수순하는 정이 있음을 나타낸 것이다. 『대지도론』에 의거하면 믿는 모습이다.[136]

진제 삼장이 이러한 뜻을 서술하여 말하였다. 「'이와 같이」라는 것은 결정적이라는 것이다. 두 가지가 있으니 첫째는 수량이 결정적인 것이고, 둘째는 도리가 결정적인 것이다. 내지乃至[137] 더하지도 않고 빠뜨리지도 않았기 때문에「'이와 같이」라고 하였다.'

비록 여러 가지 해석이 있지만 이 해석이 가장 뛰어나다. 그러므로 번거롭게 다른 설을 서술하지 않는다. 또한 『금강선론』에서 '단지 네 번째인 (결정여시決定如是를) 취한다.'[138]라고 하였다. 자세한 것은 앞에서 서술한 것과 같다. 그러므로 믿는 모습으로 모든 뜻을 총괄하여 섭수한다."[139]

丘龍金鼓經義記云. 初如是者. 總擧所聞. 表有信順之情. 依智度論. 謂是信相. 眞諦三藏述此意云. 言如是者. 是決定. 有二. 一數量決定. 二道理決定. 乃至不增不減. 故曰如是. 雖有諸釋. 此釋爲最. 故不煩述於餘說也. 又仙論云. 但取第四. 具如上述. 故用信相. 總攝諸義.

소 원효가 모두 반영하여 말하였다.

---

136 『大智度論』 권1(T25, 63a).
137 내지乃至 : 중간에 인용문이 생략되었음을 나타낸다.
138 『金剛仙論』 권1(T25, 800c)에서 "'이와 같이(여시)'는 네 가지가 있다. 첫째는 발심여시發心如是(이와 같이 발심하여 선행을 닦아야 한다고 생각하는 것이다.)이고, 둘째는 교타여시敎他如是(다른 사람에게 그대도 이와 같이 해야 한다고 말하는 것이다.)이며, 셋째는 비유여시譬喩如是(위대한 덕은 햇빛처럼 빛나고, 지혜는 바다처럼 넓고 깊으며, 얼굴은 보름달처럼 단정하고, 용감하고 굳건함은 사자처럼 웅대하고 용맹하다는 것이다.)이고, 넷째는 결정여시決定如是(나는 이와 같이 보고 들었다는 것이다.)이다. 지금 여기에서 '이와 같이'라고 한 것은 단지 네 번째인 결정여시를 취한다."라고 하였다.
139 『玄樞』(T56, 501c).

"'나는 들었다.'라고 한 것은 개별적으로 들은 주체를 제시하여 자기 혼자의 의견대로 하려는 마음의 허물이 없음을 진술한 것이다. 오온五蘊이 쌓여서 모인 것을 임시로 '나'라고 하고, 세 가지 법[140]이 화합한 것을 '들었다'라고 한다.

소승에 의거하면 어떤 학자는 '이근耳根이 듣는다.'라고 집착하고, 어떤 학자는 '이식耳識이 듣는다.'라고 집착한다. 지금은 대승에서 온갖 연이 화합한 것을 임시로 '들었다'라고 한 것이다. 자세한 것은 『대지도론』에서 설한 것[141]과 같다. 『대법론對法論』[142] 등도 또한 이 설과 같다.[143]

근과 식이 개별적으로 들음의 성품을 갖지 못하는 것을 나타내기 위해 개별적인 것(근·식)을 버리고 총괄적인 것[나(我)]을 좇아서 '나는 들었다.'라고 하였다."[144]

曉總影云。言我聞者。別提能聞。陳無師心之過。五蘊聚集。假名爲我。三法和合。名之爲聞。若依小乘。或執根聞。或執識聞。今大乘中。衆緣和合。假說爲聞。廣如智度論說。對法等。亦同此說。爲顯根識。無別聞性。廢別就總。故曰我聞。

---

140 세 가지 법 : 근根과 경境과 의意를 가리킨다. 자세한 것은 바로 뒤의 주석 141을 참조할 것.
141 『大智度論』 권1(T25, 64b)에서 "문 이근耳根·이식耳識·의식意識 중 어느 것으로 듣는가? 이근은 감각이 없기 때문에 듣지 못한다. 이식은 한 생각뿐이어서 분별하지 못하므로 듣지 못한다. 의식도 듣지 못한다. 전오식前五識이 오진五塵을 안 다음에 의식이 안다. 그런데 의식은 현재의 오진을 알지 못하고, 오직 과거와 미래의 오진만 알 뿐이다. 의식이 현재의 오진을 안다고 한다면 이것은 맹인이 소리를 들을 수 있다고 하는 것과 같다. 답 여러 가지 인연이 화합하여 소리를 들음이 성립된다. 정情(根)과 진塵(境)과 의意(識)가 화합하여 이식이 생기고, 이식이 생기면 의식이 갖가지 인연을 분별하여 소리를 들음이 성립된다."라고 하였다.
142 『대법론對法論』: 『大乘阿毘達磨集論』과 그에 대한 주석서『大乘阿毘達磨雜集論』을 가리킨다.
143 『大乘阿毘達磨雜集論』 권1(T31, 708a).
144 『玄樞』(T56, 502a).

소 일곱 가지의 뜻[145]에서 "나(我)"라고 하고 다섯 가지의 의미[146]에서 "들었다"라고 한다. 앞에서 원효가 풀이한 것과 같은 것[147]은 여섯 번째의 뜻[148]에서의 "나"이다.

『의기』에서 말하였다.

"두 번째 뜻에서의 '들었다'라는 것은 세 가지의 형태의 그릇의 뜻을 밝힌 것이다. 첫째는 산란하지 않은 것이다. 산란한 마음으로는 법을 들을 수 없다. 마치 뒤집어진 그릇과 같다. 문혜聞慧[149]가 없는 것이다. 둘째는 잊어버리지 않는 것이다. 잊어버리는 마음으로는 기억할 수 없다. 마치 새는 그릇은 물을 담자마자 새어 버리는 것과 같다. 사혜思慧[150]가 없는 것이다. 셋째는 전도되지 않는 것이다. 전도된 마음은 저 말이 옳으면 이

---

145 일곱 가지의 뜻 : 길장이 『法華義疏』 권1(T34, 455a)에서 "**문** 실제로 귀가 듣는 것인데 무엇 때문에 '나는 들었다.'라고 하는가? **답** 첫째는 부처님의 칙명에 수순하기 때문이고, 둘째는 아난이 결집에 참여한 스님들이 어디에서 들었는가라고 물은 것에 답변하기 때문이며, 셋째는 믿음을 증명하기 때문이고, 넷째는 아난이 부처님의 말씀을 듣고 지혜를 얻어 자유자재한 경지에 도달하였는데 그러한 '나'라는 의미를 드러내기 때문이며, 다섯째는 부처님의 말씀을 듣고 산란한 마음이 없는 선정의 능력을 얻고 다음에 잊어버리지 않는 지持의 힘을 얻었으며 다음에 전도되지 않는 지혜의 힘을 얻었는데, 이러한 자재함을 갖춘 '나'라는 것을 나타내기 위한 것이고, 여섯째는 이근은 개별적인 것이고 '나'는 통합적인 것이니 통합적인 것을 세우고 개별적인 것은 버렸기 때문이며, 일곱째는 '나'라는 것은 근본적인 것이고 이근이라는 것은 지말적인 것이니 근본적인 것을 세우고 지말적인 것은 버렸기 때문이다."라고 한 것을 가리킨다.
146 다섯 가지의 의미 : 길장이 『金剛般若疏』 권1(T33, 92c)에서 "여러 가지 뜻에서 '들었다.'고 한 것이다. 첫째는 들은 대상이 된 사람(부처님)의 덕을 나타낸 것이다. 둘째는 들은 법이 가장 뛰어난 것임을 나타낸 것이다. 셋째는 드러내는 이치가 가장 뛰어난 것임을 나타낸 것이다. 넷째는 행이 가장 뛰어난 것임을 나타낸 것이다. 다섯째는 수행하면 바른 과를 얻음을 나타낸 것이다."라고 하였다.
147 앞의 집일문에서 "개별적인 것(근·식)을 버리고 총괄적인 것[나(我)]을 좇아서 '나는 들었다.'라고 하였다."라고 한 것을 말한다.
148 앞의 주석에서 길장이 제시한 일곱 가지 뜻 가운데 여섯 번째 뜻이라는 말이다.
149 문혜聞慧 : 문소성혜聞所成慧의 줄임말. 다른 이가 설하는 것을 직접 들음으로써 성취한 지혜를 가리킨다.
150 사혜思慧 : 사소성혜思所成慧의 줄임말. 다른 이로부터 들은 교법의 의미를 스스로 깊이 사유함으로써 성취한 지혜를 가리킨다.

말은 그릇된 것이라고 하고 이 말이 옳으면 저 말은 그릇된 것이라고 한다. 마치 깨끗하지 않은 그릇에는 물건을 저장할 수 없는 것과 같다. 이것은 수혜修慧[151]가 없는 것이다."[152]

七義稱我。五意云聞。如前曉釋。是第六義。義記云。二義聞者。明三種器義。一不散。散心不聞法。如覆器。無聞慧。二不忘。忘心不憶。如漏器隨入隨去。無思慧。三不倒。倒心彼言是此非。此言是彼非。如不淨器。不堪貯物。此無修慧。

경 어느 때 부처님께서 왕사대성王舍大城의 기사굴산耆闍崛山[153]에 머물고 계셨다.[154]

一時佛在王舍大城耆闍崛山。

소 원효가 말하기를 "'어느 때(一時)'라는 것은 법왕法王이 운수를 여는 날에, 대중이 도를 깨달을 수 있는 때, 한 법좌法座의 처음과 끝을 합하여 '어느 때'라고 한다. 설함과 들음이 서로 일치하여 앞과 뒤가 없기 때문에 '일시一時'라고 한 것도 아니고 또한 모든 부처님과 보살이 한 찰나에 설

---

151 수혜修慧 : 수소성혜修所成慧의 줄임말. 듣고 사유한 것을 선정을 통해 반복적으로 익힘으로써 성취한 지혜를 가리킨다. 문혜·사혜·수혜를 합쳐 삼혜三慧라고 한다. 여기에서 '혜'란 간택簡擇하는 작용, 곧 사리事理를 잘 판단하는 지혜를 가리킨다. 삼혜 자체는 유루有漏의 세속지世俗智이지만 이것이 근본이 되어 궁극적인 무루無漏의 지혜를 낳는다.
152 『玄樞』(T56, 502b).
153 기사굴산耆闍崛山 : ⑤ Gṛdhrakūṭa의 음역어. 영취산靈鷲山이라 의역한다. 왕사성 동북쪽에 있는 산으로 그 정상이 독수리(鷲)와 닮았고 산에 독수리가 많은 것에 의해 붙여진 이름이다.
154 『合部金光明經』(T16, 359c).

하는 이가 되고 듣는 이가 되어서 '일시一時'라고 한 것도 아니다. 『열반경』에서 '나는 어느 때 왕사성王舍城에 있었다. 나는 어느 때 시수림尸首林[155]에 있었다.'[156]라고 한 것과 같으니, 지금 여기에서 '어느 때'라고 한 것은 그 경과 다르지 않다."라고 하였다.[157]

曉云。言一時者。法王啓運之日。大衆悟道之辰。一坐始終。合爲一時。非謂說聽相當。無有前後。故名一時。亦非諸佛菩薩。一刹那頃。能說能聽。名爲一時。如涅槃云。我於一時。在王舍城。我於一時。在尸首林。今此一時。與彼無異也。[1)]

1) ㉑ 이것은 집일문 전체가 세주이다.

소 또한 원측圓測[158]이 『해심밀경소解深密經疏』에서 말하였다.

"진제 삼장의 『칠사기七事記』에 따르면 두 가지 뜻이 있다. 첫째, 『진실론眞實論』에 의거하면 열 가지 뜻을 갖추었기 때문에 모든 경의 처음에 열 가지 명호 가운데 단지 부처님(佛)이라는 명호를 놓아두었다.

그러므로 『칠사기』에서 말하였다. '대사大師(부처님)에게 열 가지 명호가 있는데, 경에서는 무엇 때문에 다른 명호가 아니고 오직 부처님이라는 명호를 두었는가. 해석하면 열 가지 뜻이 있다. 첫째는 깨달음이 천고天鼓[159]

---

155 시수림尸首林 : 갠지스 강변에 있는 숲의 이름. 부처님의 설법처 중 하나이다.
156 『涅槃經』의 특정 구절을 지칭하는 것이라기보다는 여러 시기에 여러 곳에서 설법했다는 것을 나타내는 것으로 보아야 한다.
157 『玄樞』(T56, 503b).
158 원측圓測 : 613~696. 신라 출신의 법상종 스님. 법상法常·승변僧辯 등에게 배우고 『成實論』·『俱舍論』·『大毘婆娑論』 등에 통달하였다. 칙명에 의해 서명사西明寺에 머물렀다. 현장玄奘이 인도에서 돌아와 개설한 역장에 참여하였다. 현장 문하의 두 갈래의 흐름 중 하나를 주도하였는데, 다른 한 갈래는 규기窺基가 주도하였다. 저술로 『成唯識論疏』·『解深密經疏』 등이 있다.
159 천고天鼓 : 도리천忉利天의 선법당善法堂에 있는 큰 북. 치지 않아도 저절로 미묘한 소리를 낸다.

보다 뛰어나고, 둘째는 다른 사람으로 인해 깨달은 것이 아니며, 셋째는 두 가지 무지無知【해탈을 장애하는 무지와 일체지를 장애하는 무지이다.】를 떠났고, 넷째는 이미 수면睡眠[160]을 넘어섰으며, 다섯째는 비유하면 연꽃과 같고, 여섯째는 자성이 물듦이 없으며, 일곱째는 세 가지 뜻을 모두 갖추었고,【세 가지 뜻이라는 것은 다음과 같다. 첫째는 가명假名의 부처님이니 곧 육신통六神通[161]을 갖춘 것이다. 둘째는 적멸의 부처님이니 미혹이 생겨나지 않기 때문이다. 셋째는 진실한 부처님이니 곧 진여이다.】여덟째는 세 가지 덕(三德)을 갖추었으며,【법신法身·반야般若·해탈解脫의 세 가지 덕이다.】아홉째는 삼보三寶의 성품을 갖추었고, 열째는 자신도 알고 다른 사람도 알게 하는 것이다.'

모두 네 장(紙)이 있는데 번다할까 하여 서술하지 않는다. 진제 자신이 이 열 가지 뜻은 『진실론』에 나오는 것이라고 하였다."[162]

【원효도 동일한 견해이다. 그러므로 말하였다. "'부처님께서~머물고 계셨다.'[163]라는 것은 네 번째 일[164]이다. ('부처님'이라는 명호로) 교주敎主를 나타낸 것은 일체지一切智를

---

160 수면隨眠 : 2차적인 번뇌를 낳게 하는 잠재된 의식작용을 가리킨다. 탐욕·분노 등과 같은 번뇌를 가리키는 말이다. 그 작용이 미세하기 때문에 이렇게 이름을 붙였을 뿐이다. 엄밀하게 말하자면 번뇌가 깨어날 수 있는 근원적인 힘이라고 할 수 있다.

161 육신통六神通 : 인간의 능력을 넘어서는 자유자재하고 걸림이 없는 여섯 가지 능력. 첫째는 신경통神境通(신족통神足通)이다. 마음대로 걸림 없이 몸을 나타내는 능력을 가리킨다. 공중을 나는 것, 물 위를 걷는 것, 신체를 크게 혹은 작게 하는 것, 한 몸을 여럿으로 나누는 것 등이 모두 여기에 해당한다. 둘째는 천안통天眼通이다. 중생의 윤회의 형태를 모두 아는 능력을 가리킨다. 셋째는 천이통天耳通이다. 세상의 모든 음성을 빠짐없이 들을 수 있는 능력을 가리킨다. 넷째는 타심통他心通이다. 중생의 마음을 모두 꿰뚫어 볼 수 있는 능력을 가리킨다. 다섯째는 숙명통宿命通이다. 자신과 중생에게 일어났던 과거세의 일을 모두 알 수 있는 능력을 가리킨다. 여섯째는 누진통漏盡通이다. 번뇌의 인과因果를 모두 알고 일체의 미혹을 끊어 다시는 삼계에 태어나 윤회하는 몸을 받지 않는 능력을 가리킨다.

162 『解深密經疏』권1(X21, 183c).

163 머물고 계셨다 : 『合部金光明經』이나 『金光明最勝王經』이나 모두 '在'이고, 『金光明經』은 '住'이다.

164 네 번째 일 : 모든 경의 앞에 서술된 통서通序의 뜻을 여섯 가지의 일을 성취하는 것으로 풀이한 것 가운데 네 번째에 해당한다는 말. 이를 보통 육사성취六事成就라고

갖춘 분이기 때문이다. (부처님에 대해서) 열 가지 명호를 드는데 (이 가운데 '부처님'은) 이치에 맞고 이익이 되는 것이 아닌 것을 끌어내어 섭수할 수 있는 법취까지 아는 것을 나타내니 아홉 가지 명호보다 뛰어나다. 『유가사지론』에서 '이치에 맞고 이익이 되는 것(義利 : 善)을 끌어내어 섭수할 수 있는 법취法聚와 이치에 맞고 이익이 되는 것이 아닌 것(非義利 : 不善)을 끌어내어 섭수할 수 있는 법취와 이치에 맞고 이익이 되는 것이 아니고 이치에 맞고 이익이 되는 것이 아닌 것도 아닌 것(非義利非非義利 : 無記)을 끌어내어 섭수할 수 있는 법취에 있어서, 모든 종류에 대해 두루 등각等覺을 현전시키기 때문에「부처님」이라고 한다.'[165]라고 하고, 『보살지지경』에서 '이치에 맞고 매우 이익 되는 법취와 이치에 맞고 이익이 되는 것이 아닌 법취와 이치에 맞는 것이 아니고 이치에 맞지 않고 이익이 되는 것이 아닌 것도 아닌 법취'[166]라고 한 것과 같다." 이것이 바로 본본의 뜻[167]이다.][168]

又測深密疏云。眞諦三藏七事記中。有其二意。一依眞實具十義。故諸經初。十種號中。單置佛號。故七事記云。大師十號。經中何故。不別餘名。而獨稱佛。解有十義。一覺勝天鼓。二不由他悟。三維[1)]二[2)]知。【解[3)]障無知。一脫[4)]智障無知切知。[5)]】四已過睡眠。五譬如蓮花。六自性無染。七具足三義。【一[6)]假不生[7)]名佛。卽六神通。二寂滅佛。或[8)]故。三眞實佛。卽是眞如。】八具於三德。【法身等也。[9)]】九具三寶性。十自知令他知。【總有四紙。恐多不述。[10)]】眞諦自云。此十種義。出眞實論也。【曉同等第。[11)]】故云。言佛住者。是第四事。表於教主。是一切智故。擧十。非義利法聚。於九之兄。如瑜伽云。共[12)]能引攝義利法聚。於

하며 네 번째는 주성취主成就이다. 용수龍樹는 육성취를 제시하였고, 진제는 『七事記』에서 제목처럼 '아我'와 '문聞'을 나누어서 칠성취를 제시하였다.

165 『瑜伽師地論』 권38(T30, 499c).
166 『菩薩地持經』 권3(T30, 902a).
167 본본의 뜻 : '본'은 특정 법사 혹은 그의 주장을 가리키는 것으로 생각된다. 진제 삼장을 가리키는 것으로 추정되지만 확정할 수는 없다. 따라서 이렇게 번역하였다. 이하 동일하다.
168 『玄樞』(T56, 505ab).

能引攝。¹³⁾ 故名爲佛。¹⁴⁾ 於中廣義。¹⁵⁾ 如¹⁶⁾能引攝非義利非非義利法聚。遍一切種。現前等覺。乃至¹⁷⁾故。地持云。義饒常說¹⁸⁾也。此卽本義故。¹⁹⁾】

1) ㉠『解深密經疏』에 따르면 '維'는 '離'이다. 2) ㉠『解深密經疏』에 따르면 '二' 뒤에 '無'가 누락되었다. 3) ㉠『解深密經疏』에 따르면 '解' 뒤에 '脫'이 누락되었다. 4) ㉠『解深密經疏』에 따르면 '脫'은 '切'이다. 5) ㉠『解深密經疏』에 따르면 '切知'는 연자衍字이다. 6) ㉠『解深密經疏』에 따르면 '一' 앞에 '三義者'가 누락되었다. 7) ㉠『解深密經疏』에 따르면 '不生'은 착간이다. 8) ㉠『解深密經疏』에 따르면 '或'은 '惑'이다. 또한 앞에 놓여진 '不生'은 바로 이 뒤에 놓아야 한다. 9) ㉠『解深密經疏』에 따르면 '等也'는 '般若解脫三德'이다. 10) ㉠『解深密經疏』에 따르면 '總有四紙恐多不述'은 세주가 아니다. 어느 것이 타당한지 확정할 수 없다. 11) ㉠『玄樞』 미주에 따르면 '等第'는 연자일 수도 있다. 12) ㉠『瑜伽師地論』에 따르면 '共'은 '於'이다. 13) ㉠『瑜伽師地論』에 따르면 '攝' 뒤에 '非義利法聚'가 누락되었다. 14) ㉠『瑜伽師地論』에 따르면 '故名爲佛'은 착간이다. 15) 전후 문맥상 '於中廣義'는 연자이다. 16) ㉠『瑜伽師地論』에 따르면 '如'는 '於'이다. 17) ㉠『瑜伽師地論』에 따르면 '乃至'는 '故名爲佛'이다. 18) ㉠『菩薩地持經』에 따르면 '常說'은 '益聚非義饒益聚非義非非義饒益聚'이다. 19) ㉠『玄樞』의 미주에서 '曉同~此卽本義故'는 착란과 탈자와 오식이 많다고 하고 보생원報生院 성경成慶 스님이 교감한 본문을 제시하였지만 이것도 완성도는 낮다. 따라서 역자 자신이 해당 경·논을 찾아서 교감하고 전혀 추정할 수 없는 글자는 그대로 두었다.

소 『법화의소』에서 자세히 말하기를 "'머문다(住)'라는 것은 지금은 머무는 주체를 취하여 '머문다'라고 하였다. 그러므로 '머문다'는 뜻은 부처님에게 귀속된다."¹⁶⁹라고 하였다.【원효도 동일한 견해이다. 그러므로 말하기를 "부처님이 머무는 주체임을 밝힌 것이다."라고 하였다.】¹⁷⁰

具法花疏云。住者今取能住爲住。故住義屬佛。【曉同。故云。明佛能住。】

소 원효와 승장이 앞의 구절을 해석한 것은 혜소와 도선과 경흥憬興과 뜻이 모두 같다. 그런데 원효는 덧붙여서 말하기를 "머무는 것을 나타낸

---

169 길장,『法華義疏』권1(T34, 456a).
170 『玄樞』(T56, 506a).

것에서 앞의 구절의 '주住'라는 글자는 부처님이 머무는 주체임을 밝힌 것이고, 이 뒤의 구절은 처소를 드러낸 것이다."라고 하였다.[171]

曉莊上句。沼宜興意皆同。然曉加云。所住之上句住字。明佛能住。此下句頭[1]處也。[2]

1) ㉠ 『玄樞』 미주에 따르면 '頭'는 '顯'일 수도 있다. 2) ㉠ 이것은 집일문 전체가 세 주이다.

경 이때 여래께서는 한량없고 매우 깊은 법성인 모든 부처님의 행처行處에서 노닐면서 보살이 행해야 할 청정함을 넘어섰다.[172]

是時如來。遊於無量甚深法性諸佛行處。過菩薩所行淸淨。

소 원효가 말하기를 "비록 이러한 설이 있기는 하지만[173] 반드시 그러한 것은 아니다. 예를 들어 계본戒本의 서두에서 '모든 세존이시여! 저는 부처님께서 말씀하신 것을 서술할 것입니다.'라고 하였는데, 이것은 아난阿難이 스스로 결집자로서의 자신(我)을 허락했음을 밝힌 것이다. 이 경은 여래가 설한 것이 아니기 때문에 (이 경에서) '나는 이제 참회법 등을 설할 것이다.'[174]라고 했다는 것을 알아야 한다."라고 하였다.[175]

---

[171] 『玄樞』(T56, 508b).
[172] 『合部金光明經』(T16, 359c).
[173] 바로 앞에서 본 경의 설법의 주체를 부처님이라고 하고 각 품의 설법의 주체가 삼신三身 중 어디에 해당하는 것인지에 대한 다양한 해석을 제시한 것을 가리키는 것 같다.
[174] 『合部金光明經』 권1(T16, 359c).
[175] 『玄樞』(T56, 509b). 설법의 주체와 관련된 논의는 지의智顗의 『金光明經文句』 권1(T39, 48c)과 지례知禮의 『金光明經文句記』 권1(T39, 89c)에서 "본 경을 설한 주체가 아난阿難이나 신상보살이라고 하는 주장은 오류이다. 예를 들어 아난이라면 이것은 경이 아니고 논이어야 한다. 그러므로 부처님이 주체이다."라고 한 것을 참조할 것.

曉云。雖有此說。而必不然。如戒本序云。諸世尊。我當述佛言。乃至是明 阿難自許結集者我。當知此經非如來。故言我說[1]懺悔等法。[2]

1) ㉕『合部金光明經』에 따르면 '說' 앞에 '今當'이 누락되었다. 2) ㉕ 이것은 집일문 전체가 세주이다.

소 원효가 말하였다. "여래는 법성의 이치에 마음을 그대로 놓아두어도 자유자재한 것을 밝히려고 '노닐면서'라고 하였다."[176]

曉云。欲明如來。於法性理。放[1]自在。故言遊也。[2]

1) ㉕『玄樞』미주에 따르면 '放' 앞에 '任'이 누락된 것일 수도 있다. 2) ㉕ 이것은 집일문 전체가 세주이다.

소 원효가 바로 말하였다. "여래의 법신은 작용이 가없음을 나타내어 '한량없고'라고 하였다."[177]

曉卽云。如來法身。顯用無邊。故言無量也。[1]

1) ㉕ 이것은 집일문 전체가 세주이다.

소 원효가 말하였다. "열 가지 장애[178]를 벗어났기 때문에 '청정함'이라

176『玄樞』(T56, 509c).
177『玄樞』(T56, 509c).
178 열 가지 장애 : 어떤 것을 가리키는 것인지 확정할 수는 없다. 전후 문맥상 십지十地의 각 단계에서 끊어야 할 다음과 같은 열 가지 장애를 가리키는 것으로 생각된다. 첫째는 이생성장異生性障이고, 둘째는 사행장邪行障이며, 셋째는 암둔장闇鈍障이고, 넷째는 미세번뇌현행장微細煩惱現行障이며, 다섯째는 하승下乘에서 반열반般涅槃하는 장애이고, 여섯째는 조상현행장粗相現行障이며, 일곱째는 세상현행장細相現行障이고, 여덟째는 무상無相 가운데 가행加行을 짓는 장애이며, 아홉째는 이타利他를 즐겨 행하는 마음을 일으키지 않는 장애이며, 열째는 여러 법에 자재함을 얻지 못하는 장애이다. 차례대로 제1지~제10지에서 끊어야 할 장애이고 바로 그 다음 단계에서 끊어지는 장애이기도 하다.

고 하였다."¹⁷⁹

曉云。出十種障。故名淸淨。¹⁾
1) ㉠ 이것은 집일문 전체가 세주이다.

소 원효가 말하였다. "이와 같이 법신은 언어를 떠나고 생각을 끊었기 때문에 '매우 깊은'이라고 하였다. 모든 부처님의 미묘한 법은 본성이 심오하기 때문에 '법성'이라 하였다."¹⁸⁰

曉云。如是法身。離言絶慮。故言甚深。諸佛妙法性深。故言法性。¹⁾
1) ㉠ 이것은 집일문 전체가 세주이다.

소 지금은 진여를 '머묾'이라고 한 것이니, 여섯 가지 뜻으로 함께하지 않는 머묾(住)을 밝힌다. 첫째는 견줄 것이 없다는 뜻이니 바로 가장 뛰어난 것을 말하고, 둘째는 장애를 벗어났다는 뜻이며, 셋째는 번뇌의 체를 벗어난 것을 말하고, 넷째는 언어를 떠났다는 뜻이며, 다섯째는 증득하는 것의 뜻이며, 여섯째는 의지하는 것의 뜻이다. 글에 바로 나타난다. 이것은 원효가 법신의 다섯 가지 뜻을 설한 것을 반영한 것이다. 자세한 것은 그 책에서 설한 것과 같다.¹⁸¹ ¹⁸²

眞¹⁾如名住。以六義。辨不共住。一無比義。謂卽最也。二出障義。三謂出纏體。²⁾ 五所證義。六依止義。文卽顯也。此影曉說。法身五義。具如彼也。³⁾

---

179 『玄樞』(T56, 510a).
180 『玄樞』(T56, 510a).
181 『玄樞』(T56, 510b).
182 이 글은 『金光明最勝王經』에서 "여래께서 머무는 것(如來所居)"이라고 한 것에서 '머무는 것'과 관련된 다양한 논의를 제시하는 가운데 서술된 것이다.

1) ㉢『玄樞』미주에 따르면 '眞' 앞에 '今說'이 누락된 것일 수도 있다. 2) ㉢『玄樞』미주에 따르면 '體' 뒤에 '四離言義'가 누락된 것일 수도 있다. 3) ㉢ 이것은 집일문 전체가 세주이다.

소 원효가 말하였다. "다른 경에서는 이 뒤에 여섯 번째로 함께 설법을 듣는 대중을 밝힌다.[183] 지금 이 경에서는 이보다 뒤에서 자세하게 밝혔다. 두 곳에서 대중이 모인 것을 나타낸 것[184]과 같다. 그러므로 여기에서는 생략하고 서술하지 않았다."[185]

曉云。餘經此下第六明同聞衆。今此經中後後廣。若顯兩處衆集。故於此中。略而不序之。[1)]

1) ㉢ 이것은 집일문 전체가 세주이다.

소 문 『해절경解節經』에서도 또한 『대품반야경』에서 설한 것[186]과 동일하게 (일생보처라고 하였는데[187]), 일생보처一生補處[188]와 최후신最後身[189]

---

183 『金光明最勝王經』을 비롯한 여러 경전에서는 앞에 부처님의 설법처에 모인 대중을 나열하는 것이 일반적인데 『合部金光明經』에서는 이것이 없는 이유를 해명하려는 것이다.
184 『合部金光明經』 권1(T16, 361a)에서 "신상보살이 백천만 보살과 한량없는 구지 나유타 백천의 중생과 함께 기사굴산의 석가모니여래의 처소로 찾아갔다."라고 한 것과 같은 책 권2(T16, 365b)에서 "그때 또한 한량없고 가없는 백천 중생이 있어 보살과 함께 기사굴산의 부처님의 처소로 갔다."라고 한 것을 가리킨다.
185 『玄樞』(T56, 511b).
186 『大品般若經』 권1(T8, 217b)에서 "관세음보살·문수사리보살……미륵보살이 있었다. 이와 같은 한량없는 백천억 나유타의 보살마하살은 모든 보살이 다 보처補處에서 세존을 이을 지위에 있는 이들이었다.(觀世音菩薩。文殊師利菩薩。…彌勒菩薩。如是等無量百千萬億那由他諸菩薩摩訶薩。一切菩薩。皆是補處。紹尊位者。)"라고 한 것을 가리킨다.
187 『解節經』(T16, 711c)에서 "일생보처인 미륵보살과 문수사리보살과 관세음보살 등이 상수가 되었다.(一生補處彌勒菩薩。文殊師利菩薩。觀世音菩薩等。而爲上首。)"라고 한 것을 가리킨다.
188 일생보처一生補處: Ⓢ eka-jāti-pratibaddha. 한 번만 이 세간에 태어나면 성불할 것이

은 어떤 차별이 있는가?

問。解節經。亦同大品。一生補處。與最後身。有何差別。

답 (원측圓測은)『해심밀경소』권1에서 여덟 가지 교설을 인용하였다.

答。測深密疏第一。引八敎說。

살바다종薩婆多宗[190]에 따르면 도사다천覩史多天[191]의 몸을 '일생'이라고 하고 인간세상에 태어나 성불한 몸을 '최후신最後身'이라고 한다. 그러므로『구사론』권11에서 "도사다천의 일생소계一生所繋 보살과 최후신은 결코 중간에 요절하지 않는다."[192]라고 하였고,『순정리론』권30에서도 또한 동일한 내용을 설하였다.[193]

예정된 지위에 있는 보살을 가리키는 말이다. 보처補處·일생소계一生所繋(아직 한 번의 생에 계박되어 있는 것) 등이라고도 한다.

189 최후신最後身 : ⓢ antima-deha. 생사윤회의 최후에 받은 몸. 최후생最後生·최후유最後有·최후말신最後末身이라고도 한다. 소승에서는 일체의 견혹見惑과 사혹思惑을 끊고 무여의열반無餘依涅槃을 증득한 아라한阿羅漢을 가리킨다. 대승에서는 불과佛果인 등각等覺을 증득한 보살의 몸을 가리킨다. 최후신의 보살과 일생보처의 보살이 동일한 것인지 다른 것인지에 대해서는 다양한 논란이 있다.

190 살바다종薩婆多宗 : ⓢ Sarvāsti-vādin. 근본설일체유부根本說一切有部·유부有部라고도 한다. 소승 20부파의 하나. 근본상좌부根本上座部에서 분파하였으며 삼세의 일체법이 모두 실유實有라고 주장한 것에서 유래한 이름이다.

191 도사다천覩史多天 : '도사다'는 ⓢ Tuṣita의 음사어로 도솔兜率이라고도 하며, '천'은 ⓢ deva의 의역어이다. 욕계에 속하는 여섯 하늘 중 네 번째 하늘. 지족천知足天·희족천喜足天이라고도 한다. 한 번만 태어나면 성불할 것이 예정된 보처보살補處菩薩이 머무는 곳. 이곳의 중생은 자신이 감수感受한 것에 대해 기쁘게 만족하는 마음을 내기 때문에 붙여진 이름이다.

192 『俱舍論』권11(T29, 62a).
193 『順正理論』권31(T29, 521b).

依薩婆多。覩史[1]天身。名爲一生。下[2]生人中成佛身者。名最後身。故俱舍十一云。覩史[3]天。一生所繫菩薩。及最後身。必無中夭。【順正理第三十一亦同也。】[4]

1) ㉓『解深密經疏』에 따르면 '史' 뒤에 '多'가 누락되었다. 2) ㉓『解深密經疏』에 따르면 '下'는 연자이다. 다만 이 글자가 있어도 의미는 다르지 않다. 3) ㉓『俱舍論』에 따르면 '史' 뒤에 '多'가 누락되었다. 4) ㉓『解深密經疏』에 따르면 '【順正理第三十一亦同也。】'는 세주가 아니다.

지금 대승에 의거하면 여러 가르침이 같지 않다.

今依大乘。諸教不同。

어떤 성스러운 가르침에서는 오직 하늘에서의 몸(天身)을 '일생'이라고 설하였다.『대반야경』권7에서 "일생소계의 도사다천의 보살"[194]이라고 한 것과 같다. 어떤 성스러운 가르침에서는 오직 하늘에서의 몸을 최후생最後生이라고 설하였다.『불지경론』권5에서 "도사다천의 후신後身 보살이 여기에서 교화한다."[195]라고 한 것과 같다. 어떤 성스러운 가르침에서는 오직 하늘에서의 몸을 일생과 최후생이라고 설하였다.『보리자량론』권1에서 "일생소계의 보살은 도솔타천에 들어가고 최후생 보살로서 도솔타천에 머문다."[196]라고 한 것과 같다. 어떤 성스러운 가르침에서는 오직 인간세상에서의 몸을 '일생'이라고 설하였다.『해절경』등에서 관음보살과 문수보살을 일생보처라고 한 것[197]과 같다. 어떤 성스러운 가르침에서는 오직 인간세상에서의 몸을 '최후생'이라고 설하였다.『유

194『大般若經』권7(T5, 37b).
195『佛地經論』권5(T26, 316c).
196『菩提資糧論』권1(T32, 518a).
197『解節經』(T16, 711c).

가사지론』권48에서 "최후생이라는 것은 보살들이 이번 생에서 등각等
覺인 아뇩보리阿耨菩提198를 나타낼 수 있는 것을 말한다."199라고 한 것
과 같다.

有1)唯2)天身。名爲一生。如波3)若第七云。一生所繫。覩史4)天菩薩。有5)唯6)
天身。名最後生。如佛地7)第五8)云。覩史多天。後身菩薩。於中敎化。有9)唯10)
天身。名爲一生及最後生。如菩提資糧論第一11)云。一生所繫菩薩。入兜率
陀。最後生菩薩。住兜率陀。有12)唯13)人身。名爲一生。如解節14)等。觀音
文殊。名一生補處。有15)唯16)人身。名最後生。如瑜伽四十八云。最後生者。
謂17)諸菩薩。於此生中。能現等覺阿耨菩提。

1) ㉠『解深密經疏』에 따르면 '有' 앞에 '自'가 누락되었고 뒤에는 '聖敎'가 누락되었다. 2) ㉠『解深密經疏』에 따르면 '唯' 뒤에 '說'이 누락되었다. 3) ㉠『解深密經疏』에 따르면 '波'는 '大般'이다. 4) ㉠『大般若經』에 따르면 '史' 뒤에 '多'가 누락되었다. 5) ㉠『解深密經疏』에 따르면 '有' 앞에 '自'가 누락되었고 뒤에는 '聖敎'가 누락되었다. 6) ㉠『解深密經疏』에 따르면 '唯' 뒤에 '說'이 누락되었다. 7) ㉠『解深密經疏』에 따르면 '地' 뒤에 '論'이 누락되었다. 8) ㉠『解深密經疏』에 따르면 '五' 뒤에 '卷'이 누락되었다. 9) ㉠『解深密經疏』에 따르면 '有' 앞에 '自'가 누락되었고 뒤에는 '聖敎'가 누락되었다. 10) ㉠『解深密經疏』에 따르면 '唯' 뒤에 '說'이 누락되었다. 11) ㉠『解深密經疏』에 따르면 '一' 뒤에 '卷'이 누락되었다. 12) ㉠『解深密經疏』에 따르면 '有' 앞에 '自'가 누락되었고 뒤에는 '聖敎'가 누락되었다. 13) ㉠『解深密經疏』에 따르면 '唯' 뒤에 '說'이 누락되었다. 14) ㉠『解深密經疏』에 따르면 '節' 뒤에 '經'이 누락되었다. 15) ㉠『解深密經疏』에 따르면 '有' 앞에 '自'가 누락되었고 뒤에는 '聖敎'가 누락되었다. 16) ㉠『解深密經疏』에 따르면 '唯' 뒤에 '說'이 누락되었다. 17) ㉠『解深密經疏』에 따르면 '謂'는 연자이지만 『瑜伽師地論』에 따르면 있는 것이 맞다.

어떤 성스러운 가르침에서는 오직 인간세상에서의 몸을 '일생'과 '최

---

198 아뇩보리阿耨菩提 : 아뇩다라삼먁삼보리阿耨多羅三藐三菩提(Ⓢ anuttara-samyak-saṃbodhi)의 줄임말. 최상의 완전한 깨달음, 곧 부처님께서 증득하신 깨달음을 지칭하는 말. 대승의 보살도菩薩道를 닦는 이들이 증득해야 할 궁극적인 깨달음이기도 하다. 의역어는 무상정등정각無上正等正覺이다.
199 『瑜伽師地論』권48(T30, 563b).

후생'이라고 설하였다. 『대지도론』 권40에서 "일생보처라는 것은 혹은 상相으로 알아보는 경우가 있다. 아사타阿私陀[200] 선인이 (고타마 싯다르타가 태어났을 때) 그 몸의 모양(身相)을 보고 이번 세상에서 성불할 것을 알았고, (산야珊若 바라문은 보살이) 우유죽을 먹는 것을 보고 오늘 성불할 것을 알았던 것과 같다."[201]라고 한 것과 같다. 말후신末後身 보살은 방편의 힘으로 악업의 과보를 받고 마구니에 의해 고통을 받는 일 등을 나타내는데 (보살이 우유죽을 먹은 것은 그러한 사례이다.) 어떤 성스러운 가르침에서는 하늘에서의 몸을 '일생'이라고 설하고 인간세상에서의 몸을 '후유後有(최후신)'라고 설하였다. 『유가사지론』 권46과 『현양성교론』 권8과 같다. 그곳에서 "일생소계라는 것은 이번 생에서 (다른 생과의 간격이 없이) 바로 무상보리無上菩提를 증득하는 것이다. 최후유라는 것은 바로 이번 생에 머물러서 무상보리를 증득할 수 있는 것이다."[202]라고 하였다. 대체로 살바다종과 같다.

有[1]唯[2]人身。名爲一生及最後生。如大[3]論四十云。一生補處。[4] 或以相知。[5] 如阿私陀仙。[6] 觀其身相。知今世成佛。見食乳糜。知今日成佛。末後身菩薩。以方便力。受惡業報。現有魔惱等。有。[7] 說天名一生。說人若[8]後有。如瑜伽四十[9]顯揚第八。云[10] 一生所繫者。此生無間。當證無上菩提。

---

200 아사타阿私陀 : ⓈAsita의 음역어. 의역어는 무비선無比仙·단엄端嚴 등이다. 중인도 가비라위국의 선인. 부처님께서 탄생했을 때 그 관상을 보고 장차 성불할 것을 예언하였다.
201 『大智度論』 권40(T25, 350a). 단 산야 바라문과 관련된 것은 다음의 두 글을 섞은 것으로 보인다. 『大智度論』 권40(T25, 320a)에서 "산야 바라문은 우유죽을 보고 오늘 성불할 이가 먹을 것을 알았다.(珊若婆羅門見乳糜。知今日成佛者應食。)"라고 하였고, 같은 책 권42(T25, 368b)에서는 "산야 바라문과 같은 이는 일체지인一切智人의 모양을 잘 알았다. 보살이 우유죽을 먹는 것을 보고 오늘 성불할 것을 알았다.(如刪若婆羅門。善知一切智人相。見菩薩食乳糜。知今日當成佛。)"라고 하였다.
202 『瑜伽師地論』 권46(T30, 549a);『顯揚聖敎論』 권8(T31, 521a).

最後有者。卽¹¹⁾住此生。能證無上菩提。大同俱舍。¹²⁾

1) ㉘『解深密經疏』에 따르면 '有' 앞에 '自'가 누락되었고 뒤에는 '聖敎'가 누락되었다. 2) ㉘『解深密經疏』에 따르면 '唯' 뒤에 '說'이 누락되었다. 3) ㉘『解深密經疏』에 따르면 '大'는 '智度'이다. 뜻은 같다. 4) ㉘『解深密經疏』에 따르면 '處' 뒤에 '者'가 누락되었다. 5) ㉘『大智度論』에 따르면 '知' 뒤에 '者'가 누락되었다. 6) ㉘『解深密經疏』에 따르면 '仙' 뒤에 '人'이 누락되었다. 7) ㉘『解深密經疏』에 따르면 '有' 앞에 '自'가 누락되었고 뒤에는 '聖敎'가 누락되었다. 8) ㉘『解深密經疏』에 따르면 '若'은 '名'이다. 9) ㉘『解深密經疏』에 따르면 '十' 뒤에 '云'이 누락되었는데, 『瑜伽師地論』에 따르면 '云'은 '六'인 것 같다. 10) ㉘『解深密經疏』에 따르면 '云' 앞에 '彼'가 누락되었다. 11) ㉘『解深密經疏』에 따르면 '卽' 앞에 '謂'가 누락되었다. 12) ㉘『解深密經疏』에 따르면 '俱舍'는 '薩婆多'이다. 뜻은 동일하다.

그런데 하늘에서의 몸을 '일생'이라고 설한 것에 대해 예로부터 서로 전해져 온 것에 세 가지 해석이 있다. 어떤 사람은 말하기를 "하늘에서의 몸을 일생이라고 하니 인간세상에 태어나면 곧 최후신에 속하기 때문이다."라고 하였고, 어떤 사람은 말하기를 "인간세상에서의 몸을 일생이라고 하니 다시 인간의 생을 받아야 비로소 성불하기 때문이다."라고 하였으며, 어떤 사람은 말하기를 "인간세상에서의 몸과 하늘에서의 몸을 합하여 일생이라고 하니 (최대) 일곱 번 태어나면 열반에 들어갈 수 있는 예류과預流果²⁰³ 등을 설하면서 (인간과 하늘의) 두 생의 몸을 합하여 일생이라고 하는 것²⁰⁴과 같기 때문이다."라고 하였다.

203 예류과預流果 : ⓢ srotaāpattiphala. 소승의 수행계위인 사향사과四向四果 중 제1과에 해당하는 것. 견혹見惑을 소멸시킴으로써 얻는 최초의 과위. '예류'의 음역어는 수다원須陀洹이다. 견혹이란 진리를 조견照見할 때 끊어지는 번뇌이기 때문에 그리고 헤아리는 성질을 가진 번뇌이기 때문에 견혹이라고 한다. 상대어는 사혹思惑으로 일단 진리를 보고 견혹을 끊은 뒤 다시 진리를 사유·수습함으로써 끊어지는 번뇌이기 때문에 그리고 세간의 망령된 사물을 사유함으로써 일어나는 번뇌이기 때문에 사혹이라 한다.
204 예류과의 성자는 현생에 열반에 드는 경우도 있지만 많게는 반드시 인계人界와 천계天界를 각각 일곱 번 오가야 열반에 들어간다. 이를 극칠반유極七返有라고 한다. 그런데 여기에서 '칠'이라고 한 것은 한 번 오가는 것을 하나로 셈한 것이고, 실제로는 인간과 하늘에 한 번씩 태어나니 열네 번이어야 한다.

然說天身名一生者。古來¹⁾三釋。一。²⁾ 卽說天身。名爲一生。人生。卽是後身攝故。一。³⁾ 說彼⁴⁾身。名爲一生。更受人生。方成佛故。一。⁵⁾ 人無⁶⁾合說。名爲一生。如說七生預流果等。合說二生。爲一生故。

1) ㉯『解深密經疏』에 따르면 '來' 뒤에 '相傳自有'가 누락되었다. 2) ㉯『解深密經疏』에 따르면 '一' 뒤에 '云'이 누락되었다. 3) ㉯『解深密經疏』에 따르면 '一' 뒤에 '云'이 누락되었다. 4) ㉯『解深密經疏』에 따르면 '彼'는 '人'이다. 5) ㉯『解深密經疏』에 따르면 '一' 뒤에 '云'이 누락되었다. 6) ㉯『解深密經疏』에 따르면 '無'는 '天'이다.

㊂ 하늘에서의 몸(天身)을 일생一生이라고 설한다면『대지도론』의 교설과 어떻게 회통시켜 해석할 수 있겠는가?『대지도론』권38에서는 "삼생보살三生菩薩은 오직 도솔천兜率天에만 태어난다."²⁰⁵라고 하였다.

㊊ 진실에 의거하면 삼생이니 인생人生·천생天生·최후생最後生을 말한다. 그런데 천신을 삼생이라고 한 것은 (그것이) 삼생 가운데 하나의 수이기 때문에 삼생이라고 설한 것이다. 인간세상에서의 몸은 이미 받았고 후신後身은 성불할 것이기 때문이다. 그러므로『대지도론』에서는) 인생人生과 후생後生을 (합하는 뜻에서) 삼생이라고 설한 것은 아니다.²⁰⁶

問。若說天。¹⁾ 名一生者。大²⁾論³⁾何會。⁴⁾ 四⁵⁾十八云。三生菩薩。唯生兜率。解云。據實三生。謂人生天生最後生。而說天身。名三生者。三中一數。故說三生。人身已受故。後身成佛故。不⁶⁾說人生後生名三生也。

1) ㉯『解深密經疏』에 따르면 '天' 뒤에 '身'이 누락되었다. 2) ㉯『解深密經疏』에 따르면 '大'는 '智度'이다. 뜻은 같다. 3) ㉯『解深密經疏』에 따르면 '論' 뒤에 '說如'가 누락되었다. 4) ㉯『解深密經疏』에 따르면 '會' 뒤에 '釋'이 누락되었다. 5) ㉯『解深密經疏』에 따르면 '四'는 '三'이고 그 앞에 '智度論'이 누락되었다. 6) ㉯『解深密經

205『大智度論』권38(T25, 341c).
206『解深密經疏』권1(X21, 202b).

『疏』에 따르면 '不' 앞에 '是故'가 누락되었다.

자세한 것은 그곳에서 밝힌 것과 같다. 이것은 본本의 뜻과 일치한다. 그러므로 『유마경의소』(『정명소淨名疏』)에서 "('일생'이라고 한 것은 미륵은) 현재는 인간이고 다음은 하늘에 태어나고 나중은 하생하여 성불한다. 『대지도론』에 따르면 이러한 수를 합하여 삼생이라고 한다. 단지 현재 인간으로 이미 생을 받았기 때문에 다시 숫자에 넣지 않고, 나중에 하생하여 성불하면 불신佛身에 속하니 또한 숫자에 넣지 않는다. 단지 하늘에 태어난 몸을 취했기 때문에 '일생'이라고 했을 뿐이다."[207]라고 하였다.【규기窺基[208]도 이 해석을 취하였다.[209] 원효도 동일하다. 뒤의 「삼신품」의 소에서 설한 것[210]과 같다.】[211] [212]

具如彼辨。此契本意。故淨名疏云。現在人間。次生天上。後下生成佛。大論數此以爲三生。現在人間已受生故。不故[1]復數之。後下生成佛屬佛身。亦不數之。俱[2]取生天之身。故[3]立一生。[4]【基取此釋。曉同。如下三身品疏】

1) ㉡『維摩經義疏』에 따르면 '故'는 연자이다. 2) ㉡『維摩經義疏』에 따르면 '俱'는 '但'이다. 3) ㉡『維摩經義疏』에 따르면 '故'는 '云'이다. 4) ㉡『維摩經義疏』에 따르면 '生' 뒤에 '耳'가 누락되었다.

207 길장, 『維摩經義疏』 권4(T38, 949c).
208 규기窺基 : 632~682. 당나라 때 법상종을 집대성한 스님. 영기靈基·승기乘基·대승기大乘基·기법사基法師·기기라고도 하고 속칭 자은대사慈恩大師라고 불리며 그 종파를 자은종慈恩宗이라고 한다. 현장의 문하에서 범어와 불교 경론을 배우고 역경사업에 적극적으로 참여하였다.
209 『大乘法苑義林章』 권7(T45, 365b).
210 『合部金光明經』 권1 「三身品」(T16, 364a)에서 "一生補處心"이라고 한 것에 대한 해석을 가리키는 것 같다.
211 『金光明最勝王經』 권1(T16, 403a)에서 "(그 보살들은) 오래지 않아 일체종지를 이룬다.(不久當成一切種智)"라고 한 것에서 '오래지 않아'라는 말을 일생보처一生補處(다음 생에는 성불할 것이 예정된 보살)와 관련지어 해석하면서 인용한 것이다.
212 『玄樞』(T56, 522a).

경 이『금광명경』은 모든 경의 왕이다. 만약 어떤 사람이 듣는다면 위없고 미묘하며 매우 깊은 뜻을 사유할 수 있다. 이와 같은 경전은 항상 사방의 네 부처님·세존께서 보호하시는 것이다.

是金光明諸經之王。若有聞者。則能思惟無上微妙甚深之義。如是經典。常爲四方四佛世尊之所護持。

동방에는 아촉불阿閦佛[213]이
남방에는 보상불寶相佛[214]이
서방에는 무량수불無量壽佛[215]이
북방에는 미묘성불微妙聲佛[216]이 계시네.

東方阿閦。南方寶相。
西無量壽。北微妙聲。

나는 이제 참회법 등을 설할 것이다. 생겨나는 공덕이 이것보다 나은 것이 없으니 모든 고통을 무너뜨리고 착하지 않은 업을 다할 수 있다.[217]

我今當說。懺悔等法。所生功德。爲無有上。能壞諸苦。盡不善業。

---

213 아촉불阿閦佛: ⑤ Akṣobhya-buddha. '아촉'은 ⑤ Akṣobhya의 음역어로 부동不動이라 의역한다. 묘희세계妙喜世界의 부처님이다.
214 보상불寶相佛: 환희세계歡喜世界의 부처님이다.
215 무량수불無量壽佛: 극락세계極樂世界의 부처님이다. 과거 인위에서 법장法藏이라는 비구로서 정토를 세워 중생을 구제할 것이라는 큰 서원을 일으키고 오랜 세월 동안 수행한 후 성불하여 극락에 머물며 중생을 구제하는 부처님이다.
216 미묘성불微妙聲佛: 연화장엄세계蓮華莊嚴世界의 부처님이다.
217 『合部金光明經』(T16, 359c).

소 원효가 말하였다. "「수량품」을 총괄하여 가리킨다. 이 품(「서품」)이 별서別序가 아닌 이유는 (별서라면) 최근의 것만을 말했어야 하는데 (그렇지 않았으니) 오직 총서總序일 뿐이다."[218]

曉云。總指壽量。所以此品不別序者。當說最近。故唯總序。[1)]
1) ㉠ 이것은 집일문 전체가 세주이다.

소 원효가 말하였다. "'항상 네 부처님께서 보호하고 지키시니'라는 것은 네 부처님께서 (「수량품」에서 설한 것과 같이 석가모니불釋迦牟尼佛[219]의) 수명이 (한량없지만 짧은 수명을 나타내 보인 것에) 대해 설하고 모든 재난에서 보호하여 베풀고 통하게 할 수 있기 때문이다. 이곳에서 이때에만 설할 수 있는 것이 아니고 다른 때에 다른 곳에서도 두루 통하게 할 수 있다. 이러한 능력을 나타내기 위해서 '항상 (네 부처님께서 보호하고 지키시니)'라고 하였다."[220]

曉云。常爲四佛所護持者。以四佛能說壽量。護諸難。能宣通故。非此處此時能說。遍於餘時餘處能通。爲顯是能。故言常爲。[1)]
1) ㉠ 이것은 집일문 전체가 세주이다.

경
야차夜叉[221]의 무리가

---

218 『玄樞』(T56, 530a).
219 석가모니불釋迦牟尼佛 : '석가모니'는 ⓢ Śākhyamuni의 음역어로 석가문釋迦文이라고도 한다. 석가족 출신의 성인이라는 뜻이다. 능인能仁·적묵寂默 등으로 의역한다.
220 『玄樞』(T56, 530b).
221 야차夜叉 : ⓢ Yakśa의 음역어. 의역어는 경첩輕捷·용건勇健 등이다. 팔부중八部衆의 하나이다. 사람을 해치기도 하지만 부처님께 귀의하여 권속으로서 정법을 수호하

모두 와서 옹호할 것이네.²²²

夜叉之衆。悉來擁護。

소 두 번째로 반 행²²³이 있으니 악귀가 보호하는 것이다. 곧 제19「승신이야약차대장품僧愼爾耶藥叉大將品」의 서문이다.【또 풀이한다. 승장이 말하였다. "이것은 제13「무염착다라니품無染着陀羅尼品」과 제14「여의보주품如意寶珠品」을 연 것이다. 이 두 품에서 설한 다라니陀羅尼²²⁴의 힘으로 인해 약차藥叉의 수호를 받기 때문이다." 바로 원효의 뜻을 취한 것이다. 혜소²²⁵와 경흥도 뜻이 동일하다.】²²⁶

二有半行惡鬼護。卽爲僧愼品序。【又釋。莊云。此開無染。如意寶珠。由此二陀羅尼力。藥叉守護故。正取曉義。沼興意同。】

경
니연하신尼連河神²²⁷과

─────────

는 역할을 하기도 한다.
222 『合部金光明經』(T16, 360a).
223 『金光明最勝王經』 권1(T16, 404b)에서 "한량없는 모든 약차가 한마음으로 모두 옹위한다.(無量諸藥叉。一心皆擁衛。)"라고 한 것을 말한다.
224 다라니陀羅尼 : ⓢ dhāraṇī의 음역어. 총지總持·능지能持·능차能遮 등으로 의역한다. 한량없는 불법佛法을 빠짐없이 모두 기억하여 잊어버리지 않는 염혜력念慧力을 가리킨다.
225 『金光明最勝王經疏』 권1(T39, 191c). 이하 "혜소와 경흥도 뜻이 동일하다."라고 한 것처럼 여러 사람이 함께 동일한 입장을 서술했다고 했을 경우, 현재 혜소의 주석서만 남아 있기 때문에 그 출처를 문장의 끝이 아니고 지금처럼 혜소라는 이름에서 밝히도록 하겠다. 이하 별도로 밝히지 않는다.
226 『玄樞』(T56, 531c).
227 니연하신尼連河神 : '니연'은 ⓢ Nairañjanā의 줄인 음역어로 마가다국 우루벨라에 위치한 강의 이름이다. 부처님께서 6년의 고행을 마치고 이곳에서 목욕을 하고 근처의 보리수 아래서 깨달음을 얻었다. 니연하신은 이 강을 주관하는 신의 이름이다.

귀자모신鬼子母神[228]

지신견뢰地神堅牢와

대범존천大梵尊天

삼십삼천三十三天[229]과

대신용왕大神龍王

긴나라왕緊那羅王[230]과

가루라왕迦樓羅王[231]

아수라왕阿修羅王[232]이

그 권속과 함께

모두 그곳에 와서

이 사람을 옹호하면서

밤낮으로 떠나지 않을 것이네.

尼連河神。鬼子母神。

---

228 귀자모신鬼子母神 : ⑤ Hārītī. 음역어는 가리제柯利帝·가리지訶利底 등이다. 성질이 나쁘고 포악한 귀신왕의 처로서 처음에는 어린 아이를 잡아먹는 포악한 귀신이었으나 부처님의 교화를 받은 뒤부터는 출산과 아이를 보호하는 천신이 되었다.

229 삼십삼천三十三天 : 욕계의 여섯 하늘 중 두 번째 하늘 혹은 그 하늘의 구성원. 도리천忉利天이라고도 한다. 수미산의 정상에 있다. 정상의 사방에 각각 여덟 개의 천성天城이 있고 중앙에는 제석천이 머무는 선견성善見城이 있다. 모두 합하여 33처소가 있기 때문에 삼십삼천이라고 한다.

230 긴나라왕緊那羅王 : '긴나라'는 ⑤ Kiṃnara의 음역어. 불법을 수호하는 팔부중八部衆의 하나. 건달바健闥婆와 함께 제석천帝釋天의 음악을 맡아 연주하는 신이다. 가신歌神·가락신歌樂神 등으로 의역한다.

231 가루라왕迦樓羅王 : '가루라'는 ⑤ Garuḍa의 음역어. 의역어는 금시조金翅鳥이다. 인도 고대신화에 나오는 새이다. 두 날개를 펼치면 그 길이가 336만 리나 되고, 머리에는 여의주가 박혀 있으며, 비쉬누(⑤ Viṣṇu)신이 타고 다닌다.

232 아수라왕阿修羅王 : '아수라'는 ⑤ Asura의 음역어. 의역어는 비천非天이다. 육도의 하나. 팔부중八部衆의 하나. 인도 고대 여러 신 중 하나. 전쟁을 좋아하고 질투심이 많은 것으로 묘사된다.

地神堅牢。大梵尊天。
三十三天。大神龍王。
緊那羅王。迦樓羅王。
阿修羅王。與其眷屬。
悉共至彼。擁護是人。
晝夜不離。

내가 지금 설하는 것은
모든 부처님·세존의
매우 깊고 비밀스러우며
미묘한 행처이니
억백천 겁을 지나도
만나기 어려운 것이네.

我今所說。諸佛世尊。
甚深祕密。微妙行處。
億百千劫。甚難得值。

경을 듣고
또 다른 사람을 위해 설하며
또 마음으로 따라서 기뻐하고
또 공양을 베풀면
이와 같은 사람은
한량없는 겁 동안에
항상 여러 하늘을 비롯한
팔부중八部衆[233]의 공경을 받을 것이네.[234]

若得聞經。若爲他說。

若心隨喜。若設供養。

如是之人。於無量劫。

常爲諸天。八部所敬。

소 다섯 번째로 세 구절[235]이 있으니 잡다한 부류가 보호하는 것이다. 이것들은 아울러 제11「사천왕관찰인천품四天王觀察人天品」에서부터 제19「승신이야약차대장품」까지의 아홉 품을 위해 서문을 지은 것이다. 미루어서 알 수 있을 것이다. 이것에 의거하기 때문에 두 가지 해석이 있음을 알 수 있다. 그러므로 앞의「귀신품」의 서문은 바뀌어서 앞의「총지품總持品」(「무염착다라니품」)의 서문이 되고, 이 한 행은「귀신품」의 서문이 된다.【원효와 승장은 이것을 따랐다. 혜소와 경흥은 뜻이 같다.】[236]

五有三句。雜類護。此等并爲四王已下乃至僧愼九品作序。推之可見。依此故知。有二釋也。故先鬼神品序。改爲上總持序。以此一行爲鬼序。【曉莊依之。沼興意同。】

소 원효가 말하였다. "여기에서 '니연하신 내지 아수라왕' 등은 제15「산지귀신품散脂鬼神品」의 28부[237]를 서술한 것이다."[238]

---

233 팔부중八部衆 : 천天·용龍·야차夜叉·건달바乾闥婆·아수라阿修羅·가루라迦樓羅·긴나라緊那羅·마후라가摩睺羅伽 등으로 부처님의 위대한 덕에 의해 교화를 받고 귀의하여 불법을 지키는 신의 역할을 한다. 범부의 눈에는 보이지 않기 때문에 명중팔부冥衆八部라고도 한다.

234 『合部金光明經』(T16, 360a).

235 세 구절 : 『金光明最勝王經』 권1(T16, 404b)에서 "용왕과 긴나라와 금시조왕과 아소라천의 무리(龍王緊那羅. 及金翅鳥王. 阿蘇羅天衆。)"라고 한 것을 말한다.

236 『玄樞』(T56, 532a).

237 『合部金光明經』(T16, 389b)에서 "산지귀신대장군과 28부의 여러 귀신"이라고 한 것

• 93

曉云。於中河神乃至修羅王等。序散脂品二十八部。

을 가리킨다. 28부는 뒤의 해당 경문에 대한 해석 부분을 참조할 것.
238 『玄樞』(T56, 532a).

제2 수량품
壽量品第二

소 가상은 (앞의 세 가지 가운데[239]) 중간의 해석에 의거하여 말하기를 "'수량'이라는 것은 한량없음을 '양'으로 삼는다. 진여실상은 모양이 없음을 모양으로 삼고, 진실의 궁극은(實際) 궁극이 없음을 궁극으로 삼는다."[240]라고 하였다. 원효와 승장이 취하여 말하기를 "예를 들면 '진실의 궁극은 궁극이 없음을 궁극으로 삼는다.'라고 한 것과 같다."라고 하였다.

도선은 (앞의 세 가지 가운데) 처음의 설을 취하였다. 그러므로 말하기를 "지금 세 가지 여래의 상주하는 과체果體를 총괄적으로 설하였기 때문에 '여래'라고 한다. '수壽'라는 것은 수受이다. 의보依報와 정보正報[241]의 두 가지 과를 받는 것을 말한다. 뛰어난 온갖 덕을 받기 때문에 '수'라고 한다. '량量'이란 헤아리는 것을 말한다. 여실하게 여래의 장수長壽를 헤아리기 때문에 '량'이라 한다."라고 하였다.

혜소는 (앞의 세 가지 가운데) 뒤의 해석과 동일하다. (해석한 것의) 처

---

239 앞의 세 가지 가운데 : 『玄樞』(T56, 533c)에서 "수隋(사나굴다)는 이렇게 말하였다. '세 가지 해석이 있다. 첫째는 앞과 같다. 그러므로 말하였다. 「수壽라는 것은 수受의 뜻이다. 아버지로부터 미묘한 즐거움을 받았으니 이것을 수라고 한다. 수는 한 생애 동안 끊어지지 않는 것을 논한 것이고, 명은 매 순간에 이어지고 유지되는 것을 논한 것이다. 여기에서는 바로 법신이 상주하여 그 양이 허공과 같음을 나타내기 때문에 품의 이름으로 삼았다.」 둘째는 여래의 법신은 본래 상주하니 한량없음을 양으로 삼기 때문에 '량'이라고 한다. 셋째는 부처님의 수명이 한량이 있고 한량이 없는 뜻을 깊이 헤아렸기 때문에 수량품이라고 한다.(隋有三釋。一同上。故云。壽者受義。父受妙樂。稱之曰壽。壽論大期不斷。命論念念連持。此中正明。法身常住。量同虛空。故名品也。二如來法身。本來常住。如以無量爲量。故言爲量。三格量佛壽。有量無量義。故言壽量品。)"라고 한 것을 말한다. '大'는 '一'인 것 같다.
240 길장, 『金光明經疏』(T39, 161c).
241 의보依報와 정보正報 : 의보는 산하·대지 등과 같이 중생이 의탁하는 대상인 국토세간國土世間을 가리키고, 정보는 아수라·인간 등과 같이 의보에 의탁하여 살아가는 주체인 중생세간衆生世間을 가리킨다.

음 부분에서 "('량'은) 한량限量을 말한다."²⁴²라고 하였는데, 이것은 원효의 해석을 취한 것이다.

이러한 문제와 관련된 자세한 논의는 『법화의소』에서 설한 것²⁴³과 같다.²⁴⁴

祥依中說。欲言。¹⁾ 無量爲量。眞如實相。以無相爲相。實際以無際爲際。曉莊取云。如言實際無際爲際。宜取初說。故今總說。三種如來。常住果體。故曰如來。壽卽受也。謂受依正兩果。殊勝萬德。故云壽也。量者度也。如實度量。如來長壽。故曰量也。沼後釋同。初云限量。此取曉釋。此等廣如法花疏也。²⁾

1) ㉠ 『金光明經疏』에 따르면 '欲言'은 '言壽量者'이다. 2) ㉠ 이것은 집일문 전체가 세주이다.

🅢 원효가 말하였다.

"『부법장인연전付法藏因緣傳』에서 '마하가섭摩訶迦葉²⁴⁵이 (제석천에게 말하였다. 「나는 열반에 들고자 한다.」) 내지 바로 명행命行을 버리고 오직 약간의 수행壽行만 남겨 두었다.'²⁴⁶라고 하였고, 『장아함경』에서 '부처님께

---

242 『金光明最勝王經疏』 권2(T39, 192c).
243 『法華義疏』 권10(T34, 603a)에서 『法華經』「如來數量品」을 해석하면서 "세 가지의 여래가 있다. 첫째는 화신여래이고, 둘째는 보신여래이며, 셋째는 법신여래이다. 수량에도 세 가지가 있다. 첫째는 화불의 수량이니 시작도 있고 끝도 있다. 둘째는 보불의 수량이니 시작은 있지만 끝은 없다. 셋째는 법신의 수량이니 시작도 없고 끝도 없다."라고 하였다.
244 『玄樞』(T56, 533c).
245 마하가섭摩訶迦葉 : Ⓢ Mahākāśyapa의 음역어. 부처님의 십대제자 중 한 명. 두타제일頭陀第一로 일컬어진다. 부법장付法藏(불법을 부촉받는 것) 제1조이다. '마하'는 대大라고 의역하고, '가섭'은 음광飮光이라 의역한다. 왕사성 근교 바라문가에 태어나 부처님께서 성불한 후 3년째 되던 해에 제자가 되었고 8일 만에 아라한과를 증득하였다. 부처님께서 입멸한 후 1차결집을 주도하였다.
246 『付法藏因緣傳』 권1(T50, 300b).

서 파순에게 말씀하시기를 「지금부터 3개월 지나면 멸도滅度(열반)에 들어갈 것이다.」라고 하고, 바로 탑에서 정의삼매定意三昧에 들어가 명행을 버리고 수행壽行에 머물렀다.'247라고 하였다. 이것은 두 가지(명과 수)가 다르다는 것을 말한 것이다. 이것에 의해 해석하면, 이전의 업에 의해 끌려온 것을 명행이라고 하고, 현재의 연緣에 의해 끌려온 것을 수행이라고 한다.248

『금강반야론』에서 '한 생애(一期) 동안 받은 과보로서의 명근命根이 끊어지지 않고 머문다고 생각하기 때문에 이것을 명상命相이라 하고, 명근이 단멸하여 다시 육도六道249에 태어난다고 생각하니 이것을 수자상壽者相이라 한다.'250라고 하였다. 이것의 뜻은 한 생애 동안 상속하는 것에 국한하여 말하면 명이라고 하고, 삼세 동안 유전하는 것을 통틀어서 말하면 수라고 한다는 것이다.

혹은 융통하는 문(通門)에 의거하면 명과 수는 차별이 없다. 단지 말의 편의에 따라서 '수량'이라 한 것이다."251

曉云。付法藏云。摩訶迦葉。乃至便捨命行。唯留少壽。長阿含言。佛告波旬。是後三日。[1)] 當入滅度。卽於塔中。定意三昧。捨命住壽。此二異論。若

---

247 『長阿含經』권2(T1, 15c).
248 『俱舍論』권3(T29, 15c)에서 수와 명근에 대한 이설에 대해 "첫 번째 주장은 수와 명근은 차별점이 없다는 것이다. 두 번째 주장은 전생의 업과業果가 수이며 현재의 업과가 명근이라는 것이다. 세 번째 주장은 일정한 기간 동안 머무는 것이 수이고, 찰나에 잠시 머무는 것이 명근이라는 것이다."라고 하였다. 여기에서 구사학과 유식학은 첫 번째 주장을 따르고 있으며, 천태학은 세 번째 입장을 취한다.
249 육도六道 : 중생이 윤회하는 세계를 여섯 가지로 나눈 것. 지옥도·아귀도·축생도·아수라도·인도·천도를 가리킨다. 육취六趣라고도 한다. 이 가운데 아수라도를 제외하고 오도五道만 설하는 경우도 있다. 앞의 세 가지를 삼악도三惡道라고 하고, 뒤의 세 가지를 삼선도三善道라고 한다.
250 『金剛般若論』권상(T25, 783c).
251 『玄樞』(T56, 534a).

依此釋。先業所引曰命。現緣所引曰壽。金剛般若論云。一報命根。不斷住
故。名²⁾命者³⁾相。命根斷滅。復生六道。名⁴⁾壽者相。此意局論一期相續曰
命。通談三世流轉曰壽。或就通門。命壽無別。但隨語便。而名壽量。

1) ㉚『長阿含經』에 따르면 '日'은 '月'이다. 2) ㉚『金剛般若論』에 따르면 '名' 앞에
'是'가 누락되었다. 3) ㉚『金剛般若論』에 따르면 '者'는 연자이다. 4) ㉚『金剛般若
論』에 따르면 '名' 앞에 '是'가 누락되었다.

경 그때 왕사성에 신상信相이라는 보살마하살菩薩摩訶薩[252]이 있었다.[253]

爾時王舍城中。有菩薩摩訶薩。名曰信相。

소 원효가 말하였다. "(신상보살의 계위를) 어떤 사람은 제10회향第十
回向[254]이라고 하였다. 어떤 사람은 말하기를 '제10지第十地[255]이다. 그러므
로『대통방광경』[256]에서 신상보살이 삼보三寶의 뜻을 묻자 부처님께서 질

---

252 보살마하살菩薩摩訶薩 : ⓢ Bodhisattva-mahāsattva의 음역어. '보살'은 ⓢ bodhisattva
의 줄인 음역어로 갖춘 음역어는 보리살타菩提薩埵이고, 의역어는 각유정覺有情이
다. '마하살'은 ⓢ mahāsattva의 줄인 음역어로 갖춘 음역어는 마하살타摩訶薩埵이고,
의역어는 대유정大有情이다. 보살은 깨달음을 추구하는 중생을 지칭하는 말인데, 대
승불교에서는 성문과 연각의 지향점은 자신의 이익만 추구하는 데 있다는 점에서 대
승의 이타적 행위와는 구별되는 것으로 본다. 따라서 이러한 구별점을 명백히 드러
내는 의미에서 '마하'를 집어넣는다.
253 『合部金光明經』(T16, 360a).
254 제10회향第十回向 : 보살 수행 52계위 중 제40위. 법계무량회향法界無量迴向이라고
한다. 일체의 다함이 없는 선근을 수습하고, 이것을 회향하여 법계에 어떤 차별도 없
을 것을 구하는 것이다.
255 제10지第十地 : 보살 수행 52계위 중 제50위. 법운지法雲地라고 한다. 대법의 지혜라
는 구름이 온갖 덕의 물을 품어 허공처럼 광대무변한 모든 번뇌를 덮고 법신을 충만
하게 하는 지위이다.
256 『대통방광경大通方廣經』: 갖춘 이름은『大通方廣懺悔滅罪莊嚴成佛經』이다.『開元
釋敎錄』·『衆經目錄』등에 위경으로 분류되어 있다. 현재 완전한 형태로 전해지고
는 있지 않다. 새로운 자료의 발굴로 점차 완성되어 가는 중이다. 뒤의 인용문은『大
正新修大藏經』에 수록된 경에는 나오지 않는다. 2016년에 집성된 CBETA(http : //

문을 찬탄하면서 말씀하시기를 「제1지 등이 아니고 오직 제10지인 법운지法雲地[257]에 도달한 대사大士(보살)만이 이와 같은 대사大事를 부처님께 질문할 수 있다.」라고 하였다.'[258]라고 하였다. 모두 도리가 있는 것이니 단지 우러러 믿어야 한다."[259]

曉云。有說十向。有說。十地。故方廣經。信相菩薩。問三寶義。佛讚問言。非一地等。唯有十地法雲大士。乃能問佛如是大事。皆有道理。但應仰信。[1)]

1) ㉠ 이것은 집일문 전체가 세주이다.

경 이미 일찍이 과거에 한량없는 백천억 나유타那由他[260]의 모든 부처님을 공양하여 모든 선근을 심었다.[261]

已曾供養過去無量億那由他百千諸佛。種諸善根。

소 원효가 말하였다. "『대지도론』에서 '100의 열 배를 천이라고 하고 천의 열 배를 만이라고 하며, 만의 천 배를 억이라 하고 억의 천만 배를 나유타라고 하며, 나유타의 천만억 배를 빈바頻婆라고 하고 빈바의 천만 배를 가타迦他라고 하며, 가타를 넘어서는 것을 아승기阿僧祇라고 한다.'[262]라고 하였다. 지금 이 글에서는 백천을 1로 삼고 헤아려서 억 나유

---

tripitaka.cbeta.org/T85n2877/)에 수록된 경에 나온다.
257 법운지法雲地 : 보살의 52수행 단계 중 제50위. 보살 십지十地 중 최고의 지위인 제10지에 도달함으로써 법신을 얻고 자재력을 갖추었음을 나타낸 것이다.
258 『大通方廣經』권중(T85, 1345a).
259 『玄樞』(T56, 535b).
260 나유타那由他 : ⑤ nayuta의 음역어. 나유다那由多·나술那述 등이라고도 한다. 인도에서 통용되던 수량의 명칭. 구체적인 수량은 일정한 설이 없고, 백만·천억 등으로 다양하게 제시된다.
261 『合部金光明經』(T16, 360a).

타에 이르기 때문에 '억 나유타'라고 하였다. '백천'은 이 수를 나타내기 위한 것이다. 다 헤아릴 수 없기 때문에 '한량없는'이라고 하였다."²⁶³

曉云。如智論云。十百名千。十千名萬。千萬名億。千萬億名那由他。千萬億¹⁾ 那由他名頻婆。²⁾ 千萬頻婆名迦他。過迦他名阿僧祇。今此文中。百千爲一。數至億那由他。故言億那由他。百千爲顯是數。非凡所量。故言無量。³⁾

1) ㉮『大智度論』에 따르면 '億'은 연자이다. 2) ㉮『大智度論』에 따르면 '婆'는 '婆'이다. 3) ㉮ 이것은 집일문 전체가 세주이다.

경 이 신상보살은 이렇게 생각하였다. "어떤 인과 어떤 연으로 석가여래께서는 수명을 단축하여 겨우 80세까지만 사는 것일까?" 또 다시 생각하였다. "부처님께서 말씀하신 대로라면 두 가지 인연이 있으면 긴 수명을 얻을 수 있다. 무엇이 두 가지인가? 첫째는 살생을 하지 않는 것이고, 둘째는 음식을 보시하는 것이다. 우리 세존께서는 한량없는 백천억 나유타 아승기 겁 동안 살생하지 않는 계를 닦으면서 열 가지 선²⁶⁴을 완전히 갖추었고 음식을 보시한 일은 한도를 헤아릴 수 없다. 내지 자기 몸의 골수와 피와 살까지 굶주린 중생에게 주어 배불리 먹게 하였으니 하물며 다른 음식이겠는가!"²⁶⁵

是信相菩薩。作是思惟。何因何緣。釋迦如來。壽命短促。方八十年。復更念言。如佛所說。有二因緣。壽命得長。何等爲二。一者不殺。二者施食。而

---

262 『大智度論』권4(T25, 87a).
263 『玄樞』(T56, 535b).
264 열 가지 선 : 살생, 도둑질, 올바르지 않은 음행, 거짓말, 이간질, 악구惡口(추악한 말), 기어綺語(쓸데없는 말), 탐욕, 분노, 삿된 견해 등의 열 가지 악을 떠난 것을 가리킨다.
265 『合部金光明經』(T16, 360b).

我世尊。於無量百千億那由他阿僧祇劫。修不殺戒。具足十善。飮食惠施。
不可限量。乃至己身骨髓血肉。充足飽滿飢餓衆生。況餘飮食。

소 두 번째는 의심한 법인데 두 가지가 있다. 처음은 과를 들어서 인을 의심하였고, 나중은 인으로 과를 의심하였다.【원효와 승장과 도선은 바로 이설을 취하였다. 혜소와 경흥은 대략적으로 취하였다.】²⁶⁶

第二所疑法有二。初擧果疑因。後以因疑果。【曉莊及宜。卽取此說。沼興略取。】

소 問 이 경은 어느 때에 설했기에 묘당妙幢²⁶⁷이 부처님의 수명이 80세라는 것을 들은 것인가? 答 예를 들면 (『열반경』에서) 바로 마왕에게 말씀하시기를 "다시 세 달이 지나면 열반에 들 것이다."²⁶⁸라고 한 것과 같다. 그러므로 이때에 묘당이 생각을 일으킨 것이라고 해야 한다.【가상이 이것을 따랐기 때문에 말하기를 "아직 열반에 들기 90일 전에 설한 것이다. 그런 줄을 아는 것은 여래께서 세상에 출현하신 때로부터『법화경』을 설하기에 이르기까지 아직 80세라는 말은 있지 않았기 때문이다.『법화경』을 설한 후에 마왕에게 말씀하시기를 '앞으로 세 달이 지나면 열반에 들 것이다.'²⁶⁹라고 하였고, 이때 중생이 비로소 바로 80세라는 것을 알았다. 이로써 90일 전에 설한 것임을 알 수 있다."²⁷⁰라고 하였다. 원효도 동일한 입장이다. 단지『아함경』에 나오는 것을 더하였을 뿐이다.²⁷¹】²⁷²

---

266 『玄樞』(T56, 535c).
267 묘당妙幢 : 이역본인『金光明最勝王經』에서『合部金光明經』의 신상보살을 묘당이라고 하였다.
268 『涅槃經』권25(T12, 513c). 부처님께서 비사리성에 계실 때 마왕이 "예전에는 여래께서 중생을 교화할 만한 제자가 없어서 열반에 들지 않는다고 하였는데, 이제 그런 제자도 이미 있는데 어째서 열반에 들지 않는 것인가?"라고 질문한 것에 대한 답변이다.
269 『涅槃經』권25(T12, 513c).
270 『金光明經疏』(T39, 162a).

問。今經何時說。而妙幢聞佛八十。答。如告魔王。却後三月。當入涅槃。應是此時。妙幢生念。【祥依故云。未涅槃前九十日說。所以知然。從如來出世。至於法花。未有八十之語。說法花已後。對於魔王唱言。却後三月涅槃。此時衆生。方知正八十年。以此可知。於九十日說。曉同。但加出阿含經。】

경 지극한 마음으로 부처님을 생각하면서 이렇게 생각하였다. "석가여래는 한량없는 공덕을 갖추었고 (그것은 충분히 믿을 수 있는데) 오직 수명에 대해서는 마음에 의혹이 생겨난다." (그리고 말하였다.) "어째서 여래께서는 수명이 이와 같이 겨우 80세일 뿐입니까?"[273]

至心念佛。作是思惟。釋迦如來。無量功德。唯壽命中。心生疑惑。云何如來壽命。如是方八十年。

소 혜소가 말하였다. "뒤의 것[274]은 말을 하여 요청한 것이다."[275] 바로 원효의 뜻을 취한 것이다.[276]

沼云。後言請。卽取曉義。[1)]

1) ㉯ 이것은 집일문 전체가 세주이다.

---

271 앞의 소, 곧 "원효가 말하였다. 『부법장인연전付法藏因緣傳』에서~단지 말의 편의에 따라서 「수량」이라 한 것이다."라고 한 것에서 『長阿含經』을 인용한 것을 가리키는 것 같다.
272 『玄樞』(T56, 536a).
273 『合部金光明經』(T16, 360b).
274 뒤의 것 : "어째서 여래의 수명은 이와 같이 겨우 80세일 뿐입니까?"라고 한 것을 가리킨다.
275 『金光明最勝王經疏』 권2(T39, 194c).
276 『玄樞』(T56, 540c).

경 이 네 분의 여래께서는 저절로 사자좌에 앉아 큰 광명을 쏟아 내어 왕사성王舍城[277]과 이 삼천대천세계三千大千世界[278] 내지 시방의 갠지스강[279]의 모래알처럼 많은 모든 부처님의 세계를 비추었다.[280]

是四如來。自然而坐師子座上。放大光明。照王舍城及此三千大千世界。乃至十方恒河沙等諸佛世界。

소 원효 스님(曉師)이 말하였다. "부처님께서 설법하실 때 먼저 광명을 비추는 것에는 간략히 네 가지 뜻이 있다. 첫째, 부처님은 내적으로 지혜의 광명을 품고 있어서 어떤 이치도 비추지 않음이 없음을 나타내기 위해서이다. 둘째, 인연이 있는 중생을 두루 비추어 (그들이) 광명을 찾아 법회에 모여서 법을 듣고 이익을 얻게 하기 위해서이다. 셋째, 설할 법이 온갖 미혹에 빠진 중생을 (위해 바른 길을) 열어 보이고 (그곳으로) 인도하여 바른 도리를 보일 수 있음을 나타내기 위해서이다. 넷째, 모든 덕이 있는 중생이 반야般若의 광명을 얻어 무명無明의 어두움을 제거할 수 있음을 나타내기 위해서이다."『주금광명최승왕경』[281],[282]

---

277 왕사성王舍城 : ⓢ Rājagṛha의 의역어. 중인도 마갈타국摩羯陀國(마가다국)의 도성都城. 부처님께서 오랫동안 머물면서 설법한 주요 지역 중 하나이다.
278 삼천대천세계三千大千世界 : 부처님의 교화가 미치는 영역과 관련된 용어. 수미세계須彌世界를 1천 개 합친 것을 소천세계小千世界, 소천세계를 1천 개 합친 것을 중천세계中千世界, 중천세계를 1천 개 합친 것을 대천세계大千世界라고 한다. 여기에서 소천세계는 1천 개를 한 번 합쳐서 성립된 것이므로 일천세계一千世界라고도 하고, 중천세계는 1천 개를 두 번 합쳐서 성립된 것이므로 이천세계二千世界라고도 하며, 대천세계는 1천 개를 세 번 합쳐서 성립된 것이므로 삼천세계라고도 한다.
279 갠지스강 : 해당 원문은 '항하恒河'이다. 긍가殑伽라고도 한다. ⓢ Gaṅgā의 음역어이다. 인도 북부를 동서로 가로질러 벵골만으로 흘러드는 인도 최대의 강이다.
280 『합부金光明經』(T16, 360b).
281 『주금광명최승왕경註金光明最勝王經』: 당나라 703년 의정義淨이 한역한 『金光明最勝王經』에 대한 상등常騰(740~815)의 주석서이다. 『日本大藏經』 4권에 수록되어 있

曉師云。佛說法時。先放光明。略有四義。[1] 一者表佛內懷慧光。無理不照故。二者遍照有緣。尋光集會。聞法得益故。三者表所說法。開導群迷。能示正道故。四者表諸德衆。得般若光。除無明闇故。【註金光明最勝王經】

1) ㉠『日本大藏經』에 따르면 '義'는 '意'이다. 뜻은 같다.

경 선남자여, 그대는 지금 여래의 수명이 매우 짧다고 생각하지 말아야 한다. 무엇 때문인가? 선남자여, 우리들은 오직 여래를 제외하고는 모든 하늘과 세상사람 (가운데 하늘의) 마구니의 대중·법천梵天의 대중(梵衆)과 (세상사람의) 사문沙門[283]·바라문婆羅門[284]과 (그 밖의 여러 부류의) 사람 및 (여러 부류의) 사람이 아닌 것으로서 여래의 수량을 계산하여 그 기한을 알 수 있는 이를 보지 못하였다.[285]

善男子。汝今不應思量如來壽命短促。何以故。善男子。我等不見諸天世人。魔衆梵衆。沙門婆羅門。人及非人。有能思算如來壽量知其齊限。惟除如來。

소 "선남자여~길고 짧음[286]" 이하는 두 번째로 답변한 것을 밝힌 것이

다. 상등은 일본 헤이안 시대 초기 법상종 스님으로 영엄永嚴에게 배웠다. 저술로 본서 외에도 『顯唯識疏隱文抄』10권이 있다.

282 『註金光明最勝王經』(N4, 482b).
283 사문沙門 : Ⓢ śramaṇa의 음역어. 상문桑門으로도 음역하고, 정지靜志·식지息止·식악息惡 등으로 의역한다. 불교를 포함하여 모든 형태의 출가자를 총괄하여 일컫는 말이다.
284 바라문婆羅門 : Ⓢ brāhmaṇa의 음역어. 인도 정통사상인 바라문교婆羅門教의 사제를 일컫는 말. 의역어는 정행淨行·범지梵志 등이다. 사성제도四姓制度 중 첫 번째 지위를 점유하는 계급. 사성이란 바라문·크샤트리아(왕족)·바이샤(서민)·수드라(노예)의 네 계급을 말한다. 바라문은 사회의 지도자로서 제사와 교육을 담당하였다.
285 『合部金光明經』(T16, 360b).
286 길고 짧음 : 『金光明最勝王經』에서는 '長短'이라고 하였고, 『合部金光明經』에서는

다. 또한 두 가지가 있다.【원효는 바로 이것을 취하였다.】 첫째는 그만두게 한 것이다.【수隋의 사나굴다闍那崛多[287]가 말하였다. "총괄적으로 그만둘 것을 가르친 것이다."】 둘째는 이유를 풀이한 것이다.【거듭해서 풀이한 것이다.】[288]

善男至長短下。第二明所答事。又二。【曉卽取之。】一止。【隋云。總誡止。】二釋所以。【重解釋。】

소 원효가 말하였다. "'모든 하늘'이라는 것은 천취天趣[289]를 모두 든 것이고, '세상사람'이라는 것은 인도人道를 모두 든 것이다. '마구니의 대중과 범천의 대중(梵衆)[290]'이라는 것은 천취에서 뛰어난 무리를 골라서 취한 것이니 욕계欲界의 마지막 처소(邊際)[291]이기 때문이다.[292] '사문과 바라문'

'短促'이라 하였다.
287 수隋의 사나굴다闍那崛多 : 『玄樞』 서문에서 "『금광명경』에 대한 양나라 때 진제 삼장의 주석을 근본(本)으로 삼고 수나라 때 사나굴다의 주석을 지말(末)로 삼았다."라고 한 것과 『東域傳燈目錄』(T55, 1153b)에서 "지덕志德(사나굴다) 법사가 『금광명경소』 8권을 지었다."라고 한 것에 따라서 '수'를 사나굴다를 가리키는 것으로 보았다.
288 『玄樞』(T56, 541a).
289 천취天趣 : 윤회의 세계를 여섯 종류로 나눈 것 중 가장 상위에 속하는 세계. 모두 28가지 하늘로 이루어져 있는데, 이것을 삼계三界의 관점에서 분류하면, 욕계의 여섯 가지 하늘, 색계의 열여덟 가지 하늘, 무색계의 네 가지 하늘로 구성되어 있다.
290 범천의 대중(梵衆) : '범중'은 대부분 색계色界 초선初禪에 속하는 세 하늘, 곧 아래에서부터 범중·범보梵輔·범왕梵王 중 첫 번째를 가리키는 말로 쓰인다. 곧 범중은 범천의 백성이고, 범보는 범천의 신하이며, 범왕은 범천의 주인이다. 그런데 범중만이 아니라 범보와 범왕도 역시 언어행위의 원인인 심尋(추론)·사伺(관찰)가 없기 때문에 본문의 범중은 셋을 모두 포괄하는 것으로 보아야 한다. 이것이 범천의 대중이라고 번역한 이유이다.
291 욕계欲界의 마지막 처소(邊際) : 욕계의 여섯 하늘 중 가장 상위에 있는 타화자재천他化自在天을 가리킨다. 범천과 마구니가 머물고 있는 곳이다.
292 『瑜伽師地論』 권15(T30, 355b)에서 "천취는 세 가지 인연에 의해 네 가지 대중을 건립한다. 첫째, 대지에 의지하여 존재하는 중생의 마지막 처소라는 관점에서 사대왕중천四大王衆天과 삼십삼천三十三天의 두 가지 대중을 건립한다. 전자는 지쌍산持雙山의 정상에 머물고 후자는 수미산須彌山의 정상에 머무니 (이것보다 상위의 중생

이라는 것은 사람 가운데 뛰어난 이를 골라서 취한 것이니 (사문은) 출가하여 도를 닦기 때문이고 (바라문은) 속가에 머물면서 청정하게 수행하기 때문이다."『주금광명최승왕경』293

曉云。諸天者。總擧天趣。世間[1])者。總擧人道。魔衆梵[2])者。取天上勝衆。欲界邊際故。沙門婆羅門者。取人中勝者。出家修道故。在家淨行故。【註金光明最勝王經』】

1) ㉘ '間'은 '人'인 것 같다. 2) ㉘ '梵' 뒤에 '衆'이 누락된 것 같다.

소 원효가 말하였다. "'모든 하늘'이라는 것은 천취天趣를 모두 든 것이고, '세상사람'이라는 것은 인도人道를 모두 든 것이다. '마구니의 대중과 범천의 대중'이라는 것은 천취에서 뛰어난 무리를 골라서 취한 것이니, 욕계欲界의 마지막 처소(邊際)이기 때문이고 언어행위가 이루어지는 마지막 처소이기 때문이다. '사문과 바라문'이라는 것은 사람 가운데 뛰어난 이를 골라서 취한 것이니 (사문은) 출가하여 도를 닦기 때문이고 (바라문은) 속가에 머물면서 청정하게 수행하기 때문이다."294 295

曉云。諸天者。總擧天趣。世人者。總擧人道。魔衆梵衆者。撮取天上勝衆。

은 대지에 의지하지 않기 때문이다.) 둘째, 욕계의 마지막 처소라는 관점에서 마구니의 대중을 건립하니 (이것보다 상위의 중생은 욕망이 없기 때문이다.) 셋째, 언어행위가 이루어지는 마지막 처소라는 관점에서 범천의 무리를 건립하니 [이것보다 상위의 중생은 언어행위의 원인인 심尋(추론)·사伺(관찰)가 없기 때문이다.]"라고 한 것을 참조할 것. 본 해석은 둔륜遁倫의 『瑜伽論記』 권5(T42, 410b)를 참조하여 역자가 많은 부분 의역한 것이다.

293 『註金光明最勝王經』(N4, 484a).
294 『玄樞』(T56, 541b).
295 내용이 바로 앞의 집일문과 동일하지만 약간의 차이가 있기 때문에 합치지 않고 별도로 집어넣었다.

欲界邊際故。語行邊際故。沙門婆羅門者。攝取人中勝者。出家修道故。在
家淨行故。[1]

1) ㉑ 이것은 집일문 전체가 세주이다.

소 원효가 말하였다. "다음에 '(그 밖의 여러 부류의) 사람(人)'이라고
한 것은 앞의 두 대중(사문과 바라문)을 제외한 모든 왕과 장자長者 등이다.
'및 (여러 부류의) 사람이 아닌 것(非人)'이라는 것은 앞의 두 하늘(마구니와
범천)을 제외한 나머지 하늘과 신 등이다."("인급비인人及非人"에 대하여) 승장
이 말하였다. "세 가지 해석이 있다. 첫째는 말하기를 '맺으면서 앞의 대중을 나타낸 것이
다.'[296]라고 하였다. 둘째는 말하기를 「인비인」이라는 것은 사람과 유사한 모습을 나타내는
귀신의 무리를 말한다.'라고 하였다. (그런데) 이와 같다면 '급及'이라는 말은 무용해야 한
다. 세 번째 것은 원효의 설[297]을 취하였다.[298]" 원측의 『해심밀경소』 권1에서 "세 가지 해
석이 있다. 첫 번째 해석은 바로 본본을 취한 것이다.[299] (두 번째 해석은) 또 말하기를 「사
람」이라는 것은 일체의 사람을 총괄하여 섭수한 것이고, 「사람이 아닌 것」이라는 것은 일체
의 사람이 아닌 것을 총괄하여 섭수한 것이다.'라고 하였다. 이것은 원효 스님(曉公)의 뜻
이다.[300] (세 번째 해석은) 또 말하기를 「인비인」이라는 것은 「사람인가 사람이 아닌가」 하

---

296 앞의 대중, 곧 "모든 하늘~사문과 바라문"을 모두 인비인人非人에 포괄하여 거듭 나
타낸 것이라고 해석한 것이다.
297 바로 앞에 나오는 원효의 주석을 참조할 것.
298 『玄樞』의 서술법이다. 본래 승장의 저술에는 원효가 설한 글이 들어가 있을 것이지만
생략한 것이다. 이하 별도로 밝히지 않는다.
299 이것은 『玄樞』의 저자가 『解深密經疏』의 글을 참조하여 자신의 방식으로 내용을 서
술한 것이다. 곧 『解深密經疏』 권1(X2, 189b)에서 "팔부의 귀신이 있어서 모두 사람
이 아니면서 사람의 모습을 짓고 와서 법을 듣기 때문에 '인비인人非人'이라고 하였
다. 그러므로 『사리불문경』에서 말하였다. '팔부의 귀신을 모두 「인비인」이라 한다.'(有
八部鬼神。悉非人作人形。來聽法故。曰人非人。故舍利弗問經云。非八部鬼神。皆曰非
人也。)"라고 하였는데, 이것은 본본의 뜻과 동일하다는 말이다. 『舍利弗問經』(T24, 901c)
에 따르면 '八' 앞의 '非'는 '是以'이다.
300 "이것은 원효 스님(曉公)의 뜻이다."라는 것은 『解深密經疏』에는 없는 것이다.

면서 의심하는 것이다. 또한 본본의 뜻이다.³⁰¹'라고 하였다."³⁰²라고 하였다.]³⁰³

曉云。次言人者。除上二衆諸王長等。及非人者。除上二天餘天及神等。【莊有三釋。一云。結顯上衆。二人非人者。謂顯似人鬼神衆。若爾。及言應成無用。第二¹⁾取曉。測深密疏第一。有三釋。初卽取本。又云。人者總攝一切人。非人者總攝一切非人。此曉公義。又云。人非人者。疑云爲是人爲非人也。亦本義故。】

1) ㉭ '二'는 '三'인 것 같다.

경 그때 네 분의 여래께서는 장차 석가문불釋迦文佛께서 얻은 수명을 설하고자 하여 욕계와 색계의 하늘과 모든 용·귀신·건달바乾闥婆³⁰⁴·아수라阿修羅·가루라迦樓羅·긴나라緊那羅·마후라가摩睺羅伽³⁰⁵ 및 한량없는 백천억 나유타의 보살마하살을 부처님의 신통력으로 모두 와서 신상보살마하살의 방에 모이게 하였다.³⁰⁶

時四如來。將欲宣暢釋迦文佛所得壽命。欲色界天諸龍鬼神乾闥婆阿修羅迦樓羅緊那羅摩睺羅伽。及無量百千億那由他菩薩摩訶薩。以佛神力。悉來聚集信相菩薩摩訶薩室。

소 처음에 나아가서 세 가지가 있다. 첫째는 대중을 모은 때를 나타냈

---

301 "또한 본본의 뜻이다."라고 한 것도 『解深密經疏』에는 없는 것이다.
302 『解深密經疏』 권1(X21, 189b).
303 『玄樞』(T56, 541b).
304 건달바乾闥婆 : ⓢ Gandharva의 음역어. 의역어는 심향尋香·식향食香 등이다. 술과 고기는 전혀 먹지 않고 오직 향기만 먹고 살기 때문에 붙여진 이름이다. 팔부중八部衆의 하나. 긴나라緊那羅와 함께 제석천을 시봉하며 음악을 맡아 연주하는 신이다.
305 마후라가摩睺羅伽 : ⓢ mahoraga의 음역어. 의역어는 대복행大腹行·대흉행大胸行 등이다. 큰 뱀을 뜻하며 원래 인간을 해치는 악신이었으나 부처님께 귀의한 후 불법을 외호하는 팔부중의 하나가 되었다.
306 『合部金光明經』(T16, 360c).

고, 둘째는 개별적으로 모인 대중의 체를 밝혔으며, 셋째는 대중이 모인 처소를 밝혔다.[307]【원효는 바로 이것을 취하였다.】[308]

就初有三。一標集衆之時。二別明衆集之體。三明衆集之處。【曉卽取之。】

소 두 번째는 모인 대중의 체를 밝혔는데, 여기에 세 가지가 있다.【원효는 바로 이것을 따랐다.】처음은 모든 하늘이니 고도苦道의 대중이다.【수隋의 사나굴다가 말하였다. "모든 하늘 대중이 모인 것을 밝혔다."】둘째는 용과 귀신이니 염오와 청정의 대중이다.【팔부중八部衆이 모인 것을 밝혔다.】셋째는 대사大士(보살)이니 도를 증득한 대중이다.【대사 대중이 모인 것을 밝혔다.】[309]

第二明衆集體有三。【曉卽依之。】初諸天是苦道衆。【隋云。明諸天衆集。】二龍鬼是染淨衆。【明八部衆集。】三大士是證道衆。【明大士衆集。】

소 세 번째는 대중이 모인 처소를 밝혔다. 수의 사나굴다가 말하였다. "아울러 신상보살의 방에 머물면서 설법주와 함께 모인 대중(徒衆)이 모두 화신化身으로 도를 전수받는 것이다. 성품을 숨기고 급히 와서 신통력이 자재하니 큰 것과 작은 것이 서로 용납하고 긴 것과 짧은 것이 거리낌이 없다. 시방의 하늘과 사람이 모두 방장方丈[310]에 머문다. 정명淨名[311]의 방

---

307 첫째는 "그때~설하고자 하여"이고, 둘째는 "욕계와 색계의~부처님의 신통력으로"이며, 셋째는 "모두 와서~모이게 하였다."이다.
308 『玄樞』(T56, 541b).
309 『玄樞』(T56, 541c).
310 방장方丈 : 사방 한 길(丈)의 크기로 만든 작은 방을 가리킨다. 유마거사가 머물던 방으로 보통 유마방장維摩方丈이라고 일컬어진다.
311 정명淨名 : ⓢ Vimalakīrti의 의역어. 무구칭無垢稱이라고도 의역하고, 유마힐維摩詰·유마維摩 등으로 음역한다. 부처님의 재가제자. 중인도 비사리성의 장자로 비록 세속에 살았지만 대승불교의 교리에 정통하고 도달한 경지가 출가제자도 미칠 수 없

에 항상 여덟 가지 부사의 不思議가 행해졌으니, (정명이) 수미등왕불須彌燈
王佛[312]에게 (3만 2천의 사자좌를) 빌려 (그 방에 모두 받아들이고),[313] (정
명이 화보살化菩薩을 나타내어) 향적불香積佛이 계시는 중향衆香이라는 국
토에서 밥을 청해 온 것[314] 등의 일과 다르지 않다."【원효·도선·경흥 대덕이
모두 이 뜻을 취하였다.】[315]

第三明衆集所處。隋云。併在信相室中。法主及徒衆。皆是化身受道。偃性
急來。神力自在。大小相容。修短縱任。十方天人。俱處方丈。無異淨名之
室。常爲八不思議。借座燈王。請飯香土等事也。【曉宜興德。皆取此義。】

경

모든 물의 물방울 수는
그 수를 알 수 있어도
헤아릴 수 없어라
석존의 수명이여!
모든 수미산 무게는
그 무게를 알 수 있어도
잴 수 없어라
석존의 수명이여!

一切諸水。可知幾渧。

  을 정도로 높았던 것으로 묘사된다.
312 수미등왕불須彌燈王佛 : 동방 수미상須彌相 세계의 부처님. 신장이 팔만사천 유순이
  고 그 사자좌의 높이도 팔만사천 유순이다.
313 『維摩詰所說經』제6「不思議品」을 참조할 것.
314 『維摩詰所說經』제10「香積佛品」을 참조할 것.
315 『玄樞』(T56, 541c).

無有能數。釋尊壽命。
諸須彌山。可知斤兩。
無有能量。釋尊壽命。

모든 대지의 티끌 수는
그 수를 알 수 있어도
셀 수 없어라
석존의 수명이여!
허공이 나뉘는 경계는
그 끝을 다할 수 있어도
헤아릴 수 없어라
석존의 수명이여!³¹⁶

一切大地。可知塵數。
無有能算。釋尊壽命。
虛空分界。尚可盡邊。
無有能計。釋尊壽命。

소 처음의 네 행(모든 물의 물방울 수는~헤아릴 수 없어라 석존의 수명이여!)으로 네 가지 덕을 비유하였다. "물"은 정淨이고 "산"은 아我이며 "대지"는 낙樂이고 "허공"은 상常이다. 물의 성품은 본래 청정하고 물방울로 숫자를 알 수 있지만 응신은 청정한 덕이 다함이 없어서 헤아려 알 수 없다는 것은 곧 일천제一闡提³¹⁷가 청정하지 못한 것을 무너뜨리는 것이다.【원효는 두

---

316 『合部金光明經』(T16, 360c).
317 일천제一闡提 : ⓢ iccantika의 의역어. 무성유정無性有情·단선근斷善根 등으로 의역한다. 선근을 모두 끊어 버려 성불할 수 있는 성품이 없는 중생을 가리킨다.

가지 해석을 제시하였는데, 처음의 해석은 바로 이것을 따랐기 때문에 말하기를 "물은 청정한 덕으로 이루어진 수명으로 일천제가 지닌 법을 비방하는 티끌을 여의는 것을 비유한 것이다. (응신은) 물과 같이 성품이 청정하고 또 그것을 넘어서는 것이기 때문이다."라고 하였다.]³¹⁸

就初四行譬四德。水淨山我地樂空常。水性本淨。可以滴知數。應身淨德無盡。無能知者。卽破闡提不淨。【曉有二釋。初卽依之故云。水況淨德所成之壽。以離闡提謗法之垢。如水性淨。復過彼故。】

경 그런데 저 석가모니여래께서는 오탁五濁³¹⁹의 세상일 때 세상에 출현하신다. 사람들의 수명은 백 세 동안 살고 믿음과 이해가 하열한 중생과 선근이 적은 중생과 아견我見³²⁰·중생견衆生見³²¹·명견命見³²²·양육견養育

---

318 『玄樞』(T56, 541c).
319 오탁五濁 : 감겁減劫(인간의 수명이 점차 짧아지는 시대)에 일어나는 다섯 가지의 더럽고 혼탁한 현상을 일컫는 말. 첫째는 겁탁劫濁으로 감겁에 인간의 수명이 30세로 줄어들 때는 기근의 재난이 일어나고, 20세로 줄어들 때는 역병의 재난이 일어나며, 10세로 줄어들 때는 도병刀兵의 재난이 일어나서 세계의 중생이 온갖 피해를 당하는 것이다. 둘째는 견탁見濁으로 정법이 이미 멸하고 상법像法이 점차 일어나며, 사법邪法이 생겨나고 사견邪見이 증대하여 사람들이 선도善道를 닦지 못하게 되는 것이다. 셋째는 번뇌탁煩惱濁으로 중생의 애욕이 늘어나고 간탐慳貪이 깊어지며 서로 투쟁하며 아첨하고 거짓말을 일삼으며 사법을 섭수하여 심신이 어지러워지는 것이다. 넷째는 중생탁衆生濁(有情濁)으로 중생이 온갖 부정하고 사악한 행위를 일삼아 부모에게 효도하지 않고 어른을 공경하지 않으며 악업의 과보를 두려워하지 않아 공덕을 쌓지 않으며 은혜를 베풀지 않고 재법齋法을 행하지 않으며 금계禁戒를 수지하지 않게 되는 것이다. 다섯째는 명탁命濁(壽濁)으로 과거세에는 인간의 수명이 8만 세였으나 이 시기에는 악업이 늘어나서 사람의 수명도 점차 줄어들어서 백 살까지 사는 이도 보기 드물어지는 것이다.
320 아견我見 : 중생이 오온법五蘊法 가운데 아我와 아소我所가 있다고 계탁하는 것이다.
321 중생견衆生見 : 오온이 화합하여 결정적이고 실체적인 중생을 생기할 수 있다고 계탁하는 것이다.
322 명견命見 : 수명견壽命見이라고도 한다. 오온법 가운데 내가 일정한 기한을 가진 과보로서의 수명을 받았고 길고 짧음이 있다고 계탁하는 것이다.

見³²³·부가라견富伽羅見³²⁴의 잘못된 견해와 아아·아소我所³²⁵에 집착하는 (중생) 등이 있다. (이들) 모든 법부인 중생과 외도인 니건타尼乾陀³²⁶와 파리파사가波梨婆闍迦 등에게 이익을 주기 위해서 세존·석가모니·여래께서는 이와 같이 짧은 수명을 나타내 보여 중생을 성숙하게 하신다.³²⁷

然彼釋迦牟尼如來。五濁世時。出現於世。壽百歲生中。於下信解衆生。少善根衆生。我見衆生見命見。養育富伽羅見邪見。我我所執著等中。爲利益諸凡夫衆生。及外道尼乾陀。波梨婆闍迦等故。世尊釋迦牟尼如來。顯示如是短少壽量。成熟衆生。

소 ("오탁"을 해석하면서) 원효는 『유가사지론』을 따랐는데³²⁸ 뜻이 거의 같다. 경흥은 뜻을 대략적으로 취하였다.³²⁹

曉依瑜伽。意大同也。興意略取。¹⁾

1) ㉮ 이것은 집일문 전체가 세주이다.

---

323 양육견養育見 : 내가 다른 사람을 양육할 수 있다고 계탁하는 것이다.
324 부가라견富伽羅見 : '부가라'는 Ⓢ pudgala의 음역어이다. 삭취취數取聚·중생 등으로 의역한다. 윤회의 주체로서의 부가라가 있다고 계탁하는 것이다.
325 아아·아소我所 : '아'는 자신을 가리키고, '아소'는 자신 이외의 사물을 가리키는데, 이것을 자신의 소유라고 집착하기 때문에 이러한 이름을 붙였다.
326 니건타尼乾陀 : Ⓢ Nirgrantha의 음역어. 의역어는 이계離繫이다. 불교 흥기 당시 인도에서 성행하던 여섯 외도 중 하나. 나형외도裸形外道·숙작인논사宿作因論師 등으로도 불린다.
327 『合部金光明經』(T16, 360c).
328 『瑜伽師地論』 권44(T30, 538a)에서 "말하자면 오탁에 의거한 것이다. 첫째는 수탁이고, 둘째는 유정탁이며, 셋째는 번뇌탁이고, 넷째는 견탁이며, 다섯째는 겁탁이다.(謂依五濁。一者壽濁。二者有情濁。三者煩惱濁。四者見濁。五者劫濁。)"라고 하고 자세히 해석한 것을 참조할 것.
329 『玄樞』(T56, 542b).

소 원효가 말하였다. "근기가 하열한 것을 '믿음과 이해가 하열한 중생'이라고 하고, 세 가지 선근³³⁰이 적은 것을 '선근이 적은 중생'이라고 한다." 도선이 바로 이것을 취하였다.³³¹

曉云。立根下劣名下信解。少三善根名少善根。宜卽取之。¹⁾
1) ㊂ 이것은 집일문 전체가 세주이다.

소 원효가 말하기를 "('부가라'라는 것은) 삭취취數取趣라고 의역한다. ('부가라견'이라는 것은) 하나의 신神이 있어서 여러 차례 여러 가지 취趣(윤회의 세계)를 취한다고 계탁하는 것이다."라고 하였다. 이것은 『금강반야소』에서 "외도는 신아神我³³²가 있어서 이곳에서 죽으면 저곳에서 태어나면서 육도六道를 경유하는 것이라고 계탁하기 때문에 수자壽者라고 한다."³³³라고 한 것과 부합한다.³³⁴

曉云。此云數取趣。計有一神。數取諸趣。此當金剛疏云。外道計有神我。死此生彼。經遊六道。故名壽者。¹⁾
1) ㊂ 이것은 집일문 전체가 세주이다.

소 도선이 말하기를 "겁탁이라는 것은 세 가지 겁³³⁵을 총괄하여 설한다. 내지 오탁으로 모든 번뇌와 모든 집착하는 견해를 섭수한다."라고 하

---

330 세 가지 선근 : 탐욕이 없는 것, 분노가 없는 것, 어리석음이 없는 것을 가리킨다.
331 『玄樞』(T56, 542b).
332 신아神我 : 상키야학파의 용어. 세계의 전개 과정을 25가지 원리로 설명한 것 가운데 가장 근원적인 두 가지 원리 중 하나. 곧 정신적 원리를 가리킨다.
333 『金剛般若疏』 권3(T33, 106b).
334 『玄樞』(T56, 542c).
335 세 가지 겁 : 기근겁饑饉劫·질역겁疾疫劫·도병겁刀兵劫을 가리킨다. 자세한 것은 앞의 오탁에 대한 주석을 참조할 것.

였다. 그러므로 원효의 설이 뛰어난 것을 알 수 있다.[336]

宜云。劫濁者。總說三劫。乃至以五濁攝諸煩惱諸見也。故知曉說勝也。

소 원효 법사가 『금광명경소』에서 말하였다. "96가지[337] 가운데 95가지는 곧 외도이고 한 가지는 오직 불도佛道이다."[338]【『중론소기』[339]】

曉法師。金光明經疏云。九十六種之中。九十五種卽是外道。一唯佛道。【中論疏記】

경 저들 중생이 만약 여래께서 열반에 드실 것을 안다면 고통스럽다는 생각과 희유하다는 생각과 일찍이 있지 않았던 것이라는 생각과 근심하고 걱정하는 생각을 일으켜서 빨리 이와 같은 수다라修多羅(경)를 받아서 지니고 독송하면서 비방하지 말아야겠다고 할 것이다. 그러므로 여래께서 이와 같은 짧은 수명을 나타내 보인 것이다.[340]

---

336 『玄樞』(T56, 543a).
337 96가지 : 『中論疏記』의 주석 대상인 길장吉藏의 『中觀論疏』에 나오는 '96술九十六術'을 가리킨다. 안징은 이 용어에 대한 다양한 학자의 견해를 제시했는데, 이는 그중의 하나이다. 96술은 다양하게 해석된다. 첫째, 96가지를 모두 불교와 전혀 무관한 외도라고 판정하는 것이다. 둘째, 95가지는 불교와 전혀 무관한 외도이고, 나머지 하나는 소승의 부파로서 대승의 입장에서 폄칭하는 뜻에서 외도라고 한다는 것이다. 셋째, 95가지는 모두 불교와 무관한 외도로 사도邪道이고, 나머지 한 가지는 불도佛道로 이것만이 정도正道라고 하는 것이다. 현재 이 글에 따르면 원효의 입장은 이 가운데 세 번째에 해당한다.
338 『中論疏記』(T65, 7a).
339 『중론소기中論疏記』: 일본 헤이안 시대 전기의 스님 안징安澄(763~814) 지음. 중국 삼론종의 집대성자인 가상 길장嘉祥吉藏이 지은 『中觀論疏』에 대한 주석서이다. 안징은 선의善議에게서 삼론을 배우고 밀교에도 능통하였다. 근조勤操와 함께 대안사大安寺 삼론종三論宗을 대표하는 학장學匠이다.
340 『合部金光明經』(T16, 361a).

彼等衆生。若知如來。入涅槃已。發生苦想希有想未曾有想憂愁想。速當受
如是等修多羅。當持讀誦。當不毀謗。是故如來。顯示如是短少壽量。

소 원효가 말하였다. "'고통스럽다는 생각'이라는 것은 『열반경』에서
'고통스럽구나! 고통스럽구나! 세간이 텅 비었다. (여래께서는 오래지 않
아 열반에 드실 것이다.)'³⁴¹라고 한 것과 같고, '희유하다는 생각'이라는
것은 현재와 미래에 만나기 어렵기 때문이며, '일찍이 있지 않았던 것이
라는 생각'이라는 것은 과거에 만나지 못했기 때문이고, '근심하고 걱정하
는 생각'이라는 것은 이제 오래 머물지 못할 것을 근심하기 때문이고 항
상 구제하고 보호할 수 없을 것을 걱정하기 때문이다. 앞의 하나는 총괄
하는 구절이고, 뒤의 셋은 개별적인 구절이다. 이 네 가지 생각으로 인해
교만하고 느슨하게 행하려는 마음을 떠나기 때문에 설하신 보배와 같은
경전을 수지하고 내지 비방하지 않을 수 있는 것이다."³⁴²

曉云。苦想者。如涅槃言苦哉苦哉世間虛空。希有想者。謂當來難值故。未
曾有想者。謂過去不遇故。憂愁想者。憂今不久住故。愁常無救護故。先一
總句。後三別句。由是四想。離慢緩心故。能受持所說經寶。乃至不謗。¹⁾

1) ㉯ 이것은 집일문 전체가 세주이다.

경 선남자여, 비유하면 다음과 같다. 어떤 장부가 있는데 아버지와 어머
니가 돈과 재물을 많이 소유하는 과보를 얻었다. 그래서 저 장부인 아들들
은 재물이 쌓여 있음을 알고 희유하다는 생각과 일찍이 있지 않았던 것이
라는 생각을 일으키지 않는다. 그 이유는 무엇인가. 많이 소유하는 과보를
얻었다고 말하기 때문이다. 선남자여, 이와 같고 이와 같다. 저들 중생이 만

---

341 『涅槃經』 권1(T12, 370c).
342 『玄樞』(T56, 543b).

약 여래께서 열반에 들지 않음을 알고 나면 희유하다는 생각과 일찍이 있지 않은 일이라는 생각과 얻기 어렵다는 생각을 하지 않는다. 그 이유는 무엇인가. 항상 볼 수 있다고 말하기 때문이다.[343]

善男子。譬如有一丈夫。父母多有錢財果報。然彼丈夫諸子。知財聚已。不生希有想未曾有想。所以者何。謂多果報故。善男子。如是如是。彼等衆生。若知如來。不入涅槃已。不生希有想未曾有想難得想。所以者何。謂常見故。

소 "아버지"라는 것은 지도智度(지혜바라밀)이고, "어머니"라는 것은 여여방편如如方便이니 곧 마야摩耶이다.【원효와 승장과 혜소[344]와 경흥은 뜻에 있어서 모두 이것을 따랐다. 그러므로 말하기를 "('아버지'와 '어머니'는) 부처님을 (비유한 것이다.)"라고 하였다.】[345]

---

343 『合部金光明經』(T16, 361a), 『金光明最勝王經』(T16, 405b)에서 "선남자여, 비유하면 어떤 사람이 그 부모가 재산이 많아 진귀한 보배가 가득 차 있는 것을 보고 바로 재물에 대해 희유하고 만나기 어려운 것이라는 생각을 하지 않는 것과 같다. 그 이유는 무엇인가? 아버지의 재물이 영원할 것이라고 생각하기 때문이다. 선남자여, 저들 중생도 또한 이와 같아서 여래께서 열반에 들지 않는 것을 본다면 희유하고 만나기 어려운 것이라는 생각을 하지 않는다. 그 이유는 무엇인가? 항상 친견할 수 있기 때문이다.(善男子。譬如有人。見其父母。多有財産。珍寶豐盈。便於財物。不生希有難遭之想。所以者何。於父財物。生常想故。善男子。彼諸衆生。亦復如是。若見如來。不入涅槃。不生希有難遭之想。所以者何。由常見故。)"라고 한 것과 상응한다. 집일문 가운데 간혹 그 대본이 『金光明最勝王經』일 것으로 추정되는 것이 있다. 만약 『玄樞』의 대본이 『金光明最勝王經』이기 때문에 그 저자가 혼돈한 것이라고 한다면 이것은 문제가 되지 않는다. 그러나 『金光明最勝王經』이 분명하다면 이 책은 원효 사후에 한역된 것이므로 문제의 여지가 있다. 따라서 이하 집일문의 내용에 의거할 때 『金光明最勝王經』을 대본으로 했을 것으로 추정되는 것은 지금처럼 주석에 『金光明最勝王經』의 본문을 모두 집어넣을 것이다. 이하 별도로 밝히지 않는다.
344 『金光明最勝王經疏』 권2(T39, 196c).
345 『玄樞』(T56, 544a).

父者大智度。母者如如方便。卽摩耶也。【曉莊沼興。意皆依之。故云佛也。】

소 원효가 말하였다. "'저 중생'이라는 것은 '어떤 사람'³⁴⁶(이라는 비유를 주장에) 적용한 것(合)이다. '만약~본다면' 등이라는 것은 '재물이 풍부하다'(는 비유를 주장에) 적용한 것이다. '항상 볼 수 있기 때문이다.'라는 것은 '아버지의 재물이 항상 있다는 생각을 내기 때문이다.'(라는 비유를 주장에) 적용한 것이다."³⁴⁷

曉云。彼衆生者。合有人也。若見等者。合財豊盈。由常見故者。合父物常想故。¹⁾

1) ㉠ 이것은 집일문 전체가 세주이다.

경 선남자여, 비유하면 다음과 같다. 어떤 장부가 있는데 아버지와 어머니가 빈궁하여 (재물을) 적게 소유하는 과보를 받았다. 그들은 혹은 왕의 집을 방문하고 (혹은) 왕의 대신의 집을 방문한다. 그는 그곳에서 창고를 가득 채운 온갖 보배를 보고, 그는 그곳에서 희유하다는 생각을 하고 일찍이 있지 않았던 것이라는 생각을 하고 앞으로 얻기 어려운 것이라는 생각을 일으킨다. 또한 그 재물더미를 얻기 위해서 부지런히 노력하고 정진하려는 뜻을 일으킬 것이니 그 재물더미를 얻고자 하기 때문이다. 그 이유는 무엇인가. 적게 소유하는 과보를 받았다고 생각하기 때문이다.³⁴⁸

善男子。譬如有一丈夫。父母貧窮。少有果報。彼等或詣王。及王大臣家中。彼於彼處。見滿倉庫種種衆寶。彼於彼處。得希有行。¹⁾得未曾有想。當生

---
346 『合部金光明經』에 따르면 "어떤 장부"에 해당한다.
347 『玄樞』(T56, 544a). 앞의 주석에 실린 『金光明最勝王經』 해당처를 참조할 것.
348 『合部金光明經』(T16, 361a).

難得想。亦爲彼財聚故。勤劬發精進意。欲得彼財聚故。所以者何。謂少果
報故。

---

1) ㊈『大正藏』미주에 따르면 궁본宮本에서는 '行'을 '想'이라 했다.

소 경흥이 말하였다. "'혹은'이라는 것은 정해지지 않은 것을 뜻한다. '집(家)'이라는 것은 의지의 대상이 되는 곳이다. 대승과 소승의 가르침은 소전所詮의 의義가 머무는 곳이다. 그러므로 '집'이라고 하였다. 여래께서는 일음一音으로 설법하지만 중생이 근기에 따라서 각각 대승의 가르침과 소승의 가르침으로 듣기 때문이다. 대승의 가르침은 '왕의 집'과 같고, 소승의 가르침은 '대신의 집'과 같으며, 이 가르침을 듣는 것은 '방문하는 것'과 같다. 근기와 욕구가 이미 다르니 자신의 의도에 따라서 듣는 것도 또한 다르다. 그러므로 '혹은'이라고 하였다." 원효의 설을 취했기 때문이다.[349]

興云。或者不定義。家者所依之處。大小乘敎是所詮義之所止處。故曰家
舍。如來一音說法。衆生隨根。各聞大小之敎故。大乘敎如王家。小乘如臣
舍。聞之如詣。根欲旣異。浪聞亦別。故云或也。取曉說故。1)

---

1) ㊈ 이것은 집일문 전체가 세주이다.

소 "창고"라는 것은 인이니 의지의 대상이기 때문이다. "진귀한 보배"[350]라는 것은 과이니 지니고 있는 것이기 때문이다. "보고"라는 것은 이해한다는 뜻이다. 곧 모든 중생이 모든 가르침의 처소에서 (부처님께서) 설하신 인행과 과덕을 믿고 이해하는 것이다. 원효의 뜻을 취하였다.[351]

---

349 『玄樞』(T56, 544a).
350 『合部金光明經』에 따르면 "온갖 보배(種種衆寶)"이다.
351 『玄樞』(T56, 544b).

倉庫者因。以所依故。珍財者果。以所有故。見者解義。卽諸衆生。於諸敎
處。信解所說因行果德。取曉意也。[1)]

1) ㉠ 이것은 집일문 전체가 세주이다.

경 선남자여, 이와 같고 이와 같다. 저들 중생이 만약 여래께서 이미 열반에 드실 것을 안다면 희유하다는 생각을 하고 일찍이 있지 않았던 것이라는 생각을 하며 고통스럽다는 생각을 일으킬 것이다.[352]

善男子。如是如是。彼等衆生。若見如來。已入涅槃。當得希有。得未曾有。
當生苦想。

소 원효가 말하였다. "'만약 내지 등의 생각'이라고 한 것은 아버지와 어머니가 빈궁한 것의 비유를 적용한 것이다."[353]

曉云。若見乃至等想。合父母貧窮喩。[1)]

1) ㉠ 이것은 집일문 전체가 세주이다.

경 한량없는 시간이 지나서 모든 부처님·세존께서 비로소 세상에 출현하시니 비유하면 우담바라화優曇婆羅華[354]가 한량없는 시간이 지나서 비

---

352 『合部金光明經』(T16, 361a). 『金光明最勝王經』(T16, 405b)에서 "만약 여래께서 열반에 드실 것을 알면 만나기 어려울 것이라는 생각 내지 근심스럽고 고통스러운 것 등의 생각을 일으킬 것이다.(若見如來。入於涅槃。生難遭想。乃至憂苦等想。)"라고 하였다.
353 『玄樞』(T56, 5444b). 앞의 주석에 제시한 『金光明最勝王經』 해당처를 참조할 것.
354 우담바라화優曇婆羅華: '우담바라'는 ⓢ udumbara의 음역어. 공기空起·영서靈瑞 등으로 의역한다. 매우 드물게 꽃이 피는 상서로운 꽃으로 묘사되고 있다. 히말라야 산기슭에 분포하는데, 그 꽃이 잘 드러나지 않기 때문에 이러한 전설이 만들어진 것으로 설해진다.

로소 세상에 출현하는 것과 같다. 이와 같고 이와 같다. 모든 부처님·세존께서 한량없는 시간이 지나서 비로소 세상에 출현하시니, 저들 중생이 희유하다는 마음을 내고 일찍이 없었던 것이라는 생각을 일으키며 발을 구를 듯이 기뻐한다. 저들이 여래를 만나면 바로 믿고 향하며 여래께서 진실한 언어로 말씀하시는 것을 들으면 이와 같은 모든 수다라를 수지하여 어기거나 다투지 않는다.[355]

於無量時。諸佛世尊。乃出於世。譬如優曇婆羅華。於無量時。乃出於世。如是如是。諸佛世尊。於無量時。乃當出世。彼等衆生。得希有行。得未曾有。當得踊躍。彼等見如來已。則當信向。若聞如來實語言時。當受如是等修多羅。當不違競。

소 원효가 말하였다. "이것은 비유를 적용한 것이다. 뜻은 이 비유에 의해 저 장부가 부귀한 집에 가는 것의 비유를 풀이한 것이니, 뜻이 별도로 성립되는 것이 아니기 때문이다. 그러므로 다음에 '저들'이라고 하였다. '여래를 만나면 공경하고 믿는 마음을 내고'[356]라는 것은 왕과 대신의 집을 방문한 것을 적용한 것이다. '(정법을) 설하는 것을 듣고'[357] 등이라는 것은 집에서 창고에 보물이 가득 찬 것을 보는 것을 적용한 것이다.

---

355 『合部金光明經』(T16, 361a). 『金光明最勝王經』(T16, 405b)에서 "(여래께서 열반에 드시는 것을 보면) 다시 이런 생각을 한다. '한량없는 겁에 모든 부처님·여래께서 세상에 출현하시는 것은 오담발화(우담발라화)가 때가 되면 한 번 피어나는 것과 같다.' 저 모든 중생은 희유하다는 마음을 내고 만나기 어려운 것이라는 생각을 일으킨다. 또 여래를 만나면 공경하고 믿는 마음을 내고 정법을 설하는 것을 듣고 진실한 말이라는 생각을 내고 모든 경전을 다 수지하고 훼방하지 않는다.(復作是念。於無量劫。諸佛如來。出現於世。如烏曇跋花。時乃一現。彼諸衆生。發希有心。起難遭想。若遇如來。心生敬信。聞說正法。生實語想。所有經典。悉皆受持。不生毀謗。)"라고 하였다.
356 『合部金光明經』에서는 "여래를 만나면 바로 믿고 향하며"에 해당하는 글이다.
357 『合部金光明經』에서는 "진실한 언어로 말씀하시는 것을 들으면"에 해당하는 것이다.

'모든 경전' 등이라는 것은 희유하다는 마음을 일으키고 내지 나태함이 없는 것을 적용한 것이다."358

曉云。合也。意卽此喩釋彼丈夫貴家喩。義非別立故。故云[1]次言彼等。若遇如來敬信者。合詣王及大臣家。聞說等者。合於家中見倉寶滿。所有經典等者。合於生希有心乃至無怠。[2]

1) ㉤ '云'은 연자인 것 같다. 2) ㉤ 이것은 집일문 전체가 세주이다.

경

나는 이 산[359]을 떠나지 않고
항상 이 보배로운 경을 설하지만
중생을 성숙하게 하기 위해
반열반般涅槃[360]하는 모습을 나타내 보이네.

我不離此山。常說此經寶。
成熟衆生故。示現般涅槃。

범부가 자신의 생각에 물들고 집착하여
내가 말한 것을 믿지 않으니
그들을 성숙하게 하기 위해

---

358 『玄樞』(T56, 544b). 앞의 주석에서 제시한 『金光明最勝王經』 해당처를 참조할 것.
359 이 산 : 본 경을 설하면서 머물렀던 기사굴산을 가리킨다.
360 반열반般涅槃 : ⓢ parinirvāṇa의 음역어. 열반에 드는 것, 또는 완전한 열반. '열반'이란 모든 번뇌가 사라진 경지를 일컫는 말. '반'은 pari의 음사어로, '완전하다'는 뜻이다. 그러므로 열반의 한역어 적寂에 원圓을 붙여 원적圓寂이라고 의역한다. 그런데 pari를 '들어간다'는 뜻으로 보아 열반의 또 다른 의역어인 멸滅에 입수을 붙여 입멸入滅이라 의역하기도 한다.

나는 반열반하는 모습을 나타내 보이네.³⁶¹

凡夫染著見。不信我所說。
彼等成熟故。我現般涅槃。

소 원효가 말하였다. "두 행의 게송에 두 단락이 있다. 처음의 반 게송은 앞의 여덟 행의 게송에서 수명이 길고 먼 것을 설한 것³⁶²을 서술한 것이다. 나중의 한 행 반의 게송은 앞의 장행長行(산문 부분)에서 짧은 수명을 나타내 보인 것의 의미³⁶³를 서술한 것이다."³⁶⁴

曉云。二頌有二。謂初半頌。述上八頌壽量長遠之說。後一頌半。述先長行
示現短命之意。

소 원효가 말하였다. "산이라는 처소(기사굴산)가 바로 정토이기 때문이다. 『법화경』에서 '항상 영취산靈鷲山(기사굴산)에 머문다.'³⁶⁵라고 하고 내지 『법화경론』에서 '보불여래報佛如來의 진실한 정토는 제일의제第一義諦에 섭수되는 것이다.'³⁶⁶라고 한 것과 같기 때문이다."³⁶⁷

---

361 『合部金光明經』(T16, 361b).
362 앞의 경에서 "모든 물의 물방울 수는 그 수를 알 수 있어도~잴 수 없어라 석존의 수명이여."라고 한 것(4행)과 현재 번역본에는 수록하지 않은 바로 뒤에 나오는 『合部金光明經』 4행의 게송, 곧 "겁을 헤아릴 수 없으니~한량없는 수명에 대해 의혹을 일으키지 말라."라고 한 것을 가리킨다.
363 앞의 경에서 "그런데 저 석가모니여래께서는 오탁의 세상일 때~중생을 성숙하게 하신다."라고 한 것을 가리킨다.
364 『玄樞』(T56, 545b).
365 『法華經』 권5(T9, 43c).
366 『法華經論』 권하(T26, 9c).
367 『玄樞』(T56, 545b).

曉云。山處卽淨土故。如法花云。常在靈鷲山。乃至論云。報佛如來。眞實淨土。第一義諦之所攝故。[1]

1) ㉠ 이것은 집일문 전체가 세주이다.

경 그때 큰 법회에 어떤 바라문이 있었는데, 성은 교진여憍陳如[368]이고 이름은 성기聖記였다.[369]

是時大會。有婆羅門。姓憍陳如。名曰聖記。

소 "성은 교진여憍陳如이고"라는 것은 성을 밝힌 것이니 화기火器라고 의역한다. 외도의 종성으로 불을 섬기는 것을 수행법으로 삼고 불을 지키는 것을 마음에 두기 때문에 화기라고 하였다.【원효와 승장 및 경흥은 모두 이 뜻을 취하였다.】[370]

姓憍陳如者。明姓也。言火器。是外道種。事火爲行。秉火在心。故曰火器。【曉莊及興。皆取此義。】

경 그때 세존께서는 (교진여의 말[371]에) 침묵하고 대답하지 않으셨다.[372]

---

368 교진여憍陳如：[S] Kauṇḍinya의 음역어. 의역어는 요본제了本際이다. 부처님께서 최초로 제도하신 다섯 비구 중 한 명으로 부처님의 제자 중 가장 먼저 아라한과를 증득하였다. 이 때문에 석씨의 장자長子(맏아들)라는 뜻에서 석마남釋摩南이라고 하는 경우도 있다. 이때 마남은 [S] Mahānāma의 줄인 음역어이다.
369 『合部金光明經』(T16, 361b).
370 『玄樞』(T56, 545c).
371 본 경의 앞에서 교진여가 부처님께서 반열반하신다는 말을 듣고 한 가지 소원을 들어 줄 것을 요청한 것을 말한다.
372 『合部金光明經』(T16, 361c).

是時如來。默然不答。

소 셋째는 여래께서 침묵한 것이다. 부처님께서 침묵하는 것은 여섯 가지 일이 있는 경우이다. 첫째는 답변을 요청하는 일이 아직 보이지 않는 것이고, 둘째는 대중이 아직 조용하지 않은 것이며, 셋째는 대중이 이미 아는 것이고, 넷째는 침묵을 통하여 허락하지 않는 것이며, 다섯째는 침묵을 통하여 수락하는 것이고, 여섯째는 제자가 대답하게 하는 것이다. 지금 부처님께서 침묵하신 것은 뒤의 두 가지 일 때문이다.【원효는 두 가지 뜻이 있다고 하였다. 처음의 뜻은 여기에서 설한 여섯째의 것[373]이다. 나중의 뜻은 말하기를 "부처님께서는 이전에는 세 달 후에 멸도할 것이라고 말씀하시고 이제 (여기에서는 진실된 몸은) 멸도하지 않는다고 대답하여[374] 이전에 말씀하신 것을 바꾸었기 때문이다."라고 하였다.】[375]

第三如來默然。夫佛默然。有六事。一請事未見。二大衆未靜。三大衆已知。四默然不聽。五默然而受。六令弟子答。今佛默然。在後二也。【曉有二義。初此第六。後云。佛前三月滅度。今答無滅。交反前故。】

경 바라문이 말하였다. "훌륭합니다. 왕자여! 이와 같이 '금광명'이라는 미묘한 경전은 공덕이 끝이 없고 이해하기 어렵고 깨닫기도 어렵습니다. 내지 이와 같이 불가사의합니다. 우리들 변두리 국가의 바라문들은 이와 같이 말합니다. '선남자와 선여인이 부처님의 사리舍利[376]를 겨자씨만큼만

---

[373] 앞에서 제시한 여섯 가지 가운데 여섯째에 해당하는 것이라는 말이다. 교진여의 질문에 일체중생희견一切衆生喜見이라는 율차비국栗車毘國의 왕자가 부처님의 위신력에 의해 교진여에게 답변하는 것을 말한다.
[374] 본 경의 뒤에서 일체중생희견왕자가 법신은 영원하여 수명이 한정됨이 없음을 설한 것을 말한다.
[375] 『玄樞』(T56, 547b).

얻어 작은 탑에 안치하고 잠시라도 예배하고 공경하며 공양하면 공덕이 끝이 없다. 이 사람은 죽으면 제6천(타화자재천)의 주인(마왕)이 되어 뛰어나고 미묘한 즐거움을 받는데 다하여 없어지게 할 수 없다. 그대는 지금 어째서 사리를 공양하여 이러한 과보를 구하기를 즐겨 원하지 않는 것인가?' 이와 같이 왕자여, 이 인연으로 나는 이제 부처님께 한 가지 은혜[377]를 청하려고 합니다."[378]

婆羅門言。善哉王子。如是金光明微妙經典。功德無邊。難解難覺。乃至如此不可思議。我等邊國婆羅門等。作如此說。若善男子及善女人。得佛舍利。如芥子許。置小塔中。暫時禮拜。恭敬供養。功德無邊。是人命終。作六天主。受上妙樂。不可窮盡。汝今云何。而不願樂。供養舍利。求此報耶。如是王子。以是因緣。我今從佛。欲求一恩。

소 "사리를 겨자씨만큼"이라고 한 것은 다음과 같다. 경흥이 말하였다. "범어 음역어는 사리(S śarīra)이고 의역어는 신身이다. 신에는 세 종류가 있다. 첫째는 온전한 몸이다. 곧 자씨慈氏(미륵보살)가 입멸한 후 형상이 그대로 남아 있어서 다시 소멸했다고 할 만한 모습이 없는 것이다. 둘째는 나뉜 몸이다. 곧 경희慶喜[379]가 죽은 후 몸을 잘라서 넷으로 나눈 것이다.[380] 셋째는 분쇄된 몸이다. 곧 석가불이 입멸한 후 몸을 부수어서 여덟

---

376 사리舍利 : S śarīra의 음역어. 죽은 사람의 몸, 화장하고 남은 뼈라는 뜻. 통상적으로 부처님의 유골을 불사리佛舍利라고 한다.
377 교진여의 한 가지 소원이란 부처님의 사리를 겨자씨만큼이라도 얻어서 그 공덕의 과보를 얻으려는 것이다. 본 경에서 일체중생희견왕자는 부처님의 위신력의 힘을 입어서 교진여에게 사리가 실체가 없는 것임을 설하였다.
378 『合部金光明經』(T16, 361c).
379 경희慶喜 : S Ānanda의 의역어. 음역어는 아난阿難이다. 부처님의 십대제자 중 한 명. 다문제일多聞第一로 일컬어진다.
380 『付法藏因緣傳』 권2(T50, 303b).

곡斛[381]으로 만든 것이다.[382] 지금은 분쇄된 몸에 의거한 것이다. 그러므로 '겨자씨만큼'이라고 하였다." 바로 원효의 설을 취한 것이다.[383]

言舍利如芥子許者。興云。梵云舍利。此方云身。身有三類。一者全身。即慈氏滅後形同在。更無滅相。二者分身。即慶喜亡後。折身四分。三者碎身。即釋迦滅後。碎身八斛。今依碎身。故如芥子。即取曉說。

경

설령 세차게 흐르는 강물에서
구물화拘物華[384]가 피어날 수 있다고 해도
세존의 몸에서 사리가 나오는 일은
끝내 있을 수 없으리.[385]

設河駛流中。可生拘物華。
世尊身舍利。畢竟不可有。

소 두 번째는 답변한 일을 밝혔다. 본本[386]에는 17행 반의 게송이 있는데[387] 글의 뜻이 분명하다. 지금(『금광명최승왕경』)은 14게송에 열네 가지 비

---

381 곡斛 : 열 말에 해당하는 용량의 단위 혹은 그 용량을 재는 용기를 가리킨다.
382 『大莊嚴論經』 권15(T4, 347c). 본 경을 비롯한 여러 곳에서 "여덟 곡 네 말(八斛四斗)"이라고 하였다.
383 『玄樞』(T56, 547c).
384 구물화拘物華 : '구물'은 Ⓢ Kumuda의 음역어. 갖추어서 구물두拘物頭라고 한다. 의역어는 백련화白蓮華로 연꽃의 일종이다.
385 『合部金光明經』(T16, 361c).
386 본본 : 『合部金光明經』을 가리키는 말. 『玄樞』는 『金光明最勝王經』을 대본으로 삼지만 본문의 해석에 있어서 『合部金光明經』을 자주 인용하였다. 그리고 이것을 인용하면서 '본본'이라고 하였다.

유가 있다.³⁸⁸ 뜻이 지나치게 숨겨져 있기 때문에 여러 법사가 모두 본本의 뜻에 의해 이것을 풀이하였다. (『합부금광명경』의 게송은) 크게 셋으로 구분된다. 첫째는 여섯 행의 게송에 여섯 가지 비유가 있다. 경계의 유·무를 밝혔다. 앞의 요청[수의 사나굴다는 "앞에서 질문한 것"이라고 하였다.]에 (비유와 사리를) 한 쌍으로 하여 답하였다. 둘째는 여덟 행의 게송에 여덟 가지 비유가 있다. 중생의 잘못된 이해를 밝혀서 첫 번째의 유·무의 뜻을 이루었다. 셋째는 "이와 같이 여래의 (몸은)" 이하의 한 행으로 앞의 두 가지를 총괄적으로 맺었다. 지금(『금광명최승왕경』)의 것에 준하면 두 가지가 있으니 세 번째는 생략했기 때문이다.[원효가 말하였다. "여기에서 설한 것 가운데³⁸⁹ 대체적인 뜻은 삼장三藏의 해석을 서술한 것이다. 단지 번거로운 것을 깎고 빠진 것을 보충하면서 어림잡아 헤아렸을 뿐이다."]³⁹⁰

第二明所答事。本有十七行半之偈。文義分明。今十四頌。有十四譬。意猶隱故。諸師皆依本意釋之。大分爲三。初六行頌六譬。明境界有無。雙答上請。【隋云。上問。】二有八頌八譬。明衆生惑解。以成第一有無之義。三是如¹⁾如來下一行。總結上兩。准今有二。第三略故。【曉云。此中大意。述三藏解。但刊煩補闕。斟酌之耳。】

1) ㉠ 『合部金光明經』에 따르면 '是如'는 '如是'이다.

소 승장이 말하였다. "범어의 음역어는 구무두拘牟頭이고 의역어는 백련화白蓮華이다. 형색이 짧고 체體가 약하여 흐르는 물에서 반드시 피어날

---

387 『合部金光明經』에서 "設河駛流中。可生拘物華。…若不如法觀。所願不成就。"라고 한 것을 말한다.
388 『金光明最勝王經』에서 "恒河駛流水。可生白蓮花。…隨處任遊行。方求佛舍利。"라고 한 것을 말한다.
389 바로 본문에서 『合部金光明經』에 의해 그 게송의 뜻을 설명한 것을 가리킨다.
390 『玄樞』(T56, 549a).

만한 이치가 없다. 그러나 꽃과 물이 모두 유위有爲이니 피어난 상相은 있을 수 있다. 그러므로 '피어날 수 있다고 해도'라고 하였다. 법신은 무위無爲이니 반드시 사리라는 것이 있을 수 없다." 뜻은 원효의 설을 취한 것이다.[391]

莊云。梵言豞[1)]牟頭。此云白蓮花。形短體弱。於駛流中。必無生理。然花與水。俱是有爲。可有相生。故曰可生。法身無爲。必無舍利。義取曉說。[2)]

1) 『玄樞』미주에 따르면 '豞'는 '拘'일 수도 있다. 2) 이것은 집일문 전체가 세주이다.

경

설령 까마귀가 붉은색으로 변하고
구지라拘枳羅[392]가 흰색의 모습으로 변한다고 해도
세존의 진실한 몸이
사리가 되는 일은 있을 수 없으리.[393]

假使烏赤色。拘枳羅白形。
世尊眞實身。不可成舍利。

소 원효가 말하였다. "'까마귀가 붉은색으로 변하고'라는 것은 뛰어난 젊은이의 모습이 늘어나는 것을 비유한 것이다. 처음 태어났을 때부터 장년壯年에 이르는 것을 말하기 때문이다. '구지라'라는 것은 이곳에서의 부엉이·비둘기(鴉鴿)인데[394] 다만 검은색이다. '흰색의 모습으로 변한다고

---

391 『玄樞』(T56, 549b).
392 구지라拘枳羅 : ⓢ Kokila의 음역어. 인도의 밀림에 서식하는 새. 의역어는 황조黃鳥이다. 생긴 모양은 추하지만 울음소리는 매우 아름다운 것으로 전해진다.
393 『合部金光明經』(T16, 362a).

• 129

해도'라는 것은 하열한 늙은이의 모습으로 쇠락하는 것을 비유한 것이다. 장년의 모습에서 늙은이의 모습에 이르는 것을 말하기 때문이다. 두 새는 유위이니 그 색이 변할 수는 있지만 법신은 무위이니 진실로 변할 수 없다."[395]

曉云。烏赤色者。喩增長少。謂從始生。至壯年故。狗[1]枳羅者。是鴝鵒也。猶是黑色。言白形者。喩年[2]衰劣老。謂從壯年。至耄訖故。二鳥有爲。其色可變。法身無爲。良無變異。[3]

1) ㉠ '狗'는 '拘'인 것 같다. 2) ㉠ '年'은 연자인 것 같다. 3) ㉠ 이것은 집일문 전체가 세주이다.

경

설령 염부수閻浮樹[396]가
다라수多羅樹[397] 열매를 맺고
가수라수佉受羅樹[398] 등이
바뀌어서 암라수菴羅樹[399] 열매를 맺을 수 있다고 해도
여래의 몸은 소멸하지 않으니

---

394 『金光明最勝王經疏』 권2(T39, 200a)를 참조하여 풀었다.
395 『玄樞』(T56, 5489b).
396 염부수閻浮樹 : '염부'는 Ⓢ jambu의 음역어. 낙엽교목으로 인도가 원산지이다. 4, 5월에 꽃이 피고 자색의 열매를 맺는다. 현재 우리가 머물고 있는 세계로 알려진 남염부제南閻浮提는 바로 이 나무가 산출되는 것에 의해 붙여진 이름이다. 곧 '남'은 수미산의 남쪽에 위치했음을 나타내는 말이고, '염부'는 나무의 이름이며, '제'는 Ⓢ dvipa의 음역어로 주洲(대륙)라고 의역한다.
397 다라수多羅樹 : '다라'는 Ⓢ tāla의 음역어로 중重이라고 의역한다. 그 잎은 좁고 길며 밀도가 높아 경전을 서사하는 종이로 쓰였다.
398 가수라수佉受羅樹 : '가수라'는 Ⓢ Kharjūra의 음역어. 갈수라榤樹羅라고도 한다. 인도 갠지스강 유역에 서식하는 나무. 종려나무와 비슷하고 대추야자과에 속한다.
399 암라수菴羅樹 : '암라'는 Ⓢ āmrā의 음역어. 망고나무의 일종이다.

사리가 생겨나는 일은 있을 수 없으리.[400]

設使閻浮樹。能生多羅果。
佉受羅樹等。轉生菴羅實。
如來身無滅。不可生舍利。

소 원효가 말하였다. "『장아함경』에서 '수미산의 남쪽 대지에 큰 나무가 있는데 염부제수라고 한다. 높이는 4천 리이고 그 가지의 그늘은 2천 리에 달한다. (달의 그림자는 그 나무의) 그림자가 달 속에 나타난 것이다.'[401]라고 하였다. ('염부수'는) 분단생사分段生死[402]를 비유한 것이니 그 형체가 크기 때문이다. '가수라'라는 것은 계의桂衣라고 의역한다. 변역생사變易生死[403]를 비유한 것이니 그 형체가 작기 때문이다. '암라'라는 것은 산미酸味라고 의역하는데 복숭아와 비슷하다."[404]

曉云。長阿含云。須彌山南。地有大樹。名閻浮提樹。高四千里。枝蔭二千里。影現月中。喩分段死。其形大故。佉受羅者。此云桂衣。喩變易死。其形

---

400 『合部金光明經』(T16, 362a).
401 『長阿含經』 권22(T1, 147b). 여기에서는 달 속에 염부수 그림자가 비친 것이라는 내용만 나온다. 염부수의 높이 등은 『大樓炭經』 권1(T1, 278a)에 나온다. 현재 본문의 문장은 『經律異相』 권1(T53, 6b)에서 설한 것과 꼭 같다. 본서에서 이것을 "『장아함경』 22권에 나오고 또한 『대루탄경』에도 나온다."라고 하였다.
402 분단생사分段生死 : 계내界內(삼계의 안)에서 윤회하는 범부의 생사를 가리키는 말. 자신이 지은 업인業因에 따라 몸집의 크고 작음, 수명의 길고 짧음 등에 있어서 한정이 있는 형태의 신체로 생사하는 것을 말한다.
403 변역생사變易生死 : 부사의변역생사不思議變易生死라고도 한다. 아라한·벽지불·대력보살大力菩薩 등과 같은 성자가 삼계에서 생사윤회하는 몸인 분단생사하는 몸을 벗어나 삼계 밖에서 미묘한 작용이 헤아리기 어려운 몸을 받아 이러한 신체로 생사하는 것을 말한다.
404 『玄樞』(T56, 549c).

小故。菴羅者。此云酢味。與桃相似。[1]

1) ㉠ 이것은 집일문 전체가 세주이다.

소 승장이 "섬부贍部"[405]를 해석한 것은 바로 원효의 설을 취하였다.[406]

莊釋贍部。卽取曉說。[1]

1) ㉠ 이것은 집일문 전체가 세주이다.

경

설령 거머리가
입 속에 하얀 이빨을 만들어 낸다고 해도
여래의 해탈한 몸이
색에 속박되는 일은 끝내 없으리.[407]

假令水蛭蟲。口中生白齒。
如來解脫身。終無繫縛色。

소 원효 스님이 말하였다. "'거머리'라는 것은 몸이 유연하고 뼈가 없으니, (이것으로) 법신法身이 공간을 점유하는 성질을 가진 색이 없는 것을 비유하였다. '하얀 이빨'이라는 것은 뼈의 잔여물이니, (이것으로) 사리舍利가 몸의 잔여물인 것을 비유하였다. 거머리의 몸은 뼈가 없어서 이빨을 만들어 낼 수 없는 것처럼 (여래의) 해탈한 몸도 색에 속박됨이 없으니, 어찌 태워서 형체와 공간을 점유하는 성질을 가진 색인 사리를 얻을

---

405 『合部金光明經』에 따르면 "염부閻浮"이다.
406 『玄樞』(T56, 549c).
407 『合部金光明經』(T16, 362a).

수 있겠는가!"⁴⁰⁸【『주금광명최승왕경』】

曉師云。水蛭蟲者。體柔無骨。喩於法身無質礙色。言白齒者。骨之余殘。喩於舍利體之余殘。蛭體無骨。不可生齒。解脫身者。無繫縛色。豈可焚燒而生舍利有質礙色。【註金光明最勝王經】

경

토끼뿔로 사다리를 만들어
대지에서 하늘로 올라갈 수는 있어도
사리에 대해 잘못 사유하면
그 공덕으로 과보를 얻는 일은 없으리.

兔角爲梯橙。從地得昇天。
邪思惟舍利。功德無是處。

쥐가 토끼뿔 사다리를 타고 올라가
달빛을 가리는 아수라를 제거할 수는 있어도
사리에 의지하여 미혹이 없어지고
해탈하는 일은 없으리.

鼠登兔角梯。蝕月除修羅。
依舍利盡惑。解脫無是處。

몹시 술에 취한 파리는

---

408 『註金光明最勝王經』(N4, 495b).

보금자리에 도달할 수 없는 것처럼
불도를 닦으면서 바른 행위가 없는 이는
삼승三乘에 이를 수 없으리.[409]

如蠅大醉酒。不能造窠穴。
於佛無正行。不能至三乘。

당나귀가 단지 배불리 먹기만 할 뿐
끝내 재능을 갖추어서
춤추고 노래하면서 남을 기쁘게 할 수 없듯이
범부·이승 등이
설할 수 있고 수행할 수 있는 능력을 갖추어
자신과 남을 이익 되게 하는 일은 없으리.[410]

如驢但飽食。終無有伎能。
歌舞令他樂。凡夫二乘等。
能說及能行。自他無是處。

소 원효 스님이 말하였다. "연각승緣覺乘[411]이 지니고 있는 회신멸지灰身滅智[412]를 얻으려는 마음은 영원함의 덕을 장애한다. '토끼'라는 것은 산

---

409 『金光明最勝王經』(T16, 406b)에서 "술을 마시고 취한 파리가 마을을 두루 헤매다가도 집에 도달할 수 있다면 그때 바로 부처님의 사리도 구할 수 있으리.(若蠅飮酒醉。周行村邑中。廣造於舍宅。方求佛舍利。)"라고 한 것과 상응하는 글이다.
410 『合部金光明經』(T16, 362a).
411 연각승緣覺乘 : 삼승三乘(부처님께서 중생의 근기에 따라서 행한 세 가지 형태의 교법. 혹은 그 교법의 대상인 세 가지 근기의 중생) 중 하나. 독각승獨覺乘·벽지불승辟支佛乘이라고도 한다. 십이인연을 관찰하여 진리를 깨닫기 때문에 연각승이라고 한다.

골짜기에서 잠자는 것을 즐기는 부류이다. 그러므로 연각승이 산속 숲에서 중생을 제도하려는 마음을 버리고 자신만의 고요함과 맑음을 즐기는 것과 동일하다. '사다리'라는 것은 연각승이 여래의 몸이 영원한 것이 아님을 관찰하는 수행을 (거듭해서) 일으키는 것을 비유한 것이다. 소승의 성자는 대지처럼 낮고 영원함의 덕은 하늘처럼 높기 때문에 ('대지'와 '하늘'에 비유하였다.) 총괄하여 말하면 토끼가 자신의 머리에 난 뿔을 사다리로 삼아서 대지에서 하늘의 궁전으로 오르려고 한다면 결코 이룰 수 없는 것처럼, 연각승이 부처님이 영원한 것이 아님을 관찰의 대상으로 삼고 이러한 잘못된 사유를 한 공덕을 원인으로 하여 진실하고 영원함이라는 덕을 얻으려고 한다면 또한 이러한 일은 있을 수 없다는 것이다."[413]【『주금광명최승왕경』】

曉師云。緣覺取滅之心。障於常德。兎者。山谷樂睡之屬。故同緣覺。住在山林。以捨度生之心。樂自寂靜。言梯蹬者。譬作緣覺。觀如來身。無常之行。小聖之下如地。常德之高如天。總而言之。如兎以自頭角爲梯。從地昇天宮。必不可得。緣覺以佛無常爲境。因此邪思功德。得眞常之德。亦無是處。【註金光明最勝王經】

소 원효 스님이 말하였다. "'쥐'는 사람들이 사는 곳에 머물면서 음식을 구하여 자신의 자량으로 삼으니, [이것(쥐)은] 성문승聲聞乘[414]이 대체로 사람들이 사는 곳에 머물면서 음식을 얻어서 신명身命을 유지하는 자량으

---

412 회신멸지灰身滅智 : 성문승聲聞乘과 연각승緣覺乘이 추구하는 궁극적 경지. 몸과 마음이 모두 공적무위空寂無爲의 상태로 돌아간 열반계涅槃界를 가리킨다.
413 『註金光明最勝王經』(N4, 496a).
414 성문승聲聞乘 : 삼승의 하나. 부처님의 가르침을 듣고 깨달음을 얻기 때문에 성문승이라고 한다.

로 삼는 것을 비유한 것이다."⁴¹⁵【『주금광명최승왕경』】

曉師云。鼠在人家。求食自資。喩於聲聞多住人。¹⁾ 乞食資身。【註金光明最勝王經】

1) ㉯ '人' 뒤에 '間'이 누락된 것 같다.

소 원효 스님이 말하였다. "'파리'가 근심거리가 되는 것은 검은색을 바꾸어서 흰색으로 만들고 흰색을 바꾸어서 검은색으로 만드는 것에 있다.⁴¹⁶ [이것(파리)은] 외도가 잘못된 것을 바른 것이라고 헤아리고 바른 것을 잘못된 것이라고 헤아리는 것을 비유한 것이다. '술을 마시고 취한'이라는 것은 외도들이 그 잘못된 스승의 가르침을 마시고 성스러운 가르침의 뜻을 깨닫지 못하는 것을 비유한 것이다. '마을'이라는 것은 소승의 공처空處이다. 사성제四聖諦⁴¹⁷라는 경계를 마을과 같은 것이라고 할 수 있다. 인공人空의 이치를 비유하기를 '집'과 같다고 하였다. '(집에) 도달할 수(造)'라는 것은 (집에) 도착하는 것이다. 술에 취한 파리는 집에 도달할 수 없기 때문에 한겨울 추위를 만나면 반드시 죽음의 고통을 받는 것처럼, 이와 같이 외도는 인공의 이치에 도달하지 못하고 아我에 대한 집착으로 인해 생사의 고통을 받는다. 오히려 이승二乘의 과果에도 도달할 수 없을 것인데 하물며 또한 부처님의 과인 자재한 자아(自在我)⁴¹⁸의 덕이겠

---

415 『註金光明最勝王經』(N4, 496b).
416 정현鄭玄(127~200)이 『毛詩鄭箋』에서 『毛詩』(모형毛亨이 전한 『詩經』)에서 "앵앵거리는 파리가 울타리에 앉았도다.(營營靑蠅。止于樊。)"라고 한 것을 주석하여 "파리라는 벌레는 흰색을 더럽혀 검게 만들고 검은색을 더럽혀 희게 만든다.(蠅之爲蟲。汚白爲黑。汚黑爲白。)"라고 한 것에 의거한 해석으로 보인다.
417 사성제四聖諦 : 고제苦諦(고통이라는 결과)·집제集諦(고통의 원인)·멸제滅諦(고통의 소멸이라는 결과)·도제道諦(고통의 소멸을 성취하기 위한 방법)를 가리킨다. 소승에서는 이 사제를 분석적으로 반복하여 관찰하는 수행법을 제시하였다.
418 자재한 자아(自在我) : 앞의 '여덟 가지의 자재한 자아'에 대한 주석 22를 참조할 것.

는가."⁴¹⁹【『주금광명최승왕경』】

曉師云。蠅之爲患。點黑爲白。點白爲黑。喩於外道。計邪爲正。計正爲邪。飮酒醉者。喩諸外道。飮其邪師之敎。不悟聖敎之旨。言村邑者。是小空處。四聖諦境。猶如村邑。人空之理。譬如宅。¹⁾ 造者趣也。如醉酒蠅。不能趣宅。故至歲寒。必受死苦。如是外道。不趣人空。由着我故。受生死苦。尙不能趣二乘之果。況亦佛果自在我德。【註金光明最勝王經】

1) ㉠ '宅' 앞에 '舍'가 누락된 것 같다.

소 원효가 말하였다. "'술에 취한'이라는 것은 잘못된 스승의 가르침을 마셔서 바른 가르침의 뜻을 깨닫지 못하는 것이다."⁴²⁰

曉云。醉酒者。飮其邪師之敎。不悟正敎之旨。¹⁾

1) ㉠ 이것은 집일문 전체가 세주이다.

소 원효가 말하였다. "'도달할 수(造)'라는 것은 나아가는 것이다. 술에 취한 파리는 보금자리에 도달할 수 없어서 한겨울 추위가 오면 반드시 죽음의 고통을 받는 것과 같다." 그곳에서는 외도를 비유한 것이라고 하였고, 지금 여기(『현추』본문의 주석)에서는 일천제가 이와 같이 해탈에 나아가지 못하고 믿음이 없기 때문에 생사의 고통을 받는 것을 비유한 것이라고 하였다.⁴²¹

曉云。造者趣也。如醉酒蠅。不能趣穴。故至歲寒。必受死苦。彼況外道。今

---

419 『註金光明最勝王經』(N4, 496b). 앞의 주석에서 제시한 『金光明最勝王經』 해당처를 참조할 것.
420 『玄樞』(T56, 551b).
421 『玄樞』(T56, 551b).

喩闡提。如是不趣解脫。由不信故。受生死苦。¹⁾

―――
1) ㉑ 이것은 집일문 전체가 세주이다.

소 문 원효와 승장과 혜소와 경흥은 "파리"를 외도에 비유하였는데 이것은 근거가 있다. 그러므로 혜소가 말하였다. "『대지도론』을 인용한다. 어떤 외도가 사리자舍利子를 위하여 하나의 게송을 설하였다. '나는 쌀로 만든 술을 마시고 몰래 한 병을 가져오니 산속의 모든 초목이 금색처럼 보이네.'^{422~423} 지금 (『현추』 본문의 주석에서 "파리"가 일천제를 비유한 것이라고 한 것과) 어째서 어긋나는 것인가?⁴²⁴

問。曉莊沼興。蠅喩外道。此有所依。故沼云。智¹⁾論引。有一外道。爲舍利子。說一頌云。我飮粳米酒。竊持一甁來。山地諸草木。視之如金。²⁾ 今何違耶。

―――
1) ㉑ 『金光明最勝王經疏』에 따르면 '智' 뒤에 '度'가 누락되었다.   2) ㉑ 『金光明最勝王經疏』에 따르면 '金' 뒤에 '色'이 누락되었다.

소 본本(『합부금광명경』)의 뜻은 두 가지로 나뉜다.
처음에 "토끼뿔"에서부터 "춤추고 노래하면서 남을 기쁘게 할 수 (없듯이)"까지의 세 행과 세 구절은 개별적으로 네 부류의 사람을 밝힌 것이다.
나중에 "범부" 이하의 세 구절은 네 부류의 사람에 대한 비유를 총괄적으로 맺은 것이다. 범부는 뒤의 두 가지 비유와 상응하니 일천제와 외도이다.⁴²⁵ 이승은 바로 앞의 두 가지 비유와 상응한다.⁴²⁶

―――
422 "어떤 외도가~금색처럼 보이네."는 『阿毘曇毘婆沙論』 권46(T28, 348c)에 나온다. 『智度論』은 보통 『大智度論』을 가리키는 말이다. 그런데 본서에서는 해당 문장을 찾을 수 없다.
423 『金光明最勝王經疏』 권2(T39, 201a).
424 『玄樞』(T56, 551b).
425 게송에서 파리는 일천제와 상응하고, 당나귀는 외도와 상응한다는 말이다.

"등"이라고 한 것은 처음 발심하고 수행하는 보살이다. "설할 수 있고"라는 것은 타인을 위해 여여如如를 설하는 것이고, "수행할 수 있는 능력을 갖추어"라는 것은 자신을 위해 여여를 행할 수 있는 것이다. 일천제는 무명의 가죽에 의해 여여를 덮고 외도는 모든 견해 속에서 여여를 전도시킨다. 이승은 두 가지가 있다. 하나는 여여를 믿지 않는 것이니 일천제에 속한다. 다른 하나는 비록 믿지만 영원하지 않다는 생각 등을 일으키는 것이니 외도에 속한다. 새로 발심하고 수행하는 보살은 믿고 즐거워하는 마음이 있어서 영원하지 않다는 생각을 하지 않는다. 아직 초지初地에 이르지 않았으니 아직 이것을 증득할 수 있는 것은 아니다.

本意爲二。初自毟¹⁾角至歌舞樂。三行三句。別明四人。後凡夫下三句。總結四譬。凡夫。則後二譬。闡提外道。二乘。卽前二譬。等者。始行菩薩。能說。說如如爲他。能行。行如如爲自。闡提無明皮覆如如。外道諸見內倒如如。二乘有二。一不信如如屬闡提。一雖信生無常想等屬外道。新行菩薩。有信樂心。不計無常。未至初地。未能得之。

1) ㉬『合部金光明經』에 따르면 '毟'는 '兎'이다.

이것으로 인하여 원효가 서술하여 말하였다. "다음에 '범부・(이승) 등'이라고 한 것은 통틀어서 네 가지 비유로 비유의 대상으로 삼은 네 부류의 사람을 제시한 것이다. 개별적인 문에 나아가면 비록 앞의 해석과 같지만 총괄적으로 말하자면 이와 같은 네 부류의 사람은 모두 법신의 뜻을 설할 수 없고 또한 법신의 경계를 수행할 수도 없다. 그러므로 자신을 이

---

426 성문승과 연각승은 토끼와 쥐와 상응한다는 말. 양자의 구체적 상응관계는 밝히지 않았다. 다만 앞에서 설한 것에 준하면, 토끼는 산골짜기에서 잠자는 것을 즐겨하기 때문에 연각승, 쥐는 사람들이 사는 곳에서 음식을 취하기 때문에 성문승이라고 할 수 있다.

익되게 하고 남을 이익 되게 할 수도 없다. 그러므로 '설할 수 있고 수행할 수 있는 능력을 갖추어 자신과 남을 이롭게 하는 일은 없으리라.'라고 하였다."[427]

仍曉述云。次言凡等。通擧四喩。所況四人。就其別門。雖如前釋。通而言之。如是四人。皆不能說法身之義。亦不能行法身之境。故不能得自利利他。故言能說及能行自他無是處。

경
설령 까마귀와 올빼미가
동시에 한 나무에 깃들어
화합하며 깊이 사랑한다고 해도
여래의 진실한 체體와
허망한 몸인 사리가
함께 존재하는 일은 없으리.[428]

假使烏與鵄。同時一樹栖。
和合相愛念。如來眞實體。
舍利虛妄身。俱有無是處。

소 원효가 뜻을 나타내어 말하였다. "'까마귀'는 낮에 나타난다. 여래의 법신이 반야에 의해 나타나는 것을 비유한 것이다. '올빼미'는 밤에 일어난다. 그가 헤아리는 색신이 무명에 의해 일어나는 것을 비유한 것이

---

427 『玄樞』(T56, 551c).
428 『合部金光明經』(T16, 362a).

다."⁴²⁹

曉顯意云。烏是晝顯。喻於如來法身。爲波若之所顯。鵄是夜起。喻彼所計色身。爲無明之所起。¹⁾

1) ㉠ 이것은 집일문 전체가 세주이다.

소 원효 스님이 말하였다. "'까마귀'는 낮에 나타난다. 여래의 법신이 반야에 의해 나타나는 것을 비유한 것이다. '올빼미'는 밤에 일어난다. 그가 헤아리는 색신이 무명에 의해 일어나는 것을 비유한 것이다. 이와 같이 두 새가 낮에 같이 있고 한 나무에 함께 머무는 것을 저 반야에 의해 나타나는 법신이 이 무명에 의해 일어난 색신과 더불어 불도를 증득한 이후 열반에 도달했을 때 같이 있고 위없는 보리수에 함께 머무는 것에 비유하였다. 이와 같은 일은 결코 있을 수 없는 것이니 진실한 법신과 허망한 사리가 동시에 모두 존재하는 일은 있을 수 없다."⁴³⁰【『주금광명최승왕경』】

曉師云。烏是晝顯。喻於如來法身。爲般若之所顯。鵄是夜起。喻彼所計色身。爲無明之所起。如是二鳥。同於晝時。共栖一樹。喻彼般若所顯法身。與此無明所起色身。同¹⁾道後涅槃之時。共栖無上菩提樹。如是之事。定無是處。眞實法身。虛妄舍利。一時俱有。無有是處【註金光明最勝王經】

1) ㉝ 『玄樞』에는 '同' 뒤에 '在'가 있다.

---

429 『玄樞』(T56, 552a). 여기에서는 세주의 형태로 "'까마귀'는 낮에 나타난다.~그가 헤아리는 색신이 무명에 의해 일어나는 것을 비유한 것이다."라고 하고, 바로 이어서 본문의 형태로 다른 주석을 제시한 후에 세주의 형태로 "두 새가 함께~있을 수 없는 것이다.(二鳥同遊.⋯同在道後涅槃之時. 共栖無上菩提之樹.)"라고 한 부분을 제시하였다. 이것만으로는 후자가 원효의 글인지 확정할 수 없기 때문에 그 집일문으로 앞부분만 제시하였다. 그런데 바로 뒤의 『註金光明最勝王經』을 참조하면 후자도 역시 원효의 글이라고 할 수 있다.
430 『註金光明最勝王經』(N4, 497a).

소 원효가 말하였다. "'화합하며 깊이 사랑한다고 해도'라는 것은 청정한 법신이 청정하지 않은 색신을 버리지 않고 청정하지 않은 색신이 법신의 청정한 덕을 장애하지 않는 것을 비유한 것이다. 그런 일[431]이 있을 수 없는 것처럼 이런 일도 또한 있을 수 없다."[432]

曉云。和合念者。喩於淸淨法身。不遣不淨色身。不淨色身。不障法身淨德。如彼無是處。此亦無是處。[1)]

1) ㉭ 이것은 집일문 전체가 세주이다.

경

바라사波羅奢 잎으로는
바람과 비를 막을 수 없는 것처럼
불도를 행하면서 허망한 견해를 일으키면
생사는 끝내 없어지지 않으리.[433]

如波羅奈[1)]葉。不能遮風雨。
於佛起虛妄。生死終不滅。

1) ㉭ 『玄樞』미주에 따르면 '奈'는 '奢'일 수도 있다.

소 원효 스님이 말하였다. "바라사波羅奢[434] 나무의 잎이 그 바탕이 얇고 약하여 바람과 비의 재난을 막을 수 없는 것을 성문승이 고제苦諦에 취착하여 (그것을 관찰하는 지혜를 얻으려고) 행상行相[435]을 (관찰하는데 그

---

431 그런 일 : 까마귀와 올빼미가 화합하며 깊이 사랑하는 것을 말한다.
432 『玄樞』(T56, 552a).
433 『合部金光明經』(T16, 362a).
434 바라사波羅奢 : 『玄樞』에서 이 나무의 잎은 세 조각으로 이루어져서 바람과 비를 막을 수 없다고 하였다.

방법이) 얕고 얇아서 변역생사變易生死의 고통을 떨쳐 버릴 수 없는 것에 비유한 것이다. 바람은 비를 불러들일 수 있고 비는 바람을 따라서 오는 것이기 때문에 변역생사의 고통을 불러들이는 것에 비유하였다. 총괄하여 말하자면 성문승은 비록 삼승三乘의 종성種姓[436]을 가지고 있더라도 부처님의 경지에 대해 거짓되게 고제를 관찰하는 지혜를 얻기 위한 행상에 (대한 관찰을) 일으킨다. (그 방법이) 얕고 얇아서 변역생사의 고통을 막고 법신의 고요하고 맑은 즐거움을 얻지는 못한다고 한 것이다."[437]『주금광명최승왕경』』

曉師云。波羅樹葉。其體薄弱。不遮風雨之難。喩於聲聞取苦相。淺薄不遣

435 행상行相 : 사제四諦의 관찰법과 관련된 용어. 사제 각각에 대해 시상전示相轉·권상전勸相轉·증상전證相轉의 세 가지 교법의 형식을 설한 것을 삼전三轉이라 한다. 이 중 개별적인 관점에서 볼 때 한 가지 제諦에 대해 세 가지 교법의 형식(1×3)을 설했으므로 이를 삼전이라 하고, 총괄적인 관점에서 볼 때 고제·집제·멸제·도제 등의 네 가지 제諦에 대해 세 가지 교법의 형식(4×3)을 설했으므로 이를 십이전十二轉이라 한다. 시상전이란 "이것은 고苦이고, 이것은 집集이며, 이것은 멸滅이고, 이것은 도道이다."라고 말씀하신 것이고, 권상전이란 "고를 알아야 하고, 집을 끊어야 하며, 멸을 깨달아야 하고, 도를 닦아야 한다."라고 말씀하신 것이며, 증상전이란 "고는 내가 이미 알았고, 집은 내가 이미 끊었으며, 멸은 내가 이미 깨달았고, 도는 내가 이미 닦았다."라고 스스로 자신의 깨달음을 들어 보임으로써 다른 이들이 깨닫도록 한 것이다. 사제에 대한 삼전의 교법을 설할 때 이를 수용하는 이에게 차례대로 안眼(⒮ cakṣus, 보는 것)·지智(⒮ jñāna, 결단하는 것)·명明(⒮ vidyā, 비추어 아는 것)·각覺(⒮ buddhi, 조심스럽게 성찰하는 것) 등의 네 가지 행상이 일어난다. 이 행상을 사제 각각의 개별적인 관점에서 말하자면, 한 가지 제諦에 대해 시상전·권상전·증상전을 행할 때마다 네 가지 행상이 일어나서(1×3×4) 모두 열두 가지 행상이 일어나니, 이를 십이행상이라 한다. 사제를 통틀어서 말하자면 네 가지 제諦에 48가지 행상(4×3×4)이 일어나니, 이를 사십팔행상四十八行相이라 한다.

436 종성種姓 : ⒮ gotra. 종성種性이라고도 한다. 부처님과 성문·연각·보살 등의 삼승인 三乘人이 각각 갖추고 있는 보리를 증득할 수 있는 본성本性을 가리키는 말. 선천적으로 갖추어서 불변인 것과 후천적으로 수행하여 얻은 것의 두 가지가 있는데, 전자를 본성주종성本性住種性(줄여서 성종성性種性이라고 함)이라고 하고, 후자는 습소성종성習所成種性(줄여서 습종성習種性이라고 함)이라고 한다.

437 『註金光明最勝王經』(N4, 497b).

變易之苦。風能集雨。雨隨風來。故喩變易生死苦集。總而言之。聲聞雖有 三乘之種。而於佛上。起妄苦智行相。淺薄不遮變易生死之苦。而得法身寂 靜之樂。【『註金光明最勝王經』】

소 『소』8권. 원효가 찬술하였다.[438]【『주금광명최승왕경』】

疏八卷。元曉撰。【註金光明最勝王經】

경
바다에 뜬 큰 배에
가득 실린 온갖 재화와 보물을
갓 태어난 여자 아이의 힘으로는
지킬 수 없는 것처럼

如海大舶船。具足諸財寶。
新生女人力。執持無是處。

법신은 가없으니
부정지不淨地의 번뇌를 지니고서는
여래를 섭수할 수 없는 것도
그 뜻이 또한 이와 같네.[439]

法身無邊際。不淨地煩惱。

---

438 『註金光明最勝王經』(N4, 510a). 이 글은 『註金光明最勝王經』 1권의 끝부분에서 본 경과 관련된 주석서를 나열한 것 가운데 하나이다.
439 『合部金光明經』(T16, 362a).

不能攝如來。其義亦如是。

소 원효가 말하였다. "공용이 있고 간격이 있기 때문에 구생아견俱生我見[440]이 때를 만나면 현행하기 때문에 이것을 '부정지不淨地의 번뇌(惑)'라고 한다."[441]

曉云。以有功用。有間隙故。俱生我見。有時現行故。說此爲不淨地惑。[1)]
1) ㉠ 이것은 집일문 전체가 세주이다.

경
훌륭하다, 훌륭하다.
그대 참된 불자여!
매우 길상한 사람으로
훌륭한 방편이 있고
이치에 머물러 흔들리지 않으니
이미 정각의 수기를 받았네.[442]

善哉善哉。汝眞佛子。
大吉祥人。善巧方便。
於理不動。已獲正記。

소 "훌륭하다!~부처님의 수기를 (받았네)"[443] 이하는 두 번째로 (교진

---

440 구생아견俱生我見 : 선천적으로 지니고 있는 아견. 상대어는 분별아견分別我見으로 후천적으로 견해에 물들어서 일어나는 아견이다.
441 『玄樞』(T56, 552b).
442 『合部金光明經』(T16, 362b).
443 『金光明最勝王經』 권1(T16, 406c)에서 "훌륭하다, 뛰어난 동자여. 이 대중 가운데 길

• 145

여가) 자신의 이해를 바로 펼친 것이다.【원효와 승장 및 경흥이 모두 이 해석을 따랐다. 그런데 혜소는 달리 해석하여 "바로 깨달은 것을 진술한 것이다."[444]라고 하였다.】[445]

본本(『합부금광명경』)에서는 자세하게 설하여 13행 반의 게송이 있다. 지금(『금광명최승왕경』)은 7행의 게송[446]으로 간략하게 설하였다. 두 단락으로 나뉜다. 처음의 1행 반은 이해한 사람을 나타내고, 뒤의 5행 반은 이해한 법을 나타내었다. 처음은 또한 둘로 나뉜다. 처음의 1행은 왕자가 설한 것을 찬탄했고, 뒤의 반 행은 교진여가 이해한 것을 밝혔다. 처음은 또한 둘로 나뉜다. 처음의 두 글자는 총괄적으로 찬탄하고 나중의 열여덟 글자는 별도로 찬탄한 것이다.【원효와 승장과 혜소도 바로 이것을 취하였다.】 이것은 처음에 해당한다. 본本(『합부금광명경』)에서는 "훌륭하다, 훌륭하다."라고 하였다.

상하고 뛰어난 방편의 마음이 있어 부처님의 위없는 보리를 얻을 것이라는 수기를 받았네.(善哉。大童子。此衆中吉祥。善巧方便心。得佛無上記。)"라고 한 것에 의거한 것이다. 『合部金光明經』에 따르면 "훌륭하구나, 훌륭하구나.……이미 정각의 수기를 받았네.(善哉善哉。…已獲正記。)"이다.

444 『金光明最勝王經疏』 권2(T39, 201b).
445 『玄樞』(T56, 553a).
446 『金光明最勝王經』 권1(T16, 406c)에서 "훌륭하다, 뛰어난 동자여. 이 대중 가운데 길상하고 뛰어난 방편의 마음이 있어 부처님의 위없는 보리를 얻을 것이라는 수기를 받았네. 여래의 크고 위대한 덕은 세간을 구호할 수 있으니 그대는 지극한 마음으로 들어라. 내가 이제 차례대로 말하리라. 모든 부처님의 경계는 생각으로 헤아리기 어려우니 세간에 같은 것이 없다네. 법신의 성품은 항상 머물러 있고 수행에도 차별이 없다네. 모든 부처님의 체는 다 같고 설하신 법도 또한 그러하다네. 모든 부처님은 지은 것이 없고 또 다시 본래 생겨난 것도 없다네. 세존께서는 금강처럼 굳센 몸을 지녔으나 방편으로 화신을 나타내 보였다네. 그러므로 부처님의 사리는 겨자씨만큼도 없는 것이라네. 부처님은 피와 살로 이루어진 몸이 아니니 어찌 사리가 있다고 하겠는가. 방편으로 유골을 남겨 모든 중생을 이익 되게 할 뿐이라네. 법신이 바로 정각이고 법계가 바로 여래라네. 이것이 부처님의 진실한 몸이니 또한 이와 같은 법을 설하네.(善哉大童子。此衆中吉祥。善巧方便心。得佛無上記。如來大威德。能救護世間。仁可至心聽。我今次第說。諸佛境難思。世間無與等。法身性常住。修行無差別。諸佛體皆同。所說法亦爾。諸佛無作者。亦復本無生。世尊金剛體。權現於化身。是故佛舍利。無如芥子許。佛非血肉身。云何有舍利。方便留身骨。爲益諸衆生。法身是正覺。法界卽如來。此是佛眞身。亦說如是法。)"라고 한 것을 참조할 것.

'훌륭하다'라는 것은 가장 뛰어나고 미묘하다는 뜻이다. 두 가지 뜻이 있다. 첫 번째로 '훌륭하다'라고 한 것은 왕자가 스스로 이해한 것을 찬탄한 것이고, 두 번째로 '훌륭하다'라고 한 것은 왕자가 다른 사람을 교화한 것을 찬탄한 것이다.[447]

善哉至佛記下。第二正申已解。【曉莊及輿。皆依此釋。然沼異云。正陳領解。】本廣有十三行半偈。今七行偈略說。爲二。初一行半。出能解人。後五行半。明所解法。初又二。初一行。嘆王子能說。後半行。明陳如能解。初也又二。初兩字總嘆。後十八字別嘆【曉莊又沼。卽取之。】初也。本云。善哉善哉。言善哉者。最勝微妙義。有二義。一善哉。歎王子自解。二善哉。歎王子化他。

경

왕자여, 내 말을 들어라.
이제 차례대로 말하리라.
세간의 번뇌를 넘어선 경계를 의지처로 삼으니
부처님의 덕은 생각으로 헤아리기 어렵네.
여래의 경계는
알 수 있는 이가 없네.

王子聽我。今次第說。
度世依處。佛德難思。
如來境界。無能知者。

모든 부처님은

---
447 『玄樞』(T56, 553a).

다른 어떤 것과도 함께하지 않네.
모든 부처님은
본래 고요하고 맑으며
모든 부처님은
수행하는 것이 동일하네.

一切諸佛。不與他共。
一切諸佛。本來寂靜。
一切諸佛。所修行同。

모든 부처님은
뒤의 한계(後際)까지 영원히 머물고
모든 부처님은
모두 하나의 체體)를 함께하네.
이와 같은 것 등이
여래의 법이네.[448]

一切諸佛。後際常住。
一切諸佛。同共一體。
如是等義。是如來法。

소 이것을 따라서[449] 원효가 말하였다. "처음은 위로 부처님의 도를 넓히는 덕을 갖추는 것이다. 부처님의 종자를 이어받고 미래에 부처님의 지

---

448 『合部金光明經』(T16, 362b).
449 앞의 게송에서 "수기"라고 한 말을 해석한 것에 대한 세주이다. 이하는 수기의 자격과 관련된 내용을 서술한 것이다.

위에 오를 수 있기 때문이다. 둘째는 아래로 중생을 교화하는 덕을 갖추는 것이다. 아름다운 모습을 중생이 즐거운 마음으로 바라보고 매번 이치에 맞고 이익이 되는 일을 일으키기 때문이다. 셋째는 구화漚和[450]의 언사에 능한 덕을 갖추는 것이다. 비유법을 잘 설하고 모든 법을 개별적으로 교묘하게 나타내기 때문이다. 넷째는 반야의 고요하면서 모든 것을 비추는 덕을 갖추는 것이다. 하루 종일 교묘한 말을 일으켰지만 아직까지 어떤 말도 한 적이 없기 때문이다. 다섯째는 미래의 과보가 결정된 덕을 갖추는 것이다. 바른 행을 얻음으로 인해 결정코 부처님의 기별을 받기 때문이다. 이 사람(수기를 받는 사람)의 계위는 팔지八地 이상이다."[451]

依此曉云。初上弘佛道德。以能紹佛種。當登佛位故。二下化群生德。美貌衆喜見。每生義利故。三漚和辭辯德。善說譬法。別巧顯諸法。四般若寂照德。終日起巧說。未嘗有言故。五當果決定德。由得正行。定受佛記別故。是人位在八地已上。[1)]

1) ㉠ 이것은 집일문 전체가 세주이다.

소 원효가 말하였다. "통틀어서 말하면 열 가지 부분이 있다. 이 뜻은 『무상의경無上依經』에 나온다. (그 경에서) 말하기를 '위없는 보리는 열 가지 부분과 상응한다. 첫째는 자성自性이고 내지 열째는 사유할 수 없는 것이다.'[452]라고 하였다. 이제 이 글에서는 두 가지는 제외하고 여덟 가지를

---
450 구화漚和 : ⓢ upāya의 음역어. 방편方便・선교善巧 등으로 의역한다. 중생을 교화하기 위한 수단을 가리킨다. 구화구사라漚和拘舍羅(ⓢ upāyakauśalya)와 같은 말로 방편선교방편善巧・방편승지方便勝智 등으로 의역한다.
451 『玄樞』(T56, 553c).
452 『無上依經』 권상(T16, 470c)에서 "첫째는 보리의 자성自性이다. 십지에서 십바라밀을 닦고 여리지如理智와 여량지如量智에 의해 세간의 번뇌에서 벗어나는 도를 닦아서 얻은 전의轉依에 의해 고요하고 맑으며 밝고 깨끗한 것이니 성문・연각은 그 경계를 마주할 수 없다. 둘째는 보리를 얻는 인연因緣이다. 대승법을 원하여 즐겨 닦는

밝혔다.[453] 지금은 과덕果德을 나타낸 것인데, 두 번째와 세 번째[454]는 과덕이 아니기 때문에 제외한 것이다." 자세한 것은 그곳에서 설한 것과 같다.[455]

曉云。通言有十種分。是義出於無上依。言無上菩提。與十種分相應。一自性。乃至十不可思惟。今此文中。除二明八。今顯果德。二三非果德。故除

것과 반야바라밀을 닦는 것 등이다. 셋째는 보리의 과를 얻는 것을 장애하는 미혹(惑障)이다. 대승법을 버리고 어기는 것이고 아견에 집착하는 것 등이다. 넷째는 보리를 증득하여 얻는 지극한 과(至果)이다. 가장 깨끗한 것이고 진실한 자아이며 미묘한 즐거움이고 영원히 머무는 것이다. 다섯째는 보리를 증득하여 이익 되는 일을 하는 것(作事)이다. 무분별지를 얻어 자신을 이롭게 하고 무분별후지無分別後智에 의해 남을 이롭게 한다. 여섯째는 보리와 상응하여 거두어지는 것(相攝)이다. 사유에 의해 헤아릴 수 없는 것과 미세한 것과 진실한 것 등이다. 일곱째는 보리의 행처行處이다. 세 가지 도리로 세 가지 몸을 나타낸다. 첫째는 매우 깊은 도리이고, 둘째는 넓고 큰 도리이며, 셋째는 온갖 덕의 도리이다. 여덟째는 보리가 항상 머무는 것(常住)이다. 생겨나지 않고 소멸하지 않는 것과 그침이 없고 다함이 없는 것이다. 아홉째는 보리를 함께하지 않는 것(不共)이다. 성문과 연각은 알지 못하는 것이고 부처님을 제외하고는 얻지 못하는 것이다. 열째는 보리를 사유할 수 없는 것이다. 여섯 가지 원인으로 인해 사유하지 못한다. 언어를 넘어선 것이고 제1의제에 섭수되는 것이며, 이미 거친 생각과 미세한 생각에 의해 분별하여 사유하는 경계를 넘어선 것이고 비유할 수 있는 것을 얻지 못하는 것이며, 일체법에서 가장 상품上品인 것이고 생사와 열반의 영역에 안립할 수 없는 것이기 때문이다."라고 하였다.

453 두 경의 상응관계를 도표로 나타내면 다음과 같다.

『合部金光明經』	『無上依經』
세간의 번뇌를 넘어선 경계를 의지처로 삼으니	제1 보리의 자성
부처님의 덕은 생각으로 헤아리기 어렵네.	제4 보리의 지극한 과
여래의 경계는 알 수 있는 이가 없네.	제7 보리의 활동영역
모든 부처님은 다른 어떤 것과도 함께하지 않네.	제9 보리를 함께하지 않는 것
모든 부처님은 본래 고요하고 맑으며	제6 보리와 상응하여 거두어지는 것
모든 부처님은 수행하는 것이 동일하네	제5 보리를 증득하게 이익 되는 일을 하는 것
모든 부처님은 뒤의 한계까지 영원히 머물고	제8 보리가 항상 머무는 것
모든 부처님은 모두 하나의 체를 함께하네.	모두 하나의 체를 함께하는 것

454 두 번째와 세 번째 : 『無上依經』에서 설한 열 가지 중 보리를 얻는 인연因緣과 보리의 과를 얻는 것을 장애하는 미혹(惑障)을 가리킨다.
455 『玄樞』(T56, 554a).

之。具如彼也。[1)]

1) ㉠ 이것은 집일문 전체가 세주이다.

소 원효가 말하기를 "이것[456]은 (보리의) 행처行處의 뜻을 밝힌 것이다.[457] 그 경에서 '세 가지 도리'[458]라고 한 것과 같다. 글은 다른 것 같지만 뜻은 동일하다."[459]라고 하였다.

曉云。是行處義。如彼經云三種道理。文言似殊。而意同也。[1)]

1) ㉠ 이것은 집일문 전체가 세주이다.

소 원효가 말하기를 "(이것[460]은 보리를) 함께하지 않는 것(不共)의 덕을 나타낸 것이다."라고 하였다.[461]

曉云。不共德。[1)]

1) ㉠ 이것은 집일문 전체가 세주이다.

소 원효가 말하기를 "(이것[462]은 보리와) 상응하여 거두어지는 것(相攝)의 뜻을 나타낸 것이다."[463]라고 하였다.

曉云。相攝義。[1)]

---

456 "여래의 경계는 알 수 있는 이가 없네."를 가리킨다.
457 앞에서 『無上依經』과 본 경의 게송을 배대한 것을 참조할 것.
458 『無上依經』 권상(T16, 472c). 세 가지 도리란 첫째는 매우 심오한 도리(甚深道理)이고, 두 번째는 넓고 큰 도리(廣大道理)이며, 세 번째는 온갖 덕의 도리(萬德道理)이다.
459 『玄樞』(T56, 554a).
460 "모든 부처님은 다른 어떤 것과도 함께하지 않네."를 가리킨다.
461 『玄樞』(T56, 554b).
462 "모든 부처님은 본래 고요하고 맑으며"를 가리킨다.
463 『玄樞』(T56, 554c).

1) ㉯ 이것은 집일문 전체가 세주이다.

소 원효가 말하기를 "(이것[464]은 보리를) 증득하여 이익 되는 일을 하는 것(作事)의 뜻을 밝힌 것이다."[465]

曉云。明作事義。[1)]
1) ㉯ 이것은 집일문 전체가 세주이다.

소 원효가 말하였다. "(이것[466]은 모든 부처님께서) 모두 하나의 체를 함께하는 것(同體)의 뜻을 밝힌 것이다."[467]

曉云。明同體義。[1)]
1) ㉯ 이것은 집일문 전체가 세주이다.

소 그러므로 원효가 해석하여 말하였다.[468]
"그 경에서 말하기를 '어떤 것을 보리의 자성이라고 하는가? 십지十地[469]

---

464 "모든 부처님은 수행하는 것이 동일하네."를 가리킨다.
465 『玄樞』(T56, 555b).
466 "모든 부처님은 모두 하나의 체를 함께하네."를 가리킨다.
467 『玄樞』(T56, 555b).
468 제1 보리의 자성에 상응하는 게송과 관련된 주석이다.
469 십지十地 : 보살의 수행과정을 열 단계로 분류한 것. 성문승이나 독각승과 공유하지 않는 보살만의 수행계위로서의 십지인 불공십지不共十地, 그리고 이승과 함께하는 수행계위로서의 십지인 공십지共十地의 두 가지가 있다. 불공십지는 보살의 수행계위를 통틀어서 52단계로 분류한 것 중 제41위에서 제50위까지에 해당한다. 곧 제1 환희지歡喜地→제2 이구지離垢地→제3 발광지發光地(明地)→제4 염지焰地→제5 난승지難勝地→제6 현전지現前地→제7 원행지遠行地→제8 부동지不動地→제9 선혜지善慧地→제10 법운지法雲地이다. 환희지는 대승수행의 올바른 지혜를 얻어 기뻐하는 단계, 이구지는 십선계十善戒를 지켜 마음의 번뇌가 없어지는 단계, 발광지는 다라니를 얻어 마음이 밝아진 단계, 염지는 지혜의 불로 번뇌를 불태우는 단계, 난승지는 잠재우기 어려워 아직 남은 번뇌를 극복하려는 단계, 현전지는 연기의 지혜가 현

에서 십바라밀을 닦고 여리지如理智와 여량지如量智[470]에 의해 세간의 번뇌에서 벗어나는 도를 닦아서 얻은 전의轉依[471]이다. 이하 생략.'[472]이라고 하였다.

지금 '세간의 번뇌를 넘어선 경계를 의지처로 삼으니(度世依處)'라고 한 것은 그곳에서 설한 전의의 모습[473]을 총괄적으로 나타낸 것이다. 그러므

전하는 단계, 원행지는 삼계의 번뇌를 끊고 삼계를 멀리 떠나는 단계, 부동지는 분별 없는 지혜가 자유롭게 작용하고 번뇌로 인해 물드는 일이 없는 단계, 선혜지는 설법 교화가 자유자재한 단계, 법운지는 법신을 완성하여 몸은 허공처럼 제한이 없고 지혜는 큰 구름과 같아지는 단계이다. 공십지는 제1 간혜지乾慧地→제2 성지性地(범부지)→제3 팔인지八人地→제4 견지見地→제5 박지薄地→제6 이욕지離欲地→제7 이작지已作地(성문지)→제8 벽지불지→제9 보살지→제10 불지佛地이다. 이것은 앞의 칠지 혹은 팔지가 성문승이나 벽지불승과 공통되기 때문에 공십지라고 한다.

470 여리지如理智와 여량지如量智 : 전자는 근본지根本智·무분별지無分別智 등이라고도 하고, 후자는 후득지後得智라고도 한다. 여리지는 주관과 대상의 차별이 없는 참된 지혜로 진제를 비추는 것이고, 여량지는 차별을 관조하는 지혜로 속제를 비추는 것이다.

471 전의轉依 : '전'이란 소의所依를 전환시키는 것을 뜻하고, '의'란 염정染淨·미오迷悟 등과 같은 제법의 소의를 가리킨다. '전의'란 곧 하열한 법의 소의를 전사轉捨하고 뛰어나고 청정한 법의 소의를 전득轉得하는 것이다. 유식학파에 따르면 성도聖道를 닦음으로 말미암아 번뇌장과 소지장을 끊고 열반과 보리의 과를 증득하는데, 이 두 가지 과를 이전의과二轉依果라고 한다.

472 『無上依經』 권상(T16, 470c). 생략된 부분은 "고요하고 맑으며 밝고 깨끗하니 성문·연각은 그 경계를 마주할 수 없다. 이것을 바로 보리의 자성이라 한다."이다.

473 『無上依經』 권상(T16, 470c)에서 네 가지 모습을 자세하게 밝힌 것을 말한다. 바로 뒤에서 '도세'를 해석한 것은 바로 이 해석에 의거한 것이다. "이것을 전의법轉依法이라 한다. 네 가지 특징이 있다. 첫째는 생기를 연하기 때문이고, 둘째는 멸진을 연하기 때문이며, 셋째는 알아야 할 법과法果를 바르게 익히고 사량하기 때문이고, 넷째는 가장 청정한 법계의 체이기 때문이다. 어떤 것을 생기를 연한다고 하는가. 일체의 세속을 떠나서 여래를 상속하는 것이니 이것이 보리도의 생기를 위해 연하는 것이다. 어떤 것을 멸진을 연하는 것이라 하는가. 세 품의 번뇌의 근본인 종자의 부류가 이 법으로 인하여 영원히 멸진하기 때문이다. 어떤 것을 알아야 할 법과라고 하는 것인가. 이미 알아야 할 진여를 바르게 통달하고 과를 증득하기 때문이다. 어떤 것을 법계의 체라고 하는가. 모든 모양의 번뇌를 없애어 가장 청정한 법계가 나타나기 때문이다.(是名轉依法. 有四種相. 一者生起緣故. 二者滅盡緣故. 三者正熟思量所知法果故. 四者最淸淨法界體故. 何者名生起緣. 出一切世. 如來相續. 是菩提道生起緣處. 何者名滅盡緣. 三品煩惱根本種類. 依因此法. 永滅盡故. 何者所知法果. 已正通達. 所知眞如. 證

로 이 말은 그곳에서 (설한 전의의 네 가지 특징과 관련하여) 네 가지 뜻을 포함하고 있다.

첫째는 세간을 넘어서는 과체果體를 '도세'라고 하고 성스러운 도가 의지하는 대상을 '의처'라고 한다. 내지 넷째는 청정한 법계는 세간의 모습을 여의기 때문에 '도세'라고 하고 이것에 의지하여 저것을 소멸시키기 때문에 '의처'라고 한다. 그 경에서 (네 번째 전의의 특징에 대해서) 말하기를 '어떤 것을 법계의 체라고 하는가? 모든 형태의 번뇌(結)를 소멸시켜서 가장 청정한 법계가 나타나기 때문이다.'[474]라고 한 것과 같다. 이 네 가지 뜻으로 전의의 특징을 밝혔다. 여기에서 '도세'는 바로 전의의 뜻이다. '처'는 의지한다는 뜻이다. 이러한 특징을 지닌 전의를 행하여 보리를 이룬다." 자세한 것은 그곳에서 설한 것과 같다.[475]

故曉述云。如彼經言。何者名爲菩提自性。十地十度。如理如量。修出離道。所得轉依。乃至。今言度世依處者。總顯彼說轉依之相。故此言。含其四義。一出世果體。名爲度世。聖道所依。名爲依處。乃至四者淸淨法界。離世間相。故言度世。依此滅彼。故言依處。如彼經言。何者名爲法果[1]體。滅諸相結。最淨法界。所顯現故。以此四義。明轉依相。此中度世。卽轉依義。處者依義。用此相轉依。爲菩提。廣如彼也。[2]

1) ㉠『無上依經』에 따르면 '果'는 '界'이다. 2) ㉠ 이것은 집일문 전체가 세주이다.

경

여래의 참된 몸은
만들어지는 것이 아니니

得果故。何者名法界體。滅諸相結。最淨法界。所顯現故。)"
474 『無上依經』 권상(T16, 471a).
475 『玄樞』(T56, 555a).

그 이유는
모든 부처님은 생겨남이 없기 때문이네.

如來眞身。非所造作。
所以者何。諸佛無生。

금강金剛처럼 견고하여 훼손되지 않고
안팎으로 걸림이 없는 가운데
신체를 지닌 모습 나타내 보여
중생을 근기와 인연에 따라 교화하지만
여래라는 큰 선인은
색상이 있지 않다네.

金剛不毀。內外無礙。
示現身相。隨化衆生。
如來大仙。無有色像。

이와 같은 몸은
피와 살로 이루어진 것이 아니니
어떻게 해서
사리가 있을 수 있겠는가!
중생을 교화하기 위하여
방편으로 나타내 보인 것이라네.

如是身者。非於血肉。
云何而得。有於舍利。

爲化衆生。方便示現。

모든 바른 깨달음은
참된 법이 몸이니
법계가 청정하면
이것이 여래라네.[476]

一切正覺。眞法爲身。
法界淸淨。是名如來。

소 두 번째로 세 행에서 오분법신五分法身[477]을 밝혔다.[478]【원효와 혜소[479]및

---

476 『合部金光明經』(T16, 362b).
477 오분법신五分法身 : 일반적으로 두 가지 해석이 있다. 첫 번째는 소승의 해석이다. 아라한이 갖춘 다섯 가지 공덕을 가리킨다. 첫째, 계신戒身이니 무루無漏의 신업과 어업을 말한다. 둘째, 정신定身이니 무학의 공空·무원無願·무상無相의 삼매를 말한다. 셋째, 혜신慧身이니 무학의 정견正見·정지正知를 말한다. 넷째, 해탈신解脫身이니 정견과 상응하는 승해勝解를 말한다. 다섯째, 해탈지견신解脫知見身이니 무학의 진지盡智와 무생지無生智를 말한다. 두 번째는 대승의 해석이다. 부처님이 갖춘 다섯 가지 공덕을 가리킨다. 첫째, 계신이니 부처님의 법신이 청정하여 신업·구업·의업이 모든 잘못을 여읜 것을 말한다. 둘째, 정신이니 부처님의 진심眞心은 체가 고요하고 자성이 흔들리지 않는 것을 말한다. 셋째, 혜신이니 부처님의 진심은 체가 밝아서 어떤 어두움도 없는 것을 말한다. 넷째, 해탈신이니 부처님은 모든 속박에서 벗어나서 자체自體에 어떤 얽매임도 없는 것을 말한다. 다섯째, 해탈지견신이니 부처님께서는 스스로 본래 오염된 것이 없고 이미 모든 번뇌에서 벗어났음을 아는 것을 말한다. 세 번째로 『玄樞』에서는 오분법신을 달리 풀었는데 이것은 바로 뒤의 문장에 나온다.
478 『玄樞』 본문에서 설한 것에 의거하면 오분법신에 해당하는 것은 『金光明最勝王經』은 세 행, 『合部金光明經』은 다섯 행이다. 그 상응관계를 도표로 나타내면 다음과 같다.

오분법신	『金光明最勝王經』	『合部金光明經』
비행법신非行法身	諸佛無作者。亦復本無生。	如來眞身。非所造作。所以者何。諸佛無生。
불상리법신不相離法身	世尊金剛體。權現於化身。是故佛舍利。無如芥子許。	金剛不毀。內外無礙。示現身相。隨化衆生。如來大仙。無有色像。

경흥은 이 뜻을 취하였다.} 이 다섯 가지 몸은 원인이고 앞에서 설한 여덟 가지 덕[480]은 결과이다. 『섭대승론』에서 오분법신을 밝힌 것[481]을 (참조하여 해석하면 다음과 같다.) 첫째는 작용의 영역이 아닌 법신(非行法身)이니 광대하여 칭량할 수 없는 것을 그 덕으로 삼는다. 둘째는 서로 여의지 않는 법신(不相離法身)이니 생각할 수 없고 셀 수 없는 것을 그 덕으로 삼는다. 셋째는 홀로 뛰어난 법을 갖춘 법신(獨法法身)이니 동등한 것이 없고 섞인 것이 없는 것을 그 덕으로 삼는다. 넷째는 두 가지 극단이 없는 법신(無二邊法身)이니 깨닫기 어려운 자체의 경계를 그 덕으로 삼는다. 다섯째는 가장 청정한 법신(最淸淨法身)이니 물들지 않고 때 묻지 않은 것을 그 덕으로 삼는다.[482]

第二有三行。明五分法身。【曉沼及興。取此意也。】此五身是因。前八德是果。攝大乘。明五分法身。一非行法身。以廣大不可量是其德。二不相離法身。

독법법신獨法法身	佛非血肉身。云何有舍利。方便留身骨。爲益諸衆生。	如是身者。非於血肉。云何而得。有於舍利。爲化衆生。方便示現。
무이변법신無二邊法身	法身是正覺。	一切正覺。眞法爲身。
최청정법신最淸淨法身	法界卽如來。	法界淸淨。是名如來。

479 『金光明最勝王經疏』(T39, 201c).
480 『合部金光明經』바로 앞의 글을 『玄樞』본문에서는 여덟 가지 덕을 설한 것이라고 풀이하였다. 그 여덟 가지란 인덕因德·과덕果德·사덕事德·이덕理德·성덕性德·도덕道德·상주덕常住德·무분별덕無分別德이다.
481 그 내용이 꼭 일치하는 것은 찾을 수 없다. 다만 『攝大乘論』권하(T31, 129c)에서 법신의 다섯 가지 상相, 곧 전의轉依·백정법白淨法·무이無二·상주常住·불가사의不可思議를 설한 것을 가리키는 것으로 추정된다. 『無上依經』권상(T16, 473a)에서 "첫 번째인 법신은 다섯 가지 특징과 다섯 가지 공덕과 상응한다. 어떤 것이 다섯 가지 특징인가? 첫째는 무위이고, 둘째는 서로 여의지 않는 것이며, 셋째는 두 극단을 여읜 것이고, 넷째는 일체의 장애를 벗어난 것이며, 다섯째는 자성이 청정한 것이다.(第一身者。與五種相五種功德相應。何者五種相。一者無爲。二者不相離。三者離二邊。四者脫一切障。五者自性淸淨。)"라고 한 것도 그 용어가 유사하다.
482 『玄樞』(T56, 555c).

以不可思不可數是其德。三獨法法身。以無等無雜是其德。四無二邊法身。以難覺自境界是其德。五最淸淨法身。以無染無垢是其德。

제3 삼신분별품
三身分別品第三

소 원효가 말하였다. "'삼'이라는 것은 숫자의 이름으로 (하나에) 둘을 더한 것을 뜻으로 삼는다. '신'이라는 것은 (처음은) 쌓여서 모인 것이라는 뜻이고, (둘째는) 진실한 것이라는 뜻이며, (셋째는) 의지하는 것이라는 뜻이다. 처음은 응신과 화신에 해당하고, 다음은 오직 법신에 해당하며, (셋째인) 의지하는 것이라는 뜻은 삼신에 두루 거두어진다. 이 품에서 여러 가지 뜻을 설하는 문을 열어 삼신의 도리를 분명하게 간별하였기 때문에 '삼신분별품'이라고 한다."[483]

曉云。三是數名。增二爲義。身者積聚義。眞實義。依止義。初在應化。次唯法身。依止義者通收三身。此品之中。開諸義門。分明簡別。三身道理。故言三身分別品也。[1]

---

1) ⓔ 이것은 집일문 전체가 세주이다.

경 그때 허공장보살마하살이 대중 가운데 있다가 자리에서 일어나 오른쪽 어깨를 드러내고 오른쪽 무릎을 꿇어 땅에 붙이고 합장하고 공경하며 머리를 숙여 부처님의 발에 예배를 드리고, 최상의 미묘한 금처럼 보배로운 꽃과 보배로운 당기와 번기와 덮개를 모두 공양하고 부처님께 말씀드렸다.[484]

爾時虛空藏菩薩摩訶薩。在大衆中。從座而起。偏袒右肩。右膝著地。合掌恭敬。頂禮佛足。以上微妙金寶之華寶幢幡蓋。悉以供養。而白佛言。

---

483 『玄樞』(T56, 561c).
484 『合部金光明經』(T16, 362c).

소 원효가 말하였다.

"('허공장보살마하살'은) 계위가 제10지에 올랐다.『대방등대집경』「허공장보살품」에서 '내지 그때의 중천관정衆天灌頂이라는 전륜성왕轉輪聖王[485]은 지금의 허공장이다. 중생을 교화하고 불국토를 청정히 하여 초지初地에 머물고 다음에 제2지에 들어가고 내지 제10지에 이르렀다. 낱낱의 지地를 밟아 가면서 한량없는 겁 동안 모든 중생을 위해 불사를 짓는 모습을 나타내고 항상 보살이 행해야 할 것을 버리지 않았다.'[486]라고 한 것과 같다. 그러므로 제10 법운지法雲地에 도달했음을 알 수 있다.

'허공장'이라는 이름에 간략하게 두 가지 뜻이 있다. 첫째는 일에 의거한 것이다. 그 품에서 말하기를 '(과거 허공장보살이 공덕장엄왕功德莊嚴王의 아들 사자진師子進으로 태어났을 때) 부왕과 (대중의 잘못된 마음을) 돌려서 바른 견해를 얻게 하기 위해 허공에서 진귀한 보배를 비처럼 뿌렸다. 그때 지신地神 내지 아가니타천阿迦尼咤天[487]이 모두 기뻐하며 외쳤다.「이 대보살은 허공장[488]이라고 할 만하다.」그때 부처님께서 허공장이라고 부르는 것을 허락하였다.'[489]라고 한 것과 같다. 둘째는 이치에 나아간 것이다.「허공장보살품」에서 말하기를 '나의 몸이 바로 허공이니 허공으로

---

485 전륜성왕轉輪聖王 : 윤보輪寶를 굴리는 왕이라는 뜻. 이 왕이 세상에 출현하면 칠보七寶(輪寶 · 象寶 · 馬寶 · 珠寶 · 女寶 · 居士寶 · 主兵臣寶)를 거느리고 네 가지 덕(장수하는 것 · 질병이 없는 것 · 용모가 뛰어난 것 · 보배를 간직한 창고가 풍부한 것)을 갖추고 하나의 수미사주須彌四洲를 정법으로 다스리며, 그 국토는 풍요롭고 백성은 모두 즐거운 세상이 실현되는 것으로 전해진다.
486 『大方等大集經』권16(T13, 112b). 본 경의 내용을 취의요약한 것이다.
487 아가니타천阿迦尼咤天 : '아가니타'는 ⓢ Akaniṣṭha의 음역어. 오정거천五淨居天의 최상위, 곧 색계의 최상위이기 때문에 유정천有頂天이라고도 하고, 색계의 구경이기 때문에 색구경천色究竟天이라고도 한다. 오정거천이란 색계의 제4선에 속하는 아홉 하늘 중 상위에 해당하는 다섯 하늘을 일컫는 말이다. 곧 무번천無煩天 · 무열천無熱天 · 선견천善見天 · 선현천善現天 · 색구경천色究竟天 등을 가리킨다. 성문 사과四果 중 제3아나함과阿那含果(不還果)를 증득한 성자가 태어나는 곳이다.
488 허공장 : 허공을 창고로 삼아 온갖 진귀한 보배를 갈무리하고 있다는 뜻이다.
489 『大方等大集經』권16(T13, 109b).

일체법을 깨달아 알았다. 허공의 인장으로 인가를 받았다.'490라고 한 것과 같다.

상고하여 말한다. 이 보살은 오랫동안 수행하여 제10지에 올라서 법성의 허공을 자신의 몸으로 삼았다. 곧 자신이라는 허공에 복덕과 지혜라는 보배를 갈무리하고 허공의 도장으로 봉인한 것이다. 이 뜻에 의거하여 허공장이라고 하였다." 자세한 것은 그곳에서 설한 것과 같다.491

曉云。位階十地。如大集經。虛空藏菩薩品云。乃至。爾時衆父1)灌頂聖王。今虛空藏是。教化衆生。淨佛國土。住於初地。次入二地。乃至十地。於一一地中。過無量劫。爲諸衆生。現作佛事。而恒不捨菩薩所行。故知法雲。虛空藏名。略有二義。一依事。如彼品說。爲迴父王。使得正見。從虛空中。能雨珍寶。爾時地神。乃至阿迦尼吒天。皆歡喜唱言。此大菩薩。可名虛空藏。時佛印可。名虛空藏。二就理。如虛空藏菩薩經2)言。我身卽是虛空。以虛空證知一切法。爲虛空印所印。案云。此菩薩。文3)登十地。法性虛空。以爲自身。卽以自身虛空。爲藏於福智之寶。封以虛空之印。依是義故。名虛空藏。具如彼也。4)

1) ㉠『大方等大集經』에 따르면 '父'는 '天'이다. 2) ㉠ '經'은 '品'인 것 같다. 3) ㉠『玄樞』미주에 따르면 '文'은 '久'일 수도 있다. 4) ㉠ 이것은 집일문 전체가 세주이다.

소 **문** 이 보살은 지금 어디에 있는가? **답** 원효가 말하였다. "『대방등대집경』에서 말하기를 '부처님께서 사리불에게 말씀하셨다.「여기에서 동방으로 여덟 부처님의 세계의 티끌처럼 많은 부처님의 국토를 지나면 대장엄大莊嚴이라는 세계가 있는데, 그 국토에 일보장엄一寶莊嚴이라는 부처님이 머물면서 위없는 대승의 보배로운 가르침을 연설하신다. 허공장이

---

490 『大方等大集經』 권17(T13, 118b).
491 『玄樞』(T56, 562b).

라는 보살이 있어서 뛰어난 장엄으로 스스로를 장엄하였다.」⁴⁹²라고 하고 그 밖에 자세하게 설한 것과 같다."⁴⁹³

問。此菩薩今在何耶。曉云。如大集言。佛告舍利弗。東方去此¹⁾八佛世界微塵數等佛土。有世界。名大莊嚴。彼土有佛。號一寶莊嚴。宣說無上大乘之寶。有一菩薩。名虛空藏。以大莊嚴。而自莊嚴。乃至廣說。

1) ㉢『大方等大集經』에 따르면 '此' 뒤에 '過'가 누락되었다.

경 세존이시여, 무엇이 보살마하살이 모든 여래의 법을 법대로 바르게 수행하는 것입니까?⁴⁹⁴

世尊。云何菩薩摩訶薩。於諸如來。如法正修行。

소 원효 법사가 말하였다. "'보살마하살菩薩摩訶薩'은 수행하는 사람이다. '모든 여래'라는 것은 관찰의 대상을 질문한 것이고, '법대로 수행하는 것'이라는 것은 닦아야 할 행을 질문한 것이다. 말하자면 시방삼세의 여래에 대해 어떤 부류의 몸을 연緣하여 (관찰하는 것이) 법대로 수행하는 것인지를 (질문한 것이다.)"⁴⁹⁵【『주금광명최승왕경』】

曉法師云。菩薩摩訶薩。謂能修人。於諸如來者。問所觀境。如法修行者。

---

492 『大方等大集經』 권14(T13, 93c). 단 '연설하신다'와 '허공장이라는 보살' 사이에 많은 글이 생략되었다.
493 『玄樞』(T56, 562b).
494 『合部金光明經』(T16, 362c). 『金光明最勝王經』(T16, 408b)에서 "세존이시여, 어떤 것이 보살마하살이 모든 여래의 매우 심오하고 비밀스러운 법에 대해 법대로 수행하는 것입니까?(世尊。云何菩薩摩訶薩。於諸如來。甚深祕密。如法修行。)"라고 한 것과 상응한다.
495 『註金光明最勝王經』(N4, 515b). 바로 앞의 『金光明最勝王經』 본문을 참조할 것.

問能修之人.[1] 謂於十方三世如來。緣何等身。如法修行.【註金光明最勝王經】

1) ㉠ '之人'은 '行'인 것 같다.

경 선남자여, 잘 들어라, 잘 들어라. 이것에 대해 잘 생각하라. 내가 그대들을 위해 분별하여 설명할 것이다. 선남자여, 모든 여래는 세 가지 몸을 지니고 있다. 보살마하살은 모두 알아야 한다. 어떤 것이 세 가지인가? 첫째는 화신化身이고, 둘째는 응신應身이며, 셋째는 법신法身이다. 이와 같은 세 가지 몸은 아뇩다라삼먁삼보리阿耨多羅三藐三菩提[496]를 섭수하고 있다.[497]

善男子。諦聽諦聽。善思念之。吾當爲汝。分別解說。善男子。菩薩摩訶薩.[1] 一切如來。有三種身。菩薩摩訶薩。皆應當知。何者爲三。一者化身。二者應身。三者法身。如是三身。攝受阿耨多羅三藐三菩提。

1) ㉠『大正藏』 미주에 따르면 '菩薩摩訶薩'은 연자일 수도 있다.

소 원효가 말하였다. "화신은 또한 응신이라고도 하고, 응신은 또한 보신報身이라고도 하며, 법신은 또한 자성신自性身이라고도 한다."[498]

曉云。化身亦名應身。應身亦名報身。法身亦名自性身。

소 원효가 말하였다.
"세 가지 몸을 세우는 것에는 세 가지 뜻이 있다.
첫째는 세 가지 도리에 의거하여 세 가지 몸을 세운다. (세 가지 도리

---

496 아뇩다라삼먁삼보리阿耨多羅三藐三菩提 : ⓢ anuttara-samyak-saṃbodhi의 음역어. '아뇩다라'는 무상無上이라 의역하고, '삼먁삼보리'는 정등각正等覺이라 의역한다. 곧 부처님께서 깨달은 지혜를 일컫는 말이다.
497 『合部金光明經』(T16, 362c).
498 『玄樞』(T56, 564c).

• 163

란) 매우 심오한 도리(甚深道理)와 넓고 큰 도리(廣大道理)와 온갖 덕을 갖춘 도리(萬德道理)이다. 차례대로 법신·응신·화신을 세우는 근거가 된다. 내지 이 뜻은 『무상의경』에 나온다.[499]

둘째는 연緣이 같지 않은 것에 의거하여 세 가지 몸을 건립한다. 첫째는 차별연差別緣[500]이고, 둘째는 평등연平等緣[501]이며, 셋째는 이 두 가지 모두에게 소의연所依緣이 되는 것이다. 내지 이 뜻은 『대승기신론』에 나온다.[502]

셋째는 모양이 같지 않는 것에 의거하여 세 가지 몸을 세운다. 첫째는 여러 가지 모양이고, 둘째는 하나의 모양이며, 셋째는 그 근본이 되는 것

---

499 『無上依經』 권상(T16, 472c).

500 차별연差別緣 : 『大乘起信論』(T32, 578c)에서 "차별연이란 이 사람이 모든 부처님과 보살 등에 의하여 처음 보리심을 일으켜 비로소 불도를 구할 때로부터 부처님이 되기에 이르기까지, 그 가운데에서 혹은 부처님을 보기도 하고 혹은 생각하기도 하면서, 어떤 경우는 권속·부모·여러 친족이 되고 어떤 경우는 일하는 사람이 되며, 어떤 경우는 친한 벗이 되고 어떤 경우는 원수의 집안이 되며, 어떤 경우는 사섭법四攝法(보살이 중생을 섭수하여 친애하는 마음을 일으키게 하고 불도로 인도하여 깨달음을 얻게 하는 네 가지 방법. 보시에 의해 포섭하는 것·좋은 말에 의해 포섭하는 것·이익을 주는 행위에 의해 포섭하는 것·중생이 좋아하는 것과 싫어하는 것을 함께하는 모습을 보임으로써 포섭하는 것)을 일으키고 내지 일체의 한량없는 행위를 짓는 연緣이 되는 것이니, 이는 대비로 훈습하는 힘을 일으켜 중생이 선근을 증장하게 하여 혹은 보거나 혹은 들으면 이익을 얻을 수 있게 하기 때문이다.(差別緣者。此人。依於諸佛菩薩等。從初發意。始求道時。乃至得佛。於中。若見若念。或爲眷屬父母諸親。或爲給使。或爲知友。或爲怨家。或起四攝。乃至一切所作無量行緣。以起大悲熏習之力。能令衆生。增長善根。若見若聞。得利益故。)"라고 하였다.

501 평등연平等緣 : 『大乘起信論』(T32, 578c)에서 "평등연이란 일체의 모든 부처님과 보살이 일체의 중생을 도탈시키고자 하여 저절로 이들을 훈습하여 항상 버리지 않는 것이다. 이는 동체지력同體智力으로써 중생이 보고 듣는 것에 따라서 응하여 업용業用을 나타내는 것이다. 이른바 중생이 삼매에 의지해야 비로소 평등하게 모든 부처님을 볼 수 있기 때문이다.(平等緣者。一切諸佛菩薩。皆願度脫一切衆生。自然熏習。恒常不捨。以同體智力故。隨應見聞。而現作業。所謂衆生。依於三昧。乃得平等見諸佛故。)"라고 하였다.

502 『大乘起信論』(T32, 578c)에서는 차별연과 평등연만 말했다.(用熏習者。即是衆生外緣之力。如是外緣有無量義。略說二種。云何爲二。一者差別緣。二者平等緣。) 세 번째는 임의로 이 둘을 통합한 것으로 보인다.

으로 동일함과 다름을 떠난 모양이다. 내지 이 뜻은 이 품(「삼신분별품」)에 나온다.

첫 번째 문에서 세운 것과 같은 세 가지 몸의 경우는 여기에서 설한 화신을 섭수하지 않기 때문에 그 세 가지 몸은 보리를 섭수하지 않는다. 단지 보리가 세 가지 몸을 섭수한다고 설할 뿐이다. 이제 이 세 가지 몸은 보리의 공덕을 다 섭수하지 않음이 없다. 그러므로 '세 가지 몸은 보리(아뇩다라삼먁삼보리)를 섭수하고 있다.'라고 하였다." 자세한 것은 그곳에서 설한 것과 같다."[503]

曉云。建立三身。有三種義。一依三道理。建立三身。甚深道理。廣大道理。萬德道理。如次建立法應化身。乃至此義。出於無上依經。二依緣不同。建立三身。一差別緣。二平等緣。三與此二作所依緣。乃至此義。出於起信。三依相不同。建立三身。一多相。二一相。三其本離一異相。乃至此義。出於此品。若如初門。所立三身。不攝此中所說化身。故彼三身。不攝菩提。但說菩提。攝受三身。今此三身。菩提功德。無不盡攝。故言三身攝受菩提。廣如彼也。

경 무엇이 보살이 화신을 분명하게 아는 것인가? 선남자여, 여래는 과거세에 수행의 지위에 있을 때 모든 중생을 위해 여러 가지 법을 닦고 이 모든 수행법으로 수행이 원만해진다. 수행의 힘 때문에 자재함을 얻고 자재함의 힘 때문에 중생의 마음을 따라 중생의 행위를 따라 중생의 계界를 따라 여러 가지를 분명히 알아서 때를 기다리게 하지도 않고 때를 넘기게 하지도 않는다. 처소에 상응하고 때에 상응하며 행위에 상응하고 설법에 상응하여 여러 가지 모습을 나타낸다. 이것을 화신이라고 한다.[504]

---

[503] 『玄樞』(T56, 565a).

云何菩薩。了別化身。善男子。如來昔在。修行地中。爲一切衆生。修種種法。是諸修法。至修行滿。修行力故。而得自在。自在力故。隨衆生心。隨衆生行。隨衆生界。多種了別。不待時。不過時。處所相應。時相應。行相應。說法相應。現種種身。是名化身。

소 원효가 말하였다. "중생을 교화하기 위해 방편으로 이 몸을 나타내기 때문에 화신이라고 한다. 근기와 인연에 응하여 나타내기 때문에 또한 응신이라고도 한다. 일체의 장애를 떠나고 이치와 상응하기 때문에 응신이라고 한다. 온갖 실천행에 대한 보답으로 뛰어난 과보를 얻은 모습을 나타내니 또한 보신報身이라고도 한다. 모든 공덕법이 의지하는 체體이기 때문에 법신이라고 한다. 자체에 본래 끝까지 변화하지 않는 성질을 가지고 있으니 또한 자성신自性身이라고도 한다. 나머지의 여러 가지 이름은 일반적으로 설하는 것과 같다. 『범망경』과 『화엄경』 등에 따르면 석가신釋迦身이라고 한다. (이것은) 이승二乘 등이 볼 수 있는 몸이다. 이러한 것들의 이름과 뜻은 생각하고 견주어 보면 알 수 있을 것이다."[505]

曉云。爲化衆生。權現是身。故名化身。應機而現。亦名應身。離一切障。與理相應。故名應身。酬於萬行。現勝報相。亦名報身。諸功德法。所依之體。故名法身。自體本有。終無改變。亦名自性身。此餘諸名。如常說也。依梵網花嚴等。名釋迦身。二乘等所見身。此等名義。思准可知。

소 『십지경론』과 『법화경론』에서 보신報身[506]이라고 하였고 『금강반야

---

504 『合部金光明經』(T16, 362c).
505 『玄樞』(T56, 565a).
506 『十地經論』권3(T26, 138b);『法華經論』권하(T26, 9c). 단 『法華經論』에서는 보불여래報佛如來라고 하였다.

론』에서는 수락보불受樂報佛[507]이라고 하였으니 과보로서 인因에 대해 보답을 받은 것이다. 뜻이 원효가 해석한 것과 같다.[508]

十地論法花論。名報身。波若論云。受樂報佛。以果酬因。義如曉釋。

소 『양섭론梁攝論』[509]에서 "부처님께서 세상에 출현하시거나 세상에 출현하지 않으시거나 모두 저절로 얻는 것을 자성신自性身이라 한다."[510]라고 하였다. 뜻이 원효의 해석과 같다.[511]

梁攝論云。若佛出世若不出世。皆自然得。名自性身。意如曉也。

소 "신"이라는 것은 의지의 뜻이고, 근본의 뜻이고, 원인의 뜻이다. 의지라는 것은 법신에 의지하기 때문에 응신이 있고, 응신에 의지하기 때문에 화신이 있으며, 화신에 의지하기 때문에 출세간出世間의 선근과 공덕이 있는 것이다. 원인의 뜻이라는 것은 법신은 응신을 일으키고, 응신으로 인하여 화신을 일으키며, 화신으로 인하여 중생의 선근과 공덕과 지혜를 일으키는 것이다. 또한 도전道前(발심하기 이전)의 법신으로 인하여 십신十信[512]의 화신을 일으키고, 십신의 화신으로 인하여 십해十解[513] 등의 응신을 일

---

507 『金剛般若論』권상(T25, 785c).
508 『玄樞』(T56, 565b).
509 『양섭론梁攝論』: 양나라 때 진제眞諦가 한역한 세친世親이 지은 『攝大乘論釋』을 가리키는 말이다. 수나라·당나라 때의 한역본 및 무성無性이 지은 『攝大乘論釋』의 한역본과 구별하기 위해 달리 부르는 이름이다.
510 『攝大乘論釋』권13(T31, 249c). 취의요약한 것이다.
511 『玄樞』(T56, 565b).
512 십신十信 : 보살이 수행해야 할 52계위 중 제1위~제10위에 해당하는 계위를 가리키는 말이다.
513 십해十解 : 보살이 수행해야 할 52계위 중 제11위~제20위에 해당하는 계위. 십주十

으키며, 지전地前(십지 이전)의 응신으로 인하여 등지登地(초지 이상)의 법신을 일으키는 것이다. 근본의 뜻이라는 것은 법신이 근본이면 응신은 지말이고, 응신이 근본이면 화신은 지말이며, 화신이 근본이면 중생의 선근은 지말이라는 것이다.【원효는 바로 이것을 취하고 쌓여서 모인 것의 뜻을 덧붙였다. 앞에서 설한 것[514]과 같이 알아야 할 것이다.】[515]

> 身者。依義本義因義。依者。依法身故。有應身。依應身故。有化身。依化身故。有出世善根功德也。因義者。法身出應身。因應身[1]因應出化。因化身生衆生善根功德智慧。亦得因道前法身。生十信化身。因十信化。生十解等應身。因地前應身。生登地法身。本義者。法身爲本。應身爲末。應身爲本。化身爲末。化身爲本。衆生善根爲末也。【曉卽取之。加積聚義。如前應知。】
>
> 1) 영『玄樞』세주에 따르면 '因應身'은 연자일 수도 있다.

소 이것은 첫 번째 단락으로 화신을 밝힌 것인데 여기에 세 가지가 있다. 처음은 표방한 것이고, 둘째는 풀이한 것이며, 셋째는 맺은 것이다. (이것은) 처음에 해당한다. "보살"이라는 것은 배우는 사람을 표방한 것이다.【혜소가 말하였다. "두 가지를 질문한 것이다. 첫째는 어째서 보살인가이고, 둘째는 무엇을 분명히 아는 것이라고 하는가이다."[516]】 그와 같다면[517] (경의) 답변 중에, 어디에 이 "어째서 보살인가?"라는 질문에 대한 풀이가 있는 것인가? 그대가 지은 소(『금광명최승왕경소』)의 뒷부분에서도 도무지 이것에 대한 답변을 찾을 수 없다. 그러므로 여기에서는 바로 닦아야 할 법을 물었고 닦는 사

住라고도 한다.
514 앞의 집일문에서 "'삼'이라는 것은 숫자의 이름이다~'삼신분별품'이라고 한다."라고 한 것을 참조할 것.
515 『玄樞』(T56, 565c).
516 『金光明最勝王經疏』권2(T39, 211a).
517 앞의 세주에서 서술한 혜소의 입장을 가리킨다.

람에 대해서는 묻지 않았다는 것을 알 수 있다. 단지 먼저 총괄적으로 질문하는 가운데 이러한 뜻이 겸하여 있을 수는 있다. 그러므로 원효가 뒤에서 말하였다. "(경에서) '이와 같이 보는 것을 (성인의 견해라고 하고 이것을 진실로) 부처님을 보는 것이라고 한다.'[518] 등이라고 하였는데, 이 단락은 바로 무엇을 보살이 법을 증득하기 위해 바르게 수행하는 것이라고 하는 것인가라는 질문에 대해 답한 것이다. 그런데 이것은 겸하는 뜻이다."[519]

此初化身有三。一標二釋三結。初也。言菩薩者。標能學人。【沼云。二問。一云何菩薩。二云何了知】若爾。答中何在釋此云何菩薩之問耶。子疏下。都無答此。故知此中正問所修法。不問能修人。但可先總問中。兼在此意。故曉下云。如是見者。是名見佛等者。此段正答云何菩薩爲法正修行之問也。然此兼義。

소 원효 법사가 말하였다. "'여러 가지 법을 닦고'라는 것은 자신을 이롭게 하고 다른 사람을 이롭게 하기 위한 여러 가지 서원과 닦아야 할 행위이다."[520]『주금광명최승왕경』

曉法師云。修種種法者。自利利他。種種願行也。【註金光明最勝王經】

경 선남자여, 모든 부처님·여래께서는 모든 보살이 (정체지를) 통달하게 하기 위해서, 그것에 의해 (후득지를 얻어) 진제를 설할 수 있게 하기 위

---

518 『合部金光明經』 권1(T16, 364c).
519 『玄樞』(T56, 565c).
520 『註金光明最勝王經』(N4, 516b).

• 169

해서, (이승이) 생사와 열반이 한맛임을 통달하게 하기 위해서, 신견身見을 지닌 중생이 (열반의 무無를) 두려워하고 (생사의 유有를) 기뻐하기 때문에, 그들을 위하여 가없는 불법佛法을 지어 근본이 되어 주기 때문에, (법신인) 여래와 상응하는 여여如如와 여여지如如智와 (과거세에 일으킨) 서원의 힘 때문에, 이 몸이 삼십이상三十二相과 팔십종호八十種好[521]와 목 뒤에 둥근 광명을 온전하게 갖춘 모습을 나타낼 수 있는데 이것을 응신이라 한다.[522]

善男子。是諸佛如來。爲諸菩薩。得通達故。說於眞諦。爲通達生死涅槃一味故。身見衆生。怖畏歡喜故。爲無邊佛法。而作本故。如來相應。如如如如智願力故。是身得現具足三十二相八十種好項背圓光。是名應身。

소 원효 법사가 말하였다. "모든 보살이 정체지正體智[523]를 얻고 진여를 통달하게 하기 위한 것이기 때문에 '통달하게 하기 위해서'라고 했고, 보살로 하여금 후득지後得智[524]에 의지하여 통달한 진여를 설하게 하기 위한 것이기 때문에 '진제를 설할 수 있게 하기 위해서'라고 하였다."[525]『주금광명최승왕경』

---

521 삼십이상三十二相과 팔십종호八十種好 : 부처님과 보살이 몸에 갖추고 있는 특별한 모습을 가리키는 말. 팔십종호는 주로 은밀하여 보기 어려운 것, 곧 발의 복사뼈가 노출되지 않은 것, 목소리가 코끼리나 우레와 같은 것 등을 가리킨다. 삼십이상은 주로 밖으로 드러나 보기 쉬운 것, 곧 눈이 감청색인 것, 정수리가 보이지 않는 것 등을 가리킨다.
522 『合部金光明經』(T16, 362c).
523 정체지正體智 : 근본지根本智·무분별지無分別智 등이라고도 한다. 진여와 계합하여 객관과 주관의 차별이 없는 참된 지혜를 가리킨다.
524 후득지後得智 : 근본지根本智에서 인발引發하는 지혜. 의타기성依他起性이 허깨비와 같은 것임을 통달하는 지혜로 능분별能分別과 소분별所分別의 작용이 있다. 이와 달리 근본지는 능분별도 없고 소분별도 없다.
525 『註金光明最勝王經』(N4, 518a).

曉法師云。爲諸菩薩。得正體智。通達眞如故。言爲得通達。爲令菩薩。依後得智。說如所達故。云說於眞諦。【註金光明最勝王經】

소 세 번째로 범부가 열반의 무無를 두려워하고 생사의 유有를 즐거워하는 것을 교화하기 위한 것임을 밝혔다.[526] 부처님께서 이제 열반의 진실을 즐거워하고 생사의 허망함을 두려워하게 하기 위해서 응신을 나타내 보였다.【원효와 경흥이 바로 따랐다.】[527]

第三明爲化凡夫。怖畏涅槃之無。喜樂生死之有。佛今爲令喜樂涅槃之眞實。怖畏生死之虛妄。故現應身。【曉興卽依。】

소 "여래와 상응하여"라는 것은 응신인 여래의 가없는 불법이 법신의 근본과 상응한다는 것이다.【원효와 경흥이 이것을 따랐다.】[528]

如來相應者。應身如來。無邊佛法。與法身之本相應也。【曉興依之。】

소 원효가 말하였다. "처음에 '여여如如와 여여지如如智'라고 한 것은 여래가 의지하는 성득性得[529]의 해탈解脫과 반야般若를 제시한 것이다. 체는 '여여如如'이고 닦아서 얻는 것이 아닌 것을 '여여지'라고 한다. 진제삼장이 이러한 설을 지었다. 다른 논사는 설하기를 '닦아서 얻는 지혜'라고 했지만 글의 뜻에 근접하지 않기 때문에 앞의 설을 서술하였다. '서원의

---

526 "신견身見을~기뻐하기 때문에"라는 구절에 대한 설명이다.
527 『玄樞』(T56, 566b).
528 『玄樞』(T56, 566b).
529 성득性得 : 무시이래로 자성自性으로 본래 갖추고 있는 것. 생득生得이라고도 한다. 상대어는 수득修得으로 수행에 의해 얻어지는 후천적 능력을 가리킨다.

힘'이라고 한 것은 법신에 의지하여 일으킨 서원의 힘이다. 다음에 '때문에(故)'라고 한 것은 근본인 법신의 진여眞如와 진지眞智에 의지하고 다시 과거에 일으킨 큰 서원의 힘에 의지하니, 이 두 가지 근본에 의지하기 때문에 이 몸을 나타낸 것을 밝히려고 한 것이다."[530]

曉云。初言如如如智者。是擧如來所依性得解脫[1]若。體是如如。非所修得。名如如智。眞諦三藏。作如是說。有餘師說。是修生智。而不近文意故。述先說也。言願力者。是依法身所起願力。次言故者。欲明依本法身眞如眞智。復依昔起大願之力。依此二本。故現是身。[2]

1) ㉠『玄樞』 미주에 따르면 '脫' 뒤에 '般'이 누락되었을 수도 있다. 2) ㉠ 이것은 집일문 전체가 세주이다.

소 이것[531]은 두 번째로 상相과 호好[532]를 나타낸 것이다. 상과 호, 지혜는 응신의 포괄적인 뜻이다. 구별하는 관점에서 논하면 지혜는 응신이고 색은 화신이다. 원효가 이것을 따랐기 때문에 말하였다. "『범망경』에서 설한 세 가지 부처님[533]은 포괄적인 뜻에서 응신에 섭수된다. 법으로 정각의

---

530 『玄樞』(T56, 566c).
531 "삼십이상" 이하를 가리킨다.
532 상相과 호好 : 부처님과 보살이 몸에 갖추고 있는 특별한 모습을 가리키는 말. 주석 521에서 삼십이상과 팔십종호를 설명한 것을 참조할 것.
533 『梵網經』(T24, 997c)에서 "나는 이미 백 아승기겁 동안 심지心地를 닦고 이것으로 인하여 비로소 범부를 버리고 등정각을 이루어 노사나라는 이름을 얻고 연화대장세계蓮花臺藏世界海에 머물게 되었다. 그 대는 둘레에 천 갈래의 잎이 있는데, 한 잎은 하나의 세계여서 모두 천 개의 세계가 된다. 나는 화현하여 천 명의 석가가 되어 천 개의 세계에 의거한다. 그러한 뒤에 한 잎에 형성된 세계에 나아가서 다시 백억 개의 수미산과 백억 개의 일월과 백억 개의 사천하와 백억 개의 남염부제와 백억 명의 보살석가가 있는데, 백억 명의 보살석가는 백억 그루의 보리수 아래 앉아 각각 그대가 질문한 보리살타의 심지를 설하고 있다. 그 나머지 999장의 잎에 형성된 세계의 석가불이 각각 백억의 석가를 나타내는 것도 또한 다시 이와 같다. 천 장의 꽃잎의 부처님은 나의 화신이고, 천백억 명의 석가는 천 명의 석가의 화신이다. 나는 본원本原이니 노사나불이라 한다."라고 한 것을 가리킨다.

모습을 보였기 때문이다. 내지 팔상성도八相成道[534]를 나타낸 모습을 제시하였는데 화신이 나타내는 육도의 모습과 간별하기 위하여 예토穢土에서 가장 거친 모습을 제시하였으니 하물며 정토의 한량없는 상과 호를 나타내겠는가. 총괄적으로 말하자면 세 가지 대大[535]를 위한 것이기 때문에 불법의 근본이 되는 것과 상응할 수 있고, 여래의 내덕內德이 두 가지 근본에 의지하기 때문에 나타낸 상과 호가 외적인 모습을 온전히 갖춘다. 내덕과 외적인 모습이 화합한 것을 응신이라 한다."[536]

此第二現相好。相好智慧聞內。[1) 是應身之通義。若別論。智是應身。色是化身。曉依故云。梵網說三重佛。通攝應身。以法示現正覺相故。乃至是擧八相成道所現之相。爲簡化身六道之相故。擧穢土最麤之相。況顯淨土無量相好。總而言之。爲三大故。能與佛法之本相應。如來內德。依二本故。所現相好。具足外相。內外和合。名爲應身。[2)

1) ㉲ '聞內'는 오식인 것 같다. 2) ㉲ 이것은 집일문 전체가 세주이다.

소 승장이 원효의 견해를 따져서 말하였다. "그 설에 따르면 여기에서 응신이라고 한 것은 보리수 아래에서 성도한 것을 취하면 타수용신他受用身[537]이 아니다. (그리고) 육도의 몸을 따라서 형체를 나타낸 것을 화신이

---

534 팔상성도八相成道 : 부처님께서 일생에 걸쳐 행한 화의化儀를 여덟 가지 모습으로 집약한 것. 첫째는 욕계의 정토인 도솔천에서 내려온 것(降兜率相)이고, 둘째는 마야 부인의 몸에 잉태된 것(託胎相)이며, 셋째는 룸비니 동산에서 탄생한 것(降生相)이고, 넷째는 성을 나와 출가한 것(出家相)이며, 다섯째는 마구니가 부처님을 유혹했으나 오히려 항복시킨 것(降魔相)이고, 여섯째는 불도佛道를 이룬 것(成道相)이며, 일곱째는 법륜을 굴린 것(說法相)이고, 여덟째는 열반에 드신 것(涅槃相)이다.
535 세 가지 대大 : 정확한 의미는 확인하기 어렵다. 단 『起信論』(T32, 575c)과 관련지어서 이해하면 체대·상대·용대를 가리키는 것일 수도 있다.
536 『玄樞』(T56, 566c).
537 타수용신他受用身 : 두 가지 수용신受用身 중 하나. 타자로 하여금 법락法樂을 향유하도록 하는 몸이라는 뜻. 부처님께서 평등지平等智로 말미암아 미묘하고 청정한 공

라고 한다. 이와 같다면 타수용신은 어느 몸에 섭수되는 것인가? 또 법신이 응신의 근본이 되는 것이라고 말하였는데 (그렇다면) 어떻게 응신에 관여하는 것인가? 또 저 본문에서 '위하여(爲)'라는 글자는 용도가 없어야 한다."538

> 莊徵曉云。若依彼說。此言應身者。取樹下成道。非他受用。隨形六道身。名化身。若爾他受用身。是何身攝。又言法身與應身本者。何關應身。又彼爲字。應成無用。

소 원효 스님(曉公)이 말하였다. "(경의 본문에서) '(이승이 생사와 열반이) 한맛임을 이해하게 하고, (범부가 지닌) 신견을 제거하기 위해서'라고 했으니, 이러한 글의 증거로 말미암아 (응신은 모두가 함께 보는 것이라고 할 수 있다.) 이 품은 응신이 외도와 이승 등을 통틀어서 교화함을 나타냈다."539

> 曉公云。爲解一味及除身見。由此文證。此品應身。通化外道及二乘等。

경 선남자여, 무엇이 보살마하살이 법신을 분명히 아는 것인가? 모든 번뇌 등의 장애를 소멸하여 없애고자 하고 모든 선법을 다 갖추고자 하기 때문에 오직 여여如如와 여여지如如智만 갖추었으니 이것을 법신이라고

덕을 지닌 몸을 현시하고 순수한 정토에 거주하면서 십지十地에 머무는 보살을 위해 대신통大神通을 현현하여 정법륜正法輪을 굴리는 것을 말한다. 또 다른 하나는 자수용신自受用身으로 스스로 법락을 향유하는 몸이라는 뜻이다. 부처님께서 한량없는 복덕과 지혜를 수습하여 가없는 진실한 공덕을 일으켜 항상 스스로 광대한 법락을 수용하는 것을 말한다.

538 『玄樞』(T56, 566c).
539 『玄樞』(T56, 567a).

한다.[540]

善男子。云何菩薩摩訶薩。了別法身。爲欲滅除一切諸煩惱等障。爲欲具足一切諸善法故。惟有如如如如智。是名法身。

소 원효가 말하였다.

曉云。

"'오직(唯)'[541]은 두 가지 뜻을 포함한다. 첫째는 제거하여 버린다는 뜻이고, 둘째는 단 하나라는 뜻이다.

제거하여 버린다는 뜻이라는 것은 여여경如如境을 떠나서 별도의 경계는 없기 때문이고 여여지如如智를 떠나 다른 지혜는 없기 때문이다. 단 하나라는 뜻이라는 것은 비록 경계라고 하면 지혜가 아니고 지혜도 또한 경계가 아니지만 경계는 지혜와 다르지 않고 지혜는 경계와 다르지 않아서 함께 한맛이다. 그러므로 '오직~갖추었다.'라고 하였다.

이와 같은 한맛은 없지 않은 곳이 없으니 '여여'라고 한다. 『정명경』에서 '모든 현자와 성자도 또한 여如이다.'[542] 등이라고 한 것과 같다. 그러므로 여여가 곧 지혜이니 '여여지'라고 한 것이다.

唯有含二義。一除遣義。二單獨義。除遣義者。離如如境。無別境故。離如如智。無異智故。單獨義者。雖境非智。亦[1)]非境。而境不異智。智不異境。

---

540 『合部金光明經』(T16, 363a).
541 오직(唯): 『金光明最勝王經』에서는 '唯'라고 했고, 『合部金光明經』에서는 '惟'라고 했는데, 뜻은 같다.
542 『維摩詰所說經』권상(T14, 542b).

同爲一味。故言唯有。如是一味。無所不無。故曰如如。如淨名言。衆賢聖亦如等。故如如卽智。名如如智。

1) ㊈『玄樞』미주에 따르면 '亦' 뒤에 '智'가 누락되었을 수 있다.

그런데 여기에서 '장애를 여읜 것'[543]은 지금 비로소 여의는 것은 아니니 본래부터 여여리如如理는 모든 염법染法과 상응하지 않기 때문이다. '모든 선을 갖춘 것'[544]도 또한 비로소 갖추는 것은 아니니 무시이래로 여여지如如智는 갠지스강의 모래알처럼 많은 본성으로서의 공덕과 상응하기 때문이다. 그러므로 이 이치와 지혜는 자성으로서 얻는 것이다. 본성으로서 얻는 법이 곧 법신이다. 이러하기 때문에 '이것을 법신이라고 한다.'라고 하였다.

然此離障。非今始離。從本以來。是如如理。與諸染法。不相應故。具一切善。亦非始具。無始以來。是如如智。恒沙性德。恒相應故。故此理智。是自性得。性得之法。卽是法身。以之故言是名法身。

『불성론』에서 '여래의 성품이라는 것은 본래 청정하기 때문에, 물들일 수 있는 객진客塵(번뇌)이라는 것은 자성이 공하기 때문에, (게송에서)「어떤 법도 훼손됨이 없다.」라고 하였다. (진여라는 것은 청정한 원인과 서로 떨어지지 않고) 갠지스강의 모래알보다 많은 것을 버리지 않는 지혜이고 사유할 수 없는 모든 부처님의 공덕과 항상 상응하기 때문에 (게송에서)「어떤 법도 증가함이 없다.」라고 하였다.'[545]라고 하였고, 또한『섭대승론석』에서 '[논] 이 가운데 자성신自性身이라는 것은 모든 여래의 법신이다.

---

543 『合部金光明經』에 따르면 "장애를 소멸하여 없애는 것"이다.
544 『合部金光明經』에 따르면 "모든 선법을 다 갖추는 것"이다.
545 『佛性論』 권4(T31, 812b).

[석] 이 세 가지 몸 가운데 자성을 법신으로 삼는다면 자성에는 두 가지가 있는데 결정코 어떤 자성을 법신으로 삼는 것인가? 일체의 장애를 소멸했기 때문에 일체의 백법白法(선법)을 원만하게 갖추었기 때문에 오직 진여와 진지眞智만 갖추어서 홀로 존재하는 것을 법신이라고 한다.'546라고 한 것과 같다.

이들 글을 증거로 삼아서 알 수 있다. 이 경에서 '여여지를 법신이라고 한다.'라고 한 것은 자성으로 얻는 것이고 사람의 공력으로 얻는 것은 아니다. 사람의 공력으로 얻는 것은 나머지 두 가지 몸에 속하기 때문이다."547

如佛性論云。如來性者。自淸淨故。能染容¹⁾者。自性。²⁾ 故言無一法可損。過恒沙數等不捨。³⁾ 不可思惟。諸佛功德。恒相應故。言無一法可增。又攝大乘云。此中自性⁴⁾者。是諸如來法身。釋曰。此三身中。若以自性爲法身。自性有二種。定以何自性爲法身。一切障滅故。一切白法圓滿故。唯有眞如及眞智獨存。說名法身。以此等文證知。此經說如如智爲法身者。是自性得。非人功得。人功得者。屬餘二身故。⁵⁾

1) ㉠『佛性論』에 따르면 '容'은 '客塵'이다. 2) ㉠『佛性論』에 따르면 '性' 뒤에 '空'이 누락되었다. 3) ㉠『佛性論』에 따르면 '捨' 뒤에 '智'가 누락되었다. 4) ㉠『攝大乘論釋』에 따르면 '性' 뒤에 '身'이 누락되었다. 5) ㉠ 이것은 집일문 전체가 세주이다.

[소] 원효가 말하였다. "육도에서 차별된 모습으로 나타내는 여러 가지 모습은 화신인 체이다. 하열한 몸이나 수승한 몸548으로 등각等覺의 모습을 나타낸 것은 여러 가지 내적으로 갖춘 덕과 아울러 응신인 체이다. 본

---

546 『攝大乘論釋』 권13(T31, 249c).
547 『玄樞』(T56, 567b).
548 하열한 몸이나 수승한 몸 : 열응신劣應身과 승응신勝應身을 가리킨다. 열응신은 십지 이전의 범부와 이승이 볼 수 있는 몸이고, 승응신은 십지 이상의 보살이 볼 수 있는 몸이다.

래 갖추어져 있어서 비록 지혜를 얻었더라도 본성으로서 얻은 것과 상응하여 장애를 여의고 원만함이 드러나는 것은 법신인 체이다."[549]

曉云。六道差別。所現諸相。爲化身體。若劣若勝。現等覺相。幷諸內德。爲應身體。本有雖智。性得相應。離障圓顯。爲法身體。[1)]

1) ㉥ 이것은 집일문 전체가 세주이다.

경 앞의 두 가지 몸[550]은 가명인 유有이고 이 세 번째 몸[551]은 진실한 유有이니 앞의 두 가지 몸을 위해 근본이 되기 때문이다. 무엇 때문인가? 법여여法如如를 여의고 무분별지無分別智를 여의고서는 일체의 모든 부처님에게 다른 법은 있지 않다. 무엇 때문인가? 일체의 모든 부처님은 지혜를 원만하게 갖추었기 때문에, 모든 번뇌를 끝까지 소멸하여 다했기 때문에, 청정한 부처님의 지위를 얻었기 때문이다. 그러므로 법여여와 여여지는 일체의 불법을 섭수하기 때문이다.[552]

前二種身。是假名有。是第三身。名爲眞有。爲前二身。而作本故。何以故。離法如如。離無分別智。一切諸佛。無有別法。何以故。一切諸佛。智慧具足故。一切煩惱。究竟滅盡故。得淸淨佛地故。是故法如如如智。攝一切佛法故。

소 원효 법사가 말하였다. "법신의 작용에 의해 응신과 화신이 이루어진다. 응신과 화신의 작용은 법신을 떠나지 않으니 체가 작용을 포섭할

---

549 『玄樞』(T56, 567c).
550 앞의 두 가지 몸 : 화신과 응신을 가리킨다.
551 이 세 번째 몸 : 법신을 가리킨다.
552 『合部金光明經』(T16, 363a).

수 있기 때문이다. (법신에 갖추어져 있는) 법여여法如如(如如)와 여여지如如智[553]는 모든 불법을 섭수한다. 그러므로 오직 법신만을 진실한 존재라고 설한다."[554]【『주금광명최승왕경』】

曉法師云。法身之用。爲應化。應化之用。不離法身。體能攝用故。如如如如智。攝一切佛法。是故唯說法身。以爲眞有。【註金光明最勝王經】

🔲 "지혜를 원만하게 갖추었기 (때문이고)"라는 것은 여여지이다.【원효와 경흥이 바로 취하고 덧붙여서 "어떤 덕도 원만하게 갖추지 않음이 없는 것이다."라고 하였다.】[555]

智慧具足如如智。【曉興卽取。加云。無德不圓。】

🔲 "청정한 부처님의 지위를 얻었기 때문이다."라는 것은 앞의 두 가지 뜻을 갖추어서 비로소 부처님의 지위의 법신을 얻는 것이다.【원효와 경흥이 이것을 따랐다.】[556]

得淸淨佛地者。具上二義。方得佛地法身也。【曉興依之。】

📄 또 선남자여, 모든 부처님은 자신과 남을 이익 되게 하여 구경에 이른다. 자신을 이익 되게 하는 것은 법여여이고 남을 이익 되게 하는 것은

---
553 법여여法如如(如如)와 여여지如如智 : 『合部金光明經』 권1(T16, 363a)에서 "자신의 이익을 이루는 것은 법여여이고, 다른 사람의 이익을 이루는 것은 여여지이다."라고 하였다.
554 『註金光明最勝王經』(N4, 521a).
555 『玄樞』(T56, 568b).
556 『玄樞』(T56, 568b).

여여지이다. 자신과 남을 이익 되게 하는 일에 자재함을 얻어 여러 가지 가 없는 작용을 이룬다. 그러므로 한량없고 가없는 여러 가지의 불법을 분별한다. 선남자여, 비유하면 마치 이치에 어긋나는 생각에 의해 사유하여 여러 가지 번뇌를 설하고 여러 가지 업을 설하며 여러 가지 과보를 설하는 것처럼, 이와 같은 법여여와 여여지에 의지하여 여러 가지 불법을 설하고 여러 가지 연각법을 설하며 여러 가지 성문법을 설한다.[557]

復次善男子。一切諸佛。利益自他。至於究竟。自利益者。是法如如。利益他者。是如如智。於自他利益處。而得自在。種種無邊用故。是故分別佛法無量無邊種種故。善男子。譬如依妄想思惟。說種種煩惱。說種種業。說種種果報。依如是法如如如如智。說種種佛法。說種種緣覺法。說種種聲聞法。

소 첫 번째 단락에 세 가지가 있다.[558] 첫째는 법이고, 둘째는 비유이며, 셋째는 비유를 법에 적용한 것이다.【원효와 경흥이 이것을 취하였다.】[559]

初有三。一法。二譬。三合。【曉興取之。】

소 처음에 또한 세 가지가 있다. 첫째는 표방한 것이고, 둘째는 풀이한

---

557 『合部金光明經』(T16, 363a).
558 『玄樞』에서 앞에 인용된 경의 문장에서 비롯된 뒤의 일부 문장을 세 단락으로 나누었다. 첫째는 법신의 자리이타의 작용을 밝힌 것이고, 둘째는 중생의 의심을 일으켜 보인 것이며, 셋째는 부처님께서 풀이하여 답한 것이다. 여기에서 앞에 인용한 경의 문장은 첫 번째 단락에 해당하는 부분이다. 여기에서 이를 다시 셋으로 나눈 것을 구체적으로 보면, 첫째로 "또 선남자여~여러 가지의 불법을 분별한다."는 법이고, 둘째로 "선남자여, 비유하면~과보를 설하는 것처럼"은 비유이며, 셋째로 "이와 같은 법여여와~성문법을 설한다."는 비유를 법에 적용한 것이다.
559 『玄樞』(T56, 568b).

것이며, 셋째는 맺은 것이다.[560][원효와 승장과 혜소[561]와 경흥이 모두 이것을 취하였다.][562]

初又三。一標。二釋。三結。【曉莊沼興。皆取此也。】

소 원효가 말하였다. "그런데 이 두 가지 이익[563]에 대한 풀이는 여러 글이 같지 않다. 『무상의경』·『보성론寶性論』 등에서 설한 것에 따르면 법신은 자리이고 다른 두 몸은 이타이다.[564] 『대승장엄경론大乘莊嚴經論』·『대법론』 등에서는 수용신受用身은 자리이고 변화신變化身은 이타이며 법신은 (두 가지 몸의) 근본이 되는 것이라고 하였으니[565] 곧 두 가지 이익을 모두 갖추고 있다고 한 것이다. 지금 이 품의 뜻은, 법신은 두 가지 이익의 근본인 체이고 다른 두 몸은 그 지말의 작용이라는 것을 밝히는 것에 있다."[566]

曉云。然此二利。諸文不同。若依無上依寶性論等說。法身是自利。餘二身爲利他。大莊嚴論對法論等。受用身是自利。變化身爲利他。法身爲本。卽具二利。今此品意。明法身是二利本體。餘二身是其末用故。

---

560 법에 해당하는 것에 세 가지가 있다는 말이다. 『玄樞』에서 서술한 것을 참조하여 해당 문장을 밝히면 다음과 같다. 첫째, "또 선남자여~구경에 이른다."는 표방한 것이고, 둘째, "자신을 이익 되게~여여지이다."는 풀이한 것이며, 셋째, "자신과 남을 이익 되게~여러 가지의 불법을 분별한다."는 맺은 것이다.
561 『金光明最勝王經疏』 권2(T39, 214c).
562 『玄樞』(T56, 568b).
563 두 가지 이익 : 본문에서 "자신과 남을 이익 되게 하여"라고 한 것을 말한다.
564 『無上依經』 권상(T16, 472c); 『寶性論』(T31, 823b).
565 『大乘莊嚴經論』 권3(T31, 606b). 단 법신은 자성신自性身이라고 하였고, 수용신은 식신食身이라고도 하였다. 『大乘阿毘達磨雜集論』 권1(T31, 694c).
566 『玄樞』(T56, 568c).

소 問 법신은 일(事)을 끊은 것인데 어째서 가없는 작용이 있다고 말하는 것인가?

問。法身絶事。何以言有無邊用耶。

답 원효가 말하였다.

答。曉云。

"바로 법신의 자재한 작용이다. 『섭대승론』「지차별승상智差別勝相」에서 '이 법신은 몇 가지 자재를 갖추었는가? 간략하게 설하면 다섯 가지 자재를 갖추었다. 첫째는 정토에서 자신의 상과 호에 의해 가없는 음성과 정수리를 볼 수 없는 모습을 나타내 보이는 것이 자재한 것이다. 색음色陰의 의처를 전환시켰기 때문이다. 둘째는 누실漏失(번뇌에 의해 물드는 것)이 없고 한량없는 큰 안락에 머무는 것이 자재한 것이다. 수음受陰의 의처를 전환시켰기 때문이다. 셋째는 일체의 명자名字(모든 법의 명자)와 문구文句(모든 언어에 의한 가르침의 문구)의 모임 등을 온전히 갖추어서 바르게 설하는 것이 자재한 것이다. 상相의 차별에 집착하는 성질을 가진 상음想陰의 의처를 전환시켰기 때문이다. 넷째는 변화하고 바꾸어서 큰 법회에 모인 중생을 인도하고 섭수하며 백정품白淨品(유루선有漏善과 무루선無漏善)을 견인하여 생겨나게 하는 것이 자재한 것이다. 식음識陰의 의처를 전환시켰기 때문이다.'[567]라고 한 것과 같다.【승장과 경흥이 이것을 취하였다. 경흥은 (『섭대승론본』에서 설한) 다섯 번째의 뜻을 더하여 말하기를 '대원경지大圓鏡智와 평등성지平等性智와 묘관찰지妙觀察智와 성소작지成所作智[568]가 자재한 것이니 식온識蘊의 의처를 전환시

---

[567] 『攝大乘論』 권3(T31, 130a).

컸기 때문이다.'^569라고 하였다.^570〕 이 가운데 총괄적으로 요약하여 그 다섯 가지를 설하였다.

卽是法身自在之用。如攝大乘智差別云。此法身。在^1)幾自在。若略說。有五自在。一淨土顯示。自身相好。無邊言^2)音。不可見。^3) 自在。由轉色陰依故。二無失無量。大安樂位。^4) 自在。由轉受陰依故。三具足一切名字文句聚等中正說。自在。由轉想陰執相差別依故。四變化改易。引攝大集。牽白淨法。^5) 自在。由轉識陰依故。【莊興取之。興加第五義云。圓鏡平等。觀察成所作智。自在。由轉蘊^6)依故。】此中總略。說其五種。

1) ㉥『攝大乘論』에 따르면 '在'는 '有'이다. 2) ㉥『攝大乘論』에 따르면 '言'은 연자이다. 3) ㉥『攝大乘論』에 따르면 '見' 뒤에 '頂'이 누락되었다. 4) ㉥『攝大乘論』에 따르면 '位'는 '住'이다. 5) ㉥『攝大乘論』에 따르면 '法'은 '品'이다. 6) ㉥『攝大乘論本』에 따르면 '蘊' 앞에 '識'이 누락되었다.

568 대원경지大圓鏡智와 평등성지平等性智와 묘관찰지妙觀察智와 성소작지成所作智 : 불과佛果를 증득함으로써 얻는 네 가지 지혜. 첫째, 대원경지란 거울과 같은 지혜이다. 아뢰야식 안에서 모든 오염이 제거되어 마음이 깨끗하게 닦인 거울처럼 된 상태이다. 따라서 사물을 주체와 객체가 분화되지 않은 상태에서 있는 그대로 인식한다. 둘째, 평등성지란 평등한 본성을 보는 지혜이다. 말나식에서 근원적인 자아의식의 작용이 없어져서 자신과 타인이 평등하다고 보는 지혜이다. 이로써 대자비를 일으켜 중생을 구제하는 활동에 나아간다. 셋째, 묘관찰지는 관찰하는 지혜이다. 의식의 개별적이고 개념적인 인식상태가 변화하여 모든 사물의 자상自相과 공상共相을 있는 그대로 관찰한다. 설법하여 중생을 구제한다. 넷째, 성소작지란 해야 할 일을 해서 마치는 지혜이다. 안식 내지 신식身識의 감각작용의 상태가 변화한다. 중생을 구제하기 위해 여러 장소에서 온갖 형태의 변화한 몸을 나타낸다.
569 현장玄奘 역,『攝大乘論本』권3(T31, 149c).
570 세주에서 경흥의 설로 다섯 번째를 서술하였기 때문에 원효의 설에서 다섯 번째를 생략한 것으로 보인다. 그런데 양자는 그 대본이 다르다. 곧 경흥은 현장의 한역본이고, 원효는 진제의 한역본이다. 진제의『攝大乘論』에서는 "다섯째는 현료지와 평등지와 회관지와 작사지가 자재하니 식음의 의처를 전환시켰기 때문이다.(五顯了平等迴觀作事智自在。由轉識陰依故。"라고 하였다. 또한 본 논의 해석과 특정 단어의 해석(괄호를 통해서 밝힌 것)은 본 논에 대한 세친世親의 해석본인『攝大乘論釋』에 의거한 것임을 밝혀 둔다.

낱낱이 각각 여러 가지 형태로 자재함의 차별이 있기 때문에 '여러 가지'라고 하였다. 이와 같은 낱낱의 법신을 분량으로 삼아 시방세계에 두루 존재하고 삼세에 걸쳐서 두루 존재하기 때문에 '가없는'이라고 하였다."[571] [572]

於一一中。各有衆多。自在差別。故言種種。如是一一法身爲量。周十方界。遍三世際。故言無邊。

소 이치에 어긋나는 생각이 근본이 되는 것은 법신과 같고, 이치에 어긋나는 생각으로 말미암아 번뇌가 있는 것은 응신과 같으며, 번뇌로 말미암아 업이 있는 것은 화신과 같다.[원효와 승장과 혜소[573]와 경흥 대덕이 모두 이것을 취하였다.][574]

---

571 이것은 경에서 "자신과 남을 이익 되게 하는 일에 자재함을 얻어 여러 가지 가없는 작용을 이루기 때문에"라고 한 것에 대한 주석이다.
572 『玄樞』(T56, 568c).
573 『金光明最勝王經疏』 권2(T39, 215b)에서 "'이치에 어긋나는 생각에 의한 사유'는 여여지如如智가 저절로 남을 이롭게 하려는 생각을 일으킬 수 있는 것을 비유한 것이다. 『法華經』 등에서 '3·7일 동안 이와 같은 일을 생각했다.'라고 한 것과 같다. '이치에 어긋나는 생각'이라는 것은 진실로는 생각하지 않는 가운데 거짓으로 생각을 일으키는 것이기 때문이다. '여러 가지 번뇌를 설하는 것'은 화신이 이승을 위해 여러 가지 번뇌를 설하는 것을 비유한 것이다. '여러 가지 업을 설하는 것'은 응신을 일으켜서 보살을 위해 여러 가지 업을 설하는 것을 비유한 것이다. '여러 가지 과보를 설하는 것'은 다른 사람으로 하여금 이미 법을 듣고 나서 세간과 출세간의 과보를 얻게 하는 것을 비유한 것이다. 혹은 이것은 세 가지 장애를 끊는 것을 설하기 때문에 세 가지 몸을 성취하는 것을 비유한 것이다. 여러 가지 번뇌를 설하여 응신을 얻게 하고, 여러 가지 업을 설하여 화신을 얻게 하며, 여러 가지 과보를 설하여 법신을 얻게 한다.(妄想思惟。喩如如智。任運能起。利他之思。如法華經等云。於三七日中。思惟如是事。言妄想者。喩實不思。假起思故。說種種煩惱。喩化身。爲二乘。說種種煩惱。種種業者。喩起應身。爲菩薩。說種種業。種種果報者。喩令他人。旣聞法已。得世出世果。或此喩說斷三障故。成就三身。說種種煩惱。令得應身。說種種業。令得化身。說種種報。令得法身。)"라고 하였다.
574 『玄樞』(T56, 569a).

妄想爲本。如法身。由妄想有煩惱。如應身。由煩惱有業。如化身。【曉莊沼興影。¹⁾ 皆取之。】

1) ㉠ '影'은 '德'인 것 같다.

경 법여여法如如에 의지하고 여여지如如智에 의지하여 모든 부처님의 법을 자재하게 성취하니 이것은 가장 생각하고 의론할 수 없는 일이다. 비유하면 허공에 그림을 그려 장엄구를 만들어 내는 것도 또한 생각하고 의론하기 어려운 것과 같다. 이와 같이 법여여와 여여지에 의해 불법을 섭수하고 성취하는 것도 또한 생각하고 의론하기 어려운 것이다.[575][576]

依法如如。依如如智。一切佛法。得自在成就。是爲第一不可思議。譬如畫空。作莊嚴具。亦難思議。如是於法如如如智。攝成佛法。亦難思議。

소 원효 스님이 말하였다. "이것은 의심스러운 생각을 진술한 것이다. (법신에서 응신과 화신이 나오는 것은) 비유하면 허공에 그림을 그려서 장엄구를 만들어 내는 것과 같은데, 이와 같은 이치는 없기 때문에 생각하고 의론하기 어려운 것이다. 법신은 허공과 같아서 모습이 없고 분별할 수도 없으며, 응신과 화신은 장엄구와 같아서 모습도 있고 차별도 있다. 이러한 비유로 법신을 의심하는 것이다."[577]『주금광명최승왕경』

曉師云。此陳疑意。譬如畫空。作莊嚴具。無如是義。故難思議。法身如虛空。無相無分別。應化如嚴具。有相有差別。以是喩疑於法身也。【註金光明

---

575 『玄樞』의 분과에 따르면 여기는 중생의 의심을 밝힌 부분이다. 뒤의 주석에 따르면 원효도 또한 그런 맥락으로 풀었다. 따라서 의문을 일으키는 형식으로 풀이하였다.
576 『合部金光明經』(T16, 363a).
577 『註金光明最勝王經』(N4, 523b).

最勝王經】

소 원효가 말하였다. "처음에 '허공장'이라고 한 것[578]은 기연을 포착하는 말이다."【경흥은 뜻을 서술하여 말하기를 "구역경전에 준하면 허공장의 말이 있는 것도 있고 없는 것도 있는데 있는 것이 뛰어나다. 이 사람이 당시 집회에 모인 대중의 의심을 펼쳤기 때문이다."라고 하였다.[579]】[580]

曉云。初言虛空藏者。扣機之辭。【興述意云。准舊經本。虛空藏言。或有或無。有者應勝。此人申時衆之疑故。】

소 원효가 말하였다. "법신은 허공과 같으니 모양도 없고 분별할 수도 없다. 응신과 화신은 장엄구와 같으니 모양도 있고 분별할 수도 있다."[581]

曉云。法身如虛空。無相無分別。應化如嚴具。有相有分別。[1)]

1) ㉥ 이것은 집일문 전체가 세주이다.

경 선남자여, 어떻게 분별이 없는 법여여와 여여지의 두 가지가 자재한 사업을 성취할 수 있는가?[582]

---

578 『合部金光明經』「第三三身分別品」의 첫머리에서 허공장보살이 나오는 것을 가리킨다. 이 주석은 앞에 들어가야 할 것 같은데, 지금은 『玄樞』의 순서를 그대로 따라서 여기에 배열하였다.
579 경흥의 입장에서 구역경전이란 『金光明經』과 『合部金光明經』을 가리키는데, 전자에는 「三身分別品」이 없어서 허공장보살이 나오지 않고, 후자는 「三身分別品」에 허공장보살이 나오고 있는 것을 말하는 것이다.
580 『玄樞』(T56, 569a).
581 『玄樞』(T56, 569b).
582 『合部金光明經』(T16, 363a).

善男子。云何法如如如如智二種無分別。而得自在事。

소 세 번째로 부처님께서 답한 것인데 여기에 두 가지가 있다. 첫째는 앞에서 의문을 일으킨 일을 다시 제시하였고, 둘째는 바로 해석하였다.【원효와 승장과 혜소[583]와 경흥이 모두 이것을 취하였다.】 이것은 처음에 해당한다.[584]

第三佛答有二。一還牒上疑事。二正解釋。【曉莊沼興。皆取之。】初也。

경 선남자여, 비유하면 여래는 이미 반열반하였지만 서원이 자재하기 때문에 여러 가지 사업이 다하지 않은 것처럼, 이와 같이 법여여와 여여지는 자재한 사업을 일으킬 수 있다. 또 보살마하살은 무심정無心定[585]에 들어가지만 전에 일으킨 서원의 힘에 의지하여 선정에서 일어나 사업을 일으키는 것처럼, 이와 같이 두 가지 법은 분별이 있지 않지만 자재한 사업을 일으킬 수 있기 때문이다.

선남자여, 비유하면 해와 달은 분별이 있지 않고 물의 표면도 분별이 있지 않으며 광명도 또한 분별이 없지만, 세 가지가 화합하기 때문에 그림자가 생기는 것과 같다. 이와 같이 법여여와 여여지도 또한 분별이 없지만 서원이 자재하기 때문에 중생이 감응하는 일이 있기 때문에 응신과 화신을 나타내니 마치 해와 달의 그림자가 화합에 의해 나타나는 것과 같다. 또 선남자여, 비유하면 한량없고 가없는 물의 표면은 광명에 의지하기 때문에

---

583 『金光明最勝王經疏』 권2(T39, 215c).
584 『玄樞』(T56, 569b).
585 무심정無心定 : 무상정無想定과 멸진정滅盡定을 가리키는 말. 이 두 선정에 들면 모든 심왕과 심소가 멸하므로 이와 같이 부른다. 첫째, 무상정은 외도가 무상천無想天의 과를 얻고자 하여 모든 심상心想을 소멸시키는 선정을 닦는 것이다. 둘째, 멸진정은 불환과不還果 이상의 성자가 육식六識의 심심·심소心所를 소멸시켜 일어나지 않게 하는 선정이다. 또한 멸수상정滅受想定이라고도 한다.

허공의 그림자가 여러 가지 다른 모습으로 나타날 수 있는 것과 같다. 허공이라는 것은 바로 모양이 없는 것이다.[586][587]

善男子。譬如如來。已般涅槃。願自在故。種種事未盡故。如是法如如如如智。而得自在事。復次菩薩摩訶薩。入無心定。依前願力。從禪定起事。如是二法。無有分別。得自在事故。善男子。譬如日月。無有分別。亦如水鏡。無有分別。光明。亦無分別。三種和合。故得有影。如是法如如如如智。亦無分別。以願自在故。衆生有感故。應化二身。如日月影。和合出生。復次善男子。譬如無量無邊水鏡。依於光故。空影得現種種異相。空者卽是無相。

■소■ 두 번째는 해석한 것인데 여기에 두 가지가 있다. 처음은 출세간의 일에 의한 비유를 제시한 것이다. 통틀어서 성인과 범부, 둔근鈍根과 이근利根의 두 부류의 사람을 위해 설한 것이다. 둘째는 세간의 일을 제시한 것이다. 별도로 범부와 둔근인 사람을 위해 설한 것이다.【원효와 승장과 혜소[588]와 경흥 대덕이 모두 이것을 취하였다.】[589]

第二釋有二。一擧出世事譬。通爲凡聖利鈍二人說。二擧世間事。別爲凡夫鈍根人說。【曉莊沼興卽[1]) 皆取之。】

1) ㉘ '卽'은 '德'인 것 같다.

---

[586] 『玄樞』에 따르면 이것은 세 번째로 부처님께서 답변한 부분을 다시 둘로 나눈 가운데 두 번째로 바로 해석한 것이다. 여기에 다시 두 가지가 있다. 첫 번째, 곧 "선남자여, 비유하면 여래는~자재한 사업을 일으킬 수 있기 때문이다."는 출세간의 일을 비유한 것이고 두 번째, 곧 "선남자여, 비유하면 해와 달은~곧 모양이 없는 것이다."는 세간의 일을 비유한 것이다.
[587] 『合部金光明經』(T16, 363a).
[588] 『金光明最勝王經疏』(T39, 216a).
[589] 『玄樞』(T56, 569b).

소 원효가 말하였다. "과거세에 수선다불須扇多佛[590]이 열반에 든 뒤에 화작한 부처님을 세워서 불사를 행하였는데[591] 본래의 부처님과 같았던 것과 같다. 서원의 힘이 훈습되어 오히려 따르고 쫓았기 때문이다."[592]

曉云。猶如過去。須扇多佛。入涅槃後。化事如本。願力熏習。猶隨逐故。[1)]

1) ㉭ 이것은 집일문 전체가 세주이다.

소 원효의 입장은 대체로 앞에서 열반에 든 일을 설명한 것에 준하여 알 수 있다.[593][594]

曉意。准前入涅槃事。[1)]

1) ㉭ 이것은 집일문 전체가 세주이다.

소 수隋의 사나굴다가 말하였다. "두 가지 해석이 있다. 첫 번째 해석은 바로 이것[595]이다. 나중의 해석에서 말하였다. '해와 달은 법신을 비유한 것이고, 「물」은 중생의 근기를 비유한 것이며, 「광명」은 과거의 서원(本願)을 비유한 것이다.'" 원효와 승장 및 경흥은 이 나중의 해석을 취하

---

590 수선다불須扇多佛 : '수선다'는 ⓢ Suyantu의 음역어로 수연두須延頭라고도 한다. 과거세에 열반에 드신 부처님의 명호. 의역어는 심정甚淨이다.
591 『大品般若經』 권21(T8, 374c)·권23(T8, 390c)에서 "과거세에 수선다불이 아뇩다라삼먁삼보리를 얻고 삼승三乘을 위해 법륜을 굴렸지만 보살의 수기를 얻을 만한 사람이 없었으므로, 부처님을 화작化作하여 대신 세상에 머물게 하고 난 후에 비로소 열반에 들었다. 이에 화작된 부처님이 반 겁 동안 온갖 불사佛事를 지었고, 반 겁이 지나자 어떤 보살에게 수기를 주고 나서 열반에 드는 모습을 나타냈다."라고 하였다.
592 『玄樞』(T56, 569b).
593 "또 보살마하살은 무심정無心定에~사업을 일으킬 수 있기 때문이다."라고 한 것과 관련된 것이다.
594 『玄樞』(T56, 569b).
595 이것 : 『玄樞』 바로 앞의 본문에서 해석한 것을 가리킨다. 원효의 입장과 무관하여 집어넣지 않았다.

• 189

였고, 혜소[596]는 두 가지를 모두 취하였다.[597]

隋有二釋。初卽是也。後云。日月譬法身。水譬衆生機。光明譬本願也。曉莊及興。取此後釋。沼卽雙取。[1)]

1) ㉭ 이것은 집일문 전체가 세주이다.

소 원효와 혜소[598]가 취하여 말하였다. "'여러 가지 다른 모습으로'라는 것은 응신과 화신이 나타내는 여러 모양의 차별을 비유한 것이다. '허공이라는 것은 바로 모양이 없는 것'이라는 것은 법신이 여러 가지 색의 형상이 없음을 비유한 것이다." 자세한 것은 그곳에서 설한 것과 같다.[599]

曉沼取云。種種異相者。喻應化身。諸相差別。空卽無相者。喻於法身。無諸色像。具如彼也。[1)]

1) ㉭ 이것은 집일문 전체가 세주이다.

경 선남자여, 이와 같이 교화를 받는 대중인 모든 제자들이 (보는 응신과 화신은) 법신의 그림자이다. 서원의 힘 때문에 두 가지 몸으로 응하여 여러 가지 모양을 나타내지만 법신의 자리에는 다른 모양이 있지 않다.

선남자여, 이 두 가지 몸에 의지하여 모든 부처님께서는 유여열반有餘涅槃[600]을 설하고, 법신에 의지할 경우에는 무여열반無餘涅槃[601]을 설한다.[602]

---

596 『金光明最勝王經疏』(T39, 216b).
597 『玄樞』(T56, 569b).
598 『金光明最勝王經疏』 권2(T39, 216b).
599 『玄樞』(T56, 569c).
600 유여열반有餘涅槃 : [S] sopadhi-śeṣa-nirvāṇṇa. 갖추어서 유여의열반有餘依涅槃이라고 한다. '의'는 의지하는 몸, 곧 사람의 몸을 가리킨다. 소승에서는 비록 일체의 생사의 원인인 번뇌를 끊어서 열반을 증득했다고 해도 과거세의 혹업惑業으로 인해 받은 과보로서의 몸은 존재하기 때문에 생사의 원인이 이미 끊어졌어도 생사의 과보가 다하

善男子。如是受化之衆。諸弟子等。是法身影。以願力故。應於二身。現種種相貌。於法身地。無有異相。善男子。依此二身。一切諸佛。說有餘涅槃。依法身者。說無餘涅槃。

소 원효 스님이 말하였다. "'열반'은 곧 청정한 법계이다. 이 응신과 화신에 의지하여 저 법계를 설하면 유여열반이라 한다. 남은 것이 있는 두 가지 몸은 열반과 다른 것이기 때문이다. 이 법신에 의지하여 저 법계를 설하면 무여열반이라 한다. 열반과 다른 별도의 남은 것이 있는 몸이 없기 때문이다.603【『주금광명최승왕경』】

曉師云。涅槃卽是淸淨法界。依此應化。說彼法界。名爲有餘涅槃。有餘二身。異涅槃故。依此法身。說其法界。名爲無餘涅槃。無別餘身異涅槃故。
【註金光明最勝王經】

소 원효가 말하였다. "열반의 체는 두 가지604도 없고 네 가지605도 없

기를 기다리는 상태에 도달한 것을 유여열반이라고 한다. 이것과 달리 이미 생사의 원인을 모두 끊어 없애고 또 생사의 과보로서의 몸도 없어서 회신멸지灰身滅智라는 구경의 열반의 경계에 도달한 것을 무여열반無餘涅槃이라고 한다. 대승불교에서는 부처님의 응신과 화신을 유여열반이라고 하고, 부처님의 법신을 무여열반이라고 한다. 이는 뒤에 나오는 원효의 해석과 일치한다.

601 무여열반無餘涅槃 : 무여의열반無餘依涅槃이라고도 한다. 일체의 번뇌를 끊고 의지처인 신체마저 모두 소멸한 것을 일컫는 말이다. 상대어는 유여열반有餘涅槃으로 일체의 번뇌를 끊었으나 아직 신체를 유지하고 있는 상태에 있는 것을 말한다. 앞의 주석 600을 참조할 것.
602 『合部金光明經』(T16, 363b).
603 『註金光明最勝王經』(N4, 526b).
604 두 가지 : 예를 들면 첫째는 유여열반이고 둘째는 무여열반이다.
605 네 가지 : 『攝大乘論釋』권13(T31, 247b)에 따르면 첫째는 본래청정열반本來淸淨涅槃이고, 둘째는 무주처열반無住處涅槃이며, 셋째는 유여열반이고, 넷째는 무여열반이다.

• 191

다. 전의轉依[606]에 의해 나타난 진여를 체로 삼는다. 단지 뜻에 의해 두 가지를 세우기도 하고 네 가지를 세우기도 하는 것이다."[607]

曉云。涅槃之體。無二無四。轉依所顯。眞如爲體。但依義立二立四。[1)]

1) ㉠ 이것은 집일문 전체가 세주이다.

소 원효가 말하였다. "성정열반性淨涅槃[608]은 또한 동상열반同相涅槃[609]이라고도 한다. 곧 이것은 여여如如하여 범부와 성자가 한맛이기 때문에 또한 동상열반이라고도 한다. 방편괴열반方便壞涅槃[610]은 범부·소승이 함께하지 않는 것이기 때문에 부동상열반不同相涅槃[611]이라고 한다. 『십지경론』에서 설한 것[612]과 같다."[613]

606 전의轉依 : 주석 471을 참조할 것.
607 『玄樞』(T56, 569c).
608 성정열반性淨涅槃 : 수행에 의지하지 않고 본래 갖추고 있는 자성이 청정한 열반을 가리킨다. 『涅槃宗要』(T38, 243a)에서 "진여인 법성은 본래 물드는 일이 없기 때문에 '성정열반'이라고 한다. 또한 본래청정열반本來淸淨涅槃이라고도 한다. 곧 여여한 이치는 범부와 성인이 한맛이니 그러므로 또한 동상열반이라고도 한다.(眞如法性。本來無染。故曰性淨。亦名本來淸淨涅槃。卽如如理凡聖一味。是故亦名同相涅槃。)"라고 한 것을 참조할 것.
609 동상열반同相涅槃 : 범부와 성자가 함께하는 열반을 가리키는 말이다. 진여의 법성이 본래 오염이 없어서 본래 청정한 경지인 것과 관련된 것이다.
610 방편괴열반方便壞涅槃 : 지혜에 의해 모든 인연을 무너뜨리는 것을 나타낸 말이다. 부동상열반과 같은 말이다. 『涅槃宗要』(T38, 243a)에서 "'방편괴열반'이라는 것은 지혜와 자비가 뛰어나고 교묘하여 두 가지 극단에 대한 집착을 무너뜨리고 이러한 전의로 말미암아 진여가 현현하니 원인으로부터 이름을 세워서 방편괴열반이라고 한다. 두 가지 집착을 전의함으로 말미암아 두 가지 극단에 머물지 않기 때문에 또한 무주처열반無住處涅槃이라고도 한다.(方便壞者。智悲善巧。壞二邊著。由是轉依。眞如顯現。從因立名。名方便壞。由轉二著。不住二邊。故亦名無住處涅槃。)"라고 한 것을 참조할 것.
611 부동상열반不同相涅槃 : 범부와 함께하지 않는 열반으로 방편괴열반과 관련된 것이다.
612 『十地經論』 권2(T26, 133b)에서 "'정'이란 동상열반을 이루니 자성이 적멸하기 때문이다. '멸'이란 부동상열반인 방편괴열반을 이루니 지혜를 인연으로 하여 얻은 멸멸을 시현하기 때문이다.(定者成同相涅槃。自性寂滅故。滅者成不同相方便壞涅槃。示現智

曉云。性淨且名同相涅槃。卽此如如凡聖一味。是故亦名同相涅槃。不[1]同
凡小。故名不同相涅槃。如十地論。[2]

1) ㉠『十地經論』을 참조할 때 '不' 앞에 '方便壞涅槃'이 누락되었다.   2) ㉠ 이것은 집일문 전체가 세주이다.

소 원효가 말하였다. "『섭대승론』에서 자세하게 설한 것[614]과 같다. 그러므로 앞의 것[615]은 법체法體에 의거하여 밝힌 것임[616]을 알 수 있다."[617]

曉云。如攝論廣說。故知前約法體辨之。[1]

1) ㉠ 이것은 집일문 전체가 세주이다.

경 무엇 때문인가? 일체의 남은 것을 끝까지 다했기 때문이다.[618]

何以故。一切餘究竟盡故。

緣滅故。)"라고 한 것을 참조할 것.
613 『玄樞』(T56, 569c).
614 『攝大乘論釋』권13(T31, 247a)에서 "보살은 생사와 열반에 모두 머물지 않고 뒤돌아 등지지도 않기 때문에, 본래청정열반本來淸淨涅槃·무주처열반無住處涅槃·유여열반·무여열반의 네 가지 가운데 무주처열반을 성취하는데, 이것은 이승과 같지 않은 것이다."라고 하였다.
615 『玄樞』에서 처음에는『攝大乘論』의 네 가지 열반을 설하고, 그 다음은 "도전道前을 본유本有라는 관점에서 자성적멸自性寂滅이라고 하고, 십신에서 십행까지를 계내의 번뇌는 없지만 계외의 번뇌가 남아 있다는 관점에서 유여라고 하며, 십회향에서 십지까지를 생사를 탐하지 않고 열반을 좋아하지도 않는다는 관점에서 무주라고 하고, 불과佛果를 구경의 경지를 완전히 갖추었다는 관점에서 무여라고 한다."라고 설하고, 앞의 것은 법체의 관점에서 풀이한 것이고, 뒤의 것은 수행자의 계위의 차례에 의해 풀이한 것이라고 한 것을 참조할 것.
616 『攝大乘論』에서 밝힌 네 가지 열반은 법체의 관점에서 밝힌 것임을 나타낸 말이다.
617 『玄樞』(T56, 570a).
618 『合部金光明經』(T16, 363b).

소 이것은 대승의 관점에서 말한 것이다. 자세하게 밝히면 바로 다섯 가지가 있다. 그러므로『승만보굴』권하에서 "첫째는 소승의 관점에서의 유여열반과 무여열반이고,[619] 둘째는 대승의 관점에서의 유여열반과 무여열반이며,[620] 셋째는 부처님과 보살이 상대하는 관점에서 설한 것이고,[621] 넷째는 삼신三身이 상대하는 관점에서 설한 것이며,[622] 다섯째는 대승과 소승이 상대하는 관점에서 설한 것이다.[623]"[624]라고 하였다. 원효 스님(曉公)의 네 가지 문은 바로 이 뜻이다. 자세한 것은『오종불성초五種佛性抄』[625]에서 밝힌 것과 같다.[626]

此就大乘。若具辨之卽有五種。故寶窟下云。一小乘餘無餘。二大乘餘無餘。三佛菩薩相對說。四三身相對說。五大小相對說。曉公四門。卽此義也。具如五種佛性抄辨。

경 이 세 가지 몸에 의지하여 모든 부처님은 무주처열반無住處涅槃[627]을

---

619 『勝鬘寶窟』에 따르면 원인이 없어지는 것(因亡)이 유여열반이고 결과가 다하는 것이 무여열반이다.
620 『勝鬘寶窟』에 따르면 원인이 다하는 것(因盡)이 유여열반이고 결과가 다하는 것이 무여열반이다. 곧 변역생사의 원인이 다하는 것이 유여열반이고 변역생사의 과가 다하는 것이 무여열반이다.
621 『勝鬘寶窟』에 따르면 보살이 얻은 인과因果가 없는 경지를 유여열반이라고 하고 부처님이 얻은 인과가 없는 경지를 무여열반이라고 한다.
622 『勝鬘寶窟』에 따르면 『攝大乘論』과 『金光明經』에서 설한 것이니, 응신과 화신은 유여열반이고 법신은 무여열반이라고 하는 것이다.
623 『勝鬘寶窟』에 따르면 소승 가운데 인과를 다하는 것은 유여열반이고 대승 가운데 인과를 다하는 것은 무여열반이다.
624 『勝鬘寶窟』권하(T37, 70a).
625 『오종불성초五種佛性抄』: 현재 전해지지 않아서 어떤 책인지 정확히 알 수는 없다. 다만 전후 문맥으로 볼 때 원효의 저술임이 분명한 것으로 보인다.
626 『玄樞』(T56, 570b).
627 무주처열반無住處涅槃: 유식종에서 설한 네 가지 열반의 하나. 생사와 열반에 머물지 않는 열반을 가리킨다. 보살은 대비에 의해 중생을 불쌍히 여기어 열반에 머물지

설하신다. 무엇 때문인가? 두 가지 몸 때문에 열반에 머물지 않고 법신을 여의고 다른 부처님은 있지 않기 때문이다. 무엇 때문에 두 가지 몸은 열반에 머물지 않는가? 두 몸은 임시로 이름을 붙인 것일 뿐 실체가 아니기 때문이고, 매 순간에 소멸하여 머물지 않기 때문이며, 자주 출현하여 일정하지 않기 때문이다. 법신은 그렇지 않다. 그러므로 두 가지 몸은 열반에 머물지 않는다. 법신이라는 것은 (열반과) 둘이 아니다. 그러므로 반열반에 머물지 않는다. 세 가지 몸에 의지하기 때문에 무주열반無住涅槃을 설한다.[628]

依此三身。一切諸佛。說無住處涅槃。何以故。爲二身故。不住涅槃。離於法身。無有別佛。何故二身。不住涅槃。二身假名不實。念念滅不住故。數數出現。以不定故。法身不爾。是故二身。不住涅槃。法身者不二。是故不住於般涅槃。依三身故。說無住涅槃。

소 원효가 말하였다. "(응신과 화신에 대해) 세 가지 뜻을 설하였다. 첫째는 임시로 이름을 붙인 것일 뿐 실체가 아니기 때문이다. 둘째는 매 순간에 머물지 않기 때문이다. 셋째는 자주 출현하여 일정하지 않기 때문이다."[629]

曉云。三義。一假名不實故。二念念不住故。三數數不定故。[1)]

1) ㉠ 이것은 집일문 전체가 세주이다.

소 원효 스님이 말하였다. "이것은 법신이 머물지 않는 뜻을 밝힌 것

않고, 반야에 의해 중생을 제도하여 생사에 머물지 않으니, 이 무주처열반은 보살의 열반을 가리키는 말이다.
628 『合部金光明經』(T16, 363b).
629 『玄樞』(T56, 570b).

이다. 법신과 열반은 이름은 비록 둘이지만 그 체는 오직 하나이다. 그러므로 '(열반과) 둘이 아니다.'라고 하였다. 이미 머무는 주체와 머무르는 대상이라는 차별이 없다. 그러므로 (법신은) '반열반에 머물지 않는다.'라고 하였다."[630] 【주금광명최승왕경】

曉師云。此明法身不住之義。法身涅槃。名雖有二。其體唯一。故言不二。既無能住所住之異。是故不住於涅槃也。【註金光明最勝王經】

소 원효가 말하였다. "이미 머무는 주체와 머무르는 대상이라는 차별이 없다. 그러므로 (법신은) '반열반에 머물지 않는다.'라고 하였다."[631]

曉云。既無能住所住之異。是故不住於涅槃。[1)]

1) ㉠ 이것은 집일문 전체가 세주이다.

경 선남자여, 모든 범부는 세 가지 상이 있기 때문에 얽매임이 있고 장애가 있어서 세 가지 몸을 멀리 여의고 세 가지 몸을 얻는 경지에 이르지 못한다. 어떤 것이 세 가지인가? 첫째는 사유분별상思惟分別相이고, 둘째는 의타기상依他起相이며, 셋째는 성취상成就相이다. 이와 같은 여러 가지 상을 이해할 수 없기 때문에, 소멸시킬 수 없기 때문에, 청정하게 할 수 없기 때문에, 그러므로 세 가지 몸을 얻기에 이르지 못한다. 이와 같은 세 가지 상을 이해할 수 있고 소멸시킬 수 있으며 청정하게 할 수 있기 때문에 모든 부처님께서는 세 가지 몸을 다 갖추었다.[632]

---

630 『註金光明最勝王經』(N4, 527b).
631 『玄樞』(T56, 570c).
632 『合部金光明經』(T16, 363b).

善男子。一切凡夫。爲三相故。有縛有障。遠離三身。不至三身。何者爲三。一者思惟分別相。二者依他起相。三者成就相。如是諸相。不能解故。不能滅故。不能淨故。是故不得至於三身。如是三相。能解能滅能淨。是故諸佛。具足三身。

소 원효가 말하였다. "변계소집遍計所執을 계탁하는 것을 좇아서 이름을 세워서 '사유분별'이라고 한다. 분별에 의해 나타난 집착의 대상을 '상'이라고 한다."[633]

曉云。遍計所執。從能計立名云。思惟分別。分別所執。名之爲相。[1)]
1) ㉈ 이것은 집일문 전체가 세주이다.

소 원효가 말하였다. "원성실성圓成實性을 파괴할 수 없는 것이기 때문에 '성취상'이라고 한다."[634]

曉云。圓成實性。不可壞故。名成就相。[1)]
1) ㉈ 이것은 집일문 전체가 세주이다.

소 원효가 말하였다. "'이해할 수 없기 때문에'라는 것은 분별상分別相이니 단지 두루 알기만 할 뿐이어서 (번뇌를) 끊을 수도 없고 (열반을) 증득할 수도 없기 때문에 '이해(解)'라고 한다. '소멸시킬 수 없기 때문에'라는 것은 의타상依他相이니 영원히 끊어야 할 것이기 때문이다. '청정하게 할 수 없기 때문에'라는 것은 성취상이니 (열반을) 증득하여 청정해져야 하기 때문이다.[635]

---

633 『玄樞』(T56, 570c).
634 『玄樞』(T56, 570c).

• 197

曉云。不能解者。謂分別相。但應遍知。非斷非證。故名爲解。不能滅者。是依他相。應永斷故。不能淨者。是成就相。應證淨故。[1]

1) ㉠ 이것은 집일문 전체가 세주이다.

소 원효가 말하였다. "분별하여 이해함으로써 나타난 집착의 대상(변계소집)을 이해하기 때문에 화신의 모습을 두루 나타낼 수 있다. 염분染分인 의타기상을 소멸시키기 때문에 응신의 온갖 청정한 공덕을 얻을 수 있다. 염오를 여의고 청정함을 드러내어 원성실성을 이루기 때문에 가장 청정한 법신을 증득할 수 있다."[636]

曉云。能解分解所執諸相。故得普現化身相。能滅染分依他起相。故得應身諸淨功德。離染顯淨圓成實性。故能證得最淨法身。[1]

1) ㉠ 이것은 집일문 전체가 세주이다.

경 선남자여, 모든 범부들은 아직 세 가지 마음을 뽑아서 제거하지 못했기 때문에 세 가지 몸에서 멀리 떨어져서 도달하지 못한다.[637]

善男子。諸凡夫人。未能拔除於三心故。遠離三身。不能至故。

소 원효가 말하였다. "모든 식을 심心·의意·식識이라고 한다. '심'이라는 명칭이 가르치는 것에는 두 가지 뜻이 있다. 첫째는 중심이 되고 바탕이 된다는 뜻이다. 둘째는 대상을 반연하여 사유한다는 뜻이다. 중심이 되고 바탕이 된다는 뜻이라는 것은 모아서 나타내는 것이다. 나무의 중심

---

635 『玄樞』(T56, 571a).
636 『玄樞』(T56, 571a).
637 『合部金光明經』(T16, 363b).

이 가지와 잎을 무성하게 내고 모든 가지와 잎이 모이는 곳이 되는 것처럼, 이 마음도 또한 그러하여 습기習氣를 무성하게 내기 때문에 모든 종자를 모으는 것이라고 한다. 대상을 반연하여 사유한다는 뜻이라는 것은 이 마음은 대상을 연하여 사유하기를 잠시도 쉬는 때가 없으니, 나머지 다른 식이 어떤 때에는 연하지 않는 것과 같지 않다. 그러므로 모든 때에 두 가지 경계를 연한다고 한다. '의'는 사량思量(생각하고 헤아리는 것)의 뜻이고, '식'은 요별了別(식별하고 인식하는 것)의 뜻이다." 자세한 것은 그곳에서 설한 것과 같다.[638]

曉云。諸識名心意識。心名之訓。有其二種。一中實義。二緣慮義。中實義者。集聚所顯。如樹中心。能茂枝葉。爲諸枝葉之所集聚。此心亦爾。能茂習氣。故言集聚一切種子。緣慮義者。此心緣慮。無暫息時。非如餘識。有時不緣。故言於一切時。緣二種境。意思量義。識了別義。廣如彼也。

경 어떤 것을 세 가지라고 하는가? 첫째는 업사業事를 일으키는 마음이고, 둘째는 근본에 의지하는 마음이며, 셋째는 근본인 마음이다.[639]

何者爲三。一者起事心。二者依根本心。三者根本心。

소 "업사業事를 일으키는 마음"은 육식六識이니 가죽이라고 한다. "근본에 의지하는 마음"은 살이니 아타나阿陀那[640]라고 하고 제7식이다. "근

---

638 『玄樞』(T56, 571a).
639 『合部金光明經』(T16, 363b).
640 아타나阿陀那: [S] ādāna의 음역어. 무해無解라고 의역한다. 구역舊譯 특히 중국 지론종地論宗 계열의 문헌에서는 아타나식을 무해식 또는 집식集識으로 의역하고 제7식으로 간주하면서 제8알라야식과 구분하였다.

• 199

본인 마음"은 아리야阿梨耶[641]이니 제8식이다.【『법화통략』은 이것에 의거하였다.[642] 원효와 승장이 바로 취하였다.】[643]

起事心。是六識。曰皮。依根本心。是肉。曰阿陀那。第七識。根本心。是阿梨耶。第八識。【統略依之。曉莊卽取。】

소 원효가 말하였다. "육식은 밖의 것을 연하여 번뇌·업·과果의 일을 일으킬 수 있기 때문에 '업사를 일으키는 마음'이라고 하였다. 말나末那[644]는 안의 것을 반연하여 직접 의지하는 본식本識[645]을 내아內我라고 계탁하

---

641 아리야阿梨耶 : ⓢ ālaya의 음역어. 아뢰야阿賴耶라고도 한다. 구역에서는 무몰식無沒識이라 의역하고 신역에서는 장식藏識이라 의역했다. 팔식八識 혹은 구식九識의 하나. 제법의 근본이 되기 때문에 본식本識이라고도 하고, 제법을 집지執持하여 심성心性을 잃지 않게 하기 때문에 무몰식이라고도 하며, 모든 식의 작용에 있어서 가장 강력한 것이기 때문에 식주識主라고도 하고, 우주만물의 근본으로 만물을 함장하여 존속하여 잃지 않게 하기 때문에 장식이라고도 한다.
642 길장, 『法華統略』 권하(X27, 518c). 『金光明最勝王經疏』 권2(T39, 218b)에 따르면 이것은 진제 삼장의 견해이다. 따라서 이 말은 길장이 진제의 견해에 의지한 것이라는 뜻이다.
643 『玄樞』(T56, 571b).
644 말나末那 : ⓢ manas의 음역어. 유식학파에서 심식心識을 여덟 가지로 분류한 것 중 제7식을 가리키는 말. 식식을 여러 가지로 분류한 것 중의 하나이므로 말나식末那識이라고도 한다. 말나의 의역어는 의意이기 때문에 말나식은 의식意識이라고 할 수 있다. 다만 이때 제6식인 의식意識을 간별할 수 없는 문제가 발생하기 때문에 현장은 이를 말나식이라고 번역하였다. 제6식인 의식은 의근意根에 의한 식이라는 뜻이고 말나식인 의식은 의식하는 식이라는 뜻이다. 말나가 생기하여 독자적인 인식 작용을 일으키는 원인은 제8식인 알라야식에 있는 습기에 있지만, 말나의 또 다른 특색은 알라야식을 인식 대상으로 한다는 점이다. 말나는 알라야식을 아我라고 오인하는 작용, 곧 자아의식이라고 할 수 있다. 말나에 의해 자아가 있다는 견해(我見), 자아에 대한 무지(我癡), 자아에 대한 어떤 규정을 하고 그것에 의해 자만심을 갖는 것(我慢), 자신의 몸에 대한 애착(我愛) 등의 네 가지 번뇌가 생겨난다.
645 본식本識 : 제8알라야식(제8아뢰야식). 근본식根本識이라고도 한다. 일체 모든 식의 근원이기 때문에 붙여진 이름이다. 이에 상대하여 전7식은 본식의 변현變現이므로 전식轉識이라고 한다.

기 때문에 '근본에 의지하는 마음'이라고 하였다. 아뢰야식阿賴耶識은 종자를 집지執持하여 모든 지말적인 식識을 일으키기 때문에 '근본인 (마음)'이라고 하였다."[646]

曉云。六識外緣。能起煩惱業果事。故云起事心。末那內緣。親依本識。計爲內我。故云依根本心。阿賴耶識。能持種子。起諸末識。故云根本。[1]

1) ㈜ 이것은 집일문 전체가 세주이다.

경 선남자여, 모든 부처님은 첫 번째 몸(화신)으로 모든 부처님과 사업을 함께하고, 두 번째 몸(응신)으로 모든 부처님과 뜻을 함께하며, 세 번째 몸으로 모든 부처님과 체를 함께한다.[647]

善男子。一切諸佛。於第一身。與諸佛同事。於第二身。與諸佛同意。於第三身。與諸佛同體。

소 원효 법사가 말하였다. "한 부처님이 증득한 법신을 따라서 든 것이니 곧 모든 부처님이 증득한 체이기 때문이다."[648] 『주금광명최승왕경』

曉法師云。隨擧一佛所證法身。卽是諸佛所證體故。【註金光明最勝王經】

소 원효가 말하였다. "두 번째 몸에 대해 체를 함께한다고 말하지 않은 것은 모든 부처님의 청정한 식과 동일한 체가 아니기 때문이다. 첫 번째 몸에 대해 뜻을 함께한다고 말하지 않은 것은 화신의 문에는 진실한

---

646 『玄樞』(T56, 571b).
647 『合部金光明經』(T16, 363b).
648 『註金光明最勝王經』(N4, 530b).

뜻이 없기 때문이다. 이러한 도리로 말미암아 개별적으로 세 가지 측면에서 함께하는 것을 세웠다."[649]

曉云。於第二身。不言體同。諸佛淨識。非一體故。於第一身。不言意同。於化身門。無實意故。由是道理。別立三同。

경 선남자여, 첫 번째 부처님의 몸은 중생의 뜻이 여러 가지이기 때문에 여러 가지 모습을 나타낸다. 그러므로 많다고 설한다. 두 번째 부처님의 몸은 제자가 한 뜻이므로[650] 하나의 모습[651]을 나타낸다. 그러므로 하나라고 설한다. 세 번째 부처님의 몸은 모든 종류의 모습을 넘어서니 모습에 집착하는 마음이 연할 수 있는 경계가 아니다. 그러므로 하나도 아니고 둘도 아니라고 설한다.[652]

善男子。是初佛身。隨衆生意。有多種故。現種種相。是故說多。是第二佛身。弟子一意。故現一相。是故說一。是第三佛身。過一切種相。非執相境界。是故說名不一不二。

소 수의 사나굴다가 말하였다. "('화신'은) 여러 가지 형상을 나타내는 것이다." 승장은 원효의 뜻을 취하여 "옳지 않은 것 같다. 자세히 대조해 보면 알 수 있다."라고 하였다.[653]

---

649 『玄樞』(T56, 571c).
650 제자가 한 뜻이므로 : 『金光明最勝王經疏』 권3(T39, 219b)에서 "응신이 교화하는 대상은 지상地上의 보살인데 이들 제자는 모두 평등한 이치를 증득했기 때문에 '한 뜻'이라고 한 것이다."라고 하였다.
651 하나의 모습 : 『金光明最勝王經疏』 권3(T39, 219b)에서 "단지 부처님의 모습을 나타내고 육취의 차별이 없는 것이다."라고 하였다.
652 『合部金光明經』(T16, 363b).
653 『玄樞』(T56, 572a).

隋云。種種形也。莊嚴[1]曉義。猶不可者。被[2]對知之。[3]

1) ㉠『玄樞』미주에 따르면 '嚴'은 '取'일 수도 있다. 2) ㉠『玄樞』미주에 따르면 '被'는 '披'일 수도 있다. 3) ㉠ 이것은 집일문 전체가 세주이다.

경 선남자여, 첫 번째 몸은 응신에 의지하기 때문에 나타날 수 있다. 이 모든 응신은 법신에 의지하기 때문에 나타날 수 있다. 이 법신은 진실한 존재이니 의지하는 곳이 없기 때문이다.[654]

善男子。是第一身。依於應身。是故得顯。是諸應身。依於法身。故得顯現。是法身者。是眞實有。無依處故。

소 원효가 말하였다. "화신의 여러 가지 모습은 응신의 지혜와 자비가 나타난 것이다. 응신의 온갖 덕은 법신의 본성으로서의 덕이 나타난 것이다. 법신의 경계와 지혜는 본래 맑아서 허구의 임시적인 법이 아니고 인연에 의지하지 않는다. 그러므로 '진실한 존재이니 의지하는 곳이 없기 때문이다.'라고 하였다."[655]

曉云。化身諸相。應身智悲之所顯故。應身衆德。法身性德之所顯故。法身境智。本來湛然。非虛假法。不依因緣。故言眞有無依處故。

경 선남자여, 이와 같은 세 가지 몸은 뜻이 있기 때문에 영원하다고 설하고, 뜻이 있기 때문에 영원하지 않다고 설한다.[656]

---

654 『合部金光明經』(T16, 363c).
655 『玄樞』(T56, 572a).
656 『合部金光明經』(T16, 363c).

善男子。如是三身。以有義故。而說於常。以有義故。說於無常。

소 원효가 말하였다. "처음[657]은 세 가지 몸에 통한다. '뜻이 있기 때문에 영원하지 않다고 설한다.'라고 한 것은 (법신을 제외하고) 오직 두 가지 몸에만 해당된다."[658]

曉云。初通三身。以有義故說無常者。唯在二身。[1]

1) ㉠ 이것은 집일문 전체가 세주이다.

경 화신이라는 것은 항상 법륜을 굴려 곳곳에서 여여하게 방편을 베푸는 것이 상속하여 끊어지지 않기 때문에 영원하다고 설하지만, 근본이 아니어서 구족한 작용은 나타나지 않기 때문에 영원하지 않다고 설한다. 응신이라는 것은 시작이 없는 때로부터 생사가 상속하여 끊어지지 않으면서도 모든 부처님의 함께하지 않는 법을 섭수하여 지닐 수 있기 때문에, 중생이 아직 다하지 않는 한 작용도 또한 다함이 없기 때문에, 그러므로 영원하다고 설한다. 그러나 근본이 아니어서 모든 작용이 구족하게 나타나지는 않기 때문에 영원하지 않다고 설한다.[659]

化身者。恒轉法輪。處處如如方便。相續不斷故。是故說常。非是本故。具足之用。不顯現故。故說無常。應身者。從無始生死。相續不斷。一切諸佛。不共之法。能攝持故。衆生未盡。用亦不盡故。是故說常。非是本故。具足之用。[1] 不顯現故。故說無常。

1) ㉠ 『合部金光明經』 미주에 따르면 '具足之用'은 '一切諸用不具足現'일 수도 있

---

657 처음 : "뜻이 있기 때문에 영원하다고 설하고"라고 한 것을 가리킨다.
658 『玄樞』(T56, 572ab).
659 『合部金光明經』(T16, 363c).

다. 원효의 주석에 따르면 그의 대본은 후자에 가까운 것으로 보인다.

소 원효가 말하였다. "'곳곳에서'라는 것은 시방세계의 육도라는 처소이다."660

曉云。處處者。十方六道處。

소 원효가 말하였다. "'여여'라는 것은 모든 기근에 어긋나지 않는 것이다. 중생의 가장 적합한 상태에 교묘하게 수순하기 때문에 '방편을 베푸는 것'이라고 한다."661

曉云。如如者。不違諸機根。巧順物宜。故曰方便。

소 원효가 말하였다. "('모든 부처님의 함께하지 않는 법'이라는 것은) 백팔십불공불법百八十不共佛法662이다."663

曉云。一百八十不共佛法。[1]

1) ㉠ 이것은 집일문 전체가 세주이다.

소 원효가 말하였다. "『불성론佛性論』에서 '영원히 머무는 것에 작용하는 연은 열 가지가 있다.'664라고 하였다." 자세한 것은 그곳에서 인용한

---

660 『玄樞』(T56, 572b).
661 『玄樞』(T56, 572b).
662 백팔십불공불법百八十不共佛法 : 오직 부처님만 갖추고 있고 다른 어떤 것과 함께하지 않는 180가지의 법을 가리킨다. 자세한 것은 뒤에 나오는 원효의 주석을 참조할 것.
663 『玄樞』(T56, 572b).
664 『佛性論』권4(T31, 811a)에서 "또 이 세 가지 몸이란 항상 세간의 이익 되는 일들을 생기게 하기 때문에 영원히 머무는 것(常住)이라고 한다. 영원히 머무는 것은 열 가

• 205

것과 같다.[665]

曉云。佛性論云。常住用緣。有其十種。具如彼引。[1)]

1) 역 이것은 집일문 전체가 세주이다.

소 원효 법사가 말하였다. "'모든 작용이 구족하게 나타나지는 않기 때문에'라는 것은 법신은 자재하여 결여된 것이 없는 작용을 갖추고 있지만 응신과 화신은 모든 때에 모조리 한꺼번에 나타나지는 않는다는 것이다. 이것은 전후로 증감의 뜻이 있기 때문에 영원하지 않다고 설한다는 것을 밝힌 것이다."[666]【『주금광명최승왕경』】

曉法師云。諸用不具足現者。法身自在。無闕之用。應化二身。非一切時。皆悉頓現。是明前後。有增減義。故說無常。【註金光明最勝王經】

경 법신은 행법行法[667]이 아니니 달라서 차별되는 것이 있지 않다. 스스로 근본이기 때문에 허공과 같다. 그러므로 영원하다고 설한다.[668]

지 인연에 의지하기 때문이다. 열 가지라는 것은 다음과 같다. 첫째는 인연이 가없는 것이고, 둘째는 중생계가 가없는 것이며, 셋째는 대비가 가없는 것이고, 넷째는 여의족如意足이 가없는 것이며, 다섯째는 무분별지無分別智가 가없는 것이고, 여섯째는 항상 선정에 머물러 산란함이 없는 것이며, 일곱째는 안락하고 청량한 것이고, 여덟째는 세간의 여덟 가지 법[이득(利)·쇠락(衰)·비방(毁)·명예(譽)·칭찬(稱)·나무람(譏)·고통(苦)·즐거움(樂)]을 행하지만 물들지 않는 것이며, 아홉째는 감로와 같은 적정寂靜에 들어 죽음의 마구니를 멀리 여읜 것이고, 열째는 본래의 성품 그대로여서 생겨남이 없고 소멸함도 없는 것이다."라고 하였다.

665 『玄樞』(T56, 572c).

666 『註金光明最勝王經』(N4, 533a).

667 행법行法 : 형성 작용에 의한 법이라는 뜻. '행'은 S saṁskāra의 의역어이다.

668 『合部金光明經』(T16, 363c). 『金光明最勝王經』(T16, 409b)에서 "법신이라는 것은 행법이 아니니 이상異相이 있지 않다. 근본이기 때문에 허공과 같다. 그러므로 영원하다고 설한다.(法身者。非是行法。無有異相。是根本故。猶如虛空。是故說常。)"라고 한 것

法身者。非是行法。無有異異。是自本故。猶如虛空。是故說常。

소 원효가 말하였다.

"네 구절은 종宗(주장)과 인因(이유·증표)과 유喩(실례)이다.

처음은 두 가지 뜻으로 영원함이라는 종을 세웠다. '행법이 아니니'라는 것은 생겨나고 소멸하여 영원하지 않은 것이 아님을 밝힌 것이다. 두 가지 몸이 온갖 연에 의해 생겨나서 삼세에 걸쳐서 작용하니 제행諸行(모든 형성 작용들)이 영원하지 않다고 하는 것과 같아서 생겨나고 소멸함이 있는 법인 것과 같지 않다. 법신은 그렇지 않기 때문에 '행법이 아니니'라고 한 것이다. '다른 모양이 없다'라는 것은 달라져서 영원하지 않은 것에 이르는 것이 아님을 나타낸 것이다. 두 가지 몸이 공간적으로 이것과 저것의 차이가 있고 시간적으로 앞과 뒤의 차이가 있는 것과 같지 않다. 법신은 이와 같은 두 가지 차이가 있지 않기 때문에 '다른 모양이 없다'라고 한 것이다. 첫째는 생겨나고 소멸함이 없는 것이고, 둘째는 다른 것에 이르는 것이 아닌 것이다. 이 두 가지 뜻으로 영원함이라는 종을 세웠다.

'근본이기 때문에'라는 것은 인因을 밝힌 것이다. '허공'이라는 것은 동유同喩[669]이다. 세간의 허공과 같다고 한 것은 풍륜風輪 등에게 의지의 대상이 되는 근본적인 것이기 때문에 영원히 머무는 것이고, 그 풍륜 등은 의지의 주체가 되는 지말적인 것이기 때문에 영원하지 않은 것이다. 이

과 상응하는 문장이다.

[669] 동유同喩 : 논리학 용어. 갖추어서 동법유同法喩라고 한다. 유사한 것에 의한 실례. 논증식에서 주장명제의 주부와 같은 속성을 지니면서 동시에 이유명제의 속성도 함께 지닌 실례를 일컫는다. 상대어는 이유異喩로 차이가 나는 것에 의한 실례를 가리킨다. 논증식을 통해서 알아보면 "소리는 무상하다.(종) 만들어진 것이기 때문에.(인) 만들어진 것은 무상하다. 마치 물단지 등과 같이. 영원한 것은 만들어진 것이 아니다. 마치 허공과 같이.(유)"라고 한 것에서, 유를 설한 부분 중 전자는 동유이고 후자는 이유이다.

와 같이 법신은 의지의 대상이 되는 근본적인 것이기 때문에 영원히 머문다. 응신과 화신이 근본이 아니기 때문에 영원하지 않은 것과는 같지 않다."670

曉云。四句。宗因喩也。初以二義。以立常宗。非行法者。明非生滅無常。非如二身。衆緣所生。行於三世。如言諸行無常。有生滅法。法身不爾。故非行法。無異相。顯非及異無常。非如二身。橫有彼此之異。縱有前後異。法身無有如是二異。故無異相。一無生無滅。二及[1]異。以此二義。立常宗也。根本故者。是辨因。言虛空者。是同喩。言如世虛空。爲風輪等。作所依本。故是常住。其風輪等。是能依末。故爲無常。如是法身。爲所依本。故是常住。不如應化。非是本故。爲無常也。

1) ㉯ '及' 앞에 '非'가 누락된 것 같다.

소 원효 법사가 말하였다. "법신은 저절로 응신과 화신의 근본이 된다. 지말이 아닌 모든 것은 다 영원히 머문다. 마치 세간의 허공이 풍륜 등에게 의지의 대상이 되는 근본적인 것이기 때문에 영원히 머무는 것이고, 그 풍륜 등은 의지의 주체가 되는 지말적인 것이기 때문에 영원하지 않은 것과 같다. 이와 같이 법신은 의지의 대상이 되는 근본적인 것이기 때문에 영원히 머문다. 응신과 화신이 근본이 아니기 때문에 영원하지 않은 것과는 같지 않다."671【주금광명최승왕경】

曉法師云。法身自然。應化之本。諸非末者。皆是常住。如世虛空。爲風輪等。作所依本。故是常住。其風輪等。是能依末。故爲無常。如是法身。爲所依本。故常住。不知[1]應化。非是本故。爲無常也。【註金光明最勝王經】

---

670 『玄樞』(T56, 572c).
671 『註金光明最勝王經』(N4, 533b).

1) ㉠ '知'는 '如'인 것 같다.

경 다시 선남자여, 분별하여 네 가지 몸이 있다. 화신이되 응신이 아닌 것이고, 응신이되 화신이 아닌 것이며, 화신이면서 또한 응신이기도 한 것이고, 화신도 아니고 응신도 아닌 것이다.[672]

復次善男子。分別有四種身。有化身非應身。有應身非化身。有化身亦應身。有非化身亦非應身。

소 원효가 말하였다. "또한 구별의 뜻이 있어서 세 가지 몸을 세운다. 세 가지 상[673]과 세 가지 마음[674]과 세 가지 장애[675]와 세 가지 덕과 세 가지 도리[676] 등을 상대하기 위한 것이다."[677] [678]

曉云。又有別義。建立三身。爲對三相三心三障三德三道理等也。[1)]
1) ㉠ 이것은 집일문 전체가 세주이다.

경 어떤 것이 화신이되 응신이 아닌 것인가? 여래께서 이미 반열반하

---

672 『合部金光明經』(T16, 363c).
673 세 가지 상: 앞의 경 본문에서 설한 사유분별상思惟分別相·의타기상依他起相·성취상成就相을 가리키는 것 같다.
674 세 가지 마음: 앞의 경 본문에서 설한 업사業事를 일으키는 마음, 근본에 의지하는 마음, 근본인 마음을 가리키는 것 같다.
675 세 가지 장애: 앞의 경 본문에서 설한 여러 가지 번뇌, 여러 가지 업, 여러 가지 과보를 가리키는 것 같다.
676 세 가지 도리: 앞의 주석에서 설한 심심도리甚深道理·광대도리廣大道理·만덕도리萬德道理를 가리키는 것 같다.
677 이 집일문은 『合部金光明經』에서 이 부분에서는 네 가지 몸을 밝혔는데, 앞부분에서는 세 가지 몸을 건립한 이유가 무엇인지에 대한 담론을 서술하면서 제시된 것이다.
678 『玄樞』(T56, 573c).

· 209

였지만 서원이 자재하기 때문에 이와 같은 몸을 나타낸 것이니 곧 화신이다. 어떤 것이 응신이되 화신이 아닌 것인가? 지전地前의 보살이 볼 수 있는 몸이다. 어떤 것이 화신이면서 또한 응신이기도 한 것인가? 유여열반에 머무는 여래의 몸이다. 어떤 것이 화신도 아니고 응신도 아닌 것인가? 여래의 법신이다.[679]

何者化身非應身。如來已般涅槃。以願自在故。如是之身。即是化身。何者應身非化身。是地前身。何者化身亦應身。住有餘涅槃如來之身。何者非化身非應身。是如來法身。

소 원효가 말하였다. "('화신이되 응신이 아닌 것'은) 월지국月支國[680]의 굴 속에 몸을 남긴 것[681]이 그것이다."[682]

曉云。月支窟中留身。[1)]

1) ㉯ 이것은 집일문 전체가 세주이다.

소 원효가 말하였다. "(어떤 사람이) '지전의 보살은 과보가 번뇌와 상

---

679 『合部金光明經』(T16, 363c).
680 월지국月支國 : 기원전 3세기~기원후 5세기경 서역西域, 곧 지금의 아프가니스탄 인근에 존재했던 나라의 이름. 월지국月氏國이라고도 한다. '월지'는 이 국가를 건설한 종족의 이름이다.
681 『大智度論』 권9(T25, 126b)에서 "또 석가모니불께서 염부제에서 태어나 가비라국迦毘羅國에 계실 때 동인도의 여섯 개의 큰 성에 자주 유행하였다. 어느 때는 남인도의 억이거사億耳居士의 집으로 날아가서 공양을 받으셨고, 어느 때는 잠시 북인도의 월지국月支國에 가서 아파라용왕阿波羅龍王을 항복시켰으며, 또한 월지국의 서쪽에 이르러서는 나찰녀羅刹女를 항복시켰다. 부처님께서는 그곳의 석굴에서 하룻밤 묵었는데, 그곳에는 지금도 부처님의 존영尊影이 남아 있다. 어떤 사람이 안에 들어가서 찾아보면 보이지 않고 굴에서 나오면 멀리 부처님과 같은 모습이 빛 속에 나타난다."라고 하였다.
682 『玄樞』(T56, 573c).

응하기 때문에 (이 보살이 볼 수 있는 몸을)「응신」이라고 한 것이다.'⁶⁸³라고 한 것은 본문에 근접하지 않은 해석이다."⁶⁸⁴

曉云。地前果報。煩惱相應。故名應者。未近文也。¹⁾

1) ㉭ 이것은 집일문 전체가 세주이다.

소 問 십지의 계위에서 볼 수 있는 응신과 어느 지위(地)에서나 볼 수 있는 응신은 어디에 섭수되는가? 答 원효가 말하였다. "세 번째 구절⁶⁸⁵이다."⁶⁸⁶

問。十地所見應身。何地所見應身。何攝。答。曉云。是第三句。

경 선남자여, 이 법신이라는 것은 두 가지가 있지 않은 가운데 나타나기 때문이다. 어떤 것을 두 가지가 있지 않은 것이라 하는가? 이 법신에 상相과 상처相處⁶⁸⁷의 두 가지가 모두 없는 것이고, 있는 것도 아니고 없는 것도 아닌 것이며, 하나도 아니고 둘도 아닌 것이며, 수數도 아니고 수가 아닌 것도 아닌 것이며, 밝은 것도 아니고 어두운 것도 아닌 것이다. 이와 같이 여여지如如智는 상과 상처를 보지 않고, 있는 것도 아니고 없는 것도 아니라고 보지 않으며, 하나도 아니고 다른 것도 아니라고 보지 않고, 수가 아니고

---

683 『玄樞』본문에서 "'지전의 몸'이라는 것은 다음과 같다. 십행 이하에서 외범부까지의 행자는 삼계의 과보가 있어서 업번뇌와 상응하니 '응신'이라 한다.(地前身者。十行以下至外凡。有三界果報。與業煩惱相應。曰應身。)"라고 한 것을 참조할 것.
684 『玄樞』(T56, 573c).
685 경의 본문에서 "화신이기도 하고 응신이기도 한 것"이라고 한 것을 가리킨다.
686 『玄樞』(T56, 574a).
687 상相과 상처相處 : 『金光明最勝王經疏』권3(T39, 222a)에서 "'상'은 인아人我이고 '상처'는 법아法我이다. 저 인아는 법아에 의지하여 일어나기 때문에 상처라고 한다.(相卽人我。相處卽法我。由彼人我依法我起。故名相處。)"라고 하였다.

수가 아닌 것도 아니라고 보지 않으며, 밝은 것도 아니고 어두운 것도 아니라고 보지 않는다. 그러므로 경계가 청정하고 지혜가 청정하여 분별할 수 없고 중간도 있지 않다. 멸제滅諦와 도제道諦의 근본이 되기 때문에 이 법신에서 여래를 나타낸다.[688]

善男子。是法身者。二無所有顯現故。何者名爲二無所有。於此法身。相及相處。二皆是無。非有非無。非一非二。非數非非數。非明非闇。如是如如智。不見相及相處。不見非有非無。不見非一非異。不見非數非非數。不見非明非闇。是故境界淸淨。智慧淸淨。不可分別。無有中間。爲滅道本故。於此法身。顯現如來。

소 원효가 말하였다. "('위멸도본爲滅道本'이라는 것은) 멸제의 근본이 되고 도제의 근원이 되는 것이다."[689]

曉云。滅[1]之本。道諦之原。[2]

1) ㉠『玄樞』 미주에 따르면 '滅' 뒤에 '諦'가 누락되었을 수 있다.   2) ㉠ 이것은 집일문 전체가 세주이다.

경 선남자여, 이 법신의 인연과 경계와 처소와 과果와 의依와 본本은 생각으로 헤아리기 어렵기 때문이다.[690]

善男子。是身因緣。境界處所。果依於本。難思量故。

---

688 『合部金光明經』(T16, 363c).
689 『玄樞』(T56, 574c). 법신이 도를 닦는 원인이고 멸도를 얻는 인연이 되는 것을 말한다.
690 『合部金光明經』(T16, 364a).

소 원효가 말하였다. "앞의 것을 타고 끝을 통섭하여 이 법신의 인연을 설한 것이다."……원효는 ("본本"을) 여섯 번째 뜻으로 풀이하였다.[691]

曉云。乘前統終。說於是法身因緣者。…曉爲大義。[1)]
1) ㉠ 이것은 집일문 전체가 세주이다.

경 만약 요의了義[692]를 설하면 이 몸은 곧 대승이고 여래성如來性이며 여래장如來藏이다.[693]

若了義說。是身卽是大乘。是如來性。是如來藏。

소 원효가 말하였다. "그런데 앞의 다섯 장章[694]에서는 그 뜻을 나타내지 않았다. 지금 앞에서 숨긴 뜻을 분명하게 해석하고자 하기 때문에 '요의를 설하면'이라고 하였다."[695]

曉云。然先五章。不顯其義。今欲了釋前隱義。故言若了義說。[1)]
1) ㉠ 이것은 집일문 전체가 세주이다.

소 원효가 말하였다. "'대승'이라는 것은 『대승기신론』에서 세 가지 대大라고 하였다.[696] '여래성'이라는 것은 『불성론』에서 세 가지 성품이라 하

---

691 『玄樞』(T56, 574c).
692 요의了義 : 직접적으로 완전하게 궁극적인 도리를 드러내는 것. 상대어는 불요의不了義로 중생의 근기에 맞추어서 궁극적 도리를 숨겨서 드러내지 않는 것이다.
693 『合部金光明經』(T16, 364a).
694 앞의 다섯 장章 : 원효가 「三身分別品」을 분과한 것과 관련된 말인 것 같다.
695 『玄樞』(T56, 575a).
696 『大乘起信論』(T32, 575c)에서 "대승의 뜻은 다음과 같다. 첫째는 체대體大이니 일체의 법은 진여로서 평등하여 증감하지 않음을 뜻한다. 둘째는 상대相大이니 여래장에

였다.⁶⁹⁷ '여래장'이라는 것은 같은 논에서 세 가지 장藏이라 하였고,⁶⁹⁸ 『보성론』 등에서도 설하였다.⁶⁹⁹ 자세한 것은 그곳에서 설한 것과 같다."⁷⁰⁰

曉云。大乘。起信三大。如來性者。佛性三性。如來藏者。同論三藏。及寶性等。具如彼也。¹⁾

1) ㉮ 이것은 집일문 전체가 세주이다.

경 이 몸에 의지하여 초심初心을 일으킬 수 있고, 수행하는 도중의 마음이 나타날 수 있으며, 불퇴지不退地의 마음도 또한 나타날 수 있고, 일생보처一生補處의 마음과 금강金剛의 마음과 여래의 마음도 모두 나타난다. 한량없고 가없는 여래의 미묘한 법이 모두 나타난다.⁷⁰¹

依於此身。得發初心。修行中心。而得顯現。不退地心。亦皆得現。一生補

한량없는 성공덕성性空德이 갖추어져 있음을 뜻한다. 셋째는 용대用大이니 일체의 세간과 출세간의 착한 인과를 잘 내기 때문이다."라고 하였다.

697 『佛性論』 권2(T31, 794a)에서 "세 가지 불성이란 다음과 같다. 얻어야 할 원인 가운데 세 가지 성품을 갖추고 있다. 첫째는 주자성성住自性性이고, 둘째는 인출성引出性이며, 셋째는 지득성至得性이다. 『기』에서 말하였다. 주자성성은 도전道前의 범부의 지위이고, 인출성은 발심 이후의 지위에서부터 궁극적으로는 유학有學의 성자의 계위이며, 지득성은 무학無學의 성자의 계위이다.(三種佛性者。應得因中。具有三性。一住自性性。二引出性。三至得性。記曰。住自性者。謂道前凡夫位。引出性者。從發心以上。窮有學聖位。至得性者。無學聖位。)"라고 하였다.

698 『佛性論』 권2(T31, 795c)에서 "여래장의 뜻에 세 가지가 있다. 첫째는 소섭장所攝藏이고, 둘째는 은부장隱覆藏이며, 셋째는 능섭장能攝藏이다. 소섭을 장이라고 한 것은 부처님께서 주자성여여住自性如如에 의거하여 일체중생이 여래장이라고 설한 것이다. 은부를 장이라고 한 것은 여래가 저절로 숨어서 나타나지 않는 것이다. 능섭을 장이라고 한 것은 과지果地의 갠지스강의 모래알보다 많은 공덕을 모두 갖추고 있는 것이다."라고 하였다.

699 『寶性論』 권1(T31, 813c) 등을 비롯하여 전체적으로 여래장에 대한 가르침을 설한 것을 지칭하는 것 같다.

700 『玄樞』(T56, 575b).

701 『合部金光明經』(T16, 364a).

處心。金剛之心。如來之心。而悉顯現。無量無邊。如來妙法。皆悉顯現。

소 첫째는 "초심을 일으키는 것"이니 십신이다. 둘째는 "수행하는 도중의 마음"이니 십해와 십행이다. 셋째는 "불퇴지의 마음"이니 십회향에서 십지까지이다. 넷째는 "일생보처의 마음"이다. 제10지에 나아가서 열 가지 법이 있다. 『화엄경』에서 밝힌 것과 같다. 앞의 일곱 가지 법은 아직 다시 여러 생을 경유해야 하고 나중의 세 가지 법은 한 번만 태어나면 성불하니, 이것이 그 법이다.【제10지에 세 가지 상이 있다. 들어가는 것이고 일으키는 것이며 끝에 이르는 것이다. 성불을 부분적으로 얻는 것을 '일생보처의 마음'이라고 한다. 원효도 입장이 동일하다. 그런데 『기신론』의 세 가지 마음에 의지하여 '초발심'을 풀이하였다.702]703

一發初心。是十信。二修行中心。十解十行。三不退心。十迴訖十地。四一生補處心。就第十地。自有十法。如華嚴所明。前七法。猶更經生。後三法。一生得佛。是其法。【第十地。有三相。謂入起於後。分得成佛。名爲一生補處心。曉同。而依起信三種之心。釋初發心。】

소 원효가 말하였다. "『과거현재인과경』에서 '선혜보살善慧菩薩은 공덕과 수행을 원만하게 갖추어서 십지의 지위에 올랐고 일생보처의 지위에 도달하여 일체종지一切種智704에 근접하였으며 도솔천에 태어나서 이름을 성선백聖善白이라 하였다. (그곳에서 모든 중생을 위해 설법하고 때가 되

---

702 『大乘起信論』(T32, 580b)에서 "대략 발심發心을 말하면 세 가지가 있으니, 어떤 것이 세 가지인가? 첫째는 신성취발심信成就發心이요, 둘째는 해행발심解行發心이요, 셋째는 증발심證發心이다."라고 한 것을 가리키는 것 같다.
703 『玄樞』(T56, 575c).
704 일체종지一切種智 : 일체를 두루 아는 지혜. 오직 부처님만 갖추고 있는 것이기 때문에 불지佛智라고도 한다.

자 이 세상에 내려와 가비라패도국迦毘羅旆兜國[705] 백정왕白淨王[706]과 마야부인摩耶夫人[707]의 아들로 태어났다.)'[708]라고 하였다. 상고하여 말한다. 불도를 이루기 위해 태어났던 것과 지금 (도솔천에) 태어난 것을 제외하고 한 번의 태어남이 남아 있다. 한 번만 태어나고 나면 다음에 부처님을 잇는 후보의 지위에 이르기 때문에 일생보처보살이라고 한다."[709]

曉云. 因果經言. 善慧菩薩. 功行滿足. 位登十地. 在一生補處. 延[1]一切種. 生兜率天. 名聖善白. 案云. 除成道生及今受生. 餘在一生. 一生受已. 次補佛處. 故名一生補處菩薩.[2]

1) ㉢『過去現在因果經』에 따르면 '延'은 '近'이다. 2) ㉢ 이것은 집일문 전체가 세주이다.

경 이 법신에 의지하여 생각하고 의론할 수 없는 마하삼매摩訶三昧가 나타날 수 있고, 이 법신에 의지하여 일체의 큰 지혜(大智)가 나타날 수 있다. 그러므로 두 가지 몸은 삼매에 의지하고 지혜에 의지하여 나타날 수 있다. 이와 같은 법신은 자체自體에 의지하니 영원하다고 설하고 진실하다고 설한다. 큰 삼매(大三昧, 마하삼매)에 의지하기 때문에 즐겁다고 설하고, 큰 지혜에 의지하기 때문에 청정하다고 설한다. 그러므로 여래는 영원히 머물고 자재하며 안락하고 청정하다. 대삼매에 의지하여 모든 선정과 수능엄정首

---

705 가비라패도국迦毘羅旆兜國 : '가바리패도'는 ⓢ Kapilavastu의 음역어로 가비라위迦毘羅衛·가비라가라라고도 한다. 의역어는 묘덕성妙德城·황두거처黃頭居處이다. 부처님 재세 시 중인도에 있던 석가족의 나라로 석가모니불께서 이 나라에서 탄생하였다.
706 백정왕白淨王 : '백정'은 ⓢ Śuddhodana의 의역어. 정반왕淨飯王이라고도 한다. 석가족의 나라인 가비라위국의 왕이고 석가모니불의 아버지이다.
707 마야부인摩耶夫人 : '마야'는 ⓢ Māyā의 음역어. 석가모니불의 생모. 천비성天臂城 선견왕善見王의 딸로 정반왕과 결혼하여 석가모니불을 낳은 후 7일 만에 죽었다.
708 『過去現在因果經』권1(T3, 623a).
709 『玄樞』(T56, 575c).

楞嚴定[710] 등과 모든 염처念處와 대법념처大法念處 등과 대자大慈와 대비大悲와 모든 다라니와 모든 육신통과 모든 자재함과 모든 법을 평등하게 섭수하는 것을 이루니, 이와 같이 불법이 모두 나타난다.[711]

依此法身。不可思議摩訶三昧。而得顯現。依此法身。得現一切大智。是故二身。依於三昧。依於智慧。而得顯現。如此法身。依於自體。說常說實。依大三昧。故說於樂。依於大智。故說清淨。是故如來。常住自在安樂清淨。依大三昧。一切禪定。首楞嚴等。一切念處。大法念等。大慈大悲。一切陀羅尼。一切六神通。一切自在。一切法平等攝受。如是佛法。皆悉出現。

소 원효가 말하였다. "선정(마하삼매)에 의지하여 화신을 나타낸다는 것은 선정의 자재한 힘으로 여러 가지 모습을 나타내기 때문이다. 지혜(큰 지혜)에 의지하여 응신을 나타낸다는 것은 큰 지혜의 힘으로 말미암아 정각의 모습을 나타내기 때문이다."[712]

曉云。依定現化者。以定自在力。現種種相故。依智現應者。由大智慧力。現正覺相故。[1)]

1) ㉮ 이것은 집일문 전체가 세주이다.

---

710 수능엄정首楞嚴定 : '수능엄'은 Ⓢ śūraṃgama의 음역어로 건행健行·용건勇健이라 의역하고, '정'은 Ⓢ samādhi의 의역어이다. '수능엄'이란 견고하게 제법을 거두어 지니는 것을 의미한다. 보살이 이 삼매에 머물면 마치 위대한 장군이 병력의 크기와 강약을 두루 아는 것처럼, 모든 삼매의 행상行相의 많고 적음과 얕고 깊음을 분명히 인식할 수 있다. 또한 전륜성왕이 군대를 이끌고 모든 적을 물리치는 것처럼 모든 번뇌를 물리쳐 그것에 의해 무너지는 일이 없다.
711 『合部金光明經』(T16, 364a).
712 『玄樞』(T56, 576a).

소 원효가 말하였다. "진실한 것과 자재한 것은 모두 아덕我德이다. 그런데 법아法我[713]를 상대하기 때문에 진실의 뜻을 설한다. 만약 인아人我[714]를 상대한다면 자재의 뜻을 설한다."[715]

曉云。眞實自在。俱是我德。然對法我。說眞實義。若對人我。說自在義也。[1)]
1) ㉭ 이것은 집일문 전체가 세주이다.

소 원효가 말하였다. "('수능엄'은) 건행健行이라 의역한다. 『대품반야경』에서 백팔삼매를 설하면서 설한 것[716]과 같다. 하나의 사례를 들어서 나머지를 포괄하였기 때문에 '등'이라고 하였다."[717]

曉云。此云健行。如大品百八三昧中說。擧一例餘。故名爲等。[1)]
1) ㉭ 이것은 집일문 전체가 세주이다.

소 원효가 말하였다. "중도의 실상이 모든 극단을 여의어 매우 깊고 광대한 것을 '대법'이라고 한다. 이 법을 생각하기 때문에 '대법념'이라 한다. 『대살차니건자소설경』에서 '법념처를 관찰하여 단멸한다는 견해와 상주한다는 견해에 집착하지 않고 중도를 행한다.'[718]라고 하고 그 밖에 자세하게 설한 것과 같기 때문이다."[719]

曉云。中道實相。離一切邊。甚深廣大。名爲大法。念此法故。名大法念。如

---

713 법아法我 : 법이 실체로서 존재한다고 집착하는 것을 가리킨다.
714 인아人我 : 사람이 실체로서 존재한다고 집착하는 것을 가리킨다.
715 『玄樞』(T56, 576a).
716 『大品般若經』 권3(T8, 237c).
717 『玄樞』(T56, 576c).
718 『大薩遮尼乾子所說經』 권7(T9, 349b).
719 『玄樞』(T56, 576c).

薩闍[1]尼健子經云。觀法念處。不著斷常。行中道故。乃至廣說。[2]

1) ㉠ '闍'는 '遮'인 것 같다. 2) ㉠ 이것은 집일문 전체가 세주이다.

소 열 번째는 "모든 법을 평등하게 섭수한다."라는 것이다. 자신의 이익을 얻고 아공과 법공을 깨달아 일체를 평등하게 섭수하는 것이다. 자세한 것은 원효의 소에서 설한 것과 같다. 혜소는 세 가지 설이 있다고 하고 두 번째에서 이것을 취하였다.[720] [721]

十一切法平等攝受。自利空空。廣如曉疏。沼有三說。第二取之。

경 이러한 큰 지혜에 의지하여 부처님의 큰 십력十力[722]·사무소외四無所畏[723]·사무애변四無礙辯[724]·백팔십불공법과 모든 희유하여 생각으로 헤

---

[720] 혜소의 『金光明最勝王經疏』 권3(T39, 224a)에서 세 가지 설을 제시하면서 두 번째에서 "혹은 '일체법평등一切法平等'이라는 것은 단지 모든 선정의 품과 일체의 공덕법을 평등하게 섭수하는 것이라고 할 수도 있다.(或可。一切法平等者。但諸定品。一切功德法。平等攝受。)"라고 하였는데, 이것이 원효의 설이라는 말인 것 같다.

[721] 『玄樞』(T56, 576c).

[722] 십력十力 : 오직 부처님만 갖추고 있는 열 가지 지혜의 힘. 첫째는 처비처지력處非處智力이니 이치에 맞는 것과 이치에 맞지 않는 것을 아는 것이다. 둘째는 업이숙지력業異熟智力이니 어떤 업이 어떤 이숙과異熟果를 초래하는지를 아는 것이다. 셋째는 정려해탈등지등지지력靜慮解脫等持等至智力이니 온갖 정려의 자성과 명칭 등을 여실히 아는 것이다. 넷째는 근상하지력根上下智力이니 중생이 가진 근품根品의 차별과 그에 따른 과보의 크고 작음을 여실히 두루 아는 것이다. 다섯째는 종종승해지력種種勝解智力이니 모든 중생이 향수하려는 희喜·낙樂의 차별을 여실히 아는 것이다. 여섯째는 종종계지력種種界智力이니 온갖 법성의 차별을 여실히 아는 것이다. 일곱째는 변취행지력遍趣行智力이니 모든 중생이 자신이 지은 유루행有漏行과 무루행無漏行에 의해 그 과보로서 도달하게 될 곳을 여실히 아는 것이다. 여덟째는 숙주수념지력宿住隨念智力이니 자신과 타인의 과거세를 여실히 아는 것이다. 아홉째는 사생지력死生智力이니 중생들이 죽고 태어나는 때와 미래에 자신이 지은 과보에 따라 태어나는 곳, 태어나는 양태(미추美醜·빈천貧賤 등)를 여실히 아는 것이다. 열째는 누진지력漏盡智力이니 모든 번뇌를 다 끊어 없애 다시는 태어나지 않음을 여실히 아는 것이다.

아릴 수 없는 법이 모두 나타난다. 비유하면 여의보주如意寶珠에 의지하여 한량없고 가없는 여러 가지의 모든 보배를 내어 모두 나타나게 할 수 있는 것과 같다. 이와 같이 큰 삼매라는 보배에 의지하고 큰 지혜라는 보배에 의지하여 여러 가지의 한량없고 가없는 모든 부처님의 미묘한 법이라는 보배를 나타낼 수 있다.[725]

依此大智。佛大十力。四無所畏。四無礙辯。一百八十不共之法。一切希有不可思議法。皆悉顯現。譬如依如意寶珠。出無量無邊種種諸寶。悉皆得現。如是依大三昧寶。依大智慧寶。出種種無量無邊諸佛妙法之寶。

---

723 사무소외四無所畏 : 오직 부처님만 갖추고 있는 네 가지 측면에서의 두려움 없음을 일컫는 말. 첫째는 제법현등각무외諸法現等覺無畏(一切智無所畏·正等覺無畏·等覺無畏)이니 모든 법을 바르게 깨달았음을 선언함에 어떤 두려움도 없는 것이다. 둘째는 일체누진지무외一切漏盡智無畏(漏永盡無畏·漏盡無所畏·流盡無畏)이니 모든 번뇌를 다하였음을 선언함에 어떤 두려움도 없는 것이다. 셋째는 장법불허결정수기무외障法不虛決定授記無畏(說障法無畏·說障道無所畏·障法無畏)이니 장애가 되는 법의 부류를 설함에 그 설법으로 인해 비난 받을 일이 생겨날 것을 두려워하지 않는 것이다. 넷째는 위증일체구족출도여성무외爲證一切具足出道如性無畏(說出道無畏·說盡苦道無所畏·出苦道無畏)이니 세간을 벗어나는 도리를 설함에 두려움이 없는 것이다.

724 사무애변四無礙辯 : 법무애변法無礙辯·의무애변義無礙辯·사무애변辭無礙辯·변무애변辯無礙辯을 가리킨다. 사무애지四無礙智·사무애해四無礙解 등이라고 한다. 자유자재하고 걸림이 없는 네 가지의 이해 능력(智解)과 언어 구사 능력(辯才). 어느 측면으로 보나 모두 지혜를 본질로 하기 때문에 '사무애지'라 하고, 이해하는 능력으로 말할 경우 '사무애해'라 하며, 상대와 상황에 따라 자유롭게 언어로 표현하는 능력으로 말하면 '사무애변'이라 한다. 또한 중생을 교화하는 네 가지 법이기 때문에 사화법四化法이라고도 한다. 제9지인 선혜지善慧地(미묘한 사무애해를 성취하여 시방에 두루 미치도록 뛰어나게 법을 설하는 지위)에서 성취하는 지혜로 간주된다. 법무애는 명신名身(단어)·구신句身(문장)·문신文身(낱낱의 글자) 등을 소연所緣(대상)으로 하는 걸림이 없는 지혜를 가리킨다. 의무애는 소전所詮(언어에 담겨진 뜻)의 의義(의미)를 소연으로 하는 걸림이 없는 지혜를 가리킨다. 사무애는 모든 종류의 언사를 소연으로 하는 걸림이 없는 지혜를 가리킨다. 변무애는 바른 이치에 의거하여 중생의 근기에 맞추어 걸림이 없이 자유자재하게 설법할 수 있는 지혜를 가리킨다.

725 『合部金光明經』(T16, 364a).

소 원효가 말하였다.

曉云。

"여러 형태로 '불공불법_{不共佛法}(불공법)'을 세웠는데 여기에 세 품이 있다. 첫째는 십팔불공이고, 둘째는 백사십불공이며, 셋째는 백팔십불공이다.

然諸建立不共佛法。有其三品。一十八不共。二一百四十。三一百八十。

(첫 번째로 십팔불공에서) '십팔'이라는 것은 또한 두 문이 있다. 첫째는 십력과 사무외四無畏와 대비와 삼념처三念處[726]이니, 이것을 십팔불공불법이라고 한다.[727] 둘째는 몸에 과실이 없는 것, 입에 과실이 없는 것, 뜻에 과실이 없는 것 내지는 과거를 통달하여 아는 것, 미래를 통달하여 아는 것, 현재를 통달하여 아는 것이다.[728]

---

726 삼념처三念處: 삼념주三念住라고도 한다. 부처님께서 자비심으로 중생을 교화할 때 항상 세 가지 생각에 머물러 근심과 환희의 정념情念이 없는 것. 첫 번째 염주念住는 중생이 부처님을 믿고 받아들여 실천해도 부처님은 환희하는 마음을 내지 않고 항상 정념正念·정지正智에 머무는 것이다. 두 번째 염주는 중생이 부처님을 믿지 않고 받아들여 실천하지 않아도 부처님은 근심하는 마음을 내지 않고 항상 정념·정지에 머무는 것이다. 세 번째 염주는 어떤 중생은 부처님을 믿고 어떤 중생은 부처님을 믿지 않는 것을 알아도 부처님은 환희하거나 근심하는 마음을 내지 않고 정념·정지에 머무는 것이다.

727 『俱舍論』권27(T29, 140a)에서 제시한 것을 참조할 것. 이것은 소승의 십팔불공법으로 일컬어진다.

728 『大品般若經』권4(T8, 255c)·『大乘義章』권20(T44, 870b)에 따르면 다음과 같다. 첫 번째 여섯 가지는 몸에 과실이 없는 것이고, 입에 과실이 없는 것이며, 뜻에 과실이 없는 것이고, 중생에 대해 원수이거나 친한 사람이라는 차별상을 갖지 않는 것(無異想)이며, 선정의 마음이 아닌 적이 없는 것(無不定心)이고, 사수捨受를 알지 못함이 없는 것(無不知已捨)이다. 두 번째 여섯 가지는 중생을 구제하려는 욕망이 감소하지

言十八者。亦有二門。一者十力四無畏大悲三念處。是爲十八不共佛法。二
者身口意無過失。乃至去來今邊通達。

　두 번째로 백사십불공이라는 것은 다음과 같다.『유가사지론』「보살지』
에서 '삼십이상三十二相, 팔십수호八十隨好, 네 가지의 모든 것이 청정한
것(四一切種淸淨),729 십력, 사무외, 삼념주三念住(삼념처), 삼불호三不護,730
대비大悲, 잊어버리는 일이 없이 항상 정념에 머무는 것(無忘失法), 습기를
영원히 손상시켜 없앤 것, 모든 종류의 미묘한 지혜이다.'731라고 하였다.
　이와 같은 두 과목과 관련하여 자세한 것은『대승의장』권20에서 십팔
불공법과 백사십불공법의 뜻을 설한 것732과 같다. '네 가지의 모든 것이
청정한 것'은 뒤에서 서술한 것733과 같다. 또『대승의장』권18에서 삼불호
의 뜻과 삼념처의 뜻과 네 가지의 모든 것이 청정한 것의 뜻과 사무외의

않는 것(欲無減)이고, 중생을 제도하기 위해 정진함이 감소하지 않는 것(精進無減)이
며, 삼세에 걸친 부처님의 법을 생각하고 지님이 감소하지 않는 것(念無減)이고, 지
혜가 감소하지 않는 것(智慧無減)이며, 모든 번뇌를 벗어나 해탈을 얻고 그 내용에
감소함이 없는 것(解脫無減)이고, 일체의 해탈상解脫相을 분명히 아는 것에 장애가
없음이 감소하지 않는 것(解脫知見無減)이다. 세 번째 여섯 가지는 모든 신업身業이
지혜를 따라서 행하는 것(身業隨慧行)이고, 모든 구업이 지혜를 따라서 행하는 것(口
業隨慧行)이며, 모든 의업이 지혜를 따라서 행하는 것(意業隨慧行)이고, 과거를 아는
데 걸림이 없는 것(知過去無礙)이고, 현재를 아는 데 걸림이 없는 것(知現在無礙)이
고, 미래를 아는 데 걸림이 없는 것(知未來無礙)이다. 이것은 대승의 십팔불공법으로
일컬어진다.
729 네 가지의 모든 것이 청정한 것 : 소의所依(몸)가 청정한 것, 소연所緣(경계)이 청정
한 것, 마음이 청정한 것, 지혜가 청정한 것을 말한다.
730 삼불호三不護 : 몸과 입과 마음을 방호하지 않아도 저절로 청정하여 허물이 생기지
않는 것이다.
731 『瑜伽師地論』권38(T30, 499a).
732 『大乘義章』권20(T44, 870b).
733 『大乘義章』권20(T44, 874c)에서 "'네 가지에 있어서 모든 것이 청정한 것'이란 몸이
청정한 것이고 마음이 청정한 것이며 경계가 청정한 것이고 지혜가 청정한 것이다."
라고 하였다.

뜻을 (비롯하여 백사십불공법을) 서술한 것[734]과 같다.

第二百四十不共者。菩薩地云。三十[1]相。八十隨好。四一切種淸淨。十力。
四無畏。三念住。三不護。大悲。無忘失法。永寂[2]習氣。及一切種妙智。如
是兩科。廣如義章第二十。十八不共及百四十不共法義。然四一切種如下
述。又如義章第十八。三不護義。三念處義。四一切種淨義。四無量[3]義。

1) ⑨『瑜伽師地論』에 따르면 '十' 뒤에 '二'가 누락되었다. 2) ⑨『瑜伽師地論』에 따르면 '寂'은 '害'이다. 3) ⑨『大乘義章』에 따르면 '量'은 '畏'인 것 같다.

세 번째로 백팔십불공이라는 것은 『무상의경』 권하에서 '부처님께서 아난에게 말씀하셨다. 백팔십불공법이 있으니 이것은 여래의 뛰어나고 미묘한 공덕이다. 첫째는 삼십이상이고, 둘째는 팔십종호이며, 셋째는 육십팔법이다.'[735]라고 하였다.

상고하여 말한다. 이 세 문(삼십이상과 팔십종호와 육십팔법)을 합하면 180가지가 된다. '육십팔법'이라는 것은 앞에서 서술한 것과 같은 두 가지 십팔불공법을 합하여 36가지가 되고, 또한 32가지의 홀로 얻는 법이 있으니 앞의 것(36가지)을 채워서 합하면 육십팔법이 된다.

第三百八十者。無上依經下云。佛告阿難。有一百八十不共之法。此是如
來殊勝功德。一三十二相。二八十種好。三六十八法。案云。合此三門。爲
百八十。六十八法者。如前兩重十八不共爲三十六。又有三十二獨得法。足
前合爲六十八法。

'32가지의 홀로 얻는 법'이라는 것은 그 경에서 말한 것과 같다.

---

734 『大乘義章』 권18(T44, 831a).
735 『無上依經』 권하(T16, 473c).

三十二種獨得法者。如彼經說。

여래만이 홀로 얻는 뜻대로 자재한 첩질통捷疾通이 첫째이다. 여래만이 홀로 얻는 가없는 변화신통變化神通이 둘째이다. 한량없고 다함이 없는 성신통처聖神通處가 셋째이다. 여래만이 홀로 얻는 마음의 자재법自在法이 넷째이다. 자재하고 가없는 지타심통知他心通이 다섯째이다. 자재하고 걸림이 없는 천이신통天耳神通이 여섯째이다. 무색계無色界[736] 중생의 종류의 차이를 아는 것이 일곱째이다. 성자인 대중이 반열반한 이후의 일을 통달하는 것이 여덟째이다. 지혜가 뛰어나서 확정적으로 답할 수 없는 일(不定答)이 있음을 명료하게 아는 것[737]이 아홉째이다. 대

---

[736] 무색계無色界 : 윤회의 세계를 셋으로 나눈 것(三界 : 欲界·色界·無色界) 중 하나. 무색천無色天·무색행천無色行天이라고도 한다. 오온五蘊 중에서는 색온色蘊 이외의 수온·상온·행온·식온의 네 가지 온만으로 구성되는 세계이고, 십팔계 중에서는 의계意界와 의식계意識界와 법계法界의 세 가지 계만으로 구성되는 세계이다. 실제로 색법이 없으므로 공간 또한 없어 상·하 등의 차이는 없지만 과보의 차이에 따라 네 단계로 나누고 공간이 있는 것과 같이 처處라는 이름을 붙인다. 무색계에 속하는 처는 공무변처空無邊處·식무변처識無邊處·무소유처無所有處·비상비비상처非想非非想處이다.

[737] 『金光明最勝王經疏』권3(T39, 225c)에서는 동일한 경을 인용하면서 "지혜가 명료하여 확정적으로 답하지 않는 일이 있지 않는 것이 아홉이다.(智慧明了無有不定答。九也。)"라고 하였는데, 이것에 의거하면 현재의 내용과 뜻이 다르다. 또한 『十住毘婆沙論』 권10(T26, 71c)에서 사십불공법을 설하면서 "열 번째는 확정적으로 답변할 수 없는 일을 잘 아는 것이다.(十善知不定事。)"라고 하였는데, 전체적인 취지가 현재의 내용과 동일한 것으로 보인다. 따라서 본문은 이것에 의거하여 번역하였다. 그 구체적인 사례는 『十住毘婆沙論』권11(T26, 78b)에서 "그대는 파련불성巴連弗城이 파괴된 것과 관련하여 (부처님께서) 정확하게 말하지 않았는데 (만약 일체지를 지닌 사람이라면 그렇게 하지 말았어야 하는데 그렇게 했으니 일체지를 지닌 사람이 아니라고 비판하였는데) 이것에 대해 지금 답변할 것이다. 이 성이 파괴된 인연은 정해져 있지 않았다. 인연이 정해지지 않았는데 확정적으로 말한다면 이것이 바로 잘못된 것이다. 또한 내가 앞에서 설한 40가지 불공법 가운데 모든 부처님께서는 확정적으로 답할 수 없는 일을 잘 안다고 하였으니 이러한 비난은 받아들일 수 없다.(汝言疑說巴連弗城壞耶。今當答。是城破因緣不定。不定因緣而定說者。是則爲過。又我先說四十不共法中。諸佛善知不定答者。則不受此難。)"라고 한 것을 참조할 것.

바라밀大波羅蜜을 훌륭하게 행하고 질문에 답할 수 있는 것이 열째이다. 분별하여 설법함에 과실이 있지 않은 것이 열한 번째이다. 중생을 깨우치도록 교화하면서 헛되이 지나치는 일이 없는 것이 열두 번째이다. 여래만이 가장 뛰어나게 인도하는 수장인 것이 열세 번째이다. 여래만이 누구도 해치고 제거할 수 없는 것이 열네 번째이다. 여래만이 금강삼매金剛三昧를 얻을 수 있는 것이 열다섯 번째이다. 모든 법의 색도 아니고 심心도 아닌 심불상응心不相應을 여래는 두루 분명하게 아는 것이 열여섯 번째이다. 걸림이 없는 해탈을 얻는 것이 열일곱 번째이다. 삼불호법을 얻는 것이 열여덟 번째이다. 습기를 끊어 없애는 것이 열아홉 번째이다. 일체종지一切種智를 얻는 것이 스무 번째이다. 여래만이 홀로 금강취신金剛聚身을 얻는 것이 스물한 번째이다. 일찍이 작의作意하지 않고 모든 일을 성취하는 것이 스물두 번째이다. 모든 상相이 처處와 상응하여 분명하고 청정함을 완전히 갖춘 것이 스물세 번째이다. 기별記別을 주는 것이 확정적이지 않음이 없는 것이 스물네 번째이다. 승부심勝負心을 가진다고 해도 부처님이 허락하지 않으면 부처님을 만날 수 없는 것이 스물다섯 번째이다. 일체의 뛰어나고 미묘한 법륜을 굴리는 것이 스물여섯 번째이다. 중생의 짐을 책임지고 무거운 짐을 버려 줄 수 있는 것이 스물일곱 번째이다. 반열반하고 나중에 다시 마음을 일으키는 것이 스물여덟 번째이다. 여래만이 인因을 닦음이 원만하여 남음이 없는 것이 스물아홉 번째이다. 여래만이 과果를 생기함이 원만하여 남음이 없는 것이 서른 번째이다. 여래만이 다른 사람을 이익 되게 하는 일이 원만하여 남음이 없는 것이 서른한 번째이다. 여래만이 변재辯才가 다함이 없는 것이 서른두 번째이다. 여래만이 일체법을 설한 것이 모두 이치와 같은 것이 서른세 번째이다.[738]

---

[738] 『無上依經』 권하(T16, 475c).

如來獨得。如意自在。捷疾通。一也。如來獨得。無有邊際。變化神通。二也。無量無盡。望[1]神通處。三也。如來獨得。心自在法。四也。自在無邊。智[2]他心通。五也。自在無礙。天耳神通。六也。智[3]無色界衆生種別。七也。通達聖衆般涅槃位。[4] 八也。智慧明了。有不定答。九也。六[5]波羅蜜善能答問。十也。分別說法。無有過失。十一也。開化衆生。無有空過。十二也。如來獨得。第一導首。十三也。如來獨法。[6] 不可寂[7]滅。十四也。如來獨得。金剛三昧。十五也。一切諸法。非色非心。心不相應。如來至智。[8] 十六也。無礙解脫。十七也。三不護法。十八也。斷滅習氣。十九也。一切種智。二十也。如來獨得。金剛聚身。二十一也。未曾作意。一切事成。二十二也。一切諸相。與處相應。明淨具足。二十三也。所授記別。無有不定。二十四也。於勝負心。佛不詳。[9] 不得見佛。二十五也。轉一切勝妙法輪。二十六也。荷負衆生。能捨重擔。二十七也。入般涅槃。後更起心。二十八也。如來獨得。修因圓滿無解。[10] 二十九也。如來獨得。生果圓滿無解。[11] 三十也。如來獨得。利益他事。圓滿無餘。三十一也。如來獨得。辯才無盡。三十二也。如來獨得。一[12]切法。悉皆如理。三十三也。

---

1) ㉣ 『無上依經』에 따르면 '望'은 '聖'이다. 2) ㉣ 『無上依經』에 따르면 '智'는 '知'이다. 3) ㉣ 『無上依經』에 따르면 '智'는 '知'이다. 4) ㉣ 『無上依經』에 따르면 '位'는 '後'이다. 5) ㉣ 『無上依經』에 따르면 '六'은 '大'이다. 6) ㉣ 『無上依經』에 따르면 '法'은 '得'이다. 7) ㉣ 『無上依經』에 따르면 '寂'은 '害'이다. 8) ㉣ 『無上依經』에 따르면 '智'는 '知'이다. 9) ㉣ 『無上依經』에 따르면 '詳'은 '許可'이다. 10) ㉣ 『無上依經』에 따르면 '解'는 '餘'이다. 11) ㉣ 『無上依經』에 따르면 '解'는 '餘'이다. 12) ㉣ 『無上依經』에 따르면 '一' 앞에 '說'이 누락되었다.

상고하여 말한다. 홀로 얻는 법의 숫자는 비록 서른세 가지이지만 과덕 果德을 취하면 오직 서른두 가지일 뿐이니, '(스물아홉에서) 인을 닦음이 원만한 것'은 과로써 얻은 것이 아니기 때문이다. 단지 인과를 상대하여 서로 이어서 제시한 것일 뿐이다. 그러므로 (실제로는 32가지이기 때문에 통틀어서) 백팔십법을 넘어서지 않는다. 또한 여러 구절에서 모두 '여

래만이 홀로 얻은 것'이라는 말이 있는데 단지 지금은 번거로운 것을 덜어 내고 간략하게 가려냈을 뿐이다. 또한 경의 본문에는 '첫째이다', '둘째이다'라는 숫자는 없다. 지금 분별을 명확하게 하기 위하여 숫자를 더하였다."[739]

案云。獨得之數。雖三十三。若取果德。唯三十二。以修因滿。非果得故。但因果相對。相承擧耳。所以不過一百八十。又諸句中。皆有如來獨得之言。但今刊繁略抄之耳。又經文中。無一二數。今爲分別明。故加數也。

소 원효가 말하였다. "생각으로 헤아릴 수 없는 법을 희유한 법이라 한다. 『신력입인법문경』에서 설한 것[740]과 같다."[741]

曉云。不思議法名希法。如信力入印經。[1]

1) ㉭ 이것은 집일문 전체가 세주이다.

경 선남자여, 이와 같이 법신의 삼매와 지혜는 일체의 상을 넘어서고 상에 집착하지 않으며 분별할 수 없고 영원한 것도 아니고 단멸하는 것도 아니니 이것을 중도라고 한다. 비록 분별이 있다고 해도 체에는 분별이 없다. 비록 세 가지라는 숫자는 있지만 세 가지 체는 없다. 증가하지도 않고 감소하지도 않으니 꿈과 같고 허깨비와 같다. 또한 집착할 것도 없고 집착하는 이도 없다. 법체法體(법신이라는 체)는 여여如如하니 해탈한 그 자리이고 죽음이라는 왕의 경계를 넘어서고 생사의 어둠을 넘어선 것이다. 일체의 중생

---

739 『玄樞』(T56, 576c).
740 본 경의 특정 문장을 가리키는 것이기보다는 『信力入印法門經』(T10, 953b)에서 부처님의 불가사의의 경계, 불가사의한 해탈삼매, 불가사의한 일 등을 두루 밝힌 것을 참조할 것을 권한 것으로 보인다.
741 『玄樞』(T56, 577b).

이 수행할 수 없고 도달할 수도 없는 것이다. 모든 부처님과 보살이 머무는 곳이다.[742]

善男子。如是法身。三昧智慧。過一切相。不著於相。不可分別。非常非斷。是名中道。雖有分別。無體分別。雖有三數。而無三體。不增不減。猶如夢幻。亦無所執。亦無能執。法體如如。是解脫處。過死王境界。越生死闇。一切衆生。不能修行。所不能至。一切諸佛菩薩之所住處。

소 원효가 (말하였다.) "두 가지 설이 있다. 하나는 비록 선정과 지혜가 있어도 체를 증가시키지 않고 비록 세 가지 체가 없다고 해도 덕을 감소시키지 않기 때문에 '증가하지도 않고 감소하지도 않으니'라고 하였다. 뒤의 설은 그곳에서 설한 것[743]과 같다."[744]

曉有二說。一云。雖有定慧。不增於體。雖無三體。不減於德。故言不增不減。後說如彼。[1]

1) ㉠ 이것은 집일문 전체가 세주이다.

소 원효 법사가 말하였다. "법체는 여여하니 모든 속박을 끊었고 어떤 덕도 갖추지 않음이 없기 때문에 '해탈한 그 자리이고'라고 하였다."[745]

『주금광명최승왕경』

---

742 『合部金光明經』(T16, 364a).
743 전후 문맥상 『玄樞』의 앞에서 설한 것과 중복을 피하기 위해 별도로 제시하지 않은 것 같다. 이 글은 세주인데, 해당 본문에서 "셋째, 증가하지도 않고 감소하지도 않는 것은 작용이 불가설임을 밝힌 것이다. 증가하지 않음을 말할 수 없고 감소하지 않음을 말할 수 없다는 것이다.(三不增不減明用不可說。不可說不增。不可說不減)"라고 한 것을 가리키는 것 같다.
744 『玄樞』(T56, 5788a).
745 『註金光明最勝王經』(N4, 542b).

曉法師云。法體如如。離諸繫縛。無德不備故。曰是解脫處。【註金光明最勝王經】

소 원효 법사가 말하였다. "외도와 범부는 비록 온갖 행을 닦는다고 해도 법신의 원인을 행할 수 없다. 이승인은 비록 모든 번뇌(結)를 끊는다고 해도 법신의 과果에 도달할 수 없다. 그러므로 '일체의 중생이 수행할 수 없고 도달할 수 없는 곳이니'라고 하였다. 모든 부처님은 원만하게 증득하고 보살은 부분적으로 얻기 때문에 '모든 부처님과 보살이 머무는 곳이다.'라고 하였다."[746]【『주금광명최승왕경』】

曉法師云。外道凡夫。雖修衆行。而不能行法身之因。二乘人。雖斷諸結。而不能至法身之果。故言一切衆生不能修行所不能至。諸佛圓證。菩薩分得。故言一切諸佛菩薩之所住處。【註金光明最勝王經】

경 선남자여, 비유하면 어떤 사람이 금을 얻으려고 곳곳을 찾아다니다 바로 금광金礦을 발견하였다. 이미 발견하고 나서는 바로 광석鑛石을 파괴하고 금을 가려서 취하여 용광로에 넣어서 녹이고 단련시켜서 깨끗한 금을 얻었다. 마음대로 가공하여 여러 가지 귀고리와 팔찌와 여러 가지 장엄구를 만들었다. 비록 다시 여러 가지 작용을 가했어도 금의 성품은 바뀌지 않는 것과 같다.[747]

善男子。譬如有人。願欲得金。處處求覓。即見金礦。既得見已。即便破礦。選擇取金。以內爐中。加以銷治。得清淨金。隨意迴轉。作諸鐶釧釧。種種

---

746 『註金光明最勝王經』(N4, 543a).
747 『合部金光明經』(T16, 364a).

嚴具。雖復諸用。金性不改。

소 【원효는 (이 비유를) 여섯 가지[748]로 나누어서 해석하였다.】……【혜소가 말하기를 "예전의 해석에서 이 비유는 뒤의 수행에 속하는 것이라고 하였다. 수행을 밝힌 문장의 뒤에 자체적으로 비유가 있다. 그러므로 예전의 해석을 따르지 않는다."[749]라고 하였다.】 그곳(수행문)에서의 법과 비유는 자세하게 설한 것이고, 여기에서는 홑으로 비유하여 간략하게 나타낸 것이다. 그러므로 원효와 승장과 경흥은 모두 이 뜻에 수순하였다. 분별하여 알 수 있을 것이다.[750]

【曉開爲六。】…【沼云。古釋。此喩屬下修行。修行文下。自有譬喩。故不依古。】彼法喩廣釋。此單喩略標。故曉莊興。皆順此義。可別知之。

경 만약 선남자·선여인이 뛰어난 해탈을 구하고자 하여 세간의 선을 수행하고 여래와 제자들을 뵙고 가까이 하고 나서 부처님께 말씀드리기를 "세존이시여, 어떤 것이 선한 것이고 어떤 것이 선하지 않은 것입니까? 어떤 것이 바르게 수행하여 청정함을 얻고 청정하지 않음을 여의는 것입니까?"라고 했다고 하자. 모든 부처님·여래와 제자들은 이렇게 생각한다. '이 선남자와 선여인이 청정함을 구하고자 하고 바른 법을 듣고자 하는구나.' 이렇게 알고 나서 바로 바른 법을 설한다.

若善男子善女人。求勝解脫。修行世善。得見如來及弟子衆。得親近已。而白佛言。世尊。何者爲善。何者不善。何者正修行。而得清淨。離於不淨。諸

---

748 여섯 가지 : 금을 구하고자 하는 것, 금을 찾아다니는 것, 금광을 발견하는 것, 광석을 파괴하고 금을 얻는 것, 금을 정제하는 것, 금을 가공하는 것이다.
749 『金光明最勝王經疏』 권3(T39, 226c).
750 『玄樞』(T56, 578c).

佛如來及弟子衆。如是思惟。是善男子善女人。欲求淸淨。欲聽正法。如是知已。卽說正法。

이 선남자와 선여인은 바른 법을 듣고 나서 바르게 생각하고 기억하여 지니면서 발심하고 수행하여 정진의 힘을 얻어 나태함의 장애를 무너뜨린다. 나태함의 장애를 무너뜨리고 나서 일체의 죄업의 장애를 제거한다. 죄업의 장애를 무너뜨리고 나서 보살의 학처學處[751]를 존중하지 않는 장애를 무너뜨린다. 존중하지 않는 장애를 무너뜨리고 나서 도거심掉擧心(들뜬 마음)과 회심悔心(후회하는 마음)을 무너뜨린다.

是善男子善女人。已聞正法。正念憶持。發心修行。得精進力。破懶惰障。破懶惰障已。滅除一切罪障。破罪障已。於菩薩學處。破無尊重障。破無尊重障已。破掉悔心。

도거심과 회심을 무너뜨리고 나서 초지初地에 들어간다. 초지에 의지하여 이익장利益障[752]을 뽑아 없앤다. 이익장을 뽑아 없애고 나서 제2지에 들어간다. 제2지에 의지하여 불핍뇌곤고장不逼惱困苦障[753]을 무너뜨린다. 이 장애를 무너뜨리고 나서 제3지에 들어간다. 제3지에 의지하여 심연정장心軟淨障[754]을 무너뜨린다. 심연정장을 무너뜨리고 나서 제4지에 들어간다. 제4지에 의지하여 선방편장善方便障[755]을 무너뜨린다. 선방편장을 무너뜨

---

751 학처學處 : 계를 가리키는 말. 혹은 닦아야 할 일체의 법을 가리키는 말이기도 하다.
752 이익장利益障 : 중생을 이익 되게 하는 실천행을 장애하는 것. 보시를 행하여 중생을 이익 되게 함으로써 제거한다.
753 불핍뇌곤고장不逼惱困苦障 : 고통에 의해 끄달리지 않는 행을 장애하는 것. 계율을 수지하는 것에 의해 제거한다.
754 심연정장心軟淨障 : 마음에 일어난 미세한 번뇌가 청정함을 장애하는 것. 선정을 닦아서 제거한다.

리고 나서 제5지에 들어간다. 제5지에 의지하여 견진속장見眞俗障[756]을 무너뜨린다. 견진속장을 무너뜨리고 나서 제6지에 들어간다.

破掉悔心已。入於初地。依於初地。拔利益障。拔利益障已。得入二地。依於二地。破不逼惱困苦障。破此障已。入於三地。依此三地。破心軟淨障。破心軟淨障已。入於四地。依此四地。破善方便障。破善方便障已。入於五地。依此五地。破見眞俗障。破見眞俗障已。入於六地。

제6지에 의지하여 견행상장見行相障[757]을 무너뜨린다. 견행상장을 무너뜨리고 나서 제7지에 들어간다. 제7지에 의지하여 불견멸상장不見滅相障[758]을 무너뜨린다. 불견멸상장을 무너뜨리고 나서 제8지에 들어간다. 제8지에 의지하여 불견생상장不見生相障[759]을 무너뜨린다. 불견생상장을 무너뜨리고 나서 제9지에 들어간다. 제9지에 의지하여 육통장六通障[760]을 무너뜨린다. 육통장을 무너뜨리고 나서 제10지에 들어간다. 이 제10지에 의지하여 일체의 소지장所知障[761]을 무너뜨린다. 일체의 소지장을 무너뜨리고 나서

---

755 선방편장善方便障 : 훌륭한 방편을 장애하는 것. 생사와 열반에 머물지 않는 것을 방편이라고 한다. 보리분관菩提分觀을 닦아서 제거한다.
756 견진속장見眞俗障 : 진제와 속제가 서로 어긋나는 것이라고 집착하는 것을 말한다. 진제와 속제가 서로 수순하여 어긋나지 않는 것을 관찰함으로써 제거한다.
757 견행상장見行相障 : 행상行相을 보는 장애. 행상이란 생멸상生滅相이다. 이전 지위에서 비록 염정染淨을 분별하는 마음은 제거했지만 생멸상이 있음을 봄으로써 무상도無相道에 의해 생멸상을 보지 않는 경지에 도달하지 못한다.
758 불견멸상장不見滅相障 : 멸상滅相(無相)을 보지 않는 것을 장애하는 것. 곧 멸상에 집착하여 공용이 없는 무상묘관無相妙觀을 장애하는 것을 말한다.
759 불견생상장不見生相障 : 연생緣生의 상이 있음을 보지 않는 장애. 곧 중생이 있음을 보지 않음으로써 이타행을 실천하는 데 장애가 된다.
760 육통장六通障 : 육신통을 얻지 못하는 장애. 육신통은 제법에 대해 자유자재한 경지를 얻는 것이다.
761 소지장所知障 : 법집法執(法我見)으로 말미암아 발생하는 장애. 탐욕·분노·어리석음 등의 여러 번뇌에 의해 미혹됨으로써 보리의 묘지妙智를 장애하여 제법의 사상事

본심本心을 뽑아서 제거하고 여래지如來地에 들어간다.[762]

依此六地。破見行相障。破見行相障已。入於七地。依此七地。破不見滅相障。破不見滅相障已。入於八地。依此八地。破不見生相障。破不見生相障已。入於九地。依此九地。破六通障。破六通障已。入於十地。依此十地。破一切所知障。破一切所知障已。拔除本心。入如來地。

소 세 번째 단락에서 "세간의 선을 수행하고"라고 한 것은 복덕과 계와 선정과 보시 등의 외범外凡[763]의 선을 밝힌 것이다.【원효와 승장과 경흥이 따랐다.】[764]

三修行世善者。明福德戒定施等。外凡之善。【曉莊興依。】

소 원효가 말하였다. "초지에 (이르기 위해 끊어야 할) 두 가지 우치愚癡가 있다. 두 가지는 차례대로 도거심과 회심이다."[765]

曉云。初地二愚。二如次掉悔。[1)]

1) ㉭ 이것은 집일문 전체가 세주이다.

相과 실성實性을 알지 못하게 하는 것이다.
762 『合部金光明經』(T16, 364b).
763 외범外凡 : 견도見道 이전의 계위 중 하나. 불도를 수행하였으나 아직 바른 이치를 증견證見하지 못한 이를 범부라 하고, 바른 이치를 마주하여 서로 유사한 지해智解를 일으킨 이를 내범內凡이라 하며, 아직 서로 유사한 지해를 일으키지 못한 이를 외범이라 한다. 소승에서는 오정심五停心·별상념처別相念處·총상념처總相念處 등의 삼현위三賢位를 외범이라 하고, 난煖·정頂·인忍·세제일법世第一法 등의 사선근위四善根位를 내범이라 한다. 대승에서는 십신에 해당하는 복인위伏忍位를 외범이라 하고, 십주·십행·십회향 등의 삼현위를 내범이라 한다.
764 『玄樞』(T56, 578c).
765 『玄樞』(T56, 579b).

소 원효가 말하였다. "(십지를 설한 문장은 각 지마다) 모두 두 구절로 이루어졌다. 앞에서는 아래의 지위에서 장애를 조복시키는 것을 밝혔고, 뒤에서는 장애를 끊고 (다음의) 지위에 들어가는 것을 밝혔다."[766]

曉云。皆有二句。先下位伏障。後斷障入地。[1)]

1) ㉕ 이것은 집일문 전체가 세주이다.

소 또 22가지 우치愚癡[767]와 짝지어 여기에서 설한 여러 가지 장애를 풀이할 수 있다. 자세한 것은 원효의 소에서 설한 것과 같다.[768]

---

766 『玄樞』(T56, 579c).
767 22가지 우치愚癡 : 보살이 십지와 불지에서 대치해야 할 22가지 우치를 가리키는 말. 초지에서부터 제10지에 이르기까지 각 지에서 두 가지 우치를 끊어서 모두 20가지 우치가 있고, 마지막 불지佛地(여래지)에서 끊는 두 가지 우치가 있으니 합하여 22가지가 된다. 『成唯識論』권9(T31, 52c)에 따르면 각 지위에서 끊는 두 가지 우치는 다음과 같다. 초지에서는 아와 법에 집착하는 우치(執著我法愚)와 악취의 과보를 일으키는 번뇌에 잡염되는 우치(惡趣雜染愚癡)를 끊고, 제2지에서는 미세하게 탐닉하여 계를 범하는 우치(微細悞犯愚癡)와 여러 가지 업취業趣를 일으키고 그 업취를 알지 못하는 우치(種種業趣愚癡)를 끊으며, 제3지에서는 탐욕의 우치(欲貪愚癡)와 원만한 문지다라니聞持陀羅尼(부처님의 가르침을 듣고 그것을 기억하여 잊지 않는 것)를 장애하는 우치(圓滿聞持陀羅尼愚癡)를 끊고, 제4지에서는 등지等至(선정)에 애착하는 우치(等至愛愚癡)와 법에 애착하는 우치(法愛愚癡)를 끊으며, 제5지에서는 순전히 생사를 등지는 것에 마음을 기울이는 우치(純作意背生死愚癡)와 순전히 열반을 향하는 것에 마음을 기울이는 우치(純作意向涅槃愚癡)를 끊고, 제6지에서는 현재 생멸하는 유위법의 유전을 관찰하는 우치(現觀察行流轉愚)와 형상이 많이 현행하는 우치(相多現行愚癡)를 끊으며, 제7지에서는 미세한 모습이 현행하는 우치(細相現行愚)와 순전히 형상이 없음을 구하는 것에 마음을 기울이는 우치(純作意求無相愚)를 끊고, 제8지에서는 형상이 없는 것에 대해 작용을 짓고자 하는 우치(於無相作功用愚癡)과 형상에 대해 자재하는 것을 막는 우치(於相自在愚癡)를 끊으며, 제9지에서는 설해진 한량없는 법과 그것의 뜻을 모두 지녀서 자재한 것을 막는 우치(於無量所說法無量名句字後後慧辯陀羅尼自在愚癡)와 변재가 자재한 것을 막는 우치(辯才自在愚癡)를 끊고, 제10지에서는 큰 신통을 막는 우치(大神通愚癡)와 미세하고 비밀한 것을 깨달아 들어가는 것을 막는 우치(悟入微細祕密愚癡)를 끊으며, 불지에서는 모든 인식 대상에 대해 매우 미세하게 집착하는 우치(於一切所知境極微細著愚)와 매우 미세하게 장애하는 우치(極微細礙愚癡)를 끊는다.

若配二十二愚。釋此諸障。具如曉疏。[1]

1) ㉠ 이것은 집일문 전체가 세주이다.

경 여래지라는 것은 세 가지의 청정함을 이루기 때문에 지극한 청정함을 얻는 것이다. 어떤 것이 세 가지인가? 첫째는 번뇌가 청정한 것이고, 둘째는 고통이 청정한 것이며, 셋째는 상相이 청정한 것이다. 비유하면 금을 녹이고 단련하여 이미 태워 두드리고 나면 다시 먼지와 때가 묻지 않는다. 이것은 금의 체가 지닌 본래의 청정함을 나타내기 위한 것이니, 금이 청정해지는 것이고 금이 없어지는 것은 아닌 것과 같다. 비유하면 물을 맑게 만들어 청정하게 하면 다시 더럽혀지지 않는다. 이것은 물의 성품이 지닌 청정함을 나타내기 위한 것이니, 물이 없어지는 것은 아닌 것과 같다. 이와 같이 법신도 번뇌가 근본에서 일어나더라도 모두 청정해진다. 이것은 법신을 청정하게 하는 것이니 체가 없어지는 것은 아니다.[769]

如來地者。爲三種淨故。得極淸淨。何者爲三。一者煩惱淨。二者苦淨。三者相淨。譬如有金。鎔銷鍊治。旣燒打已。無復塵垢。爲顯金體本淸淨故。是金淸淨。不爲無金。譬如水界。澄渟淸淨。無復穢濁。爲顯水性淸淨。不爲無水。如是法身。煩惱本起。悉皆淸淨。是法身淸淨。不爲無體。

소 원효 법사가 말하였다. "법여여라는 것은 그 본성이 바뀌지 않는 것이니, 청정한 금에 비유하였다. 여여지라는 것은 그 본성이 밝게 비추는 것이니, 깨끗한 물에 비유하였다. 금을 덮은 먼지와 때는 그 본성이 거

---

768 『玄樞』(T56, 580b).
769 『合部金光明經』(T16, 364b). 『金光明最勝王經』(T16, 410a)에서 "금의 성질이 본래 청정한 것을 나타내기 위한 것이니 금의 체가 청정해지는 것이고 금이 없다고 말하지는 않는 것과 같다.(爲顯金性本淸淨故。金體淸淨。非謂無金。)"라고 한 것을 참조할 것.

칠고 강력하여 전纏과 구垢[770]에 비유하였으니 현행現行[771]을 말한다. 물속이 더럽고 혼탁함은 그 상이 흐리고 감추는 것이어서 수면隨眠에 비유하였으니 종자種子[772]를 말한다."[773]『주금광명최승왕경』

> 曉法師云。法如如者。其性不改。喩以淸金。如如智者。其性明照。況以淸水。金上塵垢。其性麤强。於[1]纏垢。謂現行也。水內穢濁。其相陰伏。況於隨眠。謂種子也。【註金光明最勝王經】

1) ㉠ '於' 앞에 '況'이 누락된 것 같다.

소 두 번째로 맺은 것에 세 가지가 있다. 첫 번째로 "체가 지닌 본래의 청정함을 나타내기 위한 것이니"라는 것은 도전道前[774]의 법신이고, 두 번째로 "금이 청정해지는 것이고"라는 것은 도후道後[775]의 법신을 맺은 것이며, 세 번째로 "금이 없어지는 것은 아닌 것과 같다."라는 것은 합하여 맺

---

770 전纏과 구垢 : 수면隨眠에 의해서 발생한 번뇌를 가리킨다. 두 가지 모두 번뇌의 다른 이름이다.
771 현행現行 : 알라야식(Ⓢ ālaya-vijñāna, 일체법의 종자를 집지執持하여 잃지 않는 식識)에 저장되어 있던 종자에서 온갖 현상이 일어나는 것을 말한다.
772 종자種子 : 알라야식에 갖추어져 있는 일체법을 산출할 수 있는 능력을 가리키는 말이다.
773 『註金光明最勝王經』(N4, 550b).
774 도전道前 : 진실한 도리를 깨닫기 이전의 계위. 지전地前과 같은 뜻이다. 『攝大乘論釋』권14(T31, 258a)에서 수도修道의 과정을 도전道前·도중道中·도후道後의 세 계위로 나누고, 그 가운데 오직 도후의 계위에 이르러야 비로소 무구청정無垢淸淨한 진여를 얻을 수 있다고 하였다.
775 도후道後 : 진실한 도리를 깨달은 이후의 계위. 진실한 도리에 계합하지 않은 때를 도전道前이라 하고, 바로 진실한 도리를 깨달은 때를 도중道中이라고 하며, 증득한 이후를 도후道後라고 한다. 도전은 십지 이전을 가리키고, 도중은 초지 이상 십지의 계위에서 무분별지無分別智를 수습하는 것이며, 도후는 금강심金剛心 이상을 가리킨다. 『金光明玄義』권상(T39, 2b)에서 "도전은 원성덕圓性德이고, 도중은 원분덕圓分德이며, 도후는 구경덕究竟德이다.(道前圓性德。道中圓分德。道後圓究竟德。)"라고 하였다.

으면서 도전이 도후와 다르지 않음을 보인 것이다.

문 이 금의 비유는 앞의 것[776]과 어떻게 다른가?

답 원효가 말하였다. "앞에서 말한 '금'은 세 가지 청정함을 통틀어서 비유한 것이고, 여기에서는 단지 하나의 청정함만 비유한 것이다."[777]

第二結有三。一爲顯體本淨者。道前法身。二金體淨者。結道後也。三非謂無金。合結道前不異道後也。問。此金喩與上何異。答。曉云。上金通喩三淨。此但一淨。

경 또 선남자여, 이 법신이라는 것은 번뇌의 장애가 청정하기 때문에 응신을 나타낼 수 있고, 업의 장애가 청정하기 때문에 화신을 나타낼 수 있으며, 지혜의 장애가 청정하기 때문에 법신을 나타낼 수 있다. 비유하면 허공에 의해 번개가 나오고 번개에 의해 빛이 나오는 것과 같다. 이와 같이 법신에 의해 응신이 나오고 응신에 의해 화신이 나온다. 그러므로 본성이 지극히 청정하여 법신을 섭수하고, 지혜가 청정하여 응신을 섭수하며, 삼매가 청정하여 화신을 섭수한다. 이 세 가지 청정함은 법여여이다. 여여와 다르지 않고 여여와 한맛이며 해탈의 여여이고 구경의 여여이다. 그러므로 모든 부처님은 체가 하나이며 다르지 않다.[778]

---

776 앞의 경에서 "선남자여, 비유하면 어떤 사람이 금을 얻으려고 곳곳을 찾아다니다가 ~비록 다시 여러 형태의 작용을 가했어도 금의 성품은 바뀌지 않는 것과 같다."라고 한 것을 가리키는 것 같다.
777 『玄樞』(T56, 581a).
778 『合部金光明經』(T16, 364c). 『金光明最勝王經』(T16, 410b)에서 "본성이 청정하기 때문에 법신을 나타낼 수 있고, 지혜가 청정하기 때문에 응신을 나타낼 수 있으며, 삼매가 청정하기 때문에 화신을 나타낼 수 있다.(由性淨故。能現法身。智慧淸淨。能現應身。三昧淸淨。能現化身。)"라고 한 것을 함께 참조할 것.

復次善男子。是法身者。煩惱障淸淨故。能現應身。業障淸淨故。能現化身。智障淸淨故。能現法身。譬如依空出電。依電出光。如是依於法身。故出應身。依於應身。故出化身。是故性極淸淨。攝受法身。智慧淸淨。攝受應身。三昧淸淨。攝受化身。是三淸淨。是法如如。是不異如如。一味如如。解脫如如。究竟如如。是故諸佛。體一不異。

소 원효 법사가 말하였다.

"'본성이 청정하기 때문에 법신을 나타낼 수 있고'라는 것은 법신이 본래 자성으로서의 청정함을 지니고 있고, 과를 이루었을 때 또한 지장智障(소지장)의 청정함을 얻는다. 이 본성이 지극히 청정해지기 때문에 법신의 체로 돌아간다. 번뇌를 끊어서 청정해지면 다시 법신의 체가 나타나는 것과 같고, 때를 제거하여 청정해지면 다시 진짜 금의 성질이 나타나는 것과 같다.

'지혜가 청정하기 때문에 응신을 나타낼 수 있으며'라는 것은 법신에 갖추어져 있는 선천적으로 얻은 지혜가 번뇌장煩惱障[779]을 여의어 청정해지는 것이니, 이것으로 인해 응신의 여러 가지 덕을 나타낼 수 있다는 것이다.

'삼매가 청정하기 때문에 화신을 나타낼 수 있다.'라는 것은 법신에 갖추어져 있는 선천적으로 얻은 삼매가 업장業障[780]을 끊어 청정해지는 것이니, 이것으로 인해 화신의 여러 가지 모습을 나타낼 수 있다는 것이다. 마치 금을 단련하여 부처님의 형상을 만드는 것과 같다. '형상'은 응신과

---

[779] 번뇌장煩惱障 : 아집我執(人我見)으로 말미암아 발생하는 장애. 탐욕·분노·어리석음 등의 여러 번뇌에 의해 업을 일으키고 생사를 윤택하게 함으로써 중생의 몸과 마음을 괴롭히고 삼계를 생사윤회하게 하여 열반涅槃의 과果를 얻는 것을 장애하는 것이다.
[780] 업장業障 : 중생이 신·구·의에 의해 지은 악업이 정도正道를 막고 가리는 것을 말한다.

화신의 모습을 비유한 것이고, '금을 단련하는 것'은 법신의 선정과 지혜를 비유한 것이다. 선정과 지혜의 청정함을 떠나서 별도로 두 몸의 모습은 없다. 그러므로 선정과 지혜로 두 몸을 나타내 보이니, 금을 단련한 것 이외에 별도의 형상이 없는 것과 같다."[781]【『주금광명최승왕경』】

曉法師云。由性淨故能現法身者。法果[1]本有自性之淨。果時亦得智障之淨。以是性極淸淨。以還法身之體。猶如離垢淸淨。還現法身之體。猶如離垢淸淨。還現眞金之性也。智慧淸淨能現應身者。法身性得智慧。離煩惱障淸淨。以此能現應身諸德。三昧淸淨能現化身者。法身性得三昧。離業障之淸淨。以此能現化身諸相。猶如練金。作佛形像。形像喻於應化身相。練金喻於法身定慧。定慧淸淨之外。無別二身之相。故以定慧示現二身。如練金外。無別形像也。【註金光明最勝王經】

1) ㉔ '果'는 '身'인 것 같다.

소 원효 법사가 말하였다. "이와 같은 세 가지는 근본이 되고 지말이 되어 서로 섭수하니 모두 다 평등하여 법여와 차이가 없다. 그러므로 '법여여'라고 하였다. 다음에 개별적으로 나타낸 것 가운데, '여여와 다르지 않고'라고 한 것은 화신은 매우 많은 차별적인 모습을 나타내지만 법여여와 다르지 않기 때문에 '여여와 다르지 않고'라고 하였다. 응신은 동일한 모습을 나타내는데 그것이 바로 법신이기 때문에 '여여와 한맛이며'라고 하였다. 법신은 속박을 여의었기 때문에 '해탈'이라고 하였다. 법신은 근원을 궁구한 것이기 때문에 '구경'이라고 하고, 구경의 지혜는 또한 법여와 같기 때문에 '구경'이라고 하였다."[782]【『주금광명최승왕경』】

---

781 『註金光明最勝王經』(N4, 553b).
782 『註金光明最勝王經』(N4, 554a).

曉法師云。如是三種。本末相攝。皆悉平等。不異法如。以之故言是法如如。
次別顯中。言不異如如者。化身衆多異相。不異法如如。故名不異如如。一
味如如者。應身同一相卽法身。故名一味如如。法身離縛故名解脫。法身窮
原故名究竟。究竟智慧亦同法如。故言究竟。【註金光明最勝王經】

소 원효가 말하였다. "'모든 부처님'이라는 것은 삼세에 존재하는 삼신
三身의 모든 부처님을 말한다."[783]

曉云。諸佛者。三世三身一切諸佛。[1)]

1) ㉠ 이것은 집일문 전체가 세주이다.

경 선남자여, 그러므로 모든 경계에 대해 바르지 않은 사유를 모두 끊
어 버린다. 이 법에 두 가지 모습이 있지 않고 분별이 있지 않은 것이 성인
이 수행하는 것이다. 그것을 여여如如하게 보아 두 가지 모습이 없는 법 가
운데 수행하기 때문에, 이와 같이 하고 이와 같이 하여 모든 종류의 장애를
모두 끊어 버린다.[784]

善男子。是故。於一切境界。不正思惟。悉除斷故。而於此法。無有二相。無
有分別。聖所修行。於如如。無二相法中。以修行故。如是如是。一切種障。
悉皆除滅。

---

[783] 『玄樞』(T56, 582b).
[784] 『合部金光明經』(T16, 364c). 『金光明最勝王經』(T16, 410b)에서 "이러한 뜻 때문에 모
든 경계에 대해 바르지 않은 사유를 모두 끊어 버린다. 곧 그 법에 두 가지 모습이 있
지 않고 또한 분별이 없는 것이 성인이 수행하는 것임을 안다. 그것을 여여히 알아
두 가지 모습이 없는 가운데 바르게 수행하기 때문에, 이와 같이 하고 이와 같이 하
여 모든 종류의 장애를 모두 끊어 버린다.(以是義故。於諸境界。不正思惟。悉皆除斷。
卽知彼法。無有二相。亦無分別。聖所修行。如如於彼。無有二相。正修行故。如是如是。一
切諸障。悉皆除滅。)"라고 한 것을 함께 참조할 것.

소 원효 법사가 말하였다. "'이러한 뜻 때문에'라는 것은 앞에서 설한 것이니, 부처님의 몸에 별도의 몸은 없다는 것을 알기 때문이라는 말이다. 일체의 경계에 대해 또한 바른 사유를 얻기 때문에 '모든 경계에 대해 바르지 않은 사유를 모두 끊어 버린다.'라고 하였다. 분별하여 두 가지라고 집착하는 것을 여기에서 '바르지 않은 사유'라고 한 것이다. 초지初地인 견도위見道位[785]에서 모두 끊어 없앤다. '이 법에 두 가지 모습이 있지 않고'라는 것은 여여의 경계는 두 가지 모습이 있지 않은 것을 말한 것이니, 응신과 화신은 곧 법신이기 때문이다. '또한 분별이 있지 않은 것이 성인이 수행하는 것이다.'라는 것은 여기에서 바로 수행을 일으키는 데 분별이 있지 않으니 무루無漏의 성스러운 지혜를 얻은 이가 수행하는 것이라는 말이다."[786]『주금광명최승왕경』

曉法師云。以是義故者。是前所說。知見佛身。無別身故。於一切境。亦得正惟故。言於諸不正思惟悉皆除斷。分別二執。此中。名爲不正思惟。初地見道。悉皆除斷。而於此法無有二相者。謂如如境。無有二相。應化卽法身故。亦無分別聖所修行者。此卽起行。無有分別。無漏聖智之所修行。【註金光明最勝王經】

소 "두 가지 모습이 없는 법 가운데"라는 것은 (십지의 각) 지위마다

---

[785] 견도위見道位 : 진리를 보는 계위라는 뜻. 견도 이전의 사람은 범부이고 견도에 들어간 이후의 수행자를 성자라고 한다. 견도 이후에 구체적인 사상事相을 마주하여 반복적으로 수행하는 지위를 수도위修道位라고 한다. 이후 궁극적으로 깨달음의 경지에 들어가는 것을 무학도위無學道位라고 한다. 소승에서는 삼현三賢·사선근四善根 등의 수행을 준비하는 단계를 출발점으로 삼아 무루지無漏智를 일으켜 견도에 들어간다. 대승에서는 초지初地에 견도에 들어간다. 그러므로 보살 수행 십지 중 초지를 견도위라고 한다. 제2지 이상을 수도위라고 하고, 제10지와 불과를 무학도위라고 한다.
[786] 『註金光明最勝王經』(N4, 554b).

법신이 여여한 가운데 모두 단견과 상견의 두 가지 상이 없는 것이다.[수의 사나굴다가 말하였다. "지위마다 내지 단견과 상견의 두 가지 상이 없는 것이다." 원효와 승장과 경흥 대덕이 모두 이 뜻을 따랐다.]⁷⁸⁷

無二相法中者。於地地。法身如如中。皆無斷常二相也。【隋云。於地地。乃至無斷常二相中也。曉莊興意。¹⁾ 皆依此義。】

1) ㉠ '意'는 '德'인 것 같다.

경 여여한 법계를 증득하고 지혜를 얻어 청정해지니 이와 같이 하고 이와 같이 하여 모든 자재함을 원만하게 섭수하기 때문이다. 모든 자재함을 얻는 것은 모든 장애를 모두 소멸시켰기 때문이고, 모든 종류의 청정함을 얻었기 때문이니, 이것이 여여지의 모습이다. 이와 같이 보는 것을 성인의 견해라고 하고 이것을 곧 진실로 부처님을 보는 것이라고 한다.⁷⁸⁸

如如法界。智慧清淨。如是如是。一切自在。具足攝受故。得一切自在者。一切諸障。悉滅除故。一切種清淨故。是如如智相。如是見者。是名聖見。是則名爲眞實見佛。

소 원효 법사가 말하였다. "'여여한 법계를 증득하고 바른 지혜를 얻

---

787 『玄樞』(T56, 582c).
788 『合部金光明經』(T16, 364c). 『金光明最勝王經』(T16, 410b)에서 "여여한 법계를 증득하고 바른 지혜를 얻어 청정해지니 이와 같이 하고 이와 같이 하여 모든 자재함을 원만하게 섭수하고 모두 성취한다. 모든 장애를 모두 소멸시키고 모든 장애가 청정해짐을 얻었기 때문에 이것을 진여이고 바른 지혜이며 진실한 모습이라고 한다. 이와 같이 보는 것을 성인의 견해라고 하고 이것을 곧 진실로 부처님을 보는 것이라고 한다.(如如法界。正智清淨。如是如是。一切自在。具足攝受。皆得成就。一切諸障。悉皆除滅。一切諸障。得清淨故。是名眞如正智眞實之相。如是見者。是名聖見。是則名爲眞實見佛。)"라고 한 것을 함께 참조할 것.

어 청정해지니'라는 것은 앞에서 수행의 지위마다 법신이 현현하는 것을 제시한 것(牒)이다. '이와 같이 하고 이와 같이 하여 모든 자재함을 원만하게 섭수하고'라는 것은 법신이 현현한 것을 따라서 섭수하여 자재함을 원만하게 섭수하는 것이다."⁷⁸⁹『주금광명최승왕경』

曉法師云。如如法界正智淸淨者。牒前地地法身顯現。如是如是一切自在
具足攝受。攝受隨法身顯現。攝受具足自在。【註金光明最勝王經】

소 원효가 말하였다. "('성인의 견해'라는 것은) 대성大聖⁷⁹⁰의 견해이다."⁷⁹¹

曉云。大聖之見。¹⁾

1) ㉠ 이것은 집일문 전체가 세주이다.

경 무엇 때문인가? 여여如如해야 여여를 볼 수 있기 때문이다. 그러므로 여래라야 일체의 여래를 볼 수 있다. 무엇 때문인가? 성문과 연각은 이미 삼계三界⁷⁹²를 벗어났지만 진실한 경계를 찾는다고 해도 알거나 볼 수

---

789 『註金光明最勝王經』(N4, 555b).
790 소승의 성자와 구별하기 위하여 이렇게 해석한 것으로 보인다. 대승의 성인이라는 뜻으로 보아도 무방할 것으로 생각된다.
791 『玄樞』(T56, 583a).
792 삼계三界 : 중생이 윤회하는 세계를 특정 관점에서 셋으로 나눈 것. 욕계欲界[S] kāma-dhātu]·색계色界[S] rūpa-dhātu]·무색계無色界[S] ārūpya-dhātu]를 가리킨다. 욕계는 식욕·음욕·재물욕·수면욕 등의 탐욕에 의해서 지배되는 중생이 살아가는 세계로 산란한 마음(散心)으로 살아간다. 육도六道 중 지옥·아귀餓鬼·축생畜生·아수라阿修羅·인간人間의 전부와 천계天界 중 육욕천六欲天, 곧 사왕천四王天·도리천忉利天·야마천夜摩天·도솔천兜率天·화락천化樂天·타화자재천他化自在天이 여기에 속한다. 색계는 욕계의 위에 있으며 욕계의 탐욕을 벗어난 중생이 살아가는 세계이다. 청정하고 훌륭한 물질로 이루어진 세계이기 때문에 색계라고 한다. 크게 초선

• 243

없다. 이와 같이 성인도 알거나 볼 수 없으니 일체의 범부는 모두 의혹을 일으키고 전도顚倒된 사유로 분별하여 도탈度脫할 수 없다. 비유하면 토끼가 큰 바다를 건너고자 하지만 (힘이 미약하여 결코 건널 수 없는 것과 같다.) 무엇 때문인가? (범부도 지혜가 하열하여) 법여여에 통달할 수 없기 때문이다.[793]

何以故。如如得見如如故。是故如來見一切如來。何以故。聲聞緣覺。已出三界。覓於眞境。不能知見。如是聖人。所不知見。一切凡夫。皆生疑惑。顚倒分別。不能得度。譬如兔子。欲度大海。何以故。不能通達法如如故。

소 "모든 부처님이라야 일체의 여래를 볼 수 있다."[794]라는 것은 세 가지 뜻이 있다. 첫째는 오직 부처님만이 부처님을 볼 수 있음을 밝힌 것이다.[원효는 바로 이것을 취하였다. 그러므로 말하였다. "응신여래의 원만한 지혜라야 비로소 일체의 삼신의 여래를 볼 수 있다. 오직 부처님과 부처님만이 서로 볼 수 있음을 알아야 한다. 『대지도론』에서 '지혜로운 사람이라야 지혜를 알 수 있으니 뱀이라야 뱀의 발을 알 수 있는 것과 같다.'[795]라고 한 것과 같다."][796]

천初禪天·이선천二禪天·삼선천三禪天·사선천四禪天의 넷으로 나뉘며 각각 소속된 하늘을 모두 합하면 십팔천이 있다. 무색계는 색계의 위에 있으며 오직 수온·상온·행온·식온만 있고 물질은 없는 중생이 머무는 세계이다. 어떤 물질도 없고 따라서 신체도 없고 궁전도 없다. 오직 심식心識이 미묘한 선정에 머물기 때문에 무색계라고 한다. 공무변처空無邊處·식무변처識無邊處·무소유처無所有處·비상비비상처非想非非想處의 네 하늘이 있다. 삼계는 업의 과보로서 주어진 세계이기 때문에 그 자체 가치의 우열이 있기는 하지만 모두 윤회의 한 세계에 지나지 않기 때문에 그 어느 곳도 불교에서 추구하는 궁극적 세계라고 할 수는 없다. 이들을 통틀어서 세간이라고 하고 이를 벗어나는 것을 출세간이라고 한다. 불교를 출세간도라고 하는 것은 바로 이 윤회의 세계를 모두 벗어날 것을 추구하기 때문이다.

793 『合部金光明經』(T16, 364c). 『金光明最勝王經』(T16, 410b)에서 "모든 부처님이라야 일체의 여래를 두루 볼 수 있다.(諸佛悉能普見一切如來.)"라고 한 것을 함께 참조할 것.
794 『合部金光明經』에 따르면 "여래라야 일체의 여래를 볼 수 있다."이다.
795 『大智度論』 권10(T25, 132a).

諸佛見一切如來者。有三義。一明唯佛能見佛。【曉卽取之。故云。應身如來。圓滿之智。方見一切三身如來。當知唯佛與佛。乃能相見。如智論云。智者及[1)]知智。如蛇知蛇足。】

1) ㉢『大智度論』에 따르면 '者及'은 '人能'이다.

소 두 번째는 이승은 알 수 없는 것임을 밝혔다.[797] 글에 세 가지가 있다. 첫째는 삼계를 벗어난 것을 밝혔다. 가죽에 속하는 두 가지 미혹을 넘어섰기 때문이다.【원효는 바로 이것을 취하였다.】 둘째는 "진실한" 이하에 해당하는 것으로 아직 여여를 보지 못한 것을 밝혔다. 세 번째는 "이와 같이 성인도" 이하의 글로 맺으면서 이승인은 삼혜三慧의 경계를 알 수 없음을 밝힌 것이다.[798]

第二二乘未了。文有三。一明出三界。過皮二惑故。【曉卽取之。】二求眞實下。明未見如如。三如是聖下。結非二乘人三慧境界。

소 원효가 말하였다. "『불성론』에서 말하기를 '범부는 선천적 맹인이 햇빛을 볼 수 없는 것과 같고, 이승은 갓 태어난 아기가 해 등을 볼 수 없는 것과 같다.'[799]라고 하였다."[800]

---

796 『玄樞』(T56, 583a).
797 경에서 "무엇 때문인가? 성문과 연각은 이미 삼계를 벗어났으니 진실한 경계를 찾는다고 해도 알거나 볼 수 없다. 이와 같이 성인도 알거나 볼 수 없으니 일체의 범부는 모두 의혹을 일으키고 전도顚倒된 사유로 분별하여 도탈度脫할 수 없다."라고 한 부분이다.
798 『玄樞』(T56, 583a).
799 『佛性論』에는 해당 문장이 보이지 않는다. 단 『勝鬘經』「顚倒眞實章」(T12, 222a)·『攝大乘論釋』 권13(T31, 252a) 등에 나온다.
800 『玄樞』(T56, 583b).

曉云。佛性論說。凡夫。猶於生盲之人。不見日光。二乘。同於新生嬰兒。不見日輪等。[1]

1) ㉠ 이것은 집일문 전체가 세주이다.

경 또 선남자여, 모든 여래는 분별하는 마음이 없고, 모든 법에 큰 자재함을 얻으며, 걸림이 없는 청정한 지혜로 보니, 이것은 자신의 경계여서 다른 사람과 함께하지 않는 것이다. 그러므로 한량없고 가없는 아승기겁阿僧祇劫[801] 동안 수행하면서 신명을 아끼지 않고 수행하였으며 수행하기 어려운 것을 수행하여서 비로소 이러한 몸을 얻었다.[802]

復次善男子。一切如來。無分別心。於一切法。得大自在。無礙淸淨。智慧見故。是自境界。不共他故。是故。於無量無邊阿僧祇劫。不惜身命。難行能行。爲得此身。

소 "그리하여 모든 (부처님께서는)~분별하는 마음이 (없고)"[803] 이하는 큰 단락의 두 번째로 응신을 모든 여래라고 한다는 것을 밝혔다.【원효도 뜻이 동일하다.】[804]

然諸至別心下。大段第二明應身曰諸如來。【曉意同也。】

---

801 아승기겁阿僧祇劫 : ⓢ asaṃkhyeya-kalpa의 음역어. '아승기'는 ⓢ asaṃkhyeya의 음역어로 무앙수겁無央數劫이라고 의역한다. '무앙수'는 고대 인도에서 사용된 52수 중 하나인데 '헤아릴 수 없을 정도로 많은 수'를 뜻한다. 그러므로 무앙수겁은 '헤아릴 수 없이 많은 수의 겁'이라는 뜻으로 아주 오랜 시간을 가리키는 말이다.
802 『合部金光明經』(T16, 364c).
803 『合部金光明經』에 따르면 "또 선남자여, 모든 여래는 분별하는 마음이 없고"이다.
804 『玄樞』(T56, 583b).

[소] 원효가 말하였다. "('걸림이 없는 청정한 지혜'의 내용으로 제시된) 이 네 가지805는 오직 백팔십불공법에만 있는 것이다."806

曉云。此四唯在一百三¹⁾十不共法內。²⁾

1) ㉠ '三'은 '八'인 것 같다. 2) ㉠ 이것은 집일문 전체가 세주이다.

[소] 원효가 말하였다. "『보살영락본업경』에서 '(보살이 불도를 닦아 이루는 기간은) 예를 들면 다음과 같다. 사방이 10리가 되는 돌을 무게가 3수銖807인 천의天衣808로 인간세상에서의 일월세수日月歲數809로 헤아려 3년마다 한 번씩 스쳐서 이 돌이 다 없어지면 이것을 1소겁一小劫이라고 한다. 또한 사방이 80리가 되는 돌을 무게가 3수인 범천梵天의 옷으로 범천에 있는 백보광명주百寶光明珠를 일월세수의 기준으로 삼아 3년에 한 번씩 스쳐서 이 돌이 다 없어지면 이것을 1중겁一中劫이라고 한다. 사방이 8백 리가 되는 돌을 무게가 3수인 정거천의 옷으로 정거천에 있는 천보광명경千寶光明鏡을 일월세수의 기준으로 삼아 3년에 한 번씩 스쳐서 이 돌

---

805 『玄樞』에 따르면 바로 앞에서 "첫째는 의처依處가 청정한 것이고, 둘째는 경계가 청정한 것이며, 셋째는 지혜가 청정한 것이고, 넷째는 마음이 청정한 것이다."라고 하였다. 상기 원효의 설은 바로 이 뒤에 붙은 것이다.
806 『玄樞』(T56, 584a).
807 수銖 : 무게의 단위. 한 냥兩의 24분의 1, 곧 1.55g에 해당한다.
808 천의天衣 : 하늘세계에 사는 중생이 입는 옷. 사천왕은 반냥半兩이고 도리천忉利天은 3수라고 한다. 모두 매우 가벼운 옷이라는 뜻을 지닌다.
809 일월세수日月歲數 : 세월로서의 겁이라는 뜻. 『瑜伽師地論略纂』권1(T43, 14b)에서 "겁에 아홉 가지가 있다. 첫째, 일월세수日月歲數이니, 곧 주晝·야夜·월月·시時·년年 등이다. 둘째, 증감겁增減劫이니, 곧 기饑·병病·도刀 등의 소삼재겁小三災劫을 가리키는 것으로 중겁中劫이라 한다. 셋째, 20겁을 1겁으로 삼으니, 곧 범중천겁梵衆天劫이다. 넷째, 40겁을 1겁으로 삼으니, 곧 범전익천겁梵前益天劫이다. 다섯째, 60겁을 1겁으로 삼으니, 대범천겁大梵天劫이다. 여섯째, 80겁을 1겁으로 삼으니, 화재겁火災劫이다. 일곱째, 일곱 화재겁을 1겁으로 삼으니, 곧 수재겁水災劫이다. 여덟째, 일곱 수재겁을 1겁으로 삼으니, 곧 풍재겁風災劫이다. 아홉째, 3대아승기겁三大阿僧祇劫이다."라고 하였다.

이 다 없어지면 이것을 1대아승기겁一大阿僧祇劫이라고 한다.'810라고 하였다. 상고하여 말한다. 이와 같이 3대아승기겁三大阿僧祇劫811은 길고 멀어서 헤아리기 어렵다. 그러므로 '한량없고 가없는 아승기겁'이라고 하였다. 나머지 차별은 앞에서 서술한 것과 같다."812

曉云。本業經云。如十里石。方廣亦然。以天衣重三銖。人中日月歲數。三年一拂。此石乃盡。名一小劫。又八十里石。方廣亦然。以梵天衣重三銖。梵天中。百寶光明珠。爲日月歲數。三年一拂。此石乃盡。名一中劫。又八百里石。方廣亦然。以淨居天衣重三銖。卽淨居天。千寶光明鏡。爲日月歲數。三年一拂。此石乃至盡。名一大阿僧祇劫。案云。如是三大阿僧祇劫。長遠難量。故言無量無邊阿僧祇劫也。自餘差別。如上述之。¹⁾

1) ㉲ 이것은 집일문 전체가 세주이다.

소 원효가 말하였다. "여래만이 홀로 얻는 것인 수행의 원인이 원만하여 남음이 없고(無餘), 홀로 얻는 것인 지극한 과가 원만하여 남음이 없다. 이 두 가지는 오직 백팔십불공법문에만 있는 것이다."813 814

---

810 『菩薩瓔珞本業經』 권하(T24, 1019a).
811 3대아승기겁三大阿僧祇劫 : ⑤ tri-kalpha-asaṃkhyeya. 보살이 발심한 뒤 수행을 완성하여 불과佛果를 이룰 때까지 걸리는 시간. '아승기'란 ⑤ asaṃkhya의 음역어로 무량수無量數·무앙수無央數 등으로 의역한다. 십주·십행·십회향 등 삼현위를 수행하면서 7만 5천 부처님께 공양하는 데 1아승기겁이 걸리고, 십지 중 초지初地부터 제7지에 이르기까지 수행하면서 6만 6천 부처님께 공양하는 데 1아승기겁이 걸리며, 제8지부터 부처님이 되기까지 수행하면서 7만 7천 부처님께 공양하는 데 1아승기겁이 걸린다.
812 『玄樞』(T56, 584a).
813 이것은 『玄樞』에서 응신의 원인을 설한 네 구절을 "한량없고 가없는 아승기겁阿僧祇劫 동안 수행하고"와 "신명을 아끼지 않고 수행하였으며"와 "수행하기 어려운 것을 수행하고"와 "비로소 이러한 몸을 얻었다."로 나누어서 마지막을 무여無餘를 수습하는 것이라고 풀이하였는데, 여기에서의 무여와 관련된 해석이다.
814 『玄樞』(T56, 584b).

曉云。如來獨得修因。圓滿無餘。獨得至果。圓滿無餘。此二唯在一百八十不共法門。[1]

---

1) ㉠ 이것은 집일문 전체가 세주이다.

경 선남자여, 이와 같이 여여를 알고 보는 이는 태어남도 없고 늙지도 않으며 죽지도 않고 수명에 한도가 없다. 누워서 잠자는 일도 없고 음식을 먹는 일도 없으며 몸과 마음이 항상 선정에 머물러 산란하고 동요함이 없다.

여래에 대하여 쟁송하는 마음을 일으키면 여래를 볼 수 없다. 여래께서 말씀하신 것은 모두 이익이 되는 것이다. 듣는 이가 있다면 모두 해탈하고 또 포악한 사람이나 포악한 코끼리나 포악한 짐승이 있어도 서로 만나지 않을 수 있다. 부처님에 대하여 업을 일으키면 과보가 끝이 없다. 일체의 여래는 분명하게 확정하여 답하지 못하는 일이 없고, 모든 경계를 (저절로 알아서 억지로) 알려고 하는 마음이 없으며, 생사와 열반을 다르게 여기는 마음이 없고, 여래가 확정하여 답한 것은 결정적이지 않은 것이 없다. 모든 부처님・여래께서는 네 가지 위의威儀(가고 머물고 앉고 눕는 것) 가운데 지혜에 의해 섭수하지 않음이 없다. 일체의 제법을 자비에 의해 섭수하지 않음이 없고, 일체의 모든 중생을 이익 되게 하지 않음이 없다.[815]

善男子。如是知見如如。不生不老不死。壽命無限。無有寢臥無有食。身心常在定。無有散動。若於如來。起諍訟心。則不能得見於如來。如來所說。皆能利益。有聽聞者。皆蒙解脫。若有惡人惡象惡禽獸等。不相逢值。於佛起業。果報無邊。一切如來。無無記事。一切境界。無欲知心。生死涅槃。無有異心。如來所記。無不決定。諸佛如來。四威儀中。無非智攝。一切諸法。

---

815 『合部金光明經』(T16, 365a).

無有不爲慈悲所攝。無有不爲利益一切諸衆生者。

소 원효 법사가 말하였다. "가고 머물며 앉고 눕는 모든 때에 지혜에 의해 섭수하지 않음이 없어서 모두 깨우치도록 교화하여 헛되이 지나치는 때가 없기 때문이다."[816]【『주금광명최승왕경』】

曉法師云。行住坐臥。一切時中。無非智攝。皆能開化。無空過時故。【註金光明最勝王經】

소 경흥이 말하였다. "『대지도론』에서 '아라한의 신업은 비록 다시 또 과실이 없기는 하지만 항상 과실이 없는 것은 아니다. 항상 과실이 없는 것은 오직 여래뿐이니 불공법不共法이라고 한다.'[817]라고 하였고, 또한 논에서 말하기를 '아라한이 등지等至[818]에 들어가면 바로 정定이라고 한다. 등지에서 나오면 바로 정이라고 하지 않는다. 여래는 일체의 지위에서 항상 정이 아닌 마음이 없기 때문이다.'[819]라고 한 것과 같다." 이것은 바로 원효가 설한 것이다.[820]

興云。如智論云。羅漢身業。雖復無失。非恒無失。非[1)]恒無失者。唯如來有。名不共法。又論云。羅漢若入等至。卽名爲定。若出等至。卽不名定。如來

---

816 『註金光明最勝王經』(N4, 558b).
817 『大智度論』권26(T25, 247c).
818 등지等至 : ⓢ samāpatti. 음역어는 삼마발지三摩鉢底이고 정정定이라고도 의역한다. 선정의 일곱 가지 다른 이름 중 하나. 선정 중에 지止와 관觀이 평등하게 잘 이루어지는 여덟 가지 근본정과 무상정·멸진정 등의 무심정無心定만을 가리키는 것으로 심신이 평등하고 안온한 상태를 가리킨다. 이는 등지等持, 곧 삼매三昧(ⓢ samādhi)가 심소의 하나로서 욕계의 산심散心에도 있을 수 있는 것과는 구별된다.
819 『瑜伽師地論』권79(T30, 738c).
820 『玄樞』(T56, 585a).

遍於一切位中。無不定心故。此卽曉說。[2]

1) ㉠ 전후 문맥상 '非'는 연자인 것 같다. 2) ㉠ 이것은 집일문 전체가 세주이다.

소 경흥이 원효의 견해를 따져서 말하였다. "어떤 사람은 말하기를 '앞의 열 가지 지혜는 응신이 함께하지 않는 덕이고, 이 자비는 화신이 함께하는 덕이다.'라고 하였는데 옳지 않다. 응신불과 화신불은 진실한 지혜가 없기 때문이다. 이제 곧 응신과 화신에 의탁하여 나타난 행위는 법신의 덕이니 자비가 모두 진실한 것이기 때문이다. 앞의 뜻을 거듭하여 서술하면 이미 스스로 풀이하기를 '응신과 화신에 의탁하여 법신을 나타낸다.'라고 하였다. 바로 소疏에서 삼신의 덕을 자세하게 나타냈기 때문이니 응당 그곳에서 설한 것과 같아야 한다."[821]

興徵曉云。有說。前十智。應身不共德。此慈悲。是化身共德。非也。應化二佛。無實智故。今卽寄應化之於。以法身之德。慈悲皆眞實故。重述前義。旣自釋云。寄應化顯法身。卽疏具顯三身德故。應如彼也。[1]

1) ㉠ 이것은 집일문 전체가 세주이다.

경 세존이시여, 곳곳의 국토에서 이와 같이 '금광명'이라는 미묘한 경전을 강설하면 그 국토에는 네 가지 이익이 있을 것입니다. 어떤 것이 네 가지인가? 첫째는 국왕의 군대가 강성하여 원수인 적이 없고 질병이 없어지고 수명이 길어지며 길상하고 안락하며 정법이 흥성할 것입니다. 둘째는 보필하는 재상과 대신이 화합하고 기뻐하며 다투지 않아서 왕이 공경하고 사랑하게 될 것입니다. 셋째는 사문과 바라문과 나라의 백성이 정법을 닦고 많은 이익을 얻으며 수명이 길고 부유하고 안락하며 모든 복덕을 다 닦

---

821 『玄樞』(T56, 585c).

아서 이룰 것입니다. 넷째는 세 계절이 절기를 어기지 않고(中) 사대四大[822]
가 조화롭고 적절하며 여러 인간과 하늘이 더욱 수호하며 자비롭고 평등하
게 대하여 손상시키려는 마음을 갖지 않고 일체중생으로 하여금 정성스런
마음으로 귀의하고 앙모하게 하며 모두 보리의 행을 닦게 할 것입니다.[823]

世尊。若有處處國土。講說是金光明微妙經典。於其國土。四種利益。何者
爲四。一者國王軍衆强盛。無諸怨敵。離於疾疫。壽命修長。吉祥安樂。正
法興隆。二者輔相大臣。和悅無諍。王所敬愛。三者沙門婆羅門及國邑人
民。修行正法。多所利益。年命長遠。富逸安樂。於諸福田。悉得修立。四者
三時之中。四大調適。是諸人天。增加守護。慈悲平等。心無傷害。令一切
衆生。誠心歸仰。皆悉修行菩提之行。

소 "세 계절"이라는 것은 춘분春分의 비가 승한 모양이고, 하분夏分의
더운 기운이 승한 모양이며, 동분冬分의 차가운 기운이 승한 모양이다.
"절기를 어기지 않고(中)"라는 것은 세 계절의 모양이 각각 그 시기에 적
합하여 절기를 어기지 않는 것이다.【절후節候(절기)를 어기지 않는 것이다. 원효와
경흥이 이것을 취하고 뜻을 나타내어 말하였다. "춘분·하분·동분에 음양의 기운이 각각
절기를 어기지 않고 적중하고 적절하지 않음이 없기 때문에 '언제나(세 계절) 절기를 어기
지 않고'라고 하였다."】[824]

---

822 사대四大 : 물질을 구성하는 네 가지 근본 요소. 지대地大·수대水大·화대火大·풍대
風大 등을 가리킨다. 지대는 견고성, 곧 물체를 보지保持하고 저항하게 하는 성질을
가리킨다. 수대는 습윤성, 곧 물체를 포섭하여 흩어지지 않게 하는 성질을 가리킨다.
화대는 온난성, 곧 성숙하게 하는 성질을 가리킨다. 풍대는 운동성, 곧 물체를 동요하
게 하는 성질을 가리킨다.
823 『合部金光明經』(T16, 365a).
824 『玄樞』(T56, 587a).

三時者。春分雨相。夏分熱相。冬分寒相。言之中者。三相各尙[1]其時。不乖時節也。【不乖節候也。曉興取之。顯意云。謂春夏冬。陰陽之氣。各不失時。無不中尙。[2] 故曰常中。】

---

1) ㉭『玄樞』미주에 따르면 '尙'은 '適'일 수도 있다. 2) ㉭『玄樞』미주에 따르면 '尙'은 '適'일 수도 있다.

제4 참회품

懺悔品第四。

소 ("참회"의) 음역어는 참마비懺摩毘(⑤ kṣama)이고 의역어는 지염리知厭離이며 또한 개회改悔라고도 한다.【가상이 뜻을 서술하여 말하였다. "음역어와 의역어를 함께 두어서 참회懺悔라고 한 것이다."⁸²⁵ 원효와 승장과 혜소와 경흥이 이것을 취하고 서술하기를 "삼장이 말하였다. '내지 이 품은 바로 수행자로 하여금 죄를 싫어하여 떠날 줄 알고 모든 허물과 악을 고치게 하는 것을 밝힌 것이다. 그러므로 「참회품」이라고 하였다.'"라고 하였다.】⁸²⁶

外國云懺摩毘。此言知厭離。亦云改悔。【祥述意云。胡漢具在。故云懺悔。曉莊沼興。取此述云。三藏說言。乃至此品。正明行者。知罪厭離。改諸過惡。故言懺悔品也。】

경 그때 신상보살이 바로 그날 밤에 꿈에서 모양이 매우 아름답고 큰 금북(金鼓)에서 광명이 햇빛처럼 두루 비추고, 또 광명 가운데 시방의 한량없고 가없는 모든 부처님·세존께서 온갖 보배로 나무 아래 유리좌에 앉아 한량없는 백천의 권속에 둘러싸여 그들을 위해 설법하는 것을 보았다. 어떤 사람이 있어서 바라문과 같은 형상을 했는데 북채로 북을 쳐서 큰 소리를 냈고 그 소리가 참회의 게송을 연설하는 것을 보았다.⁸²⁷

爾時信相菩薩。卽於其夜。夢見金鼓。其狀姝大。其明普照。喩如日光。復於光中。得見十方無量無邊諸佛世尊。衆寶樹下。坐琉璃座。與無量百千眷

---

825 『金光明經疏』(T39, 162b).
826 『玄樞』(T56, 587c).
827 『合部金光明經』(T16, 365b).

屬圍遶。而爲說法。見有一人。似婆羅門。以桴擊鼓。出大音聲。其聲演說
懺悔偈頌。

소 가상은 "('바로 그날 밤에')라는 것은「수량품」을 설하고 난 밤이
다."828라고 하였다. 원효는 덧붙여서 곧 "글에 의거하면 새벽도 포함된
다."라고 하였다. 뜻은 앞의 의심을 해결함에 해당하는 부분에서 꿈꾸는
것과 깨어난 것을 말한 것과 통한다.829 830

雖1)云。說壽量品竟之夜也。曉加。卽依文曉。以義通上決疑中夢覺也。
1) ㉠ '雖'는 '祥'인 것 같다.

소 "본 일"에 두 가지가 있다. 첫째는 모든 부처님이 응應하는 것을 본
것이고, 둘째는 중생이 감감하는 것을 본 것이다.831【원효와 경흥은 이것을 취
하였다.】832

見事有二。一見諸佛應。二見衆生感。【曉興取之。】

---

828 『金光明經疏』(T39, 162c).
829 『玄樞』의 앞부분에서 제1 이 품을 이곳에 둔 뜻(來義)·제2 이름을 풀이함·제3 의심
을 해결함(決疑)의 셋으로 이 품을 개괄적으로 설명하였는데, 그중 제3 의심을 해결
함에서 "問 무엇 때문에 꿈속에서 듣고 본 것으로 설정했는가? 答 길장이 말하였다.
첫째는 보살도菩薩道는 깨어남과 꿈꾸는 것이 다르지 않음을 밝히려고 하기 때문이
다. 또한 불사佛事는 주야가 있지 않음을 나타내는 것이다. 또한 신상보살의 원력으
로 말미암기 때문이다."라고 하였는데, 이것을 가리키는 것 같다.
830 『玄樞』(T56, 588a).
831 앞의 경에서 "꿈에서 모양이~설법하는 것을 보았다."라고 한 것은 응應이고, "어떤
사람이 있어서 바라문과 같은 형상~연설하는 것을 보았다."라고 한 것은 감감이라는
말이다.
832 『玄樞』(T56, 588a).

소 이것833은 법신의 모양이다.【원효와 승장과 경흥은 이것을 취하였다.】834

此是法身之相也.【曉莊興取之.】

경

어젯밤에 꾸었던 꿈
지극한 마음으로 기억해 보니
꿈에 미묘한 모습으로
밝게 빛나는 금북을 보았습니다.

昨夜所夢。至心憶持。
夢見金鼓。妙色晃耀。

그 빛 매우 성대하여
해보다 더 밝고
시방의 갠지스강의 모래알처럼
많은 세계를 두루 비추었습니다.835

其光大盛。明踰於日。
遍照十方。恒沙世界。

소 원효 법사가 말하였다. "'금북'이라는 것은 '금'은 자성이 썩지 않는

---

833 앞의 경에서 "모양이 매우 아름답고 큰 금북(金鼓)"이라고 한 것은 법신의 모양을 비유한 것이라는 말이다.
834 『玄樞』(T56, 588a).
835 『合部金光明經』(T16, 365c).

진귀한 것이니 부처님의 법신이 자성이 변하지 않는 것을 드러낸 것이고, '북'은 소리를 내고 둥근 모습이니 석가모니부처님의 상相과 호好가 원만하고 범음梵音[836]을 내는 것을 따른 것이다."[837]【『주금광명최승왕경』】

曉法師云。言金鼓者。金是自性不朽之珍。表佛法身自性不改。鼓是發聲團圓之形。於釋迦相好圓滿能出梵音。【註金光明最勝王經】

경

바라문이
이 금북을 치고
그 북소리에서
이런 게송을 설하는 것을 보았습니다.

見婆羅門。擊是金鼓。
其鼓音中。說如是偈。

이 큰 금북에서
나오는 미묘한 소리는
삼세의 모든 고통
다 소멸시킬 수 있다네.

是大金鼓。所出妙音。
悉能滅除。三世諸苦。

---

836 범음梵音 : ⑤ brahma-svara. 부처님과 보살이 갖춘 음성. 바르고 곧으며 조화롭고 청정한 것 등의 다양한 특성을 갖는다.
837 『註金光明最勝王經』(N4, 563b).

지옥과 아귀와
축생의 고통과
빈궁함의 고통스런 재앙과
모든 존재로 태어나 겪는 고통을.[838]

地獄餓鬼。畜生等苦。
貧窮困厄。及諸有苦。

소 원효 법사가 말하였다. "금북을 (비유로 삼아) 나타낸 법신의 체는 두루 존재하지 않음이 없고 증득한 지혜도 또한 두루 미치지 않음이 없기 때문에 그것에서 흘러나온 음성이 삼천대천세계에 두루 도달한다."[839]【주 금광명최승왕경】

曉法師云。金鼓所表法身之體。無所不遍。能證之智。亦無不遍故。其所出音聲。遍至三千。【註金光明最勝王經】

소 본본(『합부금광명경』)에는 160행의 게송이 있다.【수의 사나굴다가 말하기를 "157행 반의 게송이다."라고 하였다. 본문을 검토해 보았더니 수의 사나굴다가 말한 것과 같다. 가상[840]과 원효는 이것을 따랐다.】[841]

---

838 『合部金光明經』(T16, 365c). 『金光明最勝王經』(T16, 411b)에서 "어떤 바라문이 북채로 금북을 치니……금광명의 북에서 흘러나온 미묘한 소리 삼천대천세계에 두루 퍼져 삼악도에 떨어질 지극히 무거운 죄와 인간세상에서의 온갖 고통스러운 재앙을 소멸시킬 수 있다네.(有一婆羅門。以桴擊金鼓。…金光明鼓出妙聲。遍至三千大千界。能滅三塗極重罪。及以人中諸苦厄。)"라고 한 것을 함께 참조할 것.
839 『註金光明最勝王經』(N4, 564a).
840 『金光明經疏』(T39, 162c).
841 『玄樞』(T56, 589b).

本有一百六十行偈。【隋云。一百五十七行半偈。檢文如隋。祥曉依之。】

소 이와 같다면⁸⁴² 무엇 때문에 그대는 지금 (『금광명최승왕경』의) 글을 해석하면서 많은 부분을 본本에 의지하는 것인가? 십바라밀과 관련된 글과 같은 것이 그것이다. 하물며 이 품에 대한 소疏의 끝에서 스스로 맺기를 "승장은 원효의 『기』에 수순하여 서술하면서 '구역경전에는 본문이 없다.'라고 하였다."라고 했음에랴. 합치하는 것이 있음을 깨닫지 못하였으니 애초에 웃음거리가 될 일이 아니겠는가?"⁸⁴³

若爾何故。子釋今文。多依本耶。如十度文。況此品疏。終自結云。莊順述曉記。舊經無文。末悟合有。常不嗢哄。

소 악을 소멸시키는 것과 관련된 부분을 (다시 셋으로 나눈 것 가운데) 처음에 (해당하는 참회의 작용을 찬탄한 것에 다시) 세 단락이 있다. 첫 번째로 네 게송 반은 고통을 뽑고 즐거움을 주는 것이다. 두 번째로 네 게송은 악을 소멸시키고 선을 일으키는 것이다. 세 번째로 두 게송은 총괄적으로 맺은 것이다.【원효와 경흥은 이것을 따랐다.】⁸⁴⁴

就初滅惡爲三。一四頌半。拔苦與樂。二有四頌半。滅惡生善。三有二頌。總結。【曉興依之。】

소 처음에 또한 두 단락이 있다. 처음의 두 게송은 생사의 고통을 뽑

---

842 『合部金光明經』과 『金光明最勝王經』이 게송의 숫자가 서로 다른 것을 가리키는 것 같다.
843 『玄樞』(T56, 589b).
844 『玄樞』(T56, 589c).

는 것이고, 뒤의 두 게송 반은 불지佛地의 즐거움을 주는 것이다.[원효는 바로 이것을 취하였다.]^845

初又二。初二頌。拔生死苦。後二頌半。能與佛地樂。【曉卽取之。】

소 본本에는 세 단락이 있다. 처음은 삼세의 고통을 소멸하는 것을 밝혔다. 그러므로 곧 글에서 "삼세의 모든 고통, 다 소멸시킬 수 있다네."라고 하였다. 둘째는 삼악도三惡道^846의 고통을 소멸하는 것이다. 셋째는 빈궁함으로 인한 고통을 소멸하는 것이다. 지금 (『금광명최승왕경』에는) 뒤의 두 가지만 있다. 삼악도의 고통을 소멸하는 것을 제시하여 삼세의 고통을 섭수했기 때문이다. 앞의 한 구절은 삼악도의 고통을 소멸하는 것이고, 뒤의 구절은 빈궁의 고통을 소멸하는 것이다. 본本에서 말하기를 "빈궁함의 고통스러운 재앙과 모든 존재로 태어나 겪는 고통을"이라고 하였다.[가상이 말하였다. "처음 구절^847은 인도人道에서의 고통이고, 뒤의 구절^848은 천도天道에서의 고통이다. (합하여) 삼계三界(욕계·색계·무색계)의 고통을 말한 것이다."^849 원효는 바로 이것을 취하고 덧붙여서 말하였다. "하늘은 삼계에 통하기 때문에 '모든 존재'라고 하였다."]^850

本三。初明滅三世苦。故卽文云。悉能滅三世諸苦。二滅三途苦。三滅貧窮苦。今有後二。擧滅三途。以攝三世故。上一句。滅三途苦。下句。滅貧窮苦

---

845 『玄樞』(T56, 589c).
846 삼악도三惡道 : 중생이 윤회하는 세계를 여섯 범주로 나눈 것 중 가장 하위에 속하는 세 가지 세계. 곧 지옥·축생·아귀의 세계를 가리킨다.
847 "빈궁함의 고통스런 재앙"을 가리킨다.
848 "모든 존재로 태어나 겪는 고통을"을 가리킨다.
849 『金光明經疏』(T39, 163a).
850 『玄樞』(T56, 590a).

也。本云。貧窮困厄及諸苦。【祥云。初句人中苦。後句天上苦。是三界苦。曉卽取之。加云。天通三界。故言諸有。】

경

모든 부처님과 성인은
성취한 공덕으로
생사를 여의고
큰 지혜의 언덕에 도달하시네.

諸佛聖人。所成功德。
離於生死。到大智岸。

이와 같이 중생이
얻은 공덕으로
큰 바다처럼 넓은
선정과 조도助道를 얻게 하시네.

如是衆生。所得功德
定及助道。猶如大海。

이 북에서 나오는
미묘한 소리로
중생으로 하여금
깊고 멀리 퍼지는 범음梵音을 얻게 하시네.

是鼓所出。如是妙音。

· 261

令衆生得。梵音深遠。

부처님의 위없는
보리의 뛰어난 과를 증득하도록
미묘하고 청정한
위없는 법륜을 굴리시네.

證佛無上。菩提勝果。
轉無上輪。微妙淸淨。

한량없는 부사의겁不思議劫[851] 동안
세상에 머물면서
정법을 연설하며
중생에게 이익을 얻게 하시네.[852]

住壽無量。不思議劫。
演說正法。利益衆生。

소 두 번째는 부처님께서 즐거움을 주는 것을 밝힌 것인데 여기에 두 단락이 있다. 처음의 한 게송 반은 자신의 이익과 관련된 즐거움이다. 나중의 한 게송은 다른 사람을 이익 되게 하는 것과 관련된 즐거움이다.[853]

---

851 부사의겁不思議劫 : '부사의(⑤ acintya)'란 불가사의不可思議라고도 한다. 생각과 언어의 영역을 넘어서 있음을 나타내는 말. 인도에서 사용하던 수량의 단위와 관련해서는 60수 중 59번째 수에 해당한다. '겁'은 ⑤ kalpa의 음역어로 장시長時·대시大時 등으로 의역한다. 고대 인도에서 시간을 나타내는 가장 큰 단위로 사용되었다.
852 『合部金光明經』(T16, 365c).
853 『金光明最勝王經』권2(T16, 411b)에 대한 분과이다. 본문을 번역하고 주석에서 행한

【원효는 바로 이것을 취하였다.】[854]

第二明與佛樂有二。初一頌半。自利樂。後一頌。利他樂。【曉卽取之。】

소 ("범음"에는) 다섯 가지 덕이 있다. 첫째는 천둥처럼 깊고, 둘째는 맑고 꿰뚫어서 멀리까지 들리며, 셋째는 분명히 알고 쉽게 이해되고, 넷째는 중생이 좋아하고 공경하며, 다섯째는 듣는 이가 싫증을 내지 않는다. 이 다섯 가지 덕이 있는 것을 "범음"이라고 한다. 원효는 이것을 취하고 덧붙여서 말하기를 "'범'의 갖춘 음역어는 발라마鉢羅摩[S brahma]이고 의역어는 정淨이다. 이제 남긴 것과 생략한 것이 있기 때문에 '범음'이라고 하였다. 『장아함경』 권5에서 '다섯 가지 청정한 덕이 있다.'[855]라고 한 것과 같다."라고 하였다.[856]

有五德。一深如雷。二淸徹遠聞。三諦了易解。四衆生愛敬。五聽者無厭。

분과를 중간에 집어넣으면 다음과 같다. "부처님께서는 생사의 큰 바다에서 수행을 쌓아서 일체지一切智를 이루고(법신의 즐거움을 설한 것) 중생으로 하여금 각품覺品을 갖추어 구경에 모두 공덕의 바다에 돌아가게 하시네.(응신의 즐거움을 설한 것) 이 금북에서 미묘한 소리 내어 듣는 이로 하여금 모두 법향梵響을 얻게 하시네.(화신의 즐거움을 설한 것)【이상은 자리自利】 위없는 보리의 과를 증득하고 항상 청정하고 미묘한 법륜을 굴리며 불가사의겁 동안 세상에 머물면서 근기에 따라 법을 설하여 군생群生(중생)을 이롭게 하시네.【이상은 이타利他】(佛於生死大海中。積行修成一切智。能令衆生覺品具。究竟咸歸功德海。由此金鼓出妙聲。普令聞者獲梵響。證得無上菩提果。常轉淸淨妙法輪。住壽不可思議劫。隨機說法利群生。)" 『합부금광명경』에 따르면 "앞의 3행의 게송은 자리이고, 뒤의 2행의 게송은 이타이다."라고 해야 한다.

854 『현추玄樞』(T56, 590a).
855 『장아함경長阿含經』 권5(T1, 35b). 여기에서 "다섯 가지 청정함을 갖춘 음성을 범성梵聲이라 한다. 첫째는 그 음이 바르고 곧은 것이고, 둘째는 그 음이 조화롭고 우아한 것이며, 셋째는 그 음이 맑고 뚫어 나가는 것이고, 넷째는 그 소리가 깊고 원만한 것이며, 다섯째는 두루 퍼지고 멀리까지 들리는 것이다."라고 하였다.
856 『현추玄樞』(T56, 590a).

有此五德。名爲梵音。曉取加云。梵音鉢羅摩。此云淨。今存略故爲梵音。
如長阿含第五云。有五淨德。[1]

1) ㉠ 이것은 집일문 전체가 세주이다.

경

의지할 곳 없고 돌아갈 곳도 없으며
구호해 줄 이도 없으니
저는 이들을 위해
귀의처가 되겠습니다.

無依無歸。無有救護。
我爲是等。作歸依處。

여러 세존이시여!
지금 증명하여 알게 하소서.
오래 전에 이미 저를 구하기 위해
대비심을 일으키신 것을.

是諸世尊。今當證知。
久已於我。生大悲心。

곳곳에 머무시는
시방의 모든 부처님과
현재세상의 세웅世雄[857]이고

---

857 세웅世雄 : 부처님의 존칭. 큰 선정의 힘을 갖추고 웅건한 덕을 갖추어 세간에서 가

양족존兩足尊[858]이신 분이시여.

在在處處。十方諸佛。
現在世雄。兩足之尊。

제가 과거에 지은
악하고 착하지 않은 업을
모든 십력을 갖춘 부처님 앞에서
지금 참회합니다.

我本所作。惡不善業。
今者懺悔。諸十力前。

장 용감하다는 뜻에서 붙여진 이름이다.

858 양족존兩足尊 : ⓢ Dvipadottama. 부처님의 존칭. 무상양족존無上兩足尊·이족존二足尊이라고도 한다. 부처님께서는 삼십이상과 팔십종호를 갖추고 진지盡智와 무생지無生智 등의 무루無漏의 무학법無學法과 십력 등의 불공법不共法을 성취하였기 때문에 붙여진 이름이다. 여기에 두 가지 뜻이 있다. 첫째, 하늘과 인간 가운데 모든 두 발을 가진 부류 중 가장 존귀한 분이라는 뜻이다. 『大智度論』권27(T25, 260a)에서 "발이 없는 것·두 발을 가진 것·네 발을 가진 것·많은 발을 가진 것·유색계·무색계·유상처·무상처·비유상비무상처 등의 모든 중생 가운데 부처님이 가장 뛰어나다.(無足二足。四足多足。有色無色。有想無想。非有想非無想等。一切衆生中。佛最第一。)"라고 한 것과 같다. 둘째, '양족'은 권과 실(權實)·계와 선정(戒定)·복덕과 지혜(福慧)·깨달음과 실천행(解行) 등을 비유한 것이다. 부처님께서는 이것을 모두 원만하게 갖추어서 법계를 유행하면서 장애를 만나도 걸리는 일이 없는 것이다. 『法華義疏』권4(T34, 505c)에서 "'양족존'이라는 것은 혹은 계와 선정을 두 다리로 삼고, 혹은 권과 실을 두 다리로 삼으며, 혹은 복덕과 지혜를 두 다리로 삼고, 혹은 깨달음과 실천행을 두 다리로 삼는다.(兩足尊者。或以戒定爲二足。或以權實爲二足。或以福慧爲二足。或以解行爲二足。)"라고 한 것과 같다. 전자는 외적인 형태에 의거한 해석이고, 후자는 내적인 덕에 의거한 해석이라고 할 수 있다.

모든 부처님과
부모님의 은혜를 알지 못하고
선법을 알려고 하지 않으며
온갖 악을 지었습니다.

不識諸佛。及父母恩。
不解善法。造作衆惡。

스스로 종성과
모든 재물과 보화를 믿고
젊어서 방일하게 지내면서
악업을 일삼았습니다.

自恃種姓。及諸財寶。
盛年放逸。作諸惡行。

마음은 착하지 않은 것만 생각하고
입으로는 악업을 지으면서
마음대로 행하고
그 허물을 보지 않았습니다.[859]

心念不善。口作惡業。
隨心所作。不見其過。

---

859 『合部金光明經』(T16, 366a).

소 첫 번째에 세 단락이 있다. 처음의 한 게송은 부처님께 요청하였으니 외연外緣이고, 두 번째 한 게송은 서원을 발한 것이니 내연內緣이며,【경흥은 바로 이것을 취하였다.】세 번째에 네 게송이 있으니 바로 허물을 참회한 것이다.【원효는 바로 이것을 취하였다.】[860] [861]

就初有三。初一頌請佛爲外緣。二一頌發願是內緣。【興卽取之。】三有四頌正悔過。【曉皆[1]取之。】

1) ㉘ '皆'는 '卽'인 것 같다.

소 (서원을 발한 것[862]에) 두 단락이 있다. 앞의 반 행은 교화의 대상이고, 뒤의 반 행은 교화의 주체이다. 법신은 돌아갈 곳(歸)이고, 응신은 의지할 곳(依)이며, 화신은 악을 구호하여 그치게 하고 고통에서 구제하고

---

[860] 『金光明最勝王經』 권2(T16, 411c)에 대한 분과이다. 본문을 번역하고 주석에서 행한 분과를 중간에 집어넣으면 다음과 같다. "현재 시방세계에 영원히 머물고 계시는 양족존이시여! 대비심으로 저를 불쌍히 여기고 기억해 주소서.(부처님께 외연外緣이 되어 주실 것을 요청함) 중생들 귀의할 곳 없고 또 구호할 이도 없으니 이러한 무리를 위해 큰 귀의처가 되겠습니다.(서원을 발함. 곧 내연內緣임) 제가 이전에 지은 죄 중에 지극히 무거운 모든 악업을 지금 십력을 갖춘 부처님께 지극한 마음으로 모두 참회합니다. 저는 부처님을 믿지 않고 또한 존중하고 친근히 여겨야 할 이를 공경하지도 않았으며 온갖 선을 닦기 위해 노력하지 않았고 악업을 일삼았습니다. 혹은 스스로 존귀하고 고귀함과 종성과 재산과 지위를 믿고 뽐내면서 젊어서 방일하게 지내면서 악업을 일삼았습니다. 마음에 항상 삿된 생각을 일으키고 입으로는 추악한 말을 일삼았으며 허물과 죄됨을 보지 않고 악업을 일삼았습니다.(바로 과오를 참회함) 【이상 세 가지는 세 가지 장애를 간략하게 참회한 것이다.】(現在十方界。常住兩足尊。願以大悲心。哀愍憶念我。衆生無歸依。亦無有救護。爲如是等類。能作大歸依。我先所作罪。極重諸惡業。今對十力前。至心皆懺悔。我不信諸佛。亦不敬尊親。不務修衆善。常造諸惡業。或自恃尊高。種姓及財位。盛年行放逸。常造諸惡業。心恒起邪念。口陳於惡言。不見於過罪。常造諸惡業。)" 원효의 대본인 『合部金光明經』에서는 서원을 발하는 것이 먼저이고, 다음이 외연을 요청한 것이며, 그 다음이 허물을 참회한 것이어서 순서가 바뀌어 있다.
[861] 『玄樞』(T56, 590b).
[862] 『合部金光明經』에서 "의지할 곳 없고 돌아갈 곳도 없으며 구호해 줄 이도 없으니 저는 이들을 위해 귀의처가 되겠습니다."라고 한 것을 가리킨다.

제거하여 없앤다.【경흥이 말하였다. "옳지 않다. 『열반경』의 「서품」에서 부처님께서 열반(滅)에 들 것이라는 소리를 듣고 대중이 슬퍼하고 한탄하면서 귀의할 곳도 없고 구호할 이도 없다"[863]고 한 것에 어긋나기 때문이다. 지금은 곧 처음에도 귀의할 곳이 없고 중간에도 구호할 이가 없기 때문에 (이렇게 말한 것이다.)"】 (경흥의 말은) 오직 따지려는 측면에서 앞의 말, 곧 앞의 품의 끝에서 "모든 부처님·여래께서는 (사위의四威儀) 가운데 지혜로써 섭수하지 않음이 없다."[864] 등이라고 한 것을 고려하지 않은 것이다. 양梁의 진제와 수의 사나굴다와 원효가 뜻을 말하기를 "응신과 화신의 덕이다."라고 하였다.[865]

有二。上半所化。下半能化。法身爲歸。應身爲依。化身救護自[1]惡。救除苦也。【興云。非也。違涅槃序。聞佛唱滅。大衆悲歎。無有歸依救護。故今卽始無所歸故。中無救護故】唯欲徵方。不顧前言。先品末云。諸佛如來。無非智攝等者。梁隋曉意。應化德也。

1) ㉑『玄樞』 미주에 따르면 '自'는 '息'일 수도 있다.

소 문 여기에서 "저"라고 하였는데 누구를 "저"라고 한 것인가? 답 원효가 말하였다. "꿈에서 '만났으니 '바라문'을 '저(我)'라고 한 것이다. 신상信相에게 이 가운데에서 원하는 온갖 선을 얻고 이 가운데에서 참회한 악법을 소멸시키는 것을 나타내었다. 또한 일체의 수행하는 이들에게 모두 이 말을 본받아서 발원하고 허물을 참회하게 하였다. 그러므로 이와 같은 미묘한 궤칙을 지었다."[866]

---

863 『涅槃經』 권1(T12, 605a).
864 『合部金光明經』 권1(T16, 365a).
865 『玄樞』(T56, 590c).
866 『玄樞』(T56, 591a).

問。此中言我。是誰我耶。曉云。當夢而言婆羅門我。表於信相當得此中所願衆善。及滅此中所悔惡法。又令一切諸修行者。皆效此言發願悔過。故作如是妙軌則也。

경

범부의 어리석은 행위를 일삼고
무지無知의 어둠에 가려져
악한 벗을 친근히 하면서
번뇌로 마음을 어지럽혔습니다.……

凡夫愚行。無知闇覆。
親近惡友。煩惱亂心。…

치우치게 공덕을 닦아서 받은 고난의 업[867]과
부처님을 만났어도 또한 괴롭히는 고난의 업
이와 같은 모든 고난의 업을 지은 것을
이제 모두 참회합니다.[868]

---

867 치우치게 공덕을~고난의 업 : 『金光明經文句記』 권3(T39, 121a)에서 "『대지도론大智度論』 권8(T25, 119b)에서 말하였다. '가섭불 때 두 형제가 출가하였다. 형은 계율을 지키고 경을 배우며 선정을 닦는 것에만 집중하였고, 동생은 단월을 얻을 수 있는 과보를 얻기 위해 보시의 복덕을 짓는 데만 집중하였다. 훗날 석가불이 세상에 출현하였을 때 형은 장자의 집안에 태어났고 동생은 크고 흰 코끼리로 태어났다. 형은 출가하여 아라한과를 얻었지만 걸식을 해도 늘 음식을 얻지 못하였다. 형이 크고 흰 코끼리로 태어나 왕의 공양을 받으면서 풍족하게 지내는 동생을 만나서 말하였다. 「우리는 둘 다 죄가 있다.」 이 말을 들은 코끼리는 바로 그 뜻을 알고 3일 동안 음식을 먹지 않았다. 왕이 형에게 자초지종을 물었더니 형이 말하였다. 「이 코끼리는 과거세 내 아우였다. 함께 출가하였는데 각자 치우치게 공덕을 닦아서 서로 이러한 과보를 받은 것이다.」"라고 한 것을 참조할 것.
868 『合部金光明經』(T16, 366a).

修功德難。值佛亦難。

如是諸難。今悉懺悔。

소 "항상 (어리석은 범부의 행을) 지어~(모든) 악"[869] 이하는 두 번째로 36게송으로 넓게 참회한 것이다. 여기에 세 단락이 있다. 처음의 10게송은 번뇌장煩惱障[870]을 참회한 것이고, 두 번째로 22게송은 업장業障[871]을 참회한 것이며, 세 번째로 네 게송은 보장報障[872]을 참회한 것이다.[873][원효와 경흥이 바로 취하였다.][874]

---

869 『合部金光明經』에 따르면 "범부의 어리석은 행위를 일삼고"이다.
870 번뇌장煩惱障 : 본성에 탐욕·분노·어리석음 등의 세 번뇌를 갖추고 벗어나려는 생각을 일으키지 못하고 깨우쳐 주기도 어려우며 고통을 벗어나기 어렵고 해탈을 얻지도 못하는 등의 장애를 말한다. 이것은 또한 항상 일어나는 번뇌를 가리키기도 한다.
871 업장業障 : 업장이란 칠역죄七逆罪·십중죄十重罪 등을 가리킨다. 신·구·의 세 가지 업으로 조작하는 선하지 않은 업이다. 칠역죄란 다음과 같다. 첫째는 부처님의 신체에 피를 내는 것이고, 둘째는 아버지를 살해하는 것이며, 셋째는 어머니를 살해하는 것이고, 넷째는 화상和尙을 살해하는 것이며, 다섯째는 아사리阿闍梨를 살해하는 것이고, 여섯째는 갈마승羯磨僧과 전법륜승轉法輪僧을 파괴하는 것이며, 일곱째는 성인을 살해하는 것이다. 십중죄란 열 가지 중죄를 범하는 것이다.
872 보장報障 : 전생에 지은 업으로 인해 받은 과보가 현생에서 가행加行의 선근善根을 심는 데 장애로 작용하는 것. 과보장果報障·이숙장異熟障 등이라고도 한다.
873 두 경을 대조하여 도표로 나타내면 다음과 같다.

	『金光明最勝王經』	『合部金光明經』
번뇌장을 참회한 것	恒作愚夫行。無明闇覆心。隨ımlı不善友。常造諸惡業。或因戲樂。或復懷憂惱。爲貪瞋所纏。故我造諸惡。親近不善人。…由愚癡憍慢及以貪瞋力。作如是罪。我今懺悔。	凡夫愚行。無知闇覆。親近惡友。煩惱亂心。…愚惑所覆。憍慢放逸。因貪恚癡。造作諸惡。如是衆罪。今悉懺悔。
업장을 참회한 것	我於十方界。供養無數佛。當願拔衆生。令離諸苦難。願一切有情。皆令住十地。福智圓滿已。成佛導群迷。…我以身語意。所修福智業。願以此善根。速成無上慧。	我今供養。無量無邊。三千大千。世界諸佛。…所有善法。悉以迴向。我所修行。身口意善。願於來世。證無上道。
보장을 참회한 것	我今親對十力前。發露衆多苦難事。凡愚迷惑三有難。恒造極重惡業難。…生八無暇惡處難。未曾積集功德難。我今皆於最勝前。懺悔無邊罪惡業。	若在諸有。六趣嶮難。愚癡無智。造作諸惡。今於佛前。皆悉懺悔。…心輕躁難。近惡友難。三有嶮難。及三毒難。遇無難難。値好時難。修功德難。値佛亦難。如是諸難。今悉懺悔。

874 『玄樞』(T56, 591a).

恒作至惡下。第二三十六頌。廣悔爲三。初十頌。悔煩惱障。二有二十二頌。
悔業障。三有四頌。悔報障。【曉興卽取。】

경

저는 지금
한량없고 가없는
삼천대천세계의
모든 부처님께 공양합니다.……

我今供養。無量無邊。
三千大千。世界諸佛。…

이 국토나
다른 세계에서 지은
모든 선법을
다 회향합니다.

若此國土。及餘世界。
所有善法。悉以迴向。

제가 닦은
몸과 입과 뜻으로 지은 선업으로
미래세에 위없는 도
증득하길 원하옵니다.[875]

---

[875] 『合部金光明經』(T16, 366b).

我所修行。身口意善。

願於來世。證無上道。

소 (여기부터는) 두 번째로 22게송이 있는데 업장을 참회한 것이다. (이 부분이) 본本에서는 네 단락으로 이루어졌는데, (그 이유는) 따라서 기뻐한 것(隨喜)을 회향에 포섭시켰기 때문이다.[876]【원효와 승장과 경흥이 모두 이 해석을 따랐다.】 지금은 (네 단락의 일부를) 열어서 다섯 단락이 된다. 앞의 보살의 다섯 가지 법에 상대하기 때문이다. 처음의 아홉 게송은 먼저 발원한 것이다. 두 번째의 다섯 게송은 부처님께 요청한 것이다. 세 번째의 다섯 게송은 바로 참회한 것이다. 네 번째의 한 게송은 따라서 기뻐한 것이다. 다섯 번째의 두 게송은 회향한 것이다.[877]

第二二十二頌悔業。本四。以隨喜攝迴向故。【曉莊及興。皆依此釋。】今開爲五。對前菩薩五法故。一九頌先發願。二五頌請佛。三有五頌正悔。四有一頌隨喜。五有二頌迴向。

---

[876] 『金光明最勝王經』에서는 "이 섬부주와 타방세계에 있는 모든 선업을 이제 저는 모두 따라서 기뻐합니다.【제4 따라서 기뻐한 것】 열 가지 악업을 떠나고 열 가지 선도를 수행하여 십지에 안주하여 항상 시방세계의 부처님을 친견하기를 원합니다. 제가 몸과 입과 뜻을 닦아서 얻은 복덕과 지혜의 업이 있다면 이 선근으로 속히 위없는 도 얻기를 원합니다.【제5 회향한 것】(於此贍部洲。及他方世界。所有諸善業。今我皆隨喜。願離十惡業。修行十善道。安住十地中。常見十方佛。我以身語意。所修福智業。願以此善根。速成無上慧。)"라고 하여 두 단락으로 나눈 것을 『合部金光明經』에서는 "이 국토나 다른 세계에서 지은 모든 선법을 다 회향합니다. 제가 닦은 몸과 입과 뜻으로 지은 선업으로 미래세에 위없는 도 증득되길 원하옵니다.(若此國土。及餘世界。所有善法。悉以迴向。我所修行。身口意善。願於來世。證無上道。)"라고 하여 하나의 단락, 곧 회향으로 섭수하였기 때문에 네 단락으로 구성되었다는 말이다.

[877] 『玄樞』(T56, 591c).

경

저는 편안하게
십지에 머무르며
열 가지 진귀한 보배를
다리와 발로 삼아서

我當安止。住於十地。
十種珍寶。以爲脚足。

부처님의 위없는 깨달음 이루고
공덕의 광명 비추어
모든 중생이
삼유三有의 바다를 건너게 하겠습니다.[878]

成佛無上。功德光明。
令諸衆生。度三有海。

소 가상이 뜻을 나타내어 말하였다. "'열 가지 진귀한 보배'라는 것은 십바라밀十波羅蜜[879]을 행하는 것이다. 이 십바라밀로 십종법계十種法界[880]

---

[878] 『合部金光明經』(T16, 366b).
[879] 십바라밀十波羅蜜: 보살이 열반에 도달하기 위해 반드시 갖추어야 할 열 가지 실천적 행위. '바라밀'은 ⓢ pāramitā의 음역어로 도도라고 의역한다. 보시바라밀·지계바라밀·인욕바라밀·정진바라밀·선정바라밀·반야바라밀·방편바라밀方便波羅蜜·원바라밀願波羅蜜·역바라밀力波羅蜜·지바라밀智波羅蜜을 가리킨다.
[880] 십종법계十種法界: 미혹의 세계와 깨달음의 세계를 열 가지로 분류한 것. 첫째는 지옥계이고, 둘째는 아귀계이며, 셋째는 축생계이고, 넷째는 아수라계이며, 다섯째는 인간계이고, 여섯째는 천상계이며, 일곱째는 성문계聲聞界이고, 여덟째는 연각계이며, 아홉째는 보살계이고, 열째는 불계이다. 앞의 여섯 가지 계는 범부의 미혹의 세계

를 건너는 것을 '다리와 발로 삼아서'라고 한 것이다. 또한 십바라밀을 원인으로서의 발로 삼아서 불과佛果를 건립하기 때문에 '다리와 발로 삼아서'라고 한 것일 수도 있다."⁸⁸¹ 원효와 승장이 이것을 취하고 덧붙여서 말하였다. "십바라밀을 수행한 것을 발로 삼아 십종법계의 땅을 밟고 나아가서 위없는 보리의 과에 도달할 수 있다."⁸⁸²

祥顯意云。十種珍寶者。謂十波羅蜜行。此十度。攝¹⁾十²⁾法界。名爲脚足。亦可十度爲因足。建立佛果。故名脚足。曉莊取加云。以修十度足。履行十種法界之地。而至無上菩提果。³⁾

1) ㉠『金光明經疏』에 따르면 '攝'은 '涉'이다. 2) ㉠『金光明經疏』에 따르면 '十' 뒤에 '種'이 누락되었다. 3) ㉠ 이것은 집일문 전체가 세주이다.

경

모든 부처님 · 세존께서는
큰 자비의 마음으로
작은 정성을 증명해 주시고
저의 참회를 불쌍히 여기어 받아 주소서.

諸佛世尊。有大慈悲。
當證微誠。哀受我悔。

또 저는 백 겁 동안
온갖 죄악을 짓고

이고, 뒤의 네 가지 세계는 성자의 깨달음의 세계이다.
881 『金光明經疏』(T39, 164a).
882 『玄樞』(T56, 592a).

이 인연으로
큰 근심과 고통이 생겨나서

若我百劫。所作衆惡。
以是因緣。生大憂苦。

가난하여 고달프게 살아가고
걱정하고 두려워하며 놀라고 무서워하며
악업을 지은 두려움으로
늘 비겁하고 용렬한 마음에 사로잡혀
어디에 있든
잠시도 기쁜 적이 없었습니다.

貧窮困乏。愁恐驚懼。
怖畏惡業。心常怯劣。
在在處處。暫無歡樂。

시방세계에 현재 머물고 계신
대비하신 세존이시여!
중생의 온갖 두려움
없애 주시는 분이시여!
원하옵건대
저의 정성스러운 참회 받아 주시어
저의 두려움을
모두 없애 주소서.

十方現在。大悲世尊。

能除衆生。一切怖畏。

願當受我。誠心懺悔。

令我恐懼。悉得消除

저에게 있는

모든 번뇌라는 업業의 때(垢)를

원하옵건대 현재의

모든 부처님·세존이시여!

큰 자비의 물로

깨끗이 씻어 없애 주소서.[883]

我之所有。煩惱業垢。

唯願現在。諸佛世尊。

以大悲水。洗除令淨。

소 "원하옵건대~참회를"[884] 이하는 두 번째로 (요청한 것에) 해당하는 다섯 게송이다. 여기에 세 단락이 있다. 처음의 한 게송은 요청함을 나타낸 것이고, 두 번째 세 게송은 요청한 내용을 풀이한 것이며, 세 번째 한 게송은 요청을 맺은 것이다.[885]【원효와 경흥은 이것을 취하였다.】[886]

---

883 『合部金光明經』(T16, 366b).
884 『合部金光明經』에 따르면 "모든 부처님·세존께서는~저의 참회를"이다.
885 두 경을 대조하여 도표로 나타내면 다음과 같다.

	『金光明最勝王經』	『合部金光明經』
제1 요청함을 나타낸 것	唯願十方佛。觀察護念我。皆以大悲心。哀受我懺悔。	諸佛世尊。有大慈悲。當證微誠。哀受我悔。

唯願至懺悔下。第二五頌請佛有三。初一頌標請。二三頌釋請。三一頌結
請。【曉興取之。】

경

과거의 모든 악을

지금 모두 참회하고

현재에 지은 죄를

정성스런 마음으로 고백하며

아직 짓지 않은 악은

감히 다시 짓지 않으며

이미 지은 업은

감히 숨기지 않겠습니다.

過去諸惡。今悉悔過。

現所作罪。誠心發露。

所未作者。更不敢作。

已作之業。不敢覆藏。

몸으로 지은 세 가지 업[887]과

제2 요청한 것	我於多劫中。所造諸惡業。由斯生苦惱。哀愍願消除。我造諸惡業。常生憂怖心。於四威儀中。曾無歡樂想。諸佛具大悲。能除衆生怖。願受我懺悔。令得離憂苦。	若我百劫。所作衆惡。以是因緣。生大憂苦。…在在處處。暫無歡樂。十方現在。大悲世尊。能除衆生。一切怖畏。願當受我。誠心懺悔。令我恐懼。悉得消除。
제3 요청을 맺은 것	我有煩惱障。及以諸報業。願以大悲水。洗濯令清淨。	我之所有。煩惱業垢。唯願現在。諸佛世尊。以大悲水。洗除令淨。

886 『玄樞』(T56, 592b).
887 몸으로 지은 세 가지 업 : 십악업 가운데 몸에 의해 짓는 세 가지 그릇된 행위. 살생·도둑질·음란한 행위를 가리킨다.

입으로 지은 네 가지 업[888]
뜻으로 지은 세 가지 업[889]을
지금 모두 참회합니다.

身業三種。口業有四。
意三業行。今悉懺悔。

몸과 입으로 지은 것과
뜻으로 지은 것인
열 가지 악업을
모두 참회합니다.

身口所作。及以意思。
十種惡業。一切懺悔。

열 가지 악을 멀리 여의고
열 가지 선[890]을 수행하며
십주十住[891]에 편안히 머물러

---

888 입으로 지은 네 가지 업 : 십악업 가운데 입으로 짓는 네 가지 그릇된 행위. 양설兩舌(이간질)·악구惡口(추악한 말)·망어妄語(거짓말)·기어綺語(꾸미는 말)를 가리킨다.
889 뜻으로 지은 세 가지 업 : 십악업 가운데 뜻으로 짓는 세 가지 그릇된 행위. 탐욕·분노·삿된 견해를 가리킨다.
890 열 가지 선 : 인간·하늘 등의 선도善道에 태어나게 하는 원인이 되는 열 가지 업. 십선업十善業이라고 하고, 이것에 의거한 계를 십선계十善戒라고 한다. 불살생不殺生·불투도不偸盜·불사음不邪淫·불망어不妄語·불양설不兩舌·불악구不惡口·불기어不綺語·불탐不貪·부진不瞋·불사견不邪見이다.
891 십주十住 : 십해十解라고도 한다. 보살 수행의 52계위 중 제11위~제20위에 해당하는 것. 첫째는 초발심주初發心住이고, 둘째는 치지주治地住이며, 셋째는 수행주修行

십력을 갖춘 존귀한 분께 이르겠습니다.

遠離十惡。修行十善。
安止十住。逮十力尊。

지었던 악업은
응당 악한 과보 받을 것이니
지금 부처님 앞에서
정성스런 마음으로 참회합니다.[892]

所造惡業。應受惡報。
今於佛前。誠心懺悔。

소 "제가 과거에~숨기지 않겠습니다."[893]이하는 세 번째인 (참회한 것)에 해당하는 다섯 게송[894]이다. 여기에 두 가지가 있다. 처음의 두 게송은 삼세에 나아간 것이고, 나중의 세 게송은 삼업三業에 나아간 것이다.【원효는 바로 이것을 취하였다.】[895]

住이고, 넷째는 생귀주生貴住이며, 다섯째는 방편구족주方便具足住이고, 여섯째는 정심주正心住이며, 일곱째는 불퇴주不退住이고, 여덟째는 동진주童眞住이며, 아홉째는 법왕자주法王子住이고, 열째는 관정주灌頂住이다.
892 『合部金光明經』(T16, 366c).
893 『合部金光明經』에 따르면 "과거의 모든 악~숨기지 않겠습니다."이다.
894 두 경을 대조하여 도표로 나타내면 다음과 같다.

	『金光明最勝王經』	『合部金光明經』
제1 삼세에 나아간 것	我先作諸罪。及現造惡業。至心皆發露。咸願得蠲除。未來諸惡業。防護令不起。設令有違者。終不敢覆藏。	過去諸惡。今悉悔過。現所作罪。誠心發露。所未作者。更不敢作。已作之業。不敢覆藏。
제2 삼업에 나아간 것	身三語四種。意業復有三。繫縛諸有情。無始恒相續。由斯三種行。造作十惡業。如是衆多罪。我今皆懺悔。我造諸惡業。苦報當自受。今於諸佛前。至誠皆懺悔。	身業三種。口業有四。意三業行。今悉懺悔。身口所作。及以意思…所造惡業。應受惡報。

我先至覆藏下。第三五頌正悔有二。初二頌就三世。後三頌就三業。【曉卽取之。】

경

또 여러 가지 존재의 형태로
육취六趣를 윤회하는 고난의 업을 짓고
어리석고 지혜가 없어서
모든 악을 지은 것
이제 부처님 앞에서
모두 참회합니다.

若在諸有。六趣嶮難。
愚癡無智。造作諸惡。
今於佛前。皆悉懺悔。

세간의 모든 곳에서
생사윤회하는 고난의 업과
여러 가지 음욕과
어리석음과 번뇌에 시달리는 고난의 업
이와 같은 온갖 고난의 업을 지은 것을
저는 이제 참회합니다.

世間所有。生死嶮難。
種種婬欲。愚煩惱難。

---

895 『玄樞』(T56, 592c).

如是諸難。我今懺悔。

마음이 경박하고 조급한 고난의 업과
악한 벗을 가까이하는 고난의 업과
삼유三有[896]를 전전하는 고난의 업과
삼독三毒[897]에 시달리는 고난의 업

心輕躁難。近惡友難。
三有嶮難。及三毒難。

어려움 없어 도를 닦지 않는 고난의 업[898]과
좋은 시절 만나 도를 닦지 않는 고난의 업[899]
치우치게 공덕을 닦아서 받은 고난의 업[900]과

---

[896] 삼유三有: 중생이 생사윤회하는 세계를 그 존재 양태에 따라 셋으로 분류한 것. 욕계의 존재(欲有)·색계의 존재(色有)·무색계의 존재(無色有) 등을 일컫는 말이다.

[897] 삼독三毒: 탐욕貪欲·진에瞋恚(분노)·우치愚癡(어리석음) 등 세 가지 번뇌. 삼화三火·삼구三垢 등이라고도 한다. 이 세 가지 번뇌는 삼계를 모두 아울러 중생의 선한 마음에 독과 같이 작용하여 오랜 겁의 세월 동안 고통을 받으며 벗어나지 못하도록 하기 때문에 특히 '독'이라고 하였다.

[898] 『金光明經文句』권3(T39, 63c)에서 "'무무난난'이라는 것은 스스로 악이 없어서 선을 닦을 필요를 느끼지 않는 것이다. 이승二乘이 공에 들어가 멸도상滅度想을 내고 안은상安隱想을 내어 다시 정진하여 보리를 얻으려고 하지 않는 것과 같은 것이 바로 그 뜻이다.(遇無難難者。自謂無惡不肯修善。如二乘入空。生滅度想。生安隱想。不復進求菩提。卽其義也。)"라고 한 것을 참조하여 풀이하였다.

[899] 『金光明經文句』권3(T39, 63c)에서 "'치호시난'이라는 것은 겁초劫初의 시기나 울단월鬱單越(북구로주)에 있을 때 한결같이 즐거움을 누리기 때문에 전혀 도를 닦을 생각을 하지 않는 것과 같은 것이니, 어찌 '치호시난'이 아니겠는가?(値好時難者。如劫初時。在欝單越時。一向受樂。都不修道。豈非値好時難。)"라고 한 것을 참조하여 풀었다.

[900] 『金光明經文句』권3(T39, 63c)에서 "'수공덕난'이라는 것은 유위有爲의 업을 두텁게 지어서 뜻에 맞는 과보를 얻는 것이다. 어떤 비구가 오직 복덕福德(보시)만 짓고 금계禁戒를 닦지 않아서 (금계를 닦지 않은 과보로) 흰 코끼리로 태어나고 (복덕을 지은

부처님을 만났어도 또한 괴롭히는 고난의 업[901]
이와 같은 모든 고난의 업을 지은 것을
이제 모두 참회합니다.[902]

遇無難難。值好時難。
修功德難。值佛亦難。
如是諸難。今悉懺悔。

소 "저는 이제~험난한 일"[903] 이하는 세 번째로 네 게송[904]으로 보장을 참회한 것이다.【원효와 혜소[905]와 경흥이 이것을 취하였다.】[906]

我今至難事下。第三四頌悔報障。【曉沼興取。】

소 원효가 말하였다. "사악취四惡趣[907]에 태어나는 것이 그 고난 가운

과보로) 칠보를 몸에 두르고 금발우에 배변을 하는 대접을 받은 것과 같다.(修功德難者。多作有爲求可意果。如一比丘。專行福德。不修禁戒。墮白象中。七寶絡身。金盂承糞。)"라고 한 것을 참조하여 풀었다. 주석 867을 참조할 것.
901 『金光明經文句』권3(T39, 63c)에서 "'치불역난'이라는 것은 전차바라문녀·선성·조달 등이 모두 부처님을 만났으나 고난에 처한 것과 같은 것이다.(值佛亦難者。如㫋遮婆羅門女。善星。調達等。皆是值佛而難。)"라고 한 것을 참조하여 풀었다. 세 사람은 모두 부처님께 악심을 품고 해를 끼치려고 했다는 공통점이 있다.
902 『合部金光明經』(T16, 366c).
903 『合部金光明經』에 따르면 "여러 가지 존재의 형태~고난의 업을 짓고"이다.
904 『金光明最勝王經』권2(T16, 412b)에서 "我今親對十力前。發露衆多苦難事。凡愚迷惑三有難。恒造極重惡業難。我所積集欲邪難。常起貪愛流轉難。耽此世間耽著難。一切愚夫煩惱難。狂心散動顚倒難。及以親近惡友難。於生死中貪染難。瞋癡闇鈍造罪難。生八無暇惡處難。未曾積集功德難。我今皆於最勝前。懺悔無邊罪惡業。"라고 한 것에 해당한다.
905 『金光明最勝王經疏』권3(T39, 238a).
906 『玄樞』(T56, 593a).
907 사악취四惡趣 : 중생이 윤회하는 여섯 세계 중 가장 하위에 속하는 네 세계를 가리키는 말. 지옥·아귀·축생을 삼악취라고 하고, 여기에 아수라를 더하여 사악취라고 한다.

데 가장 무거운 것이고, 인취人趣에서는 청각장애인·시각장애인 등으로 태어나는 것이며, 천취天趣에서는 즐거움에 집착하고 방일하게 사는 것 등에 의해 도를 닦을 수 없다. 그러므로 '(육취를 윤회하는) 고난의 업'이라고 하였다."[908]

曉云。四惡趣中。其難最重。人趣聾盲等。天趣有著。樂放逸等。不能修道。故云嶮難。[1)]

1) ㉠ 이것은 집일문 전체가 세주이다.

소 "('삼유를 전전하는 고난의 업'이라는 것을) 여덟 가지 험난함[909]에 배대하면 바로 북구로주北俱盧洲[910]에 태어나는 것이니, 세간을 벗어날 것을 추구하려는 뜻이 없기 때문이다."[911]라고 한 것은 하나를 들어서 나머

---

908 『玄樞』(T56, 593a).
909 여덟 가지 험난함 : 성도聖道의 성취를 장애하는 여덟 가지 상황을 가리킨다. 첫째는 지옥地獄에 태어나는 것이고, 둘째는 아귀餓鬼로 태어나는 것이며, 셋째는 축생畜生으로 태어나는 것이고, 넷째는 맹인·귀머거리·벙어리 등으로 태어나는 것이며(비록 부처님이 계시는 곳에 태어난다고 해도 감각기관이 온전하지 않아 부처님을 친견하거나 불법을 들을 수 없기 때문임), 다섯째는 세속적인 것에 대한 지혜가 밝고 총명한 것이며(오직 외도의 경전을 배울 뿐 출세간出世間의 정법正法인 불법은 믿지 않기 때문임), 여섯째는 부처님이 세상에 출현하기 이전이나 부처님께서 열반에 드신 이후의 세상에 태어나서 부처님을 친견할 수 없는 것이며, 일곱째는 북구로주北俱盧洲에 태어나서 부처님을 친견할 수 없는 것이며, 여덟째는 무상천無想天에 태어나서 부처님을 친견할 수 없는 것이다.
910 북구로주北俱盧洲 : [S] Uttara-kuru-dvīpa. '북'은 [S] uttara의 의역어이고, '구로'는 [S] kuru의 음사어이며, '주'는 [S] dvīpa의 의역어이다. 북울단월北欝單越이라고도 한다. 수미산을 둘러싼 네 개의 대륙(四大洲) 가운데 북쪽에 위치한 지역을 가리키는 말이다. 이곳의 중생은 수명이 천 세이고 중간에 요절하는 일이 없으며 온갖 즐거움을 누린다. 이 때문에 불법을 수용할 마음을 가질 수 없고 부처님께서도 이곳에 출현하지 않아 부처님을 친견하고 법을 듣는 것이 불가능하다.
911 길장이 『金光明經疏』 권1(T39, 164a)에서 "'삼유라는 험난한 과보'라는 것은 악을 일으키는 처소이다. 여덟 가지 험난함에 배대하면 곧 북울단월에 태어나는 것이니, 세간을 벗어나려는 뜻이 없기 때문이다.(三有嶮難者謂起惡處所. 若配八難卽是北欝單

지를 겸한 것이다. 원효는 바로 이것을 취하였다.[912]

八中。卽北洲。無求出世意故者。擧一兼餘。曉皆[1]取之。[2]
1) ㉠ '皆'는 '卽'인 것 같다. 2) ㉠ 이것은 집일문 전체가 세주이다.

소 원효가 말하였다. "태어날 때는 태내에서 추위와 더위에 시달리고 태어나는 통로에서 핍박 받는 것 등의 고통을 받는 것과 죽을 때는 사대四大가 붕괴되어 흩어지며 다섯 가지 상[913]이 나타나는 것 등으로 평정하게 지날 수 없는 것을 '생사윤회하는 고난의 업'이라고 한다. '삼독에 시달리는 고난의 업'이라는 것은 앞에서 설한 것에 준하여 알아야 한다."[914]

曉云。生時。受於胎中寒熱。生門逼迮等苦。死時。受於四大崩散。五相現等。不能平過。名生死難。三毒難者。准前應知。

소 "(삼독에 시달리는 고난의 업"이라는 것은) 여덟 가지 험난함 가운데 곧 삼악도三惡道에 태어나는 것이다. 어리석음이 많으면 축생도에 태어나고, 탐욕이 많으면 아귀도에 태어나며, 분노가 많으면 지옥에 떨어진

越。無求出世意故。)"라고 한 것을 가리키는 것 같다.
912 『玄樞』(T56, 593b).
913 다섯 가지 상 : 죽음에 임박했을 때 나타나는 다섯 가지 모습. 보통 천인天人과 관련된 것이 설해져서 오쇠五衰·오쇠상五衰相·천인오쇠天人五衰 등으로 일컬어진다. 천인이 수명이 다하여 임종하려고 할 때 신체에 나타나는 다섯 가지의 쇠망하는 모습을 가리킨다. 첫째는 옷에 때가 묻는 것이고, 둘째는 머리 위에 꽃이 시드는 것이며, 셋째는 몸에서 냄새가 나는 것이고, 넷째는 겨드랑이에서 땀이 나는 것이며, 다섯째는 앉은 자리가 편하지 못한 것이다. 이 밖에 『大威德陀羅尼經』(T21, 760b)에서는 "축생도에 태어날 사람이 임종 시 나타나는 다섯 가지 상은 다음과 같다. 첫째는 아내와 자식에 대한 애착심에 의해 견인당하는 것이고, 둘째는 손가락과 발가락이 모두 말려들어 가는 것이며, 셋째는 배에 땀이 나는 것이고, 넷째는 흰 양의 울음소리를 내는 것이며, 다섯째는 입에서 거품이 일어나는 것이다."라고 하였다.
914 『玄樞』(T56, 593b).

다. 원효와 경흥은 이것을 취하였다.[915]

八中卽是三塗。多癡生畜生。多貪入餓鬼。多瞋墮地獄。曉興取之。[1)]

1) ㉯ 이것은 집일문 전체가 세주이다.

소 **문** 이제 이미 여덟 가지 고난이라고 했기 때문에 원효가 말하기를 "이것은 별도로 열두 가지 고난의 문[916]이니 여덟 가지 고난으로 억지로 서로 섭수시켜서는 안 된다."라고 했는데 어떻게 섭수할 수 있겠는가? **답** 원효는 실제로 숫자가 같지 않은 것을 따라서 말한 것이고, 가상은 간략하게 섭수하는 것을 따라서 말한 것[917]이니 서로 어긋나지 않는다.[918]

問。今旣八難故。曉云。此別爲十二難門。不應以八難門强相攝。何得攝耶。
答。曉約不如數。祥約簡持攝。故不相違。

소 승장이 말하였다. "('여덟 가지 고난'이라는 것은) 『증일아함경』에서 설하기를 '삼악도에 태어나는 것과 장수천長壽天[919]에 태어나는 것이 (네 가지이고) 다섯째는 변지邊地[920]에 태어나는 것이다. 『장아함경』에서는 삼

---

915 『玄樞』(T56, 593b).
916 원효는 앞의 게송에서 고난을 12가지로 분류했음을 알 수 있다. 『金光明最勝王經』(T16, 412b)은 12가지가 분명하게 드러나서 "凡愚迷惑三有難。恒造極重惡業難。我所積集欲邪難。常起貪愛流轉難。於此世間耽著難。一切愚夫煩惱難。狂心散動顚倒難。及以親近惡友難。於生死中貪染難。瞋癡闇鈍造罪難。生八無暇惡處難。未曾積集功德難。"이라고 하였지만 『合部金光明經』은 명료하지 않은 측면이 있다.
917 가상이 『金光明經疏』(T39, 164a)에서 여덟 가지 고난으로 섭수하여 풀이한 것을 가리키는 말이다.
918 『玄樞』(T56, 593b).
919 장수천長壽天 : 색계 제4선第四禪에 속하는 무상천無想天을 가리킨다. 수명이 5백 겁이기 때문에 이렇게 부른다. 외도의 수행자들이 최고의 경지로 여기는 곳으로 이곳에 태어나는 중생은 마치 겨울잠을 자는 벌레처럼 염상念想이 없다. 이 때문에 부처님을 친견하고 법을 들을 수 없다.

악도에 태어나는 것과 변지에 태어나는 것과 불법이 없는 곳에 태어나는 것의 다섯 가지를 제시하였다.[921] 여섯째는 육정六情(육근)이 온전하지 않아서 좋아할 만한 것과 싫어할 만한 것을 분별하지 못하는 것이다. 일곱째는 심식心識에 삿된 견해를 일으키는 것이다. 여덟째는 범행梵行을 닦기 위해 의지할 만한 대상이 있지 않은 것이다.'[922]라고 한 것과 같다. (여덟 번째는) 말하자면 부처님이 세상에 출현하기 전과 출현하여 열반에 드신 이후의 두 시기에 태어나는 것이다." 원효의 설을 그대로 서술하였다.[923]

莊云。如增一阿含說。三惡及長壽天因[1]上。五生邊地。長阿含。三生邊無佛法處。六六情不具。不能分別好惡。七心識邪見。八非梵所修行。謂佛前佛後二。如彼述曉說也。[2]

1) ㉠ '因'은 연자인 것 같다. 2) ㉠ 이것은 집일문 전체가 세주이다.

경

제가 지은 선업의
온갖 인연으로
미래세에 오래지 않아
불도를 이루고

我以善業。諸因緣故。
來世不久。成於佛道。

---

920 변지邊地 : 문화의 중심지에서 멀리 떨어진 변두리 지역. 부처님을 친견할 수 없는 조건에 처하는 것을 의미한다.
921 『長阿含經』 권9(T1, 55c).
922 『增一阿含經』 권36(T2, 747a).
923 『玄樞』(T56, 593bc).

미묘한 법을 강의하고 베풀어서
중생을 이익 되게 하며
모든 한량없는 고통에서
건너고 벗어나게 하겠습니다.……

講宣妙法。利益衆生。
度脫一切。無量諸苦。…

일체 세계에 있는
모든 중생의
한량없는 고통을
제가 모두 소멸시키겠습니다.……

一切世界。所有衆生。
無量苦惱。我當悉滅。…

또 제가 현재와
과거세에
지은 악업으로
모든 존재의 형태로 고난을 받고

若我現在。及過去世。
所作惡業。諸有嶮難。

악한 과보를 얻어
뜻하지 않은 상황에 처한다면

• 287

원하옵건대 그 업을 모두 소멸시켜
남음이 없게 하소서.

應得惡果。不適意者。
願悉盡滅。令無有餘。

또 중생이
삼유에 계박되어
생사의 빽빽하고
견고한 그물에 걸렸거든

若諸衆生。三有繫縛。
生死羅網。彌密牢固。

원하옵건대 지혜의 칼로
끊고 찢어서
모든 고통 제거하고
일찍 보리를 이루게 하소서.

願以智刀。割斷破裂。
除諸苦惱。早成菩提。

또 이 염부주閻浮洲[924]와

---

924 염부주閻浮州 : '염부'는 ⓢ Jambu의 음역어이고 '주'는 ⓢ dvīpa의 의역어이다. 염부제閻浮提라고도 한다. 수미산須彌山(하나의 소세계小世界의 중앙에 있는 높은 산)의 남쪽에 위치한 섬으로 현재 우리가 사는 세계를 가리킨다.

다른 타방의
한량없는 세계에 있는
모든 중생이

若此閻浮。及餘他方。
無量世界。所有眾生。

지은 여러 가지
선하고 미묘한 공덕을
저는 이제 마음속 깊이
따라서 기뻐합니다.

所作種種。善妙功德。
我今深心。隨其歡喜。

제가 이제 이렇게
따라서 기뻐한 공덕과
몸과 입과 뜻에 의해
지은 선업으로

我今以此。隨喜功德。
及身口意。所作善業。

원하옵건대 미래세에
위없는 도 이루고
어떤 번뇌도 없이 청정하여

길상한 과보를 얻게 하소서.⁹²⁵

願於來世。成無上道。
得淨無垢。吉祥果報。

소 "제가 지은 (온갖 선업)~위없는 존귀한 분(의 경지를 이루고)"⁹²⁶ 이하는 선을 일으키는 것 가운데 두 번째로 서원을 일으키는 것에 해당한다. 여기에 27게송이 있는데 세 가지가 있다. 처음의 25게송은 서원을 일으킨 것이다. 두 번째의 한 게송이 있는데, 따라서 기뻐하는 것이다. 세 번째의 한 게송은 서원을 발하고 따라서 기뻐하며 회향하는 것이다. 생기하는 것은 보면 알 수 있다. 처음에 세 가지가 있다. 처음의 다섯 게송은 스스로 서원을 일으킨 것이다. 두 번째의 18게송은 다른 사람을 위해 서원을 일으킨 것이다. 세 번째의 두 게송은 자신과 타인을 위한 것을 짝지어서 맺은 것이다.⁹²⁷ 생기하는 것은 보면 알 수 있을 것이다.【원효와 경흥이

---

925 『合部金光明經』(T16, 367a).
926 『合部金光明經』에 따르면 "제가 지은 선업의~불도를 이루고"이다.
927 두 경을 대조한 것을 도표로 나타내면 다음과 같다.

			『金光明最勝王經』	『合部金光明經』
1. 서원을 일으킴	① 스스로 서원을 일으킴	가. 불과를 얻을 것을 서원함	我之所有衆善業。願得速成無上尊。廣說正法利群生。悉令解脫於衆苦…	我以善業。諸因緣故。來世不久。成於佛道。講宣妙法。利益衆生…
		나. 성불의 원인을 닦고자 함	猶如過去諸最勝。六波羅蜜皆具滿。願我以斯諸善業。奉事無邊最勝尊。遠離一切不善因。恒得修行眞妙法。	我當具足。六波羅蜜。猶如過佛。之所成就。…我因善業。値諸佛。遠離諸惡。修諸善業。
	② 다른 사람을 위해 서원을 일으킴		一切世界諸衆生。悉皆離苦得安樂。所有諸根不具足。令彼身相皆圓滿。…常見十方無量佛。寶王樹下而安處。處妙琉璃師子座。恒得親承轉法輪。	一切世界。所有衆生。無量苦惱。我當悉滅。…常見十方。無量諸佛。坐寶樹下。琉璃座上。安住禪定。自在快樂。演說正法。衆所樂聞。
	③ 자신과 타인을 위한 것을 짝지어서 맺은 것		若於過去及現在。輪迴三有造諸業。能招可厭不善趣。願得消滅永無餘。一切衆生於有海。生死罥網堅牢縛。願以智劍爲斷除。離苦速證菩提處。	若我現在。及過去世。所作惡業。彌密牢固。願以智刀。割斷破裂。除諸苦惱。早成菩提。

모두 취하였다.]928

我之至上尊下。生善中。第二發願。二十七頌有三。初有二十五頌發願。二有一頌隨喜。三有一頌發上隨喜迴向。生起可見。就初有三。初五頌爲自發願。二十八頌爲他發願。三二頌雙結自他。生起可見。【曉興皆取。】

소 (스스로 서원을 일으킨 것인) 처음에 나아가 두 가지가 있다. 처음의 두 게송은 불과佛果를 얻을 것을 서원한 것이다. 나중의 세 게송은 성불의 원인(佛因)을 닦고자 한 것이다.929【원효와 혜소930와 경흥이 취하였다.】931

就初有二。初有二頌。願求佛果。後有三頌。欲修佛因。【曉沼興取。】

2. 따라서 기뻐하는 것	衆生於此贍部內。或於他方世界中。所作種種勝福因。我今皆悉生隨喜。	若此閻浮。及餘他方。無量世界。所有衆生。所作種種。善妙功德。我今深心。隨其歡喜。
3. 서원을 발하고 따라서 기뻐하며 회향하는 것	以此隨喜福德事。及身語意造衆善。願此勝業常增長。速證無上大菩提。	我今以此。隨喜功德。及身口意。所作善業。願於來世。成無上道。得淨無垢。吉祥果報。

928 『玄樞』(T56, 594b).
929 앞의 도표를 참조할 것.
930 『金光明最勝王經疏』권3(T39, 239b).
931 『玄樞』(T56, 594b).

제5 업장멸품
業障滅品第五。

소 원효가 서술하여 말하였다. "십악十惡[932]과 오역五逆[933] 등의 장애를 조복시키고 소멸시키는 행법을 자세히 밝혔기 때문에 '업장멸'이라고 하였다. 앞의 품(참회품)은 시작하는 것(참회하는 것)을 좇았고, 여기에서는 마치는 것(업장이 소멸하는 것)에 의거하여 이름을 붙였다."[934]

曉述云。廣明十惡五逆等。障伏滅行法。故業障滅。前品從初。此約終名。。

경 이때 세존께서 잘 바르게 분별하고 심오한 법이 미묘하게 존재하는 모습을 관찰하는 선정에 들어가 모공毛孔에서 여러 가지 광명을 내니 한량없는 백천 가지의 색이 모두 몸에서 나왔다.

이 광명으로 인해 그 속에 모든 부처님의 찰토刹土[935]가 나타났다. 모두 광명 가운데 나타났는데, 시방세계에 있는 갠지스강의 모래알보다 많아서 어떤 비유譬喩와 어떤 수로도 헤아려 알 수 없을 정도였다.

오탁악세五濁惡世에도 광명이 비추어졌는데, 이 모든 중생이 지은 열 가지 악업과 다섯 가지 무간업無間業[936]과 삼보三寶를 비방한 것과 부모님과

---

932 십악十惡 : 열 가지 악행. 살생·투도偸盜·사음邪淫·망어妄語·양설兩舌·악구惡口·기어綺語·탐욕·진에瞋恚·사견邪見 등이다.
933 오역五逆 : 다섯 가지 역죄. 어머니를 죽이는 것, 아버지를 죽이는 것, 아라한을 죽이는 것, 화합된 승가를 무너뜨리는 것, 악심惡心으로 부처님의 몸에서 피가 나게 하는 것 등이다.
934 『玄樞』(T56, 596a).
935 찰토刹土 : '찰'은 [S] kṣetra의 줄인 음역어. 토土·국토 등으로 의역한다. 찰토는 의역어와 음역어를 합친 것이다.
936 다섯 가지 무간업無間業 : 오무간업五無間業이라고 한다. '무간업'이란 이숙과異熟果가 결정되고 더 이상 다른 법이 개입할 틈이 없는 업, 죽음 이후 조금의 시간적 간

사문沙門·바라문婆羅門을 섬기지 않은 것과 존대해야 할 어른을 업신여긴 것은 지옥도·아귀도·축생도에 떨어져야 할 것이지만, 각각 광명의 혜택을 받아 그들이 머무는 곳에도 이르렀다.

모든 중생이 이 광명을 보고 안락하다고 생각하였다. 광명의 힘으로 이 모든 중생은 단정하고 미묘하며 색상色相을 원만하게 갖추고 복덕을 장엄하고 모두 부처님·세존을 친근히 할 수 있게 되었다.

이때 대중과 천제석天帝釋[937]과 갠지스강의 여신이 모두 법회가 이루어지는 곳에 와서 한쪽으로 물러나서 앉았다.[938]

是時世尊。善正分別。入於深法妙有名禪。從於毛孔。放種種光。無量百千種色。皆從身出。因此光內一切諸佛剎土。悉現光中。於十方恒河沙。譬喩算數所不能及。五濁惡世。爲光所照。是諸衆生。所作十惡。五無間業。誹謗三寶。不孝父母及沙門婆羅門。輕慢尊長。應墮地獄餓鬼畜生。各各蒙光。至所住處。是諸衆生。見斯光已。應念安樂。因光力故。是諸衆生。端正微妙。色相具足。福德莊嚴。皆得親近諸佛世尊。是時大衆。與天帝釋及恒水女神。皆來會所。却坐一面。

소 지혜에 두 가지 뜻이 있다. 첫째는 잘 분별하는 것이고, 둘째는 바르게 분별하는 것이다. "분별하고"라는 것은 비추어서 분명하게 아는 작용이다.[원효와 승장과 혜소[939]와 경흥은 뜻에 있어서 모두 이것을 따랐다.][940]

격도 없이 바로 지옥에 떨어지도록 하는 업, 조금의 빈틈도 없이 고통을 받는 지옥에 떨어지도록 하는 업 등의 다양한 뜻이 있다.
937 천제석天帝釋 : [S] Śakra Devānām Indra. 욕계의 여섯 하늘 중 두 번째인 도리천忉利天을 관장하는 주인. 제석천帝釋天·석제환인釋提桓因 등이라고도 한다.
938 『合部金光明經』(T16, 368a).
939 『金光明最勝王經疏』 권3(T39, 241c)에서 "후득지가 속제를 연하는 것을 분별이라고 한다. 경계에 칭합하여 알기 때문에 '주정住正'이라고 한다. 혹은 '정正'은 근본이고

慧有二義。一善分別。二正分別。分別者。是照了之用。【曉莊沼興。意皆依之。】

소 "잘 바르게"라는 것은 다섯 가지 뜻이 있다.

첫째는 자비에 의해 중생을 관찰하는 것을 잘 분별하는 것이라 하고, 지혜에 의해 여여하게 관찰하는 것을 바르게 관찰하는 것이라고 한다. 자비는 바로 제도의 주체이고 지혜는 제도의 방편이다. 화신이 이 두 가지 분별을 갖추었음을 밝혔다.

둘째는 가르침의 대상인 중생을 관찰하는 것을 "잘"이라고 하고, 가르치는 내용인 법문을 관찰하는 것을 "바르게"라고 한다.

셋째는 중생의 번뇌가 작용하는 것을 관찰하는 것을 "잘"이라고 하고, 중생의 번뇌를 소멸시키는 도를 관찰하는 것을 "바르게"라고 한다.

넷째는 두 가지 가운데 각각 세 가지가 있다. "잘" 가운데 세 가지라는 것은 다음과 같다. 첫째는 중생이 생사와 열반의 두 처소를 받는 것을 관찰한다. 둘째는 시절을 관찰하니 종자를 뿌리도록 해야 할 시기와 성숙시켜야 할 시기와 해탈시켜야 할 시기이다.[941] 셋째는 근기의 성품을 관찰하니 근기에 대기大機와 소기小機가 있고 성품에 이근과 둔근이 있다. "바르게" 가운데 세 가지라는 것은 다음과 같다. 그 처소에 의지하고 그 시절에

'분별'은 곧 후득지이다. 속제를 분명히 아는 것은 진제를 증득하는 것으로 말미암기 때문에 후득지라고 한다.(諸後得智緣俗。名爲分別。得種境而知。故名住正。或正謂根本。分別卽後得。了俗由證眞。故名爲後得。)"라고 하였다. 『金光明最勝王經』에서는 『合部金光明經』의 '선정분별善正分別'을 '주정분별住正分別'이라고 하였다.

940 『玄樞』(T56, 596b).
941 중생이 받는 진실한 이익을 총괄하여 세 시기로 나눈 것. 첫째, 하종익下種益이다. 중생의 마음이라는 밭에 부처님의 종자(佛種; 성불의 종자)를 뿌리는 것이니, 바로 최초로 불법에 인연을 맺는 것이다. 둘째, 조숙익調熟益(成熟)이다. 종자에서 싹이 나서 점점 성숙해져 가는 것이니, 바로 불법을 수행하여 중생의 마음이라는 밭에 부처님의 종자가 점점 익어 가는 것이다. 셋째, 해탈익解脫益이다. 곡물로 성숙하면 거두어서 껍질을 벗겨 내는 것이니, 바로 부처님의 종자가 전부 조숙해지고 원만해져서 해탈을 얻는 것이다.

의지하며 그 근기의 성품에 의지하여 그 법을 주는 것이다. 그 처소에 의지한다는 것은 생사에 있으면 싫어하여 떠나는 것을 가르치고 열반에 있으면 자비를 가르친다. 시절에 의지한다는 것은 시기의 적절함에 따라 종자를 뿌릴 수 있게 하는 것 등을 가르치는 것이다. 근기를 관찰한다는 것은 삼승三乘을 가르치는 것이다.

다섯째는 악도의 중생을 선도에 편안하게 머물게 하는 것을 "잘"이라고 하고, 선도의 중생을 삼승에 머물게 하는 것을 "바르게"라고 한다.[그러므로 삼장三藏은 두 가지 지혜를 모두 묶어서 통틀어서 "분별"이라고 했다는 것을 알 수 있다. 원효와 승장은 뜻에 있어서 이것을 따랐다.]⁹⁴²

善正者。有五義。一者慈悲觀衆生。名善分別。智慧觀如如。名正分別。慈悲正是能度。智慧是度方便也。明化具此二分別也。二者觀所教衆生曰善。觀能教法門曰正。三者觀衆生煩惱行曰善。觀衆生煩惱滅道曰正。四者二中各有三。善中三者。一觀衆生受生死涅槃二處。二觀時節。下種成熟解脫。三觀器性。器有大小。性有利鈍。正中三者。依其處所。依其時節。依器性而與其法也。依其處者。若在生死教厭離。若在涅槃教慈悲。依時節者。隨時宜教下種等也。觀器者。教三乘也。五者安處惡道衆生於善道中曰善。處善道衆生於三乘中曰正。【故知三藏。俱約二智。通名分別。曉莊意依。】

🔲 이것은 『대승의장』의 뜻이다. 겸하여 원효의 뜻을 서술하였다. 그러므로 말하기를 "법신의 모습은 여러 미묘한 덕을 갖추고 모든 법에 두루 존재하지 않음이 없기 때문에 '미묘하게 존재하는 모습'이라고 하였고, 이 경계를 정확하게 연하여 그 속에서 고요하게 사유하기 때문에 '선정'이라고 한다."라고 하였다.⁹⁴³

---

942 『玄樞』(T56, 596b).

是義章意。兼述曉義。故云。法身之狀。具諸妙德。遍諸法。無所不有。故言
妙有。的緣此境。於中靜慮。故名爲禪。

경 이에 천제석이 부처님의 위신력을 받들어 바로 자리에서 일어나 오
른쪽 어깨를 드러내고 오른쪽 무릎을 땅에 대고 꿇어앉아 부처님을 향하여
합장하고 부처님께 말씀드렸다. "세존이시여, 어떻게 해야 선남자와 선여인
이 아뇩다라삼먁삼보리를 얻기를 원하여 구하고 대승을 수행하고 일체중
생을 섭수할 수 있습니까. 이 모든 업장業障을 어떻게 참회해야 벗어날 수
있습니까?

부처님께서 말씀하셨다.

"훌륭하구나, 훌륭하구나. 선남자여, 그대가 이제 수행하여 한량없고 헤
아릴 수 없으며 가없는 중생을 청정하게 하고 해탈하여 안락함을 얻게 하
고자 하면서 세간을 불쌍히 여기는 마음을 내었구나! 선남자여, 모든 중생
은 업장 때문에 여러 가지 죄에 떨어진다. 낮과 밤의 여섯 때(日夜六時)[944]에
오른쪽 어깨를 드러내고 오른쪽 무릎을 땅에 대고 합장하고 공경하며 한마
음 한뜻으로 입으로 스스로 말하도록 하라.

'모든 부처님·세존으로 현재 시방세계에 계시는 이미 아뇩다라삼먁삼보
리를 얻은 분께 목숨을 던져 귀의하고 머리 숙여 예배 드립니다.

법륜을 굴리고 법륜을 비추며 법륜을 지니고, 큰 법의 비를 뿌리고 큰 법
의 북을 치며 큰 법의 소라를 불어 미묘한 소리를 내고, 큰 법의 깃대를 세
우고 큰 법의 횃불을 잡고 계십니다. 중생을 안락하게 하고 이익 되게 하
고자 하기 때문에 법의 보시를 행하여 모든 중생을 이끌고 짊어지시니 한량

---

943 『玄樞』(T56, 596c).
944 낮과 밤의 여섯 때(日夜六時) : 낮의 세 때, 곧 신조晨朝(아침, 오전 8시)·일중日中(한
낮, 오전 12시)·일몰日沒(해질녘, 오후 4시)과 밤의 세 때, 곧 초야初夜(초저녁, 오후 8
시)·중야中夜(한밤중, 오후 12시)·후야後夜(새벽, 오전 4시)를 합친 것을 가리킨다.

없고 헤아릴 수 없는 중생으로 하여금 청정함을 얻게 하기 위한 것이고 안락함을 얻게 하기 위한 것이며, 대중大衆(좀 더 뛰어난 대중)으로 하여금 대과大果(좀 더 뛰어난 과위果位)를 얻게 하기 위한 것이고, 여러 하늘로 하여금 청정함을 얻게 하기 위한 것입니다.

이와 같이 세상에서 존귀한 분이기 때문에 예배 드리고 공경해야 할 분께 몸과 마음과 뜻으로 머리를 숙여 예배 드리고 정성스럽게 귀의합니다.

이 모든 세존께서는 진실한 지혜로 진실한 눈으로 진실한 증명으로 진실하고 평등하게 모든 중생의 선업과 악업을 모두 알고 모두 봅니다. 저는 시작이 없는 때로부터 생사를 따라 흐르면서 모든 중생과 함께 이미 업장을 지었습니다. 탐욕과 분노와 어리석음 등에 얽매여서 아직 부처님을 알지 못했을 때, 아직 법을 알지 못했을 때, 아직 승가僧伽를 알지 못했을 때, 아직 선악을 알지 못했을 때, 몸과 입과 마음으로 한량없는 죄를 지었습니다.……이와 같은 많고 많은 죄를 모두 그대로 아시는 모든 부처님께서는 진실한 지혜와 진실한 눈으로 진실한 증명으로 진실하고 평등하게 모두 알고 모두 보십니다. (부처님을) 받들고 마주하여 참회하면서 모두 다 드러내어 감히 덮어서 숨기지 않겠습니다. 아직 짓지 않은 죄는 다시 짓지 않을 것이고, 이미 지은 죄는 지금 다 참회합니다.

지금까지 지은 업장으로 악도인 지옥·축생·아귀·아수라로 태어나면서 이렇게 열두 가지 고난의 과보를 받아 태어날 것입니다. 원하옵건대 이 생에서 지은 모든 업장을 다 소멸하여 미래세에 나쁜 과보를 받지 않게 해 주소서.'"[945]

於是天帝釋。承佛神力。卽從坐起。偏袒右肩。右膝著地。合掌向佛。而白佛言。世尊。云何善男子善女人。願求阿耨多羅三藐三菩提。修行大乘。攝

---

[945] 『合部金光明經』(T16, 368a).

受一切衆生。是諸業障。云何懺悔。而得解脫。佛言。善哉善哉。善男子。汝今修行。欲爲無量無數無邊衆生。令得淸淨解脫安樂。哀愍世間。善男子。一切衆生。爲業障故。墮多種罪。應當日夜六時。偏袒右肩。右膝著地。合掌恭敬。一心一意。口自說言。歸命頂禮一切諸佛世尊。現在十方世界。已得阿耨多羅三藐三菩提者。轉法輪。照法輪。持法輪。雨大法雨。擊大法鼓。吹大法螺。出微妙聲。豎大法幢。秉大法炬。爲欲利益安樂衆生故。行法施。誘接荷負一切衆生。爲令無量無數衆生。得淸淨故。得安樂故。欲令大衆。得大果故。爲諸天人。得淸淨故。如是世尊。故應禮敬。以身口意。頂禮歸誠。是諸世尊。以眞實慧。以眞實眼。眞實證明。眞實平等。悉知悉見一切衆生善惡之業。我從無始。隨生死流。與一切衆生。已造業障。貪瞋癡等之所纒縛。未識佛時。未識法時。未識僧時。未識善惡。爲身口意。得無量罪。…如是衆罪。齊如諸佛。眞實慧。眞實眼。眞實證明。眞實平等。悉知悉見。奉對懺悔。皆悉發露。不敢覆藏。未作之罪。不敢復作。已作之罪。今悉懺悔。所作業障。應墮惡道地獄畜生餓鬼阿修羅。生十二難處。願我此生。所有業障。皆悉滅盡。未來不受。

소 "훌륭하구나, 훌륭하구나."라고 한 것은 (두 가지가 있다.) 첫째는 첫 번째 '훌륭하구나'는 현재 타인을 이익 되게 하는 것을 찬탄한 것이고, 두 번째 '훌륭하구나'는 이 물음이 다른 사람의 선을 생겨나게 하는 것을 찬탄한 것이다. 둘째는 첫 번째 '훌륭하구나'는 자신에게 이익 됨을 찬탄한 것이고, 두 번째 '훌륭하구나'는 다른 사람을 이익 되게 하는 것을 찬탄한 것이다.【원효는 뒤의 것을 취하였다.】[946]

言善哉善哉者。一[1)]善哉歎。現在利他。二善哉。歎此問能生他善。二者一

---

[946] 『玄樞』(T56, 597b).

善哉。歎自利。二善哉。歎利他。【曉取後也。】

1) ㉕ '一' 앞에 '一者'가 누락된 것 같다.

소 원효가 말하였다. "처음은 법을 설하여 사람들을 제도하고 견도見道에 들어가게 하기 때문이다. 다음은 수도修道를 얻어 번뇌의 어둠을 비추어서 제거하도록 하기 때문이다. 나중은 무학도無學道를 얻어 해탈을 지닐 수 있게 하기 때문이다. 이 세 가지[947]는 사제의 법륜을 굴린 것을 나타낸 것이다.【승장은 두 가지 설을 제시하였는데 처음의 설은 바로 이것을 취하였다. 나중의 설은 곧 차례대로 『해심밀경』의 삼륜三輪[948]에 배대하였다. 이와 같은 두 가지 해석은 모두 도리가 있다. 혜소는 이것을 모두 취하였다.[949] 경흥은 뒤의 뜻을 따르고 처음의 해석의 문제점을 지적하였다. 사례를 들어 따졌지만 오히려 동일한 문제가 발생하니 또한 자세하게 살펴야 할 것이다.】모양을 설명한 것 가운데 '뿌리고'라고 한 것은 뿌려진 씨앗들로 하여금 선근의 싹을 내게 하기 때문이다. '큰 법의 북'이라는 것은 모든 법을 듣는 이로 하여금 네 가지 마구니의 군대를 무너뜨리게 하기 때문이다. '큰 법의 소라'라는 것은 여덟 갈래의 미묘한 음성[950]을

---

947 이 세 가지 : 처음은 법륜을 굴리는 것(轉)이고, 다음은 법륜을 비추는 것(照)이며, 나중은 법륜을 지니는 것(持)이다.

948 『解深密經』 권2(T16, 0697a)에서 부처님의 가르침을 세 때로 나누어서 "첫 번째 시기에는 성문승을 위해 사제의 법륜을 설하였고, 두 번째 시기에는 대승에 대해 발심하여 나아가서 닦는 이들을 위해 '모든 법은 공하여 자성이 없고, 생성도 없으며 소멸도 없다. (이렇게) 본래 고요한 자성이 열반이다.'라는 것에 의지하여 은밀한 모양(隱密相)으로 법륜을 굴렸으며, 세 번째 시기에는 널리 모든 승乘에 대해 발심하여 나아가는 이를 위해 '모든 법은 공하여 자성이 없고, 생성도 없고 소멸도 없다. (이렇게) 본래 고요한 자성인 열반 역시 자성이 없는 성품이다.'라는 것에 의지하여 완전히 드러내는 모습(顯了相)으로 법륜을 굴렸다."라고 한 것을 말한다.

949 『金光明最勝王經疏』 권3(T39, 242c)에서 두 가지 해석을 모두 제시하였다. 단 『金光明最勝王經』에서는 "轉妙法輪持照法輪"이라고 하여, '轉→持→照'의 순서로 되어 있는데, 혜소는 이를 『合部金光明經』과 같이 '轉→照→持'로 놓아야 한다고 하였다. 따라서 본문은 다르지만 그 뜻은 동일한 결과를 낳는다.

950 여덟 갈래의 미묘한 음성 : 팔종범음성八種梵音聲이라고도 한다. 부처님께서 내는 음성은 언사가 청아하고 여덟 가지의 뛰어난 공덕을 갖추어 중생이 들으면 바로 깨

토하여 멀리 시방에서도 들리기 때문이다."【그러므로 원효의 뜻은 "미묘한 소리를 내고"라는 구절을 앞에 속하는 뜻으로 파악하는 것임을 알 수 있다.】[951]

曉云。初說法度人。入見道故。次令得修道。照除闇故。後得無學道。持解脫得故。此三顯轉四諦法輪也。【莊有二說。初卽取之。後卽如次深密三輪。如是二釋。皆有道理。沼但[1])取之。興依後義。而徵初釋。例難還同。亦應審之。】相中。雨者。令諸下種者。生五[2])根牙故。大法鼓者。令諸聽法者。破四魔軍故。大法螺者。吐八支妙聲。遠聞十方故。【故知。曉意。出妙聲句。屬上義。】

1) ㉠『金光明最勝王經疏』에 따르면 '但'은 '皆'인 것 같다. 2) ㉠ '五'는 '善'인 것 같다.

달음을 얻게 한다. 첫째는 극호음極好音이다. 모든 하늘과 이승과 보살도 각각 좋은 음성을 지녔지만 아직 지극한 경지에 이르지는 못했고 오직 부처님의 음성만이 듣는 이로 하여금 싫어하는 마음이 일어나지 않고 미묘한 도에 들어갈 수 있게 하니 좋은 것 가운데 가장 좋은 것임을 나타낸다. 둘째는 유연음柔軟音이다. 부처님은 자애로움과 선함을 마음으로 삼아 일으키는 음성이 중생에게 교묘하게 수순하여 듣는 이를 기쁘게 하고 모두 저항하는 마음이 사라지게 하는 것을 나타낸다. 셋째는 화적음和適音이다. 부처님께서는 항상 중도中道에 머물러 미묘한 깨달음의 경지에서 조용히 머무니 일으키는 음성이 조화롭고 적절하여 듣는 이로 하여금 모두 화합하고 적절한 상태를 얻고 음성으로 인해 이치를 깨닫게 하는 것을 나타낸다. 다섯째는 불녀음不女音으로 무염성無厭聲이라고도 한다. 부처님은 수능엄정首楞嚴定에 머물러 대웅大雄의 덕을 갖추고 있으니 일으킨 음성이 듣는 이로 하여금 공경심과 두려움을 느끼게 하여 천마天魔와 외도가 귀의하여 조복하지 않음이 없는 것을 나타낸다. 여섯째는 불오음不誤音이니 분명성分明聲이라고도 한다. 부처님의 지혜는 원만하고 밝아 비추어 분명히 아는 것에 걸림이 없으니 일으킨 음성이 진실을 자세히 살펴 한 치의 오차도 있지 않고 이로 인해 듣는 이로 하여금 각각 정견正見을 얻게 하는 것을 나타낸다. 일곱째는 심원음深遠音이다. 부처님의 지혜는 그윽하고 깊고 수행의 계위는 높고 궁극적인 것을 다하였으니 일으킨 음성이 가까운 곳에서 먼 곳에 이르러 시방세계를 꿰뚫어서 가깝다고 해서 크게 들리지도 않고 멀다고 해서 작게 들리지도 않으니 모두 매우 심오하고 그윽한 도리를 깨닫게 하는 것을 나타낸다. 여덟째는 불갈음不竭音이니 이료성易了聲이라고도 한다. 여래는 서원과 행위가 다함이 없어서 무진법장無盡法藏에 머무니 일으킨 음성이 듣는 이로 하여금 그 말의 뜻을 생각함에 있어서 다하여 막히는 일이 없게 하는 것이다.

[951]『玄樞』(T56, 598b).

소 원효가 말하였다. "'지혜'와 '눈'과 '증명'은 차례대로 삼세(과거·현재·미래)를 가리킨다. 내지 의업을 알기 때문에 '알고'라고 하였고, 몸과 입의 업을 보기 때문에 '봅니다'라고 하였다."[952]

曉云。慧眼證明。如次三世。乃至知意業故知。見身口故見。[1]

1) ㈜ 이것은 집일문 전체가 세주이다.

소 원효가 말하였다. "('열두 가지 고난의 과보'라는 것은)「참회품」에 나온다.[953]"[954]

曉云。出懺悔品。[1]

1) ㈜ 이것은 집일문 전체가 세주이다.

경 그러므로 선남자여, 죄가 있으면 한 찰나도 덮어서 숨길 수 없는 것인데 어찌 하물며 하루 낮 하룻밤이겠는가? 선남자여, 죄를 범하였으면 청정해지기를 바라며 부끄러워하는 마음으로 미래세에 반드시 과보가 있을 것을 믿고 매우 두려워하면서 이와 같이 수행해야 한다. 비유하면 남녀가 머리에 불이 붙었거나 옷에 불이 붙었거나 하면 구호하여 급히 꺼지게 하는 것과 같이 해야 하니, 불이 꺼지지 않으면 마음이 안정될 수 없다.[955]

是故善男子。若有罪過。一刹那中。不得覆藏。何況一日一夜。善男子。若有犯罪。願得淸淨。而懷羞愧。信於未來。必有果報。生大恐怖。如是修行。

---

[952] 『玄樞』(T56, 599a).
[953] 앞의 「懺悔品」에서 "또 여러 가지 존재의 형태로 육취六趣를 윤회하는 고난의 업을 짓고" 이하의 글을 참조할 것.
[954] 『玄樞』(T56, 599c).
[955] 『合部金光明經』(T16, 368c).

譬如男女。如火燒頭。如火燒衣。救令速滅。火若不滅。心不得安。

소 원효가 말하였다.

曉云。

"('찰나'라는 것은) 간략하게 세 가지가 있다. 첫째는 생멸찰나生滅刹那이고, 둘째는 상사찰나相似刹那이며, 셋째는 방연찰나紡綖刹那이다.

略有三種。一者生滅刹那。二者相似刹那。三者紡綖刹那。

(첫 번째 문인) 생멸찰나라는 것은 시간의 분절이 극히 촉박한 것으로 생겨날 때 바로 소멸하는 것이다. 『입능가경』에서 '일체법은 생겨나지 않는 것이 바로 내가 말하는 찰나의 뜻이네. 생겨날 때 바로 소멸하니 어리석은 사람을 위해서는 말하지 않네.'[956]라고 하였고, 『인왕반야경』에서 '색온色蘊·수온受蘊·상온想蘊·행온行蘊·식온識蘊은 공하다. 이 법은 바로 생겨나고 바로 머물며 바로 소멸하니, 바로 존재하고 바로 공이다. 찰나마다 또한 이와 같이 법이 생겨나고 법이 머물고 법이 멸한다. 무엇 때문인가? 90찰나를 지난 것이 일념이고, 일념 가운데 한 찰나에 9백 번의 생겨남과 소멸함이 지나간다.'[957]라고 한 것과 같다.

(『인왕경』의 내용을) 상고하여 말한다. 여기에서 '90찰나'라고 한 것은 두 번째 문인 상사찰나이고, '9백 번의 생겨남과 소멸함'이라는 것은 첫 번째 문인 생멸찰나이다.

---

[956] 『入楞伽經』 권8(T16, 560a).
[957] 『仁王般若經』 권상(T8, 826a).

生滅刹那者。時分極促。生時卽滅。如楞伽言。一切法不生。我說刹那義。
初生卽有滅。不爲愚人說。仁王經言。色受想行識空。是法卽生卽住卽滅。
卽有卽空。刹那刹那。亦如是。法生法住法滅。何以故。九十刹那。爲一
念。一念中。刹那。逕九百生滅。案云。此中九十刹那者。第二門相似刹那。
九百生滅者。乃是初門生滅刹那也。

두 번째 문인 상사찰나라는 것은 『유가사지론』에서 '경에서 한 마음이나 여러 가지 마음을 일으킨다고 하였는데 어째서 이 한 마음을 안립하는 것인가? 세속에서 말하는 일심찰나一心刹那는 생기찰나生起刹那가 아니다. (세속에서 말하는 일심찰나란) 한곳을 의지依止하여 하나의 경계를 그대로 인식하여 생겨나는데 그때를 총괄하여 일심찰나라고 한다. 또한 서로 유사한 (생각이) 서로 이어지는 것을 일심찰나라고 일컫기도 하는데 처음 생각과 두 번째 생각이 매우 서로 유사하기 때문이다'[958]라고 한 것과 같다.

상고하여 말한다. 살바다종薩婆多宗[959]에서 사상四相(生·住·異·滅)의 전후前後를 1찰나라고 하는 것이 여기에서의 상사상속찰나相似相續刹那이니, 단지 알아채지 못하는 가운데 생멸이 지나갈 뿐이다.

第二門相似刹那者。如瑜伽論說。如經言。起一心。若衆多心。云何安立此
一心耶。謂世俗言說。一心刹那。非生起刹那。謂一處爲依止。於一境界事。
有爾所了別生。總爾所時。名一心刹那。又相似相續。亦說名一。與第二念。
極相似故。案云。薩婆多宗。四相前後。爲一刹那者。在此相似相續刹那。
但彼不覺中。逕生滅有。

---

958 『瑜伽師地論』 권3(T30, 291b).
959 살바다종薩婆多宗: '살바다'는 ⑤ Sarvāsti의 음역어이다. 살바다종은 소승 20부파의 하나인 설일체유부說一切有部를 가리킨다.

세 번째 문인 방연찰나라는 것은 『마등가경』에서 '나는 이제 찰나의 분단分段을 설할 것이다. 부인이 실을 자아서 1심尋의 길이를 얻는 데 걸리는 시간을 찰나시刹那時라고 한다. 60찰나는 1라바羅婆이고, 30라바는 1시時이다. 이 1시는 하루의 한 부분이다. 무릇 30부분을 하루의 낮과 밤이라고 한다.'960라고 한 것과 같다.

상고하여 말한다. 하루 낮과 하룻밤 가운데 30시의 부분이 있으니 (환산하면) 9백 라바가 있는 것이고 5만 4천 찰나가 있는 것이다. 이러한즉 낮과 밤 동안 쉬지 않고 실을 자으면 6만 3천 보步를 얻으니 일곱 자(尺)가 1심이기 때문이다.

> 第三門紡綎利那者。如摩登伽經言。我今復說。利那分段。婦人紡綎。得長一尋。則名爲利那時也。六十利那。名一羅婆。三十羅婆。名爲一時。此一時者。一日分也。凡三十分。爲一日夜。案云。一日一夜中。三十時分。則有九百羅婆。五萬四千利那。是則日夜無間紡者。得六萬三千歩。以七尺爲尋故。

지금 이 경에서 '한 찰나 동안도 덮어서 숨길 수 없으니'라고 한 것은 진실로 세 번째의 방연찰나를 말한다. 뒤에서 바로 '하물며 하루 낮 하룻밤이겠는가.'라고 했기 때문이다. 또한 그 생멸찰나에 나아가면 찰나의 순간에는 죄를 고백할 수 없기 때문이다. 상사찰나는 이미 상사相似를 취하였는데 죄를 고백하는 마음이 생겨나는 것은 상사가 아니다. 그러므로 이 두 가지 문을 설한 것이 아님을 알 수 있다."961

> 今此經云。一利那中不得覆藏者。良在第三妨綎利那。下卽況於一日夜故。

---

960 『摩登伽經』 권하(T21, 408c).
961 『玄樞』(T56, 599c).

又若約其生滅刹那。刹那之頃。不得發露。相似刹那。旣取相似。發露心生。
卽非相似。故知不說此二門也。

경 만약 금·은과 곡식이 창고에 가득한 부귀하고 즐거움이 넘치는 집
안에 태어나고자 한다면 대승행을 일으키고 또한 참회하여 업장을 소멸시
켜야 한다. 칠보를 충분히 갖춘 귀족인 바라문 집안에 태어나고자 한다면
또한 참회하여 업장을 소멸시켜야 한다.……수다원과와 사다함과와 아나
함과와 아라한과[962]를 얻기를 원하면 또한 참회하여 업장을 소멸시켜야 한
다. 삼명三明[963]과 육통六通을 얻어 보리자재菩提自在을 얻고 성문의 힘의 구
경에 도달하고 성문의 대자재大自在를 얻으며 벽지불의 보리자재위菩提自
在位를 얻고자 한다면 또한 참회하여 업장을 소멸시켜야 한다. 일체지지一
切智智인 정지淨智·부사의지不思議智·부동지不動智·삼먁삼보리정변지三藐
三菩提正遍智를 얻기를 원한다면 또한 참회하여 업장을 소멸시켜야 한다.[964]

若欲生富樂之家。金銀穀米。倉庫盈滿。發大乗行。亦應懺悔。滅除業障。
若欲生豪貴。婆羅門家。七寶具足。亦應懺悔。滅除業障。…若欲求須陀洹

---

962 수다원과와 사다함과와 아나함과와 아라한과 : 성문이 수행하여 얻는 네 가지 과果.
합쳐서 성문사과聲聞四果라고 한다. 수다원은 ⑤ srota, 사다함은 ⑤ sakṛdāgāmi, 아나
함은 ⑤ anāgāmi, 아라한은 ⑤ arhat의 음역어이며, 의역어는 차례대로 예류預流·일
래一來·불환不還·무학無學이다.
963 삼명三明 : ⑤ tri-vidyā. 무학위無學位에 도달하여 번뇌를 모두 제거하여 세 가지 일
에 통달하여 걸림이 없는 지명智明을 가리킨다. 곧 첫째는 숙명지증명宿命智證明(⑤
pūrva-nivāsānusmṛti-jñāna-sākṣāt-kriya-vidyā)이다. 자신과 중생의 과거세의 모습을 분명
하게 아는 지혜이다. 둘째는 생사지증명生死智證明(⑤ cyuty-upapatti-jñāāna-sākṣāt-kriya-
vidyā)이다. 중생이 자신이 지은 업의 인연으로 미래세에 받을 과보를 분명하게 아는
지혜이다. 셋째는 누진지증명漏盡智證明(⑤ āsrava-kṣaya-jñāāna-sākṣāt-kriya-vidyā)이다.
사제四諦의 이치를 진실 그대로 증득하고 모든 속박에서 완전히 벗어나며 모든 번뇌
를 소멸하는 지혜이다.
964 『合部金光明經』(T16, 368c).

果。斯陀含果。阿那含果。阿羅漢果。亦應懺悔。滅除業障。若欲願求三明六通。菩提自在。聲聞力究竟。聲聞大自在。辟支佛菩提自在地。亦應懺悔。滅除業障。若欲願求一切智智。淨智。不思議智。不動智。三藐三菩提正遍智。亦應懺悔。滅除業障。

소 원효가 말하였다. "'일체지지'라는 것은 총괄하는 구절이다. 불지佛地에서 얻는 지혜를 총괄적으로 섭수한 것이기 때문이다. 『대지도론』에서 '일체지一切智와 일체종지一切種智이다. 내지 일체지는 제법의 여소유성如所有性[965]을 비추고 일체종지는 제법의 진소유성盡所有性[966]에 통달한 것이다.'[967]라고 한 것과 같다. 이 경에서는 합하여 '일체지지一切智智'라고 하였다. 다르지 않은 문에 의거하여 총상과 별상을 합하여 '일체'라고 하였다. 같지 않은 문에 의거하면 총지와 별지의 두 가지 지혜이기 때문에 '지지'라고 하였다. 뒤의 네 구절은 개별적으로 네 가지 지혜를 나타내었다. '정지'라는 것은 묘관찰지妙觀察智이니 청정하고 미묘한 공덕을 관찰하는 문이기 때문이다. '부사의지'는 성소작지成所作智이니 부사의한 일을 지어서 이루기 때문이다. '부동지'라는 것은 대원경지大圓鏡智이니 논에서 말하기를 '네 가지 지혜 중 경지境智로서 움직이지 않는 것이다.'[968]라고 한 것과 같기 때문이다. '삼먁' 등이라는 것은 평등성지平等性智이다. '삼먁'은 정正이고 '삼'은 등等이며 '보리'는 각覺이니 합하여 정등각정변지正等覺正遍智

---

[965] 여소유성如所有性 : 요가수행자가 인식 대상으로 삼는 두 가지 사변제성事邊際性(사물의 궁극성) 중 하나. 오온·십이처·십팔계 등과 같은 현상적인 모든 사물·사상事象을 수평적으로 포괄하는 전체성이다.
[966] 진소유성盡所有性 : 요가수행자가 인식 대상으로 삼는 두 가지 사변제성事邊際性(사물의 궁극성) 중 하나. 사물을 수직적으로 파고들어 가서 사물의 본질로서 발견된 궁극성이다.
[967] 꼭 일치하는 글은 없다. 다만 『大智度論』 권27(T25, 258c)에서 두 가지의 차이에 대한 다양한 견해를 소개한 것에 대해 그 취지를 서술한 것으로 생각된다.
[968] 『大乘莊嚴經論』 권3(T31, 606c).

라고 한다. 평등성을 정등각이라고 하고 차별을 두루 비추어서 아는 것을
정변이라고 하기 때문이다."⁹⁶⁹

> 曉云。一切智智者總句。總攝佛地所有智故。如智論云。一切智。一切種智。
> 乃至一切智。照諸法如所有性。一切種智。達諸法盡所有性。此經。合名一
> 切智智。依不異門。總相別相合。名一切。依不同門。總別兩智。故名智智。
> 下之四句。別顯四智。言淨智者。妙觀察智。觀察淨妙功德門故。不思智者。
> 成所作智。作成不思議事故。不動智者。大圓鏡智。如論言。四智鏡不動故。
> 三藐等者。平等性智。三藐曰正。三者曰等。菩提言覺。合言正等覺正遍智。
> 平等性。名正等覺。遍照差別。名正遍故。¹⁾

1) ⓔ 이것은 집일문 전체가 세주이다.

경 무엇 때문인가? 선남자여, 모든 법은 인연으로부터 생겨난다. 여래
께서 말씀하시기를 다른 모양이 생겨나면 다른 모양은 소멸하니 인연이 다
르기 때문이라고 하였다. 이때 과거의 제법은 이미 소멸하고 이미 다하고
이미 굴러서 변한다. 이와 같이 업장業障도 다시 남겨진 것이 없다. 이 모든
행법은 (과거에는 연이 없어서) 아직 나타나 생겨나지 않다가 지금 (연이
있어서) 생겨난 것으로 미래의 업장이 다시 일어나지 않게 한다.

무엇 때문인가? 선남자여, 일체법은 공하다. 여래께서 말씀하시기를 또
한 중생도 없고 또한 수명을 담지하는 주체도 없고 아·인도 없으며 생겨나
거나 소멸함도 없고 또한 행법도 없다고 하였다.

선남자여, 일체의 모든 법은 다 근본(本,진여)에 의지한다. 이 근본은 또한
말할 수 없는 것이다. 무엇 때문인가? 일체의 모습을 넘어선 것이기 때문이
다. 선남자와 선여인이 이와 같이 진리에 들어가서 믿고 공경하는 마음을

---

969 『玄樞』(T56, 601a).

일으키면 이것을 중생은 없지만 근본에는 있는 것이라고 한다. 이러한 뜻 때문에 참회하여 업장을 소멸시키는 것을 설하였다.[970]

> 何以故。善男子。一切諸法。從因緣生。如來所說。異相生。異相滅。以異因緣故。是時過去諸法。已滅已盡已轉。如是業障。無復遺餘。是諸行法。未得現生。而今得生。未來業障。更不復起。何以故。善男子。一切法空。如來所說。亦無衆生。亦無壽者。亦無我人。亦無生滅。亦無行法。善男子。一切諸法。皆依於本。是本亦不可說。何以故。過一切相故。若有善男子善女人。如是入於眞理。生於信敬。是名無衆生而有於本。以是義故。說於懺悔除滅業障。

소 원효가 말하였다. "앞에서 설한 것[971]은 세속의 도리이고, 여기에서 설한 것[972]은 승의勝義의 도리이다."[973]

> 曉云。前世俗道理。此勝義道理。[1)]
>
> 1) ㉠ 이것은 집일문 전체가 세주이다.

소 원효가 총괄적으로 맺어서 말하였다. "일체의 바다와 같은 업장은 망상妄想에서 생겨난 것이다. 내지 (단정히 앉아서 업장의) 진실한 모습을 생각한다."[974]

---

970 『合部金光明經』(T16, 369a).
971 "무엇 때문인가?~미래의 업장業障은 다시 일어나지 않는다."를 가리킨다. 『玄樞』본문에서는 속제 가운데 무상관無常觀을 밝힌 것이라고 하였다.
972 "무엇 때문인가? 선남자여, 일체법은 공하다.~생겨나거나 소멸함도 없고 또한 행법도 없다고 하였다."를 가리킨다. 『玄樞』본문에서는 진제 가운데 무상해無相解를 밝힌 것이라고 하였다.
973 『玄樞』(T56, 601a).
974 『玄樞』(T56, 601b).

曉總結云。一切業障海。皆從妄想生。乃至念實相。

경

전일한 마음으로 세 가지 업을 지키고
심오한 경전을 비방하지 않으며
일체지一切智를 얻으려는 마음을 내고
자애로운 마음으로 업장을 깨끗이 하라.[975]

專心護三業。不誹謗深經。
作一切智心。慈心淨業障。

소 원효가 말하였다. "게송 가운데 세 구절과 두 글자는 개별적으로 나타낸 것이다. '업장을 깨끗이 하라.'라는 것은 총괄적으로 맺은 구절이다."[976]

曉云。頌中三句二字。別顯。淨業障者。總結句也。

경 또 청정해지는 것을 어렵게 만드는 네 가지의 가장 큰 업장이 있다. 어떤 것이 네 가지인가. 첫째는 보살율의菩薩律儀[977]에서 지극히 무거운 악을 범하는 것이다. 둘째는 대승의 십이부경에 대해 비방하는 마음을 일으

---

975 『合部金光明經』(T16, 369b).
976 『玄樞』(T56, 601b).
977 보살율의菩薩律儀 : 보살이 지켜야 할 계. 『梵網經』에서는 십중계와 사십팔경계를 제시하였다. 『瑜伽師地論』에 따르면 삼취정계三聚淨戒 중 하나인 섭율의계攝律儀戒를 보살율이라고 할 수 있다. 나머지 두 가지는 섭선법계攝善法戒와 요익유정계饒益有情戒이다. 섭율의계란 칠중七衆의 별해탈율의別解脫律儀, 곧 비구계・비구니계・정학계正學戒(式叉摩那戒)・사미계・사미니계・우바새계・우바이계를 말한다. 섭선법계란 율의계를 받은 후에 보리를 증득하기 위하여 몸과 입과 마음으로 선한 행위를 실천하는 것을 말한다. 요익유정계란 중생을 이익 되게 하는 열한 가지 행을 실천하는 것이다.

• 309

키는 것이다. 셋째는 자신의 내부에서 일체의 선근을 증장시키지 못하는 것이다. 넷째는 삼유三有(존재의 세계)에 탐착하는 마음이 있는 것이다.[978] 또한 네 가지의 업장을 대치하여 소멸시키는 법이 있다. 어떤 것이 네 가지인가? 첫째는 시방세계의 모든 여래에 대해 지극한 마음으로 친근히 하고 모든 죄를 참회하는 것이다. 둘째는 시방세계의 모든 중생을 위하여 모든 부처님께 모든 미묘한 법을 설해 주실 것을 권청하는 것이다. 셋째는 시방세계의 모든 중생이 소유하고 성취한 공덕을 따라서 기뻐하는 것이다. 넷째는 소유한 모든 공덕과 선근을 모두 아뇩다라삼먁삼보리를 얻기 위한 것으로 회향하는 것이다.[979] [980]

> 復有四種最大業障難可淸淨。何者爲四。一者於菩薩律儀。犯極重惡。二者於大乘十二部經。心生誹謗。三者於自身中。不能增長一切善根。四者貪著有心。又有四種對治滅業障法。何者爲四。一者於十方世界一切如來。至心親近。懺悔一切罪。二者爲十方一切衆生。勸請諸佛。說諸妙法。三者隨喜十方一切衆生所有成就功德。四者所有一切功德善根。悉以迴向阿耨多羅三藐三菩提。

소 원효가 말하였다. "이와 같은 네 가지 행은 지전地前의 계위에 통하는 것이다. 지금 지전의 네 가지 계위에서 행하는 수행 전체를 설한 것이다. 개별적으로 배대하면 '참회'는 십신이니 선을 믿고 악을 참회하기 때문이다. '권청'은 십해이니 알기 위해 설법을 요청하기 때문이다. '따라서

---

[978] 본문의 "貪著有心"을 『金光明最勝王經』에서는 "貪著三有"라고 하였다. 『金光明最勝王經疏』 권3(T39, 246b)에서 "『유가사지론』(T30, 737b)에서 '有染愛心'이라고 하였고, 여기에서 '有'라고 한 것은 삼유이다."라고 한 것을 참조하여 풀었다.
[979] 청정해지는 것을 어렵게 만드는 것 네 가지와 이러한 업장을 대치하는 네 가지 방법은 『瑜伽師地論』 권79(T30, 737b)에서 설한 것과 내용이 동일하다.
[980] 『合部金光明經』(T16, 369b).

기뻐하는 것'은 십행이니 다른 사람의 선을 따라서 기뻐하면 자신의 수행의 덕이 증가하기 때문이다. '회향'은 십회향이니 중생에게 베푸는 것으로 회향하고 함께 보리를 얻는 것으로 회향하기 때문이다. 지전의 수행은 네 가지 계위를 넘어서지 않는다. 그러므로 네 가지 법으로 모든 행을 섭수하는 것을 설하였다."[981]

曉云。如是四行。通地前上。今說地前四位通修。若別配者。懺悔在十信。信善悔惡故。勸請在十解。爲解請法故。隨喜在十行。隨喜他善。增自行德故。迴向在十迴。向施衆生。共向菩提故。地前修行。不過四位。故說四法攝諸行也。

경 이때 천제석(제석천)이 부처님께 말씀드렸다. "세존이시여, 선남자와 선여인이 대승행을 행하는 이도 있고 행하지 않는 이도 있는 경우는 어떻게 합니까, (이렇게 차별이 있는데) 어떻게 모든 중생의 공덕과 선근을 따라서 기뻐할 수 있겠습니까?"[982]

是時天帝釋白佛言。世尊。云何善男子善女人。於大乘行。其有行者。有不行者。云何而得隨喜一切衆生功德善根。

소 "이때 천제석이~선근" 이하는 세 번째로 자세하게 풀이한 것이다. 바로 세 가지 일[983]을 풀이하였는데, 그 가운데 참회의 한 가지 일을 풀이하지 않은 것[984]은 앞의 53행과 「참회품」에서 설한 것과 같기 때문이다.【원

---

981 『玄樞』(T56, 601c).
982 『合部金光明經』(T16, 369b).
983 『玄樞』에 따르면 첫째는 따라서 기뻐하는 것이고, 둘째는 권청하는 것이며, 셋째는 회향하는 것이다.

• 311

효와 승장과 혜소와 경흥이 모두 이것을 취하였다.]⁹⁸⁵

爾時天至根下。第三廣釋。正釋三事中。不釋懺悔一事者。如上五十三行及懺悔品。【曉莊沼興。皆取此也。】

소 원효가 말하였다. "진실로 하늘이나 세간의 대인大人은 특별히 질투를 근심하니 소인小人됨이 가장 심한 것이다. 소인을 불쌍히 여기고 그들을 구하는 것을 가장 급한 일로 여기기 때문에 차례대로 질문하지 않았다. 이 천제석은 그 성품이 자유분방하여 차례에 얽매이지 않기 때문에 차례를 어기면서 질문한 것이다."⁹⁸⁶ ⁹⁸⁷

曉云。良由天世間大人。偏傷嫉妬。甚爲小人。愍諸小人。其意最急。故不隨次爲問。此天帝。其性風流。不耐次濟。¹⁾ 故亂次問也。

1) ㉠ '濟'는 '第'인 것 같다.

경 부처님께서 말씀하셨다.
"선남자여, 또 선남자와 선여인이 낮과 밤의 여섯 때에 오른쪽 어깨를 드러내고 오른쪽 무릎을 땅에 대고 꿇어앉아 합장하고 공경하며 한마음과 한 뜻으로 입으로 스스로 이렇게 말한다.
'시방세계의 모든 중생이 보시를 닦고 계를 닦으며 선정을 닦는 것을 저는 이제 모두 따라서 기뻐합니다. 앞에서와 같이 따라서 기뻐했기 때문에

---

984 경의 지금 이하의 설법에서, 바로 앞에서 "네 가지의 업장을 대치하여 소멸시키는 법"을 설한 것 가운데 첫 번째인 참회가 빠진 것을 말한다.
985 『玄樞』(T56, 601c).
986 앞에서는 권청→따라서 기뻐하는 것→회향의 순서로 설명했는데, 지금 이후에는 천제석이 따라서 기뻐하는 것→권청→회향의 순서로 질문한 이유를 풀이한 것이다.
987 『玄樞』(T56, 601c).

존귀하고 뛰어나며 좋아할 만한 위없고 동등한 것이 없는 과果를 얻게 될 것을 아울러 모두 따라서 기뻐합니다. 이와 같이 과거에 있었고 미래에 있을 모든 선근을 모두 따라서 기뻐합니다.······현재 세상에서 처음 발심한 보살이 지닌 보리심을 발한 공덕과 100대겁 동안 보살행을 행하여 지닌 큰 공덕의 모임과 무생법인無生法忍[988]을 얻어 불퇴지不退地를 얻은 공덕의 모임과 일생보처一生補處에 이르는 것 등 이와 같은 일체의 공덕을 모두 따라서 기뻐하고 찬탄하니 모두 앞에서 설한 것과 같습니다. 과거와 미래의 일체의 보살의 공덕도 따라서 기뻐하고 찬탄하는 것도 또한 다시 이와 같이 할 것입니다.[989] 현재 시방세계에 계신 모든 부처님·여래·응공應供[990]·정변지正遍知[991]께서는 이미 삼보리도三菩提道(삼먁삼보리도)를 갖추고 모든 중생을 제도하여 해탈하게 하기 위해 위없는 법륜을 굴리고 걸림이 없는 법의 보시를 행하여, 큰 법의 횃불을 밝히고 큰 법의 북을 치며 큰 법의 소라를 불어 미묘한 소리를 내며 큰 법의 깃대를 세우고 계십니다. 일체의 중생이

---

988 무생법인無生法忍 : 일체법이 공하여 그 자체 고유한 성질을 갖지 않고 생멸변화를 넘어서 있음을 깨달아 그 진리에 편안하게 머물며 마음이 흔들리지 않는 것이다.

989 "현재 세상에서~다시 이와 같이 할 것입니다."는 『金光明最勝王經』(T16, 415a)에서 "또 현재 처음 (보살도를) 행하는 보살이 보리심을 발하여 얻는 공덕과 100대겁 동안 보살행을 행하여 큰 공덕을 지닌 것과 무생인을 획득하여 불퇴전에 이른 것과 일생보처에 이른 것 등 이와 같은 일체의 공덕의 모임을 모두 지극한 마음으로 따라서 기뻐하고 찬탄합니다. 과거와 미래의 일체의 보살이 지니는 공덕을 따라서 기뻐하고 찬탄함도 또한 이와 같이 할 것입니다.(又於現在. 初行菩薩. 發菩提心. 所有功德. 過百大劫. 行菩薩行. 有大功德. 獲無生忍. 至不退轉. 一生補處. 如是一切功德之蘊. 皆悉至心. 隨喜讚歎. 過去未來. 一切菩薩. 所有功德. 隨喜讚歎. 亦復如是.)"라고 한 것을 함께 참조할 것.

990 응공應供 : [S] arhat의 의역어. 음역어는 아라한阿羅漢이다. 부처님의 열 가지 명호 중 하나. 모든 번뇌를 끊어서 지혜와 덕이 원만하여 사람과 하늘의 공양을 받을 만한 분이라는 뜻에서 붙여진 이름이다.

991 정변지正遍知 : [S] samyak-saṃbuddha의 의역어로 정등각正等覺·정등정각正等正覺 등이라고도 하며, 음역어는 삼먁삼불타三藐三佛陀이다. 부처님의 열 가지 명호 중 하나. '삼먁'은 정正의 뜻이고, '삼'은 변遍의 뜻이며, '불타'는 지知·각覺의 뜻이다. 일체법을 진실되고 바르게 아는 분이라는 뜻에서 붙여진 이름이다.

모두 법의 보시를 받아 모두 포만감을 얻고 중생을 권유하고 교화하여 모두 믿고 받아들이게 합니다. 일체의 중생을 안락하게 하고자 하며 일체의 중생을 불쌍하게 생각합니다. 일체의 사람과 하늘이 모두 안락함을 받고, 성문과 벽지불과 보살은 그 공덕과 선근을 모두 이미 닦아서 세웠습니다. 만약 아직 이와 같은 모든 공덕을 갖추지 못한 중생이 있다면 모두 갖추게 합니다. 저는 모두 따라서 기뻐하면서 이를 찬탄합니다. 이와 같이 설한 것은 또한 삼세의 모든 부처님과 보살과 성문인 대중이 지니고 있는 모든 공덕과 같은 것이니 모두 따라서 기뻐하는 마음을 내고 이것을 찬탄할 것입니다.'

……그러므로 선남자여, 만약 선남자와 선여인이 자신의 선근을 늘리려고 한다면 이와 같이 따라서 기뻐하며 공덕을 닦아야 한다. 만약 어떤 여인이 여인의 몸을 바꾸어서 남자의 몸이 되려고 한다면 따라서 기뻐하면서 이와 같이 공덕을 닦아야 한다."[992]

佛言。善男子。若有善男子善女人。日夜六時。偏袒右肩。右膝著地。合掌恭敬。一心一意。口自說言。十方世界一切衆生。修施修戒修定。我今皆悉隨喜。以如前隨喜故。尊勝可愛。無上無等。並皆隨喜。如是過去未來。所有善根。皆悉隨喜。…於現在世中。初發心菩薩。所有發菩提心功德。過百大劫。行菩薩行。所有大功德聚。得無生法忍。得不退地功德之聚。得一生補處。如是一切功德。悉以隨喜讚嘆。皆如上說。過去未來一切菩薩功德。隨喜讚嘆。亦復如是。現在十方世界。一切諸佛如來應供正遍知。已具三菩提道。爲度脫一切衆生。轉無上法輪。行無礙法施。然大法炬。擊大法鼓。吹大法螺。出微妙聲。豎大法幢。一切衆生。皆蒙法施。悉得飽滿。勸化衆生。皆令信受。爲欲安樂一切衆生。哀念一切衆生。一切人天。皆蒙安樂。聲聞

---

[992] 『合部金光明經』(T16, 369b).

辟支佛菩薩。功德善根。皆已修立。若有衆生。未具如此諸功德者。悉令具足。我皆隨喜。而讚歎之。如是所說。亦如三世。諸佛菩薩。聲聞之衆。所有功德。皆生隨喜。而讚歎之。…是故善男子。若有善男子善女人。欲增長自善根者。應如是隨喜修功德者。若有女人。欲轉女身。以爲男身。應當隨喜。如是修功德者。

소 "부처님께서 말씀하셨다.~한량없는 (복덕을 얻을 것이니)"[993] 이하는 두 번째로 부처님께서 답변한 것이다. 이 가운데 여섯 단락이 있다. 첫째는 스스로 세 가지 업을 굴리는 것을 밝혔다. 둘째는 "시방" 이하에 해당하는 것으로 일체의 중생을 따라서 기뻐하는 것이다. 셋째는 "또한 현재" 이하에 해당하는 것으로 일체의 보살을 따라서 기뻐하는 것이다. 넷째는 "또 현재" 이하에 해당하는 것으로 일체의 모든 부처님을 따라서 기뻐하는 것이다. 다섯째는 "선남자" 이하에 해당하는 것으로 공덕의 분량을 가늠한 것이다. 여섯째는 "그러므로" 이하에 해당하는 것으로 맺으면서 권한 것이다.[994] 이것은 처음이다.

---

993 『合部金光明經』에 따르면 "부처님께서 말씀하셨다.~한마음과 한뜻으로"이다.
994 두 경을 대조한 것을 도표로 나타내면 다음과 같다.

	『金光明最勝王經』	『合部金光明經』
1. 스스로 세 가지 업을 굴리는 것을 밝힘	佛言善男子。若有衆生。雖於大乘。未能修習。然於晝夜六時。偏袒右肩。右膝著地。合掌恭敬。一心專念。作隨喜時。得福無量。應作是言。	佛言。善男子。若有善男子善女人。日夜六時偏袒右肩。右膝著地合掌恭敬。一心一意。口自說言。
2. 일체의 중생을 따라서 기뻐하는 것	十方世界一切衆生。現在修行施戒心慧。我今皆悉深生隨喜。…所有善根皆悉隨喜。	十方世界一切衆生。修施修戒修定。…來所有善根皆悉隨喜。
3. 일체의 보살을 따라서 기뻐하는 것	又於現在初行菩薩發菩提心所有功德。過百大劫行菩薩行。…過去未來一切菩薩。所有功德。隨喜讚歎。亦復如是。	於現在世中。初發心菩薩。所有發菩提心功德。…隨喜讚歎。亦復如是。
4. 일체의 모든 부처님을 따라서 기뻐하는 것	復於現在十方世界一切諸佛應正遍知證妙菩提。…如是過去未來諸佛菩薩聲聞獨覺所有功德。亦皆至心隨喜讚歎。	現在十方世界一切諸佛如來應供正遍知。…皆生隨喜。而讚歎之。如是。
5. 공덕의 분량을 가늠한 것	善男子。如是隨喜。當得無量功德之聚。如恒河沙三千大千世界所有衆生。皆斷煩惱。成阿羅漢。…隨喜功德無量無數。能攝三世一切功德。	善男子。隨喜無量無數功德之聚。…是隨喜功德無量無數。能攝三世一切功德故。

원효의 주석에 준하면 이하의 뜻은 두 가지로 나뉜다. 첫째는 아직 닦지 않은 것을 취한 것이니, 바로 이미 닦은 것을 간별한 것이다. 둘째는 의궤를 밝힌 것이니, 바로 세 가지 업을 굴린 것이다.[995]

佛言至無量下。第二佛答中有六段。一明自運三業。二十方下隨喜一切衆生。三又於現下隨喜一切菩薩。四復於現下隨喜一切諸佛。五善男子下格量。六是故下結勸。初也。准曉下意爲二。一取未修。卽簡已修。二明儀軌。卽運三業。

소 원효가 말하였다. "'한마음'이라는 것은 오로지 하나의 취趣에 머물기 때문이고, '한뜻'이라는 것은 다른 뜻이 섞이지 않기 때문이다."[996]

曉云。一心者專住一趣故。一意者不雜餘意故。

소 원효가 말하였다. "네 가지가 있다. '처음 (보살도를) 행하는 보살'이라는 것은 십신을 통틀어서 취한 것이다. '100대겁 동안'이라는 것은 삼현三賢[997]을 통틀어서 설한 것이다. '무생을 획득하여'[998]라는 것은 초지에서 제9지까지를 말한다. '일생보처'라는 것은 제10지이다. 내지 과거와 미래는 간단하게 언급했는데 자세한 것은 현재와 같다. 그러므로 '또한 다시

6. 맺으면서 권한 것	是故若人欲求增長勝善根者,…若有女人,願轉女身爲男子者。亦應修習隨喜功德。必得隨心現成男子	是故善男子。若有善男子善女人,…若有女人。欲轉女身。以爲男身。應當隨喜。如是修功德者。

995 『玄樞』(T56, 602a).
996 『玄樞』(T56, 602a).
997 삼현三賢: 보살 수행계위를 40단계로 분류한 것 중 십지 이전의 30단계를 일컫는 말. 곧 십해十解·십행十行·십회향十迴向을 가리킨다.
998 『合部金光明經』에 따르면 "무생법인無生法忍을 얻어"이다.

이와 같이 할 것입니다.'라고 하였다."⁹⁹⁹

曉云。四重。言初行者。通取十信也。過百劫者。通說三賢。獲無生者。初地至九。一生補者。在第十地。乃至過未單設。具如現在。故言亦復如是。

🔷 "또 현재~보리"¹⁰⁰⁰라는 것은 네 번째로 모든 부처님을 따라서 기뻐하는 것이다. 또한 두 가지가 있으니 앞과 같다. 처음 가운데 앞의 것에 준하여 두 가지가 있다. 처음은 자신을 이익 되게 하는 공덕을 기뻐하는 것이고, 나중은 타인을 이익 되게 하는 공덕을 기뻐하는 것이다.【원효는 바로 이것을 따랐다.】¹⁰⁰¹

復於現至菩提。第四隨喜諸佛。又二如前。初中准上爲二。初喜自利功德。後喜利他功德。【曉卽依之。】

🔷 "만약 (아직)~있다면" 등이라는 것은 원효가 말하였다. "아직 오승五乘¹⁰⁰²의 공덕을 갖추지 못한 이가 있다면 모든 부처님께서 교화하여 모

---

999 『玄樞』(T56, 602a).
1000 『合部金光明經』에 따르면 "현재~삼보리도"이다.
1001 『玄樞』(T56, 602b).
1002 오승五乘 : 중생을 교화하기 위한 다섯 가지 법문. 첫째는 인승人乘으로 인도에 태어나기 위한 가르침이다. 삼귀오계三歸五戒의 가르침에 의지하여 삼악도와 사취四趣(지옥·아귀·축생·아수라)에서 벗어나 인도에 태어나는 것이다. 둘째는 천승天乘으로 천도에 태어나기 위한 가르침이다. 상품십선上品十善과 사선팔정四禪八定의 가르침에 의지하여 사주四洲에서 벗어나 천계에 태어나는 것이다. 셋째는 성문승聲聞乘으로 성문도를 성취하기 위한 가르침이다. 사제의 가르침에 의지하여 삼계를 벗어나 유여열반有餘涅槃에 이르러 아라한과를 이루는 것이다. 넷째는 연각승(벽지불승)으로 연각도를 성취하기 위한 가르침이다. 십이인연의 이치에 의지하여 삼계를 벗어나 무여열반無餘涅槃에 이르러 벽지불과를 이룬다. 다섯째는 보살승으로 보살도를 성취하기 위한 가르침이다. 육바라밀의 가르침에 의지하여 삼계와 삼승의

• 317

두 갖추게 하는 것을 말한다. '저는 모두 따라서 기뻐하면서'라는 것은 제시한 것과 같이 부처님께서 자신을 이익 되게 하는 공덕을 이루고 타인을 이익 되게 하는 공덕을 이루어서 교화의 대상인 중생이 오승의 공덕을 갖추게 하기에 이른 것을 내가 모두 기뻐하고 찬탄하는 것을 말한다."[1003]

若有等者。曉云。謂未具足五乘功德。諸佛敎化。皆令具足。我皆喜者。謂如所擧。佛二利德。及敎所被五乘功德。我皆喜讚。

소 "이와 같이~찬탄할 것입니다."라는 것은 두 번째로 과거와 미래의 모든 부처님을 사례로 든 것이다.[승장과 경흥도 이것과 동일하다. 원효는 뜻에 있어서 모두 따랐다. 통틀어서 또한 그러하다.][1004]

如是至讚嘆。第二例過未諸佛。【莊興同之。曉意皆隨。通亦得爾矣。】

소 무릇 여기에서 따라서 기뻐한 것을 설한 부분은 얕은 것에서 깊은 것에 이르는 것이다. 그러므로 원효가 말하였다. "첫째는 총괄적으로 범부가 성취한 이승二乘(인승과 천승)의 공덕을 기뻐하였고, 둘째는 개별적으로 일체의 보살이 성취한 공덕을 기뻐하였으며, 셋째는 총괄적으로 시방의 모든 부처님이 성취한 공덕을 기뻐하였다."[1005]

凡此隨喜。從淺至深。故曉云。一總喜凡夫二乘功德。二別喜一切菩薩。三總喜十方諸佛。

경계를 초월하여 위없는 보리를 성취하여 대반열반의 세계에 도달하는 것이다.
1003 『玄樞』(T56, 602b).
1004 『玄樞』(T56, 602b).
1005 『玄樞』(T56, 602b).

소 원효가 말하였다. "두 구절에서 앞은 총괄적인 것이고 뒤는 개별적인 것이다.[1006] 별도로 여인에게 따라서 기뻐하는 공덕을 지을 것을 권한 것은 모든 여성은 질투심이 많기 때문이다. 이로 말미암아 태어날 때마다 여인의 몸을 여의지 못한다. 그러므로 별도로 공덕을 닦아서 여인의 몸을 바꿀 것을 권하였다."[1007]

曉云。二句前總後別。別勸女人作隨喜者。凡諸女性。多有嫉妬。由是生生。不離女身。故別勸修轉女身也。

경 이때 제석천이 부처님께 말씀드렸다.
"세존이시여, 원하옵건대 다시 권청의 공덕을 설하여, 미래의 보살로 하여금 큰 광명을 얻고 현재의 보살로 하여금 서원을 일으키고 수행하게 하소서."
부처님께서 말씀하셨다.
"선남자여, 만약 선남자와 선여인이 아뇩다라삼먁삼보리를 얻기를 원한다면 성문과 연각과 대승의 도를 수행해야 한다. 어떤 중생이 아직 수행을 하지 못하였다면 낮과 밤의 여섯 때에 오른쪽 어깨를 드러내고 오른쪽 무릎을 땅에 대고 꿇어앉아 합장하고 공경하며 한마음 한뜻으로 입으로 스스로 말한다.

'시방의 모든 부처님·세존으로 현재 이미 아뇩다라삼먁삼보리를 얻어 위없는 법륜을 굴리시는 분께 머리 숙여 예배 드립니다. 저는 지금 모든 분

[1006] 경문에 배대하면 "그러므로 선남자여, 만약 선남자와 선여인이 자신의 선근을 늘리려고 한다면 이와 같이 따라서 기뻐하며 공덕을 닦아야 한다.【총괄적인 것】만약 어떤 여인이 여인의 몸을 바꾸어서 남자의 몸이 되려고 한다면 따라서 기뻐하면서 이와 같이 공덕을 닦아야 한다.【개별적인 것】"이다.
[1007] 『玄樞』(T56, 602b).

께 머리 숙여 예배를 드리며 권청합니다. 위없는 법륜을 굴리고 큰 법의 등불을 태우시며 법의 도리를 보존하여 걸림이 없는 법을 베푸시며 큰 법의 횃불을 잡고 큰 법의 비를 뿌리시며 큰 법의 북을 치고 큰 법의 소라를 불어 미묘한 소리를 내시고 큰 법의 깃대를 세워, 일체의 중생을 제도하여 해탈하게 하소서. 모두 앞에서 말한 것과 같으니 내지 사람과 하늘이 모두 안락함을 누릴 것입니다'.……'제가 지금 이렇게 권청하여 쌓은 선근과 공덕을 모두 아뇩다라삼먁삼보리에 회향합니다. 또한 과거와 미래와 현재의 모든 큰 보살들이 지니고 있는 모든 공덕을 모두 아뇩다라삼먁삼보리에 회향하는 것과 같이, 저도 또한 이와 같이 제가 지닌 모든 권청에 의해 얻은 일체의 공덕을 모두 아뇩다라삼먁삼보리에 회향합니다.'"[1008]

是時帝釋。白佛言。世尊。願爲更說勸請功德。爲令未來菩薩。得大光明。現在菩薩。願修行故。佛言。善男子。若有善男子善女人。願求阿耨多羅三藐三菩提者。應當修行聲聞緣覺大乘之道。若有衆生。未得修行。日夜六時。偏袒右肩。右膝著地。合掌恭敬。一心一意。口自說言。頂禮十方一切諸佛世尊。現已得阿耨多羅三藐三菩提。能轉無上法輪者。我今皆悉頂禮勸請。轉無上法輪。然大法燈。持法道理。無礙法施。秉大法炬。雨大法雨。擊大法鼓。吹大法螺。出微妙聲。堅大法幢。爲度脫一切衆生故。悉如上說。乃至人天。皆蒙安樂。…我今以此勸請善根功德。悉以迴向阿耨多羅三藐三菩提。亦如過去未來現在。諸大菩薩。所有功德。皆悉迴向阿耨多羅三藐三菩提。我亦如是。所有勸請一切功德。皆悉迴向阿耨多羅三藐三菩提。

소 원효가 말하였다. "여기에 두 가지가 있다. (앞은) 총괄적으로 권유하고 (나중은) 개별적으로 나타냈다.[1009] (이것은) 처음인데 여기에 두 가

[1008] 『合部金光明經』(T16, 369c).

지가 있다. 첫째는 닦는 사람이고, 둘째는 닦아야 하는 법이다. 문장 그대로이다. 위없는 도를 얻고자 하는 사람은 삼승의 도를 닦아야 한다. 보살도 일체의 모든 행을 두루 닦지만 이승二乘의 과果를 증득하는 것에 취착하지 않을 뿐이다. 『대품반야경』 「변학품遍學品」에서 설한 것[1010]과 같다."[1011]

曉云。有二。總勸別顯。初也。有二。一能修之人。二所修之法。如文。欲得無上道者。應修三乘道者。菩薩遍修一切諸行。而不取證二乘果耳。如大品經。遍學品說。

경 나의 경우에 옛날 보살행을 행할 때에도 앞에서와 같이 모든 부처님·세존께 큰 법륜을 굴려 주실 것을 권청하였다. 이 선근 때문에 모든 제석천과 대법왕이 나에게 큰 법륜을 굴려 줄 것을 권청하여 "세존이시여, 청하옵건대 법륜을 굴려서 일체 중생과 모든 인간과 하늘을 제도하여 해탈하게 해 주십시오."라고 하는 것이다.

나는 옛날에 보리행을 닦으면서 여래에게 오래도록 세상에 머물고 반열반하지 마실 것을 권청하였다. 이러한 여러 가지 공덕에 의지하여, 그것으

1009 "선남자여~대승의 도를 수행해야 한다."는 총괄적으로 권유한 것이고, 그 이하는 개별적으로 나타낸 것이라는 말이다.
1010 『大品般若經』 권22(T8, 381a)에서 "수보리가 부처님께 말씀드렸다. '세존이시여, 제법이 성품이 있지 않다면 보살은 어떤 도를 행하여 보살의 지위에 들어가는 것입니까? 성문도를 행하는 것입니까, 벽지불도를 행하는 것입니까, 불도를 행하는 것입니까?' 부처님께서 수보리에게 말씀하셨다. '성문도에만 의거하지 않고 벽지불도에만 의거하지 않으며 불도에만 의거하지 않아야 보살의 지위에 들어간다. 보살마하살은 여러 가지 도를 두루 배워야 보살의 지위에 들어갈 수 있다.'(須菩提白佛言。世尊。若諸法無有性。菩薩行何等道。入菩薩位。爲用聲聞道。爲用辟支佛道。爲用佛道。佛告須菩提。不以聲聞道。不以辟支佛道。不以佛道。得入菩薩位。菩薩摩訶薩。遍學諸道。得入菩薩位。)"라고 한 것을 참조할 것.
1011 『玄樞』(T56, 602c).

로 인해 나는 십력과 사무소외四無所畏와 사무애변四無礙辯과 대자·대비를 얻고 한량없고 헤아릴 수 없는 함께하지 않는 법을 얻었다.

나는 이미 무여열반에 들었으나 나의 정법은 세상에 오래 머문다. 나의 법신은 견줄 것이 없이 청정한 여러 가지 모양과 한량없는 지혜와 한량없는 자재함과 생각하고 의론하기 어려운 한량없는 복덕을 지녀서 모든 중생이 자애로운 은혜를 깊이 받으니 백천만억 겁이 지나도 다 말할 수 없다.

그러므로 법신은 모든 법을 거두어 감출 수 있지만 모든 법은 법신을 거두어 감출 수 없다. 법신은 항상 머물지만 항상 머문다는 견해에 떨어지지 않고 비록 또 끊어져 없어진다고 해도 끊어져 없어진다는 견해에 떨어지지 않는다. 모든 중생의 여러 가지 견해를 무너뜨리고 일체의 다양한 참된 견해를 생겨나게 하며, 모든 중생의 속박을 벗겨 주지만 속박되는 것과 다르다는 생각을 내지 않게 하고, 모든 중생이 모든 선의 근본을 뿌리게 한다.……이와 같은 법신을 나는 이제 이미 얻었다.[1012]

如我昔行菩薩行時。如前諸佛世尊。勸請轉大法輪。是善根故。一切帝釋及大梵王。勸請於我。轉大法輪。世尊。請轉法輪。爲度脫安樂一切衆生及諸人天。我於往昔。爲菩提行。勸請如來。久住於世。莫般涅槃。依諸功德。是故。我得十力。四無所畏。四無礙辯。大慈大悲。得無量無數不共之法。我已入於無餘涅槃。而我正法。久住於世。我法身者。無比淸淨。種種相貌。無量智慧。無量自在。難可思議。無量福德。一切衆生。深蒙慈潤。百千萬億劫。說不可盡。是故法身。能攝藏一切之法。一切之法。不能攝藏法身。法身常住。不墮常見。雖復斷滅。不墮斷見。破一切衆生種種之見。能生一切種種眞見。能解一切衆生之縛與縛不異。能種一切衆生諸善根本。…如是法身。我今已得。

1012 『合部金光明經』(T16, 370a).

소 원효가 말하였다. "두 가지가 있다. 앞[1013]은 간략하게 서술하고, 나중[1014]은 자세하게 서술하였다. (이것은) 처음이다. 여기에 두 가지가 있다. 앞[1015]은 그 원인을 들었고 나중[1016]은 과를 얻은 것을 보였으니, 과 가운데 '제석천 등이 권청한 것'은 그 일을 든 것이다."[1017]

曉云。有二。先略後廣。初也。有二。先擧其因。後示得果。果中。帝釋等勸請者。擧其事也。

소 "이 (선근에) 의지하여~(함께하지 않는) 법"[1018] 이하는 과를 밝힌 것이다. 본本의 해석은 앞의 삼신에서 자세하게 밝힌 것과 같다.[1019] 원효는 바로 이것을 취하였다.[1020]

依此至之法下。明果。本釋如前三身廣辨。曉卽取之。

소 원효가 뜻을 나타내어 말하였다. "(속박에서 벗어난 것이) 속박되는 것과 다른 것이라고 생각하면 속박에서 벗어날 수 없다. 속박과 벗어나는 것이 둘이 아니라야 비로소 벗어날 수 있기 때문이다."[1021]

1013 "나와 같은 경우에도~라고 하는 것이다."를 가리킨다.
1014 "나는 옛날에 보리행을 닦으면서~이제 이미 얻었다."를 가리킨다.
1015 "나와 같은 경우에도~굴려주실 것을 권청하였다."를 가리킨다.
1016 "이 선근 때문에~라고 하는 것이다."를 가리킨다.
1017 『玄樞』(T56, 602c).
1018 『合部金光明經』에 따르면 "여러 가지 공덕에 의지하여~함께하지 않는 법을 얻었다."이다.
1019 "여러 가지 공덕에 의지하여~함께하지 않는 법을 얻었다."라고 한 것은 응신이고, "나는 이미 무여열반에 들었으나 나의 정법은 세상에 오래 머문다."라고 한 것은 화신이며, "나의 법신은 견줄 것이 없이 청정하고 여러 가지 모양을 지녔으며" 이하는 법신이다.
1020 『玄樞』(T56, 603a).

曉顯意云。若異於縛。不能離縛。縛解無二。乃得解故。

경 이때 제석천이 부처님께 말씀드렸다.

"세존이시여, 선남자와 선여인이 아뇩다라삼먁삼보리를 얻기 위하여 성문승·연각승·대승의 도를 닦으려면 어떻게 해야 합니까? 만약 어떤 중생이 아직 수행을 이루지 못했지만 (그동안 쌓은) 공덕과 선근을 모두 일체지지一切智智[1022]에 회향하려면 어떻게 해야 합니까?"

부처님께서 말씀하셨다.

"선남자여, 만약 선남자와 선여인이 아뇩다라삼먁삼보리를 얻을 것을 원한다면 성문과 연각과 대승의 도를 수행해야 한다. 어떤 중생이 아직 수행을 이루지 못하였다면 하루 낮과 하룻밤 동안 한마음 한뜻으로 입으로 스스로 말한다. '저는 시작이 없는 때로부터 생사를 거듭하면서 지은 모든 선근을 모두 이미 성취하였습니다. 삼보의 처소나 다른 곳에서나 내지 축생이나 사람과 사람이 아닌 것에게 내지 한 되이든 손가락으로 집을 만큼의 분량에 이르기까지 모든 것을 보시하였습니다. 겸하여 좋은 말로 싸움을 화해시키고 삼귀의三歸依[1023]와 학계學戒를 받았습니다. 일체의 공덕과 선근은 모두 참회로 말미암아 얻었고 모두 권청으로 말미암아 얻었습니다. 이 모든 선근을 한곳에 두고 거두어들이고 동시에 합하고 모으며 양을 재

1021 『玄樞』(T56, 603a).

1022 일체지지一切智智 : Ⓢ sarvajna-jnāna. 부처님의 지혜가 모든 지혜 가운데 가장 뛰어난 것을 가리킨다. 일체지一切智는 성문·연각·부처님의 셋에 모두 통하는 것인데 부처님의 지혜와 이승의 지혜를 구별하기 위해서 부처님의 지혜를 일체지지라고 한다.

1023 삼귀의三歸依 : 삼보에 귀의하는 것. 불보와 법보와 승보에 귀의하는 것. 세 가지 대상에 대해 세 번 소리 내어 귀의한다고 말하는 것, 곧 삼귀계三歸戒라고도 한다. 차후의 모든 계를 받기 위한 가장 근본이 되는 의식이다. 불교교단이 성립된 초기에는 아직 계율이 정비되지 않았기 때문에 단지 삼귀계를 받는 것만으로 수계가 이루어지기도 하였는데, 이를 삼귀득三歸得이라고 한다.

어서 모두 일체의 중생에게 회향하여 보시합니다. 영원히 이미 버리고 베풀어서 다시 빼앗으려는 마음이 없으며, (선근에 대한) 집착에서 벗어나서 (다시) 거두어들이려는 마음이 없습니다.……옛날에 보살마하살이 보리의 도를 수행할 때 공덕과 선근을 모두 일체종지를 위해 회향한 것처럼 저도 또한 이와 같이 공덕과 선근을 모두 아뇩다라삼먁삼보리에 회향할 것입니다. 이 선근 때문에 또한 중생과 이것을 함께하여 모두 함께 아뇩다라삼먁삼보리를 얻을 것이니 일체지지를 얻기 위한 것입니다.……다른 모든 부처님께서 도량의 보리수 아래에 앉아서 생각하고 의론할 수 없을 정도로 때가 없이 청정한 모습으로 무진법장다라니수능엄삼매無盡法藏陀羅尼首楞嚴三昧에 머물러 마구니 파순의 한량없는 병사의 무리를 파괴하고, 보아야 할 것과 알아야 할 것과 깨달아야 할 것과 통달해야 할 것 등의 이와 같은 일체를 한 찰나에 모두 비추어 알고 후야後夜에 감로도甘露道[1024]를 깨닫고 감로법甘露法[1025]을 얻은 것처럼, 저도 또한 이와 같이 일체의 중생과 선근을 함께하고 이 선근 때문에 모두 아뇩다라삼먁삼보리를 얻고 함께 일체지지를 얻겠습니다.……(서방의) 무량수불・승광불・묘광불과 (동방의) 아촉불・공덕선광불・사자광명불・백광명불・망광명불과 (남방의) 보상불・보염불・담광명불・담성광명불・안길상왕불과 (북방의) 미묘성불・묘장엄불・법당불・상승신불・변가애색불・광명변조불・범정왕불・상성불이 하신 것처럼……저도 또한 이와 같이 하여 중생과 모두 함께 아뇩다라삼먁삼보리를 얻고 큰 법륜을 굴리겠습니다.'"[1026]

1024 감로도甘露道 : ⓈamṛtadharmaN. 감로를 얻는 길. '감로'는 Ⓢ amṛta의 의역어로 아밀리다阿密哩多라고 음역한다. 하늘이 마시는 음료로 늙지 않고 죽지 않으며 장수하게 하는 신비한 약으로 전해진다. 불교의 궁극적 경지인 열반을 감로에 비유한다. 그러므로 감로도는 곧 불도佛道를 가리킨다.

1025 감로법甘露法 : 감로를 얻는 법. 부처님의 교법을 믿어 수행하여 도달하는 궁극적 경지인 열반을 감로에 비유한 것이다. 곧 감로에 도달하는 길을 설한 법, 곧 불법佛法을 가리킨다.

是時帝釋白佛言。世尊。云何善男子善女人。爲得阿耨多羅三藐三菩提。修行聲聞緣覺大乘之道。若有衆生。未得修行。功德善根。云何悉以迴向爲一切智智。佛言。善男子。若有善男子善女人。欲求阿耨多羅三藐三菩提。修行聲聞緣覺大乘之道。若有衆生。未得修行。一日一夜。一心一意。口自說言。我從無始生死以來。所有善根。皆已成就。於三寶所。若於他所。乃至畜生。人非人等。乃至升撮。以施一切。兼以善言。和解鬪諍。三歸學戒。一切功德善根。皆由懺悔而得。皆由隨喜而得。皆由勸請而得。是諸善根。安置一處。攝受同時。合集稱量。皆以迴施一切衆生。永已捨施。更無奪心。解脫不攝。…如昔菩薩摩訶薩。修行菩提之道。功德善根。悉皆迴向爲一切種智。我亦如是。功德善根。悉皆迴向阿耨多羅三藐三菩提。是善根故。亦與衆生共之。同共一時。得阿耨多羅三藐三菩提。爲得一切智智故。…如餘諸佛。坐於道場菩提樹下。不可思議無垢清淨。住於無盡法藏陀羅尼首楞嚴三昧。破魔波旬無量兵衆。應見應知應覺應可通達。如是一切一刹那中。皆悉照了。於後夜中。證甘露道。得甘露法。我亦如是。與一切衆生。同共善根。是善根故。俱得阿耨多羅三藐三菩提道。同得一切智智。猶如無量壽佛。勝光佛。妙光佛。阿閦佛。功德善光佛。師子光明佛。百光明佛。網光明佛。寶相佛。寶炎佛。炎光明佛。炎盛光明佛。安吉上王佛。微妙聲佛。妙莊嚴佛。法幢佛。上勝身佛。遍可愛色佛。光明遍照佛。梵淨王佛。上性佛。…我亦如是。同共衆生。得阿耨多羅三藐三菩提。轉大法輪。

소 원효가 말하였다. "두 가지가 있다. 먼저 총괄적으로 삼승의 도를 배울 것을 권하였고, 나중에 바로 회향을 밝혔다."[1027]

1026 『合部金光明經』(T16, 370b).
1027 『玄樞』(T56, 603b).

曉云。有二。先總勸學三乘之道。後正明迴向。

소 원효가 말하였다. "자신의 선근에 연연하고 집착하는 마음이 없기 때문에 '집착에서 벗어나서'라고 하였다. 영원히 타인에게 베풀어서 다시 섭수하여 취하려는 마음이 없기 때문에 '거두어들이려는 마음이 없습니다.'라고 하였다."[1028]

曉云。於自善根。心無戀著。故云解脫。永施於他。無更攝取。故曰不攝。[1)]
1) ㉠ 이것은 집일문 전체가 세주이다.

소 원효가 말하였다. "보살을 끌어온 것은 그들과 회향을 함께하기 때문이다. 여러 부처님을 끌어온 것은 보리를 증득하는 것을 함께하기 때문이다."[1029]

曉云。引菩薩者。同彼迴向故。引諸佛者。同得菩提故。[1)]
1) ㉠ 이것은 집일문 전체가 세주이다.

소 원효가 말하였다. "('무진법장다라니수능엄삼매에 머물러'라는 것은) 법운지法雲地에서 얻는 것에 머물기 때문이다."[1030]

曉云。住法雲地之所得故。

소 원효가 말하였다. "'보아야 할 것'은 일체의 색취법色聚法[1031]을 섭

1028 『玄樞』(T56, 603c).
1029 『玄樞』(T56, 603c).
1030 『玄樞』(T56, 604a).
1031 색취법色聚法 : 유식종에서 일체법을 다섯 가지로 분류한 것 중 하나. 물질이나 감

• 327

수하기 때문이다. '알아야 할 것'은 심왕心王[1032]과 심소법心所法[1033]을 섭수하기 때문이다. '깨달아야 할 것'은 일체의 불상응취법不相應聚法[1034]을 섭수하기 때문이다. '통달해야 할 것'은 일체의 무위법無爲法[1035]을 섭수하기

각의 대상이 되는 것. 인식의 주체로서의 물질인 안근眼根·이근耳根·비근鼻根·신근身根·설근舌根의 오근五根과 인식의 대상으로서의 물질인 색경色境·성경聲境·향경香境·미경味境·촉경觸境의 오경五境과 의식의 대상인 법처에 소속된 색인 법처소섭색法處所攝色의 11가지가 있다. 오근과 오경이 변괴變壞·질애質礙의 성질을 갖추고 있어서 감각기관에 의해 파악되는 색법이라면 법처소섭색은 의식에 의해 파악되는 색법이다.

1032 심왕心王 : 유식종에서 일체법을 다섯 가지로 분류한 것 중 하나. 정신작용의 주체가 되는 것. 심소법心所法(심왕에 소유된 법)에 상대하여 일컬어지는 말. 안식眼識(각종 색상色相과 사물의 인식)·이식耳識(각종 소리의 인식)·비식鼻識(각종 냄새의 인식)·설식舌識(각종 맛의 인식)·신식身識(각종 감촉의 인식)·의식意識(전5식의 대상 이외에 인식 대상인 법처소섭색이 있음)·말나식末那識[제7식. 전도식顚倒識으로 사량思量·분별分別·망상妄想하는 인식. 자아의식인 아치我癡(참된 나를 망각)·아애我愛(자신에 대한 애착에 의한 배타적인 차별심)·아만我慢(자타가 평등함을 망각하여 자기만이 제일이라는 생각)·아견我見(자기 편견에 집착하는 것)에 사로잡혀 있는 것]·아뢰야식阿賴耶識(제8식. 모든 업력을 보존하면서 선악의 업력을 다른 여타의 식에 공급하여 발생하게 하며 모든 선악의 행동이 나타나게 하는 .업력에 따라 발생하는 생명의 주체가 되는 동시에 윤회의 주체가 되는 것)의 여덟 가지가 있다.

1033 심소법心所法 : 인식의 주체인 심왕에 소유된 법. 심왕과 심소心所는 일어나는 시기·기관·대상을 같이하기 때문에 상응법相應法이라고도 한다. 모든 마음에 널리 미치는 심소인 변행遍行에 다섯 가지, 특별한 대상에만 작용하는 심소인 별경別境에 다섯 가지, 선한 대상에 작용하는 심소인 선善에 11가지, 근본적인 오염의 심소인 번뇌煩惱에 여섯 가지, 부수적인 오염의 심소인 수번뇌隨煩惱에 20가지 등이 있다.

1034 불상응취법不相應聚法 : 불상응법不相應法을 가리킨다. 물질적인 것이나 정신적 것에 포함될 수 없는 힘을 가리킨다. 색에도 심에도 상응하지 않는 것이라는 뜻에서 불상응이라고 한다. 색과 심의 작용 위에 임시로 세워진 것으로 실은 실재하는 법이 아니다. 득得(한 개인의 생의 흐름을 지속하게 하는 상속력相續力)·명근命根(아뢰야식에 의해서 일생을 유지시키는 생명력) 등의 24가지가 있다.

1035 무위법無爲法 : 조작을 빌리지 않는 법. 불변적인 것. 허공무위虛空無爲(모든 번뇌장煩惱障과 소지장所知障을 여읜 적정처寂定處)·택멸무위擇滅無爲(무루지無漏智에 의해서 얻어진 적정처)·비택멸무위非擇滅無爲(자성청정심自性淸淨心에 의해서 얻어진 적정처)·부동무위不動無爲(감수작용이 완전히 멸한 색계 제4선정 적정처)·상수멸무위想受滅無爲(상상과 수受가 멸한 무색계의 적정처)·진여무위眞如無爲(언어로 표현할 수 없는 진실 그대로의 적정처)의 여섯 가지가 있다.

때문이다."[1036]

曉云。見者攝一切色聚法故。知者攝心心法故。覺者攝一切不相應聚法故。應通達者攝一切無爲法故。

소 원효가 말하였다. "여기에서 서방은 무량수불을 일컬으면서 간략하게 세 분의 부처님을 제시하였다. 동방은 아촉불을 일컬으면서 간략하게 다섯 분의 부처님을 제시하였다. 남방은 보상불을 일컬으면서 간략하게 다섯 분의 부처님을 제시하였다. 북방은 미묘성불을 일컬으면서 간략하게 여덟 분의 부처님을 제시하였다. 사방을 합하여 37분의 부처님을 끌어왔다."[1037]

曉云。此中西方無量壽佛爲號。略擧三佛。東方阿閦佛爲號。略擧五佛。南方寶相佛爲號。略擧五佛。北方微妙聲佛爲號。略擧八佛。四方合引三七佛也。

경 만약 어떤 국토에서 이 경을 강의하면 모든 백성이 다 풍족하고 안락하고 온갖 질병이 없어지며, 상인은 왕래하면서 보배와 재화를 많이 획득하고 네 가지 복을 모두 갖추니 이것을 여러 가지 공덕의 이익이라고 한다.[1038]

若有國土。講宣是經。一切人民。皆得豐樂。無諸疾疫。商估往還。多獲寶貨。具足四福。是名種種功德利益。

소 원효가 말하였다. "'네 가지 (복을 모두) 갖추니'라는 것은 네 가지

1036 『玄樞』(T56, 604a).
1037 『玄樞』(T56, 604a).
1038 『合部金光明經』(T16, 372b).

• 329

생활에 필요한 도구를 갖추는 것이니, 음식과 의복과 와구臥具[1039]와 의약품이 여기에서 말한 네 가지이다."[1040]

曉云。具四種者。謂具四種資生之具。飮食衣服臥具醫藥。是四也

1039 와구臥具 : ⓢ śayanāsana의 의역어. 부구敷具라고도 한다. 평상·이불과 요·천막·베개 등과 같은 침구 일체를 가리키는 말이다.
1040 『玄樞』(T56, 605a).

제6 다라니최정지품
陀羅尼最淨地品第六。

소 원효가 말하였다. "['다라니(⒮ dhāraṇī)'의 의역어인] 총지總持는『대지도론』에 따르면 두 가지 뜻으로 풀이한다. 첫째는 지니는 것이니 모든 공덕을 지니기 때문이다. 둘째는 막는 것이니 모든 번뇌를 막기 때문이다.[1041] 내지 '지地'는 섭수의 뜻이다. 이 대지가 모든 사람을 섭수하니 섭수하고 지탱하여 떨어지지 않게 하고 섭수하고 길러서 증장하게 하는 것처럼 십지도 또한 그러하여 보살을 섭수할 수 있다. 말하자면 섭수하고 지녀서 퇴전하지 않게 하고 또한 섭수하고 길러서 증진할 수 있게 한다. 내지 '최정'이라는 것은 11지[1042]에서 모든 바라밀에 의해 22가지의 무명[1043]을 무너뜨리고 11가지의 추중麤重[1044]인 모든 번뇌를 멀리 여의는 것을 말한다. 그러므로 이로써 이름을 세웠다." 자세한 것은 그곳에서 설한 것과 같다.[1045]

曉云。總持。依智度論。二義釋之。一能持。持諸功德故。二能遮。遮諸煩惱故。乃至地是攝義。如此大地。能攝諸人。攝持不落。攝養增長。十地亦爾。能攝菩薩。謂能攝持。令不退轉。又能攝養。而得增進。乃至最勝¹⁾淨。

1041 『大智度論』권5(T25, 95c).
1042 11지 : 보살 십지와 불지佛地를 가리킨다.
1043 22가지의 무명 : 보살 십지와 불지에서 끊어야 할 무명. 각 지마다 두 가지 무명이 있어서 모두 22가지를 이룬다. 예를 들면 초지에서는 법아분별무명法我分別無明과 악도업무명惡道業無明을 끊는다.
1044 11가지의 추중麤重 : 보살 십지와 불지에서 끊어야 할 추중보麤重報. 각 지마다 한 가지가 있어서 모두 11가지를 이룬다. 예를 들면 초지에서는 법아분별무명과 악도업무명이 방편생사方便生死를 감수하는 것을 추중보라고 한다. '추중'이란 번뇌의 습기 곧 종자가 단멸되지 않고 손상되지 않은 상태로 있는 것을 가리킨다. 상대어는 전纏으로 현기하거나 현행한 번뇌를 가리킨다.
1045 『玄樞』(T56, 605a).

謂十一地。諸波羅蜜。能破二十二種無明。遠離十一麤重諸垢。故以立名。
具如彼。²⁾

1) ⓐ '勝'은 연자인 것 같다. 2) ⓐ 이것은 집일문 전체가 세주이다.

경 이때 사자상무애광염보살師子相無礙光焰菩薩이 한량없는 억의 대중과 함께 자리에서 모두 일어나서 오른쪽 어깨를 드러내고 오른쪽 무릎을 땅에 대고 꿇어앉아 합장하고 공경하며 머리를 숙여 예배 드리고 여러 가지 꽃과 향과 보배 당기와 번기와 덮개로 공양하고 이렇게 말하였다.

"어떤 인연으로 보리심을 얻는 것입니까? 어떤 것이 보리심입니까? 세존이시여, 보리에 나아가도 현재의 마음은 얻을 수 없고, 미래의 마음도 얻을 수 없으며, 과거의 마음도 얻을 수 없습니다. 보리를 여의어도 보리심은 또한 얻을 수 없습니다. 보리라는 것은 말로 나타낼 수 없고, 마음이라는 것도 또한 색도 없고 모양도 없으며 일도 없고 업도 없으며 조작할 수 없습니다. 중생이라는 것도 또한 얻을 수 없고 또한 알 수 없습니다. 세존이시여, 어떻게 제법의 매우 깊은 뜻을 알 수 있는 것입니까?"¹⁰⁴⁶

是時師子相無礙光焰菩薩。與無量億衆。從座俱起。偏袒右肩。右膝著地。合掌恭敬。頂禮佛足。以種種華香寶幢幡蓋。以爲供養。而作是言。以幾因緣。得菩提心。何者是菩提心。世尊。於菩提者。現在心不可得。未來心不可得。過去心不可得。離菩提者。菩提心亦不可得。菩提者不可言說。心者亦無色無相。無事無業。非可造作。衆生者亦不可得亦不可知。世尊。云何諸法甚深之義。而可得知。

소 처음에 두 가지가 있다. 첫째는 질문하는 사람을 밝힌 것이고, 둘째

1046 『合部金光明經』(T16, 372c).

는 청문한 일을 나타낸 것이다. 사람에 두 가지가 있다. 처음은 이름을 나열했고, 둘째는 형모와 의식을 나타냈다. (이것은) 처음이다. 여기에 두 가지가 있다. 첫째는 청문하는 주체이고, 둘째는 설법을 듣는 대중이다. 지상地上(초지 이상)에 오른 것을 밝히고자 하여 '무애광염無礙光焰'을 청문하는 사람으로 삼았다. 이미 제8지[1047]에 도달하여 그 자신은 이미 알고 있지만 다른 사람을 위해서 일부러 뒤에서 나타난 것과 같은 뜻을 질문했음을 나타낸다.【어떻게 제8지에 오른 사람이라는 것을 알 수 있는가? 처음에 스스로 '삼세의 마음과 보리' 등에 (대해 얻을 것이 없음을) 보는 것을 말하였는데, 바로 이것이 무멸無滅을 이해했음을 보여 주는 것이다. 원효와 경흥이 바로 이것을 취하였다.】[1048]

初有二。一歎[1)]能問人。二出所請事。人有二。一列名字。二明形儀。初也。有二。一請主。二聽衆。欲明登地。故以無礙光爲請人。旣是八地。示其已知。爲他故問意現下。【何以得知。八地中人。初自言見三世心及菩提等。卽是無滅之解也。曉興卽取。】

1) ㉠ '歎'은 '辨'인 것 같다.

소 수의 사나굴다가 말하였다. "'어떤 인연으로'라는 것은 (보리심의) 원인을 질문한 것이다. '어떤 것이 보리심입니까?'라는 것은 (보리심의) 결과를 질문한 것이다." 승장은 양梁의 진제 삼장의 설을 취하였다. 원효와 혜소[1049]와 경흥은 수의 사나굴다의 설을 따랐다.[1050]

1047 제8지 : 대승보살의 수행계위인 십지 중 여덟 번째 계위. 부동지不動地·결정지決定地 등이라고 한다. 무생법인無生法忍을 얻어 번뇌에 흔들리지 않으며 의도적으로 노력하지 않아도 저절로 수행이 이루어지는 계위이다.
1048 『玄樞』(T56, 606b).
1049 혜소는 『金光明最勝王經疏』권4(T39, 252c)에서 "처음은 보리심의 원인을 질문하였고, 다음은 보리심의 체를 질문하였다.(初問菩提心因。次問菩提心體。)"라고 하였다.
1050 『玄樞』(T56, 606c).

隋云。以幾因緣者問因。何者菩提心問果也。莊卽梁說。曉沼及興依隋。[1]

1) ㉕ 이것은 집일문 전체가 세주이다.

소 원효가 말하였다. "그것의 있음을 말하려고 해도 추구하여 얻을 수 없고, 그것의 없음을 말하려고 해도 원인과 결과가 분명하기 때문에 '어떻게 제법의 매우 깊은 뜻을 알 수 있는 것입니까?'라고 한 것이다."[1051]

曉云。欲言其有。推求不得。欲言其無。因果灼然。故言諸法甚深之義云何而可得知也。[1]

1) ㉕ 이것은 집일문 전체가 세주이다.

경 부처님께서 말씀하셨다.

"선남자여, 보리는 비밀스러워서 사업이나 조작에 의해서는 알 수 없다. 보리를 떠나서도 보리심은 또한 얻을 수 없다. 보리라는 것은 말로 나타낼 수 없고, 마음도 또한 모양이 없으며, 중생도 또한 알 수 없다. 무엇 때문인가. 의意와 같이[1052] 심心도 또한 이와 같으며, 심과 같이 보리도 또한 이와 같으며, 심과 같고 보리와 같이 중생도 또한 이와 같다. 중생과 같이 일체의 삼세의 법도 또한 이와 같다."

부처님께서 말씀하셨다.

"선남자여, 이와 같은 보살이어야 마음이 일체법을 통달하였다고 할 수 있으니, 이렇게 보리와 보리심을 설한다. 보리는 과거도 아니고 미래도 아니며 현재도 아니고 마음도 또한 이와 같고 중생도 또한 이와 같으니, 이와 같은 가운데 또한 얻을 수 있는 것은 없다. 무엇 때문인가. 일체법은 생겨남

1051 『玄樞』(T56, 608a).
1052 뒤에 나오는 원효의 주석에 따르면 의意는 제6의식으로 이름만 있고 실체는 없는 것을 비유한 것이다.

이 없기 때문에 보리는 얻을 수 없고 보리라는 이름도 얻을 수 없다. 중생과 중생이라는 이름도 얻을 수 없고, 성문과 성문이라는 이름도 얻을 수 없으며, 연각과 연각이라는 이름도 얻을 수 없고, 보살과 보살이라는 이름도 얻을 수 없으며, 부처님과 부처님이라는 이름도 얻을 수 없다. 행行과 비행非行도 얻을 수 없고 행과 비행이라는 이름도 얻을 수 없으니 일체의 적정법寂靜法에 편안히 머물 수 있다."[1053]

佛言。善男子。菩提祕密。事業造作。不可得知。離菩提。菩提心。亦不可得。菩提者。不可言說。心亦無相。衆生。亦不可得知。何以故。如意。心亦如是。如心。菩提亦如是。如心如菩提。衆生亦如是。如衆生。一切三世法亦如是。佛言。善男子。如是菩薩摩訶薩。得名是心通一切法。是說菩提菩提心。菩提非過去非未來非現在。心亦如是。衆生亦如是。於如此中。亦不可得。何以故。一切法無生故。菩提不可得。菩提名不可得。衆生衆生名不可得。聲聞聲聞名不可得。緣覺緣覺名不可得。菩薩菩薩名不可得。佛佛名不可得。行非行不可得。行非行名不可得。於一切寂靜法中。而得安住。

소 ("무엇 때문인가. 의意와 같이" 이하는) 두 번째로 바로 답한 것이다. 여기에 또한 두 가지가 있다. 첫째는 간략한 것[1054]이고, 둘째는 자세한 것[1055]이다.【원효와 승장이 이것을 취하였다.】[1056]

第二正答亦二。一略。二廣。【曉莊取之。】

1053 『合部金光明經』(T16, 372c).
1054 간략한 것 : "무엇 때문인가."에서부터 "부처님께서 말씀하셨다." 이전까지를 가리킨다.
1055 자세한 것 : "부처님께서 말씀하셨다." 이하의 글을 가리킨다.
1056 『玄樞』(T56, 608b).

소 첫째, "의意"라는 것은 곧 정식淨識이다.【수의 사나굴다가 말하였다. "자성이 청정한 아마라식阿摩羅識[1057]이다."】 이것은 원인이다. 제법이 이 이치와 동일한 것을 밝혔다. 그러므로 먼저 이 이치가 있는 것도 아니고 없는 것도 아님을 나타내었다. 그러므로 "의意와 같이"라고 하였다.【그러므로 원효가 말하기를 "'의'라는 것은 소승에서 (오식五識이) 앞에서 소멸한 것을 의意로 삼은 것과 같아서 이름만 있고 뜻만 있는 것이니, 이것을 비유로 삼아서 일체법도 또한 저 의意와 같아서 단지 이름만 있는 것임을 나타낸 것이기 때문이다."라고 한 것은 본문에 근접한 해석이 아니라는 것을 알 수 있다.】[1058]

一意即淨識。【隋云。自性清淨阿摩羅識。】此是因也。是明諸法同於此理。故先標此理不有不無。故云如意。【故知。曉云。意者如小乘立前滅爲意。有名有義。以此爲喩。顯一切法亦同彼意但有名故者。未近文也。】

소 이것을 따라서 승장이 말하였다. "'보리를 설한다.'에서 (보리는) 증득의 대상인 이치이고, '보리심을 설한다.'에서 (보리심)은 증득의 주체인 도이다." 이것은 원효의 뜻을 취한 것이다. 혜소[1059]와 경흥도 모두 동일하다.[1060]

依此莊云。說菩提者。所證理也。菩提心者。能證道也。此取曉意。沼興皆同。[1)]

---
1) ㉠ 이것은 집일문 전체가 세주이다.

1057 아마라식阿摩羅識: '아마라'는 ⓢ amla의 음역어로 백정식白淨識이라고 의역한다. 진제眞諦의 학설로 알려진 9식설 중 제9식을 가리킨다.
1058 『玄樞』(T56, 608b).
1059 『金光明最勝王經疏』 권4(T39, 253a)에서 "보리는 소증所證이고 보리심은 능증能證이다."라고 하였다.
1060 『玄樞』(T56, 608c).

소 "행과 비행~(이름도) 얻을 수 없으니"는 세 번째로 총괄적으로 풀이한 것이다. "행"은 유위有爲이고, "비행"은 무위無爲이다.【원효와 승장과 경흥이 취하였다.】[1061]

行非行至可得。第三總釋。行是有爲。非行無爲也。【曉莊興取。】

경 일체의 공덕과 선근에 의지하여 발생하니 이것을 처음으로 보리심을 일으킨 것이라고 한다. 비유하면 보배로 이루어진 수미산왕과 같으니 이것을 단바라밀檀波羅蜜[1062]의 원인이라고 한다. 두 번째 발심은 비유하면 대지가 낱낱의 법사法事를 지탱하고 있는 것과 같기 때문에 이것을 시바라밀尸波羅蜜[1063](지계바라밀)의 원인이라고 한다. 비유하면 사자가 가슴에 긴 털을 지닌 짐승의 왕으로 큰 신통력을 지니고 두려움 없이 홀로 걸으면서 두려워 떠는 일이 없는 것과 같다. 이와 같은 세 번째 마음을 찬제바라밀羼提波羅蜜[1064]의 원인이라고 한다. 비유하면 풍륜과 나라연那羅延[1065]과 같이 힘

[1061] 『玄樞』(T56, 609b).
[1062] 단바라밀檀波羅蜜: ⑤ dāna-pāramitā. '단'은 ⑤ dāna의 줄인 음역어로 갖추어서 단나檀那라고 한다. 의역어는 보시布施이다. 대승의 보살이 불도를 이루기 위해 실천해야 할 여섯 가지 덕목인 육바라밀六波羅密 중 하나인 보시바라밀을 가리킨다. 크게 재물을 베풀고 법을 베풀며 두려움이 없어질 수 있게 하는 것의 세 가지가 제시된다. 이것에 의해 간탐을 다스리고 빈궁함을 제거한다.
[1063] 시바라밀尸波羅蜜: ⑤ śīla-pāramitā. '시'는 ⑤ śīla의 줄인 음역어로 갖추어서 시라尸羅라고 한다. 의역어는 계戒·지계持戒 등이다. 대승의 보살이 불도를 이루기 위해 실천해야 할 여섯 가지 덕목인 육바라밀六波羅密 중 하나인 지계바라밀을 가리킨다. 계율을 수지하고 항상 스스로를 살피는 것이다. 이것에 의해 악업을 다스리고 몸과 마음이 청량한 상태를 유지하게 할 수 있다.
[1064] 찬제바라밀羼提波羅蜜: ⑤ kṣānti-pāramitā. '찬제'는 ⑤ kṣānti의 음역이다. 의역어는 인욕忍辱이다. 대승의 보살이 불도를 이루기 위해 실천해야 할 여섯 가지 덕목인 육바라밀六波羅密 중 하나인 인욕바라밀을 가리킨다. 온갖 핍박을 견뎌 내는 것이다. 이것에 의해 분노를 다스리고 편안한 마음을 유지할 수 있다.
[1065] 나라연那羅延: ⑤ Nārāyaṇa의 음역어이다. 강력한 힘을 가진 천신天神으로 승력勝力이라고 의역한다.

이 세고 용맹스러우며 빠르다. 이와 같이 네 번째 마음은 물러나지 않으니 이것을 비리야바라밀毘梨耶波羅蜜[1066]의 원인이라고 한다.

비유하면 칠보로 만들어진 누관樓觀(누각)의 사방에 계단이 있는데 청량한 바람이 네 문에서 불어 들어오는 것과 같다. 이와 같이 다섯 번째 마음은 뛰어난 여러 가지 공덕(선정)을 갖추기는 했지만 법장法藏(지혜)은 아직 원만하게 갖추지 못하였으니 이것을 선바라밀禪波羅蜜[1067]의 원인이라고 한다. 비유하면 태양의 빛이 밝게 빛나는 것처럼 이와 같이 여섯 번째 마음은 생사윤회를 낳는 번뇌의 큰 어둠을 무너뜨릴 수 있기 때문에 이것을 반야바라밀般若波羅蜜[1068]의 원인이라고 한다. 비유하면 매우 부귀한 상인의 우두머리가 모든 사람이 마음으로 원하는 것을 만족시켜 줄 수 있는 것과 같다. 이와 같이 일곱 번째 마음은 생사윤회의 길에서 만날 수 있는 험악한 길[1069]을 벗어나게 할 수 있게 하고 많은 공덕의 보배를 얻을 수 있게 하기 때문에 이것을 방편승지바라밀方便勝智波羅蜜[1070]의 원인이라고 한다. 비유

[1066] 비리야바라밀毘梨耶波羅蜜 : ⓢ vīrya-pāramitā. '비리야'는 ⓢ vīrya의 음역어로 정진精進이라 의역한다. 대승의 보살이 불도를 이루기 위해 실천해야 할 여섯 가지 덕목인 육바라밀六波羅密 중 하나인 정진바라밀을 가리킨다. 불도를 닦음에 있어서 항상 정진하여 게을리하거나 흔들리지 않는 것이다. 이것에 의해 게으름을 다스리고 선법을 일으키고 증장시킬 수 있다.

[1067] 선바라밀禪波羅蜜 : ⓢ dhyāna-pāramitā. '선'은 ⓢ dhyāna의 줄인 음역어로 갖춘 음역어는 선나禪那이며 정정定靜이라고 의역하고, 음역어와 의역어를 합쳐서 선정禪定이라고도 한다. 대승의 보살이 불도를 이루기 위해 실천해야 할 여섯 가지 덕목인 육바라밀 중 하나인 선정바라밀을 가리킨다. 선정을 닦는 것이다. 이것에 의해 심란한 마음을 다스리고 편안한 마음을 유지할 수 있다.

[1068] 반야바라밀般若波羅蜜 : ⓢ prajñā-pāramitā. '반야'는 ⓢ prajñā의 음역어이다. 의역어는 지혜智慧이다. 대승의 보살이 불도를 이루기 위해 실천해야 할 여섯 가지 덕목인 육바라밀 중 하나인 지혜바라밀을 가리킨다. 진리를 통찰할 수 있는 지혜를 기르는 것이다. 이것에 의해 어리석음을 다스리고 진실한 지혜를 얻을 수 있다.

[1069] 험악한 길 : 윤회의 세계를 여섯 범주로 나눈 육도六道 중 하위의 세계인 세 가지 악도, 곧 지옥·축생·아귀를 가리킨다.

[1070] 방편승지바라밀方便勝智波羅密 : ⓢ upāya-pāramitā. 여러 가지 간접적 방편으로 그 지혜를 계발시키는 것을 말한다.

하면 깨끗하고 둥근 달처럼 이와 같이 여덟 번째 마음은 모든 경계를 청정하게 원만하게 갖추었기 때문에 이것을 원바라밀願波羅蜜[1071]의 원인이라고 한다.

비유하면 전륜성왕이 병사와 보배와 신하를 뜻대로 처분하는 것과 같다. 이와 같이 아홉 번째 마음은 부처님의 국토를 잘 장엄하고 청정히 하며 공덕을 쌓아서 두루 다스리면서 모든 중생을 널리 이롭게 하기 때문에 이것을 역바라밀力波羅蜜의 원인이라고 한다. 비유하면 허공과 전륜성왕과 같다. 이와 같이 열 번째 마음은 일체의 경계를 모두 통달했기 때문에 일체법에 자재함을 얻어 관정위灌頂位에 이르기 때문에 이것을 지바라밀智波羅蜜[1072]의 원인이라고 한다.[1073]

依一切功德善根。而得發出。是名初發菩提心。譬如寶須彌山王。是名檀波羅蜜因。第二發心。譬如大地。持一一法事故。是名尸波羅蜜因。譬如師子。臆長毫獸王。有大神力。獨步無畏。無有戰怖。如是第三心。說羼提波羅蜜因。譬如風輪。那羅延力。勇壯速疾。如是第四心。不退轉。是名毘梨耶波羅蜜因。譬如七寶樓觀。有四階道。淸涼之風。來吹四門。如是第五心。上種種功德。法藏猶未滿足。是名禪波羅蜜因。譬如日輪。光耀炎盛。如是第六心。能破滅生死大闇故。是名般若波羅蜜因。譬如大富商主。能令一切心願滿足。如是第七心。能令得度生死險惡道故。能令得多功德寶故。是名方便勝智波羅蜜因。譬如月淨圓滿。如是第八心。一切境界淸淨具足故。是名願波羅蜜因。譬如轉輪聖王。主兵寶臣。如意處分。如是第九心。善能莊

[1071] 원바라밀願波羅蜜 : ⓢ praṇidhāna-pāramitā. 보살이 위로는 보리를 얻고 아래로는 중생을 구제하려는 서원을 세우고 그 마음을 항상 잊지 않고 실천하는 것이다.
[1072] 지바라밀智波羅蜜 : ⓢ jñāna-pāramitā. ⓢ jñāna는 야나若那라고 음역한다. 일체법을 여실하게 아는 지혜이다.
[1073] 『合部金光明經』(T16, 372c).

嚴淸淨佛土。功德普洽。廣利一切故。是名力波羅蜜因。譬如虛空。及轉輪聖王。如是第十心。於一切境界。皆悉通達故。於一切法。自在至灌頂位故。是名智波羅蜜因。

　소 "이것은 (일체의 공덕과 선근에) 의지하여 생기하니"[1074] 이하는 두 번째로 첫 번째 질문에 답한 것이다. 여기에 다섯 가지가 있다. 첫째는 십바라밀을 밝혔고, 둘째는 십바라밀의 해당 계위를 밝혔으며, 셋째는 (십지에서의) 열 가지 장애를 밝혔고, 넷째는 열 가지 선정을 밝혔으며, 다섯째는 열 가지 다라니를 밝혔다. 이 다섯 종류의 열 가지는 십지에서 십위의 보리심을 내는 것이다.

　처음에 두 가지가 있다. 첫째는 십바라밀의 체를 밝혔고, 둘째는 십바라밀의 이름을 밝혔다. 처음에 두 가지가 있다. 첫째는 비유를 설하여 바로 십바라밀이 십보리심을 인연으로 하는 것임을 밝혔다. 둘째는 "선남자여, 다섯 가지 법에 의하여" 이하이니, 법을 설하여 십바라밀의 체를 내었다. 처음에 또 세 가지가 있다. 처음은 총괄적으로 나타내었고, 둘째는 개별적으로 열 가지 비유를 들어 풀이하였으며, 세 번째로 "선남자여, 이것을 (보살마하살의 열 가지 보리심이라는 원인이라고) 한다."[1075] 이하는 합하여 맺은 것이다.

　이것은 처음이다. 이 글을 본本(『합부금광명경』)에서는 뒤에 속하는 것으로 번역하였다. 그러므로 "일체의 공덕과 선근에 의지하여 발생하니 이것을 처음으로 보리심을 일으킨 것이라고 한다."라고 하였다.[1076] 〔두 소疏의 글

1074 『合部金光明經』에 따르면 "일체의 공덕과 선근에 의지하여 발생하니"이다.
1075 『合部金光明經』에 따르면 "이와 같은 것이 열 가지 보살마하살의 보리심이라는 원인이다."이다.
1076 『金光明最勝王經』(T16, 418a)에서는 "이것은 일체의 공덕과 선근에 의지하여 생기한다. 선남자여, 비유하면 보배 같은 수미산왕이 일체를 이익 되게 하는 것과 같이 이 보리심은 중생을 이익 되게 하기 때문에 이것을 제1보시바라밀의 원인이라고 한

머리에서 모두 "선남자"라는 말을 제시하였다. 원효와 승장과 경흥은 모두 이 해석을 따랐다.[1077][1078]

此依至而得生起下。第二答第一問有五。一明十度。二明十度地。三明十障。四明十種禪定。五明十陀羅尼。此五種十。能出十地十位菩提心也。初有二。一明十波羅蜜體。二明十波羅蜜名。初有二。一譬說正明十度是十菩提心因緣。二善男子依五法下。法說出十度體。初又三。一總標。二別解十譬。三善男子是名下合結。初也。此文本屬於後。故云。依一切功德善根。而得發出。是名初發菩提心。【二疏文頭。皆牒善男子言。曉莊及興。皆依此釋。】

소 문 원효 스님(曉公) 등은 말하기를 "참회하여 죄를 소멸하는 것(『참회품』)은 지전地前의 행行을 밝힌 것이고, 지금(『다라니최정지품』)은 지상地上을 밝힌 것이다."라고 하였는데, 무엇 때문에 지금 (이것을) 말하기를 "십신 등의 발심을 나타낸 것"[1079]이라고 하는 것인가?

답 그 지위에서 발생한 것이기 때문이다. 경흥이 말하였다. "(3대아승기겁 중) 처음의 대겁 동안 닦은 일체의 복덕福德·지덕智德과 선법욕善法欲(선법을 행하려는 욕구) 등의 두 부분의 선근을 원만하게 갖춘 것을 원인으

다.(此依一切功德善根而得生起。善男子。譬如寶須彌山王饒益一切。此菩提心利衆生故。是名第一布施波羅蜜因)"라고 하여, 밑줄 친 부분을 이하의 십바라밀을 총괄적으로 나타낸 것으로 번역하였는데, 『合部金光明經』에서는 이 부분을 보시바라밀에 속하는 것으로 번역한 것과 관련된 논의이다. 혜소는 『金光明最勝王經疏』권4(T39, 253c)에서 『合部金光明經』에서 '初發心' 앞에 있는 '是名' 두 글자는 삭제해야 한다고 주장하였다.

1077 바로 앞의 세주는 『金光明最勝王經』을 대상으로 한 것이기 때문에 원효가 수용한 것은 그 앞에 본문의 분과와 관련된 것을 가리키는 것으로 생각된다.
1078 『玄樞』(T56, 609b).
1079 『玄樞』의 앞부분에서 "첫째는 십신에서부터 초지의 발심에 이른 것을 표방한 것"이라고 한 것을 가리키는 말이다.

로 하여 초지의 진지眞智를 일으키는 것을 초발심이라고 한다." 이것은 바로 원효의 뜻이다. 승장은 바로 이것을 취했다. 그러므로 서로 어긋나지 않는다.[1080]

問。曉公等云。懺悔滅罪。明地前行。今說地上。何故今云。標十信等之發心耶。答。從彼起故。興云。初大劫中。所修一切。福智二德。善法欲等。二分善根。備足爲因。而得生起初地眞智。名初發心。此卽曉義。莊卽取之。故不相違。

소 네 번째로 정진을 밝힌 것에 세 가지가 있다. 이것은 비유이다. "나라연"이라는 것은 의역어는 승력勝力이다.【원효와 승장과 혜소[1081]와 경흥이 모두 이것을 취하였다.】[1082]

第四明進有三。此譬也。那羅延者。此云勝力。【曉莊沼興。皆取此也。】

소 원효가 말하였다. "비뉴천毘紐天[1083]의 힘은 풍륜의 힘과 같다. 그러므로 함께 '나라연'이라는 이름을 얻는다. 지금 '풍륜'을 취하여 네 번째 마음에 비유하였다."[1084]

曉云。毘紐天力。等風輪力。是故同得那羅延名。今取風輪。喩第四惠。[1) 2)]

1080 『玄樞』(T56, 609c).
1081 『金光明最勝王經疏』 권4(T39, 254a)에서 "'나라연'이라는 것은 역승力勝이라 의역한다.(那羅延者。此云力勝。)"라고 하였다.
1082 『玄樞』(T56, 610a).
1083 비뉴천毘紐天 : '비뉴'는 ⓢ Viṣṇu의 음역어이다. 힌두교의 세 주신主神 중 하나로 세계의 유지를 담당한다. 강력한 힘을 가졌기 때문에 나라연이라고 부르기도 한다.
1084 『玄樞』(T56, 610b).

1) ㉹ '惠'는 '心'인 것 같다. 2) ㉹ 이것은 집일문 전체가 세주이다.

소 "마음이 물러나지 않기 때문에"[1085]라는 것은 비유를 법에 적용한 것이다.【원효와 승장도 이것과 동일하다.】[1086]

心不退故。是法合也。【曉莊同之。】

소 원효가 뜻을 서술하여 말하였다. "뛰어난 선정을 모두 일으켰지만 지도智度(지바라밀)는 아직 원만하게 갖추지 못하였다."[1087]

曉述意云。減[1)]發勝定。而於智度。猶未滿足。[2)]

1) ㉹『玄樞』미주에 따르면 '減'은 '咸'일 수도 있다. 2) ㉹ 이것은 집일문 전체가 세주이다.

소 수隋와 원효와 승장과 경흥이 모두 이 체를 취하였다.[1088] [1089]

隋曉莊興。皆取此體。

경 선남자여, 이와 같은 것이 열 가지 보살마하살의 보리심이라는 원인이다.[1090]

1085 『合部金光明經』에 따르면 "네 번째 마음은 물러나지 않으니"이다.
1086 『玄樞』(T56, 610b).
1087 『玄樞』(T56, 611a). 다섯 번째 마음을 해석한 것이다.
1088 전후 문맥상 진제 삼장이『瑜伽師地論』에서 각 바라밀에 아홉 가지 문을 세운 것 중 다섯 가지를 뽑아서『金光明經』의 십바라밀을 해석한 것을 말한다. 다섯 가지는 첫째는 자성自性이고, 둘째는 일체一切이며, 셋째는 난행難行이고, 넷째는 선사善士이며, 다섯째는 청정淸淨이다.
1089 『玄樞』(T56, 612c).
1090 『合部金光明經』(T16, 373a).

• 343

佛言。善男子。如是十種菩薩摩訶薩菩提心因。

소 "열 가지 보리심"[1091]이라는 것은 십바라밀은 십발심의 원인이라는 것이다.[경흥은 두 가지 설을 제시하였다. 첫 번째는 원효의 견해를 인용하여 말하기를 "열 가지 발심은 십바라밀의 원인이다."라고 하였다. 나중은 지금의 설[1092]을 인용하였다. 앞에서 설한 것과 같다면 진제의 지혜와 속제의 지혜는 서로 원인이 되지 않아야 한다. 뒤와 같다면 지위마다 처음에 들어가니 원인이 없어야 한다. 교대로 원인과 결과가 되면 모두 앞과 같은 문제는 일어나지 않는다.][1093]

十種菩提心者。十度是十發心因也。【興擧二說。初引曉云。十種發心爲十度因。後引今說。若如前者。眞俗二智。應非互因。若如後者。地地入初。應無因故。更互因果。皆無前難。】

경 부처님께서 말씀하셨다.
"선남자여, 다섯 가지 법에 의해 보살마하살의 단바라밀(보시바라밀)을 성취한다. 어떤 것이 다섯 가지인가? 첫째는 신근信根이고, 둘째는 자비이며, 셋째는 (보리를 구하는 것 이외에 다른 형태의 과보를) 추구하려는 마음이 없는 것이고, 넷째는 일체의 중생을 섭수하는 것이며, 다섯째는 일체지지一切智智를 원하고 추구하는 것이다. 선남자여, 이 다섯 가지 법에 의하여 단바라밀을 성취할 수 있다."

부처님께서 말씀하셨다.
"선남자여, 다섯 가지 법에 의해 보살마하살은 시바라밀(지계바라밀)을 성취한다. 어떤 것이 다섯 가지인가? 첫째는 신업·구업·의업이 청정한 것이

1091 『合部金光明經』에 따르면 "열 가지 보살마하살의 보리심"이다.
1092 지금의 설 : 십바라밀이 십발심의 원인이라고 한 것을 가리킨다.
1093 『玄樞』(T56, 612c).

고, 둘째는 모든 중생에게 번뇌의 인연이 되는 일을 하지 않는 것이며, 셋째는 모든 악도를 끊고 선도의 문을 여는 것이고, 넷째는 성문·연각의 지위를 넘어서는 것이며, 다섯째는 일체의 공덕과 서원을 만족하게 갖추는 것이다. 선남자여, 이 다섯 가지 법에 의하여 시바라밀을 성취할 수 있다."

佛言。善男子。依五種法。成就菩薩摩訶薩檀波羅蜜。何者爲五。一者信根。二者慈悲。三者無求欲心。四者攝受一切衆生。五者願求一切智智。是善男子。依是五法。檀波羅蜜。能得成就。佛言。善男子。依是五法。菩薩摩訶薩成就尸波羅蜜何者爲五。一者三業淸淨。二者不爲一切衆生作煩惱因緣。三者斷諸惡道開善道門。四者過於聲聞緣覺之地。五者一切功德願滿足故。善男子。依是五法。尸波羅蜜。能得成就。

부처님께서 말씀하셨다.

"선남자여, 또 다섯 가지 법에 의하여 보살마하살은 찬제바라밀(인욕바라밀)을 성취할 수 있다. 어떤 것이 다섯 가지인가? 첫째는 탐욕과 분노의 번뇌를 조복시키는 것이고, 둘째는 신명을 아끼지 않고 안락하게 머물러 쉬려는 생각을 일으키지 않는 것이며, 셋째는 과거에 지은 업에 대해 사유하는 것이고, 넷째는 일체중생의 공덕과 선근을 성숙시키고자 하여 자비심을 일으키는 것이며, 다섯째는 매우 깊은 무생법인을 얻는 것이다. 선남자여, 이것을 보살마하살이 찬제바라밀을 성취하는 것이라고 한다."

부처님께서 말씀하셨다.

"선남자여, 또 다섯 가지 법에 의하여 보살마하살은 비리야바라밀(정진바라밀)을 성취한다. 어떤 것이 다섯 가지인가? 첫째는 여러 번뇌와 함께 머물지 않는 것이고, 둘째는 복덕이 아직 갖추어지지 않은 상태에서 안락함을 얻지 않는 것이며, 셋째는 모든 어려운 행을 실천하면서 싫증내는 마음을 일으키지 않는 것이고, 넷째는 모든 중생에게 이익을 주고자 하여 큰 자비를 성취하여 섭수하는 것이며, 다섯째는 불퇴전지不退轉地[1094]를 서원하고 추구하는 것이다. 선남자여, 이것을 보살마하살이 비리야바라밀을 성취하는 것이라고 한다."

佛言。善男子。又依五法。菩薩摩訶薩成就羼提波羅蜜。何者爲五。一者伏貪瞋煩惱。二者不惜身命不生安樂止息之觀。三者思惟往業。四者爲欲成熟一切衆生功德善根。發慈悲心。五者爲得甚深無生法忍。善男子。是名菩薩摩訶薩成就羼提波羅蜜。佛言。善男子。又依五法。菩薩摩訶薩成就毘梨耶波羅蜜。何等爲五。一者與諸煩惱不得共住。二者福德未具不得安樂。三者一切難行不生厭心。四者爲欲利益一切衆生。成就大慈悲攝受。五者願求不退轉地。善男子。是名菩薩摩訶薩成就毘梨耶波羅蜜。

부처님께서 말씀하셨다.

"선남자여, 또 다섯 가지 법에 의하여 보살마하살은 선나바라밀(선정바라밀)을 성취한다. 어떤 것이 다섯 가지인가? 첫째는 모든 선법을 섭수하고 지녀서 흩어지지 않게 하는 것이고, 둘째는 해탈과 생사를 두 가지 처處라고 집착하지 않는 것이며, 셋째는 신통력을 얻기를 서원하니 중생의 선근을 성취하게 하기 위해서이고, 넷째는 발심하고 법계를 깨끗하게 씻어 내니 마음을 청정하게 하기 위해서이며, 다섯째는 중생의 일체의 번뇌의 뿌리를

1094 불퇴전지不退轉地 : '불퇴전'은 ⑤ avinivartanīa의 의역어로 무퇴無退·필정必定(畢定)이라고도 하고, 음역어는 아유월치阿惟越致·아비발치阿鞞跋致(阿毘跋致) 등이다. 삼악도와 이승지二乘地(성문·연각의 지위)로 물러나지 않는 것, 곧 증득한 보살지菩薩地와 깨달은 법에서 물러나지 않는 것이다. 유부有部에서는 사선근위四善根位 중 인위忍位에서 다시 악취에 떨어지지 않기 때문에 이를 불퇴위라고 한다. 대승에서는 견도見道에 들어가 무생법인無生法忍을 얻으면 다시는 이승지二乘地에 떨어지지 않기 때문에 불퇴위라고 한다. 또한 보살계위의 십주 가운데 제7주를 불퇴전주不退轉住라고 하기도 한다.

잘라내기 위해 노력하기 때문이다. 선남자여, 이것을 보살마하살이 선나바라밀을 성취하는 것이라고 한다."

부처님께서 말씀하셨다.

"선남자여, 또 다섯 가지 법이 있어서 보살마하살은 반야바라밀을 성취한다. 어떤 것이 다섯 가지인가? 첫째는 모든 부처님의 총명한 지혜와 큰 지혜를 공양하고 친근히 하면서 싫증을 내면서 만족하는 일이 없는 것이고, 둘째는 모든 부처님·여래가 매우 심오한 법을 설할 때 마음으로 항상 즐거워하면서 듣고 싫증을 내면서 만족하는 일이 없는 것이며, 셋째는 진제와 속제에 대해 뛰어난 지혜를 일으키는 것이고, 넷째는 견혹과 사혹의 번뇌를 이와 같은 뛰어난 지혜로 분별하여 끊을 수 있는 것이며, 다섯째는 세간에서 통용되는 오명五明[1095]의 법을 모두 통달하는 것이다. 선남자여, 이것을 보살마하살이 반야바라밀을 성취하는 것이라고 한다."

佛言。善男子。又依五法。成就菩薩摩訶薩禪那波羅蜜。何等爲五。一者一切善法。攝持不散。二者解脫生死。二處不著。三者願得神通。爲成就衆生善根故。四者發心洗浣法界。爲淸淨心故。五者爲斷衆生一切煩惱根故。善男子。是名菩薩摩訶薩成就禪那波羅蜜。佛言。善男子。又有五法。菩薩摩訶薩。成就般若波羅蜜。云何爲五。一者一切諸佛菩薩。聰慧大智。供養親近。心無厭足。二者諸佛如來。說甚深法。心常樂聞。無有厭足。三者眞俗勝智。四者見思煩惱。如是勝智。能分別斷。五者於世間五明之法。皆悉通

1095 오명五明 : ⓢ pañca-vidyā. 고대 인도의 학문 분류법. 첫째는 내명內明(ⓢ adhyātma-vidyā)이다. 자신이 소속된 학파의 종지를 표명한 학문, 예를 들면 불교에서는 오승인과五乘因果의 묘한 이치를 사색하는 학문이다. 둘째는 성명聲明(ⓢ śabda-vidyā)이다. 음운·문법 등과 관련된 학문을 뜻한다. 셋째는 공교명工巧明(ⓢ śilpakarma-vidyā)이다. 공예·천문·미술·음악 등과 관련된 학문을 뜻한다. 넷째는 의방명醫方明(ⓢ cikitsā-vidyā)이다. 의학·약학 등을 가리킨다. 다섯째는 인명因明(ⓢ hetu-vidyā)이다. 논리학을 가리킨다.

達。善男子。是名菩薩摩訶薩成就般若波羅蜜。

부처님께서 말씀하셨다.

"선남자여, 또 다섯 가지 법에 의하여 보살마하살은 방편승지바라밀을 성취한다. 어떤 것이 다섯 가지인가? 첫째는 모든 중생의 의욕과 번뇌의 작용을 마음으로 모두 통달하는 것이고, 둘째는 한량없는 번뇌를 다스리는 모든 법의 문을 마음으로 모두 깨달아 분명히 아는 것이며, 셋째는 대자대비에 의해 들어가고 나오는 것이 자재한 것이고, 넷째는 마하바라밀다摩訶波羅蜜多를 수행하고 성숙시키고 만족하게 할 수 있기를 모두 서원하고 구하는 것이며, 다섯째는 모든 불법을 분명히 통달하고 섭수하기를 모두 원하고 구하는 것이다. 선남자여, 이것을 보살마하살이 방편승지바라밀을 성취하는 것이라고 한다."

부처님께서 말씀하셨다.

"또 다섯 가지 법이 있어서 보살마하살이 원바라밀을 성취한다. 어떤 것이 다섯 가지인가? 첫째는 일체법에 대해 본래 생겨남이 없고 소멸함도 없으며 있는 것도 아니고 없는 것도 아님을 사유하여 마음이 안락하게 머무는 것이고, 둘째는 일체의 제법의 가장 미묘한 경계를 관찰하고 일체의 번뇌를 청정하게 하여 마음이 편안하게 머무는 것이며, 셋째는 모든 상相을 넘어서 마음이 여여하여 짓는 것도 없고 행하는 것도 없으며 달라지는 것도 없고 움직이는 것도 없으며 여如에 마음이 편안하게 머무는 것이고, 넷째는 중생을 이익 되게 하는 일을 하기 위하여 속제에 마음이 편안하게 머무는 것이며, 다섯째는 사마타奢摩他[1096]와 비발사나毘鉢舍那[1097]에 동시에

1096 사마타奢摩他 : ⓢ śamatha의 음역어로 지止라고 의역한다. 일체의 망념을 그치고 마음을 고요하게 가라앉혀서 특정 대상에 마음을 머물게 하는 것이다.
1097 비발사나毘鉢舍那 : ⓢ vipaśyanā의 음역어. 바른 지혜로 대상의 본질을 관찰하는 것. 비파사나毘婆舍那라고도 음역하고, 관觀·정견正見·종종관찰種種觀察 등으로

머무는 것이다. 선남자여, 이것을 보살마하살이 원바라밀을 성취하는 것이라고 한다."

佛言。善男子。又依五法。菩薩摩訶薩。成就方便勝智波羅蜜。何者爲五。一者於一切衆生意欲煩惱行。心悉通達。二者無量對治諸法之門。心皆曉了。三者大慈大悲。入出自在。四者於摩訶波羅蜜多。能修行成熟滿足。悉皆願求。五者一切佛法。了達攝受。皆悉願求。善男子。是名菩薩摩訶薩成就方便勝智波羅蜜。佛言。善男子。又有五法。菩薩摩訶薩。成就願波羅蜜。何者爲五。一者於一切法。本來不生不滅。不有不無。心安樂住。二者觀一切諸法最妙。一切垢淸淨。心得安住。三者過一切相。心如如。無作無行。不異不動。安心於如。四者爲利益衆生事。於俗諦中。得安心住。五者於奢摩他毘鉢舍那同時能住。善男子。是名菩薩摩訶薩成就願波羅蜜。

부처님께서 말씀하셨다.

"선남자여, 이 다섯 가지 법에 의하여 보살마하살은 역바라밀力波羅蜜을 성취한다. 어떤 것이 다섯 가지인가? 첫째는 일체중생의 마음작용에 의해 일어나는 험악한 모습을 지혜의 힘으로 이해할 수 있는 것이고, 둘째는 일체중생으로 하여금 매우 심오한 법에 들어가게 할 수 있는 것이며, 셋째는 일체중생이 생사의 세계를 왕복하는 것을 그 인연에 따라서 이와 같이 보고 아는 것이고, 넷째는 일체중생의 삼취三聚[1098]를 분별하여 알 수 있으며, 다섯째는 이치대로 설하여 선근을 심고 성숙시키며 도탈하게 하는 것이다.

의역한다.
1098 삼취三聚 : 중생을 불도 성취 능력 혹은 방법의 차이에 의해 세 부류로 나눈 것. 첫째는 정정취正定聚이니 반드시 전도顚倒를 무너뜨릴 수 있는 부류의 중생이고, 둘째는 사정취邪定聚이니 결코 전도를 무너뜨릴 수 없는 부류의 중생이며, 셋째는 부정취不定聚이니 전도를 인연이 있으면 무너뜨릴 수 있고 인연을 얻지 못하면 무너뜨릴 수 없는 부류의 중생을 가리킨다.

선남자여, 이것을 보살마하살이 역바라밀을 성취하는 것이라고 한다."

부처님께서 말씀하셨다.

"선남자여, 또 다섯 가지 법이 있어서 보살마하살은 지바라밀을 수행하여 성취한다. 어떤 것이 다섯 가지인가? 첫째는 일체법에 대해 선악을 분별하여 지혜가 원만하게 갖추어진 것이고, 둘째는 흑법黑法(惡法)과 백법白法(善法)에 대해 (흑법은) 멀리 여의고 (백법은) 섭수하여 지혜가 원만하게 갖추어진 것이며, 셋째는 생사와 열반에 대해 (생사를) 싫어하지도 않고 (열반을) 좋아하지도 않아서 지혜가 원만하게 갖추어진 것이고, 넷째는 큰 복덕행과 큰 지혜행으로 궁극적인 바라밀을 얻어 지혜가 원만하게 갖추어진 것이며, 다섯째는 일체의 모든 부처님의 불공법不共法 등과 일체지지一切智智를 원만하게 갖추고 관정灌頂[1099]을 받아서 지혜가 원만하게 갖추어진 것이다. 선남자여, 이것을 보살마하살이 지바라밀을 성취하는 것이라고 한다."[1100]

佛言。善男子。依此五法。菩薩摩訶薩。成就力波羅蜜。何者爲五。一者一切衆生。心行險惡。智力能解。二者能令一切衆生。入於甚深之法。三者一切衆生。往還生死。隨其因緣。如是見知。四者於一切衆生。三聚智力。能分別知。五者如理爲種爲熟爲脫。如是說法。皆是智力故。善男子。是名菩薩摩訶薩成就力波羅蜜。佛言。善男子。復有五法。菩薩摩訶薩。修行成就智波羅蜜。何等爲五。一者於一切法。分別善惡。具足智能。二者於黑白法。遠離攝受。具足智能。三者於生死涅槃。不厭不喜。具足智能。四者大福德

[1099] 관정灌頂 : 정수리에 물을 뿌림으로써 일정한 지위로 승격했음을 인정하는 의식. 보살의 십지 중에서 제9선혜지善慧地에서 제10법운지法雲地에 들어갈 때 부처님께서 지혜의 물을 그 정수리에 뿌려 법왕자의 지위를 받았다고 증명하는데, 이것을 수직관정受職灌頂이라고 한다. 또한 보살의 십주 중 제10주를 관정주灌頂住라고 하기도 한다.

[1100] 『合部金光明經』(T16, 373a).

行。大智慧行。得度究竟。具足智能。五者一切諸佛。不共法等及一切智智。
具足灌頂智能。善男子。是名菩薩摩訶薩成就智波羅蜜。

소 앞에서는[1101] 여러 가지로 비유에 의해 나타내었다. 그러므로 원효와 승장과 혜소[1102]가 모두 (그 부분에 대해서) 말하기를 "발심의 자체적인 모습은 분명히 알기 어렵다. 그러므로 세속의 비유에 의탁하여 이것을 나타내어 밝혔다."라고 하였다. 지금은 전적으로 법을 설한 것이다."[1103]

先多喩顯。故曉莊沼皆云。發心自相。難可了知。故寄世喩。以顯明之。今全法說。

소 또한 이미 스스로 말하기를 "십바라밀의 행상行相은 광범위한 것이다."라고 했기 때문에 어떤 문을 따라서 설하든 모두 어긋나지 않는다. 이러한 기준에 의해 서술하면 뜻을 손상시키는 일이 없다. 하물며『유가사지론』권49에서 "십이행상十二行相의 방편선교方便善巧[1104]를 방편선교바

1101 열 가지 보리심이라는 원인을 밝힌 것을 가리킨다.
1102 『金光明最勝王經疏』권4(T39, 253c)에서 경의 앞에서 열 가지 보리심인菩提心因을 밝힌 부분을 해석하면서 밝힌 것이다.
1103 『玄樞』(T56, 613a).
1104 십이행상十二行相의 방편선교方便善巧 :『瑜伽論記』권12(T42, 581b)에서 "'십이행상'이라는 것은 앞의「보리분품」에서 내적인 것 여섯 가지와 외적인 것 여섯 가지에 의해 12가지 선교를 밝힌 것을 말한다."라고 하였다. 곧『瑜伽師地論』권45(T30, 540a)에서 "방편선교에 두 가지가 있다. 첫째는 내內에 의지하여 일체의 불법을 닦아서 증득하는 것이니 여섯 가지가 있다. 첫째는 중생에 대해 자비심을 일으켜 연민하면서 버리지 않는 것이고, 둘째는 제행을 여실하게 두루 아는 것이며, 셋째는 항상 보리를 깊은 마음으로 좋아하는 것이며, 넷째는 중생을 연민하여 그들의 의지처가 되기 위해 생사윤회의 세계를 버리지 않는 것이며, 다섯째는 제행을 두루 알아 생사의 세계를 윤회하면서도 마음이 오염되는 일이 없는 것이고, 여섯째는 불지佛智를 좋아하여 부지런히 정진하는 것이다. 외外에 의지하여 일체유정을 성취하게 하는 것에 또한 여섯 가지가 있다. 첫째는 중생으로 하여금 작은 선근을 닦아서 한

• 351

라밀다라고 한다. 다섯 가지 대원大願[1105] 또는 열 가지 대원[1106]을 원바라밀다라고 한다. 십력의 가행加行을 역바라밀다라고 한다. 일체법에 대해서 여실하게 안립하는 청정하고 미묘한 지혜를 지바라밀다라고 한다. 다시 다른 문이 있다. 말하자면 무량지無量智를 방편도方便度라고 하고, 후후지後後智의 수승한 성품을 희구하는 것을 원도願度라고 하며, 일체의 마구니와 원수에 의해 무너지지 않는 도성道性을 역도力度라고 하고, 여실하게 소지所知의 경계의 성품(境性)을 깨달아 아는 것을 지도智度라고 한다."[1107]

> 량없는 과보를 얻게 하는 것이고, 둘째는 중생으로 하여금 작은 공력을 들여서 한량없는 선근을 섭수할 수 있게 하는 것이며, 셋째는 부처님의 성스러운 가르침을 등진 유정에 대해서 그 분노심을 제거하게 하는 것이고, 넷째는 부처님의 성스러운 가르침에 머물고 있는 유정에 대해 그것으로 나아가서 들어가게 하는 것이며, 다섯째는 부처님의 성스러운 가르침에 이미 들어간 이들을 성숙하게 하는 것이고, 여섯째는 부처님의 성스러운 가르침 속에서 이미 성숙해진 이들을 해탈하게 하는 것이다."라고 한 것을 말한다.

1105 다섯 가지 대원大願 : 『瑜伽師地論』 권45(T30, 543b)에서 "보살이 닦아야 할 다섯 가지 서원은 다음과 같다. 첫째는 발심원發心願이니 무상정등보리에 대해 최초로 발심을 일으킨 것을 말한다. 둘째는 수생원受生願이니 중생에게 이익을 주기 위해 미래세에 선취善趣에 태어나기를 원하는 것이다. 셋째는 소행원所行願이니 선법을 닦을 것을 원하는 것이다. 넷째는 정원正願이니 미래세에 일체보살의 선법을 섭수하고 일체의 모든 공덕을 섭수할 것을 서원하는 것이다. 다섯째는 대원大願이니 보살의 모든 대원은 정원에서 나오는 것이다."라고 하였다.

1106 열 가지 대원 : 『瑜伽師地論』 권45(T30, 543b)에서 "보살이 닦아야 할 열 가지 대원은 다음과 같다. 첫 번째 대원은 일체의 뛰어나고 미묘한 공양구를 모든 부처님께 공양할 것을 서원하는 것이다. 두 번째 대원은 모든 부처님의 정법을 섭수하고 호지할 것을 서원하는 것이다. 세 번째 대원은 미래세에 성불하실 부처님께서 도솔천에서 내려와 성불하고 열반에 들 때까지 항상 따르며 시종이 될 것을 서원하는 것이다. 네 번째 대원은 일체의 보살이 행해야 할 바른 행위를 행할 것을 서원하는 것이다. 다섯 번째 대원은 일체의 유정을 두루 성취하게 할 것을 서원하는 것이다. 여섯 번째 서원은 일체의 부처님의 세계에 모두 나타날 것을 서원하는 것이다. 일곱 번째 대원은 일체의 부처님의 국토를 두루 청정하게 할 것을 서원하는 것이다. 여덟 번째 대원은 모든 보살이 동일한 의요意樂의 가행으로 대승에 들어갈 것을 서원하는 것이다. 아홉 번째 대원은 지니고 있는 모든 전도됨이 없음의 가행으로 중생을 이롭게 하여 헛되이 버리는 일이 없을 것을 서원하는 것이다. 열 번째는 속히 무상보리를 성취할 것을 서원하는 것이다."라고 하였다.

1107 『瑜伽師地論』 권49(T30, 565c).

라고 하였음에랴. 자세한 것은 원효와 승장이 설한 것과 같다.[1108]

又旣自云。十行廣故。隨說何門。皆不相違。若爾准述。於義無傷。況論四十九云。十二行相方便善巧。各[1)]方便善巧波羅蜜多。五種大願。又十種大願。名願波羅蜜多。十力加行。名力波羅蜜多。於一切法。如實安立。淸淨妙智。名智波羅蜜多。復有異門。謂無量智。名方便度。希求後後智殊勝性。名爲願度。一切魔怨不惟[2)]道性。名爲力度。如實覺了所知境性。名爲智度。廣如曉莊。

1) ⓗ『瑜伽師地論』에 따르면 '各'은 '名'이다. 2) ⓗ『瑜伽師地論』에 따르면 '惟'는 '壞'이다.

소 십바라밀의 체를 나타내었으니 곧 열 가지로 구별된다. 글에 각각 세 가지가 있다. 첫째는 표방한 것이고, 둘째는 풀이한 것이며, 셋째는 맺은 것이다. 글의 해당처에 드러나 있다.【원효와 승장과 혜소[1109]는 모두 이것을 취하였다.】[1110]

出十度體。卽爲十別。文各有三。一標二釋三結。文處顯也。【曉莊及沼。皆取此也。】

소 원효가 뜻을 말하기를 "'多'라는 글자는 앞의 구절에 속한다."[1111]

1108 『玄樞』(T56, 613a).
1109 『金光明最勝王經疏』권4(T39, 255b)에서 "단락마다 각각 넷으로 나눌 수 있다. 첫째는 표방한 것이고, 둘째는 내용을 물은 것이며, 셋째는 풀이한 것이며, 넷째는 맺은 것이다.(段段之中。各分爲四。一標二徵三釋四結。)"라고 하여 네 단락으로 나누었다. 내용을 물었다는 것은 "어떤 것이 다섯 가지인가?"라는 것을 가리킨다.
1110 『玄樞』(T56, 613b).
1111 『玄樞』의 전후 문맥은 다음과 같다. 곧 경의 방편승지바라밀을 설한 부분에서 "四者於摩訶波羅蜜多。能修行成熟滿足。"이라고 한 것에서 '多'를 뒤에 붙여서 '多能'으로

라고 했으니, 이것은 『해심밀경』에 의거한 것[1112]이다.[1113]

> 曉意。多字屬上者。是依深密經。[1)]
> 1) ㉠ 이것은 집일문 전체가 세주이다.

소 원효가 말하였다. "('제8 원바라밀'에서) 서원하는 마음(願心)이 움직임이 없는 것을 '편안하게 머무는 것'이라고 한 것이다."[1114]

> 曉云。願心無動。名爲安住。[1)]
> 1) ㉠ 이것은 집일문 전체가 세주이다.

소 첫째, ("십바라밀"의) 명칭을 풀이하는데, 여기에 두 가지가 있다. 먼저 개별적인 명칭을 풀이하고 나중에 통괄적인 명칭을 풀이한다.…… 나중에 통괄적인 명칭이라는 것은 이와 같은 열 가지를 통틀어서 바라밀波羅蜜(⑤ pāramitā)이라고 하는 것이다. (바라밀은) 최승구경最勝究竟이라고 의역한다. 『대승의장』에서 "도度라고 하고 또한 도피안到彼岸이라고 한다. '바라'는 피안이고 '밀'은 도이다."[1115]라고 하였다.【원효는 이것을 취하고 덧붙여서 말하였다. "또한 최승행最勝行이라고도 하고 무비취無比聚라고도 한다."】[1116]

> 一釋名有二。先別後通。…後通名者。如是十種。通名波羅蜜者。此言最勝究

끊는 사례를 앞에서 제시하고 원효는 이와 다른 견해를 보였음을 제시한 것이다.
1112 정확한 의미는 알 수 없지만 '多'와 '能'의 문제라고 보았을 경우(앞의 주석을 참조할 것) 『解深密經』(T16, 707b)에서 "以般若波羅蜜多。能取諸法無自性性。"이라고 한 것에서 '多'가 뒤에 붙지 않는 것을 참조했다는 말인 것 같다.
1113 『玄樞』(T56, 615a).
1114 『玄樞』(T56, 615b).
1115 『大乘義章』 권12(T44, 705b).
1116 『玄樞』(T56, 616a).

竟。章云。名度。亦到彼岸。波羅彼岸。蜜者是到。【曉取加云。亦言最勝行。亦名無比聚。】

경 선남자여, 처음의 보살지菩薩地(제1환희지)에서는 이러한 모양이 앞서 나타난다. 삼천대천세계에 한량없고 가없는 여러 가지 보물 등을 보관하는 창고가 모두 가득 차는데, 이것을 보살이 모두 본다.

선남자여, 보살의 제2지에서는 이러한 모양이 앞서 나타난다. 삼천대천세계의 땅이 손바닥처럼 평평하고 한량없고 셀 수 없는 여러 가지 미묘한 색을 지닌 청정한 보배로 장엄한 도구가 앞에 나타나는데, 이것을 보살이 모두 본다.

善男子。初菩薩地。是相前現。三千大千世界。無量無邊種種寶物等藏。皆悉盈滿。菩薩悉見。善男子。菩薩二地是相前現。三千大千世界地平如掌。無量無數種種妙色。清淨之寶莊嚴之具。菩薩悉見。

선남자여, 보살의 제3지에서는 이러한 모양이 앞서 나타난다. 자신이 용맹하고 건장하게 갑옷과 무기로 장엄하고 모든 원수인 적을 조복시키는데, 이것을 보살이 모두 본다.

선남자여, 보살의 제4지[1117]에서는 이러한 모양이 앞서 나타난다. 사방에서 바람이 불면서 여러 가지 미묘한 꽃이 모두 흩뿌려져 땅 위에 가득 차는데, 이것을 보살이 모두 본다.

善男子。菩薩三地。是相前現。自身勇健。鎧仗莊嚴。一切怨賊。皆能摧伏。

[1117] 제4지 : 보살 수행계위의 최종 단계인 십지의 네 번째 지위. 염혜지焰慧地를 가리킨다. 가장 뛰어난 보리분법菩提分法(삼십칠보리분법)에 안주하여 번뇌의 장작을 태워 버리는 지혜의 불길이 증대되기 때문에 이렇게 부른다.

菩薩悉見。善男子。菩薩四地。是相前現。四方風輪。種種妙華。悉皆散灑。
圓滿地上。菩薩悉見。

선남자여, 보살의 제5지에서는 이러한 모양이 앞서 나타난다. 보배 여인의 모든 장엄과 같이 그 몸의 정수리 위에 다나화多那華가 흩어지고 미묘한 보배로 만든 영락瓔珞[1118]으로 몸과 머리를 꾸미는데, 이것을 보살이 모두 본다.

선남자여, 보살의 제6지에서는 이러한 모습이 앞서 나타난다. 일곱 가지 보배 꽃으로 장엄한 연못에 네 개의 계단으로 만든 길이 있고 금모래가 두루 가득한데 청정하여 더러운 것이 전혀 없으며 여덟 가지 공덕을 갖춘 물이 모두 가득 차고 울파라화欝波羅花[1119]·구물두화拘物頭華[1120]·분타리화分陀利華[1121]가 그 연못을 장엄하며 꽃으로 장엄한 연못이 있는 곳에서 자신이 유희하고 즐겁고 청정하며 청량함이 견줄 것이 없는데, 이것을 보살이 모두 본다.

善男子。菩薩五地。是相前現。如寶女人。一切莊嚴。其身頂上。散多那華。
妙寶瓔珞。貫飾身首。菩薩悉見。善男子。菩薩六地。是相前現。七寶華池。
有四階道。金沙遍滿。清淨無穢。八功德水。皆悉盈滿。欝波羅花。拘物頭華。
分陀利華。莊嚴其池。於華池所。自身遊戲。快樂清淨。清涼無比。菩薩悉見。

1118 영락瓔珞 : ⓢ muktāhāra의 의역어. 구슬·꽃 등을 꿰거나 엮어서 만든 장식물. 인도에서 보통 귀족의 부인이 착용하였다.
1119 울파라화欝波羅花 : '울파라'는 ⓢ utpala의 음역어. 연꽃의 일종. 우발라優鉢羅라고도 음역하고 의역어는 청련靑蓮이다.
1120 구물두화拘物頭華 : '구물두'는 ⓢ kumuda의 음역어. 연꽃의 일종. 의역어는 백련白蓮·황련黃蓮 등이다.
1121 분타리화分陀利華 : '분타리'는 ⓢ puṇḍaīka의 음역어. 연꽃의 일종. 의역어는 백련白蓮인데, 구물두화와 구별하기 위해 대백련大白蓮이라고도 한다.

선남자여, 보살의 제7지에서는 이러한 모습이 앞서 나타난다. 좌우에 있는 유정이 지옥에 떨어져야 할 상황이라도 보살의 힘 때문에 도리어 떨어지지 않을 수 있고 손상을 입지 않으며 고통도 받지 않는데, 이것을 보살이 모두 본다.

선남자여, 보살의 제8지에서는 이러한 모습이 앞서 나타난다. 좌우에 가슴에 긴 털을 지닌 짐승의 왕 사자가 나타나 모든 짐승이 다 두려워하는데, 이것을 보살이 모두 본다.

善男子。菩薩七地。是相前現。左邊右邊。應墮地獄。以菩薩力故。還得不墮。無有損傷。無有痛惱。菩薩悉見。善男子。菩薩八地。是相前現。左邊右邊。師子臆長毫獸王。一切衆獸。悉皆怖畏。菩薩悉見。

선남자여, 보살의 제9지에서는 이러한 모습이 앞서 나타난다. 전륜성왕이 한량없는 억億의 대중에게 둘러싸여 공양을 받고 정수리 위에는 한량없는 보배로 장엄한 흰색 덮개가 씌워 있는데, 이것을 보살이 모두 본다.

선남자여, 보살의 제10지에서는 이러한 모습이 앞서 나타난다. 여래의 몸은 금색으로 빛나고 한량없는 청정한 광명이 모두 원만하며 한량없는 억의 법왕이 둘러싸서 공경하고 공양하는 가운데 위없는 미묘한 법륜을 굴리는데, 이것을 보살이 모두 본다.[1122]

善男子。菩薩九地。是相前現。轉輪聖王。無量億衆。圍遶供養。頂上白蓋。無量衆寶之所莊嚴。以覆於上。菩薩悉見。善男子。菩薩十地。是相前現。如來之身。金色晃耀。無量淨光。悉皆圓滿。無量億梵王圍遶。恭敬供養。轉於無上微妙法輪。菩薩悉見。

[1122] 『合部金光明經』(T16, 374a).

소 원효가 말하였다. "앞에서 설한 십바라밀의 내적인 행위에 의지하여 그 지위에 따라서 열 가지 외적인 모습이 나타난다. 초지 가운데 보시바라밀이 증대하고 이것에 의지하여 모습이 나타난다. 그러므로 '삼천대천세계에 보물을 보관하는 창고가 가득 찬다.'라고 하였다. 초지에 들어갈 때 그것에 해당하는 마음이 나타난다. 이하는 모두 이것에 준하여 이해할 수 있을 것이다." 승장과 경흥은 이것을 취하였다. 혜소는 두 가지 해석을 하였다. 처음의 해석은 본本(진제 삼장)의 뜻을 취하였고, 나중의 해석은 원효의 뜻과 동일하다.[1123]

> 曉云。依前所說十度內行。隨其地。現十種外相。初地之中。施度增上。依此現相。故大千界寶藏盈滿。入初地時。當心顯現。下皆准之。莊興取之。沼有二釋。初取本義。後同曉意。[1)]
>
> 1) ㉠ 이것은 집일문 전체가 세주이다.

소 원효가 말하였다. "(십지를 설한 문장은 각 지마다) 모두 두 구절로 이루어졌다. 앞에서는 아래의 지위에서 장애를 조복시키는 것을 밝혔고, 뒤에서는 장애를 끊고 (다음의) 지위에 들어가는 것을 밝혔다."[1124] [1125]

> 曉云。皆有二句。先下位伏障。後斷障入地。[1)]
>
> 1) ㉠ 이것은 집일문 전체가 세주이다.

소 원효가 말하였다. "일체의 초지에 들어간 보살은 보지 못하는 사람

1123 『玄樞』(T56, 619b).
1124 이것은 앞의 경문에 대한 ㉠에서 이미 나온 것이다. 전후 문맥상 지금의 경문과는 관련이 없고 『玄樞』에서 이 글을 해석하면서 참고로 인용한 것으로 생각되지만 『玄樞』의 순서를 따라 그대로 두었다.
1125 『玄樞』(T56, 619b).

이 없기 때문에 '모두 본다.'라고 하였다. 이하는 모두 이것에 준하여 이해할 수 있다."[1126]

曉云。一切得入初地菩薩。無不見者。故言悉見。下皆准之。[1)]

1) ㉠ 이것은 집일문 전체가 세주이다.

소 원효가 말하였다. "사정근四正勤[1127]으로 거친 것을 씻어 내어 수행을 증진하기 때문이다."[1128]『주금광명최승왕경』

曉云。以四正勤。灑鹿增行故。【註金光明最勝王經。】

경 선남자여, 어째서 초지를 환희라고 하는가. 출세간의 마음을 얻었는데 이는 과거에는 아직 얻지 못하였고 지금 비로소 얻은 것으로 큰 일과 큰 작용을 일으켜 뜻대로 원하는 것을 모두 성취하여 크게 환희하고 즐거워하니, 그러므로 초지를 환희지라고 한다. 일체의 미세한 죄와 계를 파괴한 과실이 모두 청정해지니, 그러므로 제2지를 무구지無垢地라고 한다. 한량없는 지혜의 광명을 일으키는 삼매를 얻어 기울어져 움직이게 할 수 없고 꺾어서 굴복시킬 수도 없으며 문지다라니聞持陀羅尼가 근본이 되니, 그러므로 제3지를 명지明地라고 한다. 번뇌를 태워서 지혜의 불꽃이 광명을 늘리며

1126 『玄樞』(T56, 619c).
1127 사정근四正勤 : 네 가지 형태로 바르게 부지런히 수행하는 것. 첫째는 이미 생겨난 악을 끊기 위해 부지런히 정진하는 것이고, 둘째는 아직 생겨나지 않은 악을 생겨나지 않게 하기 위해 부지런히 정진하는 것이며, 셋째는 아직 생겨나지 않은 선이 앞으로 생겨날 수 있도록 부지런히 정진하는 것이고, 넷째는 이미 생겨난 선을 더욱 자라나도록 부지런히 정진하는 것이다.
1128 『註金光明最勝王經』(N4, 619a). "사방에서 바람이 불면서 여러 가지 미묘한 꽃이 모두 흩뿌려져 땅 위에 가득 차는데 이것을 보살이 모두 본다."라는 부분과 관련된 해석이다.

• 359

의지해야 할 것인 도품道品을 수행하니, 그러므로 제4지를 염지焰地라고 한다. 이 수행해야 할 것[1129]과 방편승지方便勝智[1130]는 자재하게 얻기 어렵고 견번뇌見煩惱[1131]와 사번뇌思煩惱[1132]는 조복시키는 것이 쉽지 않은데 (이것을 이루니), 그러므로 제5지를 난승지難勝地라고 한다. 행법行法이 상속하여 분명하게 나타나고 무상無相을 많이 사유하는 일이 앞에 나타나니, 그러므로 제6지를 현전지現前地라고 한다. 무루無漏와 어떤 간격도 없고 무상無相을 사유하며 해탈解脫[1133]과 삼매三昧를 깊이 수행하기 때문에 이 지위는 청정하고 막힘이 없고 걸림이 없으니, 그러므로 제7지를 원행지遠行地라고 한다. 무상無相을 바르게 사유하여 닦아서 얻음이 자재하고 모든 번뇌의 작용

1129 수행해야 할 것 : 삼십칠보리분법 등과 같은 수행의 조목으로 사제를 개별적으로 관찰하는 것이다. 불도의 과를 얻기 위한 원인이 되는 것이다.
1130 방편승지方便勝智 : 사제를 한맛으로 여여하게 관찰하는 것이다.
1131 견번뇌見煩惱 : 견혹見惑이라고도 한다. 진리를 비추어 볼 때 끊어지는 번뇌이기 때문에, 그리고 헤아리는 성질을 가진 번뇌이기 때문에 견혹이라고 한다. 예를 들면 사성제四聖諦의 도리에 관하여 잘못 인식함으로써 일어나는 아견我見·변견邊見 등의 번뇌를 말한다.
1132 사번뇌思煩惱 : 사혹思惑·애혹愛惑·사혹事惑 등이라고도 한다. 일단 진리를 보고 견혹을 끊은 뒤 다시 진리를 사유·수습함으로써 끊어지는 번뇌이기 때문에, 그리고 세간의 허망한 사물을 사유함으로써 일어나는 번뇌이기 때문에 사혹이라 한다. 예를 들면 세간의 사물과 대상에 대해 일어나는 탐욕·분노·어리석음 등의 번뇌를 말한다.
1133 해탈解脫 : 『金光明最勝王經疏』 권4(T39, 261c)에서 "해탈은 팔해탈八解脫이다."라고 하였다. 팔해탈이란 색과 무색의 탐욕을 벗어나도록 하는 여덟 가지 선정으로 팔배사八背捨라고도 한다. 첫째, 내심에 색상이 있으면서 여러 외부의 색에 대해 부정관不淨觀을 닦는 것이다. 둘째, 내심에 색상이 없으며 외부의 색에 대해 부정관을 닦는 것이다. 셋째, 앞의 부정관심不淨觀心을 버리고 외부의 색의 정상淨相을 관찰하는 것이다. 넷째, 색상을 모두 넘어서고 유대상有對想을 멸하며 여러 가지 상상에 주의를 기울이지 않음으로써 무변공無邊空을 알고 공무변처정空無邊處定에 들어가서 머무는 것이다. 다섯째, 공무변처를 넘어서서 무변식無邊識을 알고 식무변처정識無邊處定에 들어가서 머무는 것이다. 여섯째, 식무변처를 모두 넘어서서 무소유無所有를 알고 무소유처정無所有處定에 들어가서 머무는 것이다. 일곱째, 무소유처를 모두 넘어서 비상비비상처정非想非非想處定에 들어가서 머무는 것이다. 여덟째, 비상비비상처를 모두 넘어서 상수멸정想受滅定(지각과 느낌이 중지된 것)에 들어가서 머무는 것이다.

이 동요하게 할 수 없으니, 그러므로 제8지를 부동지不動地라고 한다. 일체의 여러 가지 법을 설함이 자재하고 번뇌가 없으며 지혜를 증대하여 자재하고 걸림이 없으니, 그러므로 제9지를 선혜지善慧地라고 한다. 법신은 허공과 같고 지혜는 큰 구름과 같아서 모든 것을 두루 가득 채우고 덮이게 하니, 그러므로 제10지를 법운지法雲地라고 한다.[1134]

善男子。云何初地。而名歡喜。得出世心。昔所未得。而今始得。大事大用。如意所願。悉皆成就。大歡喜慶樂故。是故初地。名爲歡喜地。一切微細之罪。破戒過失。皆淸淨故。是故二地。說名無垢地。無量智慧光明三昧。不可傾動。無能摧伏。聞持陀羅尼。爲作本故。是故三地。說名明地。能燒煩惱。以智慧火。增長光明。是修行道品依處所故。是故四地。說名焰地。是修行方便勝智。自在難得故。見思煩惱。不可伏故。是故五地。說名難勝地。行法相續。了了顯現。無相多思惟現前故。是故六地。說名現前地。無漏無間。無相思惟。解脫三昧。遠修行故。是地淸淨。無障無礙。是故七地。說名遠行地。無相正思惟。修得自在。諸煩惱行。不能令動。是故八地。說名不動地。說一切種種法。而得自在。無患累故。增長智慧。自在無礙故。是故九地。說名善慧地。法身如虛空。智慧如大雲。能令遍滿覆一切故。是故第十。名法雲地。

소 원효가 말하였다. "이 지위(제5지)에서 조복시키는 것은 오직 구생기俱生起[1135]의 사유번뇌思惟煩惱(사번뇌)이다. 그 견번뇌는 앞에서 이미 끊어졌기 때문에 단지 도움을 주고 짝이 되어서 서로 쫓아오는 것일 뿐이

1134 『合部金光明經』(T16, 374b).
1135 구생기俱生起 : 번뇌를 그 발생의 성격에 의해 크게 두 가지로 구별한 것 중 하나. 태어날 때부터 선천적으로 갖추고 있는 번뇌를 지칭하는 말이다. 곧 사혹으로 수도위에서 끊어진다.

다. 또한 이 가운데 '견번뇌'라는 것(제5지에서의 견번뇌라는 말)은 구생기의 아견我見과 단견斷見 등이고, '사번뇌'라는 것은 구생기의 탐애와 교만 등이라고 할 수도 있으니, 모두 수도위修道位에서 끊어야 할 번뇌에 섭수되는 것이기 때문이다."¹¹³⁶

曉云。此地所伏。唯是俱生思惟煩惱。其見煩惱。先已斷故。但是助伴。相從來耳。亦可此中見煩惱者。俱生我見及斷見等。思煩惱者。俱生貪愛及憍慢等。皆是修道所斷攝故。¹⁾

1) ㉠ 이것은 집일문 전체가 세주이다.

소 원효가 말하였다. "법신이 바로 법이고 지혜는 비유를 취하였다. 이 두 가지 뜻에 의지하기 때문에 '법운'이라고 하였다. 『해심밀경』에서는 이것과 다르다. 그곳에서 말하기를 허공처럼 넓은 '추중麤重의 몸을 큰 구름처럼 원만한 법신이 모두 두루 덮을 수 있다. 그러므로 법운이라고 한다.'¹¹³⁷라고 하였다. '추중의 몸'이라는 것은 변역생사變易生死의 과보를 받아 아직 추중을 여의지 못하였기 때문에 추중의 몸이라고 한다. 변역생사의 과보는 이 지위(법운지)에서 지극히 넓어져서 허공과 같은데, 법신을 그 몸 안에 포용할 수 있기 때문에 법신을 큰 구름과 같다고 설하였다. 『십지경』에 의하면 두 가지 뜻으로 해석할 수 있다. 첫째는 부처님의 큰 구름과 같은 법의 비를 받을 수 있는 것이 큰 바다와 같이 넓기 때문에 법운이라고 한다. 둘째는 중생을 위해 대비의 구름을 일으켜 법의 비를 뿌릴 수 있기 때문에 법운이라고 한다.¹¹³⁸ 처음은 받는 것을 좇고 나중은 일으킨 것을 좇아서 이름을 세운 것이다."¹¹³⁹

1136 『玄樞』(T56, 624bc).
1137 『解深密經』 권4(T16, 704a).
1138 『十地經』 권8(T10, 569c).

曉云。法身當法。智慧取喩。依此二義。故名法雲。深密異此。彼云。麤重之
身。廣如虛空。法身遍¹⁾滿。猶²⁾如大雲。皆能遍覆。故名法雲。麤重身者。變
易果報。未離麤重。名麤重身。變易之報。此地極廣。猶如虛空。能容法身
於其身內。故說法身如大雲也。依十地經。以二義釋。一能受佛大雲法雨。
猶如大海。故名法雲。二能爲衆生。起大悲雲。以雨法雨。故名法雲。初從
所受。後從所起。以立名也。³⁾

1) ㉠『解深密經』에 따르면 '遍'은 '圓'이다. 2) ㉠『解深密經』에 따르면 '猶'는 '譬'이
다. 3) ㉠ 이것은 집일문 전체가 세주이다.

경 초지에서 유상有相의 도를 행하려고 하니 이것이 무명이다. 장애가
많은 형태로 생사하는 것에 대한 두려움이 있으니 이것이 무명이다. 두 가
지에 의거한 추심麤心이 있다. 이것이 초지의 장애이다.[1140]

初地。欲行有相道。是無明。障礙生死怖畏。是無明。依二種麤心。是初地
障。

소 글에 나아가면 두 가지가 있다. 첫째는 풀이한 것이고, 둘째는 맺
은 것이다. 이하는 모두 이것에 준하여 알 수 있다. 처음에 세 가지 장애
가 있다. 처음의 두 가지는 글과 같고 셋째는 추심麤心이다.【원효와 승장과 혜
소[1141]는 뜻을 모두 이것에 의지하였다.】[1142]

就文有二。一釋二結。下皆准之。初有三障。初二如文。三麤心也。【曉莊及沼。
意皆依此。】

1139 『玄樞』(T56, 625c).
1140 『合部金光明經』(T16, 374c).
1141 『金光明最勝王經』권4(T39, 262c).
1142 『玄樞』(T56, 626a).

· 363

소 "유상有相의 아我와 법法"[1143]이라는 것은 두 가지 상이 있다. 첫째는 자신을 보는 것이니 수행하는 사람이다. 둘째는 도과道果를 얻게 하는 법을 보는 것이니 닦아야 할 법이다. 이 두 가지를 보기 때문에 초지에 들어가지 못한다. "무명"이라는 것은 인상과 법상을 무명심無明心이라고 한다. 이것은 초지의 견제혹見諦惑(見惑)이다. 『대품반야경』에서 "도법道法에 수순하면서도 법애法愛[1144]가 생겨나는 것을 (정상에서 떨어지는 것이라고 한다.)"[1145]라고 한 것과 같다. 그러므로 (보살의 계위의) 정상에서 떨어진다는 뜻이다.[원효가 따랐기 때문에 말하였다. "분별기分別起(후천적인 번뇌, 곧 견혹으로 견도위에서 끊어짐)의 인집人執과 법집法執이 훈습한 종자가 가행도加行道[1146](예비적 수행)에서 인상과 법상을 취하게 하기 때문에 '유상의 도를 행하고자 하니'라고 하였다. 이것은 일으키는 허물을 제시한 것이다. '이것이 무명이다.'라는 것은 바로 일으키는 집착을 나타낸 것이다. 『해심밀경』에서는 보특가라補特伽羅(Ⓢ pudgala, 인人)와 법에 집착하는 어리석음[1147]이라고 하였다." 승장과 경흥은 이것에 의지하였다. 그런데 "장애障礙"라는 것을 원효는 두 번째에 속하는 것으로 풀었다.[1148] 뜻은 앞과 뒤에 통하기 때문에 방해

1143 『合部金光明經』에 따르면 "유상有相의 도"이다.
1144 법애法愛 : 자신이 깨달아 얻은 선법善法에 애착을 갖는 것. 예를 들면 공을 배우면서 공에 대한 애착을 일으키는 것을 가리킨다.
1145 『大品般若經』 권3(T8, 233b).
1146 가행도加行道 : 번뇌를 제거하고 진리를 증득하는 과정을 네 단계로 분류한 것 중 첫 번째에 해당하는 것. 가행도는 방편도方便道라고도 한다. 무간도無間道에 들어가기 전에 번뇌를 끊을 것을 희구하여 번뇌를 끊을 수 있는 힘을 기르기 위해 더욱 노력하고 준비하는 단계이다. 두 번째 단계인 무간도란 무애도無礙道라고도 한다. 직접 번뇌를 끊는 단계이다. 이것으로 인해 어떤 간격도 없이 해탈도에 들어간다. 세 번째 단계인 해탈도란 이미 번뇌에서 벗어나고 진리를 증득하여 해탈을 증득하는 단계이다. 네 번째 단계인 승진도란 승도勝道라고도 하고 앞의 세 가지를 제외한 나머지 도라는 뜻에서 삼여도三餘道라고도 한다. 해탈도를 성취한 뒤에 다시 한 걸음 더 나아가 그 나머지의 뛰어난 행을 실천하여 완전하게 해탈을 완성하는 단계이다.
1147 『解深密經』 권4(T16, 704b).
1148 『合部金光明經』 본문의 "障礙"를 앞의 "無明"과 관련된 것으로 파악하기도 하는데, 원효는 이를 뒤의 "生死"에 관련된 것으로 풀었다는 말이다.

되지 않는다.]¹¹⁴⁹

言有相我法者。有二相也。一見自身。是能修之人。二見法見道果。是所修之法。見此二種故。不入初地。言無明者。人法二相。是無明心。此是初地見諦惑也。如大品云。順道法愛生。故墮頂之義【曉依故云。分別起。人法二執。所熏種子。令加行道。取人法相。故言欲行有相道。是擧所起之過。是無明者。正顯能起之執。深密。名執著補特伽羅及法愚癡。莊興依之。然障礙者。曉屬第二。義通前後。故無妨也。】

소 삼악도三惡道를 "장애가 많은 형태로 생사하는 것"이라고 하였다. 악업을 지은 이는 그 과보를 두려워한다. 이는 생겨나는 허물을 제시한 것이다. "이것이 무명이다."라는 것은 바로 생겨나는 업을 나타낸 것이다. 무명과 상응하고 또한 근본이 되기 때문이다. 이 두 가지 뜻에 의지하기 때문에 무명이라 한다. 뒤의 것은 모두 이것에 준하여 알 수 있다. 저 경에서는 악취에 잡염雜染되는 어리석음¹¹⁵⁰이라고 하였다. 이와 같은 두 가지 장애는 바로 초지의 견도소단見道所斷¹¹⁵¹이다. 그러므로 이 두 가지를 초지에서의 장애로 삼는다. 승장은 바로 이것을 취하였다. 경흥은 본本(진제 삼장)의 뜻을 따랐다. 다만 무명 등은 한결같이 원효의 뜻을 따랐다.¹¹⁵²

三惡道。名障礙生死。造惡業者。怖畏彼果。是擧所生之過。是無明者。正顯能生之業。無明相應。亦爲本故。依此二義。故曰無明。後皆准之。彼經。

1149 『玄樞』(T56, 626a).
1150 『解深密經』 권4(T16, 704b).
1151 견도소단見道所斷 : 견도見道에서 끊는 번뇌라는 뜻. 견혹見惑이라고도 한다. 이에 상대하여 수도修道에서 끊는 번뇌는 수도소단修道所斷 혹은 수혹修惑이라고 한다.
1152 『玄樞』(T56, 626a).

名惡趣雜染愚痴。如是二障。正爲初地見道所斷。故說此二。爲初地障。莊
卽取之。與依本義。但無明等。一依曉義。[1])

1) ㉠ 이것은 집일문 전체가 세주이다.

경 선정의 즐거움에 맛을 들여 애착하는 마음을 내니 무명을 원인으로
한다. 미묘하고 청정한 법에 애착하니 무명을 원인으로 한다. 두 가지에 의
거한 추심麤心이 있다. 이것이 제4지의 장애이다.[1153]

味禪定樂。生愛著心。因無明。微妙淨法愛。因無明。依二種麤心。是四地
障。

소 제4지는 경계와 지혜를 보지 않는 것이다. 글은 또한 앞에서 설한
것과 같다. 첫째는 선정에 대한 애착이고, 둘째는 법에 대한 애착이며, 셋
째는 두 가지에 의거한 추심麤心이 있다.【원효는 처음의 두 가지를 취하고 세 번
째 장애는 생략하고 덧붙여서 말하였다. "이 두 가지 애착은 제3지에 의거하여 일어나서
제4지의 무루도품無漏道品을 장애한다."】[1154]

四地不見境智。文亦如上。一定愛。二法愛。三依二麤心。【曉取初二。略第三
障。加云。此之二愛。依三地起。能障四地。無漏道品。】

경 한편으로는 열반에 들어가려고 생각하고 한편으로는 생사에 들어가
려고 생각한다. 이러한 열반에 대한 생각과 생사에 대한 생각은 무명을 원
인으로 한다. 생사와 열반이 평등하지 않다고 생각하니 무명을 원인으로

1153 『合部金光明經』(T16, 374c).
1154 『玄樞』(T56, 627a).

한다. 두 가지에 의거한 추심麤心이 있다. 이것이 제5지의 장애이다.[1155]

一意欲入涅槃思惟。一意欲入生死思惟。是涅槃思惟。是生死思惟。無明爲因。生死涅槃。不平等思惟。無明爲因。依二種麤心。是五地障。

소 원효가 말하였다. "생사는 싫어할 만한 것이고 열반은 좋아할 만한 것이라고 하면서 이와 같이 분별하는 것을 '평등하지 않다.'라고 한다. 내지 '무명을 원인으로 한다.'라는 것은 그것을 일으킨 추중麤重을 바라보고서 원인으로 삼은 것이다. 생사와 열반의 체가 구별되지 않음을 알지 못하기 때문에 좋아하고 싫어하는 마음이 있다."[1156]

曉云。生死可厭。涅槃可欣。如是分別。爲不平等。乃至無明爲因者。望其所發。麤重爲因。不了生死涅槃體無別。故有欣厭。[1)]

1) ㉱ 이것은 집일문 전체가 세주이다.

경 설법의 한량없음과 명신·구신·미신의 한량없음과 지혜에 의한 분별이 한량없음을 아직 섭수하여 유지할 수 없으니 무명이 (원인이다.) 사무애변四無礙辯[1157]에 아직 자재함을 얻을 수 없으니 무명이 (원인이다.) 두 가

1155 『合部金光明經』(T16, 374c).
1156 『玄樞』(T56, 627b).
1157 사무애변四無礙辯 : 자유자재하고 걸림이 없는 네 가지의 이해 능력(智解)과 언어 구사 능력(辯才). 어느 측면으로 보나 모두 지혜를 본질로 하기 때문에 사무애지四無礙智라 하고, 이해하는 능력으로 말할 경우 사무애해四無礙解라 하며, 상대와 상황에 따라 자유롭게 언어로 표현하는 능력으로 말하면 사무애변이라 한다. 또한 중생을 교화하는 네 가지 법이기 때문에 사화법四化法이라고도 한다. 제9지인 선혜지善慧地에서 성취하는 지혜로 간주된다. 법무애法無礙는 명신名身(단어)·구신句身(문장)·문신文身(낱낱의 글자) 등을 소연所緣(대상)으로 하여 그것을 이해하는 데 걸림이 없는 것이다. 의무애義無礙는 소전所詮의 의의(의미)를 소연으로 하여 그것을 이해하는 데 걸림이 없는 것이다. 사무애詞無礙는 모든 종류의 언사에 통달하여 그

• 367

지에 의거한 추심麤心이 있다. 이것이 제9지의 장애이다.[1158]

說法無量。名味句無量。智慧分別無量。未能攝持無明。四無礙辯。未得自在無明。依二種麤心。是九地障。

소 원효가 말하였다. "앞의 것[1159]은 의무애변義無礙辯과 법무애변法無礙辯과 사무애변詞無礙辯과 관련된 것이고, 이것[1160]은 요설변樂說辯과 관련된 것이다."[1161]

曉云。前是義法及詞三無礙辯。此樂說辯。[1)]

1) ㉠ 이것은 집일문 전체가 세주이다.

경 최대의 신통을 아직 뜻대로 행하는 경지를 얻지 못하였으니 무명이 (원인이다.) 미묘하고 비밀스러운 법장法藏에 대한 이해와 수행을 아직 온전하게 갖추지 못하였으니 무명이 (원인이다.) 두 가지에 의거한 추심麤心이 있다. 이것이 제10지의 장애이다.[1162]

最大神通。未得如意無明。微妙祕密之藏修行。未足無明。依二種麤心。是十地障。

것을 구사하는 데 걸림이 없는 것이다. 변무애辯無礙는 요설무애변樂說無礙辯이라고도 하는데 바른 이치에 의거하여 중생의 근기에 맞추어 걸림이 없이 자유자재하게 설법할 수 있는 것이다.
1158 『合部金光明經』(T16, 374c).
1159 앞의 것 : 설법의 한량없음과 명신·구신·미신의 한량없음과 지혜에 의한 분별이 한량없음을 이룬 것을 가리킨다.
1160 이것 : 사무애변四無礙辯에 자재한 것을 가리킨다.
1161 『玄樞』(T56, 628b).
1162 『合部金光明經』(T16, 374c).

소 원효가 말하였다. "부처님의 법장法藏을 아직 두루 깨닫지 못하여 어리석은 상태임을 나타낸 것이다."[1163]

曉云。於佛法藏。未遍了愚。[1)]

1) ㉠ 이것은 집일문 전체가 세주이다.

경 일체의 경계에 대해 미세한 것으로 지혜를 장애하는 것이 있으니 무명을 원인으로 한다. 미래에 이러한 장애가 다시 생겨나지 않아야 하는데 아직 다시 생겨나지 않도록 하는 지혜를 얻지 못하였으니 무명을 원인으로 한다. 이것이 여래지의 장애이다.[1164]

一切境界。微細智礙。無明爲因。未來是礙不更生。未得不更生智。無明爲因。是如來地障。

소 "(앞에서) 무명을 원인으로 한다."라는 것은 무명원품無明元品[1165]이 지혜와 합하여 장애가 있는 것이다.【원효가 따랐기 때문에 말하였다. "전식轉識[1166]이 일으킨 소지장所知障 가운데 가장 미세한 품류이다."】[1167]

無明爲因者。無明元品。合智有礙也。【曉依故云。轉識所起。所知障中。最微細品。】

1163『玄樞』(T56, 628c).
1164『合部金光明經』(T16, 374c).
1165 무명원품無明元品 : 근본무명根本無明이라고도 한다. 가장 근원적인 무명이라는 뜻으로 가장 최후에 끊어지는 무명이다.
1166 전식轉識 : 법상종에서 심식心識을 여덟 가지로 나눈 가운데 제8알라야식을 제외한 나머지 일곱 가지 식, 곧 제7말나식末那識, 제6의식意識, 전5식前五識을 말한다.
1167『玄樞』(T56, 628c).

소 원효가 말하였다. "(뒤에서 '무명을 원인으로 한다.'라는 것은) 본식심本識心(알라야식)의 무명주지無明住地[1168]를 말한다. 앞의 품에서 '(제10지에 의지하여 일체의 소지장을 무너뜨리고 나서) 본심을 뽑아 없애어 여래지에 들어간다.'[1169]라고 한 것과 같다. 그러므로 (『승만경』에서) 승만부인이 말하기를 '무명주지는 오직 부처님의 지혜에 의해서만 끊을 수 있다.'[1170]라고 하였다. 자세한 것은 『이장의二障義』[1171]에서 설한 것[1172]과 같다."[1173]

曉云。謂本識心無明住地。如前品云。拔除本心。入如來地。故夫人言。無明住地。唯佛智斷。具如二障說。[1)]

1) ㉢ 이것은 집일문 전체가 세주이다.

소 원효가 말하였다.

"여기에서 '미래에 이러한 장애가 다시 생겨나지 않아야 하는데'라는 것은 금강심金剛心을 마주하여 미래를 바라보고 이 본식심本識心이 반드시 다시 생겨나지 않는 것을 말하였다. 단지 이 금강무간도金剛無間道[1174]에서 일어나는 지혜만으로는 그것을 미래에 생겨나지 않게 할 수 없으니, 이 본

1168 무명주지無明住地 : 모든 무지의 근원이 되는 것. 오주지혹五住地惑 가운데 다섯 번째에 해당한다. 모든 번뇌의 의지처가 되고 변역생사의 원인이 되는 가장 미세한 번뇌이다.
1169 『合部金光明經』 권1 「三身分別品」(T16, 364b).
1170 『勝鬘經』(T12, 220a).
1171 『이장의二障義』 : 원효가 지은 책의 이름. '이장'이란 번뇌장煩惱障과 소지장所知障을 가리키는 말로 이 두 가지의 의미를 자세하게 해석한 것이다.
1172 『二障義』(H1, 717b).
1173 『玄樞』(T56, 628c).
1174 금강무간도金剛無間道 : 보살이 제10지의 만심滿心, 곧 마지막 한 찰나에 불과佛果의 장애를 끊어 없애고 바로 묘각妙覺의 지위에 들어가는 지위를 가리킨다. 모든 번뇌를 무너뜨리는 선정을 금강에 비유한 것으로 금강유정金剛喩定·금강심金剛心 등이라고도 한다.

식이 무명에 의해 장애를 받기 때문이다. 그러므로 '다시 생겨나지 않도록 하는 지혜를 얻지 못하였으니 무명(을 원인으로 한다.)'라고 하였다.

근본무명根本無明은 오직 부처님의 지혜에 의해서만 끊을 수 있다. 부처님의 지혜가 생겨날 때라야 그것이 생겨나지 않기 때문이다. 곧 해탈도解脫道[1175]에서 끊어지는 것이다. 첫 번째인 무간도無間道[1176]에 들어갔을 때에는 견혹종자見惑種子를 바로 끊을 수 없다. 견도가 일어날 때 자성해탈自性解脫(그 자체에 염오가 없는 것)에 도달하기 때문에 그 혹의 종자는 함께 생겨나지 않는다. 그러므로 이때를 끊었다고 하는 것이다. 여기에서의 도리도 또한 그러함을 알아야 한다."[1177]

曉云。此言未來是礙更不生者。當金剛心。望於未來。此本識心。必不更生。但此金剛無間道智。不能令彼未來不生。由此本識無明障故。故言未得不更生智無明。根本無明。唯佛智斷。佛智生時。彼不生故。卽是解脫道之所斷。如第一無間道時。不能正斷見惑種子。見道起時。自性解脫。故彼惑種。不得俱生。故於此時。說名爲斷。當知此中道理亦爾。[1)]

1) ㉕ 이것은 집일문 전체가 세주이다.

소 경흥이 원효의 견해를 따져서 말하였다. "본식심의 무명과 관련된 주장은 모두 여러 가르침에 어긋난다. 부처님의 지혜만이 무명을 끊을 수

1175 해탈도解脫道 : 번뇌를 끊고 진리를 증득하는 두 가지 도道 중 하나. 무간도無間道에 의해 현행한 번뇌를 끊고 어떤 간격도 없이 바른 지혜가 생겨나서 이것에 의해 진리를 깨닫는 지위를 가리킨다.

1176 무간도無間道 : 미혹을 끊고 진리를 증득하는 두 가지 도 중 하나. 현행한 번뇌를 끊는 지위. 어떤 간격도 없이 바른 지혜가 생겨나서 이것에 의해 진리를 깨닫는데 이를 해탈도解脫道라고 한다. 모든 번뇌를 끊는 과정에는 반드시 이 두 가지 도가 존재한다. 예를 들면 무간도는 전념前念의 인도因道이고, 해탈도는 후념後念의 과도果道이다.

1177 『玄樞』(T56, 629a).

있다면 응당 금강도金剛道와 같은 경우는 반드시 원만하게 끊는 지혜가
아니어야 한다." 보살의 지혜도 또한 부처님의 보리지菩提智이기 때문에
『승만경』 등과 어긋나지 않는다.[1178]

興徵曉云。本識無明。俱違多敎。佛智斷無明。應如金剛道。必非圓斷智。
菩薩智。亦佛菩提智故。無違夫人經等。[1)]

1) ㉮ 이것은 집일문 전체가 세주이다.

소 원효가 말하였다. "어떤 글에서 말하기를 '견도위見道位 안에서 첫
번째 생각에서 마음을 관찰하는 것을 무간도無間道라고 하고, 두 번째 생
각에서 마음을 관찰하는 것을 해탈도解脫道라고 한다.'라고 하였다. 비록
이러한 설을 짓더라도 무간도는 견혹종자見惑種子와 함께 생겨나지 않는
다. 『유가사지론』에서 '비록 두 가지 도(무간도와 해탈도)에 있을 때일지라
도 모두 미혹의 종자는 없다.'[1179]라고 한 것과 같다. 그러나 멀고 가까운
것은 있기 때문에 현재세와 미래세에 이것을 구별하여 배대하였을 뿐이
다."[1180]

曉云。或有文說。見道之內。初念觀心。爲無間道。第二念心。爲解脫道。雖
作是說。而無間道。不與見惑種子俱生。如瑜伽。雖二道時。皆無惑種。然
有近遠。故於二世。別配之耳。

소 원효가 말하였다. "여기에서 '무명을 원인으로 한다.'라고만 하고

[1178] 『玄樞』(T56, 629a).
[1179] 『瑜伽師地論』 권34(T30, 476c). 단 『成唯識論』 권9(T31, 52b)가 문맥은 더 가까운 것
같다.
[1180] 『玄樞』(T56, 629a).

다시 그 과인 추중에 대해서는 말하지 않았다. 이미 원인이라고 설하였으니 결과가 있음을 알아야 한다. 단지 이 지위에서는 크게 감당할 수 있는 능력을 갖추니, 그러므로 미세하게 장애하는 어리석음과 그 추중이 다스려진다."1181

曉云。此中猶言無明爲因。而不更說其果麤重。旣說爲因。當知有果。但於此地。有大堪能。是故細礙愚及彼麤重。爲所對治。1)

1) 영 이것은 집일문 전체가 세주이다.

경 선남자여, 처음의 보살지(제1환희지)에서 단바라밀을 행하고 회향하고, 제2지에서 시바라밀을 행하고 회향하며, 제3지에서 찬제바라밀을 행하고 회향하며, 제4지에서 비려야바라밀을 행하고 회향하며, 제5지에서 선나바라밀을 행하고 회향하고, 제6지에서 반야바라밀을 행하고 회향하며, 제7지에서 방편승지바라밀을 행하고 회향하고, 제8지에서 원바라밀을 행하고 회향하며, 제9지에서 역바라밀을 행하고 회향하며, 제10지에서 지바라밀을 행하고 회향한다.1182

是善男子。於初菩薩地。行向檀波羅蜜。於二地。行向尸波羅蜜。於三地。行向羼提波羅蜜。四地行向毘黎耶波羅蜜。五地行向禪那波羅蜜。六地行向般若波羅蜜。七地行向方便勝智波羅蜜。八地行向願波羅蜜。九地行向力波羅蜜。十地行向智波羅蜜。

소 두 번째로 장애를 제거하기 때문에 십지가 청정해지는 것을 밝혔다. 청정에는 두 가지 뜻이 있다. 첫째는 견見이 청정한 것이고, 둘째는 행

1181 『玄樞』(T56, 629a).
1182 『合部金光明經』(T16, 375a).

行이 청정한 것이다. 두 가지의 청정함을 지니기 때문에 십바라밀을 완성할 수 있다. 견은 자신을 이익 되게 하는 것이고, 행은 타인을 이익 되게 하는 것이다.

이것은 초지를 밝힌 것이다. "보시바라밀을 행한다."[1183]라는 것은 총괄하여 요약한 것이다. 본本(『합부금광명경』)에서는 "단바라밀을 행하고 회향한다."라고 하였다. '행'은 자신이 여여리如如理를 보는 것이니 곧 견이 청정한 것이다. '향'은 단바라밀을 행하여 중생에게 회향하는 것이니 곧 행이 청정한 것이다. 초지의 보살은 이미 자신과 타인을 평등하게 생각하는 경지를 얻어서 자신과 타인의 법신이 여여如如하여 차이가 없다고 보니 견이 청정하다. 견이 청정하기 때문에 단바라밀을 행하여 나의 물건을 타인에게 보시하니 곧 행이 청정하다. 그러므로 초지에서 보시바라밀을 완성한다.

또한 보살은 이미 삼륜三輪이 평등함을 본다. 첫째는 보시하는 이를 보지 않고, 둘째는 받는 이를 보지 않으며, 셋째는 재물을 보지 않는다. 그러므로 마음에 집착이 없다. 마음에 집착이 없기 때문에 견이 청정하다. 청정하게 재물의 보시와 법의 보시를 행하니, 이 두 가지 보시는 행이 청정하다.[원효는 이와 같은 두 가지의 청정함과 삼륜의 (평등함에 의해 풀이한 것을) 따랐다.][1184]

> 第二明障去故十地淸淨。淸淨有二義。一見淸淨。二行淸淨。有二淸淨故。十度得成。見是自利。行是利他。此明初地。言行施者。總略。本云。行向檀波羅蜜。行是見自如如理。即是見淨。向是行檀迴向衆生。即行淨也。初地菩薩。已得自他平等。於自他法身。見如如無異。是見淨。見淨故能行檀。

1183 『合部金光明經』에 따르면 "단바라밀을 행하고 회향한다."이다.
1184 『玄樞』(T56, 629a).

以我物施他。卽行淸。所以初地。施度成也。又菩薩已見三輪平等。一不見
施者。二不見受者。三不見財物。故心無著。心無著故。是見淸淨。淸淨能
行財法二施。二施是行淸淨。【曉依如是二淨三輪。】

경 선남자여, 보살마하살의 첫 번째 발심發心은 묘보기삼마제妙寶起三摩
提[1185]라는 것을 섭지하여 일어나고, 두 번째 발심은 가애주삼마제可愛住三
摩提[1186]를 섭지하여 일어나며, 세 번째 발심은 난동삼마제難動三摩提를 섭
지하여 일어나고, 네 번째 발심은 불퇴전삼매不退轉三昧를 섭지하여 일어나
며, 다섯 번째 발심은 보화삼매寶華三昧를 섭지하여 일어난다. 여섯 번째 발
심은 일원광염삼매日圓光焰三昧를 섭지하여 일어나고, 일곱 번째 발심은 일
체원여의성취삼매一切願如意成就三昧를 섭지하여 일어나며, 여덟 번째 발심
은 현재불현전증주삼매現在佛現前證住三昧를 섭지하여 일어나고, 아홉 번째
발심은 지장삼매智藏三昧를 섭지하여 일어나며, 열 번째 발심은 수능엄마가
삼매首楞嚴摩伽三昧를 섭지하여 일어난다.[1187]

1185 묘보기삼마제妙寶起三摩提: 『金光明最勝王經疏』권4(T39, 264c)에서 "선정으로
말미암아 보시를 일으키는 것을 묘보등지妙寶等持라고 한다.(由定起施。名妙寶等
持。)"라고 하였다. '삼마제'는 Ⓢ samādhi의 음역어로 삼마지三摩地·삼매三昧라고도
하고 의역어는 등지等持이다. 선정의 일곱 가지 다른 이름 중 하나. 유식종에서 시
설한 심소心所 중 하나. 마음을 한곳에 집중하여 안정시키는 것. '등'은 마음이 들뜨
거나 가라앉는 것을 여의고 평등하고 편안한 것을 말하고, '지'는 마음을 오로지 하
나의 경계에 머물게 하는 것을 말한다.
1186 가애주삼마제可愛住三摩提: 『金光明最勝王經疏』권4(T39, 264c)에서 "선정이 계
를 일으키는 것을 가애등지라고 한다. 계율을 수지하는 것으로 말미암아 대중이 즐
거워하며 보는 대상이 된다. 혹은 무루도공계無漏道共戒를 좇는 것을 설한 것일 수
도 있다.(定能起戒。名可愛樂等持。由持戒者。衆所樂見。或從無漏道共戒說。)"라고 하
였다. 무루도공계란 번뇌를 끊어서 다하는 무루無漏인 계를 가리킨다. 무루율의無
漏律儀·무루계無漏戒라고도 한다. 곧 성자가 무루정無漏定에 들어갔을 때 발득發
得하는 방비지악防非止惡의 계체戒體를 가리킨다. 무루율의는 무루도無漏道와 함
께 생겨나고 함께 멸하기 때문에 도공계라고도 한다.
1187 『合部金光明經』(T16, 375a).

善男子。菩薩摩訶薩。初發心。名妙寶起三摩提。攝受得生。第二發心。可愛住三摩提。攝受得生。第三發心。難動三摩提。攝受得生。第四發心。不退轉三昧。攝受得生。第五發心。寶華三昧。攝受得生。第六發心。日圓光焰三昧。攝受得生。第七發心。一切願如意成就三昧。攝受得生。第八發心。現在佛現前證住三昧。攝受得生。第九發心。智藏三昧。攝受得生。第十發心。首楞嚴摩伽三昧。攝受得生。

소 원효가 말하기를 "('삼마제'는) 등지等持라고 의역한다. 가라앉는 것과 들뜨는 것의 허물을 여의고 평등하게 운전하기 때문에 등지라고 한다."라고 하였다. 혜소와 경흥이 이것을 취하였기 때문에 말하였다. "'삼'이란 등等이고 '마지'란 지持이다. 평등하게 마음을 유지하여 경계에 머물게 하는 것이다."[1188] 단지 혜소는 달리 말하기를 "구역에서는 범음을 잘못 알았기 때문에 '삼매'라고 하였다."[1189]라고 하였다. 앞에서 서술한 것과 원효가 말하기를 "뒤에서 '삼매'라고 한 것은 고역이다. 바르게 생각하는 것이니 등지의 뜻과 같다."라고 한 것을 준거로 삼고 지금 삼장三藏이 "또한 삼매라고 한다."라고 한 것을 준거로 삼는다. 그러므로 (혜소가 삼매를) 잘못 번역한 것이라고 한 주장은 저절로 무너지는 것을 알 수 있다.

"사마타"라는 것은 의역하면 지止이다. 마음을 섭수하여 연에 머무는 것을 지라고 한다. (선정의 여러 가지 다른 이름 중 하나인) 해탈解脫이라는 것은 속박을 끊는 것을 칭하는 것이다. (선정의 여러 가지 다른 이름 중 하나인 배사背捨는) 하위에서의 허물을 등지고 여의기 때문에 배사背捨라고 한다. 또한 용수龍樹[1190]가 말하기를 "오욕五欲[1191]을 등져 청정히

1188 『金光明最勝王經疏』권4(T39, 264c).
1189 『金光明最勝王經疏』권4(T39, 264c).
1190 용수龍樹 : Ⓢ Nāgārjuna의 의역어. 인도 대승불교 중관학파의 창시자. 생존연대는 2~3세기경으로 추정된다. 『中論』등의 논서와 『大智度論』등의 주석서를 지어서 대

하고 집착하는 마음을 버리고 여의는 것을 배사라고 한다."[1192]라고 하였다. (이상은 전체적으로 통하는 이름을 설명하였다.) 개별적인 이름은 "묘보" 등이다.[1193]

曉云。此云等持。離沈浮過。平等運轉。故曰等持。沼興取之。故云。三者是等。摩地云持。平等持心。令住於境。但沼異云。舊音訛故。名爲三昧。准上及曉云。下言三昧古譯。正思。猶是等持之義。幷今三藏。亦言三昧。故知訛者。唯自破也。奢摩他者。此翻名止。攝心住緣。目之爲止。言解脫者。絶縛之稱。背離下過。故云背捨。又龍樹言。背淨五欲。捨離著心。名爲背捨。別名謂妙寶等。[1)]

1) ㉠ 이것은 집일문 전체가 세주이다.

소 원효가 말하였다. "'보살' 등이라는 것은 의지하는 주체의 마음을 제시한 것이고, '묘보' 등이라는 것은 의지의 대상인 선정을 나타낸 것이며, '섭지하여 일어난다.'라는 것은 서로 의지하는 뜻을 밝힌 것이다. 선정을 섭지함으로 말미암아 보리심이 일어나기 때문에 '섭지하여 일어난다.'라고 하였다. 이후의 여러 지地[1194]는 세 구절에 의해 해석한 사례와 같다. 개별적인 명칭을 해석하는 것은 두 번째 해석에 의거한다."[1195]

曉云。菩薩等者。牒能依心。妙寶等者。出所依定。攝得生者。明相依義。由定攝持。菩提心生。故言攝受得生。後後諸地。三句例然。釋別名者。依第

승교학의 체계를 수립하였다.
1191 오욕五欲 : 색色·성聲·향香·미味·촉觸 등의 다섯 가지 대상에 대해 일으키는 다섯 가지 욕망. 차례대로 색욕·성욕·향욕·미욕·촉욕 등을 말한다.
1192 『大智度論』 권21(T25, 215a).
1193 『玄樞』(T56, 630c).
1194 이후의 여러 지地 : 『玄樞』에 따르면 열 가지 발심은 십지十地와 같은 것이다.
1195 『玄樞』(T56, 631b).

二釋。[1)]

1) ㉑ 이것은 집일문 전체가 세주이다.

소 제3지의 보살은 이미 다문多聞의 공덕을 얻고 문지다라니聞持陀羅尼를 원만하게 갖춘다. 다문에서 믿음을 일으키며 믿음에서 정근正勤을 일으키며 정근에서 삼마지三摩地를 일으키고 삼마지는 반야를 일으키며 반야에 의해 여여如如에 통달한다. 그러므로 여여는 문지다라니의 과果이니 과를 "난동"이라 한다. 또한 문지다라니는 여여지如如智이니 이 지혜가 경계와 서로 떨어지지 않기 때문에 "난동"이라고 한다. 보살은 이 세 가지로 인해 선정을 얻기 때문에 선정을 "난동"이라 하는 것이니 경계로부터 이름을 얻은 것이다. 또한 사택思擇(잘 사유하여 바른 도리를 간택하는 것)의 힘에 의거하여 일체의 천마天魔[1196]와 외도와 번뇌 등이 굴복시킬 수 없기 때문에 "난동"이라고 하니 일에 의해 이름을 얻은 것이다. 또한 "난동"은 보리심으로 선정이 연이 되어 이것을 일으키니 과로부터 이름을 얻은 것이다.【원효와 혜소[1197]가 이것을 따랐다.】[1198]

三地菩薩。已得多聞功德。聞持陀羅尼具足。以從多聞生信。從信生正勤。正勤生三摩地。三摩地生般若。般若通達如如。故如如。是聞持果。果名難動。又聞持陀羅尼。是如如智。此智與境不相離。故名難動。菩薩因此三種得定。故定曰難動。從境得名。又依思擇力。一切諸天魔外道煩惱等。不能

1196 천마天魔 : 하늘의 마구니라는 뜻. 욕계의 여섯 번째 하늘인 타화자재천을 가리킨다. 제6천마왕第六天魔王이라고도 한다.
1197 『金光明最勝王經疏』권4(T39, 264c)에서 "선정이 인忍을 일으키는 것을 난동등지라고 한다.(定能起忍etc. 難動等持。)"라고 하였다. 그 실질적 내용은 다르지만 결과에 의해 이름을 붙인 것이라는 취지를 나타내고 있음을 고려하면 원효와 혜소가 취한 것은 앞의 여러 해석 중 마지막 해석, 곧 과로부터 이름을 얻은 것을 가리키는 것으로 보이기도 한다.
1198 『玄樞』(T56, 631b).

伏。故名難動。從事得名。又難動。是菩提心。定爲緣生之。從果得名。【曉沼
依之。】

소 제4지의 보살은 경계와 지혜가 차별이 있음을 보지 않기 때문에 높은 지위와 낮은 지위를 다르다고 보지 않는다. "불퇴不退"라는 것은 높은 지위에서 낮은 지위로 향하는 것을 보지 않는 것이다. "부전不轉"이라는 것은 경계를 좇아 이름으로 삼은 것이다. 또한 정근正勤은 나라연천의 힘에 비유된다. 산란함을 모두 다스려서 이것을 무너뜨릴 수 없기 때문에 "불퇴전"이라 한다. 이것은 일을 좇아 이름을 얻은 것이다. 또한 보리심은 도위道位 가운데 흐르는 것이니 물을 끊을 수 없는 것과 같다. 선정이 연이 되어서 발생한다. 이것은 과로부터 이름을 얻은 것이다.【원효와 혜소[1199]가 이것을 취하였다.】[1200]

四地菩薩。不見境智有差別。故無上下地異。不退者。不見從上向下。不轉者。從境爲名。又正勤。譬那羅延力。一切對治散亂。不能壞之。故名不退轉。從事得名。又菩提心。於道位中流。如水不可斷絶。定爲緣生。從果得名。【曉沼取之。】

소 제5지의 보살은 진제와 속제를 보지 않고 제3제第三諦를 경계로 삼는다. 칠각분七覺分[1201]을 닦아 보배로 만든 꽃(寶花)과 같이 제3제를 장엄

[1199] 『金光明最勝王經疏』 권4(T39, 264c)에서 "선정이 정진을 일으키는 것을 불퇴등지라고 한다.(定發精進。名不退等持。)"라고 하였다.
[1200] 『玄樞』(T56, 631c).
[1201] 칠각분七覺分 : 칠각지七覺支라고도 한다. 삼십칠보리분三十七菩提分 중 하나. 삼십칠보리분이란 보리를 증득하기 위해 행해야 할 37가지 도이다. 37가지란 사념주四念住·사정근四正勤·사여의족四如意足·오근五根·오력五力·칠각지·팔정도八正道 등이다. 이 가운데 칠각지란 첫째는 정진각지精進覺支이니, 정법을 부지런히

379

하고 이 제에 의하여 선정을 일으킨다. 이것은 경계로부터 이름을 얻은 것이다. 또한 집착이 없는 것, 편안한 것(猗樂), 청정한 것, 선습기善習氣의 모든 공덕은 선정과 함께 생겨난다. 이러한 일에 의지하기 때문에 선정을 "보화"라고 하였으니 일로부터 이름을 얻은 것이다. "보"라는 것은 중생을 안락하고 청정하게 하는 것이고, "화"라는 것은 습기처럼 중생을 훈습하는 것이다. 상분上分이 상정上定을 훈습할 수 있는 것이다. 처음의 하나는 촉觸이고, 다음은 색色이며, 셋째는 향香이다. 그러므로 "보화"를 제시하여 비유로 삼았다. 편안한 것은 하분下分이고, 청정한 것은 중분中分이며, 습기는 상분이다. 또한 보리심을 보화에 비유하였으니 일체법을 장엄할 수 있는 것으로 선정이 연이 되어 발생한다. 이 선정은 과로부터 이름을 얻은 것이다.【원효와 혜소1202와 승장은 모두 이 뜻을 취하였다.】1203

五地菩薩。不見眞俗。爲第三諦。修七覺分。莊嚴第三諦如寶花。依此諦生定。從境得名。又無著猗樂淸淨善習氣諸功德。與定共生。依此事故。定名寶花。從事得名。寶者令衆生安樂淸淨。花能薰物如習氣。是上分。能薰上定。初一是觸。次色。三香。故擧寶花爲譬。轉猗是下分。淸淨是中分。習氣是上分。又菩提心。譬寶花。能莊嚴一切法。定爲緣生。此定從果得名。【曉沼及莊。皆取此義。】

닦아 잠시도 게을리 하지 않는 것이다. 둘째는 염각지念覺支이니, 항상 선정과 지혜를 마음에 두는 것이다. 셋째는 택법각지擇法覺支이니, 지혜에 의지하여 참된 법을 선택하고 거짓된 법을 버릴 수 있는 것이다. 넷째는 정각지定覺支이니, 선정에 들어가 마음이 산란하지 않는 것이다. 다섯째는 경안각지輕安覺支이니, 심신이 경쾌하고 안온한 것이다. 여섯째는 희각지喜覺支이니, 정법을 얻어 기뻐하는 것이다. 일곱째는 사각지捨覺支이니, 마음에 치우침이 없어서 집착하지 않고 평정한 상태를 유지하는 것이다.
1202 『金光明最勝王經疏』권4(T39, 264c)에서 "선정이 공덕의 뛰어난 원인이 되는 것으로 말미암아 보화등지라고 한다.(由定能爲功德勝因。名寶華等持。)"라고 하였다.
1203 『玄樞』(T56, 631c).

소 제6지에서는 더러움과 청정함을 보지 않는다. 법신은 "일원日圓"과 같고, 반야는 "염炎"으로 비유하였으며, 해탈은 "광"과 같다. 선정은 이 세 가지로 말미암아 있는 것이니 경계로부터 이름을 얻은 것이다. 또한 일체의 장애와 희론을 선정이 조복시키는 것은 비유하면 햇빛이 비추면 모든 빛이 사라지는 것과 같으니 일로부터 이름을 삼은 것이다. 또한 보리심은 해와 같아서 이승의 마음을 조복시켜 여여리如如理를 나타내니 과로부터 이름을 삼은 것이다.【원효와 승장과 혜소[1204]는 두 번째 뜻을 취하였다.】[1205]

六地不見垢淨。法身如日圓。般若譬炎。解脫如光。禪定由此三有。從境得名。又一切障礙戲論。禪定能伏。譬日光出。奪一切光。從事爲名。又菩提心如日。伏二乘心。顯如如理。從果爲名。【曉莊及沼。取第二意。】

소 제7지에서 "일체원"이라는 것은 이 지위에서 삼세의 여래가 지닌 사덕四德과 응신應身의 모든 일을 성취할 것을 원하여 추구하는 것이다. "여의성취"라는 것은 법신의 여여리如如理가 삼세의 갠지스강의 모래알처럼 많은 모든 부처님의 사덕과 응신 등을 뜻대로 성취하게 하는 것이다. 그러므로 법신은 "일체원여의성취"라는 이름을 받는다. 제7지의 보살은 이러한 이치에 통달하고 선정을 일으키니 선정은 법계로부터 이러한 이름을 받은 것이다. 또한 선정과 방편승지方便勝智 등은 일체의 덕을 돌려서 보리로 회향하여 자신과 타인으로 하여금 이세二世의 즐거움을 성취하게 한다. 뜻대로 성취하는 것은 선정으로 말미암은 것이니 일로부터 이름을 받았다. 또한 보리심은 일체의 서원을 뜻대로 성취하게 한다. 선정이 이러한 보리심을 일으키는 것이니 과로부터 이름을 얻었다.【원효와 승장과

[1204] 『金光明最勝王經疏』 권4(T39, 264c)에서 "선정이 지혜를 일으키는 것을 원광염등지라고 하였다.(定能發智。名曰圓光焰等持。)"라고 하였다.
[1205] 『玄樞』(T56, 631c).

혜소[1206]는 두 번째 해석을 취하였다.][1207]

七地一切願者。此地願求三世如來四德應身一切事也。如意成就者。法身如如理。能令三世恒河沙等諸佛四德應身等如意成就。故法身受一切願如意成就之名。七地菩薩。能通達此理而生定。定從法界受此名也。又定方便勝智等。能迴一切德向菩提。令自他得二世樂成就。成就如意由定。從事受名。又菩提心。能令一切願如意成就。定能生此菩提心。從果得名。【曉莊及沼。取第二釋。】

소 제8지에서 "현전증주"[1208]라는 것은 이 지위의 보살이 이미 십여여十如如에 통달했음을 나타낸 것이다. "현전"이라는 것은 이미 초지 이상에서 제8지까지의 여여가 앞에 나타나 얻은 것이다. "증"이라는 것은 앞의 세 지위의 여여如如를 증득한 것이다. "주"라는 것은 (자신의 이익과 타인의 이익이라는) 두 가지 공덕이 앞에 나타나 증득하고 아울러 작의作意[1209]를 일으키지 않는 것을 "주"라고 한다. 선정은 이 이치를 반연하니 경계로부터 이름을 얻은 것이다. 또한 십지의 경계에 대해 장애에서 벗어나 걸림이 없어서 무분별지無分別智가 앞에 나타나 증득하고 머무는데 선정의 힘에 의해 그렇게 할 수 있으니 일로부터 이름을 얻은 것이다. 장애가 없는 것은 결과이고, 장애에서 벗어나는 것은 원인이다. "현전"은 원인 가운데 무분별지이고, "증"은 결과 가운데 무분별지이다. 또한 보리심은 일체법을 앞에 나타나게 하여 관찰하니 "현전증"이라 한다. 선정이 이 마

1206 『金光明最勝王經疏』 권4(T39, 264c)에서 "선정이 방편선교를 발생시키는 것을 일체원여의성취라고 한다.(定能發生方便善巧。名一切願如意成就。)"라고 하였다.
1207 『玄樞』(T56, 631c).
1208 『合部金光明經』에 따르면 "현재불현전증주現在佛現前證住"이다.
1209 작의作意 : [S] manaskāra, 마음을 특정 대상에 기울여서 활동을 일으키는 정신작용을 가리킨다.

음을 일으킨다.【원효는 두 번째 설을 취하였다. 승장은 세 가지 설이 있다고 하였는데 두 번째 설은 이것에 의지하였고, 처음은 첫 번째 설을 취하였으며 나중은 두 번째와 세 번째 설의 뜻에 의지하였다. 혜소[1210]는 원효와 같다. 경흥은 처음의 설은 원효와 같고 나중의 설은 첫 번째 설을 취하였다.】 선정은 결과로부터 이름을 삼은 것이다.[1211]

八地現前證住者。此地菩薩。已通達十如如。現前者。已現得初地已上至八地如如。證者證上三地如如。住者現證二種并不作意曰住。定緣此理。從境得名。又於十地境界。無礙解脫。無分別智。現前證住。定力能爾。從事得名。無障礙是果。解脫障是因。現前者。因中無分別智。證者果中無分別智。又菩提心。能現前觀一切法曰現前證。定能生此心。【曉取第二。莊有三說。第二依之。初取初說。後依第二及第三義。沼同曉故。興初同曉。後取初也。】定從果爲名。

소 제9지에서 "지장"이라는 것은 지혜에는 두 가지가 있다. 첫째는 본래의 성품으로 지닌 것이고, 둘째는 닦아서 얻은 것이다. 법여여法如如는 이 두 가지의 의처依處가 되기 때문에 법여여를 "지장"이라 한다. 이 여여를 통달하는 것은 선정에 의해 발생한다. 이 선정은 여여로부터 지장이라는 이름을 받았다. 또한 제9지에서는 선정으로 인하여 이미 사변四辯을 갖추어서 중생을 안립하고 그들을 위해 설법을 하기 때문에 세 가지 지혜와 반야 등의 일을 낼 수 있다. 일의 이름으로 선정의 이름을 지었으니 선정을 보내고 일로부터 이름을 삼았다. 또한 보리심이라는 것은 일체의 지혜의 창고이다. 선정이 이것을 일으킬 수 있으니 결과로부터 이름을 얻었

1210 『金光明最勝王經疏』권4(T39, 264c)에서 "선정이 지혜를 발생시킬 수 있고 저절로 무상無相의 미묘한 이치를 증득할 수 있는 것을 현전증이라고 한다.(定能發智任運能證無相妙理。名現前證。)"라고 하였다.
1211 『玄樞』(T56, 632a).

다.【원효는 두 번째 설을 따랐다.】[1212]

九地智藏者。智有二。一自性。二修得。法如如。爲此二種。作依處。故法如如曰智藏。通達此如如。定得生。此定。從如如。受智藏名。又九地。因定已具四辯。安立衆生。爲說法故。能生三慧及般若等事。事名目定。定傳從事爲名。又菩提心者。一切智藏。定能生之。從果得名。【曉依第二。】

소 제10지에서 "용진勇進"[1213]이라고 한 것을 본本(『합부금광명경』)에서는 "수능엄삼매"라고 하였다. 양의 진제와 수의 사나굴다는 앞에 제시하여 말하기를 "수능가마삼마제首楞伽摩三摩提(⑤ śūraṃgama-samādhi)"라고 하였다.

"수능"에 세 가지가 있다. 첫째는 두려움이 없는 것이니 고통과 즐거움을 분별하지 않는다. 둘째는 이기기 어려운 것을 이길 수 있는 것이니 원수인 적을 파괴할 수 있다. 셋째는 짓기 어려운 것을 지을 수 있는 것이니 자신을 이익 되게 하고 타인을 이익 되게 할 수 있다. 어떤 사람이 세 가지 일을 지을 수 있다면 "수능"이라고 한다.

두려움이 없는 것은 생사와 열반에 대해 차별하는 마음이 없기 때문에 두 가지 처소에 대해 두려움이 없다. 이기기 어려운 것을 이길 수 있다는 것은 일체의 생사를 남김없이 파멸시킬 수 있기 때문에 생사의 악과 재난을 짊어지고 건너갈 수 있고 자신과 타인을 모두 건너게 할 수 있다. 이 세 가지의 능력에 의지하기 때문에 "수능"이라고 하니 곧 용복勇伏 등의 뜻이다.

"가마"라는 것은 오직 한 사람만 얻을 수 있고 다른 사람은 얻을 수 없는 것을 "가마"라고 한다.

1212 『玄樞』(T56, 632a).
1213 『合部金光明經』에 따르면 "수능엄마가삼매首楞嚴摩伽三昧"이다. 단 미주에서 어떤 판본에는 '마가'가 없다고 하였다.

十地勇進。本云。首楞嚴三昧。梁隋牒云。首楞伽摩三摩提。首楞有三。一無怖畏。無分別苦樂。二難勝。¹⁾ 能破怨敵。三能作難作。能自利利他。若人能作三事。名首楞。無怖畏者。生死涅槃。無差別故。二處無怖畏。難勝能勝者。能破滅一切生死無餘故。能擔生死惡難可得度。而能自他度之。依此三能。故曰首楞。即是勇伏等義。伽摩者。唯一人能得。餘人不得曰。伽摩。

1) ㉮ 바로 뒤의 해석에 의거하면 '勝' 뒤에 '能勝'이 누락된 것 같다.

이 선정은 무분별지에 의해 생겨나니 두려움이 없는 것이라고 하고, 금강도金剛道의 체體이니 이기기 어려운 것을 이길 수 있는 것이라고 하며, 네 가지 덕의 원인이 되니 짊어지기 어려운 것을 짊어질 수 있는 것이라고 한다.

이 여여에 의해 선정을 일으키니 선정은 경계로부터 이름을 얻었다. 또한 이 선정은 어려운 습기를 제거하니, 쫓기 어렵고 항복시키기 어려우며 이기기 어려운 일로부터 이름을 얻었다. 또한 보리심은 두려움이 없는 것이고 번뇌를 파괴하고 모든 일을 짊어질 수 있다. 선정이 연이 되어 일어나니 결과로부터 이름을 얻었다.【원효는 두 번째 설을 취하고 덧붙여서 말하였다. "의역어는 용건勇健이고 또한 건행健行이라고도 한다." 승장은 범음梵音을 취하여 말하였다. "의역어는 용진勇進이다.『대반야경』에서 건행삼마지健行三摩地라고 하였다. 그 경 52권에서 '일체의 삼마지의 경계를 섭수하고, 일체의 수승하고 굳건한 행을 모두 갖출 수 있으며, 일체의 등지等持를 인도하는 우두머리가 되기 때문에 건행삼마지라고 한다.'[1214]라고 하였다." 경흥은 원효를 따랐다.】[1215]

此定爲無分別智所生曰。無怖畏。金剛道體曰。難勝能勝。爲四德因曰。能擔難擔。依此如如。生定。定從境得名。又此定。能除習氣難。從難伏難勝

1214 『大般若經』권52(T5, 292c).
1215 『玄樞』(T56, 632ab).

之事得名。又菩提心。無畏。能破能擔一切事。定爲緣生。從果得名也。【曉
取第二。加云。此云勇健。亦名健行。莊取梵音。此云勇進。大般若言。健行三摩地。
五十二云。能受一切三摩地境。能辨¹⁾一切殊勝健行。能爲一切等持道首。故名健行
三摩地。興依曉也。】

1) ㉠『大般若經』에 따르면 '辨'은 '辯'이다.

경 선남자여, 보살마하살은 이 초지에서 의공덕력依功德力이라는 다라
니를 일으킨다. 그때 세존께서 바로 주문을 설하였다.……선남자여, 이 다
라니는 하나의 갠지스강에 있는 모래알보다 많은 부처님이 초지의 보살을
구하고 지켜 주기 위한 것이다. 이 다라니주陀羅尼呪를 외우고 지니면 모든
두려움의 대상인 것, 곧 일체의 악한 짐승과 일체의 악한 귀신과 사람과 사
람이 아닌 것 등의 해침과 재난·횡액과 모든 번뇌에서 벗어나고 다섯 가지
장애에서 벗어나며 초지를 생각하여 잊지 않는다.[1216]

善男子。菩薩摩訶薩。於此初地。依功德力名陀羅尼得生。爾時世尊卽說呪
曰。…善男子。是陀羅尼名過一恒河沙數諸佛爲救護初地菩薩。誦持此陀羅
尼呪。得度脫一切怖畏。一切惡獸。一切惡鬼。人非人等。災橫。諸惱。解脫
五障。不忘念初地。

소 원효가 뒤의 소에서 말하였다. "('재난과 횡액'이라는 것은) 삼재三
災[1217] 등과 구횡九橫[1218] 등이다."[1219]

1216 『合部金光明經』(T16, 375a).
1217 삼재三災 : 사겁四劫이 순환하는 겁말劫末에 나타나는 소삼재小三災와 대삼재大
三災를 일컫는 말. 소삼재는 화재火災·수재水災·풍재風災이고, 대삼재는 기근·질
병·도병刀兵이다.
1218 구횡九橫 : 아홉 가지 형태로 본래 받은 수명을 다하지 못하고 죽는 것. 병을 치료
하지 못하여 죽는 것, 법을 위반하여 처벌 받아 죽는 것, 쾌락에 빠져 정기가 다하여

曉下疏云。謂三災等及九橫等。[1]

1) ㉮ 이것은 집일문 전체가 세주이다.

소 글에 다섯 가지 장애를 갖추었다. 첫째는 일체의 악한 짐승이고, 둘째는 일체의 악한 사람이며, 셋째는 일체의 악한 귀신이며, 넷째는 일체의 재난·횡액이며, 다섯째는 일체의 번뇌이다.

"다섯 가지 장애"라는 것은 첫째는 도장道障이니 축생도 등에 태어나는 것과 같은 것이고, 둘째는 업장業障이며, 셋째는 번뇌장煩惱障이고, 넷째는 과보장果報障이니 여러 가지 감각기관을 온전히 갖추지 못한 것이며, 다섯째는 해탈장解脫障이다.

정업定業이 있으면 한량없는 생을 초래하고 이것을 받고 나서 나머지 일곱 번의 생을 받는 동안 비로소 사제四諦를 관찰하여 초과初果(수다원과 須陀洹果)를 얻고 초과를 얻은 사람은 일곱 번의 생을 받고 나서야 비로소 무학無學(아라한과)을 얻는다.

번뇌장에 두 가지가 있다. 첫째는 남자의 몸으로 여인에 의해 얻는 번뇌이다. 예를 들면 남자가 욕망을 일으키는 것 등과 같은 것이다. 이와 같은 것은 도를 장애한다. 둘째는 여인의 몸으로 욕심을 갖는 것 등이다. 남자라야 도를 얻을 수 있기 때문이다.

해탈장은 이승이 마음의 번뇌를 파괴할 수 없기 때문에 도후道後의 해탈을 얻을 수 없는 것과 같은 것이다.〔원효는 두 가지 해석을 제시하였는데, 나중의 것은 바로 이것을 취하였다. 제10지에서 설명한 것과 같다. 그런데 제5지에서는 "육십이견이다."라고 하였다. 경흥이 바로 이것을 따랐다. 그런데 제2지에서는 "(업장은) 무간업無間業 등이고, (번뇌장은) 다섯 가지 날카로운 번뇌[1220]와 탐욕 등의 다섯 가지 둔한 번뇌[1221]이

죽는 것, 불에 타 죽는 것, 물에 빠져 죽는 것, 맹수에게 먹히는 것, 굶주림과 갈증으로 죽는 것, 독에 감염되어 죽는 것, 절벽에서 떨어져 죽는 것 등이다.
1219 『玄樞』(T56, 632b).

며, (해탈장은) 하승해탈下乘解脫[1222]이다."라고 하였다. 뒤에서는 앞의 다섯 가지를 가리켜서 "(뒤의 글에 나오는) '다섯 가지 장애'이다."라고 하였다. 승장과 혜소[1223]는 이것을 따랐다.][1224]

文具五障。一一切惡獸。二一切惡人。三一切惡鬼。四一切災橫。五一切諸惱。五障者。一道障如畜生等道。二業障。三煩惱障。四果報障。諸根不具。五解脫障。若有定業。招無量生受竟。餘七生。方觀四諦。能得初果。初果人。受七業。方得無學。煩惱有二。一男身得女煩惱。如男有欲等。如此障道。二女有欲心等。男能得道。解脫障者。二乘不能破心煩惱故。不得道後解脫。【曉有二解。後即取之。如第十地。然第五云。六十二見。興即依之。然第二云。無間業等。三[1)]利數[2)]。貪等五樂[3)]。下乘解脫。後指前五云五障。莊沼依之。】

1) ㉠ '三'은 '五'인 것 같다. 2) ㉠ '數'는 '使'인 것 같다. 3) ㉠ '樂'은 '鈍使'인 것 같다.

경 선남자여, 모든 보살마하살은 이 제2지에서 선안락주善安樂住라는 다라니를 일으킨다.……선남자여, 이 다라니는 두 개의 갠지스강에 있는 모래알보다 많은 부처님이 제2지의 보살을 구하고 지켜 주기 위한 것이다. 이 다라니주를 외우고 지니면 모든 두려움의 대상인 것, 곧 일체의 악한 짐승

1220 다섯 가지 날카로운 번뇌 : 오리사五利使를 가리킨다. 유신견有身見(자신의 몸이 오온五蘊이 임시로 화합한 것임을 알지 못하고 실제로 자신의 몸이 있다고 집착하는 것)·변집견邊執見(자신이 사후에 단멸한다고 집착하는 것과 자신이 사후에도 영원히 머물러 소멸하지 않는다고 집착하는 것의 두 가지가 있음)·사견邪見(인과의 이치를 부정하는 것)·견취견見取見(저열한 식견으로 하열한 일을 뛰어난 것이라고 생각하는 것)·계금취견戒禁取見(이치에 맞지 않는 계를 하늘에 태어나는 원인이라고 믿는 것)이다.
1221 다섯 가지 둔한 번뇌 : 곧 오둔사五鈍使를 가리킨다. 탐욕·분노·어리석음·오만·인과의 이치를 알지 못하여 결정적인 믿음을 내지 못하는 것(疑)이다.
1222 하승해탈下乘解脫 : 성문승의 해탈이라는 뜻. '하승'이란 가장 하열한 가르침이라는 뜻이다. 벽지불승은 중승中乘이고, 불승佛乘은 상승上乘이다.
1223 『金光明最勝王經疏』 권4(T39, 266a).
1224 『玄樞』(T56, 632c).

과 일체의 악한 귀신과 사람과 사람이 아닌 것으로서 원수인 도적과 재난·횡액과 모든 번뇌에서 벗어나고 다섯 가지 장애에서 벗어나며 제2지를 생각하여 잊지 않는다.[1225]

善男子。諸菩薩摩訶薩。於此二地。善安樂住名陀羅尼得生。…善男子。是陀羅尼名過二恒河沙數諸佛爲救護二地菩薩。誦持此陀羅尼呪。得度脫一切怖畏。一切惡獸。一切惡鬼。人非人等怨賊。災橫。諸惱。解脫五障。不忘念二地。

소 제2지에서 "선안락주"라는 것은 두 가지의 일을 나타낸다. 첫째는 선이고, 둘째는 안락이다. 다른 사람을 이롭게 하는 것을 "선"이라고 하니 곧 섭중생계攝衆生戒[1226]와 섭율의계攝律儀戒[1227]이다. 불법을 성취하는 것을 "안락"이라고 하니 곧 섭선법계攝善法戒[1228]이다. 또한 "선"은 일승一乘이고, "안락주"는 일승에 머물러 의혹하는 마음이 없는 것이다.【원효와 혜소[1229]는 처음의 설에 의거하였다. 승장과 경흥은 모두 취하였다.】[1230]

二地。善安樂住者。二事。一善。二安樂。利他名善。卽攝衆生。攝律儀。成

1225 『合部金光明經』(T16, 375b).
1226 섭중생계攝衆生戒 : 대승보살의 계법인 삼취정계三聚淨戒 중 하나. 요익중생계饒益衆生戒라고도 한다. 중생을 이익 되게 하는 행을 두루 실천하는 것이다.
1227 섭율의계攝律儀戒 : 대승보살의 계법인 삼취정계三聚淨戒 중 하나. 칠중七衆의 별해탈율의別解脫律儀, 곧 비구계·비구니계·정학계正學戒(式叉摩那戒)·사미계·사미니계·우바새계·우바이계 등을 말한다.
1228 섭선법계攝善法戒 : 대승보살의 계법인 삼취정계三聚淨戒 중 하나. 율의계를 받은 후에 보리를 증득하기 위하여 몸과 입과 마음으로 선한 행위를 실천하는 것을 말한다.
1229 『金光明最勝王經疏』권4(T39, 266a)에서 "지계로 말미암아 얻으니 선안락주라고 한다.(由持戒故得名善安樂住)"라고 하였다.
1230 『玄樞』(T56, 633a).

就佛法。名安樂。卽攝善法戒。又善是一乘。安樂住。卽住於一乘無疑惑心。
【曉沼依初。莊興皆取。】

경 선남자여, 보살마하살은 이 제3지에서 난승대력難勝大力이라는 다라니를 일으킨다.……선남자여, 이 다라니는 세 개의 갠지스강의 모래알보다 많은 부처님이 제3지의 보살을 구하고 지켜 주기 위한 것이다. 다라니주를 외우고 지니면 모든 두려움의 대상인 것, 곧 일체의 악한 짐승인 호랑이·이리·사자와 일체의 악한 귀신과 사람과 사람이 아닌 것 등으로서 원수인 도적과 재난·횡액과 모든 존재로서 겪는 번뇌에서 벗어나고 다섯 가지 장애에서 벗어나며 제3지를 생각하여 잊지 않는다.

선남자여, 보살마하살은 이 제4지에서 대이익난괴大利益難壞라는 이름의 다라니를 일으킨다.……선남자여, 이 다라니는 네 개의 갠지스강의 모래알보다 많은 부처님이 제4지의 보살을 구하고 지켜 주기 위한 것이다. 다라니주를 외우고 지니면 모든 두려움의 대상인 것, 곧 일체의 악한 짐승인 호랑이·이리·사자와 일체의 악한 귀신과 사람과 사람이 아닌 것 등으로서 원수인 도적과 재난·횡액과 모든 독약에 의한 해침에서 벗어나고 다섯 가지 장애에서 벗어나며 제4지를 생각하여 잊지 않는다.

善男子。菩薩摩訶薩。於此三地。難勝大力名陀羅尼得生。…善男子。是陀羅尼名過三恒河沙諸佛爲救護三地菩薩。誦持陀羅尼呪。得度脫一切怖畏。一切惡獸虎狼師子。一切惡鬼。人非人等怨賊。災橫。諸有惱害。解脫五障。不忘念三地。善男子。菩薩摩訶薩。於此四地。大利益難壞名陀羅尼得生。…善男子。是陀羅尼名過四恒河沙諸佛爲救護四地菩薩。誦持陀羅尼。得度一切怖畏。一切惡獸虎狼師子。一切惡鬼。人非人等怨賊。災橫。及諸毒害。解脫五障。不忘念四地。

선남자여, 보살마하살은 이 제5지에서 종종공덕장엄種種功德莊嚴이라는 이름의 다라니를 일으킨다.……선남자여, 이 다라니는 다섯 개의 갠지스강의 모래알보다 많은 부처님이 제5지의 보살을 구하고 지켜 주기 위한 것이다. 다라니주를 외우고 지니면 모든 두려움의 대상인 것, 곧 일체의 해독을 끼치는 짐승인 호랑이·이리·사자와 일체의 악한 귀신과 사람과 사람이 아닌 것으로서 원수인 도적과 재난·횡액과 모든 존재로서 겪는 번뇌에서 벗어나고 다섯 가지 장애에서 벗어나며 제5지를 생각하여 잊지 않는다.

선남자여, 보살마하살은 이 제6지에서 원지등圓智等이라는 이름의 다라니를 일으킨다.……선남자여, 이 다라니는 여섯 개의 갠지스강의 모래알보다 많은 부처님이 제6지의 보살을 구하고 지켜 주기 위한 것이다. 다라니주를 외우고 지니면 모든 두려움의 대상인 것, 곧 일체의 해독을 끼치는 짐승인 호랑이·이리·사자와 일체의 악한 귀신과 사람과 사람이 아닌 것으로서 원수인 도적과 재난·횡액과 모든 존재로서 겪는 번뇌에서 벗어나고 다섯 가지 장애에서 벗어나며 제6지를 생각하여 잊지 않는다.

> 善男子。菩薩摩訶薩。於此五地。種種功德莊嚴名陀羅尼得生。…善男子。是陀羅尼名過五恒河沙諸佛爲救護五地菩薩。誦持陀羅尼。得度一切怖畏。一切毒害虎狼師子。一切惡鬼人。非人等怨賊。災橫。諸有惱害。解脫五障。不忘念五地。善男子。是菩薩摩訶薩。於此六地。圓智等名陀羅尼得生。…善男子。是陀羅尼名過六恒河沙諸佛爲救護六地菩薩。誦持陀羅尼。得度一切怖畏。一切毒害虎狼師子。一切惡鬼。人非人等怨賊。災橫。諸有惱害。解脫五障。不忘念六地。

선남자여, 보살마하살은 이 제7지에서 법승행法勝行이라는 이름의 다라니를 일으킨다.……선남자여, 이 다라니는 일곱 개의 갠지스강의 모래알보다 많은 부처님이 제7지의 보살을 구하고 지켜 주기 위한 것이다. 다라니주를 외우고 지니면 모든 두려움의 대상인 것, 곧 일체의 악한 짐승인 호랑이·이리·사자와 일체의 악한 귀신과 사람과 사람이 아닌 것 등으로서 원수인 도적과 독약에 의한 해침과 재난·횡액에서 벗어나고 다섯 가지 장애에서 벗어나며 제7지를 생각하여 잊지 않는다.

선남자여, 보살마하살은 이 제8지에서 무진장無盡藏이라는 이름의 다라니를 일으킨다.……선남자여, 이 다라니는 여덟 개의 갠지스강의 모래알보다 많은 부처님이 제8지의 보살을 구하고 지켜 주기 위한 것이다. 다라니 주를 외우고 지니면 모든 두려움의 대상인 것, 곧 일체의 악한 짐승인 호랑이·이리·사자와 일체의 악한 귀신과 사람과 사람이 아닌 것 등으로서 원수인 도적과 독약에 의한 해침과 재난·횡액에서 벗어나고 다섯 가지 장애에서 벗어나며 제8지를 생각하여 잊지 않는다.

> 善男子。菩薩摩訶薩。於此七地。法勝行名陀羅尼得生。…善男子。是陀羅尼名過七恒河沙諸佛爲救護七地菩薩。誦持陀羅尼呪。得度一切怖畏。一切惡獸虎狼師子。一切惡鬼。人非人等怨賊。毒害。災橫。解脫五障。不忘念七地。善男子。菩薩摩訶薩。於此八地。無盡藏名陀羅尼得生。…善男子。是陀羅尼名過八恒河沙諸佛爲救護八地菩薩。誦持陀羅尼。得度一切怖畏。一切惡獸虎狼師子。一切惡鬼人。非人等怨賊。毒害。災橫。解脫五障。不忘念八地。

선남자여, 보살마하살은 이 제9지에서 무량문無量門이라는 이름의 다라니를 일으킨다.……선남자여, 이 다라니는 아홉 개의 갠지스강의 모래알보다 많은 부처님이 제9지의 보살을 구하고 지켜 주기 위한 것이다. 다라니 주를 외우고 지니면 모든 두려움의 대상인 것, 곧 일체의 악한 짐승인 호랑이·이리·사자와 일체의 악한 귀신과 사람과 사람이 아닌 것 등으로서 원수인 도적과 독약에 의한 해침과 재난·횡액에서 벗어나고 다섯 가지 장애에서 벗어나며 제9지를 생각하여 잊지 않는다.

선남자여, 보살마하살은 이 제10지에서 파괴견고금강산破壞堅固金剛山이라는 다라니를 일으킨다.……선남자여, 이 관정구灌頂句이고 길상구吉祥句인 다라니는 열 개의 갠지스강의 모래알보다 많은 부처님이 제10지의 보살을 구하고 지켜 주기 위한 것이다. 다라니주를 외우고 지니면 모든 두려움의 대상인 것, 곧 일체의 악한 짐승인 호랑이·이리·사자와 일체의 악한 귀신과 사람과 사람이 아닌 것 등으로서 원수인 도적과 독약에 의한 해침과 재난·횡액에서 벗어나고 다섯 가지 장애에서 벗어나며 제10지를 생각하여 잊지 않는다.[1231]

善男子。菩薩摩訶薩。於此九地。無量門名陀羅尼得生。…善男子。是陀羅尼名過九恒河沙諸佛爲救護九地菩薩。誦持陀羅尼。得度一切怖畏。一切惡獸虎狼師子。一切惡鬼。人非人等怨賊。毒害。災橫。解脫五障。不忘念九地。善男子。菩薩摩訶薩。於此十地。破壞堅固金剛山名陀羅尼得生。…善男子。是陀羅尼灌頂吉祥句名過十恒河沙諸佛爲救護十地菩薩。誦持陀羅尼呪。得度一切怖畏。一切惡獸虎狼師子。一切惡鬼。人非人等怨賊。毒害。災橫。解脫五障。不忘念十地。

소 제3지에서 "난승력"이라는 것은 보살이 사택과 수습의 두 가지 힘에 의해 인욕하기 어려운 것을 인욕하여 세간의 팔법八法[1232]에 동요되지 않고 이미 법여여法如如의 깊은 맛을 얻어서 나태함·방일·삼독三毒 등이 방해하고 장애할 수 없기 때문에 "난승"이라고 한다.【원효와 승장과 혜소[1233]가

1231 『合部金光明經』(T16, 375b).
1232 세간의 팔법八法 : 사람의 마음을 선동하는 여덟 가지 세간의 법. 이익과 손해, 비난과 명예, 칭찬과 기롱, 괴로움과 즐거움을 가리킨다.
1233 『金光明最勝王經疏』 권4(T39, 266a)에서 "인욕을 행함으로 말미암아 얻으니 난승력

• 393

모두 이 뜻을 반영하였다.]^1234

　三地。難勝力者。菩薩依思擇修習二力難忍能忍。世中八法所不能動。已得
法如如深味。懶墮放逸三毒等不能妨礙。故名難勝。【曉莊及沼。皆影此意。】

소 원효가 말하였다. "('독으로 인한 해침'이라는 것은) 독약 등과 벌레
에 의한 해침을 받는 것 등을 말한다."^1235

　曉云。謂毒藥等蠱道害等。

경 이때 사자상무애광염보살이 자리에서 일어나 오른쪽 어깨를 드러내
고 오른쪽 무릎을 땅에 대고 꿇어앉아 합장하고 공경하며 머리를 숙여 부
처님의 발에 예배를 드리고 게송으로 부처님을 찬탄하였다.

　是時師子相無礙光炎菩薩。卽從坐起。偏袒右肩。右膝著地。合掌恭敬。頂
禮佛足。以偈頌而讚嘆佛。

비유할 것 없는 분께 공경하는 마음으로 예배 드리오니
깊은 무상의 뜻을 설하여
중생이 바른 견해를 잃어도
세존께서는 제도할 수 있습니다.^1236

　　　이라고 한다.(由行忍故得。名難勝力。)"라고 하였다.
1234　『玄樞』(T56, 633a).
1235　『玄樞』(T56, 633b).
1236　『合部金光明經』(T16, 376b).

敬禮無譬喩。說深無相義。
衆生失於見。世尊能濟度。

소 두 번째로 찬탄한 일을 밝혔다. 여기에 열 게송이 있는데 두 가지가 있다. 처음의 다섯 행은 간략하게 찬탄하였고, 뒤의 다섯 행은 자세하게 해석하였다.[1237]【원효와 경흥은 이것을 취하였다.】[1238]

第二明所讚事有十偈。爲二。初五行略歎。後五行廣釋。【曉興取之。】

소 처음에 또 세 가지가 있다. 처음의 한 행은 세 가지 몸을 찬탄했고, 다음의 한 행은 두 가지 지혜를 찬탄했으며, 나중의 세 행은 네 가지 덕을 찬탄하였다. 처음은 세 가지 몸으로 중생을 교화하는 것을 밝혔다. 두 가지 지혜가 원만하게 이루어지기 때문에 네 가지 덕을 갖춘다.
    이것은 처음이다. 여기에 세 가지 뜻이 있다. 첫째는 두 가지 뜻이 있고, 둘째는 세 가지 뜻이 있으며, 셋째는 네 가지 뜻이 있다.
    첫째로 두 가지 뜻이 있다는 것은 처음의 한 구절은 세 가지 업으로 공양하는 것이고, 나중의 세 구절은 공양의 이유를 풀이한 것이다. 처음의 한 구절에서 말하기를 "공경"이라고 한 것은 의업으로, "예배"라고 한 것

[1237] 두 경을 대조하여 도표로 나타내면 다음과 같다.

		『金光明最勝王經』	『合部金光明經』
1. 간략하게 찬탄함	1) 세 가지 몸을 찬탄함	敬禮無譬喩。甚深無相法。衆生失正知。唯佛能濟度。	敬禮無譬喩。說深無相義。衆生失於見。世尊能濟度。
	2) 두 가지 지혜를 찬탄함	如來明慧眼。不見一法相。復以正法眼。普照不思議。	世尊佛眼故。無見一法相。無上尊法眼。見不思議義。
	3) 네 가지 덕을 찬탄함	不生於一法。亦不滅一法。…由不分別法。獲得最清淨。	不能生一法。亦不滅一法。…不分別界故。獲無上清淨。
2. 자세하게 해석함		世尊無邊身。不說於一字。…爲度衆生故。分別說有三。	世尊無邊身。不說一言字。…爲度衆生故。分別說三乘。

[1238] 『玄樞』(T56, 633b).

은 신업으로, "비유할 수 없는 분께"라고 한 것은 구업으로 찬탄한 것이다.[원효와 경흥은 이것을 취하였다.]^1239

初又三。初一行歎三身。次一行歎二智。後三行歎四智。¹⁾ 初明三身化物。由有二智滿。故卽具四德。初也。此有三義。一有二意。二有三意。三有四意。一二意者。初一句三業供養。後三句釋供養所以。初云。敬卽意業。禮卽身業。無譬喩卽口業歎。【曉興取之。】

---

1) ㉲『玄樞』 미주에 따르면 '智'는 '德'일 수도 있다.

경

세존께서는 불안佛眼으로
어떤 법의 모양도 보지 않고
무상존無上尊께서는 법안法眼으로
생각하거나 의론할 수 없는 이치를 봅니다.^1240

世尊佛眼故。無見一法相。
無上尊法眼。見不思議義。

소

두 번째로 한 게송은 두 가지 지혜를 찬탄하였다. 여기에 두 가지가 있다. 앞의 반 게송은 진지盡智이고, 뒤의 반 게송은 무생지無生智이다. 진지는 금강심金剛心^1241에서 이루는 것이고, 무생지는 불지佛地에서 이루는 것이다. "여래"^1242라는 것은 보불報佛이다. 금강심을 "명혜안明慧

1239 『玄樞』(T56, 633c).
1240 『合部金光明經』(T16, 376b).
1241 금강심金剛心: 금강유정金剛喩定과 같은 말. 금강이 견고하여 다른 것을 깨뜨리는 것과 같이 모든 번뇌를 끊어 없애는 선정. 곧 제10지의 보살이 소지장과 번뇌장의 종자를 한꺼번에 끊고 불지에 들어가기 위하여 드는 선정을 말한다.

眼"1243이라고 한다. "어떤 법의 모양도 보지 않고"라는 것은 금강심은 능단能斷인 어떤 법도 보지 않고 소단所斷인 어떤 법도 보지 않는 것이다. 뒤의 반 게송은 무생지를 밝혔다. "정법안正法眼"이라는 것은 구역본에서는 "무상존께서는 법안으로"라고 하였다. "무상존"이라는 것은 몸인데 지금 (『금광명최승왕경』에서) "정正"이라고 했기 때문에 곧 법신이다. "법안"이라는 것은 금강도金剛道 이후의 여래지如來智이다. 어떤 사람은 말하기를 "앞의 반 게송은 법안을 찬탄한 것이다."라고 하였다.【원효와 경흥은 이것을 취하였다.】1244

第二一偈讚歎二智爲二。上半盡智。下半無生智。盡智金剛心。無生智是佛也。如來者是報佛。呼金剛心。爲明慧眼。不見一法相者。金剛心。不見一法能斷。不見一法所斷。下半明無生智。正法眼者。本云。無上尊法眼。無上尊者身。今言正故。卽法身也。法眼者。金剛道後如來智。有云。上半歎法眼。【曉興取此。】

경

어떤 법도 생겨날 수 없고
또한 어떤 법도 소멸하지 않습니다.
평등하게 보기 때문에
세존께서는 위없는 곳에 이르렀습니다.……

不能生一法。亦不滅一法。
爲平等見故。尊至無上處。…

1242 『合部金光明經』에 따르면 "세존"이다.
1243 『合部金光明經』에 따르면 "불안"이다.
1244 『玄樞』(T56, 634a).

세존의 지혜는 한맛이니
정품淨品과 부정품不淨品
계계를 분별하지 않기에
위없는 청정함을 획득합니다.¹²⁴⁵

世尊智一味。淨品不淨品。
不分別界故。獲無上淸淨。

소 "어떤 법도 생겨날 수 없고"라는 것은 수순법隨順法이 생겨나지 않는 것이다. "또한 어떤 법도 소멸하지 않습니다."라는 것은 위역법違逆法이 소멸하지 않는 것이다. 여래는 소멸할 만한 번뇌를 보지 않고 생겨날 만한 지혜를 보지 않는다. 여여 가운데에는 두 가지의 차별이 없다. 두 가지여서 생겨나고 소멸함이 있다면 여여는 곧 생겨나고 소멸할 것이다.【원효와 경흥은 이것을 따랐다.】¹²⁴⁶

不生一法者。不生隨順法。亦不滅者。不滅違逆法也。如來不見煩惱可滅。
不見智慧可生。以如如中。無二差別。若二有生滅。如如卽生滅。【曉興依之。】

소 뒤의 한 행의 게송은 청정함을 밝혔다. "정품"이라고 한 것은 수순도隨順道이고, "부정품"이라는 것은 위역혹違逆惑이다. "한맛으로 아는 것"¹²⁴⁷이라는 것은 부처님의 지혜는 청정함을 보지 않으니 여여와 동일한 것이다.【원효와 경흥은 이것을 따랐다.】¹²⁴⁸

1245 『合部金光明經』(T16, 376b).
1246 『玄樞』(T56, 634b).
1247 『合部金光明經』에 따르면 "세존의 지혜는 한맛이니"이다.
1248 『玄樞』(T56, 634b).

後一行明淨。言淨品者。隨順道也。不淨品者。違逆惑也。知一味者。佛智不見淨。同一如如。【曉興依之。】

경

세존의 가없는 몸은
한 말씀 한 글자도 설하지 않았지만
모든 제자의 무리는
법의 비를 실컷 채웠습니다.

世尊無邊身。不說一言字。
一切弟子眾。飽滿法雨故。

중생의 모습에
어떤 종류의 차별도 없음을 사유하여
괴로워하는 모든 중생을
세존께서는 두루 구제합니다.

眾生相思惟。一切種皆無。
困苦諸眾生。世尊普救濟。

고통과 즐거움, 영원함과 영원하지 않음,
아我가 있음과 아가 없음
이와 같은 온갖 많은 뜻에
세존의 지혜는 집착하지 않습니다.

苦樂常無常。有我無我等。

如是衆多義。世尊慧無著。

세간은 동일하지도 않고 다르지도 않으니
비유하면 텅 빈 계곡에 울려 퍼지는 소리와 같아
건너는 것도 없고 소멸하는 것도 없으니
오직 부처님만이 분명히 알 수 있습니다.

世間不一異。譬如空谷響。
不度亦不滅。唯佛能了知。

법계는 분별이 없고
그러므로 다른 승乘도 없습니다.
중생을 제도하기 위해
세 가지 승을 분별하여 설하셨습니다.[1249]

法界無分別。是故無異乘。
爲度衆生故。分別說三乘。

소 지금 앞의 세 사람의 세 가지 전도와 세 가지 공의 뜻을 총괄적으로 나타냈다. 그러므로 "이와 같은 온갖 많은 뜻"이라고 하였다. 부처님께서는 근기와 인연의 적절함에 따라서 차별적인 가르침을 설할 수 있기 때문에 "따라서 차별적인 가르침을 설합니다."[1250]라고 하였다.【원효와 혜소[1251]는

1249『合部金光明經』(T16, 376c).
1250『合部金光明經』에 따르면 "세존의 지혜는 집착하지 않습니다."이다.
1251『金光明最勝王經疏』권4(T39, 267a)에서 "이러한 온갖 많은 것이 참된 이치에는 비록 없는 것이지만 근기와 인연을 따라서 차별적 가르침을 설한다.(於是衆多。眞理雖

본본을 반영하였다.]¹²⁵²

今總顯前三人三倒及三空義。故云。如是¹⁾多義。佛能隨宜。而說差別。故言隨說有差別也。【曉沼影本。】

1) ㉠ '是' 뒤에 '家'가 누락된 것 같다.

소 원효가 말하였다. "'법계는' 등이라는 것은 일체의 세 가지 승이 오직 한 법계이기 때문에 여러 가지 승의 차별의 성품이 없으니 곧 세존의 지혜가 한맛을 이룬 것이다. '(중생을) 제도하기 위해' 등이라는 것은 점점 대승으로 들어가게 하기 때문이다. 『살차니건자경』에서 '문수사리가 말하였다. 「세 가지 승에 차별의 성품이 없다면 무엇 때문에 여래께서는 세 가지 승의 법을 설하셨습니까?」 부처님께서 말씀하셨다. 「모든 부처님께서 세 가지 승을 설하신 것은 지위의 차별을 보인 것이고 승의 차별을 보인 것은 아니다. 사람의 차별을 설한 것이고 승의 차별을 설한 것은 아니다. 모든 부처님·여래께서 세 가지 승을 설하신 것은 적은 공덕을 보여서 많은 공덕을 알게 하려는 것이니 불법 가운데 승의 차별은 없다. 무엇 때문인가. 법계의 성품에 차별이 없기 때문이다. 또한 부처님께서 세 가지 승을 설하신 것은 모든 중생으로 하여금 다 여래·모든 부처님의 법문에 들어가게 하고 모든 중생으로 하여금 점점 여래의 대승의 법문에 들어가게 하기 위한 것이다. 여러 가지 기예를 배울 때 차례대로 그것을 익히는 것과 같다. 내지 세 가지 승을 설한 것은 세제에 의해 설한 것이고, 하나의 승을 설한 것은 제1의에 의해 설한 것이다. 제1의라는 것은 오직 일승일 뿐 다시 두 번째 승은 없기 때문이다.」'¹²⁵³라고 하고 그 밖에 자세하게 설

無。隨機說別。)"라고 하였다.
1252 『玄樞』(T56, 635b).
1253 『大薩遮尼乾子所說經』 권2(T9, 325c).

한 것과 같다."[1254]

曉云。法界等者。一切三乘。唯一法界故。無諸乘差別之性。卽成世尊智一味也。爲度等者。爲令漸漸入大乘故。如薩遮云。文殊白言。若無三乘性[1]差別者。何故如來說三乘法。佛言。諸佛說三乘者。示地差別。非乘差別。說人差別。非乘差別。諸佛如來。說三乘者。示少功德。知多功德。而佛法中。無乘差別。何以故。以法界性無差別故。又佛說三乘者。令諸衆生。悉入如來諸佛法門。令諸衆生。漸入如來大乘法門。如學諸伎。次第彼習。乃至說三乘者。依世諦說。說一乘者。依第一義。[2] 第一義者。觀[3]是一乘更無第二。乃至廣說。[4]

1) ㉟『大薩遮尼乾子所說經』에 따르면 '性'은 '別' 뒤에 들어가야 한다. 2) ㉟『大薩遮尼乾子所說經』에 따르면 '義' 뒤에 '說'이 누락되었다. 3) ㉟『大薩遮尼乾子所說經』에 따르면 '觀'은 '唯'이다. 4) ㉟ 이것은 집일문 전체가 세주이다.

경 이때 대자재법왕이 대회 가운데에서 자리에서 일어나 오른쪽 어깨를 드러내고 오른쪽 무릎을 땅에 대고 꿇어앉아 합장하고 공경하며 머리를 숙여 부처님의 발에 예배를 드리고 부처님께 말씀드렸다.

"세존이시여, 희유하고 헤아리기 어렵습니다. 이『금광명경』의 미묘한 뜻은 궁극적인 것이고 원만한 것이니 모든 불법과 모든 부처님의 은혜를 모두 성취할 수 있습니다."

부처님께서 말씀하셨다.

"이와 같다. 이와 같다. 선남자여, 네가 말한 것과 같다. 선남자여, 만약 이『금광명경』을 들으면 모든 보살은 아뇩다라삼먁삼보리에서 물러나지 않는다. 무엇 때문인가. 선남자여, 이것은 불퇴지不退地의 보살의 선근을 성숙하게 하는 것이고, 이것은 제1인第一印[1255]이며, 이와 같이 '금광명'이라

1254 『玄樞』(T56, 636a).

는 미묘한 경전은 모든 경의 왕이기 때문에 듣고 수지하고 읽고 외워야 한
다."[1256]

是時大自在梵王。於大會中。從坐而起。偏袒右肩。右膝著地。合掌恭敬。
頂禮佛足。而白佛言。世尊。希有難量。是金光明經微妙之義。究竟滿足。
皆能成就一切佛法一切佛恩。佛言。如是如是。善男子。如汝所說。善男子。
若得聽聞是金光明經。一切菩薩。不退阿耨多羅三藐三菩提。何以故。善男
子。是不退地菩薩成熟善根。是第一印。是金光明微妙經典衆經之王故。得
聽聞受持讀誦。

소 ("부처님께서 말씀하셨다." 이하는) 두 번째로 여래께서 인가한 것을 서술하였다. 여기에 세 가지가 있다. 첫째는 찬탄한 이치를 서술하였고, 둘째는 대중이 이치를 듣고 정진하여 실행하는 것을 밝혔으며, 셋째는 이 이치가 매우 심오하여 이해하기 어려운 것을 설하면서 맺었다. 처음 가운데 또한 두 가지가 있다. 첫째는 간략하게 앞에서 찬탄한 것을 서술하였고, 둘째는 자세하게 해석하였다.【원효와 혜소와 경흥이 취하였다.】[1257]

第二如來述可有三。一述所歎理。二明大衆聞理進行。三結此理甚深難解。
初中又二。一略述上歎。二廣釋。【曉沼興取。】

1255 『金光明最勝王經疏』권4(T39, 267b)에서 "첫째는 선근에서 물러나지 않음을 성취할 수 있는 것이니, 곧 아직 성숙하지 않은 이를 성숙하게 하는 것이다. 둘째는 제1법인이니 곧 앞에서 성숙하게 한 것을 도장 찍듯이 확고히 하여 물러나지 않게 하는 것이다.(一是能就不退善根。卽是未熟能熟。二是第一法印。卽是先熟印令不退。)"라고 한 것을 참조할 것.
1256 『合部金光明經』(T16, 376c).
1257 『玄樞』(T56, 636b).

소 "선근을 성숙하게 하고"라는 것은 십해 이상이다.【원효와 경흥이 이것을 반영하였다.】[1258]

言成熟善根者。十解已上。【曉興影之。】

경 무엇 때문인가? 선남자여, 일체의 중생이 아직 선근을 심지 않았거나 선근이 성숙되지 않았거나 여러 부처님을 친근히 하지 않았으면 이『금광명경』을 들을 수 없다. 선남자여, 이『금광명경』을 듣고 수지하기 때문에 이러한 선남자와 선여인은 모든 죄업의 장애를 모두 없애고 지극히 청정해질 수 있다. 항상 부처님을 친견하고 세존을 떠나지 않으며 항상 미묘한 법을 듣고 항상 정법을 들어 불퇴지에 이르고 사자처럼 뛰어난 사람을 친근히 하고 서로 멀리 떨어지지 않을 수 있다.

다함이 없고 감소함이 없는 해인출묘공덕다라니海印出妙功德陀羅尼와 다함이 없고 감소함이 없는 중생의행언어통달다라니衆生意行言語通達陀羅尼와 다함이 없고 감소함이 없는 일원무구상광다라니日圓無垢相光陀羅尼와 다함이 없고 감소함이 없는 만월상광다라니滿月相光陀羅尼와 다함이 없고 감소함이 없는 능복일체혹사공덕류다라니能伏一切惑事功德流陀羅尼와 다함이 없고 감소함이 없는 파괴견고금강산다라니破壞堅固金剛山陀羅尼와 다함이 없고 감소함이 없는 설불가설의인연장다라니說不可說義因緣藏陀羅尼와 다함이 없고 감소함이 없는 진실어언법칙음성통달다라니眞實語言法則音聲通達陀羅尼와 다함이 없고 감소함이 없는 허공무구심행인다라니虛空無垢心行印陀羅尼와 다함이 없고 감소함이 없는 무변불신능현현다라니無邊佛身能顯現陀羅尼가 있다.

선남자여, 이와 같은 모든 다라니를 모두 성취하기 때문에 보살마하살은

1258 『玄樞』(T56, 636c).

시방의 일체의 불국토에서 여러 가지 화불의 몸을 나타내어 위없는 여러 가지 바른 법을 설하되, 법여여法如如에서 움직이지도 않고 가지도 않고 오지도 않는다. 모든 중생의 선근을 잘 성숙시키면서 또한 성숙시킬 만한 중생이 있음을 보지 않는다. 여러 가지의 모든 법을 설하지만 모든 말에서 움직이지 않고 가지도 않고 머물지도 않으며 오지도 않으며 생멸을 나타내면서 생멸이 없음을 향한다. 모든 행법行法을 설하지만 가고 오는 것이 없으니 일체법이 다름이 없기 때문이다.[1259]

何以故。善男子。若一切衆生。未種善根。未成熟善根。未親近諸佛。不得聽聞是金光明經。善男子。是金光明經。以聽聞受持故。是善男子善女人。一切罪障。悉能除滅。得極淸淨。常得見佛。不離世尊。常聞妙法。常聽正法。生不退地。師子勝人。而得親近。不相遠離。無盡無滅海印出妙功德陀羅尼。無盡無滅衆生意行言語通達陀羅尼。無盡無滅日圓無垢相光陀羅尼。無盡無滅滿月相光陀羅尼。無盡無滅能伏一切惑事功德流陀羅尼。無盡無滅破壞堅固金剛山陀羅尼。無盡無滅說不可說義因緣藏陀羅尼。無盡無滅眞實語言法則音聲通達陀羅尼。無盡無滅虛空無垢心行印陀羅尼。無盡無滅無邊佛身能顯現陀羅尼。善男子。如是諸陀羅尼等得成就故。菩薩摩訶薩。於十方一切佛土。諸化佛身。說無上種種正法。於法如如。不動不去不來。善能成熟一切衆生善根。亦不見一切衆生可成熟者。說種種諸法。於諸言辭。不動不去不住不來。能現生滅。向無生滅。說諸行法。無所去來。一切法無異故。

소 원효가 말하였다. "이것[1260]은 의공덕력依功德力이라는 이름의 주문

1259 『合部金光明經』(T16, 377a).
1260 바로 앞에 실린 경의 본문에서 서술한 열 가지 다라니 중 첫 번째인 해인출묘공덕다라니를 가리킨다.

에 의해 얻는 것이다. 뒤의 아홉 가지 다라니도 이것에 준하여 이해하면 된다."1261 1262

曉云。此依功德力名呪之所得。後九准之。[1]

1) ㊝ 이것은 집일문 전체가 세주이다.

소 아홉 번째는 허공무구심행인이다. 모든 중생의 문난問難을 이치대로 해석함을 성취하는 것이다. 이 글은 비유이다. 사무애변四無礙辯이 허공과 같으니 앞에 있는 사람에 대한 걸림이 없는 마음작용을 사변四辯에 비유하였다. 걸림이 없는 사변으로 마음작용이 허공과 같은 중생을 교화한다. 능행能行과 소행所行이 모두 걸림이 없기 때문에 "무구"이니 무구는 걸림이 없는 것이다. "인"은 앞의 해석과 같다.〖경흥은 원효의 설을 따지고 또한 본본을 따져서 말하였다. "허공이 교화의 대상인 중생을 비유한 것이라는 해석은 옳지 않다. 교화의 대상인 중생은 각각 저마다의 근기가 있어서 무애한 설을 감수할 수 없으니 허공이 구애가 없는 것과 같지 않기 때문이다."〗 이미 능행과 소행이라고 하였으니 (두 가지를) 모두 비유한 것을 분명히 알 수 있다. 어찌 뜻을 한편만 취하겠는가. 가령 교화를 받는 것(소행)에 의거하면 (능행인은) 사변이 자재하고 온갖 근기와 인연을 잘 통달하니 모든 존재가 (그의) 교화를 받아 각각 걸림이 없게 할 수 있는데, 만약 (소행인이) 걸림이 있다면 어찌 이익을

1261 앞에 실린 경의 본문에서 십지에서 얻는 다라니를 설한 것, 곧 초지의 의공덕력다라니依功德力陀羅尼, 제2지의 선안락주다라니善安樂住陀羅尼, 제3지의 난승대력다라니難勝大力陀羅尼, 제4지의 대이익난괴다라니大利益難壞陀羅尼, 제5지의 종종공덕장엄다라니種種功德莊嚴陀羅尼, 제6지의 원지등다라니圓智等陀羅尼, 제7지의 법승행다라니法勝行陀羅尼, 제8지의 무진장다라니無盡藏陀羅尼, 제9지의 무량문다라니無量門陀羅尼, 제10지의 파괴견고금강산다라니破壞堅固金剛山陀羅尼와 바로 앞에 실린 경의 본문에서 설한 열 가지 다라니가 차례대로 서로 본·말의 관계에 있다는 것을 말한다.
1262 『玄樞』(T56, 638b).

얻을 수 있겠는가? 또한 원효의 설을 따져서 말하였다. "별도의 능행能行
은 없다."[1263]

九虛空無垢心行印。能成就一切眾生問難如理解釋。此文即譬。四無礙辯
如虛空。前人無礙心行譬四辯。以無礙四辯。化眾生如心行虛空。能行所
行。悉無礙故無垢。無垢無礙也。印如前釋。【興徵曉說。又徵本云。虛空即喻所
化之生。非也。所化眾生。各有機宜。不能堪受無礙之說。非如虛空無所拘故。】既云
能所。明知俱喻。豈偏取意。假令據受。四辯自在。善達萬機。諸有受化。各
令無礙。若有礙者。豈得益耶。又徵曉說。無別能也。

소 열 번째는 무변불신이다. 타인을 이익 되게 하는 방편적인 일을 위한 신통을 나타낼 수 있다. "무변불신"에 세 가지 뜻이 있다. 첫째는 한 털구멍에서 한량없는 부처님이 나오는데, 차례대로 서로 생겨나서 모든 곳에 두루 나타나는 것이다. 다음은 낱낱의 국토마다 계시는 부처님은 한 부처님의 오직 한 몸일 뿐인데, 모든 곳에 두루 나타나서 이것을 보게 한다. 셋째는 중생으로 하여금 여러 가지 형상을 보게 할 수 있다. 아직 선근을 일으키지 못하였으면 성문의 형상을 짓고, 이미 선근을 일으켰으면 연각의 형상을 지으며, (연각도를) 이미 이루었으면 보살의 형상을 짓고, (보살도를) 성취한 뒤에는 부처님의 형상을 짓는다.【원효와 승장은 처음의 해석에 의거하였다. 혜소[1264]는 세 번째 해석을 취하였다.】[1265]

十無邊佛身。即能顯利他方便事神通。無邊身有三義。一從一毛。出無量
佛。次第相生。遍一切處。二一一國土。一佛唯一身。而遍一切處見之。三

1263 『玄樞』(T56, 639a).
1264 『金光明最勝王經疏』권4(T39, 268a).
1265 『玄樞』(T56, 639a).

• 407

能令衆生。見種種形。若未生善根。作聲聞形。已生善根。作緣覺形。已成
作菩薩。成就後作佛。【曉莊依初。沼取第三。】

소 問 앞에서 설한 열 가지 다라니와 지금의 열 가지 다라니는 어떤 차별이 있는가?[1266] 答 다섯 가지 차이가 있다. 첫째는 경계가 다르다. 앞의 것은 법계를 경계로 삼고 이것은 중생계를 경계로 삼는다. 둘째는 이익이 다르다. 앞의 것은 자신의 이익을 위한 것이고 이것은 타인을 이롭게 하기 위한 것이다. 셋째는 원인과 결과라는 차이가 있다. 앞의 것은 원인이고 이것은 결과이다. 넷째는 얕음과 깊음이라는 차이가 있다. 앞의 것은 깊고 이것은 얕다. 다섯째는 근본과 지말이라는 차이가 있다. 앞에서 서술한 낱낱의 다라니가 각각 이 열 가지 다라니를 일으키니 앞의 것은 근본이고 이것은 지말이다.【원효는 다섯 번째 해석을 따랐기 때문에 말하였다. "앞의 열 가지의 주다라니呪陀羅尼에 의거하여 이 열 가지의 행다라니行陀羅尼를 얻는다. (이 열 가지 행다라니는) 차례대로 십지에 상응한다. 앞에서 '초지를 생각하여 잊지 않는다.'라고 한 것은 바로 이것을 말한 것이다."】[1267]

問。先說十陀羅尼。與今十陀羅尼。有何別耶。答。有五種異。一境界異。前
以法界爲境。此以衆生界爲境。二利益異。前爲自利。此爲利他。三因果異。
前因後果。四淺深異。前深後淺。五本末異。前一一陀羅尼。各生此十。前
爲本。此爲末。【曉依第五故云。依前十種呪陀羅尼。得此十種行陀羅尼。如其次第。
配於十地。如前說言。不忘念初地等。正謂此也。】

1266 앞에서 서술한 경의 본문에서 "초지는 의공덕력이라는 다라니, 제2지는 선안락주라는 다라니" 등의 열 가지 다라니를 설한 것과 지금 서술한 경의 본문에서 설한 열 가지 다라니가 어떤 차이가 있는지 물은 것이다.
1267 『玄樞』(T56, 639b).

경 이 『금광명경』을 설하고 나자 3만억 보살마하살이 무생법인無生法忍을 얻고 한량없는 모든 보살이 보리심에서 물러나지 않는 지위를 얻었으며, 한량없고 가없는 비구가 법안정法眼淨을 얻었고, 한량없는 중생이 보리심을 발하였다.[1268]

說是金光明經已。三萬億菩薩摩訶薩。得無生法忍。無量諸菩薩。不退菩提心。無量無邊比丘。得法眼淨。無量衆生。發菩薩[1)]心。

1) 옌 '薩'은 '提'인 것 같다.

소 두 번째는 대중이 정진하여 실천하는 것이니 여기에 네 가지가 있다. 첫째는 머무는 것이 청정한 것이니 바로 "3만억" 등이라고 한 것을 말한다. 제8지에서 금강도金剛道까지의 지위이다. 매 순간에 항상 흘러서 공능을 짓지 않는 경지에 머무는 것이다. 둘째는 지위가 청정한 것이니 바로 "한량없는 모든 보살이 보리심에서 물러나지 않는 지위를 얻었으며"라고 한 것이다. 초지에서 제7지까지의 지위이다. 셋째는 견해가 청정한 것이니 바로 "비구가 법안정을 얻었고"라고 한 것을 말한다. 십해에서 십회향까지의 지위에 해당하는 것으로 진제의 경계를 보는 것이다. 넷째는 의욕意欲이 청정한 것이니 바로 "한량없는 중생이 보리심을 발하였다."라고 한 것이다. 초발심에서 십신까지의 지위에 해당하는 것으로 뜻을 일으켜 부처님이 될 것을 추구하는 것이다.【원효와 승장은 간략하게 취하였고 혜소[1269]는 이것을 넓혀서 취하였다.】[1270]

第二大衆進行有四。一住清淨。卽三萬等。八地至金剛。念念恒流。不作功

1268 『合部金光明經』(T16, 377a).
1269 『金光明最勝王經疏』권4(T39, 268c).
1270 『玄樞』(T56, 639c).

力住。二地淸淨。卽無量等不退菩提心得。初地至七地。三見淸淨。卽比丘
得法眼淨。十解至十迴向。見眞諦境。四意欲淸淨。卽無量衆生發心。初發
心至十信。發意欲求佛也。【曉莊略取。沼廣取之。】

경 이때 세존께서 게송을 설하여 말씀하셨다.

是時世尊而說偈言。

생사의 흐름을 거슬러 없애는 도리는
매우 심오하고 미묘하여 보기 어려워라
탐욕이 중생을 가리고
어리석음과 어두움으로 깜깜하여 보이지 않네.[1271]

逆生死流道。甚深微難見。
貪欲覆衆生。愚冥暗不見。

소 세 번째는 여래께서 맺으면서 이치의 심오하고 알기 어려움을 찬
탄한 것이다. 게송을 설하여 총괄적으로 이것을 맺었다. 처음의 반 게송
은 아는 것을 밝혔고, 나중의 반 게송은 미혹을 밝혔다.【원효와 승장은 이것을
취하였다.】[1272]

第三如來結嘆理深難解。說偈總結之。初半明解。後半明惑。【曉莊取之。】

[1271] 『合部金光明經』(T16, 377a).
[1272] 『玄樞』(T56, 640a).

소 "흐름"에 (빠지는 것에) 세 가지가 있다. 첫째는 정사유正思惟가 아닌 것이고, 둘째는 무명 등의 번뇌가 작용하는 것이며, 셋째는 선善·불선不善의 업과 과보果報이다.

"도리"에 세 가지가 있으니 저 세 가지 흐름을 거슬러서 올라간다. 첫째는 신견身見을 소멸시키는 도리이고, 둘째는 전도顚倒를 소멸시키는 도리이며, 셋째는 산동散動(마음이 어지럽게 움직이는 것)을 소멸시키는 도리이다. 처음은 가죽과 살에 해당하는 번뇌를 다스려서 업번뇌業煩惱 등을 거슬러 없애는 것이다. 곧 이승二乘의 도는 네 가지 전도[1273]를 넘어서지 않는다. 다음에 십회향에서 제7지에 이르기까지 무명번뇌無明煩惱를 거슬러 없앤다. 그 이후의 제8지에서 제10지에 이르기까지의 보살은 여여한 가운데 산동散動이 있으면 작의作意가 자재하지 않은데, 제8지에서 그것을 다스려서 정사유가 아닌 것을 거슬러 없앤다.

"매우 심오하고"라는 것은 모든 범부가 공空·무아無我의 도리를 통달하지 못하는 것을 나타낸 것이다. "미묘하여"라는 것은 이승이 얻을 수 없는 것을 나타낸 것이다. "보기 어려워라."라는 것은 제7지 이전에는 볼 수 없음을 나타낸 것이다.【원효와 경흥이 이것을 취하였다.】[1274]

1273 네 가지 전도 : 사도四倒·사전도四顚倒 등이라고 한다. '전도'란 위와 아래가 거꾸로 되었다는 뜻으로 바른 이치와 반대되는 견해를 말한다. 사전도는 크게 두 가지로 분류된다. 첫째는 유위有爲의 사전도로 범부가 생사유위법生死有爲法에 대해 네 가지 잘못된 견해를 일으켜 집착하는 것이다. 곧 영원하지 않은 것을 영원한 것이라고 집착하는 상전도常顚倒, 즐겁지 않은 것을 즐거운 것이라고 집착하는 낙전도樂顚倒, 아我라고 할 만한 것이 없는 것을 아라고 집착하는 아전도我顚倒, 청정하지 않은 것을 청정하다고 집착하는 정전도淨顚倒를 가리킨다. 둘째는 무위無爲의 사전도로 성문·연각의 이승인二乘人은 비록 유위의 사전도를 바르게 통찰하여 벗어났더라도 다시 진리를 바르게 이해하지 못하여 열반무위법涅槃無爲法에 대해 네 가지 잘못된 견해를 일으켜 집착하는 것이다. 곧 영원함, 즐거움, 걸림이 없는 뛰어난 자아, 청정함 등과 같은 네 가지 덕을 갖춘 열반에 대해 영원하지 않고, 즐겁지 않으며, 걸림이 없는 자아도 없고, 청정하지도 않다는 견해를 일으켜 집착하는 것이다. 이승은 유위의 사전도를 끊는 것을 목표로 삼지만 보살은 유위와 무위의 여덟 가지 전도를 모두 끊는 것을 목표로 삼는다.

流有三。一不正思惟。二行無明等煩惱。三善不善業及果報。道有三。逆彼三流。一身見滅道。二顚倒滅道。三散動滅道。初對治皮肉煩惱。能逆業煩惱等。卽二乘道。未過四倒。次卽迴向至七地。逆無明煩惱。後八地至十地菩薩。於如如中。有散動。作意不自在。八地是其對治。逆不正思惟也。甚深者。一切凡夫。不能通達空無我理。微者。二乘所不能得。難見者。七地以還不能見。【曉興取之。】

소 뒤의 반 게송은 장애를 밝힌 것이다. "탐욕"은 모든 범부이고, "눈이 멀고"[1275]라는 것은 이승이며, "어두움"이라는 것은 산동의 상태에 있는 보살이니 곧 삼계 밖의 미혹[1276]으로 제7지 이하의 계위에 해당한다.【원효와 경흥은 이것을 취하였다.】[1277]

後半明障。貪欲一切凡夫。盲者二乘。冥者散動菩薩。卽三界外惑。七地以下。【曉興取之。】

1274 『玄樞』(T56, 640a).
1275 『合部金光明經』에 따르면 "어리석음"이다.
1276 삼계 밖의 미혹 : 계외혹界外惑이라고 한다. 윤회의 세계인 삼계를 벗어나는 것에 장애가 되는 미혹이라는 뜻. 천태종에서 시설한 세 가지 미혹 가운데 하나로 무명혹無明惑을 가리킨다. 나머지 두 가지는 하나는 견혹見惑과 사혹思惑이고, 다른 하나는 진사혹塵沙惑이다.
1277 『玄樞』(T56, 640a).

제7 찬탄품
讚歎品第七。

소 원효가 말하였다. "'찬'은 칭찬하는 말이고 '탄'은 감탄하는 뜻이다. 부처님의 덕을 칭찬하고 이것에 감탄하는 것이다."[1278]

曉云。讚是稱揚之辭。嘆是嘆美之意。稱讚佛德而嘆美之。[1)]

1) ㉮ 이것은 집일문 전체가 세주이다.

소 간략하게 세 문을 연다. 처음에 이 품이 여기에 놓인 뜻이라는 것은 크게 다섯 가지가 있다.

첫째는 중생이 의심한 것이다. 이 꿈이 원인 없이 나타나고 또한 마음속으로 생각하여 꿈을 꾼 것이니 믿기에 부족하다고 하는 것이다. (그러므로) 지금 말하기를 "묘당이 옛날에 이미 왕이 되어 항상 모든 부처님을 찬탄하고 서원을 일으켜 꿈에 본 것이니 어찌 원인이 없다고 하겠는가? 옛날에 일으킨 서원에 의해 감感한 것이지 원인 없이 마음속으로 생각하여 일어난 것은 아니다. 그러므로 믿을 만한 것이다."[1279]라고 한 것이다.

둘째는 앞의 「참회품」에서의 일을 증명하는 것이다. 신상보살이 부처님을 향하여 참회의 법문을 설했지만 중생이 의심하여 이치에 계합한다고 여기지 않았기 때문에 지금 부처님께서 그 근본과 자취를 일으켰다. (신상은) 바로 심오한 경지를 실천한 대사大士(보살)로서, 옛날 일찍이 모든 부처님을 널리 찬탄하였고 행위와 서원이 이미 깊어졌으니 말한 것이 이치에 계합한다.

1278 『玄樞』(T56, 640b).
1279 본 품, 곧 『金光明最勝王經』에서는 「蓮華喩讚品」, 『合部金光明經』에서는 「讚歎品」에서 설한 내용을 간략하게 정리한 것이다.

셋째는 행선行善을 이루고 지선止善을 마주한 것이다. 넷째는 공덕을 일으키고 반야를 마주한 것이다. 다섯째는 삼신三身을 이루고 보시와 지계의 두 품과 해탈을 닦는 것을 마주한 것이다.【가상은 처음의 두 가지 해석을 취하고 곧 뜻을 서술하여 말하였다. "이 두 가지는 감과 응이 부합하는 것을 나타낸 것이다."¹²⁸⁰ 원효와 혜소와 경흥은 이것을 받아들이지 않은 것이 없다.】¹²⁸¹

略開三門。初來意者。大有五義。一衆生疑。此夢無因而見。又心想夢。不足可信。今云。妙幢昔已作王。常讚諸佛。發願見夢。豈是無因。昔願所感。非因心想。故可信也。二證成前懺悔品。信相向佛說悔。物疑未安。合理故。今佛發其本迹。乃是深行大士。昔曾廣讚諸佛。行願已深。所說契理。三成行善對止善。四生功德對般若。五成三身對持¹⁾戒二品修解脫。【祥取初二。即是述意云。此二顯感應符會也。曉沼及興。莫不潤之。】

1) ㊇ '持'는 '施'인 것 같다.

소 이 품의 글에 세 가지가 있다. 첫째는 장행長行(산문)이니 찬탄한 사람을 나타내었다. 둘째는 게송이니 찬탄한 일을 서술하였다. 셋째는 품의 끝에 오언五言으로 이루어진 세 게송¹²⁸²이니 맺으면서 옛날과 지금을 회

1280 『金光明經疏』(T39, 164c).
1281 『玄樞』(T56, 640b).
1282 『金光明最勝王經』권5(T16, 423b)에서 "묘당이여, 그대는 알아야 한다. 국왕 금룡주는 일찍이 이러한 서원을 일으켰으니 그가 바로 그대의 몸이다. 과거세에 있던 두 아들 금룡와 금광은 바로 지금의 은상과 은광이니 나의 수기를 받았다. 대중이 이 말을 듣고 기뻐하며 모두 보리심을 일으키고 현재와 미래에 항상 이 참회에 의지할 것을 서원하였다.(妙幢汝當知。國王金龍主。曾發如是願。彼即是汝身。往時有二子。金龍及金光。即銀相銀光。當授我所記。大衆聞是說。皆發菩提心。願現在未來。常依此懺悔。)"라고 한 것을 가리킨다. 『合部金光明經』권4(T16, 379b)에서는 "신상이여, 알아야 한다. 그때의 국왕 금룡존자는 바로 지금 그대의 몸이고 그때의 두 아들 금룡과 금광은 지금 그대의 두 아들 은상 등이다.(信相當知。爾時國王。金龍尊者。則汝身是。爾時二子。金龍金光。今汝二子。銀相等是。)"라고 한 것에 해당한다.

합하였다.[가상¹²⁸³과 원효는 이것을 취하였다.]¹²⁸⁴

品文有三。一長行。出能讚之人。二偈頌。述所讚之事。三品末五言三偈。結會古今。[祥曉取之。]

경 그때 부처님께서 지신地神인 견뢰선녀천堅牢善女天에게 말하였다. "과거에 금룡존金龍尊이라는 왕이 있어서 항상 과거와 미래와 현재의 모든 부처님을 찬탄하고 찬탄하였다."¹²⁸⁵

爾時佛告地神堅牢善女天。過去有王。名金龍尊。常以讚歎讚歎去來現在諸佛。

소 원효가 말하였다. "대지를 지탱하여 무너지고 훼손되지 않게 하기 때문에 '견뢰'라고 한다. 이는 여신이다. 삼귀계를 받았기 때문에 '선녀'라고 한다. 서역에서는 신을 공경하여 모두 '천'이라고 한다. 예를 들면 『장아함경』에 나오는 사대四大의 신¹²⁸⁶과 같은 것을 모두 선녀천이라고 한다."¹²⁸⁷

曉云。能持大地。令不傾毀。故堅牢。此是女神。而受三歸。故名善女。西域敬神。皆名爲天。如長阿含。四大之神。皆名善女天。¹⁾

---
1) ㉮ 이것은 집일문 전체가 세주이다.

1283 『金光明經疏』(T39, 164c).
1284 『玄樞』(T56, 640c).
1285 『合部金光明經』(T16, 378b).
1286 『長阿含經』 권20(T1, 136a). 지신地神·수신水神·풍신風神·화신火神 등의 사대신四大神을 제시하였다.
1287 『玄樞』(T56, 640c).

소 가상이 말하였다. "이 지신은 인연이 있기 때문에 특별히 이것을 마주하여 (신상의 일을 말하였다.)"[1288] 원효는 바로 이것을 취하였다.[1289]

祥云。神[1)]有疑。[2)] 故偏對之。曉即取之。[3)]

1) ㉢『金光明經疏』에 따르면 '神' 앞에 '此地'가 누락되었다. 2) ㉢『金光明經疏』에 따르면 '疑'는 '緣'이다. 3) ㉢ 이것은 집일문 전체가 세주이다.

경

저는 이제 존중하고 공경하는 마음으로
예배 드리고 찬탄합니다.
과거·미래·현재의
시방에 계시는 모든 부처님께.[1290]

我今尊重。敬禮讚歎。
去來現在。十方諸佛。

소 (오언으로 이루어진 세 게송을 제외하고) 모두 35게송이 있는데 여기에 두 가지가 있다. 처음의 21게송은 찬탄한 것이고, 나중의 14게송[1291]은 사과四果를 얻으려는 서원을 일으킨 것이다.【원효는 바로 이것을 취하였다.】[1292]

1288 『金光明經疏』(T39, 164c).
1289 『玄樞』(T56, 640c).
1290 『合部金光明經』(T16, 378b).
1291 『合部金光明經』(T16, 378c)에 따르면 뒤에 나오는 글, 곧 "이와 같이 사람의 왕인 제가 부처님을 찬탄하고서 이렇게 한량없는 서원을 세웁니다.(如是人王。讚歎佛已。復作如是。無量誓願。)" 이하를 가리킨다.
1292 『玄樞』(T56, 641a).

總有三十五頌爲二。初二十一頌讚嘆。後十四頌。發願得四果。【曉卽取之。】

소 처음에 또한 두 가지가 있다. 처음의 20게송은 찬탄한 것이고, 나중의 한 게송은 부처님께 회향한 것이다.……처음에 또한 두 가지가 있다. 처음의 17게송은 화신을 찬탄한 것이고, 나중의 세 게송은 응신을 찬탄한 것이다. 처음에 또한 두 가지가 있다. 처음의 16게송은 바로 찬탄한 것이고, 나중의 한 게송은 공양한 것이다. 바로 찬탄한 것에 세 가지가 있다. 처음의 한 게송은 총괄적으로 나타낸 것으로 세 가지 업을 갖춘 것을 밝혔다. 두 번째의 14게송은 개별적으로 찬탄한 것이다. 세 번째의 한 게송은 맺은 것이다.[1293]【가상[1294]과 원효는 이것을 취하였다.】[1295]

[1293] 바로 앞의 주석과 지금의 주석에서 『金光明最勝王經』 본문을 분과한 것을 도표로 제시하면 다음과 같다.

1. 찬탄한 것	1) 찬탄한 것	(1) 화신을 찬탄한 것	가. 총괄적으로 나타낸 것	過去未來現在佛。安住十方世界中。我今至誠稽首禮。一心讚歎諸最勝。
			나. 개별적으로 나타낸 것	無上淸淨牟尼尊。身光照耀如金色。一切聲中最爲上。如大梵響震雷音。…流光悉至百千土。衆生遇者皆出離。佛身成就無量福。一切功德共莊嚴。超過三界獨稱尊。世間殊勝無與等。
			다. 맺은 것	所有過去一切佛。數同大地諸微塵。未來現在十方尊。亦如大地微塵衆。
		② 공양한 것		我以至誠身語意。稽首歸依三世佛。讚歎無邊功德海。種種香花皆供養。
		(2) 응신을 찬탄한 것		設我口中有千舌。經無量劫讚如來。世尊功德不思議。最勝甚深難可說。假令我舌有百千。讚歎一佛一功德。於中少分尙難知。況諸佛德無邊際。假使大地及諸天。乃至有頂皆海水。可以毛端滴知數。佛一功德甚難量。
	2) 회향한 것			我以至誠身語意。禮讚諸佛德無邊。所有勝福果難思。迴施衆生速成佛。
2. 사과를 얻으려는 서원을 일으킨 것				彼王讚歎如來已。倍復深心發弘願。願我當於未來世。生在無量無數劫。夢中常見大金鼓。得聞顯說懺悔音。讚佛功德喩蓮華。願證無生成正覺。…有漏苦海願超越。無昬樂海願常遊。現在福海願恒盈。當來智海願圓滿。願我刹土超三界。殊勝功德量無邊。諸有緣者悉同生。皆得速成淸淨智。

[1294] 『金光明經疏』(T39, 164c).
[1295] 『玄樞』(T56, 641a).

初中有二。初二十頌讚嘆。後一頌迴向佛。…初亦有二。初十七頌嘆化身。後三頌嘆應身。初又二。初十六頌正讚嘆。後一頌供養。正歎有三。初一頌總標具三業。二有十四頌別嘆。三一頌結。【祥曉取之。】

경

모든 부처님께서는 청정하고
미묘하며 적멸하며
색 가운데 가장 뛰어난 색인
금빛 광명으로 환히 빛납니다.[1296]

諸佛淸淨。微妙寂滅。
色中上色。金光照曜。

소 (화신을 찬탄한 것 가운데) 처음의 여덟 게송은 상相(삼십이상)을 찬탄하였고, 나중의 여섯 게송은 호好(팔십종호, 팔십수호)를 찬탄하였다.[1297]【원효가 말하였다. "앞의 게송에도 또한 호가 있고, 나중의 게송에도 또한 상이 없는 것은 아니다. 단지 비중이 큰 것에 의해 구별한 것일 뿐이다."】[1298]

初八頌歎相。後六頌歎好。【曉云。前中亦有好。後中不無相。但多分判。】

소 원효가 말하였다. "삼십이상은 차례가 같지 않다. 『보살선법경菩薩

1296 『合部金光明經』(T16, 378b).
1297 앞의 주석에서 분과한 내용을 나타낸 도표를 참조할 것. 「나. 개별적으로 나타낸 것」을 다시 분과한 것이다. 『合部金光明經』에서는 "모든 부처님께서는 청정하고" 이하의 게송이 여기에 해당한다.
1298 『玄樞』(T56, 641a).

禪法經』에 따르면 몸이 황금색인 것이 첫 번째이고, 정수리에 육계肉髻(살 상투)가 있는 것이 두 번째이며, 내지 몸이 사자와 같은 것이 서른두 번째이다.[1299] 『무상의경』 등에 의하면 발바닥이 평평하고 원만한 것이 처음이고, 걸음걸이가 평안하고 단정한 것이 다음이며, 내지 백호白毫를 지닌 것이 서른두 번째이다.[1300] 수호隨好의 차례도 또한 같지 않고 어떤 것은 있고 어떤 것은 없는 것에도 차이가 있다. 『무상의경』 등은 정수리가 보이지 않는 것을 80가지 가운데 처음의 호로 두었지만[1301] 『유가사지론』에서는 삼십이상에 들어간다.[1302] 그곳에서 밝힌 것과 같다." 또한 『대반야경』 권381에서도 삼십이상과 팔십수호를 설하였는데[1303] 또한 앞에서 인용한 것과 같지 않다. 혜소[1304]의 경우는 이것(『대반야경』)을 인용하고 또한 원효의 설을 따랐다.[1305]

曉云。三十二相。次第不同。若依菩薩禪法經。身黃金色爲一。頂有肉髻爲二。乃至身如師子爲三十二。若依無上依等。足下平滿之初。行步平整爲次。乃至白毫爲三十二。隨好次第。亦有不同。出沒有異。無上依等。以無見頂爲八十中初好。依瑜伽。入三十二相中。如彼辯。又大般若三百八十一。說三十二相八十隨好。亦前不同。如沼引之。且依曉說。[1)]

1) ㉠ 이것은 집일문 전체가 세주이다.

1299 『菩薩禪法經』은 『坐禪三昧經』의 다른 이름이라고 전해지지만, 현재 『大正藏』에 수록된 『坐禪三昧經』의 내용과 여기에서 인용한 글은 일치하지 않는다. 곧 『坐禪三昧經』 권상(T15, 276a)에서 삼십이상을 설한 것 가운데 몸이 황금색인 것은 열세 번째이고, 정수리에 육계가 있는 것은 서른한 번째이며, 몸이 사자와 같은 것은 열여덟 번째이다.
1300 『無上依經』 권하(T16, 473c).
1301 『無上依經』 권하(T16, 474c).
1302 『瑜伽師地論』 권49(T30, 568a).
1303 『大般若經』 권381(T6, 967b).
1304 『金光明最勝王經疏』 권5(T39, 269c).
1305 『玄樞』(T56, 641a).

경

모든 음성 가운데
부처님의 음성이 가장 뛰어나니
대법천大梵天의
깊고 멀리 퍼지는 천둥소리와 같습니다.[1306]

於諸聲中。佛聲最上。
猶如大梵。深遠雷音。

소 두 번째 반 게송[1307]은 음성을 찬탄하였다. 첫 번째 구절은 삼십이상 가운데 열네 번째로 가릉빈가迦陵頻伽[1308]와 같은 음성의 상이다. 나중의 구절은 삼십이상 가운데 열세 번째로 범음梵音이 깊고 멀리까지 퍼지는 상이다.【승장과 혜소[1309]는 본본에 의거하였다. 경흥은 원효의 뜻을 취하였다.】[1310]

二半歎聲。初句相中第十四如頻伽聲相。後句相中第十三梵音深遠相。【莊沼依本。興取曉意。】

경

몸의 색은 미묘하니

1306 『合部金光明經』(T16, 378b).
1307 『金光明最勝王經』에서는 "모든 음성 중 가장 뛰어나고 대범천의 멀리 퍼지는 천둥소리와 같습니다.(一切聲中最爲上。如大梵響震雷音。)"라고 하여 두 구절, 곧 반 게송으로 번역했고, 『合部金光明經』은 동일한 내용을 네 구절, 곧 한 게송으로 번역하였다.
1308 가릉빈가迦陵頻伽 : ⑤ Karavika의 음역어. 묘성妙聲·호음好音 등으로 의역한다. 그 소리가 매우 아름다워 싫증이 나지 않는 것으로 전해지는 새이다.
1309 『金光明最勝王經疏』 권5(T39, 269c).
1310 『玄樞』(T56, 641a).

금덩어리를 녹인 것 같고
얼굴은 청정하니
둥근 보름달 같네.[1311]

身色微妙。如鎔金聚。
面貌淸淨。如月盛滿。

소 여기에서부터 여섯 게송은 두 번째로 80호를 찬탄한 것이다. 여기에 두 가지가 있다. 처음의 다섯 게송은 과를 성취한 것을 찬탄하였고, 뒤의 한 게송은 인을 제시하여 과를 찬탄하였다.[1312]【원효는 바로 이것을 취하였다.】[1313]

六頌第二歎八十好有二。初五頌就果爲嘆。後一頌擧因歎果。【曉卽取之。】

경
팔은 고르고 섬세하고 둥글며
코는 코끼리 왕 같이 길며
손과 발은 청정하고 유연하며
경애할 만하여 싫증을 내지 않습니다.[1314]

1311 『合部金光明經』(T16, 378b).
1312 『金光明最勝王經』 본문을 분과한 것을 도표로 제시하면 다음과 같다.

팔십종호	과를 성취한 것을 찬탄함	色光明常普照。譬如鎔金妙無比。面貌圓明如滿月。脣色赤好喩頻婆。行步威儀類師子。身光朗耀同初日。臂肘纖長立過膝。狀等垂下娑羅枝。圓光一尋照無邊。赫突猶如百千日。悉能遍至諸佛刹。隨緣所在覺群迷。淨光明網無倫比。流耀遍滿百千界。普照十方無障礙。一切冥闇悉皆除。善逝慈光能與樂。妙色映徹等金山。流光悉至百千土。衆生遇者皆出離。
	인을 제시하여 과를 찬탄함	佛身成就無量福。一切功德共莊嚴。超過三界獨稱尊。世間殊勝無與等。

1313 『玄樞』(T56, 641b).

臂傭纖圓。如象王鼻。

手足淨軟。敬愛無厭。

소 원효가 말하였다. "처음의 두 구절은 팔과 코의 호好이고 다음의 한 구절은 세 가지 호를 포함하고 있으니, 손과 발이 원만하고, 손과 발이 뜻대로 움직이며, 손과 발이 청정한 것이다. 뒤의 구절은 중생이 싫증을 내지 않는 것이다. 이 가운데 간략하게 열 가지 호와 두 가지 상을 찬탄하였다."1315

曉云。初二句眉圓¹⁾好。次一句含三好。謂手足滿。幷手足如意。及手足淸淨。後句衆生無厭。此中略歎十好二相也。²⁾

1) ⓔ '眉圓'은 '臂鼻'인 것 같다. 2) ⓔ 이것은 집일문 전체가 세주이다.

소 問 상과 호는 어떻게 다른가? 답 원효가 말하였다. "상相은 소의所依로 모든 호好를 맡아서 지니고, 호好는 능의能依로 그것에 의지하여 단정하게 장엄한다."1316

問。相好何異。答。曉云。相是所依。任持諸好。好是能依。依彼端嚴。

소 問 어떤 지위에서 상相과 호好를 성취할 수 있는 업을 닦는 것인가? 답 설일체유부說一切有部1317에서는 "삼무수겁三無數劫1318이 지나고

1314 『合部金光明經』(T16, 378c).
1315 『玄樞』(T56, 641c).
1316 『玄樞』(T56, 641c).
1317 설일체유부說一切有部: 소승 20부파의 하나. 삼세의 일체법이 모두 실유實有라고 주장한 데서 유래한 이름이다.
1318 삼무수겁三無數劫: ⓢ tri-kalpha-asaṃkhyeya, 삼아승기겁三阿僧祇劫이라고도 한다.

나서 100겁 동안 이러한 상과 호를 성취할 수 있는 업을 수행한다."[1319]라고 하였다. 지금 대승에 의거하면 승해행지勝解行地[1320]부터 수행한다. 자세한 것은 원효와 승장이 설한 것과 같다.[1321]

問。依何位中。修相好業。答。一切有云。過三無數。百劫中。修行此業。今依大乘。從勝解行。具如曉莊。

경

과거와 미래의 모든 부처님
그 수 작은 먼지처럼 많고
현재의 모든 부처님도
또한 다시 이와 같습니다.[1322]

去來諸佛。數如微塵。
現在諸佛。亦復如是。

소 처음의 반 게송은 과거를 맺은 것이고, 나중의 반 게송은 미래와 현재를 맺은 것이다.[1323]【원효와 경흥이 이것을 취하였다.】

보살이 발심한 뒤 수행을 완성하여 불과佛果를 성취하는 데 필요한 시간과 관련된 말. 소승에서는 여기에 다시 삼십이상을 얻을 수 있는 데 필요한 복덕을 쌓는 기간으로 백겁百劫을 더하였다.
1319 『俱舍論』 권18(T29, 94c).
1320 승해행지勝解行地 : 보살이 인위因位로부터 과위果位에 이르기까지의 수행계위를 일곱 가지로 분류한 것 중 두 번째에 해당하는 것. 방편행을 닦아 출세도出世道에 대해 행해行解를 얻는 것이다. 보살 수행의 계위에 배대하면 십행과 십회향에 해당한다.
1321 『玄樞』(T56, 641c).
1322 『合部金光明經』(T16, 378c).

初半結過去。後半結當現也。【曉興取之】

경

이와 같이 인간세상의 왕은
부처님을 찬탄하고 나서
다시 이와 같이
한량없는 서원을 지었네.[1324]

如是人王。讚歎佛已。
復作如是。無量誓願。

소 가상이 말하였다. "앞은 앞에서 설한 것을 맺고 뒤를 일으켰고, 나중은 바로 서원을 발한 것을 밝혔다."[1325] 원효는 바로 이것을 취하였다.[1326]

祥云。前結前起後。後正明發願。曉卽取之。[1)]

---
1) ㉻ 이것은 집일문 전체가 세주이다.

경

제가 미래세에
한량없고 가없는
아승기겁 동안

1323 『金光明最勝王經』에서 "所有過去一切佛。數同大地諸微塵。未來現在十方尊。亦如大地微塵衆。"이라고 한 것을 참조할 것.
1324 『合部金光明經』(T16, 378c).
1325 『金光明經疏』(T39, 164c).
1326 『玄樞』(T56, 642a).

곳곳에 태어날 때마다
항상 꿈속에서
미묘한 금북에서 들으면
참회하게 하는 심오한 소리
울려 퍼지는 것 볼 수 있게 하소서.……

若我來世。無量無邊。
阿僧祇劫。在在生處。
常於夢中。見妙金鼓。
得聞懺悔。深奧之聲。…

미래세의 여러 겁 동안
보리도를 행하기를
과거의 모든 부처님께서
보리도를 행한 것처럼 하겠습니다.
삼세의 모든 부처님은
청정하고 미묘한 국토를 이루고
모든 부처님·지존至尊은
한량없는 공덕을 지녔습니다.
저로 하여금 미래세에
수승하고 차별되는
공덕과 정로를 얻어
부처님·세존과 같아지게 하소서.[1327]

[1327] 『合部金光明經』(T16, 378c).

來世多劫。行菩提道。

如昔諸佛。行菩提道。

三世諸佛。淨妙國土。

諸佛至尊。無量功德。

令我來世。得此殊異。

功德淨土。如佛世尊。

소 가상이 말하였다. "(이 이하는) 열 가지 서원을 밝힌 것이다."[1328] 원효와 승장이 바로 취하였다.[1329]

[1328] 『合部金光明經』권4(T16, 378c)와 『金光明經』권1(T16, 399b)에 따라서 열 가지 서원과 해당 본문을 도표로 나타내면 다음과 같다.

제1서원 : 꿈에 금북의 소리를 듣고 참회할 수 있기를 서원함	제가 미래세에 한량없고 가없는~울려 퍼지는 것 볼 수 있게 하소서.(若我來世. 無量無邊.…得聞懺悔. 深奧之聲.)
제2서원 : 여래와 같은 청정한 얼굴을 얻기를 서원함	지금 찬탄하는 얼굴이 청정한 분처럼 저도 미래세에 이와 같은 모습 얻길 원합니다.(今所讚歎. 面貌淸淨. 願我來世. 亦得如是.)
제3서원 : 꿈에서 여래를 보고 낮에는 실제로 말씀을 들을 수 있기를 서원함	모든 부처님의 공덕은 불가사의하니~낮에는 실제 모습으로 설하는 것 만나길 원합니다.(諸佛功德. 不可思議.…夜則夢見. 晝如實說.)
제4서원 : 육바라밀을 행하여 남의 이익을 우선시하고 자신의 이익을 뒤로 미룰 것을 서원함	제가 원만하게 육바라밀을 수행하고~더불어 같은 것이 없는 것으로 만들겠습니다.(我當具足. 修行六度.…令我世界. 無與等者.)
제5서원 : 석가불을 만나 기별을 받을 것을 서원함	금북을 받들어 올려~항상 저의 집안에 태어나 함께 수기를 받게 하소서.(奉貢金鼓. 讚佛因緣.…常生我家. 同共受記.)
제6서원 : 중생을 위해 의지처가 될 것을 서원함	어떤 중생이 구호할 이가 없다고~중생에게 모든 선과 안락함을 베풀겠습니다.(若有衆生. 無救護者.…施與衆生. 諸善安樂.)
제7서원 : 바다와 같은 번뇌의 업을 모두 말려 남음이 없게 할 것을 서원함	제가 미래세에 보리도를 행하면서~모두 말려 남음이 없게 하소서.(我未來世. 行菩提道.…煩惱大海. 悉竭無餘.)
제8서원 : 여래의 온갖 덕을 원만하게 갖출 것을 서원함	제가 바다와 같은 공덕 모두 성취하고~모든 공덕의 힘을 갖추어 조금도 덜어짐이 없게 하소서.(我功德海. 願悉成就.…諸功德力. 無所減少.)
제9서원 : 중생의 고통을 뽑아 없애고 중생에게 즐거움을 줄 것을 서원함	중생을 제도하여 고통의 바다를 벗어나서~공덕의 큰 바다에 두겠습니다.(當度衆生. 越於苦海. 幷復安置. 功德大海.)
제10서원 : 청정한 국토를 얻어 모든 부처님과 같아질 것을 서원함	미래세의 여러 겁 동안 보리도를 행하기를~공덕과 정토를 얻어 부처님·세존과 같아지게 하소서.(來世多劫. 行菩提道.…功德淨土. 如佛世尊.)

[1329] 『玄樞』(T56, 642a).

祥云。十願。曉莊卽取。[1]

1) ㊕ 이것은 집일문 전체가 세주이다.

제8 공품
空品第八。

소 『대지도론』에서 "유와 무의 두 가지 일이 모두 적멸하기 때문에 필경공畢竟空이라고 한다."[1330]라고 한 것과 같다. 그러므로 원효가 풀이하여 말하였다. "'공'이라는 것은 곧 막고 버리는 말이니 인법人法을 막고 유무를 버리기 때문이다. 이 뜻을 모두 나타내기 때문에 '공품'이라고 하였다. 『유가사지론』에서 '일체의 무아를 총괄하여 공이라고 한다.'[1331]라고 하고, 『대승광백론석론』에서 '또한 이 공이라는 말은 막는 것이고 (다시 다른 어떤 것을) 나타내는 것은 아니다. 오직 공만이 있다고 하는 것이 아니고 또한 다시 공도 공이라고 하여 집착하는 마음을 두루 버리고 모든 법이 공도 아니고 유도 아니라는 구경의 진리를 깨닫게 하는 것이다. 제법의 진리는 실로 공성空性이 아니다. 공을 문으로 삼기 때문에 임시로 공이라고 말하는 것이다.'[1332]라고 하고 그 밖에 자세하게 설한 것과 같다."[1333]

如大論云。有無二事。皆寂滅故。名畢竟空。故曉釋云。空者卽是遮遣之辭。遮人法遣有無故。具顯此義。故云空品。如瑜伽云。一切無我。總名爲空。廣百論云。又此空言。是遮非表。非唯空有。亦復空空。遍遣執心。令契諸法。非空非有。究竟眞理。諸法眞理。實非空性。空爲門故。假說爲空。乃至廣說。

경
한량없는 다른 경에서도

1330 『大智度論』 권1(T25, 62b).
1331 『瑜伽師地論』 권93(T30, 833b).
1332 『大乘廣百論釋論』 권6(T30, 219b).
1333 『玄樞』(T56, 643c).

이미 자세하게 공을 설하였으니
그러므로 여기에서
간략하게 해설하리.[1334]

無量餘經。已廣說空。
是故此中。略而解說。

소 두 번째는 진공眞空을 자세하게 밝혔다. 33게송이 있는데 여기에 세 가지가 있다. 처음의 세 게송은 다른 경에서 공의 뜻을 설한 것을 밝혔다. 두 번째로 "알아야 한다. 이 (몸은)"[1335] 이하의 17게송은 바로 공의 이치를 설한 것이다. 세 번째로 "나는 일체의 (모든 번뇌 등을) 끊고"[1336] 이하의 13게송은 여래께서 공을 관찰하고 불지를 얻어 앞의 뜻을 이루었음을 밝혔다. 처음에 또한 세 가지가 있다. 처음의 한 게송은 지금은 간략하게 설하는 것을 밝혔다. 두 번째의 한 게송은 간략하게 설하는 뜻을 풀이하였다. 세 번째 한 게송은 이렇게 간략하게 설한 것이 중생의 근기에 부합하는 것임을 밝혔다. 발생하는 구조는 알 수 있을 것이다.[1337] 〔가상[1338]과 원효와

1334 『合部金光明經』(T16, 379b).
1335 『合部金光明經』에 따르면 "이 몸은 허위이니"이다.
1336 『合部金光明經』에 따르면 "나는 일체의 모든 견見·전纏 등을 끊고"이다.
1337 『金光明最勝王經』본문을 분과한 것을 도표로 제시하면 다음과 같다.

1. 다른 경에서 공의 뜻을 설한 것을 밝힘	1) 지금은 간략하게 설하는 것을 밝힘	我已於餘甚深經。廣說眞空微妙法。今復於此經王內。略說空法不思議。
	2) 간략하게 설하는 뜻을 풀이함	於諸廣大甚深法。有情無智不能解。故我於斯重敷演。令於空法得開悟。
	3) 간략하게 설한 것이 중생의 근기에 부합하는 것을 밝힘	大悲哀愍有情故。以善方便勝因緣。我今於此大衆中。演說令彼明空義。
2. 바로 공의 이치를 설한 것		當知此身如空聚。六賊依止不相知。六塵諸賊別依根。各不相知亦如是。…衆苦惡業常纏迫。生死輪迴無息時。本來非有體是空。由不如理生分別。
3. 여래께서 공을 관찰하고 불지를 얻어 앞의 뜻을 이루었음을 밝힘		我斷一切諸煩惱。常以正智現前行。了五蘊宅悉皆空。求證菩提眞實處。…牟尼世尊一念智。令彼智人共度量。於多俱胝劫數中。不能算知其少分。

혜소[1339]와 경흥은 모두 이 해석을 취하였다. 다만 승장은 이것을 반영하였을 뿐이다.][1340]

第二廣顯眞空。有三十三頌爲三。初三頌。餘說空之意。二當知此下十七頌。正說空理。三我斷一切下十三頌。明如來觀空得佛。以成上義。初又有三。初一頌。明今略說。二一頌。釋略說之意。三一頌。明此略說。合衆生機。生起可見。【祥曉沼興。皆取此釋。但莊影之】

경

과거와 다르고 미묘한 방편을
여러 가지 인연으로
둔근의 중생을 위하여
대비심을 일으켜서
이제 나는 연설하리라
이 미묘한 경전을.[1341]

異妙方便。種種因緣。
爲鈍根故。起大悲心。
今我演說。此妙經典。

1338 『金光明經疏』(T39, 165a). 길장이 분과한 것을 도표로 나타내면 다음과 같다.

1. 간략하게 설한 뜻을 서술한 것	無量餘經。已廣說空。是故此中。略而解說。…今我演說。此妙經典。如我所解。知衆生意。
2. 바로 공의 이치를 설한 것	是身虛僞。猶如空聚。六入村落。結賊所止。一切自住。各不相知。…不可思議。生死無際。輪轉不息。本無有生。亦無和合。不善思惟。心行所造。
3. 공을 관찰하는 것의 이익을 밝혀서 닦을 것을 권한 것	我斷一切。諸見纏等。以智慧刀。裂煩惱網。五陰舍宅。…錢財珍寶。眞珠瓔珞。金銀琉璃。種種異物。

1339 『金光明最勝王經疏』권4(T39, 273a).
1340 『玄樞』(T56, 644a).
1341 『合部金光明經』(T16, 379b).

소 지금 여기에서 간략하게 설하는 것은 과거에 자세하게 설한 것과 다르고 공능이 중생의 근기에 칭합하기 때문에 "다르고 미묘한"이라고 하였다. "여러 가지 인연으로"라는 것은 뒤에서 설한 여러 가지 일을 말한다. 원효는 뜻에 있어서 이것을 따랐다.[1342]

今此略說。異昔廣說。功稱物機。故言異妙。種種緣者。謂下所說種種事也。曉意依之。[1)]

1) ㉮ 이것은 집일문 전체가 세주이다.

경
이 몸은 허망하고 거짓된 것이니
텅 빈 마을과 같네.
육입六入의 촌락에
결結이라는 도적이 의지하는데
모두 자신의 의지처에 머물면서
각각 서로 알지 못하네.[1343]

是身虛僞。猶如空聚。
六入村落。結賊所止。
一切自住。各不相知。

[1342] 『玄樞』(T56, 644b).
[1343] 이 부분은 『金光明最勝王經』(T16, 424a)에서 "이 몸은 텅 빈 마을과 같음을 알아야 하네. 여섯 부류의 도적이 의지하지만 서로 알지 못한다네. 육진六塵이라는 모든 도적이 개별적으로 육근六根에 의지하지만 각각 서로 알지 못하는 것도 또한 이와 같다네.(當知此身如空聚。六賊依止不相知。六塵諸賊別依根。各不相知亦如是。)"라고 한 것을 함께 참조할 것.

• 431

안근眼根은 색을 받아들이고
이근耳根은 소리를 분별하며
비근鼻根은 온갖 향기를 맡고
설근舌根은 맛난 것을 맛보며
모든 신근身根은
여러 접촉된 것을 탐욕스럽게 받아들이고
의근意根은
일체의 모든 법을 분별하네.
육정六情인 모든 근은
각각 자신의 대상을 반연하고
모든 진塵의 경계에 대해
다른 것의 대상을 반연하지 않네.[1344]

眼根受色。耳分別聲。
鼻嗅諸香。舌嗜於味。
所有身根。貪受諸觸。
意根分別。一切諸法。
六情諸根。各各自緣。
諸塵境界。不行他緣。

소 "알아야 하니~서로 알지 못하네."[1345] 이하는 두 번째로 바로 공을 설한 것이다. 다섯 가지가 있다. 첫째는 십이입十二入[1346]이 공임을 밝혔고, 둘째는 십팔계十八界[1347]가 공임을 밝혔으며, 셋째는 인공人空을 밝혔

1344 『合部金光明經』(T16, 379b).
1345 『合部金光明經』에 따르면 "이 몸은 허위이니~서로 알지 못하네."이다.
1346 십이입 : 육근六根과 육경六境을 일컫는 말이다.

고, 넷째는 사대四大를 밝혔으며, 다섯째는 십이연기十二緣起를 밝혔다.[1348]
【가상이 말하기를 "처음의 21행의 게송은 인공을 밝혔고, 나중의 '이와 같은 모든 대는' 이하의 7행의 게송은 법공을 밝혔다."[1349]라고 했는데, (법공이라고 한 것은) 곧 십이지十二支(십이연기)이다. 승장은 이것을 따랐다. 원효와 경흥은 본본을 반영하였다.】[1350]

當知至不相知下。第二正說空有五。一明十二入空。二明十八界空。三明人空。四明四大。五明十二緣。【祥云。初十二頌半[1)]明人空。後四頌半[2)]明法空。卽十二支。莊卽依之。曉興影本。】

1) ㉠『金光明經疏』에 따르면 '十二頌半'은 '二十一行偈'이다. 2) ㉠『金光明經疏』에 따르면 '四頌半'은 '從如是諸大下七行偈'이다.

소 가상이 말하였다. "결結(번뇌)이라는 도적이 의지하는 대상이지만 참된 주인이 없기 때문에 '텅 빈 마을'이라고 한 것이니 곧 아我를 버리고 여의는 것이다."[1351]【원효가 바로 반영하여 말하였다. "내육처內六處(육근)가 쌓이고 모인 것을 '몸'이라고 하였다. 임시로 화합하여 실체가 없기 때문에 '허망하고 거짓된 것이니'라고 한다. 허망한 것이어서 주인이 없기 때문에 '텅 빈 마을과 같네.'라고 하였다."】[1352]

1347 십팔계 : 육근六根·육경六境·육식六識을 통틀어서 일컫는 말이다.
1348 두 경을 대조하여 도표로 나타내면 다음과 같다.

	『金光明最勝王經』	『合部金光明經』
1. 십이입의 공	當知此身如空聚。六賊依止不相知。…各不相知亦如是。	是身虛僞。猶如空聚。一切自在。各不相知。
2. 십팔계의 공	眼根常觀於色處。耳根聽聲不斷絶。…此等六根隨事起。各於自境生分別。識如幻化非眞實。…藉此諸根作依處。方能了別於外境。	眼根受色。耳分別聲。…隨逐諸塵。無有暫捨。心如幻化。馳騁六情。…心處六情。如鳥投網。
3. 인공	此身無知無作者。譬如機關由業轉。	身空虛僞。不可長養。…業力機關。假僞空聚。
4. 사대	地水火風共成身。…故說大種性皆空。知此浮虛非實有。	地水火風。合集成立。…我說諸大。從本不實。和合而有。
5. 십이연기	無明自性本是無。…本來非有體是。由不如理生分別。	無明體他。本自不有。…本無有生。亦無和合。不善思惟。心行所造。

1349 『金光明經疏』(T39, 165b).
1350 『玄樞』(T56, 644b).
1351 『金光明經疏』(T39, 165b).

祥云。結賊所止。無有眞主。故云空聚。卽遠[1]離我。【曉卽影云。謂內六處積集名身。假合無實故言虛僞。虛無主故如空聚。】

1) ㉎『金光明經疏』에 따르면 '遠'은 '遣'이다.

소 원효가 말하였다. "육진六塵(육경)이 번뇌의 모든 결結을 일으킬 수 있고 선근을 빼앗을 수 있기 때문에 '결이라는 도적'이라고 하였다."[1353]

曉云。六塵能起煩惱諸結。能奪善根。故名結賊。[1]

1) ㉎ 이것은 집일문 전체가 세주이다.

소 원효가 말하였다. "육진六塵은 내육입內六入에 의지하여 이것을 머무는 곳으로 삼는다. 색경은 안근에 의지하고 내지 법경은 의근에 의지한다. 그러므로 '모두 자신의 의지처에 머물면서'라고 하였다. 그런데 저 육근은 이 도적을 알지 못한다. 또한 이 육진은 텅 빈 마을인 (몸을) 알지 못한다. 그러므로 '각각 서로 알지 못하네.'라고 하였다."[1354]

曉云。六塵依內六入。爲所止處。色止眼根。乃至法止意根。故言一切自住。而彼六根。不覺是賊。又此六塵。不知空聚。故言各不相知。[1]

1) ㉎ 이것은 집일문 전체가 세주이다.

소 원효 스님이 말하였다. "구역경전[1355]에서 '이 몸은 허망하고 거짓된 것이니 텅 빈 마을과 같네.'라고 하였는데, '이 몸'이라고 한 것은 내육

1352 『玄樞』(T56, 644c).
1353 『玄樞』(T56, 644c).
1354 『玄樞』(T56, 644c).
1355 구역경전 : 담무참이 한역한 4권『金光明經』혹은 보귀가 편찬한『合部金光明經』을 가리킨다. 이것과 상대하여 의정이 한역한 10권『金光明最勝王經』을 신역경전이라고 한다.

처內六處1356를 말한다. 쌓여서 모인 것을 '몸(身)'이라 한다. 거짓으로 화합하여 실체가 없기 때문에 '허망하고 거짓된 것이니'라고 하였다. 허망하고 거짓된 것이어서 주인이 없기 때문에 '텅 빈 마을과 같네.'라고 하였다. '여섯 부류의 도적'이라는 것은 외육처外六處1357이다. 번뇌를 일으킬 수 있고 모여서 선근을 협박하여 빼앗을 수 있기 때문에 '도적'이라고 한다. 내육처에 의지하여 의지의 대상으로 삼는다. 색경은 안근에 의지하고 내지 법경은 의근에 의지하니, (외육처의) 일체가 모두 (육근에) 머무는데 저 육근은 이 도적을 알지 못한다. 또한 이 육진六塵도 (내육처인) 텅 빈 마을을 알지 못한다. 이것으로 인해 '각각 서로 알지 못한다.'라고 하였다."1358【주 금광명최승왕경】

曉師云。舊經云。是身虛僞猶如空聚。言是身者。謂內六處。積集名身。仮合無實。故言虛僞。虛僞無主。故如空聚。六賊者卽外六處。能起煩惱。能集恐奪善根。故名爲賊。依內六處。爲所依止。色依眼根。廣說乃至。法依意根。一切皆住。而彼六根。不知是賊。又此六塵。不知空聚。以之故言不各相知。【註金光明最勝王經】

소 가상이 총괄적으로 나타내어 말하였다. "일체의 모든 근은 각각 자성自性에 머물러 서로를 알지 못한다. 각각 자신의 경계를 반연하고 함께 갈마들면서 반연할 수 없으니 자재함이 있지 않다. 이것은 곧 아我를 버

1356 내육처內六處 : 외부 대상을 취할 수 있는 능력을 그 성격에 따라 여섯 가지로 분류한 것. 육근六根이라고도 한다. 안근眼根·이근耳根·비근鼻根·설근舌根·신근身根·의근意根을 가리킨다.
1357 외육처外六處 : 육근이 취하는 외부 대상을 그 성격에 따라 여섯 가지로 분류한 것. 육경六境·육진六塵 등이라고도 한다. 안근의 대상인 색경色境, 이근의 대상인 성경聲境, 비근의 대상인 향경香境, 설근의 대상인 미경味境, 신근의 대상인 촉경觸境, 의근의 대상인 법경法境을 가리킨다.
1358 『註金光明最勝王經』(N4, 650b).

리는 것이다."¹³⁵⁹【원효와 경흥은 이것을 취하였다.】¹³⁶⁰

祥總顯云。一切諸根各住自性不能相知。各緣自境不能互緣。無有自在。此
卽遣我。【曉興取之。】

소 원효가 말하였다. "'안근眼根'은 일체법의 종자를 집지執持하여 잃
지 않게 하는 아뢰야식阿賴耶識에 의해 집수執受되는 것이다. 사대에 의해
지어진 색을 경계로 삼고 색경을 반연하여 일어나는 식識이 의지하는 것
이다. 정색淨色¹³⁶¹을 체로 삼는다. 색온에 섭수되고 무견유대無見有對¹³⁶²
이다. '이근耳根' 등도 또한 그러하다. 단지 차별되는 것은 각각 자신의 경
계에만 작용한다는 것이다. '의근意根'은 두 가지가 있다. 첫째는 공통된
것이다. 소승과 함께하는 것이고 오식五識과 공통된 것이기 때문이다. 둘
째는 공통되지 않는 것이니 오직 대승에만 있는 것이고 오식에 공통되지
않는 것이기 때문이다. 내지 이 경에서 '의근意根은 모든 법을 분별하네.'
라고 한 것은 공통된 것을 얻었기 때문이다. 두 가지의 의근을 취하니 말
나末那도 또한 모든 법을 반연하기 때문이다. 이 뜻은 『이장장二障章』¹³⁶³
에서 자세하게 설한 것¹³⁶⁴과 같다."¹³⁶⁵

1359 『金光明經疏』(T39, 165b).
1360 『玄樞』(T56, 644c).
1361 정색淨色 : 미세한 물질. 근根은 미세한 물질로 이루어진 청정근淸淨根(勝義根)과
거친 물질인 사대四大로 이루어진 부진근扶塵根이 있다.
1362 무견유대無見有對 : 무견과 유대는 각각 십팔계를 다양한 관점에서 분류하는 기준
이다. 무견이란 지시할 수 없는 것을 가리키고, 유대란 저촉되어 장애가 있는 것을
가리킨다. 곧 지시는 할 수 없지만 장애는 있는 것이다. 이 중에서 무견은 색계를 제
외한 나머지 17계이고, 유대는 색온에 포함되는 10계이므로 무견유대는 색계를 제
외한 성계·향계·미계·촉계·안계·이계·비계·설계·신계 등이다.
1363 『이장장二障章』 : 원효가 지은 『二障義』의 다른 이름. '이장'이란 번뇌장煩惱障과 소
지장所知障을 가리키는 말로 이 두 가지의 의미를 자세하게 해석한 것이다.
1364 『二障義』(H1, 812c).

曉云。眼根謂一切種子賴耶之所執受。四大所造色爲境界。緣色境識之所
依止。淨色爲體。色蘊所攝。無見有對。耳等亦爾。但差別者。各行自境。意
根有二。一共。共通小乘及五識故。二不共。唯在大乘。不通五識故。乃至
此經。意根分別一切法者。亦得通故。取二種意根。末那亦緣一切法故。此
義具如二障章說。¹⁾

1) ㉠ 이것은 집일문 전체가 세주이다.

경

사대라는 뱀은

그 성격이 각각 달라

상방에 두 가지가 있고 하방에 두 가지가 있으니

모든 방위에 또한 두 가지가 있네.[1366]

四大蚖蛇。其性各異。
二上二下。諸方亦二。

소 "모든 방위에 또한 두 가지가 있네."라는 것은 상방에도 또한 지대
와 수대가 있고 하방에도 또한 풍대와 화대가 있으며 내지 팔방도 또한
그러하다는 것이다.[원효가 뜻을 나타내어 말하였다. "시방에 모두 상법上法과 하법
下法의 대大가 있는 것을 말한 것이다. 상방에는 오직 올라가는 성품(화대·풍대)만이 있
고, 하방에는 오직 내려가는 성품(지대·수대)만 있음을 말하는 것은 아니다."[1367]][1368]

1365 『玄樞』(T56, 644c).
1366 『合部金光明經』(T16, 379c).
1367 상·하·동·서·남·북·동북·동남·서북·서남의 시방에 모두 지수라는 하법의 대
와 화풍이라는 상법의 대, 이 두 가지 대가 존재한다는 것을 말한다. 보통 두 가지를
사대 중 두 가지 곧 하방의 두 가지인 지수, 상방의 두 가지인 화풍으로 보는 견해가
많은데, 원효는 두 가지를 사대를 총괄하는 것으로 보았다. 곧 상법인 화풍과 하법
인 지수를 가리키는 말로 본다.

諸方二者。上方亦有地水。下方亦風火。乃至八方亦爾。【曉顯意云。謂於十方。皆有上下二法之大。非謂上方唯有上性。下方唯有下性也。】

경

심心과 식識의 두 가지 성질이
조급하게 움직여 멈추지 않네.
업에 따라 과보를 받아
천도와 인도의 여러 곳에서
지은 업에 따라
삼유에 떨어지네.[1369]

心識二性。躁動不停。
隨業受報。天人諸趣。
隨所作業。而墮三有。

소

원효는 세 가지 설을 제시하였다. "첫째는 의식意識을 '심心'이라고 하니 심왕心王의 뜻이기 때문이고 수승한 것으로 이름을 받았기 때문이다. 오식을 '식'이라고 하니 현재의 오진을 요별하는 뜻이 있기 때문이다. 둘째는 무색無色인 사온四蘊을 '식'이라고 하고 삼온三蘊을 '심'이라고 한다. 주된 것으로부터 이름을 얻었기 때문이다. 셋째는 곧 가상의 뜻[1370]을 취하였기 때문에 말하였다. 본식本識(아뢰야식)을 '심'이라고 하니 집기集起의 뜻이기 때문이다. 칠식七識을 '식'이라고 하니 전식轉識이기 때문이다. 본식을 분별하여 산란하게 움직이기 때문에 또한 '조급하게 움직여 멈추

1368 『玄樞』(T56, 645b).
1369 『合部金光明經』(T16, 379c).
1370 『金光明經疏』(T39, 165b).

지 않네.'라고 하였다."¹³⁷¹

曉有三說。一意識名心。心王義故。以勝受名故。識蘊名識。當相得名故。¹⁾
二無色四蘊名識。三蘊名心。從主得名故。識蘊名識。當相得名故。²⁾ 三卽
取祥義故云。本識名心。集起義故。七識名識。是轉識故。本識分別。亦是
散動故。亦得言躁動不停。³⁾

1) ㉯『玄樞』미주에 따르면 '識蘊名識。當相得名故。'를 갑본(『日本大藏經』수록본)
에서는 '五識名識了別。現在五塵義故。'라고 하였다. 2) ㉯『玄樞』미주에 따르면 '識
蘊名識。當相得名故。'는 연자일 수 있다. 3) ㉯ 이것은 집일문 전체가 세주이다.

경

나는 모든
견見·전纏¹³⁷² 등을 끊고
지혜의 칼로
번뇌의 그물을 찢었으며
오음이라는 집이
모두 공하고 고요한 것임을 관찰하여
위없는 도와
미묘한 공덕을 얻었네.¹³⁷³

我斷一切。諸見纏等。
以智慧刀。裂煩惱網。
五陰舍宅。觀悉空寂

1371 『玄樞』(T56, 645b).
1372 견見·전纏 : 두 가지 모두 번뇌의 다른 이름이다. '견'은 상견·단견 등과 같은 삿된
     견해를 가리키고, '전'은 분전瞋纏·수전睡纏 등과 같은 삿된 마음을 가리킨다.
1373 『合部金光明經』(T16, 379c).

證無上道。微妙功德。

소 가상이 말하였다. "자리와 이타의 두 가지 과를 밝힌 것이다. 자리 가운데 먼저 두 구절은 단덕斷德이고 나중의 두 구절은 지덕智德이다. '나는~끊고'라는 것은 석가 자신이 불과佛果를 얻은 것은 공의 이치를 관찰하여 견見·전纏 등을 끊고 모든 번뇌를 찢었기 때문이라는 것이다. 너희도 또한 번뇌를 끊고자 하면 공의 이치를 관찰하는 수행을 해야 한다고 하기 때문에 (이것을) 수행을 권한 부분이라고 한다. 뒤에서 권하는 뜻은 이것에 비추어서 알 수 있을 것이다."1374【원효와 승장과 경흥이 모두 이것을 취하였다.】1375

祥爲自利利他二果。自中。先二句斷德。後二句智德。言我斷者。謂釋迦我佛。1) 由觀空。斷見纏等。裂諸煩惱。汝等亦應欲斷煩惱。宜修空觀。故名勸修。下之勸意。類此可尋。【曉莊及興。卽皆取之。】

1) ㉯『金光明經疏』에 따르면 '佛' 뒤에 '果'가 누락되었다.

경
감로의 문을 열고
감로의 그릇을 보이며
감로의 성에 들여서
감로의 방에 앉히고
모든 중생으로 하여금
감로의 맛을 맛보게 하네.1376

1374 『金光明經疏』(T39, 165c).
1375 『玄樞』(T56, 646a).
1376 『合部金光明經』(T16, 379c).

開甘露門。示甘露器。

入甘露城。處甘露室。

令諸衆生。食甘露味。

소 가상이 말하였다. "처음의 두 구절은 교화하는 사람을 따라서 설한 것이다. 일단 간략하게 설한 것을 '열고(開)'라고 하고, 자세하게 모두 분별한 것을 '보이며(示)'라고 한다. '감로'는 열반의 과를 비유한 것이다. 세간인이 하늘의 감로를 먹으면 불사不死의 과를 얻는 것처럼 열반도 또한 그러하다. 나중의 네 구절은 교화의 대상이 되는 사람을 따라서 설한 것이다. 문혜聞慧[1377]를 아직 증득하지 않은 것을 '성에 들어서'라고 하고, 사혜思慧[1378]를 근접하게 증득한 것을 '방에 앉히고'라고 하며, 수혜修慧[1379]를 증득한 것을 '감로의 맛을 맛보게 하네.'라고 한다. 『법화경』에서 개시오입 開示悟入을 설한 것[1380]과 같다. 처음의 두 가지는 글과 같다. 그 경에서 '입

[1377] 문혜聞慧 : 문소성혜聞所成慧의 줄임말. 다른 이가 설하는 것을 직접 들음으로써 성취한 지혜를 가리킨다.

[1378] 사혜思慧 : 사소성혜思所成慧의 줄임말. 다른 이로부터 들은 교법의 의미를 스스로 깊이 사유함으로써 성취한 지혜를 가리킨다.

[1379] 수혜修慧 : 수소성혜修所成慧의 줄임말. 듣고 사유한 것을 선정을 통해 반복적으로 익힘으로써 성취한 지혜를 가리킨다. 문혜·사혜·수혜를 합쳐 삼혜三慧라고 한다. 여기에서 '혜'란 간택簡擇하는 작용, 곧 사리事理를 잘 판단하는 지혜를 가리킨다. 삼혜 자체는 유루有漏의 세속지世俗智이지만 이것이 근본이 되어 궁극적인 무루無漏의 지혜를 낳는다.

[1380] 『法華經』 권1 「方便品」(T9, 7a)에서 "모든 부처님·세존은 중생으로 하여금 불지견佛知見을 열어(開) 청정함을 얻게 하기 위해서 세상에 출현하셨고, 중생에게 부처님의 지견을 현시하고자 하여(示) 세상에 출현하셨으며, 중생으로 하여금 불지견을 깨닫게 하기 위해서(悟) 세상에 출현하셨고, 중생으로 하여금 불지견도에 들어가게 하기 위해(入) 세상에 출현하셨다.(諸佛世尊。欲令衆生。開佛知見。使得淸淨故。出現於世。欲示衆生。佛之知見故。出現於世。欲令衆生。悟佛知見故。出現於世。欲令衆生。入佛知見道故。出現於世。)"라고 한 것을 가리킨다. 천태종에서는 이 경의 글에 의거하여 개시오입을 사위四位·사지四智 등에 배대한다. 예를 들면 사위의 경우 '개'는 십주위十住位에 배당한다. 이 계위의 처음에 무명을 없애고 여래장을 나타내고 실상의

入'이라고 한 것을 이 경에서는 '들여서 앉히고'라고 하였다. 그 경에서 '오悟'라고 한 것을 이 경에서는 '감로의 맛을 맛보게 하네.'라고 하였다."[1381]

세 법사가 모두 의거하였다. 단지 혜소는 간략하게 취하였을 뿐이다. 원효와 승장과 경흥이 덧붙여서 말하였다. "앞의 네 가지 지혜[1382]에 의지하여 열반의 과를 증득하고 여덟 가지 맛을 수용하기 때문에 '맛보게 하네.'라고 하였다. (여덟 가지 맛이란)『열반경』에서 '첫째는 상주하는 것이고, 둘째는 항상된 것이며, 셋째는 안락한 것이고, 넷째는 청량한 것이며, 다섯째는 늙지 않는 것이고, 여섯째는 죽지 않는 것이며, 일곱째는 더러움이 없는 것이며, 여덟째는 유쾌하고 즐거운 것이다.'[1383]라고 한 것과 같다."[1384]

祥云。初二句就能化人說。一法[1)]略說名開。委悉分別爲示。甘露譬涅槃果。如人[2)]間。[3)]食天甘露。得生[4)]死果。證[5)]涅槃亦爾。後二[6)]句。就所化人說。聞慧未證名入城。思慧近證名處室。修慧證得名食味。同法花中開示悟入。初二如文。彼[7)]入此[8)]名入處。彼悟此句[9)]食味。三師皆依。但沼略取。曉莊興加云。依前四慧。證涅槃果。受用八味。故名爲食。如涅槃云。一常。二恒。

이치를 드러내기 때문이다. '시'는 십행위十行位에 배당한다. 이 계위에서 미혹의 장애가 모두 사라지고 지견知見의 체도 또한 스스로 드러나서 이 체가 온갖 덕을 갖추었기 때문에 모든 법계의 온갖 덕이 낱낱이 드러나 분명해지기 때문이다. '오'는 십회향위十廻向位에 배당한다. 이 계위에서 이미 장애가 제거되고 체가 드러나 법계의 온갖 덕이 명료해지면 반드시 이리와 사사가 융섭하기 때문이다. '입'은 십지위十地位에 배당한다. 이 계위에서 사사와 이리가 이미 융섭되고 자재무애하여 자유롭게 일체지一切智의 바다에 들어가기 때문이다.

1381 『金光明經疏』(T39, 165c).
1382 네 가지 지혜 : 문혜·사혜·수혜의 세 가지 지혜(三慧)에 생득혜生得慧를 더한 것. 생득혜란 앞의 세 가지 지혜를 낳을 수 있게 하는 태어나면서부터 지니고 있는 지혜를 가리킨다.
1383 『涅槃經』 권3(T12, 625a).
1384 『玄樞』(T56, 646b).

三安。四淸凉。五不老。六不死。七無垢。八快樂也。[10]

1) ㉠『金光明經疏』에 따르면 '法'은 '往'이다. 2) ㉠『金光明經疏』에 따르면 '人'은 '世'이다. 3) ㉠『金光明經疏』에 따르면 '間' 뒤에 '人'이 누락되었다. 4) ㉠ '生'은 '不'인 것 같다. 5) ㉠『金光明經疏』에 따르면 '證'은 연자이다. 6) ㉠『金光明經疏』에 따르면 '二'는 '四'이다. 7) ㉠『金光明經疏』에 따르면 '彼' 뒤에 '經'이 누락되었다. 8) ㉠『金光明經疏』에 따르면 '此' 뒤에 '經'이 누락되었다. 9) ㉠『金光明經疏』에 따르면 '句'는 '經'이다. 10) ㉠ 이것은 집일문 전체가 세주이다.

경

큰 법의 소라를 불고
큰 법의 북을 치며
큰 법의 등불을 밝히고
뛰어난 법의 비를 뿌리네.[1385]

吹大法螺。擊大法鼓。
然大法燈。雨勝法雨。

소 원효가 뜻을 서술하여 말하였다. "외국의 법은 해가 바뀔 때 소라를 부는 것으로 표식을 삼는다. 비니장毘尼藏[1386]이 악을 바꾸어서 계를 이루게 하는 가르침인 것을 비유한 것이다."[1387]

曉述意云。外國之法。改年之時。吹螺爲標。以喩毘尼改惡成戒之敎。[1]

1385『合部金光明經』(T16, 379c).
1386 비니장毘尼藏: ⓢ vinaya-piṭaka. '비니'는 ⓢ vinaya의 줄인 음역어로 갖춘 음역어는 비나야毘那耶이다. 몸과 마음과 입에서 일어나는 번뇌를 조화시켜 악행을 굴복시키도록 하기 때문에 조복調伏, 악의 불꽃을 불어 끄기 때문에 멸멸, 세간의 법률과 같이 죄를 판결하여 벌을 주는 역할을 하기 때문에 율律 등으로 의역한다. '장'은 ⓢ piṭaka의 의역어로 창고라는 뜻이다. 비니장은 곧 율장律藏으로 계율과 관련된 내용을 담은 글을 통틀어서 일컫는 말이다.
1387『玄樞』(T56, 646b).

1) 역 이것은 집일문 전체가 세주이다.

소 원효가 말하였다. "'북'의 공능은 마음을 가지런하게 하는 것에 있다. 수다라장修多羅藏[1388]이 심일경성心一境性[1389]을 이루게 하는 가르침인 것을 비유한 것이다."[1390]

曉云。鼓之爲功。令心齊一。喩修多羅令成心一境性之敎也。[1)]

1) 역 이것은 집일문 전체가 세주이다.

소 원효가 말하였다. "'등불'의 덕은 어둠을 물리치고 사물을 비추는 것에 있다. 달마장達摩藏[1391]이 지혜를 일으키고 미혹을 소멸하는 가르침인 것을 비유한 것이다."[1392]

曉云。燈之爲德。破闇照物。喩達摩藏發慧滅惑之敎也。[1)]

1) 역 이것은 집일문 전체가 세주이다.

소 원효가 말하였다. "('뛰어난 법의 비를 뿌리네.'라는 것은) 잡장雜藏[1393]

1388 수다라장修多羅藏 : [S] sūtra-piṭaka. '수다라'는 [S] sūtra의 음역어로 경經이라고 의역한다. 수다라장은 곧 경장經藏으로 부처님께서 설한 이치와 관련된 가르침을 통틀어서 일컫는 말이다.
1389 심일경성心一境性 : 삼마지三摩地의 여러 가지 다른 이름 중 하나. 마음을 하나의 대상에 전념하게 하는 의식작용임을 나타내는 말이다.
1390 『玄樞』(T56, 646b).
1391 달마장達摩藏 : [S] abhidharma-piṭaka. '달마'는 [S] abhidharma의 줄인 음역어로 갖추어서 아비달마阿毘達磨라고 하고, '장'은 [S] piṭaka의 의역어로 바구니라는 뜻이다. 삼장三藏 중 부처님의 가르침을 해설한 글인 논장論藏을 가리키는 말이다.
1392 『玄樞』(T56, 646c).
1393 잡장雜藏 : 불전을 네 가지로 분류한 것 중 하나. 네 가지란 경장經藏·율장律藏·논장論藏·잡장雜藏이다. 잡장은 모든 보살의 교행敎行을 서술한 것이다. 출처에 따라서 잡장의 구체적인 내용을 달리 설하고 있다. 『增一阿含經』에서는 방등대승方等大

이 통틀어서 삼학三學[1394]의 선근을 일으키는 것을 비유한 것이다."[1395]

曉云。以喩雜藏通生三學之善根也。[1)]

1) ㉻ 이것은 집일문 전체가 세주이다.

경

나는 이제 모든 원수 같은
결結을 꺾어 항복시키고
가장 뛰어나고 미묘한
법의 깃대를 똑바로 세워서
모든 중생을
생사의 바다에서 건네주고
영원히 삼악도三惡道의
한량없는 고통 끊어 주리라.

我今摧伏。一切怨結。
竪立第一。微妙法幢。

乘과 여러 가지 계경契經을 잡장이라고 하였고, 『摩訶僧祈律』에서는 벽지불·아라한이 스스로 과거세에 수행하면서 있었던 인연을 설한 게송을 잡장이라고 하였으며, 『分別功德論』에서는 "잡장은 한 사람의 설이 아니어서 혹은 부처님이 설한 것이고 혹은 제자가 설한 것이며 혹은 여러 하늘이 찬송한 것이며 혹은 삼아승기겁 동안 보살이 수행하면서 태어난 인연을 설한 것이니 글과 뜻이 하나가 아니고 삼장보다 많기 때문에 잡장이라고 한다."라고 하였다.

1394 삼학三學 : 불교를 배우는 사람이 반드시 닦아야 할 세 가지 학문. 계율·선정·지혜를 가리킨다. 계율은 선을 닦을 수 있는 것이니 이로 인해 몸과 입과 뜻으로 짓는 악업을 방지한다. 선정은 산란함을 거두어 정신을 맑게 하고 잡념을 제거하여 본성을 보고 도를 깨닫게 한다. 지혜는 본성을 발현하여 번뇌를 끊고 모든 부처님의 실상을 보게 한다. 계로 말미암아 선정을 낳을 수 있고 선정으로 말미암아 지혜를 낳을 수 있다.

1395 『玄樞』(T56, 646c).

度諸衆生。於生死海。

永斷三惡。無量苦惱。

한량없는 고뇌와 불타오르는 번뇌가
모든 중생을 불태워도
구호할 이가 없고
의지할 곳도 없네.
나는 감로의
청량하고 훌륭한 맛으로
이 무리들 충족시켜
타는 듯한 뜨거움 여의게 하리라.[1396]

煩惱熾然。燒諸衆生。
無有救護。無所依止。
我以甘露。清涼美味。
充足是輩。令離焦熱。

소 원효가 말하였다. "통틀어서 앞의 네 가지 장藏(비니장·수다라장·달마장·잡장)이 뛰어나서 네 가지 마구니(四魔)[1397]를 파괴할 수 있는 뛰어난 궤범인 것을 비유한 것이다." 경흥이 원효의 해석을 따져서 말하였다. "『법화경론』에서 설한 것[1398]에 어긋나기 때문에 이것을 받아들이지 않

1396 『合部金光明經』(T16, 379c).
1397 네 가지 마구니(四魔): 첫째는 온마蘊魔이고, 둘째는 번뇌마煩惱魔이며, 셋째는 사마死魔이고, 넷째는 천자마天子魔(욕계 제6천의 마왕이 사람들의 착한 일을 훼손하고 성인의 법을 싫어하고 질투하여 뇌란시켜서 수행자로 하여금 출세의 선근을 성취하지 못하게 함)이다.
1398 『法華經論』권상(T26, 4a).

는다."¹³⁹⁹

曉云。通喩前四藏勝能破四魔之高範也。興徵曉云。違法花論。故不存之。¹⁾
1) ㉭ 이것은 집일문 전체가 세주이다.

경

한량없는 겁 동안
모든 행을 수순하여 닦고
모든 부처님·세존을
공양하고 공경하였네.¹⁴⁰⁰

於無量劫。遵修諸行。
供養恭敬。諸佛世尊。

소 원효가 말하였다. "'한량없는 겁'이라는 것은 부처님께서 과거에 수행한 시간이 길고 오래되었음을 나타낸 것이다. '행을 수순하여(遵) 닦고'라는 것은 닦은 온갖 행이 모두 공의 이치에 수순하기 때문에 '수순하여 닦고'라고 하였다. '준遵'이라는 것은 수순하는 것이다.『기신론』에서 '법성의 체는 간탐이 없음을 알기 때문에 수순하여 단바라밀檀波羅蜜¹⁴⁰¹을 수행하고, 법성은 오욕의 허물을 떠났음을 알기 때문에 수순하여 시바라밀尸波羅蜜¹⁴⁰²을 수행하며, 법성은 고통이 없어서 분노와 괴로움을 떠났음을 알기 때문에 수순하여 찬제바라밀羼提波羅蜜¹⁴⁰³을 수행하고, 법성은

1399 『玄樞』(T56, 646c).
1400 『合部金光明經』(T16, 380a).
1401 단바라밀檀波羅蜜 : 주석 1062 참조.
1402 시바라밀尸波羅蜜 : 주석 1063 참조.
1403 찬제바라밀羼提波羅蜜 : 주석 1064 참조.

몸과 마음의 모양이 없어서 게으름을 떠났음을 알기 때문에 수순하여 비리야바라밀毘梨耶波羅蜜[1404]을 수행하며, 법성은 항상 정定의 상태에 있어서 산란함을 떠났음을 알기 때문에 수순하여 선바라밀禪波羅蜜[1405]을 수행하고, 법성의 체는 밝아서 무명을 떠났음을 알기 때문에 수순하여 반야바라밀般若波羅蜜[1406]을 수행한다.'[1407]라고 한 것과 같다."[1408]

曉云。無量劫者。顯佛昔日修時長遠。遵修行者。所修萬行。皆順空理。故言順修。遵者順也。如起信言。以知法性無慳貪故。隨順修行檀波羅蜜。以知法性離五欲過故。隨順修行尸波羅蜜。以知法性無苦離瞋惱故。隨順修行羼提波羅蜜。以知法性無身心相離慢怠故。隨順修行毘梨耶波羅蜜。以知法性常定離散亂故。隨順修行禪波羅蜜。以知法性體明離無明故。隨順修行般若波羅蜜。

1404 비리야바라밀毘梨耶波羅蜜 : 주석 1066 참조.
1405 선바라밀禪波羅蜜 : 주석 1067 참조.
1406 반야바라밀般若波羅蜜 : 주석 1068 참조.
1407 『大乘起信論』(T32, 581a).
1408 『玄樞』(T56, 646c).

제9 의공만원품
依空滿願品第九。

경 이때 여의보광요선녀천如意寶光耀善女天이 대중 속에서 자리에서 일어나 오른쪽 어깨를 드러내고 오른쪽 무릎을 땅에 대고 꿇어앉아 합장하고 공경하며 게송으로 부처님께 말씀드렸다.[1409]

是時如意寶光耀善女天。於大衆中。從座而起。偏袒右肩。右膝著地。合掌恭敬。以偈白佛。

소 "여의" 이하는 설법을 요청한 사람을 밝혔다. 이름에 네 가지 뜻이 있다. 첫째는 자신을 이익 되게 하고 타인을 이익 되게 하여 마음을 원만하게 하기 때문에 "여의"라고 하였다. 둘째는 스스로 선근과 공덕을 섭수한 것이 보배처럼 사랑할 만한 것이기 때문에 ("보"라고 하였다.) 셋째는 스스로 번뇌에 의해 물들지 않았기 때문에 "광"이라고 하였다. 넷째는 타인의 번뇌를 제거할 수 있기 때문에 "요"라고 하였다.【원효와 승장과 혜소[1410]와 경흥은 모두 이것을 윤식潤飾하였다.】

如意下明請人。名有四義。一自利利他。令心滿足。故云如意。二自攝善功德。可愛如寶。三自不爲煩惱汚。故云光。四能除他煩惱。故云耀也。【曉莊沼興。皆潤飾之。】

소 "천녀"라는 것은 본본(『합부금광명경』)에서는 "선녀천"이라고 하였다.

1409 『合部金光明經』(T16, 380a).
1410 『金光明最勝王經疏』권4(T39, 276c). 전체 문맥상 서로 유사하면서 더 많은 내용을 보태었다.

여인의 모습을 한 것에는 다섯 가지 뜻이 있다. 첫째는 인因 가운데 전도된 마음을 일으키지 않는 것이고, 둘째는 과果를 의심하지 않는 것이다. 이 두 가지는 자신을 이익 되게 하는 것이다. 셋째는 중생에 대해 자비심을 일으키는 것이니, 이 한 가지는 타인을 이익 되게 하는 것이다. 넷째는 보리를 얻을 것을 서원하고 좋아하는 것이니, 자신의 이익과 타인의 이익에 통하는 것이다. 여인이라고 한 것은 다음과 같은 의미가 있다. 첫째, 다른 하심下心(게으른 마음)을 가진 중생을 분개忿慨시켜서 불도를 닦게 하기 위한 것이다. 둘째, 다른 사람이 경멸하고 하열하게 여기는 마음을 일으켜서 여인은 감당할 수 없다고 말하는 것을 그치게 한다. 셋째, 외도가 여인은 남자가 될 수 없고 남자는 여인이 될 수 없다고 밝힌 것을 무너뜨리려고 한 것이다. 넷째, 법에 의지하고 사람에 의지하지 않음을 밝히려고 한 것이다. 다섯째는 이치가 평등하여 수행하는 이는 모두 얻을 수 있음을 보이고자 한 것이다. 그러므로 보살이 여인의 모습을 나타내 보였다.【원효와 경흥이 바로 취하였다.】[1411]

天女者。本云善女天。作女形有五義。一於因中不生倒心。二於果無疑心。此二種自利。三於衆生中。生慈悲心。此一種爲利他。四願樂菩提。通自他。言女人者。一爲他下心衆生。令其忿慨。修道。二息他生輕劣心言女人無堪。三欲破外道明女人不得作男男不得作女。四欲明依法不依人。五示理平等。修者皆得。故菩薩示爲女形也。【曉興卽取。】

경

제가 세계를 비추는

양족최승존兩足最勝尊께

1411 『玄樞』(T56, 648b).

보살의 바른 수행법을 묻사오니
듣는 것을 허락해 주소서.[1412]

我問照世界。兩足最勝尊。
菩薩正行法。惟願垂聽許。

소 "세계를 비추는"이라는 것은 세 가지 뜻이 있다. 첫째는 몸의 광명이 "세世"를 비추고 지혜의 광명이 "계界"를 비추는 것이니, "계"는 법계이고 "세"는 속세이다. 둘째는 여래의 법의 광명에 두 가지가 있으니, 첫째는 속俗을 "세"라고 하고 둘째는 진眞을 "계"라고 한다. 셋째는 중생에 두 부류가 있으니, 첫째는 악도이고 둘째는 선도이다. 첫째의 부류를 위해 "세"를 설하니 보시·지계·선정의 세 가지 법으로 세 가지 고통을 제거하는 것을 말한다. 보시는 빈궁의 고통을 제거하고, 지계는 악도의 고통을 제거하며, 선정은 인간과 하늘의 고통을 제거한다. 이 세 가지 법을 설하기 때문에 "세"라고 한다. 둘째의 부류를 위해 "계"를 설하니, 선도의 중생을 제도하기 위해 바로 삼승을 설하여 모두 법계를 얻게 한다.【원효와 승장과 혜소[1413]와 경흥은 단지 처음에 몸의 광명이 비추는 뜻을 취하였을 뿐이다.】[1414]

照世界者。有三義。一身光照世。智光照界。界是法界。世是俗世。二如來法光有二種。一說俗曰世。二說眞曰界。三衆生有二。一惡道。二善道。一說世。謂施戒定三法除三苦。施除貧窮苦。戒除惡道苦。定除人天苦。說此

1412 『合部金光明經』(T16, 380a).
1413 『金光明最勝王經疏』 권4(T39, 277a)에서 "세간에 두 가지가 있다. 유정과 기세간이다. 몸의 광명과 지혜의 광명이 두 세간을 모두 비추는 것이다.(世間有二。有情及器。身光智光俱照二世間。)"라고 하였다.
1414 『玄樞』(T56, 648c).

三法故曰世。世是惡道。二說界。爲度善道卽說三乘皆得法界也。【曉莊沼興。
但取初身光照義耳。】

소 "양족최승존"에는 다섯 가지 뜻이 있다.

첫째는 여래는 인간과 하늘과 같이 두 발(兩足)을 가진 모든 것 가운데 가장 존귀하다. 둘째는 "양족"은 이승이다. 여래는 대승과 소승을 모두 설하기 때문에 "최승"이라고 한다. 셋째는 여래는 생사처와 해탈처에서 의지할 곳이 되기 때문에 "양족"이라고 한다. 두 가지 처소에서 의지할 곳이 될 수 있기 때문에 "최승"이다. 넷째는 복덕과 지혜 가운데 성문은 단지 지혜만 있고 복덕은 없기 때문에 일족一足이고, 보살은 두 가지를 모두 갖추었기 때문에 "이족二足(양족)"이라고 한다. 다섯째는 세속을 비추는 것은 화신이고, 법계를 비추는 것은 응신이며, 두 가지를 모두 비추는 것은 법신이다. 법신은 응신과 화신의 두 가지를 모두 갖추고 있기 때문에 "최승"이라고 한다. 수의 사나굴다가 말하였다. "'조세계照世界'에 두 가지 뜻이 있다. 첫째는 간략하게 풀이하는 것이다. (여기에서는) 바로 앞에서 설한 것 중 다섯 번째 뜻을 제시하였다. 둘째는 자세하게 풀이하는 것이다. (여기에서는) 앞에서 제시한 '몸의 광명' 등의 세 가지 뜻[1415]을 제시하였다." 【여러 법사가 모두 처음의 뜻을 취하여 "양족"을 풀이하였다. 경흥은 ("양족兩足"이) "최승最勝"과 구별되지 않는다고 풀이하고 자신의 견해를 말하면서 원효가 "'세世'는 곧 '계界'여서 차별의 뜻이 없다."라고 한 것을 취하고, "또한 체가 이미 동일하니 '세'와 '계'를 구별하여 '세'는 화신이고 '계'는 응신이라고 하는 것은 큰 잘못이라고 할 수 있다."라고 하였다.】[1416]

兩足尊者有五義。一如來。於人天兩足。最爲勝尊。二兩足是二乘。如來具

1415 바로 앞의 소에서 "세계를 비추는"이라고 한 것과 관련하여 제시한 세 가지 뜻을 가리킨다.
1416 『玄樞』(T56, 649a).

說大小二乘。故云最勝。三如來爲生死解脫二處作依。故曰兩足。能作二依。卽是最勝。四福智二種。聲聞但慧無福。故名一足。菩薩具二。故云二足。五照世化身。照界應身。兩足法身。法身有應化二足。故云最勝。隋云。照世界有二義。一略釋。卽擧此第五義。二廣釋。卽前身光等三義【諸師皆取初義釋兩足也。與釋最勝無別。自說。取曉云。世卽界無別義。又體旣同。而別世界爲化應者。可謂大過。】

소 원효가 말하였다. "'수垂(베푸는 것)'는 윗분을 공경하는 말이다."[1417]

曉云。垂者敬上之辭。[1)]
1) ㉯ 이것은 집일문 전체가 세주이다.

경

어떻게 모든 보살들이
보리의 바른 행을 행하여
생사와 열반을 여의고
자신과 타인을 이익 되게 하는 것입니까?[1418]

云何諸菩薩。行菩提正行。
離生死涅槃。利益自他故。

소 세 번째로 바로 질문한 것이니 네 가지로 이루어졌다.
한 구절은 네 부류의 사람을 여의는 법을 물은 것이고, 한 구절은 네 가지 도를 닦는 법을 물은 것이며, 한 구절은 네 가지 장애를 제거하는 법을

1417 『玄樞』(T56, 649b).
1418 『合部金光明經』(T16, 380a).

물은 것이고, 한 구절은 네 가지 덕을 얻는 것을 물은 것이다.

> 第三正問爲四。一句問離四人。一句問修四道。一句問除四障。一句問得四德。

네 부류의 사람이라는 것은 두 부류의 범부(人乘과 天乘)와 두 부류의 성자(성문승과 연각승)이다. 지금은 보살에 대해서 물었다.【수의 사나굴다가 덧붙여서 말하였다. "네 부류의 사람을 넘고 여의어서 가장 뛰어난 것이 보살이다." 경흥이 말하였다. "어떤 중생이 보살종성菩薩種性이 없다면 반드시 대보리도大菩提道를 닦을 수 없기 때문에 '보살들'이라고 하였다."】설령 보살종성을 갖추고 있더라도 연에 따라서 정해져 있지 않다가 바로 발심을 취하여 대승행을 추구하는 이는 보살종성을 갖추었다고 말하지 않는다. 그러므로 본本에서 앞의 한 구절은 뒤의 세 구절을 통관한다.

보리행을 행하는 것을 도라고 하는데 여기에 네 가지가 있다. 첫째는 대승을 원하고 좋아하는 것이고, 둘째는 공해空解를 수행하는 것이며, 셋째는 파공정破空定[1419]을 닦는 것이고, 넷째는 대자비를 닦는 것이다.【바로 40심이다.】

생사와 열반을 여의는 것에 네 가지 장애가 있다. 첫째는 일천제가 생사를 탐하는 장애이다. 둘째는 신견身見에 빠진 사람이 아我와 인人을 계탁하는 장애이다. 셋째는 성문이 생사를 두려워하며 다른 사람을 이익 되게 하려 하지 않는 장애이다. 넷째는 연각이 다른 사람을 이익 되게 하려 하지 않는 장애이다. 앞의 두 가지는 생사에 나아간 것이고, 뒤의 두 가지는 열반에 나아간 것이다.

1419 파공정破空定 : 파공삼매破空三昧라고도 한다. 공에 대한 집착을 무너뜨리는 삼매라는 뜻이다. 이러한 선정에 의해 보살은 법신이 견고해져서 유약한 마음을 일으키지 않는다.

생사의 두 가지 장애를 버리고 청정함과 아我의 두 가지 덕을 얻으며, 열반의 두 가지 장애를 버리고 즐거움과 상주함의 두 가지 덕을 얻는다.【청정함과 아我는 자신을 이익 되게 하는 행위로 말미암아 있는 것이고, 영원함과 즐거움은 다른 사람을 이익 되게 하는 행위로 말미암아 있는 것이다. 그러므로 "자신과 타인을 이익 되게 하는 것입니까?"라고 하였다. 이미 소승(성문승)을 버려 생사를 두려워하지 않고 중승中乘(연각승)을 버려 다른 사람을 이익 되게 하려는 마음을 가진다. 보살은 자비에 의해 열반에 집착하지 않고 생사를 버리지 않으며, 지혜에 의해 생사에도 머물지 않고 열반에도 머물지 않는다.】

四人者。二凡二聖。今問菩薩。【隋加云。出離四人之上爲菩薩也。興云。若有衆生。無菩薩種。必不能修大菩提道。故云。諸菩薩。】設雖有性。隨緣不定。正取發心。求大乘行。非謂有性。故如本上一句通貫下三句也。行菩提行者道也。有四。一願樂大乘。二修行空解。三修破空定。四修大慈悲。【卽四十心。】離生死涅槃明四障。一闡提貪生死障。二身見計我人障。三聲聞畏生死不爲他障。四緣覺不利他障。前二就生死。後二就涅槃。捨生死二障。得淨我二德。捨涅槃二障。得樂常二德。【淨我由自利有之。常樂由利他有之。故云利益自他故。已捨小乘。不畏生死。捨中乘。心利他。菩薩以慈悲。不著涅槃。不捨生死。以智慧。不住生死。不捨涅槃。】

또한 "보리의 바른 행을 행하여"란 진실한 깨달음을 얻는 것이고, "생사와 (열반을 떠나는 것이며)" 등은 멸장滅障을 제거하는 것이며, "이익"이란 자신과 타인이 과를 증득하게 하는 것이다. 처음은 견지見地이고 다음의 한 가지는 수지修地이며, 나중의 한 가지는 구경지究竟地이다.【원효와 승장과 경흥은 수의 사나굴다의 견해를 취하여 뜻을 서술하였다. 혜소[1420]는 세 가지 해석을 제시

1420 『金光明最勝王經疏』권4(T39, 277a).

하였다. 첫 번째 것은 세 법사와 같고, 마지막 것은 본本을 취하였다.]^{1421}

又菩提正行。眞實解。離生死等。是除滅障。利益是自他證果。初見地。次一修地。後一究竟地。【曉莊及興。取隋述意。沼有三釋。初同三師。後卽取本。】

경 부처님께서 말씀하셨다.
"선녀천이여, 법계에 의지하여 보리의 법을 행하고 평등한 행을 닦아야 한다."^{1422}

佛言。善女天。依於法界。行菩提法。修平等行。

소 경흥이 원효의 설을 따지고 또한 본本의 해석을 따져서 말하였다. "무릇 '평등'이라는 것은 생사와 열반을 멀리 떠난다는 뜻이다. 만약 삼승三乘의 열반을 좋아하는 마음을 떠났기 때문에 이타利他라고 한다면 이미 범부가 생사에 물든 견해를 떠난 것을 반드시 자리自利가 아니라고 할 수 없다. 그러므로 '보리의 법'은 곧 지혜이고, '평등한 행'은 곧 복덕이다. 결정코 거듭해서 잃은 것이라고 한다."^{1423}

興徵曉說。又徵本云。夫平等者。遠離生死涅槃之義。若離三乘樂涅槃心故利他者。旣離凡夫染生死見。必不可言非自利。故菩提法卽智。平等行卽福。定重言失。$^{1)}$

1) ㉠ 이것은 집일문 전체가 세주이다.

1421 『玄樞』(T56, 649c).
1422 『合部金光明經』(T16, 380a).
1423 『玄樞』(T56, 650a).

경 어떤 것이 법계에 의지하여 보리의 법을 행하고 평등한 행을 닦는 것인가? 선녀천이여, 오음은 법계를 나타낼 수 있으니 법계는 오음이다. (그런데 법계를) 오음이라고도 말할 수 없고 오음이 아니라고도 말할 수 없다. 무엇 때문인가? 오음이 법계라고 하면 단견斷見이고 (법계가) 오음을 떠난 것이라고 하면 상견常見이다. 두 변을 여의고 두 변에 집착하지 않아야 한다. 볼 수 없고 보이는 것을 넘어서며 이름도 없고 모양도 없다. 이것을 곧 법계를 말한 것이라고 한다.[1424]

云何依於法界。行菩提法。修平等行。善女天。五陰能現法界。法界是五陰。五陰亦不可說。非五陰亦不可說。何以故。若五陰是法界。則是斷見。若離五陰。卽是常見。離於二邊。不著二邊。不可見。過所見。無名無相。是則名爲說於法界。

소 처음에 또한 세 가지가 있다. 첫째는 표방한 것이고, 둘째는 해석한 것이며, 셋째는 맺은 것이다.【원효는 바로 이것을 취하였다.】[1425]

初又三。一標。二釋。三結。【曉卽取之】

소 원효가 말하였다. "'오음'은 사事이고, '법계'는 이理이다. 이는 사를 떠나지 않고 사를 드러낼 수 있기 때문에 '오음은 법계를 나타낼 수 있으니'라고 하였다."[1426]

曉云。五陰是事。法界是理。理不離事。事能現理。故言五陰能現法界。[1)]

1424 『合部金光明經』(T16, 380a).
1425 『玄樞』(T56, 650b).
1426 『玄樞』(T56, 650b).

1) ⓥ 이것은 집일문 전체가 세주이다.

소 원효가 말하였다. "그런데 '나타낼 수 있으니'의 뜻은 간략하게 세 가지가 있다. 곧 앞에서 자신과 다른 것의 두 가지를 나타낸 것에다가 자신도 아니고 다른 것도 아닌 것을 나타낸 것을 더한 것이다. 말하자면 항아리와 물동이가 미진의 성품을 나타내는 것 등과 같은 것이니 이것을 세 번째라고 한다. 지금 여기에서 나타낸다는 것은 세 번째 문이다. 오음과 법은 동일한 것도 다른 것도 아니기 때문이다."[1427]

曉云。然能現義。略有三種。卽上自他二現。加現非自非他。謂如瓶瓫。現微塵性等。以爲第三。今此中現。在第三門。陰與法。非一異故。[1)]

1) ⓥ 이것은 집일문 전체가 세주이다.

경 이와 같이 오음은 인연으로부터 생겨나지 않는다. 무엇 때문인가? 만약 인연으로부터 생겨난다면 이미 생겨난 것이 생겨남을 얻는 것이거나 아직 생겨나지 않은 것이 생겨남을 얻는 것이어야 한다. 만약 이미 생겨났다면 무엇 때문에 인연에 의해 생겨나겠는가? 이미 생겨난 것이면 인연으로부터 생겨나지 않는다. 아직 생겨나지 않았을 때는 생겨남을 얻을 수 없다. 무엇 때문인가? 아직 생겨나지 않은 모든 법은 있는 것이 아니고 이름도 없고 모양도 없으며 산수算數나 비유에 의해 알 수 있는 것이 아니며 인연에 의해 생겨난 것이 아니다.[1428]

如是五陰。不從因緣生。何以故。若從因緣生。已生故得生。未生故得生。若已得生。何因緣生。若已生。不從因緣生。若未生時。不可得生。何以故。

1427 『玄樞』(T56, 650c).
1428 『合部金光明經』(T16, 380b).

未生諸法。則是不有。無名無相。非算數譬喻之所能知。非因緣所生。

소 원효가 말하였다. "이것은 네 쌍으로 이루어진 팔불八不에 나아가서 두 변에 대한 여러 가지 집착을 자세하게 무너뜨린 것이다. 생겨나는 것도 없고 소멸하는 것도 없으며, 오는 것도 없고 가는 것도 없으며, 영원한 것도 없고 단멸하는 것도 없으며, 동일한 것도 없고 다른 것도 없는 것을 말한다. 여기에서 대강의 뜻은 오음에 나아가서 이 모든 변견을 무너뜨림으로써 법계에 상응하고 변견을 떠난 도리를 나타내는 것이다. 내지 '인연으로부터 생겨나지 않는다.'라는 것은 세 부류의 학자가 집착하는 연에 의한 생겨남을 통틀어서 무너뜨리는 것이다. 외도와 소승과 대승을 배웠으나 유소득有所得의 견해를 지닌 사람[1429]을 말한다. 그들은 모두 인연으로부터 생겨나는 것이 있다고 집착하기 때문이다." 자세한 것은 그곳에서 설한 것과 같다.[1430]

曉云。此就四雙八不。廣破二邊諸執。謂不生不滅。不來不去。不常不斷。不一不異。此中大意。就於五陰。破此諸邊。則顯法界離邊道理。乃至不從因緣生者。通破三宗所執緣生。謂外道小乘及學大乘有所得者。彼皆執有因緣生故。具如彼也。[1)]

1) ㉭ 이것은 집일문 전체가 세주이다.

소 승장이 말하였다. "이미 생겨난 것이 생겨난다면 이미 먼저 체가

1429 대승을 배웠으나 유소득有所得의 견해를 지닌 사람 : 유소득대승有所得大乘이라고 한다. 대승의 교리를 배우고 익혔지만 그 교리 자체에 집착하여 진실한 모습을 파악하지 못한 사람을 지칭하는 말. 예를 들면 적멸寂滅이나 무생無生이라는 가르침을 배웠지만 다시 그것에 집착하여 적멸심寂滅心이나 무생심無生心을 일으키는 것을 말한다.
1430 『玄樞』(T56, 651b).

• 459

있었으니 생겨난 것이라고 이름하지 않는다. 본래 있었기 때문이니 허공 등과 같다.『대승광백론석론』권5에서 '본래 없다가 지금 있는 것을 생겨남이라고 하고, 본래 있다가 지금 없는 것을 소멸함이라고 한다. 생과 멸은 두 부분이 합하여 이루어진 것이다. 마치 집과 같고 숲과 같은 것이니 어찌 진실된 것이라고 하겠는가?'[1431]라고 하였다.……" 경흥이 말하였다. "과의 체가 이미 있다면 생겨나는 뜻은 이루어지지 않으니 무엇 때문에 인연이 작용하겠는가?『대승광백론석론』에서 '원인 가운데 먼저 결정코 과가 있다면 과는 바로 원인과 같은 것이니 다시 생겨나지 말아야 한다.'[1432]라고 한 것과 같다. 아직 생겨나지 않은 것이 생겨난다면 토끼의 뿔과 같이 없는 것이니 생겨날 수 없다. 내지『대승광백론석론』에서 '원인 가운데 먼저 결정코 과가 없다면 바로 과와 같지 않을 것이니 생겨날 수 없어야 한다.'[1433]라고 한 것과 같다." 대부분 원효의 뜻을 취한 것이다.[1434]

莊云。已生生者。已先有體。不名爲生。以本有故。如虛空等。廣百第五云。本無今有名生。本有今無名滅。生之與滅。二分合成。如舍如林。豈名眞實。…興云。果體已有。生義不成。何用因緣。如廣百云。若於因中先定有果。果卽如因。應不更生。未生生者。無如兎角。不可得生。乃至如廣百云。若因中先定無果。卽如非果。應不可生。多取曉義。[1)]

1) 옙 이것은 집일문 전체가 세주이다.

소 그런데 원효와 승장과 경흥이 양量을 세워 서술한 것은『대승광백론석론』에 의거한 것이기 때문에[1435] 사례로 제시하지 않는다.[1436]

1431 『大乘廣百論釋論』권5(T30, 212b).
1432 『大乘廣百論釋論』권4(T30, 209a).
1433 『大乘廣百論釋論』권4(T30, 209a).
1434 『玄樞』(T56, 651c).
1435 『大乘廣百論釋論』권5(T30, 212b)에서 "어찌하여 생멸이 가假임을 아는가?(云何知

然曉莊興立量述者。依廣百釋。故不例也。

소 원효가 말하였다.

"'아직 생겨나지 않은 모든 법' 등이라는 것은 체가 있지 않기 때문에 '있는 것이 아니고'라고 하였고, 이름에 의해 나타낼 수 있는 것이 아니기 때문에 '이름도 없고'라고 하였으며, 모양에 의해 나타낼 수 있는 것이 아니기 때문에 '모양도 없으며'라고 하였다. 특별한 모양이 없기 때문에 '헤아리는 것에 의해 알 수 있는 것이 아니며'라고 하였고, 동일한 모양이 없기 때문에 '비유하는 것에 의해 알 수 있는 것이 아니며'라고 하였다. 토끼의 뿔 등과 같이 없는 것이어서 생겨난 것이 아니기 때문에 '인연에 의해 생겨난 것이 아니다.'라고 하였다.

『중관론中觀論』[1437]에서 이 뜻을 나타내어 말하기를 '결과가 미리 연 가운데 있었다고도 할 수 없었고 없었다고도 할 수 없네. 미리 없었다면 무엇의 연이 될 수 있을 것이며, 미리 있었다면 무엇 때문에 연이 작용하겠는가.'[1438]라고 하고 그 밖에 자세하게 설한 것과 같다. 『대승광백론석론』에서 '결과가 미리 있었다고 집착한다면 집을 짓고 도구로 장엄하고 기둥 등을 세우는 것은 헛된 일이네. 결과가 미리 없었다고 해도 또한 그러할 것이네.'[1439]라고 하고 그 장행長行(산문)으로 이루어진 해석에서 '인과의

生滅是假.)"라고 한 것 이하의 글을 참조할 것.
1436 『玄樞』(T56, 651c).
1437 『중관론中觀論』: 인도 중관학파의 개조이며 팔종八宗의 종조로 일컬어지는 용수龍樹의 저술. 구마라집鳩摩羅什이 본 논서와 이에 대한 청목靑目의 주석이 달린 책을 『中論』이라는 이름으로 한역하였다. 삼론학의 개조인 길장은 본서에 대한 주석서를 찬술하면서 그 제목을 『中觀論疏』라고 하였으며, 이후 본서를 『中觀論』이라고 칭하는 경우가 많아졌다. '관'이라는 글자가 들어간 것은 '중'에 대한 이해를 단순히 논의의 차원을 넘어서 실천의 차원으로 끌어올리려는 의도가 내재된 것이라고 할 수 있다.
1438 『中論』 권1(T30, 2c).
1439 『大乘廣百論釋論』 권4(T30, 208b).

도리는 가장 미세하여 결정코 동일한 것도 아니고 다른 것도 아니고 미리 있었던 것도 없었던 것도 아니다. 만약 동일한 것과 다른 것, 미리 있었던 것과 미리 없었던 것에 집착하면 모두 바른 이치를 잃는 것이다.'[1440]라고 하였다."[1441]

曉云。未生諸法等者。體無所有。故不有。非名所詮。故言無名。非相所表。故言無相。無別相故。非數所知。無同相故曰。非譬能知。如兎角等無故。不生故。非因緣之所生也。如中觀論。顯此意云。果先於緣中。有無俱不可。先無爲誰緣。先有何用緣。乃至廣說。廣百論言。若執果先有。造宅舍嚴具。柱等則唐捐。果先無亦爾。長行釋云。因果道理。最爲微細。非定一異。非先有無。若執一異。先有先無。皆失正理。[1)]

1) ㉠ 이것은 집일문 전체가 세주이다.

경 선녀천이여, 비유하면 북소리가 나무에 의지하고 가죽에 의지하며 북채에 의지하고 사람의 공력 등에 의지하기 때문에 소리를 낼 수 있는 것과 같다. 이 북소리는 공한 것이니, 과거에도 또한 공하였고 미래에도 또한 공할 것이며 현재에도 또한 공하다.[1442]

善女天。譬如鼓聲。依木依皮。依抒依人工等。故得出聲。是鼓聲空。過去亦空。未來亦空。現在亦空。

소 이미 자성이 있는 것도 아니고 없는 것도 아니니 삼세에도 있지 않다. 그러므로 "삼세에 또한 공이다."라고 하였다. 삼세에 이미 그러하니

1440 『大乘廣百論釋論』 권4(T30, 208c).
1441 『玄樞』(T56, 651c).
1442 『合部金光明經』(T16, 380b).

세상에 퍼지는 소리가 어찌 있겠는가? 또한 인과因果의 자성이 성취될 수 없음을 밝히고자 한 것이다.

뜻을 풀이하면 세 구절이 있다.

만약 원인이 앞에 생겨나고 결과가 뒤에 있다면 원인은 원인을 이루지 못한다. 만약 원인이 아직 결과를 낳지 않았지만 원인이라고 한다면 이것은 원인이라고 하지 못하니 또한 아직 결과를 낳지 않았기 때문이다. 또한 원인은 원인이 아닌 것과 다르지 않아야 하기 때문에 원인이 성취되지 않는다. 둘째는 만약 결과가 앞에 생겨나고 원인이 나중에 있는 것이라면 이러한 원인은 무용하니 결과가 이미 생겨났기 때문이다. 셋째는 만약 원인과 결과가 때맞추어 함께 생겨나고 함께 소멸하는 것이라면 모두 원인의 힘이 없기 때문에 또한 성취되지 않는다.

"과거에도 또한 공하였고"라는 것은 곧 결과가 앞에 있고 원인이 뒤에 있는 것이다. "미래에도 또한 공할 것이며"라는 것은 결과가 나중에 있고 원인이 앞에 있는 것이다. "현재에도 또한 공하다."라는 것은 원인과 결과가 동일한 시간에 있는 것이다.【원효는 뜻을 취하여 해석하면서 『대승광백론석론』을 자세하게 인용하였다. 승장은 한결같이 이것에 의지하고 또한 『대승광백론석론』 권4와 권9와 원효가 앞에서 『중론』의 글에 의해 해석한 것을 인용하였다.】[1443]

旣自性不有不無。不在三世。故言三世亦空。三世旣自然。世中聲豈有耶。又欲明因果自性不成就。義有三句。若因前生。果後有者。則因不成因。若因未生果是因者。非因亦未果。亦應因與非因不異。故因不成就。二若果前生因後有。此因無用。果已生故。三若因果時。俱生俱滅。同無因力故。亦不成就。言過去亦空者。卽果前因後。未來空者。卽果後因前。現亦空者。卽因果一時也。【曉取意釋。廣引廣百。藏一依之。亦引廣百第四第九幷曉上引中

[1443] 『玄樞』(T56, 652a).

論文釋】

경 무엇 때문인가. 이 북의 소리는 나무에서 생겨난 것도 아니고 가죽에서 생겨난 것도 아니며 북채에서 생겨난 것도 아니고 사람의 공력에 의해서 생겨난 것도 아니다. 이 소리는 삼세에 생겨난 것도 아니다. 그러한즉 생겨남이 없다. 생겨날 수 없다면 소멸할 수도 없다. 소멸할 수 없다면 유래한 곳이 없고 유래한 곳이 없다면 갈 곳도 없다. 갈 곳이 없다면 상주하지도 않고 단멸하지도 않는다. 상주하지도 않고 단멸하지도 않는다면 같은 것도 아니고 다른 것도 아니다.

만약 같은 것이라면 법계와 다르지 않은 것이다. 이와 같다면 범부인 사람도 바로 진제를 보고 위없는 안락한 열반을 얻어야 하겠지만 이러한 이치는 없다. 그러므로 같지 않다.

만약 다른 것이라면 일체의 모든 부처님과 보살의 행상行相은 바로 집착이어서 번뇌의 속박에서 벗어나지 못하게 할 것이니, 곧 아뇩다라삼먁삼보리를 얻지 못할 것이다.

무엇 때문인가? 모든 성인은 행법行法과 비행법非行法 가운데 지혜智慧의 작용을 함께한다. 그러므로 다르지 않다.[1444]

何以故。是鼓音聲。不從木生。不從皮生。不從枹生。不從人工生。是聲不於三世生。是則不生。若不可得生。則不可滅。若不可滅。無所從來。若無所從來。亦無處去。若無處去。不常不斷。若不常不斷。則不一不異。何以故。若一不異法界。若爾者。凡夫人。則見眞諦。得於無上安樂涅槃。是義不然。是故不一。若言其異者。一切諸佛菩薩行相。卽是執著。未得解脫煩惱繫縛。則不能得阿耨多羅三藐三菩提。何以故。一切聖人。於行非行法

1444 『合部金光明經』(T16, 380b).

中。同智慧行。是故不異。

소 "모든 성자"^1445라는 것은 모든 부처님과 보살이다. "행과 비행"^1446이라는 것은 본本에서 "행법과 비행법 가운데"라고 하였다. "행"이라는 것은 범부가 동일성을 보는 것이고, "비행"이라는 것은 이승이 차이성을 보는 것이다. "진성眞性을 함께한다."^1447라는 것은 본本에서는 "지혜의 작용을 함께한다."라고 하였다.

보살과 부처님은 속경俗境을 보아도 여여如如와 함께하고, 진경眞境을 보아도 또한 여여와 함께하여 똑같이 하나의 지혜로 두 가지 경계에 작용한다. 그러므로 다르지 않은 것이니, 이는 부처님의 하나의 지혜가 작용하는 것이기 때문이다. 진경과 속경이 한 가지도 아니고 두 가지도 아닌 것 가운데 차이가 있는 것임을 알 수 있다.【경흥이 말하였다. "이제二諦의 차별의 뜻에 어긋난다. 지혜의 작용이 이미 똑같다면 경계도 다르지 않아야 한다. 경계가 다르지 않다면 곧 이제가 없는 것이기 때문이다. 지금 '행'이라는 것은 곧 오온이고, '비행'이라는 것은 곧 진법계眞法界이다. 그러므로 모든 부처님과 보살은 진법계를 증득할 때 세속에 통달하고 진여의 이치와 함께하기 때문에 집착이 없고 두 가지 장애를 끊어서 바로 보리를 얻는다. 그러므로 다르지 않은 것이다."】이미 원효의 설을 취하였으나 도리어 무지의 어둠에 떨어졌으니 감로를 복용했지만 도리어 독약이 된 것과 같다. 그러므로 그 소에서 말하였다. "'행법'이라는 것은 오음이고, '비행법'이라는 것은 법계이다. '지혜의 작용을 함께한다.'라는 것은 그 법에 분별이 없는 지혜의 작용을 함께하는 것이다. 모든 성인은 진실로 번뇌를 끊고 보리를 증득하는데 곧 그 행상行相은 집착을 이루지 않는다."^1448

1445 『合部金光明經』에 따르면 "모든 성인"이다.
1446 『合部金光明經』에 따르면 "행법과 비행법에 있어서"이다.
1447 『合部金光明經』에 따르면 "동일하게 지혜가 작용한다."이다.
1448 『玄樞』(T56, 652c).

一切聖者。諸佛菩薩也。行非行者。本云。於行非行法中。行者凡夫見一。
非行者二乘見二也。同眞性者。本云。同智慧行。菩薩及佛。見俗同如如。
見眞亦同如如。同以一智。行二境也。是故不異者。是佛一智行故。知眞俗
不一二之異也。【興云。卽違二諦差別之義。智行旣同。境不應異。境若無異。卽無
二諦故。今行者卽五蘊。非行者卽眞法界。故諸佛菩薩。證眞法界時。亦達世俗。同
眞如理。故無執著。能斷二障。便得菩提。故不知¹⁾也。】旣取曉說。還墮闇中。猶
服甘露。還成毒藥。故彼疏云。行法者五陰。非行法者法界。同智行者。謂
於彼法。同無分別之智慧行。而諸聖人。實斷煩惱。而得菩提。則其行相。
不成執著。

1) ㉈『玄樞』미주에 따르면 '知'는 '異'일 수도 있다.

경 선남자와 선여인이 아뇩다라삼먁삼보리를 구하고자 하지만, 진과 다른 것이라고 하고 속과 다른 것이라고 하니, 이와 같이 생각하여 헤아리기 어려운 것이다.[1449]

若善男子善女人。欲求阿耨多羅三藐三菩提。眞異俗異。如是難可思量。

소 두 번째는 불도를 성취하는 데 장애가 되는 것이다. 범부는 속에 머물러 진과 다른 것이 되고, 이승二乘은 진에 머물러 속과 다른 것이 된다. 범부는 속을 섭수하고 성인은 진을 섭수한다. 진은 곧 열반이고 속은 곧 생사이다. 속은 범부가 섭수하는 것이기 때문에 진과 다르고, 진은 성인이 섭수하는 것이기 때문에 속과 다르다. 중도의 이치에 어긋나기 때문에 "생각하여 헤아리기 어려운 것이다."라고 하였다.【원효가 반영하였고 경흥은 취하였다.】[1450]

1449 『合部金光明經』(T16, 380b).
1450 『玄樞』(T56, 653c).

第二道障。凡夫在俗異眞。二乘在眞異俗。凡爲俗攝。聖爲眞攝。眞卽涅槃。
俗卽生死。俗是凡夫所攝故異眞。眞是聖人所攝故異俗。違中道之理。故云
難思量。【曉影興取。】

경 이때 사바세계娑婆世界[1451]의 주재자인 대법천왕大梵天王이 대중 가운데에서 여의보광요선녀천에게 물었다.
"이 보리행은 수행하기 어려운데, 그대의 마음은 어떻게 이 보리행에 자재함을 얻었습니까?"[1452]

是時娑婆世界主。大梵天王。於大衆中。問如意寶光耀善女天。此菩提行。
難可修行。汝心云何於此菩提行。而得自在。

소 수의 사나굴다가 덧붙여서 말하였다. "('대범천왕'은) 제7지 보살의 화신이다. '범梵'이라는 것은 청정하다는 뜻이고, '천天'이라는 것은 저절로 그러하다는 뜻이며, '대大'라는 것은 지극하다는 뜻이다. 저 선녀천이 자성이 청정한 하나의 진리(一諦)를 이해하고 있음을 보인 것이다." 원효는 계위를 설한 것은 이것을 취하였다.

승장이 말하였다. "마하摩訶(⑤ mahā)를 '대'라고 하고, 발라마鉢羅摩(⑤ brahmā)를 '극정極淨'이라 하고, 아라사阿羅闍(⑤ rāja)는 '왕'이라 한다. 넓게 선을 행함으로써 태어난 것이기 때문에 '범'이라고 한다. 범은 곧 대大이기 때문에 '대범'이라고 하였다. 최초에 생겨났고 최후에 사라지며 위덕이

1451 사바세계娑婆世界 : '사바'는 ⑤ sahā의 음역어. 석가불의 교화가 진행되는 현실세계. 인忍·감인堪忍 등으로 의역한다. 이 세계의 중생들은 십악十惡에 안주하면서도 여기에서 벗어나려는 생각이 없으므로 온갖 번뇌를 참고 견뎌야 한다는 뜻에서 붙여진 이름이다. 본래 우리가 사는 염부제를 가리키는 말이었으나 후에 한 부처님의 교화가 미치는 영역인 삼천대천세계를 가리키는 말로 쓰이게 되었다.
1452 『合部金光明經』(T16, 380c).

뛰어나기 때문에 '대범'이라고 한다." 혜소가 말하였다. "어떤 사람은 초정려初靜慮의 왕이라고 하고 어떤 사람은 제4정려의 왕이라고 하였으니 삼천대천세계의 주재자이기 때문이다."[1453] 경흥이 말하였다. "곧 제4선의 왕이다. 범어 범마梵摩는 적정寂靜이라 의역한다. 청정하고 정결함을 모두 얻었기 때문에 '범'이라고 한다. '범'이라고 한 것은 생략한 것이다." 계위와 관련된 것은 원효와 동일하다.[1454]

隋加云。七地菩薩化。梵者淨也。天者自然。大者至極。示彼女有自性淸淨一諦之解也。曉位取之。莊云。摩訶云大。鉢羅摩。此云極淨。阿羅闍。此云王。廣善所生。故名爲梵。梵卽大。故名爲大梵。最初生故。最後沒故。威德勝故。名爲大梵。沼。或云。初靜慮王。或第四靜慮王。大千主故。興云。卽第四禪王。梵云梵摩。此云寂靜。淸淨淨潔。皆得言梵。梵者略也。位同曉也。[1)]

1) 역 이것은 집일문 전체가 세주이다.

소 "수행하기 어려운 것인데"라고 한 것은 다섯 가지 뜻이 있다. 첫째는 여여도如如道는 이치가 심오하여 행하기 어려운 것이다. 둘째는 생사의 온갖 고통으로 핍박 받아 행하기 어려운 것이다. 셋째는 교화의 대상인 중생이 대부분 악을 지어서 행하기 어려운 것이다. 넷째는 천마天魔와 외도가 여러 가지 삿된 견해로 힐난하니, 그 힐난을 통달하여 해석하는 것이 어려운 것이다. (그러나) 보살은 대중 가운데 법대로 이것에 대해 답변한다. 다섯째는 오랜 세월 동안 중생을 제도하기 위해 생사의 고통을 받으니 (행하기 어려운 것이다.)【원효와 경흥이 이것을 반영하였다.】[1455]

1453 『金光明最勝王經疏』 권4(T39, 281b).
1454 『玄樞』(T56, 654b).
1455 『玄樞』(T56, 654b).

言難可修行者。有五義。一如如道。理深難行。二生死衆苦。所惱難行。三所化衆生。多作惡難行。四天魔外道。種種邪難。難可通釋。菩薩於大衆中。如法答之。五久長時節。爲度衆生。受生死苦。【曉興影之。】

소 "자재함을 얻은 것"이라는 것은 여기에 세 가지가 있다. 첫째는 들어가는 것에 자재한 것이니, 아직 얻지 못한 것을 얻을 수 있는 것이다. 둘째는 머무는 것에 자재한 것이니, 아직 오래도록 머물지 못했던 것에 오래도록 머물 수 있는 것이다.【원효가 말하였다. "얻고 나서 물러나지 않는 것이다."】 셋째는 벗어나는 것에 자재한 것이니, 하위를 여의고 상위로 올라가는 것이다.[1456]

而得自在者。有三。一入自在未得能得。二住自在未長。[1)]【曉云。得已不退。】三出自在。離下昇上。

1) ⓔ『玄樞』미주에 따르면 '長' 뒤에 '能長'이 누락되었을 수도 있다.

경 이때 선녀천이 범천왕에게 대답하였다.

"대법천왕이여, 부처님께서 말씀하신 것과 같이 이것은 진실로 매우 심오하여 모든 범부가 그 의미를 얻을 수 없습니다. 이것은 성인의 경계이니 미묘하여 알기 어렵습니다. 만약 나의 마음으로 하여금 이 법에 의지하여 안락함과 머묾(住)[1457]을 얻게 하였고 이것이 진실한 말이라면, 원하옵건대 일체의 오탁의 악한 세상에 살아가는 한량없고 가없는 중생이 모두 금색을 비롯한 32가지 상을 얻고 남자도 아니고 여인도 아닌 모습으로 보배연꽃

1456 『玄樞』(T56, 654b).
1457 『金光明最勝王經疏』권4(T39, 281b)에서 "이 심오한 이치에 대해 자재한 지혜를 얻어 모든 번뇌의 상용相用에 의해 동요되지 않는 것을 '안락'이라 한다. 이것에 의지하여 바르게 관찰하는 것을 '주'라고 한다.(於此深理。得自在智。非諸煩惱相用所動名爲安樂。依此正觀名住。)"라고 한 것을 참조할 것.

에 앉아 한량없는 쾌락을 누리며, 하늘의 미묘한 꽃이 비처럼 뿌려지며, 하늘의 온갖 음악이 연주하지 않아도 저절로 울리며, 모든 공양이 다 갖추어지게 하소서."

이때 선녀천이 이 말을 하고 나자, 일체의 오탁의 악한 세상에 살아가는 모든 중생이 다 금색을 비롯한 32가지 상을 얻고 남자도 아니고 여인도 아닌 모습으로 보배연꽃에 앉아 한량없는 쾌락을 누리며 타화자재천他化自在天[1458]의 궁전처럼 모든 악도가 없어지고 보배나무가 길게 늘어서고 칠보로 된 연꽃이 세계에 두루 가득 차고 온갖 칠보로 된 뛰어나고 미묘한 하늘꽃이 비처럼 내리고 하늘의 음악이 울렸으며, 여의보광요선녀천은 바로 여인의 모습을 바꾸어서 범천의 몸이 되었다.[1459]

時善女天。答梵王言。大梵王。若佛所說。是眞甚深。一切凡夫。不得其味。是聖境界。微妙難知。若使我心。依於此法。得安樂住。是眞實語者。願令一切。五濁惡世。無量無邊衆生。皆得金色三十二相。非男非女。坐寶蓮華。受無量快樂。雨天妙華。天諸音樂。不鼓自鳴。一切供養。皆悉具足。是時善女天。說是語已。一切五濁惡世。所有衆生。皆悉金色具足三十二相。非男非女。坐寶蓮華。受無量快樂。猶如他化自在天宮。無諸惡道。寶樹行列。七寶蓮華。遍滿世界。雨衆七寶上妙天華。作天伎樂。如意寶光耀善女天。卽轉女形。作梵天身。

[1458] 타화자재천他化自在天 : ⑤ Para-nirmita-vaśa-vartin. 타화락천他化樂天이라고도 하고 줄여서 자재천이라고도 한다. 혹은 욕계의 여섯 번째 하늘이기 때문에 제6천第六天이라고도 한다. 이 하늘은 다른 사람이 화작한 즐거운 일을 빌려서 자신의 즐거움으로 삼기 때문에 타화자재천이라고 한다. 욕계의 주인으로 색계의 주인인 마혜수라천摩醯首羅天과 함께 모두 정법을 해치는 마왕魔王으로 나타난다. 네 가지 마구니 중 천마天魔가 바로 이 하늘에 해당한다. 그러므로 제6천마왕第六天魔王이라고 부르기도 한다.
[1459] 『合部金光明經』(T16, 380c).

소 "이것이 진실한 말이라면~여인도 아닌 모습으로" 이하는 두 번째로 밖으로 중생을 이롭게 하는 것을 밝힌 것이다. 여기에 또한 두 가지가 있다. 첫째는 서원을 일으켜 신통한 일을 나타내게 하려고 한 것이고, 둘째는 신통한 일이 서원한 것과 같이 나타난 것이다.[1460]【원효와 승장이 이것을 따랐다.】[1461]

是實至非女下。第二明外能利物。又二。一發誓欲現神通。二神通如誓而現。【曉莊依之。】

소 보살이 설법하기 전에 이러한 신통한 일을 나타내는 것에는 다섯 가지 뜻이 있다.

첫째는 정법을 믿게 하는 것이다. 도리가 매우 깊어서 믿고 받아들이기 어려우니 지금 신통한 일을 나타내어 다른 사람으로 하여금 증명에 의해 믿게 하는 것이다. 여인으로서 이치에 통달하게 하는 것은 믿기 어렵기 때문이다. 둘째는 다른 사람의 경만함을 제거하기 위한 것이다. 여인이 설법하면 존중하는 마음을 일으키기에 충분하지 않다. 그러므로 신통력을 나타내어 몸을 남자로 변화시킨 것이다. 셋째는 다른 사람으로 하여금 정진하려는 마음을 내게 하고 중생의 게으른 마음을 제거하기 위한 것이다. 열반의 즐거움에 집착하는 하열한 중생은 대승을 닦지 않는다. 지금 이 여인이 대승 가운데 뛰어난 신통력이 있음을 보여서 다른 사람으로 하여금 서원을 일으키고 정법을 닦게 하고자 한 것이다. 넷째는 다른 사람이 선의 종자를 심게 하기 위한 것이다. 어떤 중생이 삼악도의 고통을 받고 영원히 불도를 닦지 않으니, 신통력을 나타내어 잠시 그 고통을

1460 경의 본문에서 "이때 선녀천이 이 말을 하고 나자" 이하의 일을 가리킨다.
1461 『玄樞』(T56, 655b).

제거하고 도력으로 말미암아 선심善心의 종자를 내게 하는 것이다. 다섯째는 정법의 장애를 제거하기 위한 것이다. 악한 마구니와 외도의 귀신은 정법을 듣는 것을 장애한다. 신통력을 나타내어 그 교만함·질투·악한 마음 등을 막아서 정법에 큰 힘이 있음을 보이는 것이다.【원효는 처음의 두 가지를 취하였다.】[1462]

菩薩說法之前。現此神通事者。爲五義。一令信正法。道理甚深。難可信受。今見神通。令他證信。以女人。能令通達理難信故。二爲除他輕慢。女人於說法。不足尊重。故見神通。轉身爲男。三爲生他正勤。除衆生懈怠。著樂下劣。不修大乘。今示此女人。於大乘中。有勝神力。令他生願。欲修正法。四爲他下善種子。有衆生。受三惡苦。永不修道。現神通力。暫除其苦。由道力故。生善心之種。五爲除正法障礙。惡魔外鬼。障聞正法。令現神力。爲擁其貢高嫉妬惡心等。示法有大力也。【曉取初二。】

경 이때 대법천왕이 여의보광요보살에게 물었다. "그대는 옛날 어떻게 보리행을 수행하였습니까?"

보살이 대답하였다. "법왕이여, 물속에 비친 달과 같은 것이 보리행을 행하는 것이라면 나는 또한 이미 보리행을 행하였고, 꿈에서 본 것과 같은 것이 보리행을 행하는 것이라면 나는 또한 보리행을 행하였으며, 아지랑이와 이슬과 같은 것이 보리행을 행하는 것이라면 나는 또한 보리행을 행하였고, 메아리와 같은 것이 보리행을 행하는 것이라면 나는 또한 보리행을 행하였습니다."[1463]

1462 『玄樞』(T56, 655b).
1463 『合部金光明經』(T16, 380c).

時大梵天王。問如意寶光耀菩薩言。汝昔以何行菩提行。菩薩答言。梵王。若水中月。能行菩提行者。我亦已行菩提之行。若夢見。行菩提行。我亦行菩提行。若焰露行菩提行。我亦行菩提行。若聲響行菩提行。我亦行菩提行。

소 다음에 이 네 가지 비유에 의해 네 가지 머묾을 설하였다. 색이 달과 같다고 보는 것에 머물고, 상想이 아지랑이와 같다고 보는 것에 머물며, 수受가 꿈과 같다고 보는 것에 머물고, 행行이 메아리와 같다고 보는 것에 머문다.

색은 유도 아니고 무도 아니다. 유위라고 하면 인허진隣虛塵[1464]에 의해 이루어진 것인데, 이미 인허진이 없기 때문에 색이 없음을 알 수 있고, 이미 명상名相이 있으니 없다고 할 수도 없다. 이것을 달이 결정코 있다고 할 수도 없고 없다고 할 수도 없는 것에 비유하였다.

본래 화합으로 말미암아 촉과 수가 있는 것인데, 촉과 수가 이미 화합하지 않았지만 생겨나니 꿈과 같다. 상은 아지랑이와 같으니 마음이 전도되어 생겨나는 것이기 때문이다. 행은 다른 것의 힘에 의지하여 생겨나니 메아리와 같다.【다른 것의 힘에 의지한다는 것은 앞의 세 가지 마음으로 별도의 경계가 없는 것이다. 원효는 "아지랑이와 이슬"을 열어서 다섯 가지 비유라고 하고 바로 오음五陰을 비유한 것이라고 하였다.】[1465]

次此四譬四住。色住如月。想如炎。受如夢。行如響。色不有不無。若言有爲。憐[1)]虛所成。旣無憐虛。故知無色。旣有名相。不得言無。譬月不可定有

[1464] 인허진隣虛塵 : 색色·성聲·향香·미味·촉觸이라는 다섯 가지 인식 대상(五境)과 안眼·이耳·비鼻·설舌·신身이라는 다섯 가지 감각기관(五根), 곧 넓은 의미에서 색色에 포함되는 것을 분석하여 얻은 색의 최소 단위를 말한다. 극미極微라고도 한다.
[1465] 『玄樞』(T56, 656c).

定無。本由和合有觸受。觸受既非和合生如夢。想如炎。由心顚倒所生故。行依他力所生如響。【依他力者。前三心無別境也。曉開炎露。以爲五喩。卽喩五陰。】

1) ㉠『玄樞』미주에 따르면 '憐'은 '隣'일 수도 있다.

경 그때 대범왕이 이 말을 듣고 보살에게 말하였다. "그대는 무엇에 의지하여 이런 말을 하는 것입니까?"

보살이 대답하였다. "법왕이여, 한 법도 진실한 모양을 지닌 것은 있지 않으니 원인과 결과가 서로 이루는 것이기 때문입니다."[1466]

時大梵王。聞此說已。語菩薩言。汝依何等。而說此語。答言。梵王。無有一法。而有實相。因果相成故。

소 "원인과 결과가 서로 이루는 것"이라는 것은 원인을 상대하여 결과가 있고 결과를 상대하여 원인이 있다. 결정코 있다면 상대를 필요로 하지 않고, 결정코 없다면 상대가 있지 않다. 그러므로 있는 것도 아니고 없는 것도 아니니 결정코 있다거나 결정코 없다고 말할 수 없다.【원효는『본업경』과『대승광백론석론』을 인용하여 이것을 풀이하였는데 대체적인 뜻은 동일하다.】[1467]

因果相成者。待因有果。待果有因。若定有不須待。若定無無有待。故不有不無。不得言定有定無也。【曉引本業經廣百論釋之。大意同也。】

경 범왕이 또 보살에게 말하였다. "이와 같다면 모든 범부인 사람들은 다 아뇩다라삼먁삼보리를 얻어야 할 것입니다."

1466『合部金光明經』(T16, 380c).
1467『玄樞』(T56, 656c).

보살이 대답하였다. "어떤 생각으로 이런 말을 하는 것입니까? 법왕이여, (속제의 관점에 의거하면) 번뇌에 물든 어리석은 사람이 다르고 지혜로운 사람이 다르며, 보리가 다르고 보리가 아닌 것이 다르며, 해탈이 다르고 해탈이 아닌 것도 다릅니다. 법왕이여, (그렇지만 진제의 관점에 의거하면) 이와 같은 모든 법은 평등하여 차이가 없습니다. 이 법계에서는 여여하여 차이가 없습니다. 중간에 잡아서 지닐 만한 것도 없고 증가함도 없고 감소함도 없습니다. 범왕이여, 비유하면 다음과 같습니다. 환술사가 매우 교묘한 환술로 환술에 의해 만든 제자와 함께 사방으로 통하는 큰길에서 온갖 흙과 모래와 풀과 나무와 잎 등을 취하여 한곳에 모아 두고 여러 가지 환술을 지어서 사람들로 하여금 코끼리의 무리와 말의 무리와 수레의 무리와 군대의 무리를 보게 하고 칠보의 무더기가 가득한 여러 가지 창고를 보게 합니다."[1468]

梵王。又白菩薩言。若如此者。諸凡夫人。皆悉應得阿耨多羅三藐三菩提。菩薩答言。以何思惟。而作是說。梵王。惑癡人異。智慧人異。菩提異。非菩提異。解脫異。非解脫異。梵王。如是諸法。平等無異。於此法界。如如不異。無有中間。而可執持。無增無減。譬如幻師。善巧幻術。及幻弟子。於四衢道。取諸土沙草木葉等。聚在一處。作種種幻術。使人睹見。象衆馬衆車衆軍衆。七寶之聚。種種倉庫。

소 원효 법사가 말하였다. "'이와 같은 모든 법은 (평등하여 차이가 없다.)'라는 것은 앞에서 설한 것과 같은 어리석은 사람, 지혜로운 사람 등의 법을 말한다. 비록 없는 것은 아니기 때문에 있음을 설하여 차별화하지만, 실제로 있는 것은 아니기 때문에 바로 평등한 성품을 지닌 것이고 바로 법

[1468] 『合部金光明經』(T16, 380c).

계法界이다. 법계는 한맛이어서 여如가 아닌 것이 없기 때문에 '법계法界에서는 여여如如하여 차이가 없습니다.'라고 하였다."[1469]【『주금광명최승왕경』】

曉法師云。如是諸法者。如前說愚智等法。雖非無故。說有差別。而非有故。卽是平等之性。卽是法界。法界一味。無所不如。故言法界如如不異。【註金光明最勝王經】

소 "환술사"라는 것은 아라야식이다. 시작이 없는 때로부터 모든 종류의 허망한 것을 지어낼 수 있기 때문에 "환술"이라고 하였다. "환술에 의해 만든 제자"라는 것은 곧 육식 가운데 제6식인 의식意識이다.【수의 사나굴다가 말하였다. "칠식七識이다." 원효와 승장은 이것을 취하였다.】[1470]

言幻師者。阿羅耶識。無始以來。能造諸虛妄。故言幻也。幻弟子者。卽六識中意識也。隋云七識。【曉莊取之。】

소 "사방으로 통하는 큰길"이라는 것은 네 가지 훼방(四謗)[1471]을 여의는 이치를 비유한 것이다.【원효는 바로 이것을 취하였다.】[1472]

四衢道者。譬離四謗之理。【曉卽取之。】

1469 『註金光明最勝王經』(N4, 668a).
1470 『玄樞』(T56, 657b).
1471 네 가지 훼방(四謗) : 실상을 깨닫는 것을 훼방하는 것을 사구四句의 형식으로 설명한 것. 예를 들면 유有라고 말하면 증익에 의한 훼방(增益謗)이고, 무無라고 하면 손감에 의한 훼방(損減謗)이며, 유이기도 하고 무이기도 하다고 하면 서로 어긋나는 것에 의한 훼방(相違謗)이고, 유도 아니고 무도 아니라고 하면 희론에 의한 훼방(戲論謗)이다.
1472 『玄樞』(T56, 657b).

소 두 번째로 "온갖~취하여" 이하는 불여리不如理의 과실이다. 인人과 법法의 두 가지 집착을 세운 것이다. 또 해석한다. "흙과 모래와 풀" 등은 행법과 비행법이라는 것이 삼세를 넘어서는 것을 비유한 것이다.【원효는 후자를 반영하였다.】¹⁴⁷³

二取諸下。不如理過失。立人法二執。又解。土沙草等。譬行非行者過三世。
【曉影後也。】

경 만약 어떤 중생이 어리석거나 지혜가 없거나, 이치를 사유하지 못하거나 허깨비(幻)의 본질을 알지 못하거나 하면, (이렇게 환술에 의해 나타난 것을) 보거나 듣고서 이렇게 생각합니다. "내가 본 것과 같은 코끼리의 무리와 말의 무리 등은 말하자면 진실한 것이다." 본 것대로 들은 것대로 능한 것에 따르고 힘에 따라서, 각각 본 것에 집착하고 자신의 말이 진실이고 다른 사람의 말은 진실이 아니라고 하며 나중에 거듭해서 사유하지 않습니다.¹⁴⁷⁴

若有衆生。愚癡無智。不能思惟。不知幻本。若見若聞。作是思惟。如我所見。象馬衆等。謂是眞實。如見如聞。隨能隨力。各執所見。自言是實。於他非眞。後不重思惟。

소 "만약~사유하지 (못하거나)" 이하는 두 번째로 자세히 설한 것이다. 또한 다섯 가지 이름¹⁴⁷⁵이 있으니 곧 앞에서 설한 것과 같다.【원효가 반

1473 『玄樞』(T56, 657c).
1474 『合部金光明經』(T16, 381a).
1475 『玄樞』에서 바로 앞에서 서술한 『合部金光明經』의 내용을 다섯 가지로 분과하여 "[① 허망의 과실] 비유하면 다음과 같습니다. 환술사가 매우 교묘한 환술로 환술에

• 477

영하여 앞의 네 가지를 네 가지 변견이라고 하였다.]¹⁴⁷⁶

若有至思惟下。第二廣說。亦五名。卽如前。【曉影前四爲四邊。】

소 이것은 처음으로 허망의 과실이다. "어리석어서"라는 것은 일천제 一闡提라는 말이고, "지혜가 없거나"라는 것은 신견身見이 있는 것이다. 둘째로 "(이치를 사유하지) 못거나" 이하는 이치를 알지 못하는 과실이니 이승二乘을 가리킨다. "허깨비의 본질을 알지 못하거나"라는 것은 처음 발심하고, 수행하는 보살(始行菩薩)이 아직 법계를 보지 못하는 것이다. 처음 발심하고 수행하는 보살은 공을 관찰하지만 산란한 상태이고 십신에서 십회향에 이르고 초지 이상에 이르면 비로소 공을 관찰하여 적정한 경지에 이른다.【원효는 바로 이것을 취하였다.】¹⁴⁷⁷

此初虛妄過失。言愚癡者闡提。無智者身見也。二不能下。不知理失。是二乘也。不知幻本者。始行菩薩。未見法界。初行菩薩。於空散亂。十信至十迴。初地以上。方於空中寂靜。【曉卽取之。】

소 세 번째로 "보거나" 이하는 바르지 않은 행위의 과실이다. "보거나"라는 것은 스스로 바르지 않게 사유를 하는 것이고, "듣거나"라는 것은 다

의해 만든 제자와 함께 사방으로 통하는 큰길에서 [② 불여리不如理의 과실] 온갖 흙과 모래와 풀과 나무와 잎 등을 취하여 [③ 사행邪行의 과실] 한곳에 모아두고 여러 가지 환술을 지어서 [④ 부정설不正說의 과실] 사람들로 하여금 코끼리의 무리와 말의 무리와 수레의 무리와 군대의 무리를 보게 하고 [⑤ 불립정의不立正義의 과실] 칠보의 무더기가 가득한 여러 가지 창고를 보게 합니다."라고 한 것을 가리킨다.

1476 『玄樞』(T56, 657c).
1477 『玄樞』(T56, 657c).

른 사람에게 잘못된 법을 듣는 것이다.【원효는 바로 이것을 취하였다.】[1478]

三若見下。不正行過失。若見者自不正思惟。若聞者聽他邪法。【曉卽取之。】

소 "이렇게 생각합니다."라는 것은 앞의 두 가지에 대해서 생각하는 것이다. "내가 본 것"이라는 것은 곧 자신이 본 것이다. "내가 들은 것"이라는 것은 곧 잘못된 스승에게서 들은 것이다. "코끼리의 무리와 말의 무리 등은 여기에 진실로 있는 것이고"라는 것은 이것이 진실된 것이라고 말하는 것이다. 곧 네 가지 훼방(四謗)에 의해 결정코 있는 것과 결정코 없는 것에 집착하는 것을 비유한 것이다.

지금 『금광명최승왕경』은 간략하게 번역하였고, 본本에서는 "'(내가 본 것과 같은) 코끼리의 무리와 말의 무리 등은 말하자면 진실한 것이다.' 본 것대로 들은 것대로 능한 것에 따르고 힘에 따라서, 각각 본 것에 집착하여"라고 하였다.

"본 것"과 "들은 것"은 앞에서 설명한 것과 같다. "능한 것"이라는 것은 오음을 증견證見하는 것이고, "힘"이라는 것은 아我(나)와 인人(남)을 비견比見하는 것이다. 또 "능한 것"이라는 것은 법상法相 가운데에서 말한 것이고, "힘"이라는 것은 인人 가운데서의 모습이다. 외도는 법 가운데에서 증견하고 아我 가운데에서 비견한다. 육식六識이 육진법六塵法을 상대하는 것을 증견이라고 한다. 육식에 의거하지 않기 때문에 비견이라고 한다. 식識에 의해 본 것이 비견을 생기할 수 있기 때문에 "능한 것"이라고 하였다. 비견이 증견에 의해 고요하게 작용하는 것을 "힘"이라고 한다. 또 먼저 믿음을 지니고 비견하며 나중에 증견하는 것을 "힘"이라고 한다.

비지比智에 세 가지가 있는데 증지證智로부터 나온다. 첫째는 유여비지

[1478] 『玄樞』(T56, 657c).

有餘比智이고, 둘째는 여전비지如前比智이며, 셋째는 평등견비지平等見比智이다.

"유여"라는 것은 뿔을 보고 소가 있다는 것을 아는 것이다. "여전"이라는 것은 세 가지가 있다. 첫째는 여전을 과거에 적용한 것이다. 강에 물이 가득 찬 것을 보고 과거에 이미 비가 왔음을 아는 것이다. 둘째는 미래에 여전을 적용한 것이다. 개미의 무리를 보고 비가 올 것을 아는 것이다. 셋째는 현재에 여전을 적용한 것이다. 새소리를 듣고 바로 어떤 새인지를 아는 것이다. 평등비지라는 것은 봄이 왔을 때 여기에 있는 나무에서 꽃이 피는 것을 보고 바로 다른 곳에 있는 모든 나무에도 또한 꽃이 피었다는 것을 아는 것이다.

"보고 들은 것에 집착하는 것"은 보고 들은 것 가운데 견취견見取見을 일으키는 것이다.【원효는 이것을 반영하고 취하였다.】[1479]

作是思惟者。思惟上二也。如我所見者。卽自見。如我所聞者。卽聽邪師。象馬等衆此實有者。謂是眞實。卽譬執四謗等定有定無。今略。本云。象馬等衆。謂是眞實。如見如聞。隨能隨力。執著所見。見聞如前。能者證見五陰。力者比見我人。又能者於法相中。力者於人中相。外道於法中證見。於我中比見。六識對六塵法名證見。不六識故云比見。識見能生比見故曰能。比是證寂用曰力。又有先信比後證名力。比智有三。從證智出。一有餘比智。二如前比智。三平等見比智。有餘者。如見角知有牛。如前者有三。一如前過去。如見江滿水。知過去已雨。二未來如前者。如見蟻聚。知應當雨。三現在如前者。如聞鳥聲。卽識是鶡[1)]等也。平等比智者。如春時見此樹生花。卽知他方一切樹亦生花。執著所見聞者。於見聞中。起見取也。【曉影取之。】

1479 『玄樞』(T56, 658a).

1) ㉮ '鴐'는 오식인 것 같다. 다만 전후 문맥에 의해 어떤 글자의 오식인지를 확정하는 것은 어렵다.

소 또 "자신의 말이 진실이고"라는 것은 스스로 잘못된 법을 세우는 것이고, "다른 사람의 말은 진실한 것이 아니다."라는 것은 정법을 비방하는 것이다.【원효는 이 설을 따랐다.】¹⁴⁸⁰

又自言實者。自立邪法。於他非眞者。謗於正法。【曉依此說。】

경 지혜로운 사람은 사유할 수 있고 허깨비의 본질을 분명히 알 수 있어서, 보거나 들으면 이렇게 생각합니다.
"내가 본 것과 같은 코끼리의 무리와 말의 무리 등은 진실한 것이 아니다. 오직 환술에 의해 있는 것인데 사람의 눈을 미혹시켜서 (있는 것처럼 보이게 만든 것이다.) 여기에서 코끼리의 무리와 말의 무리 등과 여러 창고라는 이름을 말한 것은 오직 명자名字만 있고 실체는 없는 것이다."
내가 본 것대로 내가 들은 것대로 능한 것에 따르고 힘에 따라서, 본 것에 집착하지 않고 자신의 말이 진실이고 다른 사람의 말은 진실이 아니라고 하지 않으며 나중에 거듭해서 생각하지 않습니다.
이 모든 지혜로운 사람이 세속의 언어를 따라서 설한 것은 모두 다른 사람으로 하여금 진실한 이치를 알게 하기 위한 것입니다. 본 대로 들은 대로 말하고 사유하지만 이와 같지는 않습니다.¹⁴⁸¹

有智之人。則能思惟。了於幻本。若見若聞。作是思惟。如我所見。象馬等衆。非是眞實。惟有幻事惑人眼目。是處說名象馬等衆及諸庫倉。惟有名

1480 『玄樞』(T56, 658a).
1481 『合部金光明經』(T16, 381a).

• 481

字。無有實體。如我所見。如我所聞。隨能隨力。不執所見。自言是實。於他非眞。後不重思惟。是諸智人。隨說世語。皆欲令他。知實義故。如見如聞。思惟則不如是。

소 두 번째는 지혜로운 사람이 무無를 아는 것이다. 초지初地를 비유한 것에 다섯 가지가 있으니 바로 앞의 다섯 가지 과실[1482]이 없는 것이다.[원효의 뜻은 앞에서 설한 것과 같다.][1483]

第二智人知無。譬初地有五。卽無前五過失。【曉意如前。】

경 이와 같이 법왕이여, 만약 어떤 중생이 어리석은 범부라면 아직 출세간의 성인의 지혜를 얻지 못하였기 때문에 아직 일체제법의 여여如如는 말로 설할 수 없음을 알지 못합니다. 이 모든 어리석은 범부가 행법과 비행법을 보거나 들으면 이렇게 생각합니다. "실제로 이와 같은 제법이 있다. 내가 본 것대로이고 내가 들은 것대로이다." 이 모든 범부인 사람은 본 것대로 들은 것대로 능한 것을 따르고 힘을 따라서, 본 것에 집착하여 자신의 말이 진실이고 다른 사람의 말은 진실이 아니라고 하고 나중에 거듭해서 생각하지 않습니다.

만약 어떤 중생이 범부가 아닌 사람이라면 이미 제1의제를 보고 출세간

[1482] 『玄樞』의 앞에서 『合部金光明經』의 내용을 다섯 가지로 분과하여 "[① 허망의 과실] 만약 어떤 중생이 어리석거나 지혜가 없거나 [② 불여리不如理의 과실] 이치를 사유하지 못하거나 허깨비(幻)의 본질을 알지 못하거나 하면 [③ 사행邪行의 과실] 보거나 듣고서 이렇게 생각합니다. '내가 본 것과 같은 코끼리의 무리와 말의 무리 등은 말하자면 진실한 것이다.' 본 것대로 들은 것대로 능한 것에 따르고 힘에 따라서 각각 본 것에 집착하여 [④ 부정설不正說의 과실] 자신의 말이 진실이고 다른 사람의 말은 진실이 아니라고 합니다. [⑤ 불립정의不立正義의 과실] 나중에 거듭해서 생각하지 않습니다."라고 한 것을 가리킨다.
[1483] 『玄樞』(T56, 658a).

의 성스러운 지혜를 얻어서 일체법이 여여하여 말로 설할 수 없음을 압니다. 이러한 모든 성인이 행법과 비행법을 보거나 듣거나 하면 능한 것에 따르고 힘에 따라서, 본 것에 집착하지 않고 자신의 말이 진실이고 다른 사람의 말은 진실이 아니라고 하며 나중에 거듭해서 생각하지 않습니다.[1484]

如是梵王。若有衆生。愚癡凡夫。未得出世聖智慧故。未知一切諸法如如不可言說。是諸凡愚。若見若聞。行非行法。作是思惟。實有如是諸法。如我所見。如我所聞。是諸凡夫人。如見如聞。隨能隨力。執著所見。自言是實。於他非眞。後不重思惟。若有衆生。非凡夫人。已見第一義諦。得出世聖慧。知一切法如如不可言說。是諸聖人。若見若聞。行法非行法。隨能隨力。不執著所見。自言是實。於他非眞。後不重思惟。

소 "알지 못합니다." 이하는 이치를 알지 못하는 것을 적용한 것이다. 처음 발심하고 수행하는 보살(始行菩薩)은 아직 제법이 도도 이후의 여여如如와 동등하여 말할 수 없는 것임을 알지 못한다.【원효는 바로 이것을 취하였다.】[1485]

未知下。合不知理。始行菩薩。未知諸法同道後如如不可說也。【曉卽取之。】

경 그때 대법왕이 여의보광요보살에게 물었다. "얼마나 되는 중생이 이와 같이 미묘하고 매우 깊은 정법을 이해할 수 있고 통달할 수 있습니까?"
보살이 답하였다. "법왕이여, 무릇 약간의 중생이니 환화인幻化人의 심수心數입니다. 약간의 중생이 이러한 매우 심오한 법을 이해할 수 있고 통달

1484 『合部金光明經』(T16, 381a).
1485 『玄樞』(T56, 659a).

• 483

할 수 있습니다."¹⁴⁸⁶

時大梵王。問如意寶光耀菩薩言。有幾衆生。能解能通如是微妙甚深正法。
菩薩答言。梵王。凡是若干衆。幻化人心數。若干衆生。能解能通是甚深法。

🔳 답의 뜻은 바로 높은 지위에 들어간 성인들이 여환如幻의 도리를 이해할 수 있고, 낮은 지위의 범부는 이해할 수 없음을 나타낸 것이다. 성인의 뜻은 반드시 종성種姓이 있는 것과 종성이 없는 것을 구별하는 것에 의거하는 것은 아니다. 그러므로 단지 원효가 말한 것처럼 질문에 대해 응답한 것일 뿐이다. "수數"라는 것은 사생육도四生六道¹⁴⁸⁷의 수이다. "심心"이라는 것은 육도사생이 모두 심을 주인으로 삼기 때문이다.¹⁴⁸⁸

答意。正顯有入上地衆聖。能解如幻道理。下凡不能。聖意不必據有性與無性別。故但如曉說。應爲問耳。數者。四生六道數。心者。六道四生。皆心爲主也。

🔳 원효의 견해를 따져서 말하기를¹⁴⁸⁹ "심심·심수법心數法¹⁴⁹⁰이 진실로 있다는 것과 다섯 종성이 결정코 분별된 것이라는 집착을 버리게 하려

1486 『合部金光明經』(T16, 381b).
1487 사생육도四生六道 : '사생'이란 중생이 태어나는 형태를 태생胎生·난생卵生·습생濕生·화생化生 등의 네 범주로 분류한 것이다. '육도'란 중생이 윤회하는 세계를 지옥·아귀·축생·아수라·천天 등의 여섯 범주로 분류한 것이다. 두 가지 모두 윤회의 세계를 다른 관점에서 서술한 것이다.
1488 『玄樞』(T56, 660a).
1489 전후 문맥상 비판의 주체는 경흥이다.
1490 심심·심수법心數法 : 심은 심왕心王이라고도 한다. 모든 정신작용의 주체를 가리키는 말이다. 심수법은 심소법心所法이라고도 한다. 심왕에 소유된 법이라는 의미로 개별적인 마음작용을 가리킨다.

고 '환인幻人의 심수를 지닌 중생이 이해할 수 있고 통달할 수 있다.'라고 하였다. 모든 중생은 마음이나 몸이나 모두 진실로 있는 것이 아니니 환화인과 같이 법계를 근본으로 삼아 끝내 참된 법계로 돌아가지 않음이 없기 때문이다."라고 하였는데 이것은 또한 옳지 않다.

> 憬曉云。欲遣心心數法實有。及五種性決定別執。故說幻人心數衆生。能解能說。[1] 一切衆生。若心若身。皆非實有。如幻化人。法界爲本。終無不歸眞法界故。此亦不然。
>
> 1) ㉔『合部金光明經』에 따르면 '說'은 '通'이다.

『무상의경無上依經』에서 33가지 독법獨法을 설한 것 가운데 반열반 후에 다시 마음이 생겨난다고 한 뜻[1491]과『견실삼매경見實三昧經』[1492]에서 오정거천五淨居天[1493]에게 위없는 보리를 증득할 것이라는 기별을 주지 않은 것과 어긋나기 때문이다. 또한 만약 중생이 법계를 근본으로 하여 모두 진실한 법계로 돌아간다면, 중생의 성품이 곧 법계이기 때문에 육도六道를 짓는 일이 없을 것이다. 성품이 비록 법계일지라도 육도가 있는 것은 근본은 설령 법계일지라도 어떤 식으로든 방해를 받아 다섯 가지 종성으로 결정코 구별되기 때문이다.

[1491] 『無上依經』 권하(T16, 475c)에서 여래만이 갖는 33가지 법을 설하면서 "여래만이 홀로 반열반에 들어가 다시 마음을 일으킬 수 있다.(如來獨得。入般涅槃。復更起心。)"라고 하였다.

[1492] 『견실삼매경見實三昧經』: 후제後齊 때 야사야사耶舍가 번역하였다. 『法華文句』·『瑜伽論記』 등에 인용문이 보이기는 하지만 경전은 전하지 않는다.

[1493] 오정거천五淨居天: 색계의 제4선에 속하는 아홉 하늘 중 상위에 해당하는 다섯 하늘을 일컫는 말. 곧 무번천無煩天·무열천無熱天·선견천善見天·선현천善現天·색구경천色究竟天을 가리킨다. 성문사과聲聞四果 중 제3아나함과阿那含果(不還果)를 증득한 성자가 태어나는 곳이다.

• 485

違無上依經。三十三獨法中。般涅槃後。更生心義。及見實三昧。五淨居天。
不授無上菩提記故。又若衆生。法界爲本。皆歸眞者。亦可衆生性。卽法界
故。無作六道。性雖法界。而有六道者。本縱法界。何妨五性決定別故。

지금 중생이 제법이 허깨비(幻)와 같아서 있는 것도 아니고 없는 것도
아니어서 얻을 것이 없다는 것을 이해할 수 있다면 참된 법계를 이해할
수 있다는 뜻이다. 경계가 이미 있음과 없음의 영역을 넘어섰으니 지혜도
또한 말할 수 없는 영역으로 들어간다. 이러한 뜻을 나타내고자 환인幻人
의 심수를 빌려서 범왕의 질문에 답한 것이다.[1494]

今若衆生。能解諸法如幻。非有非無。無所得者。能解眞法界義。境既出有
無之外。智亦入掩口之內。欲顯此義故。借幻人之心數。以答梵王之問。[1)]

1) ㉲ 이것은 집일문 전체가 세주이다.

경 법왕이 또 말하였다. "이 환화인은 곧 존재하지 않는 것인데, 이와 같
은 심수心數는 무엇으로부터 얻는 것입니까?"

보살이 대답하였다. "법왕이여, 이와 같이 법계는 있는 것도 아니고 없는
것도 아니니, 이와 같이 아는 중생이 이러한 매우 깊은 뜻을 이해할 수 있
고 통달할 수 있는 것입니다."

이때 법왕이 부처님께 말씀드렸다. "세존이시여, 이 여의보광요보살은
불가사의하게 이와 같은 매우 심오한 뜻을 통달하였습니다."

부처님께서 말씀하셨다. "이와 같고 이와 같다. 법왕이여, 그대가 말한 것
과 같다. 무엇 때문인가? 이 여의보광요보살은 이미 범왕으로 하여금 무생
인법無生忍法을 배워서 관찰하게 하였다."[1495]

1494 『玄樞』(T56, 660a).
1495 『合部金光明經』(T16, 381b).

梵王又言。此幻化人。卽是不有。如是心數。從何而得。菩薩答言。梵王。如是法界。不有不無。如是衆生。能解能通是甚深義。是時梵王。白佛言。世尊。是如意寶光耀菩薩。不可思議。通達如是甚深之義。佛言。如是如是。梵王。如汝所言。何以故。是如意寶光耀菩薩。已教梵王。學觀無生忍法。

소 열두 번째로 거듭해서 대답하였다. 여기에 또 두 가지가 있다.

첫째는 있는 것도 아니고 없는 것도 아니니 곧 진실한 법계는 분별이 없다는 것을 밝혔다.

둘째로 "이와 같이 (아는 중생이)" 이하에서는 맺으면서 통달할 수 있는 사람이 있음을 밝혔다. 만약 중생의 마음이, 법계가 있는 것도 아니고 없는 것도 아니어서 분별이 없는 것과 일치한다면, 바로 통달할 수 있고 설할 수 있는 것이다. "깊은 뜻"이라는 것은 수의 사나굴다가 말하였다. "두 부류의 범부가 지닌 결정적으로 있다는 견해를 넘어서고, 두 부류의 성자가 지닌 결정코 없다는 견해를 넘어선 것이다. 환은 진실한 색이 아니기 때문에 있는 것이 아니고 사람으로 하여금 보게 할 수 있기 때문에 없는 것도 아니다. 법계도 또한 그러하여 덕이라고 할 만한 것이 있으니 없는 것은 아니지만 이름과 모양이 없으니 있는 것도 아니다."【경흥은 바로 이것을 취하여 원효가 말한 것을 따졌다.】[1496]

第十二重酬亦二。一明不有不無卽眞無分別。二如是下。結有能通之人。若衆生心。爲法界。非有非無。無分別。卽能通能說也。言深義者。隋云。過二凡夫定有。過二聖人定無也。幻非實色故不有。而令人見故非無。法界亦爾。有可德故不無。無名相故不有。【興卽取之。而徵曉說】

1496 『玄樞』(T56, 660b).

경 그때 일체법을 통달하여 걸림이 없는 세존께서 범왕에게 말씀하셨다.
"이 여의보광요보살은 미래세에 부처가 되어 그 호를 덕보염길상장德寶焰吉上藏 여래如來·응공應供·정변지正遍知라고 할 것이다."
이 '금광명'이라는 미묘한 경전을 설할 때 3천억 보살이 아뇩다라삼먁삼보리에서 물러나지 않는 지위를 얻었고, 8천억 천자가 무구정無垢淨을 얻고 법에 대해 청정법안清淨法眼을 성취하였으며, 한량없고 헤아릴 수 없는 국왕·신하·백성이 법안정法眼淨[1497]을 얻었다.[1498]

爾時世尊。於一切法。通達無礙。告梵王言。是如意寶光耀菩薩。於未來世。當得作佛。號曰德寶焰吉上藏如來應供正遍知。說是金光明微妙經典。三千億菩薩。得不退阿耨多羅三藐三菩提。八千億天子。得無垢淨。於法成就淸淨法眼。無量無數國王臣民。得法眼淨。

소 네 번째는 수기受記한 것이다. 수기의 뜻에 다섯 조목이 있다. 첫째는 이름이고, 둘째는 뜻이며, 셋째는 의미이고, 넷째는 일이며, 다섯째는 과果이다.
이름이라는 것은 두 가지가 있다. 첫째는 수受이니 제자에 해당한다. 제자가 이것을 받는 것이다. 둘째는 수授이니 여래에 해당한다. 여래가 이것을 주는 것이다.
기의 뜻에 두 가지가 있다. 첫째는 경계를 기억하여 잊지 않는 것이다. 둘째는 기록하여 잃어버리지 않는 것이다. 지금은 뒤의 한 가지에 나아간

1497 법안정法眼淨 : 정법안淨法眼·청정법안淸淨法眼 등이라고도 한다. 제법을 관찰함에 있어서 장애가 없는 눈을 지닌 것. 소승에서는 성문사과聲聞四果 중 첫 번째 과인 예류과의 지위에서 사성제의 도리를 깨달음으로써 얻는 것이라 하고, 대승에서는 초지初地에서 무생법인無生法忍을 깨달음으로써 얻는 것이라고 한다.
1498 『合部金光明經』(T16, 381b).

것이다.

第四受記。受記義有五條。一名。二義。三意。四事。五果也。名者有二。一受是弟子。弟子受之。二授是如來。如來授之。記義有二。一記境不忘。二記錄不失。今就後一也。

기의 의미에 다섯 가지가 있다.

첫째는 대사大師는 통달하여 어느 것도 분명하게 알지 못하는 것이 없고 미래의 과를 통달하여 보기 때문이다. 본本에서 "그때 세존으로 일체법에 통달하고 걸림이 없는 분께서는 범왕에게 말씀하셨다."라고 하였다. 지금 세존을 제시하여 그 지덕智德을 겸하였다. "통달하고"라는 것은 수득지修得智이고, "걸림이 없는"이라는 것은 성득지性得智이다. 둘째는 바른 행위는 헛되이 지나가 버리는 일이 없으니 반드시 얻는 것이 있음을 밝히는 것이다. 셋째는 중생으로 하여금 이 보살에 대해 공경하는 마음을 내게 하기 위한 것이니 미륵彌勒 등과 같다. 넷째는 중생을 버리지 않는 것이니 미래세에 다시 부처님께서 교화하여 제도할 일이 있을 것임을 밝힌 것이다. 다섯째는 이 대중이 지위와 수행이 이미 높아서 정위定位와 퇴위退位를 지나서 수기위授記位를 얻었음을 밝힌 것이다.

記意有五。一明大師通達。無處不了故。達見當果故。本云。爾時世尊。於一切法。通達無礙。告梵王言。今舉世尊。兼其智德。言通達者。修得智。無礙者。性得智。二明正行。無空過。必所得。三令衆生。於此菩薩。生恭敬心。如彌勒等。四明不捨衆生。未來更有於佛化度之。五明此大衆。位行已高。過定位退位。得授記位。

지위에 세 가지가 있다. 십해는 부정不定이고, 십행은 정定이며, 십회향

은 수기受記이다. 또한 제7지 이하는 마음의 작용에 출입이 있으니 퇴위退
位라고 하고, 제8지 이상은 출입이 없기 때문에 불퇴위不退位이니 그러므
로 수기위이다. 또한 제10지 가운데 열 가지 마음이 있다. 나중의 세 가지
마음은 한번 태어나면 부처가 되기 때문에 보처補處의 수기를 받는다.[경
흥은 처음의 세 가지를 취하였다. 단지 지위에 있어서는 원효와 경흥은 두 번째 설을 취하
였다.]¹⁴⁹⁹

位有三。十解不定。十迴定。十迴受記。又七地以下。有出入作心曰退。八
地已上。無出入故。是不退位。故受記。又十地中。有十心。後三心。於一生
得佛故。受補處記。【興取初三。但位曉興取第二說。】

소 수기의 과果¹⁵⁰⁰에는 다섯 가지 뜻이 있다. 첫째는 무상과無上果이
니 불지佛地이다. 둘째는 만족과滿足果이니 제8지이다. 셋째는 최초과最初
果이니 초지初地이다. 넷째는 행도기과行道器果이니 십회향이다. 다섯째는
수종과隨從果이니 십행이다.

記果有五義。一無上果佛地。二滿足果八地。三最初果初地。四行道器果十
迴。五隨從果十行。

글에 나아가서 바로 다섯 가지가 있다.
첫째로 무상과라는 것은 "여의보광요보살에게 수기를 준 것"이니 불지
를 얻는 것이다.
둘째로 만족과라는 것은 "3천억 보살이 불퇴를 얻은 것"이다. 제8지의

1499 『玄樞』(T56, 660c).
1500 수기의 과果 : 앞에서 수기의 뜻에 다섯 조목을 세운 것 중 다섯 번째에 해당한다.

여여만如如滿을 얻고 내지 제10지의 무공력無功力을 얻으니 불퇴만족不退滿足이라고 한다.

셋째로 최초과라는 것은 본本에서 "8천억 천자가 무구정을 얻고 법에 대해 청정법안을 성취하였으며"라고 하였다. 법계에 대해 초지의 법여여를 얻는 것이다.

법계에 두 가지 청정이 있다. 첫째는 무구청정無垢淸淨이니 수득修得이고, 둘째는 직언청정直言淸淨이니 성득性得이다. 또한 '무구'는 번뇌장이 없는 것이고 '정'은 일체지장一切智障이 없는 것이니, '정'은 곧 성해탈性解脫과 수해탈修解脫이다. 처음으로 여여해如如解를 보는 것을 '법안'이라 한다. '안'이라는 것은 인아와 법아에 집착하지 않기 때문이다. 이 법안은 곧 혜안慧眼이다. 십지를 통틀어서 이것을 세운다.【원효가 바로 취하여 말하였다. "처음은 보살의 이익이다. 제8지에 들어가서 다시 관觀에서 나오지 않기 때문에 '불퇴'라고 한다. 둘째는 천자의 이익이다. 초지에 들어가서 이선二禪의 집착을 끊기 때문에 '무구정을 얻고'라고 하였다. 법계를 증득하여 이관理觀을 얻기 때문에 '청정법안을 성취하였으며'라고 하였다."】[1501]

就文卽五。一無上果者。授如意記。得佛地也。二滿足果者。三千億菩薩。得不退。八地如如滿。乃至十地無功力。名不退滿足。三最初果者。本云。八千億天子。得無垢淨。於法成就淸淨法眼。謂於法界得初地法如如也。法界有二種淸淨。一無垢淸淨修得。二直言淸淨性得。又無垢無煩惱障。淨者無一切智障。淨卽是性修二解脫也。初見如如解名法眼。眼者人法二我不執著故。此法眼卽是慧眼。通十地立之。【曉卽取云。初菩薩益。入第八地。更無出觀。故云不退。二天子益。得入初地。斷二禪執。故云得無垢淨。證於法界。而得理觀。故言成就淸淨法眼。】

[1501] 『玄樞』(T56, 661a).

소 넷째[1502]로 행도기과라는 것은 "한량없고 헤아릴 수 없는 국왕·신하·백성이 법안정을 얻은 것"이니 십행을 얻어 가죽과 살갗을 제거하고 이제二諦의 이치를 원만하게 아는 것이다. "행도기"라는 것은 이 경을 듣고 십회향에 올라 대승의 도리를 감당할 수 있는 근기를 갖추어 보리심을 행하니 이 마음을 일컬어 행도기라고 하는 것이다.【원효가 말하였다. "셋째는 왕과 신하와 백성의 이익을 밝혔다. 번뇌를 멀리하고 고통을 떠나서 법안정을 얻었으니 견혹의 종자를 끊어서 초과初果를 증득한 것이다."】[1503]

四行道器果者。無量無數國王臣民。得法眼。得十行。除皮肉。知二諦理滿。言行道器者。聞此經。登十迴。爲大乘道器。行菩提心。立呼此心。爲行道器。【曉云。三明王臣民益。遠塵離苦得法眼淨。是斷見惑種得初果。】

경 50억 비구가 보리행을 행하다가 보리심에서 물러나려고 하였으나 여의보광요보살의 설법을 듣고 불가사의하고 원만한 서원을 더욱 견고하게 할 수 있었고, 다시 또 보리심을 일으켜 각각 스스로 옷을 벗어 보살에게 공양하고 거듭해서 위없고 뛰어난 정진하는 마음을 발하였다.

위없고 뛰어난 정진하는 마음을 발하고 나서 "저희들의 공덕과 선근으로 모두 물러나지 않고 (이를) 아뇩다라삼먁삼보리로 회향하게 하소서."라고 하였다. 이와 같이 비구는 이러한 공덕과 수행에 의거하여 90대겁을 지나서 서원을 성취하고 이 모든 비구들은 생사를 벗어난다.

부처님께서 그들을 위해 수기를 주시기를 "삼아승기겁을 지나 성불할 것인데, 그때 부처님의 명호는 난승광왕難勝光王이고, 그 나라의 이름은 무구광無垢光일 것이다. 동시에 모두 아뇩다라삼먁삼보리를 얻을 것이고 모두

1502 넷째 : 앞에서 수기의 과를 다섯으로 나눈 것 중 네 번째라는 말이다.
1503 『玄樞』(T56, 661ab).

동일한 명호일 것이니, 그 이름은 원장엄간측왕불願莊嚴間廁王佛일 것이다."
라고 하였다.[1504]

五十億比丘。行菩提行。欲退菩提心。聞如意寶光耀菩薩說法。得堅固不可
思議滿足之願。更復還發菩提之心。各自脫衣。供養菩薩。重發無上勝進
心。發無上勝進心已。願令我等功德善根。悉皆不退。迴向阿耨多羅三藐三
菩提。如是比丘。依此功德修行。過九十大劫。當得成就。是諸比丘。出於
生死。佛爲授記。過三十阿僧祇劫。當得作佛號難勝光王。其國名曰無垢
光。同時皆得阿耨多羅三藐三菩提。皆同一號。名曰願莊嚴間廁王佛。

소 원효가 뜻을 서술하여 말하였다. "'90대겁을 지나서'라는 것은 십
해의 제4주에 들어갔을 때를 말한다. 삼계의 계박을 떠날 수 있으니 업이
이미 다했기 때문이다. '성취하고 생사를 벗어남'이라고 한 것은 『화엄경』
에서 그 주住를 찬탄하여 '네 번째로 생귀주生貴住[1505]의 참된 불자는 모든
현성의 바른 법으로부터 태어나 있음과 없음의 모든 법에 집착함이 없으
니 생사를 버리고 여의어 삼계에서 벗어나네.'[1506]라고 한 것과 같다."[1507]

曉述意云。過九十大劫等。謂入十解第四住時。能離三界繫。業旣盡故。言
成就及出生死。如華嚴經。讚彼住言。第四生貴眞佛子。從諸賢聖正法生。
有無諸法無所著。捨離生死出三界。[1)]

1) ㉠ 이것은 집일문 전체가 세주이다.

1504 『合部金光明經』(T16, 381b).
1505 생귀주生貴住 : 보살 십주의 네 번째 계위. 그 전에 성취한 미묘한 행으로 인해 미
묘한 이치에 계합하여 장차 부처님의 집안에 태어나 법왕자法王子가 될 수 있는 지
위이다.
1506 60권 『華嚴經』 권8(T9, 448a).
1507 『玄樞』(T56, 662a).

소 경흥이 원효의 해석을 따져서 말하였다. "논에서 '아직 자재하지 못한 보살은 무색계에 태어난다.'라고 한 것에 위배되니 생귀주보살이 무색계에 태어나지 않는다고 했기 때문이다."[1508]

興徵曉云。違論云未自在菩薩生無色界。生貴菩薩不生無色故。[1)]

1) ㉠ 이것은 집일문 전체가 세주이다.

[1508] 『玄樞』(T56, 662b).

제10 사천왕품
四天王品第十。

경 그때 비사문천왕毘沙門天王과 제두뢰타천왕提頭賴吒天王과 비류륵차천왕毘留勒叉天王과 비류박차천왕毘留博叉天王이 모두 자리에서 일어나 오른쪽 어깨를 드러내고 오른쪽 무릎을 땅에 대고 꿇어앉아 합장하고 부처님께 말씀드렸다.

"세존이시여, 이 '금광명'이라는 미묘한 경전은 모든 경의 왕이니 모든 부처님·세존께서 호념하시는 것이고, 보살의 깊고 미묘한 공덕을 장엄하는 것이며, 항상 모든 하늘이 공경하는 것이고, 천왕天王으로 하여금 기쁜 마음을 일으키게 할 수 있는 것이며, 또한 호세천왕護世天王[1509]이 찬탄하는 것입니다.……세존이시여, 만약 사부대중이 이 '금광명'이라는 미묘한 경전을 수지하고 독송하며 또 여러 사람의 왕이 공양하고 공경하며 존중하고 찬탄한다면 저희들 사천왕도 또한 이 사람의 왕을 모든 왕 가운데 항상 으뜸으로 공양하고 공경하며 존중하고 찬탄함을 얻을 수 있게 하고 또한 다른 왕들이 흠모하고 숭상하며 부러워하고 사모하며 그 선을 칭찬하고 찬탄하게 하겠습니다."[1510]

1509 호세천왕護世天王 : 사천왕四天王을 가리킨다. 호국사왕護國四王이라고도 한다. 동방을 수호하는 지국천왕持國天王·남방을 수호하는 증장천왕增長天王·서방을 수호하는 광목천왕廣目天王(雜語天王)·북방을 수호하는 다문천왕多聞天王을 가리킨다. 이 사천왕은 우주의 중심인 수미산須彌山(불교의 세계관에 따를 때 우주의 중심에 있는 산)의 사방의 중간 지역에 머물면서 항상 불법을 수호하고 사천하를 보호하여 온갖 악한 귀신이 중생을 해치지 못하게 한다. 지국천왕은 여러 천중天衆과 건달바乾闥婆(⑤ gandharva)와 비사사毘舍闍(⑤ piśāca)의 두 부의 귀신을 통솔한다. 증장천왕은 여러 천중과 구반다鳩槃茶(⑤ kumbhāṇḍa)와 피협다避脇多(⑤ preta)의 두 부의 귀신을 통솔한다. 광목천왕은 여러 천중과 용龍과 부단나富單那(⑤ pūtana)의 두 부의 귀신을 통솔한다. 다문천왕은 여러 천중과 야차夜叉(⑤ yakṣa)·나찰羅刹(⑤ rākṣasa)의 두 부의 귀신을 통솔한다.
1510 『합부금광명경合部金光明經』(T16, 382a).

爾時毘沙門天王。提頭賴吒天王。毘留勒叉天王。毘留博叉天王。俱從坐起。偏袒右肩。右膝著地。胡跪合掌。白佛言。世尊。是金光明微妙經典衆經之王。諸佛世尊之所護念。莊嚴菩薩深妙功德。常爲諸天之所恭敬。能令天王。心生歡喜。亦爲護世之所讚嘆。…世尊。若有四衆。受持讀誦是妙經典。若諸人王。有能供養恭敬。尊重讚嘆。我等四王。亦復當令如是人王。於諸王中。常得第一供養恭敬尊重讚嘆。亦令餘王。欽尚羨慕。稱嘆其善。

소 수의 사나굴다가 말하였다. "남방의 비류륵차(ⓢ Virūḍhaka)는 증장增長이라 의역하니 국토를 증장시킨다. 서방의 비류박차(ⓢ Virūpākṣa)는 잡어雜語라고 의역하니 모든 귀신의 말을 안다. 경의 어떤 본에서는 남방은 비륵이라 하고 잡어雜語라고 의역하였으며, 서방은 비류박이라 하고 증장이라 의역하여 방위에 배대할 때 이름을 바꾸었다." 가상[1511]과 원효와 도선과 승장과 혜소[1512]와 경흥은 모두 수의 사나굴다의 첫 번째 설과 같다. 단지 비류박차에 대해서는 원효가 말하기를 "추목醜目[1513]이라고 의역한다."라고 하여 (수의 사나굴다와 달리 해석하였다.)[1514]

隋云。南方毘留勒叉。此言增長。增長國土。西方毘留博叉。此言雜語。解

[1511] 『金光明經疏』(T39, 166a).
[1512] 『金光明最勝王經疏』 권5(T39, 286c).
[1513] 추목醜目 : 『大寶積經』 권7(T11, 37c)・『瑜伽師地論』 권2(T30, 287b) 등에 나오는 의역어이다. 『華嚴經疏』 권5(T35, 539b)에서 "비루박차는 당나라 현장 삼장이 추목이라고 의역하였다. '비루'는 추醜이고, '박차'는 목目이다. 일조 삼장은 비변야다라고 음역하였다. '루'라는 것은 갖추어서 '노파'라고 하고 의역어는 색이다. 박걸차(박차)는 제근諸根이라고 의역한다. 눈 등의 여러 감각기관이 여러 가지 색을 지니고 있기 때문에 이러한 이름이 붙은 것이지 반드시 용모가 추해서 그런 것만은 아니다.(毘樓博叉。唐三藏譯云醜目。毘樓醜也。博叉目也。日照三藏譯云。毘遍也多也。樓者具云嚕波。此云色也。博吃叉此云諸根也。謂眼等諸根有種種色。故以爲名。此不必醜也。)"라고 하였다.
[1514] 『玄樞』(T56, 663b).

諸鬼神語。經一本云。南方毘勒。此云雜語。西方云毘留博。增長也。配方翻名。祥曉宜莊沼興。皆同隋初說也。但毘留博叉。曉云。此云醜目。[1]

1) ㉕ 이것은 집일문 전체가 세주이다.

소 무릇 (사천왕四天王이) 머무는 궁전에 대한 해석은 다음과 같다. 가상이 말하였다. "수미산의 사방의 둘레에 나건하라산那乾訶羅山[1515]이 있다. 대지에서 4만 2천 유순 떨어져 있고 높이와 둘레도 또한 그러하다. 그 위에 사천왕이 머물고 있다."[1516] 원효가 말하였다. "『유가사지론』에서 '(사천왕은 칠금산의) 지쌍산持雙山[1517]에 머물고 있고 나머지 금산金山은 사천왕의 부락이다.'[1518]라고 하였다. 다른 곳에서는 '사방의 둘레에 머문다'고 하였다. 이와 같이 두 글을 융화하고 회통할 수 있다."[1519]

但住宮者。祥云。須彌四埵。名那乾訶羅山。去地四萬二千由旬。縱廣亦爾。上有四王。曉云。伽云。持雙山所居止。餘金山是部落。餘處云。住四埵。如是二文可和會也。

경 그때 부처님께서 사천왕을 칭찬하셨다.

1515 나건하라산那乾訶羅山 : '나건하라'는 ⓢ Yugaṃdhara의 음역어. 유건다라由犍陀羅·유건다遊乾陀 등이라고도 하고 의역어는 지쌍持雙이다. 수미산을 둘러싼 일곱 개의 금산金山(금으로 이루어진 산) 중 첫 번째에 해당하는 산의 이름이다. 일곱 개의 금산이란 차례대로 유건달라踰健達羅·이사다라伊沙馱羅(ⓢ Īṣādhara)·갈지락가朅地洛迦(ⓢ Khadiraka)·소달리사나蘇達梨舍那(ⓢ Sudarśana)·알습박갈나頞濕縛羯拏(ⓢ Aśvakarṇa)·비나달가毘那怛迦(ⓢ Vinataka)·니민달라尼民達羅(ⓢ Nimiṃdhara)이다.
1516 『金光明經疏』(T39, 166a).
1517 지쌍산持雙山 : 수미산을 둘러싼 여덟 개의 산 중 첫 번째에 해당하는 산. 가장 밖에는 철위산鐵圍山이 둘러싸고 있고 수미산과 철위산 사이에 일곱 개의 금산이 둘러싸고 있는데, 이 일곱 개의 산을 통틀어서 칠금산七金山이라고 하며, 지쌍산은 이 가운데 가장 안쪽에 위치한 산이다.
1518 『瑜伽師地論』 권2(T30, 287b).
1519 『玄樞』(T56, 663c).

"훌륭하구나! 훌륭하구나! 너희들 네 왕은 내가 백천억 나유타 겁 동안 수습할 수 있었던 아뇩다라삼먁삼보리와 사람의 왕으로서 이 경을 수지하고 공경하며 공양하는 이를 옹호하여 쇠락의 근심을 없애 주고 그들을 안락하게 해 준다.……이 인연으로 이 염부제閻浮提[1520]는 안온하고 풍요롭고 즐거운 세상이 될 것이다. 인민은 번성하고 대지는 비옥하며, 음양이 조화를 이루어 시절이 차례를 넘어서는 일이 없으며, 해와 달과 성수星宿(모든 별자리의 별들)가 정상적인 법도를 잃지 않으며, 바람과 비는 때맞추어 일어나서 모든 재난과 횡액이 없으며, 인민은 넘치도록 풍요로워 재물에 스스로 만족하니, 마음에 탐욕이나 인색함이 없고 또한 질투 등도 없어서 열 가지 선을 모두 행한다. 그 사람이 목숨을 마치면 대부분 하늘에 태어나 하늘의 궁전이 가득 차고 하늘의 대중이 증대한다. 미래세에 사람의 왕이 있어 이 경전을 듣고 이 경전을 수지한 사부대중을 공경하고 공양하면 이 왕은 안락하고 여러 가지 이익을 얻을 것이다.……이 모든 국토에 사는 인민은 모두 여러 가지 형태로 오욕五欲의 즐거움을 누리고 모든 악한 일은 다 소멸할 것이다."[1521]

爾時佛讚四天王等。善哉善哉。汝等四王。乃能擁護我百千億那由他劫所可修習阿耨多羅三藐三菩提。及諸人王。受持是經。恭敬供養者。爲消衰患。令其安樂。…以是因緣故。此閻浮提。安隱豐樂。人民熾盛。大地沃壤。陰陽調和。時不越序。日月星宿。不失常度。風雨隨時。無諸災橫。人民豐

1520 염부제閻浮提 : ⓢ Jambu-dvīpa의 음역어. 섬부제贍部提라고도 한다. '염부'는 나무의 이름이고, '제'는 ⓢ dvīpa의 음역어로 주洲라고 의역한다. 따라서 음역어와 의역어를 합하여 염부주閻浮洲·섬부주贍部洲 등이라고도 한다. 수미산의 사방에 위치한 네 개의 대륙 중 남방에 위치한 것을 가리키는 말이다. 곧 우리가 현재 살고 있는 세계이다. 염부수閻浮樹가 산출되는 곳이라는 뜻에서 붙여진 이름이다. 또한 수미산의 남방에 위치했다는 뜻에서 남염부제南閻浮提라고도 한다.
1521 『合部金光明經』(T16, 382c).

溢。自足於財。心無貪悋。亦無嫉妬。等行十善。其人壽終。多生天上。天宮充滿。增益天衆。若未來世。有諸人王。聽是經典。及供養恭敬。受持是經。四部之衆。是王則爲安樂利益。…是諸國土。所有人民。悉受種種五欲之樂。一切惡事。悉皆消滅。

소 원효가 뒤의 소에서 말하였다.

"『장아함경』에서 말하였다. '달은 기우는 때가 있고 차는 때가 있는데 (그 이유는) 다음과 같다. (기우는 것은 다음과 같다.) 첫째는 비스듬히 가면서 점점 측면을 숨기기 때문에 결락된 부분이 나타난다. 또한 달의 성 주변에 하늘이 머물고 있는데 그 색이 바른 청색이고 의복도 또한 표면이 청색이어서 그가 머무는 면은 청색이 성을 비추기 때문에 성대함을 결락시키는 부분이 나타난다. 차는 것은 다음과 같다. 달이 가면서 점점 바른 길로 향하는 것이다. 또한 청색 옷을 입은 하늘이 15일에는 달의 성으로 옮겨 들어와 왕과 때맞추어 회동한다. 또한 수미산의 남쪽 대지에 큰 나무가 있는데 염부제閻浮提라고 한다. 높이가 4천 리이고 나뭇가지의 그늘은 2천 리가 된다. 그림자가 달 속에 나타나면 (결락된 부분이 나타난다.)'[1522] 『대누탄경』에서도 또한 이것과 같이 설하였다.[1523] 『유가사지론』에 따르면 큰 바다에 물고기와 자라 등이 있음으로 말미암아 그림자가 달에 나타나서 그 안에 검은색이 나타나는 것이다.[1524]"

曉下疏云。長阿含云。月有虧滿者。一通[1)]角行。稍稍隱例[2)]故見缺。又月[3)]

1522 『長阿含經』권22(T1, 147b). 문장이 전적으로 동일하지는 않다. 현재 인용문은 『經律異相』권1(T53, 6b)에서 『長阿含經』과 『大樓炭經』의 글이라고 하여 인용한 것과 더 일치한다.
1523 『大樓炭經』권6(T1, 307b).
1524 『瑜伽師地論』권2(T30, 288a).

邊有天。其色正靑。衣服亦表靑。所在之面。靑色照城。故缺盛也。滿者。月
行稍轉向正。又靑衣天。十五日。轉入月城。與王適會。又須彌南。地有大
樹。名閻浮提。高四千里。枝蔭二千里。影現月中。樓炭經。亦同此說。依瑜
伽者。由大海中。有魚鼈等。影現月輪。故其內有黑色現也。

1) ㉔『大樓炭經』에 따르면 '通'은 '者'인 것 같다. 2) ㉔『經律異相』에 따르면 '例'는 '側'이다. 3) ㉔ '月' 뒤에 '城'이 누락되었다.

또 말하였다. "'성'은 오성五星[1525]이고, '수'는 이십팔수二十八宿[1526]이다. 『대누탄경』 권6에서 '여기에서 높이 40만 리가 되는 곳에 천신의 집이 있다. 수정으로 지었고 허공에 떠 있는데 큰 바람이 지탱하고 뜬 구름처럼 움직인다. 세상 사람들이 모두 성수라고 이름한다. 그 크기가 큰 것은 둘레가 720리이고, 크기가 중간인 것은 480리이며, 크기가 작은 것은 20리이다.'[1527]라고 하였다."[1528]

又云。星者五星。宿者二十八宿。樓炭經第八[1)]云。從此高四十萬里。有天
神舍。以水精作之。在虛空中。大風持之。行如浮雲。天下人。皆名星宿。其

1525 오성五星 : 다섯 개의 별이라는 뜻. 오집五執이라고도 한다. 첫째는 세성歲星이니 바로 목요木曜[S] bṛhaspati)이다. 오행五行 중 목木의 정기精氣이니 동방 창제蒼帝의 아들이다. 둘째는 형혹성熒惑星이니 바로 화요火曜[S] aṅgāraka)이다. 화火의 정기이니 남방 적제赤帝의 아들이다. 셋째는 진성鎭星이니 바로 토요土曜[S] śanaiścara)이다. 토土의 정기이니 중앙 황제黃帝의 아들이다. 넷째는 태백성太白星이니 바로 금요金曜[S] śukra)이다. 금金의 정기이니 서방 백제白帝의 아들이다. 다섯째는 진성辰星이니 바로 수요水曜[S] budha)이다. 수水의 정기이니 북방 흑제黑帝의 아들이다. 이 다섯 개의 별은 하늘을 한 번 도는 데 걸리는 시간이 같지 않다. 태백성과 진성은 각각 1년이 걸리고, 형혹성은 2년, 세성은 12년, 진성은 19년 반이 걸린다.
1526 이십팔수二十八宿 : 달이 한 달 동안 운행하는 궤도인 백도白道에 있는 28개의 성수를 가리키는 말. 동서남북의 사방에 각각 7개의 성수가 배치되어 각각 동방칠수·서방칠수·남방칠수·북방칠수라고 일컬어진다.
1527 『大樓炭經』 권6(T1, 306c).
1528 『玄樞』(T56, 667b).

一²⁾圍七百二十里。中者四百八十里。小者二十里。

1) ㉠ '八'은 '六'인 것 같다. 2) ㉠ 『大樓炭經』에 따르면 '一'은 '大'이다.

소 원효의 설은 뒤에서 서술한 것¹⁵²⁹과 같다. 승장이 말하였다. "'염마琰魔[S] Yama)'는 정식靜息이라 의역한다. 『장아함경』 권19에서 '염부제 남쪽 대금산大金山에 염라왕閻羅王의 궁전이 있다. 왕이 다스리는 곳은 (가로와 세로가 60유순이다.) 그 왕에게는 만 하루 동안 세 때에 구리가 가득 찬 거대한 가마솥이 저절로 앞에 나타난다. (옥졸들이 염라왕을 잡아다가 구리물을 부으면) 입술과 혀와 목구멍과 배에 이르기까지 타서 문드러지지 않는 곳이 없다. 죄에 대한 벌을 다 받은 다음에 다시 채녀와 함께 즐겁게 지낸다. 그 신하도 또한 동일하다.'¹⁵³⁰라고 하였고, 『유가사지론』 권2에서 '어느 한 유정은 잡염을 감하는 증상업으로 말미암아 나락가那落迦¹⁵³¹에 태어나 정식왕靜息王이 된다.'¹⁵³²라고 하였다. 이 글에 의거하면 (염마는) 지옥취에 포섭된다."¹⁵³³

曉說如下。莊云。琰魔。此云靜息。長阿含十九云。閻浮提南。大金山內。有閻羅王宮。王所治處。彼王日夜三時。有大銅鑊¹⁾自然在前。乃至唇²⁾舌咽腹。無不燒爛。受罪已訖。復與婇女。共相娛樂。彼臣亦同。瑜伽第二云。隨一有情。由感雜染增上業故。生那落迦。作靜息王。若依此文。地獄趣攝。

1) ㉠ 『長阿含經』에 따르면 '鐵'은 '鑊'이다. 2) ㉠ 『長阿含經』에 따르면 '唇'은 '脣'이다.

1529 뒤의 주석에서 "('염마라왕'의) 의역어는 정식왕靜息王이다."라고 한 것을 가리키는 것 같다.
1530 『長阿含經』 권19(T1, 126b).
1531 나락가那落迦 : [S] naraka의 음역어. 불락不樂·가염可厭·고구고구具·지옥地獄 등으로 의역한다. 윤회의 여섯 길 중 가장 하위에 속하는 것. 온갖 형태의 고통을 받는 곳으로 묘사된다.
1532 『瑜伽師地論』 권2(T30, 288a).
1533 『玄樞』(T56, 669a).

경 그때 사천왕이 부처님께 말씀드렸다.

"세존이시여, 미래세에 여러 사람의 왕이 이와 같이 정법을 공경하고 지극한 마음으로 이와 같이 '금광명'이라는 미묘한 경전을 듣고 수지하며, 이 경전을 수지한 사부대중을 공경하고 공양하며 존중하고 찬탄하며, 집을 장엄하고 수리하여 향기로운 물을 대지에 뿌리고 마음을 집중하고 바른 생각으로 설법을 들을 때, 저희들 사천왕도 또한 그 속에서 함께 이 법을 들을 것입니다. 이 모든 사람의 왕이 자신의 이익을 위해서 자신이 얻은 공덕을 조금이라도 저희에게 나누어 주길 바랍니다. 이 모든 사람의 왕이 설법하는 이가 앉아 있는 곳에 저희들을 위하여 여러 가지 향을 피우고 이 경을 공양하면, 이 미묘한 향기가 순식간에 바로 우리들 여러 하늘의 궁전에 이르고 그 향기는 즉시 변하여 향기 나는 덮개로 바뀔 것입니다. 그 향은 미묘하고 금색으로 빛을 발하며 우리들의 궁전과 제석천의 궁전과 범천의 궁전을 비추고……또한 모든 하늘의 궁전을 비출 것입니다."

爾時四王白佛言。世尊若未來世。有諸人王。作如是等。恭敬正法。至心聽受是妙經典。及恭敬供養。尊重讚嘆。持是經典。四部之衆。嚴治舍宅。香汁灑地。專心正念。聽說法時。我等四王。亦當在中。共聽此法。願諸人王。爲自利故。以己所得功德。少分施與我等。是諸人王。於說法者。所坐之處。爲我等故。燒種種香。供養是經。是妙香氣。於一念頃。卽至我等。諸天宮殿。其香卽時。變成香蓋。其香微妙。金色晃耀。照我等宮。釋宮梵宮。…亦照一切諸天宮殿。

부처님께서 사천왕에게 말씀하셨다.

"이 향기 나는 덮개의 광명은 단지 그대 사천왕의 궁전에만 이르는 것이 아니다.……여러 가지 향기는 단지 이 삼천대천세계에만 두루 퍼지는 것이 아니라, 순식간에 또한 시방의 한량없고 가없는 갠지스강의 모래알처럼 많은 백천만억의 모든 부처님의 세계에 두루 퍼지고 모든 부처님의 세계의 허공에서 또한 향기 나는 덮개를 이루며 금색으로 빛을 발하는 것도 또 다시 이와 같을 것이다."1534

佛告四王。是香蓋光明。非但至汝四王宮殿。…種種香氣。不但遍此三千大千世界。於一念頃。亦遍十方無量無邊恒河沙等。百千萬億諸佛世界。於諸佛上虛空之中。亦成香蓋。金色普照。亦復如是。

소 두 번째에 해당하는 부분에서 첫째는 마음을 운용하는 방법을 밝혔는데, 여기에 두 가지가 있다. 첫째는 사천왕이 권한 것이고, 나중은 여래께서 서술한 것이다.【원효와 승장이 이것을 취하였다.】1535

第二一番明運心方法有二。初四王勸。後如來述。【曉莊取之。】

경 그때 시방의 한량없고 가없는 갠지스강의 모래알처럼 많은 모든 부처님 세계에 계시는 현재의 모든 부처님께서 이구동성으로 이렇게 말씀하셨다.
"선남자여, 그대는 미래세에 반드시 결정코 도량의 보리수 아래에 앉아서 삼계 가운데 가장 존귀하고 가장 뛰어나서 일체의 중생을 훨씬 넘어선 경지를 얻을 것이다.……선남자여, 그대가 이러한 일을 이루고 나서는 금강좌金剛座에 앉아 위없는 모든 부처님께서 찬탄한 열두 가지 행의 매우 깊은 법륜을 굴리고, 위없는 가장 큰 법의 북을 치며, 위없는 지극히 미묘한 법의 소라를 불고, 위없는 가장 뛰어난 법의 깃대를 세우며, 위없는 지극히 밝은

1534 『合部金光明經』(T16, 383c).
1535 『玄樞』(T56, 669c).

법의 횃불을 밝히고, 위없는 감로와 같은 법의 비를 뿌리며 한량없는 번뇌인 원결怨結을 끊을 것이다. 한량없는 백천만억 나유타의 중생으로 하여금 가없고 두려워할 만한 큰 바다를 건너고 생사의 가없는 윤회의 수레바퀴에서 벗어나서 다시 한량없는 백천만억 나유타의 부처님을 만나게 할 것이다."[1536]

爾時十方無量無邊恒河沙等諸佛世界。現在諸佛。異口同聲。作如是言。善男子。汝於來世。畢定當得坐於道場菩提樹下。於三界中。最尊最勝。出過一切衆生之上。…善男子。汝已能坐金剛座處。轉於無上諸佛所讚十二種行甚深法輪。能擊無上最大法鼓。能吹無上極妙法螺。能堅無上最勝法幢。能然無上極明法炬。能雨無上甘露法雨。能斷無量煩惱怨結。能令無量百千萬億那由他衆。度於無涯可畏大海。能脫生死無際輪轉。復遇無量百千萬億那由他佛。

소 원효가 말하였다. "삼전사제三轉四諦[1537]를 '열두 가지 행'이라고

1536 『合部金光明經』(T16, 384a).
1537 삼전사제三轉四諦 : 사제의 교법 형식 및 그 교설의 수용에 의해 일어나는 행상行相과 관련된 용어. 먼저 삼전은 교법 형식과 관련된 용어이다. 곧 사제 각각에 대해 시상전示相轉·권상전勸相轉·증상전證相轉의 세 가지 교법의 형식을 설한 것을 삼전三轉이라 한다. 이 중 개별적인 관점에서 볼 때 한 가지 제諦에 대해 세 가지 교법의 형식(1×3)을 설했으므로 이를 삼전이라고 하고, 총괄적인 관점에서 볼 때 고제·집제·멸제·도제 등의 네 가지 제諦에 대해 세 가지 교법의 형식(4×3)을 설했으므로 이를 십이전十二轉이라고 한다. 시상전이란 "이것은 고苦이고, 이것은 집集이며, 이것은 멸滅이고, 이것은 도道이다."라고 말씀하신 것이고, 권상전이란 "고를 알아야 하고, 집을 끊어야 하며, 멸을 깨달아야 하고, 도를 닦아야 한다."라고 말씀하신 것이며, 증상전이란 "고는 내가 이미 알았고, 집은 내가 이미 끊었으며, 멸은 내가 이미 깨달았고, 도는 내가 이미 닦았다."라고 스스로 자신의 깨달음을 들어 보임으로써 다른 이들이 깨닫도록 한 것이다. 사제에 대한 삼전의 교법을 설할 때 이를 수용하는 이에게 차례대로 안眼(⑤ cakṣus, 보는 것)·지智(⑤ jñāna, 결단하는 것)·명明(⑤ vidyā, 비추어 아는 것)·각覺(⑤ buddhi, 조심스럽게 성찰하는 것) 등의 네 가

한다."¹⁵³⁸

曉云。三轉四諦爲十二行。¹⁾

1) ㉠ 이것은 집일문 전체가 세주이다.

경 그때 사천왕이 다시 부처님께 말씀드렸다.

"세존이시여, 이 '금광명'이라는 미묘한 경전은 미래와 현재의 갖가지 한량없는 공덕을 얻을 수 있습니다. 그러므로 사람의 왕이 만약 이 미묘한 경전을 듣는다면, 바로 이미 백천만억의 한량없는 부처님의 처소에서 모든 선근을 심었다고 할 수 있습니다.……세존이시여, 사람의 왕이 있어서 이 경전을 버리고 여의려는 마음을 내고 듣는 것을 좋아하지 않고 공경하고 공양하며 존중하고 찬탄하려는 마음을 내지 않으며, 수지하고 독송하며 찬탄하고 설하는 사부대중이 있는데 또한 공경하고 공양하며 존중하고 찬탄하지 않는다면, 저희들 사천왕과 나머지 권속인 한량없는 귀신은 바로 이 정법을 들을 수 없고 감로의 맛을 등지고 큰 법의 이익을 잃어서 세력과 위엄스런 덕이 있지 않으며 하늘의 대중이 감소하고 악취의 중생은 늘어날 것입니다. 세존이시여, 저희들 사천왕과 한량없는 귀신은 그 국토를 버릴 것입니다. 단지 저희들만이 아니라 또한 국토를 수호하는 한량없는 모든 옛 선신善神이 모두 버릴 것입니다. 저희들 모든 하늘과 모든 귀신이 이미 버리고 나면 그 나라에는 온갖 재난과 이변이 일어날 것입니다.……여래께서는 백천억 나유타의 여러 범천들보다 뛰어나니 대비의 힘 때문이고,

---

지 행상行相이 일어난다. 이 행상을 사제 각각의 개별적인 관점에서 말하자면, 한 가지 제諦에 대해 시상전·권상전·증상전을 행할 때마다 네 가지 행상이 일어나서 (1×3×4) 모두 열두 가지 행상이 일어나니, 이를 십이행상이라 한다. 사제를 통틀어서 말하자면 네 가지 제諦에 48가지 행상(4×3×4)이 일어나니, 이를 사십팔행상四十八行相이라 한다.

1538 『玄樞』(T56, 670bc).

또한 한량없는 백천억 나유타의 석제환인釋提桓因[1539]보다 뛰어나니 고행의 힘 때문입니다.……세존이시여, 이러한 인연 때문에 이 여러 사람의 왕은 반드시 이 경을 듣고 수지하며 공양하고 공경하며 존중하고 찬탄해야 합니다."

爾時四天王。復白佛言。世尊。是金光明微妙經典。能得未來現在種種無量功德。是故人王。若得聞是微妙經典。則爲已於百千萬億無量佛所。種諸善根。…世尊。若有人王。於此經典。心生捨離。不樂聽聞。其心不欲恭敬供養尊重讚嘆。若四部衆。有受持讀誦讚說之者。亦復不能恭敬供養尊重讚嘆。我等四王及餘眷屬無量鬼神。卽便不得聞此正法。背甘露味。失大法利。無有勢力及以威德。減損天衆。增長惡趣。世尊。我等四王及無量鬼神。捨其國土。不但我等。亦有無量守護國土諸舊善神。皆悉捨去。我等諸天及諸鬼神。旣捨離已。其國當有種種災異。…如來過於百千億那由他諸梵天等。以大悲力故。亦過無量百千億那由他釋提桓因。以苦行力故。…世尊。以是因緣故。是諸人王。應當畢定。聽受供養。恭敬尊重。讚嘆是經。

그때 부처님께서 다시 사천왕에게 말씀하셨다.

"너희들 사천왕과 나머지 권속인 한량없는 백천 나유타의 귀신들이여, 이 모든 사람의 왕이 만약 지극한 마음으로 이 경을 듣고 공양하고 공경하며 존중하고 찬탄하면, 너희들 사천왕은 바로 옹호하여 그들의 쇠잔함의 근심을 없애고 안락하게 해 주어야 한다. 만약 어떤 사람이 이와 같은 미묘한 경전을 널리 베풀어 유포하여 사람과 하늘 가운데 크게 불사佛事를 지어 한량없는 중생을 크게 이롭게 할 수 있다면, 이와 같은 사람은 너희들 사천

1539 석제환인釋提桓因 : [S] Śakra Devānām Indra. 수미산 정상에 위치한 도리천忉利天의 천주天主인 제석천帝釋天을 가리킨다. 본래 힌두교의 신이었으나 불교에 흡수되어 호법신이 되었다.

왕이 반드시 옹호하여 다른 인연으로 혼란해지는 일이 없게 하고 마음을 고요하게 하여 즐거움을 누릴 수 있게 하며, 계속해서 이 경을 널리 베풀 수 있게 해야 한다."[1540]

爾時佛。復告四天王。汝等四王及餘眷屬無量百千那由他鬼神。是諸人王。若能至心。聽是經典。供養恭敬。尊重讚嘆。汝等四王。正應擁護。滅其衰患。而與安樂。若有人能廣宣流布如是妙典。於人天中。大作佛事。能大利益無量衆生。如是之人。汝等四王。必當擁護。莫令他緣。而得擾亂。令心澹靜。受於快樂。續復當得廣宣是經。

소 세 번째에 해당하는 부분에서 첫째는 맺으면서 수행을 권하였는데, 여기에 두 가지가 있다. 첫째는 사천왕이 맺으면서 권한 것이고, 둘째는 여래께서 서술한 것이다.【가상과 원효와 승장이 취하였다.】[1541]

第三一番結勸修行有二。一四王結勸。二如來述。【祥曉莊取。】

소 "그때 사천왕~찬탄하려는 마음을 (내지 않으며)"[1542] 이하는 두 번째로 바로 맺으면서 수행을 권한 것이다. 여기에 세 가지가 있다. 첫째는 홍포하지 않는 이가 잃게 되는 것을 밝혔고, 둘째는 홍포하는 이가 얻게 되는 것을 밝혔다. 얻기 때문에 국토가 안정되고 잃기 때문에 국토가 파괴된다. 셋째는 "세존이시여, 이러한 인연 때문에" 이하로 바로 맺으면서 수행을 권하였다.

1540 『合部金光明經』(T16, 384b).
1541 『玄樞』(T56, 670c).
1542 『合部金光明經』에 따르면 "세존이시여, 사람의 왕이 있어서~찬탄하려는 마음을 (내지 않으며)"이다.

처음에 네 가지가 있다. 첫째는 이 경을 홍포하지 않는 것을 밝혔다. 둘째는 사천왕이 이익을 잃게 되는 것을 밝혔다. 셋째는 모든 하늘이 버리게 되는 것을 밝혔다. 넷째는 국토가 패망하게 되는 것을 밝혔다. 이 네 가지는 차례대로이니 알 수 있을 것이다.【가상과 원효와 경흥이 취하였다.】[1543]

爾時四王至讚嘆下。第二正結勸修行有三。一明不弘者爲失。二明弘者爲得。得故國土安。失故國土壞。三世尊以是因緣下。正結勸修行。初有四。一明不弘此經。二明四天失利。三諸天棄捨。四國土敗亡。此四次第可見。
【祥曉興取。】

소 원효가 말하였다. "제석천(석제환인)의 고행은 그 일이 『대지도론』에서 자세히 설한 것과 같다. '범천보다 뛰어난 것'을 말한 부분에서도 또한 고행을 말해야 하고, '제석천(석제환인)보다 뛰어난 것'을 말한 부분에서도 또한 대비평등을 말해야 하지만 하나의 뜻을 들어서 말한 것일 뿐이다."[1544]

曉云。帝釋苦行。其事廣如智度論說。就過梵天。亦應言苦行。帝亦應言大悲平等。擧一義耳。

경 그때 사천왕이 자리에서 일어나 오른쪽 어깨를 드러내고 오른쪽 무릎을 땅에 대고 꿇어앉아 합장하며 세존의 앞에서 게송으로 찬탄하여 말하였다.

1543 『玄樞』(T56, 671a).
1544 『玄樞』(T56, 672a).

爾時四王。卽從坐起。偏袒右肩。右膝著地。長跪合掌。於世尊前。以偈讚曰。

부처님은 달처럼 청정하고
원만하게 장엄하셨네.
부처님은 해처럼 빛나며
천 줄기 광명을 쏟으시네.……

佛月淸淨。滿足莊嚴。
佛日暉曜。放千光明。…

장애가 없음이
아지랑이 같고 허깨비와 같으시니
그러므로 저는 이제 달과 같은 부처님께
머리 숙여 예배 드립니다.

無有障礙。如焰如化。
是故我今。稽首佛月。

그때 세존께서 게송으로 대답하셨다.

爾時世尊以偈答曰。

이 '금광명'이라는 경전은
모든 경전의 왕이니
매우 깊고 가장 뛰어나서
그보다 나은 것이 없네.……

此金光明。諸經之王。

甚深最勝。爲無有上。…

이 법을 들었기 때문에
온갖 위엄 있는 덕을 갖추어
하늘 대중 늘어나고
정기를 갖춘 몸의 힘 더욱 늘어나리.[1545]

聽是經故。具諸威德。
增益天衆。精氣身力。

소 큰 단락에서 세 번째로 찬탄하고 받들어 행한 것인데, 여기에 두 가지가 있다. 첫째는 사천왕이 찬탄한 것이고, 둘째는 여래께서 대답한 것이다.[승장과 경흥은 이것을 취하였다.] 처음에 두 가지가 있다. 첫째는 받들어 행한 것이다.[수의 사나굴다가 말하였다. "받들어 행하기 때문에 자리에서 일어난 것이다."] 둘째는 찬탄한 것이다.[원효와 승장과 혜소와 경흥과 유칙有則[1546]은 뜻을 이것에 의거하였다. 다만 도선은 다르다.][1547]

大段第三讚歎奉行有二。一四王歎。二如來答。【莊興取之。】初有二。一奉
行。【隋云。奉行故。從座起。】二讚歎。【曉莊沼興則。意依之。但宜別也。】

1545 『合部金光明經』(T16, 385a).
1546 유칙有則 : 『東域傳燈目錄』(T55, 1153c)(1094년 간행)에서 『金光明經』의 주석서를 나열하는 가운데 "『금광명경정변』 1권.【유칙 지음.】(金光明經正辨一卷.【有則】)"이라고 한 것을 참조할 때 '則'은 유칙을 가리키는 것으로 보인다.
1547 『玄樞』(T56, 673a).

소 "미묘한 가타伽陀(ⓢ gāthā, 偈)로"[1548] 이하는 두 번째로 찬탄한 것이다. 여기에 다섯 게송이 있는데 다시 두 가지가 있다. 처음에 네 게송 세 구절이 있으니 찬탄한 것이다. 나중에 한 구절이 있으니 맺은 것이다.[1549] 【원효는 바로 이것을 취하였다.】[1550]

以妙伽下。第二讚有五頌爲二。初有四頌三句是歎。後一句結。【曉卽取之。】

[1548] 『合部金光明經』에 따르면 "게송으로"이다.
[1549] 앞의 주석에서 분과한 것을 함께 참조하여 두 경을 대조한 것을 도표로 제시하면 다음과 같다.

			『註金光明最勝王經』	『合部金光明經』
1. 찬탄한 것	1) 받들어 행한 것		時四天王俱從座起。偏袒一肩頂禮雙足。右膝著地。合掌恭敬。	爾時四王。卽從坐起。偏袒右肩。右膝著地。長跪合掌。
	2) 찬탄한 것	① 찬탄한 것	以妙伽他讚佛功德。佛面猶如淨滿月。亦如千日放光明。…逾於千月放光明。皆如焰幻不思議。	於世尊前。以偈讚曰。佛月淸淨。滿足莊嚴。…無有障礙。如焰如化
		② 맺은 것	故我稽首心無著。	是故我今。稽首佛月。
2. 여래께서 답한 것			爾時四天王讚歎佛已。世尊亦以伽他而答之曰。此金光明最勝經。無上十力之所說…賴此國土弘經故。安穩豐樂無違惱。	爾時世尊以偈答曰。此金光明。諸經之王。…增益天衆。精氣身力。

[1550] 『玄樞』(T56, 673a).

제11 은주다라니품
銀主陀羅尼品第十一。

소 **문** 앞에서 설한 것과 같은 네 가지 총지總持[1551]에 비추어 볼 때, 이 것은 어디에 포섭되는가? **답** 원효가 말하였다. "바로 인총지忍總持이니 언어를 떠난 경계를 이해하기 때문이다."[1552]

問。如前所說。四種總持。此何攝耶。答。曉云。正忍總持。解離言故。

소 **문** (이것은) 어떤 지위에서 얻는 것인가? **답** 초지初地에서 이것을 안다. 자세한 것은 「다라니최정지품」의 소疏에서 설한 것과 같다.[원효가 말 하였다. "처음의 세 가지 총지는 초지에서 얻는다. 네 번째 총지는 십회향에서 얻는다. 지 전地前의 네 가지 계위[1553]에서 모두 수습할 수는 있다. 다만 아직 결정적인 것은 아니다." 승장과 혜소[1554]는 이것을 취하였는데, 이것은 또한 본본의 뜻이기도 하다. 그런데 경흥은

1551 『玄樞』(T56, 521a)에서 "곧 네 가지 총지이니 법총지·의총지·주총지·인총지이 다.(卽四總持。法義呪忍。)"라고 한 것을 참조할 것. 법총지에서 법은 문문·문지문지 등이라고도 한다. 총지는 다라니陀羅尼라고도 한다. 법총지는 부처님의 교법을 듣 고 수지하여 잊지 않는 것이다. 의총지는 제법의 한량없는 뜻을 총괄적으로 수지하 여 잊지 않는 것이다. 주총지는 보살이 선정의 힘에 의지하여 주술을 일으켜서 중생 을 위해 환난을 제거하는 것이다. 인총지는 제법의 실상에 안주하여 인가하고 수지 하여 잃지 않는 것이다.
1552 『玄樞』(T56, 674c).
1553 지전地前의 네 가지 계위 : 보살 수행 52계위 중 앞의 40계위를 가리킨다. 곧 십신· 십주·십행·십회향을 말한다.
1554 『金光明最勝王經疏』 권6(T39, 297b)에서 "『유가사지론』에 따르면 인총지는 지전에 서 얻고 나머지 세 가지는 초지에 들어가서 얻는다. 그러나 진실에 의거하여 말하 면, 수승함과 하열함, 원만함과 결여됨 등의 관점에 따라서 다시 달라진다. 예를 들 면 『해심밀경』에서는 제3지에서 문지다라니를 얻는다고 하고 또 제9지에서 네 다라 니를 얻는다고 하였다. 처음으로 이치를 증득한다는 관점에서 얻는 것을 말하자면 모두 초지에서 얻고, 수습이라는 관점에서 얻는 것을 말하자면 모두 지전에서 얻으 며, 저절로 이루어지는 것의 관점에서 얻는 것을 말하자면 모두 제8지 이상에서 얻

원효의 견해를 따졌다. 또한 그 입장에 차이가 없으니 바로 도리어 원효의 입장을 취하고 있기 때문에 (별도로 밝히지 않는다.) 글을 보면 알 수 있을 것이다.]1555

問。何地得耶。答。初地知之。具如淨地品疏。【曉云。初三初地得之。第四在十迴向。地前四位。皆得修習。但未決定。莊沼取之。亦是本意。然與徵曉。又無異故。卽還取故。見文知之。】

경 그때 세존께서 명자命者1556 사리불奢利弗1557에게 말씀하셨다.
"사리불이여, 이 모든 보살이 훈습하고 수행한 모든 법이 있다. 말하자면 모든 보살의 어머니이고 보살이 옛날에 행하였고 보살이 섭수한 것이며 법의 근본이 되는 것이 있으니 불염착다라니不染著陀羅尼라고 한다."1558

爾時世尊。告命者奢利弗言。奢利弗。此諸菩薩。熏修諸法。所謂諸菩薩母。菩薩昔行。菩薩攝受。有法本。名不染著陀羅尼。

소 원효가 말하였다. "일체의 모든 공덕법과 더불어 근본을 지을 수 있기 때문에 '법의 근본이 되는 것'이라고 하였다."1559

曉云。能與一切諸功德法而作根本。故名法本。1)

는다."라고 하였다.
1555 『玄樞』(T56, 674c).
1556 명자命者 : ⓢ āyuṣmat의 의역어. 지혜의 생명을 갖추고 있는 사람이라는 뜻. 구수具壽·혜명慧命 등이라고도 한다. 부처님의 제자·아라한 등에 대한 존칭이다.
1557 사리불奢利弗 : ⓢ Śāriputra의 음역어. 부처님의 십대제자 중 한 명으로 지혜제일 智慧第一로 일컬어진다. 의역어는 추로자鶖鷺子·신자身子 등이다. 다만 신자는 śāri(舍利鳥)를 śarīra(身體)로 잘못 이해하여 만들어진 의역어이다.
1558 『合部金光明經』(T16, 386a).
1559 『玄樞』(T56, 674c).

1) ㉠ 이것은 집일문 전체가 세주이다.

소 원효가 말하였다. "아직 보살의 정위正位(初地)에 들어가지 않았을 때 앞서 이 법을 행하였기 때문에 '보살이 옛날에 행한 것이며'라고 하였다."1560

曉云。未入菩薩正位之時。先行此法。故言菩薩昔行也。1)
1) ㉠ 이것은 집일문 전체가 세주이다.

소 안에서 비추는 것으로 말미암아 밖으로 덕을 일으킬 수 있다. 그러므로 원효는 이것을 나타내어 "이와 같은 법이 보살을 낳을 수 있음을 밝혔다. 보살의 공덕은 모두 이것으로부터 생겨나기 때문에 '어머니'라고 하였다."라고 하였다.1561

由內照故。外能生德。故曉顯之。如是法。明能生菩薩。菩薩功德。皆從此生。故言母也。1)
1) ㉠ 이것은 집일문 전체가 세주이다.

경 이와 같이 말씀하시고 나자 명자 사리불이 부처님께 말씀드렸다. "세존이시여, 다라니라고 말씀하셨는데, 다라니라고 하신 것은 이것은 구의句義(명칭의 뜻)가 무엇입니까? 다라니이면서 다라니가 아니라고 할 수 있는 것입니까? 세존이시여, 방처方處이지만 방처가 아닌 것이라고 할 수 있는 것입니까?"

如是語已。命者奢利弗白佛言。世尊。言陀羅尼。陀羅尼者。此何句義。為

1560 『玄樞』(T56, 675a).
1561 『玄樞』(T56, 675a).

陀羅尼非陀羅尼。世尊。爲方處非方處。

이와 같이 말하고 나자 부처님께서 명자 사리불에게 말씀하셨다.
"매우 훌륭하구나! 매우 훌륭하구나! 사리불이여, 그대는 대승을 발심하여 행하고 대승을 믿고 이해하며 대승에 더욱 힘을 기울여 왔구나. 그대가 말한 것과 같다. 그 다라니는 방처가 아니지만 방처가 아닌 것도 아니며, 법이 아니지만 법이 아닌 것도 아니며, 과거가 아니지만 미래도 아니고 현재도 아니며, 사물이 아니지만 사물이 아닌 것도 아니며, 연하는 것이 아니지만 연하지 않는 것도 아니며, 행하는 것이 아니지만 행하지 않는 것도 아니며, 생겨난 어떤 법도 있지 않지만 또한 소멸할 만한 어떤 법도 있지 않은 것이다. 단지 보살의 이익을 위하여 이와 같이 이 다라니를 설할 뿐이니, (이것에 의해) 지어야 할 도리에 계합하여 힘껏 머물 수 있다. (이 다라니는) 이른바 부처님이 쌓은 모든 공덕이고, 부처님께서 행한 계이며, 부처님께서 배우신 것이며, 부처님의 비밀스러운 뜻이고, 부처님이 탄생할 수 있는 것이다. 이른바 법의 근본인 것을 불염착다라니라고 한다."[1562]

如是語已。佛告命者奢利弗言。甚善甚善。奢利弗。如汝發行大乘信解大乘增力大乘。如汝所說。其陀羅尼。非方處非不方處。非法非不法。非過去非未來非現在。非事物非不事物。非緣非不緣。非行非不行。無有法生亦無有滅。但爲利益菩薩故。如是說是陀羅尼。所作道合力住。所謂佛諸功德。佛戒佛學。佛密意佛出生。所謂法本。名不染著陀羅尼。

【소】 원효가 말하였다. "신자(사리불)는 자취는 성문의 모습을 나타냈지만 실제로는 대보살이니 이미 대승의 보리심을 발하였기 때문이다. 그러

[1562] 『合部金光明經』(T16, 386a).

• 515

므로 '대승을 발심하여 행하고'라고 하였다. 이미 승해행지勝解行地[1563]에서 믿음과 이해를 닦았기 때문에 '믿고 이해하며'라고 하였다. 지금 증상의요지增上意樂地[1564]에 들어갔기 때문에 '대승에 더욱 힘을 기울여'라고 하였다."[1565]

> 曉云。身子迹現聲聞。實大菩薩。已發大乘菩提心。故言發行大乘。已修勝解行地信解。故言信解。今入增上意樂地。故言增力大乘。[1)]
>
> 1) ㉠ 이것은 집일문 전체가 세주이다.

소 승장이 원효의 뜻을 반영하여 말하였다. "유위有爲가 아니기 때문에 '행이 아니고'라고 하였고, 무위無爲가 아니기 때문에 '행이 아닌 것도 아니며'라고 하였다."[1566]

> 莊影曉云。非有爲故非行。非無爲故非非行。

[1563] 승해행지勝解行地 : 보살이 인위因位로부터 과위果位에 이르기까지의 수행계위를 일곱 가지로 분류한 것 중 두 번째에 해당한다. 『瑜伽師地論』권49(T30, 564c)에 따르면 다음과 같다. (1) 종성지種姓地 : 불도佛道의 원인인 종성을 성취하여 무너지지 않는 것. (2) 승해행지勝解行地 : 방편행을 닦아 출세도出世道에 대해 행해行解를 얻는 것. (3) 정승의요지淨勝意樂地 : 증상의요지增上意樂地라고도 한다. 지극한 환희에 머무는 것. (4) 행정행지行正行地 : 증상계增上戒·증상심增上心·증상혜增上慧에 머물고, 가행加行이 있고 공능功用이 있으며 무상無相에 머무는 것. (5) 결정지決定地 : 가행도 없고 공용도 없으며 무상에 머무는 것. (6) 결정행지決定行地 : 무애해無礙解에 머무는 것. (7) 도구경지到究竟地 : 최상의 지위에 도달한 보살과 여래가 머무는 것. 이를 보살의 십지에 배대하면, 제1종성지는 십해十解, 제2승해행지는 십행과 십회향, 제3정승의요지는 십지 중 제1환희지, 제4행정행지는 제2지~제7지, 제5결정지는 제8지, 제6결정행지는 제9지, 제7도구경지는 제10지와 여래지에 해당한다.
[1564] 증상의요지增上意樂地 : 보살이 인위因位로부터 과위果位에 이르기까지의 수행계위를 일곱 가지로 분류한 것 중 세 번째에 해당한다.
[1565] 『玄樞』(T56, 676a).
[1566] 『玄樞』(T56, 675c).

소 여기에서 "방처가 아니지만"이라고 한 것은 형체도 없고 형상도 없기 때문이다. 그러나 여러 가지 모습으로 나타내 보일 수 있기 때문에 "방처가 아닌 것도 아니며"라고 하였다.【원효가 이것을 반영하여 말하였다. "명신·구신·문신은 색법이 아니기 때문에 '방처가 아니지만'이라고 하였고, 소의所依인 음성은 색온色蘊에 접수되기 때문에 '방처가 아닌 것도 아니며'라고 하였다."】[1567]

此言非方處者。無形無相故。而能種種示現。故曰非不方處。【曉影此云。名句文身。非是色法故。非方處。所依音聲。色蘊所攝故。非不方處。】

경 이 말씀을 마치고 나자 사리불이 부처님께 말씀드렸다.
"세존이시여, 원하옵건대 저를 위해 연설해 주옵소서. 수가다修伽多[1568] 시여, 원하옵건대 법의 근본인 이 다라니를 저를 위해 연설해 주옵소서. 보살이 이 가운데 머물면 아뇩다라삼먁삼보리에서 물러나지 않은 지위를 이루고 바른 서원을 이루며 의지할 것이 없는 법을 이루고[1569] 자성변재自性辯才를 이루며 희유한 일을 얻고 스스로 도에 안주할 것입니다. (이 모든 것은) 이른바 다라니를 얻기 때문입니다."[1570]

作是語已。舍利子白佛言。世尊。願爲演說。修伽多。願爲演說此陀羅尼法本。菩薩於中住已。當成不退轉於阿耨多羅三藐三菩提。當成正願。不依止

1567 『玄樞』(T56, 676a).
1568 수가다修伽多 : ⓢ sugata의 음역어. 부처님의 열 가지 명호 중 하나. 수가타修伽陀라고도 하며 의역어는 선서善逝·선거善去·호거好去 등이다. 갖가지 깊은 삼매와 헤아릴 수 없이 많은 지혜에 들어가는 것 혹은 피안의 세계로 잘 떠나가서 더 이상 생사의 바다에 빠지지 않는 것 등의 덕을 나타내는 명호이다.
1569 『金光明最勝王經』에서는 "무소의를 얻었다.(得無所依.)"라고 하였고, 『金光明最勝王經疏』 권5(T39, 298c)에서는 "무주열반無住涅槃이다."라고 해석하였다. 이것에 따르면 의지할 것이 없는 경지란 무주열반이라고 할 수 있다.
1570 『合部金光明經』(T16, 386a).

• 517

法。自性辯才。當得希有。自安住道。所謂得陀羅尼故。

소 원효가 말하였다. "('수가다'는) 선서善逝라고 의역한다. 열 가지 명호[1571] 중 다섯 번째 명호이다. 곧 앞의 다섯 가지 명호를 섭수한다. '세존'이라는 것은 열 번째 명호이다. 곧 뒤의 다섯 가지 명호를 섭수한다. 이 두 가지 명호에 의해 거듭해서 요청한 것은 말씀하신 것에 의해 얻는 이익이 매우 무겁기 때문이다."[1572]

曉云。此云善逝。十號之中。是第五名。卽攝前五。世尊者。第十號。卽攝後五。依此二名。而重請者。所說利益。深重也。

소 원효가 말하였다. "('자성변재'라는 것은) 다른 사람으로부터 듣지 않고도 저절로 모든 법의 뜻을 잘 설할 수 있기 때문이다." 승장과 혜소[1573]와 유칙은 뜻이 바로 동일하다.[1574]

曉云。不從他聞。自然辯說諸法義故。莊沼則意卽同也。[1)]

1) 역 이것은 집일문 전체가 세주이다.

경 이와 같이 말하고 나자 부처님께서 명자 사리불에게 말씀하셨다.

[1571] 열 가지 명호 : 여래如來·응공應供·등정각等正覺·명행족明行足·선서善逝·세간해世間解·무상사無上師·조어장부調御丈夫·천인사天人師·세존世尊을 말한다.
[1572] 『玄樞』(T56, 676c).
[1573] 『金光明最勝王經疏』 권5(T39, 298c)에서 "넷째, 자성변재는 곧 사무애변四無礙辨이다. 스승을 말미암지 않고 깨닫기 때문에 '자성'이라고 한다. 혹은 인연이 있지 않고 다른 사람을 이익 되게 하기 위해 이 사변을 일으키기 때문에 '자성'이라고 한다.(四自性辨才卽四無礙辨。不由師悟故名自性。或非有因緣爲他利起此四辨故名自性。)"라고 하였다.
[1574] 『玄樞』(T56, 677a).

"매우 훌륭하구나! 매우 훌륭하구나! 사리불이여, 이와 같고 이와 같다. 사리불이여, 다라니를 얻은 보살은 부처님과 같다고 말해야 한다.……사리불이여, 이것이 불염착이라는 다라니의 구절이다. 바르게 머물고 바르게 받아서 지어야 할 것이다. 보살이 이것을 수지하면 그는 1겁 혹은 백 겁 혹은 천 겁 혹은 백천 겁이든 모든 서원을 버리지 않고 그의 몸이 마주하는 모든 것을 항복시킬 수 있으니, 칼·몽둥이·독약·악한 짐승을 모두 항복시킬 수 있다. 무엇 때문인가. 사리불이여, 이 불염착다라니는 과거의 모든 부처님의 어머니이고 미래의 모든 부처님의 어머니이며 현재의 모든 부처님의 어머니이다. 이른바 법의 근본이 되는 것이니 불염착다라니라고 한다.……사리불이여, 이 법의 근본인 불염착다라니는 모든 부처님의 어머니이기 때문이다."[1575]

> 如是語已。佛告命者奢利弗言。甚善甚善。奢利弗。如是如是。奢利弗。得陀羅尼菩薩。應言如佛。…奢利弗。此是陀羅尼句名不染著。正住正受作已。若菩薩持者。彼若一劫。若百劫。若千劫。若百千劫。不捨諸願。彼身當能降伏。刀仗毒藥惡獸。皆能降伏。何以故。奢利弗。此不染著陀羅尼。過去諸佛母。未來諸佛母。現在諸佛母。所謂法本。名不染著陀羅尼。…奢利弗。此不染著陀羅尼法本。是諸佛母故。

소 원효가 말하였다. "두 가지가 있다. 첫째는 내덕內德을 찬탄한 것이니 가까이는 1겁에서부터 멀리는 백천 겁까지 모든 서원을 버리지 않고 더 높은 계위로 정진해 나아가는 힘을 얻는다. 열 가지 서원을 시작으로 하여 여러 가지 서원이 있다. 둘째는 외적인 형세를 나타낸 것이다. 삼세의 모든 부처님께서 이것에 의지하여 부처님이 되었기 때문에 '모든 부처

[1575] 『合部金光明經』(T16, 386a).

님의 어머니'라고 하였다. 그러므로 그 세력이 커서 모든 해악을 항복시킬 수 있다."[1576]

> 曉云。有二。一嘆內德。近經一劫。遠百千劫。不捨諸願。而得勝進。十願爲首。有于諸願。二顯外勢。三世諸佛。依此作佛。故諸佛母。故其勢大。能伏諸害。[1)]

1) ㉭ 이것은 집일문 전체가 세주이다.

1576 『玄樞』(T56, 677a).

제12 대변천품
大辯天品第十二。

소 이(대변천)는 대사大士(보살)로서 감응하여 천상의 신의 모습을 지었으니 민첩한 지혜를 지녔다. 지금 그가 경을 홍포하는 이를 이롭게 하는 일을 설했기 때문에 품의 이름을 세웠다.【가상[1577]·원효·승장·혜소[1578]·유칙·경흥이 모두 따랐다.】[1579]

此是大士。應作天上之神。有捷疾之智。今說彼利弘經者事。故立名也。【祥曉莊沼則興皆依。】

경 그때 대변천신大辯天神[1580]이 부처님께 말씀드렸다.
"세존이시여, 법을 설하는 이가 있다면 저는 그에게 요설변樂說辯의 능력을 더해 주고, 그로 하여금 법을 설함이 장엄하고 차례가 있도록 하며, 큰 지혜를 잘 얻게 하겠습니다. 이 경 가운데 글자나 구절의 뜻을 잊어버려서 어긋나고 뒤섞인 것이 있으면, 저는 이 법을 설하는 비구로 하여금 차례를 다시 얻게 하고 총지總持를 주어 잊어버리지 않게 하겠습니다. 어떤 중생이 백천의 부처님의 처소에서 온갖 선근을 심었으면 법을 설하는 이가 이들을 위하여 염부제에서 이 미묘한 경전을 널리 설하여 유포하여 끊어지지 않게 하겠습니다. 또 한량없고 가없는 중생이 이 경을 듣게 하고, 이들로 하여금

1577 『金光明經疏』권1(T39, 168a).
1578 『金光明最勝王經疏』권5(T39, 301b).
1579 『玄樞』(T56, 678a).
1580 대변천신大辯天神 : ⑤ Mahā-sarasvatī-devī. 대변재천大辯才天·대변천大辯天·대변신大辯神·대변재천녀大辯才天女·변재천辯才天 등이라고도 한다. '변재'는 ⑤ Sarasvatī의 의역어이다. 고대 인도 바라문교의 여신의 이름. 원래 호수나 하천의 여신이었으나 변재가 뛰어났기 때문에 후대에 언어의 여신으로 흡수되었다.

맹렬한 이익과 불가사의한 큰 지혜의 무더기와 칭량할 수 없는 복덕의 과
보를 얻게 하겠습니다. 한량없는 여러 가지 방편을 잘 이해하고 모든 논論
을 뛰어나게 말할 수 있으며 세간의 여러 가지 기술을 잘 알 수 있고 생사
에서 벗어나 물러나지 않는 지위에 도달하여 반드시 결정코 빠르게 아뇩다
라삼먁삼보리를 얻게 하겠습니다."[1581]

爾時大辯天神。白佛言。世尊。是說法者。我當益其樂說辯力。令其說法。
莊嚴次第。善得大智。若是經中。有失文字句義違錯。我能令是說法比丘。
次第還得。能與總持。令不忘失。若有衆生。於百千佛所。種諸善根。是說
法者。爲是等故。於閻浮提。廣說流布是妙經典。令不斷絕。復令無量無邊
衆生。得聞是經。當令是等。悉得猛利不可思議大智慧聚。不可稱量福德之
報。善解無量種種方便。善能辯暢一切諸論。善知世間種種伎術。能出生死
得不退轉。必定疾得阿耨多羅三藐三菩提。

소 첫째는 지혜를 더하는 것이다. 본本(『합부금광명경』)에서 "큰 지혜를
잘 얻도록 할 것입니다."라고 하였다. 곧 의무애변義無礙辯과 법무애변法無
礙辯이다. 둘째는 구족하게 장엄하는 것이다. 본本에서 "그로 하여금 법을
설함이 장엄하고 차례가 있도록 할 것이며"라고 하였다. 곧 사무애변辭無
礙辯(詞無礙辯)이다. 셋째는 언설에 변재가 있는 것이다. 본本에서 "그에게
요설변의 능력을 더해 줄 것이고"라고 하였다. 곧 요설무애변樂說無礙辯이
다.[본本의 글이 뚜렷하다. 그러므로 원효와 경흥은 바로 이것을 똑같이 취하였다. 승장
과 유칙은 뜻이 그러하다. 그런데 혜소가 세 번째를 사무애변詞無礙辯이라고 하고, 『주
금광명최승왕경』의) 뒤에서 "잘 개시하여 깨닫게 하는 것"을 취하여 요설무애변이라고 한
것[1582]은 아직 대조하여 보지 않았다.][1583]

1581 『合部金光明經』(T16, 386b).

一益智慧者。本云善得大智。卽是義法二辯。二具足莊嚴。本云令其說法莊
嚴次第。卽辭辯。三言說辯者。本云益其樂說辯才力。卽樂說辯。【本文顯然。
故曉及興卽一取之。莊則意爾。而沼興[1]以第三爲詞辯。及取下善能開悟。爲樂說辯
者。未對見也。】

1) ㊛ 『玄樞』 미주에 따르면 '興'은 연자일 수도 있다.

소 원효가 말하였다. "'모든 논론에서'라는 것은 사명四明[1584]이고, '여러 가지 기술'이라는 것은 공교명工巧明[1585]이다." 경흥은 바로 이것을 취하였다. 뜻도 또한 어긋남이 없다.[1586]

曉云。諸論者是四明。種種術者上[1]巧明也。興卽取之。義亦無違。[2]

1) ㊛ 『玄樞』 미주에 따르면 '上'은 '工'일 수도 있다. 2) ㊛ 이것은 집일문 전체가 세주이다.

소 "(생사에서) 벗어나" 이하는 두 번째로 불과佛果를 얻는 것인데, 여기에 두 가지가 있다. 첫째는 십회향에 오르는 것이고, 둘째는 불과를 증득하는 것이다.【원효는 뜻은 이것을 취하였다.】[1587]

能出下。第二得佛果有二。一登十迴。二證佛果。【曉意取之。】

1582 『金光明最勝王經疏』 권5(T39, 301c).
1583 『玄樞』(T56, 678b).
1584 사명四明 : 고대 인도에서 학문을 다섯 범주로 나눈 것 중 네 가지. 성명聲明(언어·문자·음운·문법 등에 관한 학문)·인명因明(논리학)·내명內明(내도의 사상과 관련된 학문)·의방명醫方明(의학·약학)이다.
1585 공교명工巧明 : ⑤ śilpakarma-vidyā. 고대 인도에서 학문을 다섯 범주로 나눈 것 중 하나. 공예·기술·천문·음악·미술·점성술 등을 가리킨다.
1586 『玄樞』(T56, 678c).
1587 『玄樞』(T56, 678c).

경 저는 이제 또 그 주문과 약과 목욕하는 법을 말하고자 합니다. 만약 어떤 비구가 이 경을 수지하고 또 어떤 중생이 이 경전을 듣는 것을 매우 즐거워하면, 이 사람들을 위해 모든 악성惡星과 재난과 괴변을 제거하고 돌림병과 질병과 생사의 고통을 제거시킬 수 있습니다. 추악한 말과 싸움과 관청에 의한 재난과 구설수와 밤에 꾸는 악몽과 악한 신의 장애와 환난과 염매厭魅[1588]와 고독蠱毒[1589]과 주문에 의한 저주 등의 모든 악한 장애를 모두 제거하여 없앨 수 있습니다. 모든 중생이 이 경법을 듣고 수지하려면 이 주문을 외우고 지녀야 합니다. 주문을 외우고 약을 모아서 탕약을 만들어서 그 몸을 씻습니다. 그러므로 제가 주문을 외우는 법과 약을 제조하는 법을 설합니다.……이와 같이 제조한 약을 각각 똑같은 분량을 채집하고 귀성일鬼星日에 모두 모아서 찧고 다 찧고 나서는 이 주문으로 108번 주문을 외웁니다.……주문을 외우고 목욕을 마치면 행자行者[1590]는 그를 위하여 이 사람에게 큰 서원을 발하게 합니다. '원하옵건대 사방의 신령스러운 별이 신명을 덮어서 보호하여 항상 편안하고 길상하여 어떤 장애와 재난도 없고, 악성惡星과 재난과 괴변에 대해서도 어떤 두려움도 없으며, 사대四大가 편안하고 길상하여 어떤 질병과 환난도 없고 모든 두려움이 다 사라질 수 있게 해 주옵소서.'"[1591]

我今復欲說其呪藥洗浴法。若有比丘。受持此經。復有衆生。深樂聽聞是經典者。爲是人等。能除一切惡星災怪。除其疫氣疾病生死之苦。惡口鬪

1588 염매厭魅 : 귀신의 일종. 『佛祖統紀』 권31(T49, 307a)에서는 구반다鳩槃茶(⑤ Kumbhāṇḍa)의 의역어라고 하였다. 구반다는 동과冬瓜·형란形卵 등으로 의역한다. 사람의 정기를 빨아먹는 귀신으로 알려져 있다.
1589 고독蠱毒 : 『天台菩薩戒本疏』 권중(T40, 595a)에 따르면 온갖 벌레와 뱀을 항아리에 넣어 서로 잡아먹게 하여 마지막에 살아남은 것으로 만든 독이라고 한다.
1590 행자行者 : 이 의식을 주도하는 법사를 가리킨다.
1591 『合部金光明經』(T16, 386c).

諍縣官口舌。夜臥惡夢惡神障難。厭蠱呪咀。一切惡障。悉得除滅。是諸衆
生。若有聽受是經法者。應當誦持此呪。呪藥作湯。洗浴其身。是故我說呪
藥之法。…如是等藥。各等分採之。用鬼星日。和合搗之。搗訖以此呪。呪之
一百八遍。…誦呪洗浴訖。行者爲其。是人發弘誓願。願四方神星。覆護身
命。常令休吉。無諸障難。惡星災怪。悉無所畏。四大安吉。無諸疾患。一切
怖畏。悉得除愈。

소 원효가 말하였다. "('귀성일'이라는 것은) 달이 귀성鬼星[1592]에 머무는 날을 말한다. 이러한 월수月宿(달의 운행궤도)를 구하는 법은 『금궤요략金匱要略』[1593]에서 설한 것과 같다. 달을 배수로 하고 날을 더하며 네 번에 이르면 하나를 더하고 오른쪽으로 가면서 헤아리면 위수危宿에서 실수室宿가 나오는데, 실수라는 것은 북방의 칠수七宿 중 여섯 번째 수宿이다. '귀성'이라는 것은 남방의 칠수 중 두 번째 수宿이다. 자세한 것은 그곳에서 설한 것과 같다."[승장과 혜소[1594]와 유칙은 본래의 글에 의거하여 해석하였다. 경흥은 개략적으로는 원효의 설을 취하고 덧붙여서 말하였다. "포쇄([S] Puṣya)는 귀라고 의역한다. 다른 경에서 부처님이 탄생한 날이라고 하였다. 내지 총괄적으로 말하면 북방의 칠수 중 여섯 번째는 실성室星이고 남방에 이르러 칠수 중 두 번째인 귀성이 이것이다."][1595]

[1592] 귀성鬼星 : [S] Puṣya의 의역어. 이십팔수 중 하나. 포쇄布灑·불사弗沙·발사勃沙 등으로도 음역한다. 부처님께서 이 별자리와 만나는 날에 태어나고 출가하고 열반에 드셨다. 이 별자리와 만나는 날에 태어난 사람은 가장 뛰어난 상을 갖추고 이 별자리와 만나는 날에는 모든 일이 성취되는 것으로 전해진다.
[1593] 『금궤요략金匱要略』: 동한東漢의 명의인 장중경張仲景(2~3세기경)이 지은 『傷寒雜病論』의 잡병雜病 부분이 후대에 별도로 편찬되어 전해진 것. 현존하는 최초의 잡병 치료 전문서이다. 모두 3권 25편으로 이루어졌다. 262가지의 처방과 191가지의 약물이 기재되어 있다.
[1594] 『金光明最勝王經疏』 권5(T39, 302b).
[1595] 『玄樞』(T56, 679a).

曉云。謂月宿於鬼星之日。求此月宿之法。如金匱說。倍月加日。四至加一。右行數之。從營¹⁾起言²⁾營起。³⁾室者北方七宿中第六宿。言鬼星者。南方七中是第二宿。具說如彼。【莊沼及則。依本文釋。興廣取曉。加云。布灑。此云鬼。異經中。佛生之日。乃至總言。北七宿中第六室星。至於南方七中第二鬼星是也。】

1) ㉯ '營'은 '危'인 것 같다. 2) ㉯ 『玄樞』 미주에 따르면 '言'은 '室'일 수도 있다. 3) ㉯ 『玄樞』 미주에 따르면 '營起'는 연자일 수도 있다.

소 원효가 말하였다. "'사방의 신령스러운 별'이라는 것은 동방의 청룡靑龍에 일곱 별이 있으니 각角·항亢·저氐·방房·심心·미尾·기箕이다. 북방의 현무玄武는 두斗·우牛·녀女·허虛·위危·실室·벽壁이다. 서방의 백호白虎는 규奎·루婁·위胃·묘昴·필畢·자觜·삼參이다. 남방의 주작朱雀은 정井·귀鬼·류柳·성星·장張·익翼·진軫이다. 이것은 안에서부터 오른쪽으로 가면서 헤아린 것이다. 월수月宿(달의 운행궤로)를 구하는 법에 의거하여 이러한 차례를 지었다."[1596]

曉云。四方神星者。東方靑龍有七星。謂角亢氐房心尾箕。北方玄武。謂斗牛女虛危室壁。西方白虎。謂奎婁胃昴畢觜參。南方朱雀。謂井鬼柳星張翼軫。此是從內右行之數。依求月宿之法。而作此次第也。

1596 『玄樞』(T56, 679bc).

제13 공덕천품
功德天品第十三。

소 처음에 본 품이 여기에 놓인 이유를 밝히면 다음과 같다. 앞에서 변재辯才라는 외적인 장엄을 갖추었으니 이제는 자구資具와 재물이라는 외적인 장식품과 함께하는 것이다. 자구는 또한 불도의 수행에 필요한 물건이기 때문이다.【원효도 이것과 같다.】[1597]

初來意者。先備辯才之外嚴。今與資財之外飾。資具亦爲助道物故。【曉亦同之。】

소 (이 천은) 보살이 (중생의 근기와 인연에) 응하여 수신樹神의 왕이 되어 모든 수신을 영도하여 이르는 곳에 따라 다른 사람에게 뛰어난 즐거움을 주는 것이다. 뛰어난 즐거움은 공덕의 과보이기 때문에 그러므로 "공덕천"이라고 한다.【가상[1598]과 경흥은 바로 취하였다. 원효와 혜소[1599]는 이것을 반영하였다.】[1600]

菩薩應作樹神之王。領諸樹神。隨所至處。與他勝樂。勝樂是功德之果。故名功德天。【祥興取卽。[1)] 曉沼影之。】

1) ㉠ 『玄樞』 미주에 따르면 '取卽'은 '卽取'일 수도 있다.

1597 『玄樞』(T56, 862a).
1598 『金光明經疏』(T39, 168a).
1599 『金光明最勝王經疏』 권5(T39, 308a)에서 "진제 삼장이 말하였다. '이것은 초지의 보살이 중생의 근기와 인연에 응하여 수신왕이 되어서 여러 신을 영도하여 이르는 곳에 따라 다른 사람에게 뛰어난 즐거움을 준 것이다. 뛰어난 즐거움은 곧 공덕의 과보이기 때문에 공덕천이라고 하였다.'(眞諦三藏云。此初地菩薩應作樹神王。領諸神隨所至處與他勝樂。勝樂卽功德之果故名功德天。"라고 하였다.
1600 『玄樞』(T56, 682a).

경 그때 공덕천이 부처님께 말씀드렸다.

"세존이시여, 이 법을 설하는 이가 있다면 저는 필요한 물건이 있을 때마다 의복이든 음식이든 와구이든 의약품이든 그리고 다른 생활에 필요한 모든 물건을 공급해 주어 이 사람이 모자란 것이 전혀 없게 하겠습니다.…… 저는 이미 과거세에 보화공덕해유리금산조명寶華功德海琉璃金山照明 여래如來[1601]·응공應供[1602]·정변지正遍知[1603]·명행족明行足[1604]·선서善逝[1605]·세간해世間解[1606]·무상사無上士[1607]·조어장부調御丈夫[1608]·천인사天人師[1609]·불佛[1610]·세존世尊[1611]이 계시는 곳에서 모든 선근을 심었습니다. 그러므로

[1601] 여래如來 : ⑤ tathṃgata의 의역어. 다타아가타多陀阿伽陀라고 음역한다. 부처님의 열 가지 명호 중 하나. 여실한 도를 타고 가서 정각을 이룬 분임을 나타낸다. 단 열 가지 명호의 구체적인 분류는 일정하지 않다. 실제 본문에 서술된 열한 가지 명호 중 불과 세존을 묶어서 하나로 삼기도 하고, 세간해와 무상사를 묶어서 하나로 삼기도 한다.

[1602] 응공應供 : 부처님의 열 가지 명호 중 하나. 줄여서 응應이라고도 한다. 주석 990 참조.

[1603] 정변지正遍知 : ⑤ samyak-saṃbuddha의 의역어. 부처님의 열 가지 명호 중 하나. 음역어는 삼먁삼불타三藐三佛陀이다. 일체법을 바르게 두루 아는 분임을 나타낸다.

[1604] 명행족明行足 : ⑤ vidyā-caraṇa-saṃpanna의 의역어. 부처님의 열 가지 명호 중 하나. 천안통·숙명통·누진통의 삼명三明과 몸과 입의 행위가 모두 원만한 분임을 나타낸다. 곧 지혜와 수행을 원만하게 성취한 분이라는 뜻이다.

[1605] 선서善逝 : ⑤ sugata의 의역어. 부처님의 열 가지 명호 중 하나. 수가타修伽陀라고 음역한다. 지혜의 큰 수레를 타고 팔정도를 행하여 열반에 들어가신 분임을 나타낸다.

[1606] 세간해世間解 : ⑤ lokavid의 의역어. 부처님의 열 가지 명호 중 하나. 모든 중생과 그들이 머무는 공간에 대해 모두 통달하고 그들을 교화할 수 있는 분임을 나타낸다.

[1607] 무상사無上士 : ⑤ anuttara의 의역어. 모든 법 가운데 열반이 가장 뛰어난 것처럼 모든 중생 가운데 가장 뛰어난 분임을 나타낸다.

[1608] 조어장부調御丈夫 : ⑤ puruṣa-damya-sārathi의 의역어. 부처님의 열 가지 명호 중 하나. 큰 자비와 큰 지혜로 온갖 방편으로 중생을 조절하고 다스리는 장부라는 것을 나타낸다.

[1609] 천인사天人師 : ⑤ śāstā deva-manuśyāṇāṃ의 의역어. 중생에게 행해야 할 것과 행하지 말아야 할 것, 선한 것과 선하지 않은 것을 잘 가르치고 인도하여 번뇌에서 벗어나게 하는 분임을 나타낸다.

[1610] 불佛 : ⑤ buddha의 줄인 음역어. 불타佛陀라고도 하고 각자覺者라고도 의역한다. 자신이 깨달음을 얻고 다른 이를 깨닫게 하여 각행覺行이 원만하여 삼세의 모든 법을 아는 분임을 나타낸다.

저는 지금 생각하는 곳마다 보는 곳마다 이르는 곳마다 한량없는 백천 중
생이 모든 쾌락을 감수하게 하고 의복·음식·생활을 돕는 도구, 금·은·칠
보·진주·유리·산호珊瑚·호박琥珀·벽옥璧玉¹⁶¹²·가패珂貝¹⁶¹³ 등을 모두
모자람이 없게 할 수 있습니다.¹⁶¹⁴

爾時功德天。白佛言。世尊。是說法者。我當隨其所須之物。衣服飮食臥具
醫藥。及餘資産供給。是人無所乏少。…我已於過去。寶華功德海琉璃金山
照明如來應正遍知明行足善逝世間解無上士調御丈夫天人師佛世尊所種
諸善根。是故我今隨所念方。隨所視方。隨所至方。令無量百千衆生。受諸
快樂。若衣服飮食資生之具。金銀七寶眞珠琉璃珊瑚虎魄¹⁾璧玉珂貝。悉無
所乏。

1) ㉠『合部金光明經』 미주에 따르면 '魄'은 '珀'일 수도 있다.

소 처음에 세 가지가 있다. 첫째는 마음으로 "생각하는 곳"이니 타심
통他心通¹⁶¹⁵이다. 둘째는 눈으로 "보는 곳"이니 천안통天眼通¹⁶¹⁶이다. 셋
째는 몸이 "이르는 곳"이니 신통身通¹⁶¹⁷이다.【가상¹⁶¹⁸과 혜소¹⁶¹⁹와 경흥은 곧

1611 세존世尊 : ⓢ bhagavat의 의역어. 바가바婆伽婆라고 음역한다. 온갖 덕을 갖추어서
세상 사람의 존경을 받는 대상이 되는 분임을 나타낸다.
1612 벽옥璧玉 : 벽은 납작한 구슬, 옥은 둥근 구슬을 가리킨다.
1613 가패珂貝 : 광석물의 일종. 눈처럼 흰 것으로 옥玉에 버금가는 보석이다.
1614 『合部金光明經』(T16, 388a).
1615 타심통他心通 : 육신통六神通 중 하나. 중생의 마음을 모두 꿰뚫어 볼 수 있는 능력
을 말한다.
1616 천안통天眼通 : 육신통六神通 중 하나. 업보에 의해 윤회전생하는 중생의 미래를
두루 꿰뚫어 아는 능력을 말한다.
1617 신통身通 : 육신통六神通 중 하나. 신경통神境通·신족통神足通 등이라고도 한다.
마음대로 걸림 없이 몸을 부릴 수 있는 능력이다. 공중을 나는 것, 물 위를 걷는 것,
신체를 크게 혹은 작게 하는 것, 한 몸을 여럿으로 나누는 것 등이 모두 여기에 해당
한다.
1618 『金光明經疏』(T39, 168b).

"마음으로" 등을 바로 취하였고, 원효와 유칙은 개략적으로 통한다.]^1620

初有三。一心念處。他心通。二眼視處。天眼通。三身至處。身通。【祥沼興卽。曉則取心等^1)略通也。】

1) ㉠『玄樞』미주에 따르면 '曉則取心等'은 '取心等曉則'일 수도 있다.

경 이 관정장구灌頂章句^1621는 결정코 길상한 것이고 진실하여 허망하지 않은 것이며 중생에게 평등하게 행해져서 마음속에 있는 선근에 미치도록 하는 것이니, 수지하고 독송하며 통달해야 합니다. 일곱 차례의 낮과 밤 동안 팔계를 수지하고, 아침·저녁으로 청정한 마음으로 향과 꽃을 시방의 모든 부처님께 공양하고, 항상 자신과 모든 중생을 위해 아뇩다라삼먁삼보리를 원만하게 갖추는 것으로 회향하며 이러한 서원을 세웁니다. '제가 구하는 것이 모두 길상함을 얻게 하소서.' 스스로 살고 있는 곳의 방이나 집을 깨끗하게 청소하고 자신이 머무는 곳이나 아란야처阿蘭若處^1622에 향기 나는

1619 『金光明最勝王經疏』권5(T39, 308c)에서 "'생각하는 곳마다'는 타심통에 의해 반연하는 것이고, '보는 곳마다'는 천안통에 의해 보는 것이며, '이르는 곳마다'는 신경통에 의해 이르는 것이다.(隨所念。他心通所緣。隨所視方。天眼通所見。隨所至。神境通所至。)"라고 하였다.

1620 『玄樞』(T56, 682b).

1621 관정장구灌頂章句 :『金光明經疏』(T39, 168b)에서 "'관정장구'라는 것은 이른바 신주神呪이다. 신주가 나타내는 것은 무릇 네 가지가 있다. 첫째는 모든 부처님의 공덕을 찬탄하는 것이고, 둘째는 제1의제를 설하는 것이며, 셋째는 약초를 밝히는 것이며, 넷째는 귀신의 명자名字를 부르는 것이다. 여기에서 밝힌 것은 모든 부처님의 공덕을 찬탄하는 것이다. 모든 부처님의 공덕을 중생의 신심信心의 정수리에 부어서 법왕자法王子의 지위를 얻게 하는 것을 밝힌 것이다. 비유로부터 이름을 지었기 때문에 관정이라고 하였다.(言灌頂章句者。所謂神呪。神呪所詮。凡有四種。一嘆諸佛功德。二說第一義諦。三明藥草。四唱鬼神名字。此中所明。應是諸佛功德。明諸佛功德灌衆生信心之頂登法王位。從譬爲名。故言灌頂。)"라고 하였다.

1622 아란야처阿蘭若處 : 아란야는 Ⓢ araṇya의 음역어로 공한림空閑林·공한처空閑處 등이라고도 한다. 사람들이 사는 곳에서 멀리 떨어진 적정한 곳, 곧 수행자가 수행을 행하기에 적합한 장소를 가리키는 말이다.

흙을 땅에 바르고 미묘한 향을 태우며 청정하고 좋은 자리를 깔고 여러 가지 꽃과 향을 그 땅에 뿌리고 저를 기다립니다. 저는 그때 순식간에 그 집에 들어가 그 자리에 앉아서 이로부터 밤낮으로 이 집에 (그곳이) 마을이든 승방僧坊이든 노지露地이든 조금도 모자라는 것이 없게 할 것입니다. 돈과 금·은과 진귀한 보배와 소·양과 곡식 등 모든 필요로 하는 것을 바로 만족스럽게 얻을 수 있어서 모두 즐거움을 누릴 수 있게 할 것입니다."[1623]

是灌頂章句。畢定吉祥。眞實不虛。等行衆生。及中善根。應當受持讀誦通利。七日七夜。受持八戒。朝暮淨心。香華供養。十方諸佛。常爲己身及諸衆生。迴向具足阿耨多羅三藐三菩提。作是誓願。令我所求。皆得吉祥。自於所居。房舍屋宅。淨潔掃除。若自住處。若阿蘭若處。以香泥塗地。燒微妙香。敷淨好座。以種種華香。布散其地。以待於我。我於爾時。如一念頃。入其室宅。卽坐其座。從此日夜。令此居家。若村邑。若僧坊。若露處。無所乏少。若錢若金銀若珍寶若牛羊若穀米。一切所須卽得具足悉受快樂。

소 원효가 뜻을 나타내어 말하였다. "('관정'이라는 것은) 전륜성왕이 직위를 받을 때 사해의 물을 그 정수리에 붓는 것과 같다. 이와 같이 이 주문을 수지하고 잊지 않고 마음의 정수리에 부으면 바로 부처님의 지위를 받는다."[1624]

曉顯意云。如轉輪王。受位之時。取四海水。以灌其頂。如是此呪。受持不忘。以灌心頂。卽受佛位。[1]

---
1) ㉠ 이것은 집일문 전체가 세주이다.

1623 『合部金光明經』(T16, 388b).
1624 『玄樞』(T56, 683b).

• 531

소 원효가 말하였다. "결정코 길상한 일을 성취하는 것이다."[1625]

曉云。畢定成就吉祥事也。

소 원효가 말하였다. "'중생에게 평등하게 행해져서 마음속에 있는 선근에 미치도록 하는 것이니'라는 것은 이 주문의 세력이 두루 이르러서 수지하는 사람이면 뛰어난 이익을 얻게 하여 사람들의 마음속에 있는 모든 선근을 증장시키기에 이르는 것을 밝힌 것이다."[1626] [1627]

曉云。等行衆生及中善者。明此呪勢遍至。能持之人。令得勝利。及至人中所有善根。令得增長。[1)]

---
1) ㉠ 이것은 집일문 전체가 세주이다.

1625 『玄樞』(T56, 683b).
1626 『金光明經疏』에서는 "'등행중생等行衆生'이라는 것은 이 법을 행하려면 반드시 함께 행하는 사람이 필요하다는 것이고, '급중선근及中善根'이라는 것은 하근기는 마음이 엷어서 독송하여도 주문의 힘을 얻지 못하고 상근기는 덕이 두터워서 주문의 힘에 의지하지 않으니 반드시 중근기가 필요하다는 것이다.(等行衆生者。欲行此法。必須同行之人。及中善根者。言下根心薄。誦不得呪力。上根德厚。不依呪力。必須中根也。)"라고 하여 달리 풀이하였다.
1627 『玄樞』(T56, 683b).

제14 견뢰지신품
堅牢地神品第十四。

소 보살이 감응하여 지신地神의 모습을 하고 대지의 기미氣味를 성대하게 하여 수행하는 사람을 이익 되게 하는 것이다. 이 신은 대지를 지탱하여 견고하게 하니 공능으로 인해 이름을 받았다.【가상이 바로 취하여 말하였다. "이 신은 대지를 지탱하여 무너지지 않게 하니 공능으로 인해 이름을 받은 것이다."1628 원효와 승장과 혜소1629와 경흥과 도선과 유칙이 이것을 반영하였다.】1630

菩薩應作地神。能踊1)地味。利益行人。神能持地。使令堅牢。因功受稱。【祥卽取云。神能持地。使令不壞。因功受稱。曉莊沼興宜則影之。】

1) ㉠『玄樞』미주에 따르면 '踊'은 '涌'일 수도 있다.

경 그때 지신견뢰地神堅牢1631가 부처님께 말씀드렸다.

"세존이시여, 이『금광명경』이 현재세상이든 미래세상이든 존재하는 곳

1628 『金光明經疏』(T39, 168c).
1629 『金光明最勝王經疏』권5(T39, 310b)에서 "범어 음역어는 견뢰이니 지지의 뜻이다. 곧 대지를 견고하게 하는 신이라는 뜻이다. 혹은 다시 신의 능력으로 말미암아 대지를 견고하게 하는 것이니 대지를 견고하게 하는 신이라고 한 것이다. 또한 의주석依主釋이니 대지를 견고하게 할 수 있는 것이 이 신의 작용이기 때문이다.(梵云堅牢。是地義。卽堅牢地之神。或復由神能。令地堅牢。名堅牢地之神。亦依主釋。能堅牢地。是神用故。)"라고 하였다. 의주석이란 육합석六合釋 중 하나로 A와 B 사이에 격관계가 성립하는 이격異格 한정복합어로 해석하는 것이다. 곧 A와 B 사이에 소유격·처격 등의 다양한 격이 성립하는 것이고, 동시에 A와 B 사이에는 AB＜B의 관계가 성립한다. 예를 들어 심지心地를 마음의 땅(地)이라고 해석하는 것이다. 그리고 이때 심지(AB)는 지지보다 좁은 범주에 속한다.
1630 『玄樞』(T56, 683c).
1631 지신견뢰地神堅牢 : Ⓢ dṛḍhā-pṛthivī-devatā. 견뢰지신堅牢地神·견뢰신堅牢神·지지천神地天 등이라고도 한다. Ⓢ pṛthivī의 의역어는 지지이고, 음역어는 비리지비比里底毘·필리체미畢哩體微 등이다. 대지를 수호하는 여신. 부처님의 성도를 최초로 증명하였고 불법이 유포되는 곳이면 어느 곳이든 나타나서 중생을 이익 되게 한다.

• 533

마다 성읍城邑과 마을이든 산과 연못과 공지空地이든 왕의 궁전이든 세존이시여, 이 경전이 유포되는 곳마다 이 대지의 한 부분에 사자좌師子座를 깔고 설법하는 이를 그 자리에 앉게 하고 이 미묘한 경전을 널리 베풀어 설하게 하겠습니다. 저는 그 속에서 있으면서 항상 머물며 지키되 그 몸을 숨기고 법좌의 아래에서 정수리로 그 발을 받들겠습니다. 제가 법을 듣고 나면 감로와 같은 위없는 맛을 복용하여 기력이 증가하여서 깊이 16만 8천 유순由旬[1632]인 이 대지가 금강제金剛際에서부터 바다와 땅 위에 이르기까지 모두 온갖 맛을 얻고 더욱더 원만하게 갖추어지며 토양이 풍부하고 비옥해져서 지금보다 더 뛰어날 것입니다.……세존이시여, 제가 감로와 같은 위없는 맛을 복용하고 나면 염부제의 가로와 세로가 7천 유순에 달하는 대지는 토양이 평소보다 두 배로 풍요롭게 될 것입니다."[1633]

爾時地神堅牢。白佛言。世尊。是金光明經。若現在世。若未來世。在在處處。若城邑聚落。若山澤空處。若王宮宅。世尊。隨是經典所流布處。是地分中。敷師子座。令說法者。坐其座上。廣演宣說是妙經典。我當在中。常作宿衛。隱蔽其身。於法座下。頂戴其足。我聞法已。得服甘露無上法味。增益氣力。而此大地。深十六萬八千由旬。從金剛際。至海地上。悉得衆味。增長具足。豐壤肥濃。過於今日。…世尊。我服甘露無上味已。閻浮提地縱廣七千由旬。豐壤倍常。

소 경흥이 원효의 뜻을 얻어 풀이하여 말하였다. "『유가사지론』에서 6

1632 유순由旬 : ⓢ yojana의 음역어. 유선踰繕이라고도 하고, 화합和合·한량限量·역驛 등으로 의역한다. 인도에서 거리를 계산할 때 사용하던 단위. 소에 멍에를 메어 하루 정도 갈 수 있는 거리 혹은 왕이 하루 동안 군대를 이끌고 행군할 수 있는 거리. 출처에 따라 구체적인 거리는 다르다. 『大毘婆娑論』·『俱舍論』 등에 따르면 8,640m에 해당하는 길이이다.
1633 『合部金光明經』(T16, 389a).

천5백 유선踰繕이라고 하였고,^1634 지금은 '7천'이라고 하였다. 복에 넉넉함과 적음이 있으니 대지에도 또한 넓음과 좁음이 있는 것이다. 그러므로 서로 어긋나지 않는다."^1635 1636

興得曉意釋云。瑜伽六千五百踰繕。今言七千。福有優劣。地亦廣狹。故不相違。^1)

1) ㉠ 이것은 집일문 전체가 세주이다.

경 그때 부처님께서 지신견뢰에게 말씀하셨다.

"만약 어떤 중생이 이『금광명경』의 한 구절의 뜻이라도 듣는다면 인도人道에서 목숨을 마치고 나면 뜻에 따라 삼십삼천三十三天^1637에 왕생할 것이다. 지신이여, 만약 어떤 중생이 이 경전에 공양하고자 하여 집을 장엄하고 한 개의 번기나 한 개의 덮개나 한 벌의 옷을 펼쳐 달면, 욕계의 여섯 하늘^1638에는 이미 저절로 칠보七寶로 이루어진 궁전이 생겨나고, 이 사람이 목숨

1634『瑜伽師地論』권2(T30, 287a).
1635 본문의 미진한 부분은 경흥이『三彌勒經疏』(T38, 320c)에서 "『미륵하생경』(T14, 421a)에서는 미륵이 하생하였을 때 염부제는 동서남북이 10만 유순【어떤 판본에서는 천만유순이라 했지만 경흥이 대본으로 삼은 것에 의거함】이라 하고,『미륵하생성불경』(T14, 423c)에서는 길이 10천 유순이고 넓이 8천 유순이라고 했으며,『금광명경』(T16, 346a)에서는 가로와 세로 7천 유순이라고 하였다. 지금은 미륵이 처음 세상에 출현했을 때 사해의 물이 줄어들고 대지는 증가하기 때문에 '10만 유순'이라고 하였다. 나중에 점차 오랜 세월이 흐르면 물이 다시 증가하고 대지는 줄어들기 때문에 '10천'과 '7천'은 차이가 없다."라고 한 것을 참조할 것. 해당 시대에 중생의 복덕에 따라서 염부제의 크기도 달라진다는 입장을 확인할 수 있다.
1636『玄樞』(T56, 684c).
1637 삼십삼천三十三天 : 욕계의 여섯 하늘 중 두 번째 하늘 혹은 그 하늘의 구성원. 도리천忉利天이라고도 한다. 수미산의 정상에 있다. 산정山頂의 사방에 각각 여덟 천성天城이 있고, 중앙에는 도리천주忉利天主인 제석천이 머무는 궁전인 선견성善見城(喜見城)이 있다. 이들을 모두 합하여 33처가 되기 때문에 삼십삼천이라고 한다.
1638 욕계의 여섯 하늘 : 사대왕중천四大王衆天·삼십삼천三十三天(도리천)·시분천時分天·지족천知足天·낙변화천樂變化天·타화자재천他化自在天을 가리킨다.

을 마치면 바로 그곳에 왕생한다. 지신이여, 모든 칠보로 이루어진 궁전 가운데 각각 저절로 일곱 명의 천녀天女가 머물고 있어 서로 즐기며 밤낮으로 항상 불가사의하고 미묘한 쾌락을 누릴 것이다."[1639]

爾時佛告地神堅牢。若有衆生。乃至聞是金光明經一句之義。人中命終。隨意往生三十三天。地神。若有衆生。爲欲供養是經典故。莊嚴屋宅。乃至張懸一幡一蓋。或以一衣。欲界六天。已有自然。七寶宮殿。是人命終。卽往生彼。地神。於諸七寶宮殿之中。各各自然。有七天女。共相娛樂。日夜常受不可思議微妙快樂。

소 두 번째로 부처님께서 진술한 것이다. 여기에 두 가지가 있다. 첫째는 듣고 받아들이는 이가 얻는 과보를 밝혔다. 둘째는 "만약 어떤 중생이" 이하에 해당하는 것으로 공양하는 이가 얻는 과보를 밝혔다.【가상[1640]과 원효와 혜소[1641]가 이것을 취하였다.】[1642]

第二佛述有二。一明聽受之者得報。二若有衆下。明供養之者得報。【祥曉及沼取之。】

1639 『合部金光明經』(T16, 389b).
1640 『金光明經疏』(T39, 168c).
1641 『金光明最勝王經疏』 권5(T39, 311b).
1642 『玄樞』(T56, 684c).

제15 산지귀신품
散脂鬼神品第十五。

소 원효가 말하였다. "삼장三藏의 견해에 따라서 설한다. ('산지'의 갖춘 음사어인) 산지수마散脂修摩[1643]는 혜신慧神이라고 의역한다. 뒤에서 말하기를 '의역어는 지취智聚이다.'라고 하였는데, 이것은 이전의 여러 가지 지혜를 머금고 있는 무더기라는 것을 말한 것이다. 혜신이라고 한 것은 티끌과 모래알처럼 많은 법문을 깨달아 알 수 있는 것이다. 예를 들면 앞의 열다섯 구절에서 설한 것과 같기 때문에 혜신이라고 한 것이다. 또한 도리가 있다. 또한 범음梵音이 같지 않고 한역에 여러 가지 뜻이 있으니 다양한 견해에 의지해야 할 것이다."[1644]

曉云。依三藏說。散脂修摩。此曰慧神。下云。此云智聚。此說含前諸智之聚。名慧神者。以能覺了塵沙法門。如前十五句中所說。故名慧神。亦有道理。又梵音不同。漢譯多義。應依廣見。

소 원효가 뜻을 나타내어 말하였다. "삼장의 견해에 따라 설한다. 『대방등대집경』 권21에서 '산지대사散脂大士는 시기불尸棄佛[1645] 등의 부처님

1643 산지수마散脂修摩 : ⓢ Saṃjñeya의 음역어. 귀자모신鬼子母神의 아들 혹은 남편이라고도 한다. 산지散脂·산지가散支迦·승신이야僧愼爾耶·반지가半只迦 등으로도 음역하고 밀신密神·진신塵神·혜신慧神 등으로 의역한다. 북방 비사문천毘沙門天을 따르는 여덟 대장 중 세 번째에 해당한다. 불법을 수호하고 선악에 대해 상벌을 내리는 역할을 한다.
1644 『玄樞』(T56, 685ab).
1645 시기불尸棄佛 : 과거에 출현한 일곱 분의 부처님 중 두 번째 부처님. '시기'는 ⓢ Śikhin의 음역어이고 정계頂髻·유계有髻·화수火首·최상最上 등으로 의역한다. 과거칠불이란 그 출현한 차례대로 서술하면 비바시불毘婆尸佛·시기불·비사부불毘舍浮佛·구류손불拘留孫佛·구나함모니불拘那含牟尼佛·가섭불迦葉佛·석가모니불

• 537

앞에서 큰 서원을 세웠다. 원하옵건대 미래세에 귀신의 몸이 되어 중생을 교화하고 악한 귀신들이 있을 경우 제가 삼승三乘의 법을 연설하여 조복시키고 그렇게 한 후에 아뇩다라삼먁삼보리를 이루게 해 주소서.'¹⁶⁴⁶ 라고 하였다."¹⁶⁴⁷

曉顯意云。依三藏說。乃至大集第二十一。散脂大士。於尸棄等佛前。立大誓願。願於來世。作鬼神身。教化衆生。有諸惡鬼。我當演說三乘之法。而調伏之。然後乃當成三菩提。¹⁾

1) ㉾ 이것은 집일문 전체가 세주이다.

경 그때 산지귀신대장군散脂鬼神大將軍과 28부의 여러 귀신들이 바로 자리에서 일어나 오른쪽 어깨를 드러내고 오른쪽 무릎을 땅에 대고 꿇어앉아 부처님께 말씀드렸다.

"세존이시여, 이 '금광명'이라는 미묘한 경전이 현재세상이든 미래세상이든 어느 곳이나 성읍과 마을이든 산과 연못과 공지이든 왕의 궁전이든 이 경전이 유포되는 곳마다 저는 이 28부의 큰 귀신들과 함께 그곳에 가서 그 형체를 숨기어 가리고 법을 설하는 이를 따라다니면서 옹호하고 모든 악을 소멸시키고 편안하게 하겠습니다. 또 법을 듣는 대중이 남자이든 여자이든 어린 남자아이이든 어린 여자아이이든, 이 경 속에서 내지 한 분의 여래의 이름과 한 분의 보살의 이름을 듣는 것에 이르기까지 (법을 듣고), 그리고 이 경전의 첫머리에 있는 제목을 받아 지니고 읽고 외운다면, 저는 따라다니며 시중을 들고 밤새도록 지키며 옹호하여 그 악을 모두 소멸시키고 편

을 가리킨다. 앞의 세 분의 부처님은 과거장엄겁過去莊嚴劫에 출현하였고, 뒤의 네 분의 부처님은 현재현겁現在賢劫에 출현하였다.
1646 『大方等大集經』권21(T13, 152a).
1647 『玄樞』(T56, 685b).

안하게 하겠습니다. 또 나라의 성곽이나 왕의 궁전이나 집이나 공처도 모두 또한 이와 같이 할 것입니다.[1648]

爾時散脂鬼神大將軍。及二十八部諸鬼神等。卽從坐起。偏袒右肩。右膝著地。白佛言。世尊。是金光明微妙經典。若現在世。及未來世。在在處處。若城邑聚落。若山澤空處。若王宮宅。隨是經典所流布處。我當與此二十八部大鬼神等。往至彼所。隱蔽其形。隨逐擁護。是說法者。消滅諸惡。令得安隱。及聽法衆。若男若女。童男童女。於是經中。乃至得聞一如來名。一菩薩名。及此經典首題名字。受持讀誦。我當隨侍。宿衛擁護。悉滅其惡。令得安隱。及國邑城郭。若王宮殿。舍宅空處。皆亦如是。

소 첫째는 대장大將을 나타내고, 둘째는 28부를 나타내었다.

뒤에서 말하였다. "『공작왕주경』에서 말하기를 '사방에 각각 네 신이 있으니 넷에 넷을 곱하면 16이다. 사유四維(서북·서남·동북·동남)에 각각 한 신이 있으니 이를 합하면 20이다. 상하에 각각 네 신이 있으니 이를 합하면 28이다.'[1649]라고 하였다. 그 경에서는 아울러 천대장군天大將軍이 영도한다."

1648 『合部金光明經』(T16, 389b).
1649 『孔雀王呪經』 권하(T19, 452a)에서 "사방 각각에 있는 네 신이란 동방은 지가地呵(의역어는 장長임)·수열다라修涅多羅(의역어는 선근善根임)·개나가介那柯(의역어는 만滿임)·가비라迦毘羅(의역어는 황색黃色임)이고, 남방은 승가僧伽(의역어는 사자師子임)·우파승가優波僧伽(의역어는 사자자師子子임)·상기라償起羅(의역어는 나螺임)·전타나㫋陀那(의역어는 전단栴檀임)이며, 서방은 가리訶利(의역어는 사자師子임)·가리지사訶利枳舍(의역어는 사자발師子髮임)·파라부波羅赴(의역어는 자재自在임)·빙가라氷伽羅(의역어는 창색蒼色임)이고, 북방은 타라나陀羅那(의역어는 지지持임)·타라난타陀羅難陀(의역어는 환희歡喜임)·울유가파라欝庾伽波羅(의역어는 근수勤守임)·별가나別伽那(의역어는 위圍임)이다. 사유四維의 네 신이란 반지가般止柯(의역어는 오五임)·반차라전타般遮羅㫋陀(의역어는 오가외五可畏임)·사다기리莎多祁梨(의역어는 칠산주七山主임)·혜차파다醯遮婆多(의역어는 설산주雪山主임)이다. 하방의 네 신이란 부마部摩(의역어는 지地임)·수부마脩部摩(의역어는 선지善地임)·가라柯羅(의역어는 흑黑임)·우파가라優波柯羅(의역어는 소흑小黑임)이고, 상방의 네

또 해석한다. "여기에서 펼쳐서 스스로 팔부중을 나열하였고, 사왕이 각각 5부를 영도하는 것에 나아가서 사왕을 합하면 20이며, (둘을 다시) 합하면 28이다."【원효와 승장과 혜소¹⁶⁵⁰와 경흥은 모두 처음의 설을 취하였다.】¹⁶⁵¹

一標大將。二二十八部。下云。孔雀王經言。四方各有四神。四四爲十六。四維各一。合二十。上下各四。合二十八。彼經竝爲天大將軍所領。又釋。此羅自列八部。就四王。各領五部。四王二十。合二十八也。【曉莊沼興。皆取初說。】

경 어떤 인연 때문에 저의 이름을 산지귀신대장이라고 하는지를 오직 세존께서는 저절로 알고 계십니다. 세존이시여, 저는 일체법과 일체연법一切緣法을 압니다. 일체법을 분명히 알고 법의 분제分齊를 압니다. 일체법의 여성如性과 일체법에 여법하게 머물러 일체법을 머금어 받아 지니고 있습니다.¹⁶⁵²

何因緣故。我名散脂鬼神大將。唯然世尊。自當證知。世尊。我知一切法。一切緣法。了一切法。知法分齊。如法安住。一切法如性。於一切法。含受一切法。

신이란 소마蘇摩(의역어는 월月임)·수리修利(의역어는 일日임)·오기니惡祁尼(의역어는 화火임)·파유婆牖(의역어는 풍風임)이다."라고 하였다.
1650 『金光明最勝王經疏』 권5(T39, 287a). 단 이 글은 『合部金光明經』 「散脂鬼神品」과 상응하는 품인 「僧愼爾耶藥叉大將品」이 아니라 「四天王觀察人天品」에서 "저희들 사천왕과 28부야차대장과 한량없는 백천의 야차(我等四王與二十八部藥叉大將幷與無量百千藥叉)"라고 한 것에 대한 해석에서 나온다.
1651 『玄樞』(T56, 685b).
1652 『合部金光明經』(T16, 389c).

소 처음의 두 구절은 비추어지는 대상이고, 나중의 두 구절은 비추어 볼 수 있는 지혜이다.【승장은 "뒤집어서 취한다."[1653]라고 하였다.】수의 사나굴다가 말하였다. "처음의 두 구절은 속俗을 아는 것이고, 나중의 두 구절은 진眞을 비추는 것이다."【원효와 경흥은 이것을 반영하였다.】[1654]

初二句所照境。後二句能照智。【莊云翻取。】隋云。初二句知俗。後二句照眞。【曉興影之。】

소 원효가 말하였다. "유색有色과 무색無色, 유견有見과 무견無見, 유대有對와 무대無對, 유루有漏와 무루無漏, 유위有爲와 무위無爲[1655]이니, 이와 같은 것들의 차별의 분제를 알기 때문에 '법의 분제를 압니다.'라고 하였다."[1656]

曉云。有色無色。有見無見。有對無對。有漏無漏。有爲無爲。知如是等差別分齊。故言知法分齊。[1)]

1) ㉠ 이것은 집일문 전체가 세주이다.

소 가상이 말하였다.

[1653] 『玄樞』의 서술 방식에 따르면 실제 내용은 앞과 반대의 내용을 자세히 서술하였을 것으로 생각된다. 『玄樞』에서는 비록 "云"이라고 하여 직접인용문의 형식으로 말하고 있지만, 앞에 동일한 내용이 이미 서술되어 있으면 그 내용을 이렇게 간략하게 서술하는 경우가 많다.
[1654] 『玄樞』(T56, 685c).
[1655] 유색有色은 색이 있는 것이고 무색無色은 색이 없는 것이다. 유견有見은 볼 수 있는 것이고 무견無見은 볼 수 없는 것이다. 유대有對는 극미한 물질로 조성되어 장애하는 성질이 있는 것이고 무대無對는 장애하는 성질이 없는 것이다. 유루有漏는 번뇌가 있는 것이고 무루無漏는 번뇌가 없는 것이다. 유위有爲는 인위적 작용이 있는 것이고 무위無爲는 인위적 작용이 없는 것이다.
[1656] 『玄樞』(T56, 685c).

"처음부터 여기까지는 이제二諦를 알 수 있는 덕이 있음을 밝혔다. 이제라는 것은 각각 사상事相과 이치가 있다. 망법妄法의 차별은 속제의 사상이고, 연이 모여서 허망하고 거짓된 것은 속제의 이치이다. 진법眞法이 갠지스강의 모래알처럼 많은 것은 진제의 사상이고, 갠지스강의 모래알처럼 많은 것이 곧 진여라는 것은 진제의 이치이다.

> 祥云。從初至此。明有[1]能知二諦之德。其[2]二諦者。各有事理。妄法差別。是俗諦事。緣集虛假。是俗諦理。眞法恒沙。是眞諦事。恒沙卽如。是眞諦理。[3]

1) ㉯『金光明經疏』에 따르면 '有'는 연자이다. 2) ㉯『金光明經疏』에 따르면 '其' 앞에 '言'이 누락되었다. 3) ㉯『金光明經疏』에 따르면 '理' 뒤에 '也'가 누락되었다.

'저는 일체법을 알고'라는 것은 속제의 사상을 아는 것이고, '일체연법'이라는 것은 속제의 이치이다. '일체법을 분명히 알고' 등이라는 것은 거듭해서 법을 알고 법의 분제를 분명하게 아는 것을 나타낸 것이다. 그러므로 '일체법을 분명히 알고'라고 한 것은 첫 번째 구절[1657]을 나타낸 것이다. 세제법이 허망하고 거짓된 것을 분제로 삼는 것을 아는 것이다. 그러므로 '법의 분제를 압니다.'라고 한 것은 나중의 구절[1658]을 나타낸 것이다.

> 我知一切法者。知俗諦事。一切緣法者。俗諦理。了一切法等者。重顯知法分齊明。故了一切法。卽顯初句。知世諦法。以虛假爲分齊。故言知法分齊。顯後句也。

'일체법의 여성'이라는 것은 진제의 이치이다. 이치는 둘이 없기 때문

1657 첫 번째 구절 : "일체법을 아는 것"을 가리킨다.
1658 나중의 구절 : "일체연법을 아는 것"을 가리킨다.

에 '여'라고 하고 바뀌지 않기 때문에 '성'이라고 한다. 또한 '성'이라는 것은 체이다. '일체법에' 등이라는 것은 진제의 사상이다. 낱낱의 덕 가운데에 일체의 덕을 섭수하기 때문에 '머금어 받아 지니고 있습니다.'라고 하였다. 처음에 있는 '여법하게 머물러(如法安住)'라는 네 글자는 뒤의 두 구절을 모두 관통한다. 이치대로 증득하고 사상대로 알며 공용을 일으켜 마음을 움직이는 일이 있지 않기 때문에 '여법하게 머물러'라고 하였다."[1659]
【원효는 바로 이것을 취하였다.】[1660]

一切法如性者。謂眞諦理。無[1)]二。故名爲如。不改曰性。亦是性者體也。於一切法等者。眞諦事。於一一德中。攝一切德。故言含受。在初如法安住四字。通貫下二句。如理而證。如事而知。無有功用動心。故言如法安住。【曉卽取三。[2)]】

1) ㉭『金光明經疏』에 따르면 '無' 앞에 '理'가 누락되고, '無' 뒤에는 '有'가 누락되었다. 2) ㉭『玄樞』미주에 따르면 '三'은 '之'일 수도 있다.

경 세존이시여, 저는 불가사의한 지혜의 광명과 불가사의한 지혜의 횃불과 불가사의한 지혜의 행위와 불가사의한 지혜의 무더기와 불가사의한 지혜의 경계를 나타내 보입니다. 세존이시여, 저는 모든 법을 바르게 알고 바르게 관찰하여 바르게 분별하고 바르게 알 수 있고 연緣을 바르게 깨달아 압니다. 세존이시여, 그러므로 이름을 산지대장이라고 합니다.[1661]

世尊。我現見不可思議智光。不可思議智炬。不可思議智行。不可思議智聚。不可思議智境。世尊。我於諸法。正解正觀。得正分別正解。於緣正能覺了。世尊。以是故名散脂大將。

1659『金光明經疏』(T39, 169a).
1660『玄樞』(T56, 686a).
1661『合部金光明經』(T16, 389c).

소 "저는~나타내 보입니다."라는 것은 제8지를 증견한 것이다.[1662]【원효는 바로 이것을 취하였다.】[1663]

言我現見者。八地證見也。【曉即取之。】

소 승장은 원효가 다섯 가지 부사의不思議를 풀이한 것을 따졌는데, 자세한 것은 각각 서술한 것과 같다.[1664]

莊徵曉釋五不思議。其如各述。[1)]
1) ㉭ 이것은 집일문 전체가 세주이다.

경 보화공덕해유리금산광조寶華功德海琉璃金山光照 여래·응공·정변지께 귀의합니다. 한량없는 백천억 나유타 동안 그 몸을 장엄하고 석가釋迦·여래·정변지가 되어 이와 같이 미묘한 법의 횃불을 밝힌 분께 귀의합니다. 으뜸가는 위대한 덕을 갖추고 온갖 일을 성취하신 대공덕천大功德天께 귀의합니다. 생각으로 헤아릴 수 없는 지혜와 공덕을 성취하신 대변천大辯天께 귀의합니다."[1665]

1662 길장은 『金光明經疏』(T39, 169a)에서 "이것은 큰 단락의 네 번째로 지혜와 함께하는 것을 밝혔다. 범어의 음사어는 산지수마이고 의역어는 밀신密神이다. 자취는 귀신의 왕이고 본지本地는 제10지이다. 그러므로 지혜의 기력으로 경을 홍포하는 이를 이익 되게 할 수 있다.(此是大段第四。明與智慧。外國言散脂修摩。此云密神。迹在鬼王。本是十地。故能以智慧氣力利益弘經者也。)"라고 하였고, 혜소는 『金光明最勝王經疏』 권5(T39, 312b)에서 "이 신은 혹은 제3지의 보살이라고 하니 지혜의 광명을 얻었기 때문이다. 지혜의 광명이 타올라 사리에 밝아지니 이름과 뜻이 두루하기 때문이다. 혹은 제5지이니 진제와 속제를 분명하게 통달하기 때문이다. 혹은 제10지라고도 하니 생각하여 알기 어려운 경계를 통달할 수 있기 때문이다.(此神。或是三地菩薩。得智光故。智光炎慧。名義周故。或是五地。了達眞俗故。或第十地。難思知境。能通達故。)"라고 하였다.
1663 『玄樞』(T56, 686b).
1664 『玄樞』(T56, 686b).

南無寶華功德海琉璃金山光照如來應正遍知。南無無量百千億那由他莊嚴其身釋迦如來正遍知。熾然如是微妙法炬。南無第一威德成就衆事大功德天。南無不可思量智慧功德成就大辯天。

소 두 하늘은 수행자를 이익 되게 하고 보호하는 사람이다. 두 부처님은 정법을 설하는 근본이다. "석가"는 바로 지금 세상의 근본이고, "보화"는 과거 세상의 근본이다. "대변천"은 언설과 관련된 혜택을 주고, "공덕천"은 생활에 필요한 도구와 재물과 관련된 혜택을 준다.【원효는 이것을 따랐기 때문에 말하였다. "보화불은 공덕천을 발심하게 한 스승이고 또한 감응하여 이 산지대사가 과거세에 받들어 모신 분이다. 석가불은 경을 설한 주인이기 때문에 특별히 귀의하였다. 두 하늘은 이미 산지가 귀의한 대상이니 그보다 뛰어난 지위의 보살이라는 것을 알아야 한다."】[1666]

兩天是益護行者之人。二佛是宣說正法之本。釋迦卽世之本。寶花爲往昔之本。大辯與言說。功德與資財。【曉依故云。寶花佛。是功德天發心之師。亦應是此散脂大士昔所奉値。釋迦佛。是說經之主。故偏歸依。兩天旣是散脂之所歸依。當知是其上地菩薩。】

1665 『合部金光明經』(T16, 389c).
1666 『玄樞』(T56, 686c).

제16 정론품
正論品第十六。

경 그때 부처님께서 지신견뢰地神堅牢에게 말씀하셨다.
"과거에 역존상力尊相이라는 왕이 있었고, 그 왕에게 신상信相이라는 아들이 있었다. 오래지 않아 관정의 지위를 받고 국토를 통치할 예정이었다. 그때 부왕이 그 태자 신상에게 말하였다. '세상에는 국토를 잘 다스릴 수 있도록 하는 바른 의론이 있다. 내가 옛날 일찍이 태자였을 때 오래지 않아 역시 부왕의 지위를 이어받을 예정이었다. 그때 부왕이 이 바른 의론을 가지고 계셨고 또한 나를 위해 말씀해 주셨다. 나는 이 의론으로 2만 년 동안 국토를 잘 다스리면서 일찍이 한 순간도 법에 맞지 않은 행위를 한 적이 없고 자신의 권속에게 애착하는 감정이 없었다.'"[1667]

爾時佛告地神堅牢。過去有王。名力尊相。其王有子。名曰信相。不久。當受灌頂之位。統領國土。爾時父王。告其太子信相。世有正論。善治國土。我於昔時。曾爲太子。不久。亦當紹父王位。爾時父王。持是正論。亦爲我說。我以是論。於二萬歲。善治國土。未曾一念。以非法行。於自眷屬。情無愛著。

소 왕이 국사를 다스리는 것을 원효와 승장과 경흥과 유칙은 대체로 『출애왕경出愛王經』[1668]을 따랐다.[1669]

[1667] 『合部金光明經』(T16, 390a).
[1668] 『출애왕경出愛王經』: '출애'는 ⓢ Ku-stana의 의역어이다. 음역어는 우전于闐이다. 『佛爲愛王說經』이라고도 한다. 세 가지 역본이 있다. 첫째는 현장玄奘(602?~664)이 한역한 『王法正理論』이다. 둘째는 현장이 한역한 『瑜伽師地論』권61 「攝決擇分」 (T30, 638a)에서 『佛世尊爲出愛王所說經』이라는 이름으로 인용한 글이다. 셋째는 불공不空이 한역한 『佛爲優塡王說王法政論經』이다. 원효가 대본으로 삼은 것은 두

王理國事。曉莊興則。多依出愛王經。[1)]

1) ㉮ 이것은 집일문 전체가 세주이다.

경 어떤 것을 세상을 다스리는 바른 의론이라고 하는가? 지신이여, 그때 역존상왕은 신상태자를 위해 이러한 게송을 설하였다.

何等名爲治世正論。地神。爾時力尊相王。爲信相太子。說是偈言。

나는 이제 모든 왕의
바른 의론을 설하여
중생을 이롭게 하고
모든 의혹을 끊게 하리라.[1670]

我今當說。諸王正論。
爲利衆生。斷諸疑惑。

소 "어떤 것을" 이하는 두 번째로 바른 의론을 밝힌 것이다. 여기에 두 가지가 있다. 첫째는 앞으로 논의할 것을 나타낸 것이다. "나는 설하여"[1671] 이하는 두 번째로 바로 설한 것이다.【원효와 승장과 혜소[1672]는 바로 이것을 취하였다.】[1673]

번째 것으로 보인다. 그 이유는 세 번째 것은 원효 사후에 번역되었기 때문에 제외되고, 뒤에서 원효가 직접 인용한 글을 참조하면 첫 번째 것과 두 번째 것 중 후자가 문장이 일치하기 때문이다.
1669 『玄樞』(T56, 687c).
1670 『合部金光明經』(T16, 390a).
1671 『合部金光明經』에 따르면 "나는 이제"이다.
1672 『金光明最勝王經疏』 권5(T39, 314b).
1673 『玄樞』(T56, 687c).

云何下。第二明正論有二。初標起。我說下第二正說。【曉莊及沼。卽取此也。】

경

모든 왕들이 화합하여
금강산金剛山[1674]에 모이니
세상을 수호하는 사천왕이 일어나
범왕梵王에게 여쭈었네.

諸王和合。集金剛山。
護世四鎭。起問梵王。

큰 스승이신 존귀한 법왕梵王이시여,
하늘 가운데 자재하여
모든 의혹을 제거할 수 있으니
저를 위해 끊어 주소서.[1675]

大師梵尊。天中自在。
能除疑惑。當爲我斷。

어떻게 인간이면서
하늘이라는 이름을 얻는 것입니까?
어떻게 인간의 왕이면서
또 천자天子라는 이름을 얻는 것입니까?

1674 금강산金剛山 : 『金光明經照解』권하(X20, 517c)에 따르면 수미산을 둘러싼 일곱 개의 금산金山을 가리키는 것이라고 한다.
1675 『合部金光明經』(T16, 390a).

云何是人。得名爲天。
云何人王。復名天子。

소 원효가 말하기를, "(범천이라는) 스승의 덕을 찬탄하고 설법을 요청한 것이다."라고 하였으니, 이것이 이 글[1676]의 바른 뜻이다. 그러므로 혜소가 "앞의 반 게송은 논을 찬탄한 것이다."[1677]라고 한 것은 바르지 않다는 것을 알 수 있다."[1678]

曉云。歎師請說。此文正意。故知沼云。上半讚論者。不正也。

경
세상을 수호하는 사천왕이
이 일을 묻고 나니
그때 존귀한 스승인 법왕이
바로 게송을 설하여 말씀하셨네.……

護世四王。問是事已。
時梵尊師。卽說偈言。…

비록 인간세상에 태어나
사람의 왕이 되었어도
하늘이 수호하기 때문에
또 천자라고 부르네.……

1676 앞에 실은 경의 세 게송 중 두 번째 게송(큰 스승이신~끊어 주소서)을 가리킨다.
1677 『金光明最勝王經疏』 권5(T39, 314c).
1678 『玄樞』(T56, 688a).

雖在人中。生爲人王。
以天護故。復稱天子。…

절반은 사람의 왕이라고 하고
또한 집악執樂[1679]이라고도 하며
나찰羅刹[1680]이라고도 하고 매회魁膾라고도 하니
모든 악을 막을 수 있네.
또 부모라고도 하니
선을 가르쳐 닦게 하고
과보果報를 나타내 보이며
여러 하늘이 수호하네.[1681]

半名人王。亦名執樂。
羅刹魁膾。能遮諸惡。
亦名父母。教誨修善。
示現果報。諸天所護。

소 원효가 말하였다. "둘로 나눈 것을 합하여 하나가 된다. 절반은 하늘의 힘이 더해진 것이고, 절반은 사람의 공력에 의해 얻는 것이다. 그러므로 한 사람에게 두 가지 이름이 있다. 절반은 천자라 하고, 절반은 인왕

[1679] 집악執樂:『金光明經疏』(T39, 170a)에서 "'또한 집악이라고도 하며'라고 한 것은 세속의 예악을 담당하여 사람을 교화하여 안락하게 하기 때문에 집악이라고 한 것이다.(亦名執樂者。執世中禮樂。以化人安樂。故名執樂。)"라고 하였다.
[1680] 나찰羅刹 : ⓢ rākṣa의 음역어. 악귀의 이름. 가외可畏·속질귀速疾鬼 등으로 의역한다. 인도신화에 나오는 악귀로 이민족인 아리안족이 인도 토착민족을 가리키는 말로 쓰였다고 한다. 이후 악한 사람의 대명사가 되고 또한 변천하여 악귀의 총칭이 되었다. 사람을 잡아먹는 사나운 귀신으로 묘사된다.
[1681]『合部金光明經』(T16, 390a).

이라고 한다."¹⁶⁸²

曉云。二分合成。半爲天力所加。半爲人功所得。故於一人。以立二名。半曰天子。半名人王。¹⁾

1) ㉠ 이것은 집일문 전체가 세주이다.

🔲 "나찰"이라는 것은 사람을 잡아먹는 귀신이니 음식이 박복한 과보를 받았다.¹⁶⁸³ 물고기를 잡는 것을 담당하는 관리를 "회"라고 하고, 돼지를 잡는 것을 담당하는 관리를 "매"라고 한다.【원효는 바로 이것을 취하였다.】¹⁶⁸⁴

言羅利者。食人之鬼。食薄福也。貨魚典軍¹⁾曰膾。貨猪典軍名魁。【曉卽取之。】

1) ㉠『金光明經疏』(T39, 170a)에 따르면 '軍'은 '宰'이다. 이하 동일하다.

🔲 원효가 말하였다. "백성을 자식처럼 불쌍히 여겨 외아들을 가르치는 것처럼 선을 가르치고 과보를 나타내 보이기 때문에 '부모라고도 하니'라고 하였다."¹⁶⁸⁵

曉云。哀民如子。教善示報。如教一子。故名父母。

경

악한 일이 일어나도

1682『玄樞』(T56, 688c).
1683『金光明經疏』(T39, 170a)에서 "'또한 나찰이라고도 하고'라고 한 것은 악을 행하는 사람이 왕에 대해 두려움을 내게 하기 때문에 나찰이라고 한 것이다.(亦名羅利者。作惡之人。於王生怖。故名羅利。)"라고 하였다.
1684『玄樞』(T56, 688c).
1685『玄樞』(T56, 688c).

방치하여 죄를 묻지 않고
그 죄를 다스리지 않으며
바르게 가르치지 않으면
착한 법을 버리고 멀리하며
악의 무더기 늘어나서
나라 안에
온갖 간사함과 다툼이 일어나고
삼십삼천이
각각 분노하고 한탄하네.……

若有惡事。縱而不問。
不治其罪。不以正教。
捨遠善法。增長惡聚。
故使國中。多諸奸鬪。
三十三天。各生瞋恨。…

법대로 세상을 다스리면
이러한 일은 일어나지 않네.
이러한 일이 일어나면
그 나라는 멸망하네.[1686]

如法治世。不行是事。
若行是者。其國殄滅。

1686 『合部金光明經』(T16, 390b).

소 원효가 말하였다. "『불위애왕설경佛爲愛王說經』에서 '대왕이여, 마땅히 알아야 한다. 왕의 과실에는 간략히 열 가지가 있다. 왕이 이와 같은 과실을 행하면 비록 큰 창고가 있고 훌륭한 신하가 있고 뛰어난 군인의 무리가 있어도 귀의하여 추앙할 수 없다. (무엇을 열 가지라고 하는가?) 첫째는 종성이 높지 않은 것이고, 둘째는 자재함을 얻지 못한 것이며, 셋째는 타고난 성품이 포악한 것이고, 넷째는 사납고 날카롭게 분노심을 일으키는 것이며, 다섯째는 은혜를 베풂이 지나치게 야박한 것이고, 여섯째는 잘못되고 아첨하는 말을 받아들이는 것이며, 일곱째는 해야 할 것을 생각하지 않고 규범을 따르지 않는 것이고, 여덟째는 선법을 돌아보지 않는 것이며, 아홉째는 옳은 것과 그릇된 것의 차별을 알지 못하고 자신이 받은 은혜를 잊어버리는 것이고, 열째는 욕망을 한결같이 멋대로 방임하고 오로지 방일하게 행동하는 것이다.'[1687]라고 한 것과 같다."[1688]

曉云。如佛爲愛王說經云。大王當知。過[1)]失者。略有十種。若王成就如是過失。雖有大府庫。有大輔佐。有大軍衆。然不可歸仰。一種姓不高。二不得自在。三立性暴惡。四猛利憤發。五思[2)]惠奢薄。六受邪佞言。七所作不志[3)]不修[4)]儀則。八不顧善法。九不知差別忘所作恩。十一向縱任專行放逸。

1) ㉠『瑜伽師地論』에 따르면 '過' 앞에 '王'이 누락되었다. 2) ㉠『瑜伽師地論』에 따르면 '思'는 '恩'이다. 3) ㉠『瑜伽師地論』에 따르면 '志'는 '思'이다. 4) ㉠『瑜伽師地論』에 따르면 '修'는 '順'이다.

1687 『瑜伽師地論』 권61(T30, 638b).
1688 『玄樞』(T56, 689ab).

제17 선집품
善集品第十七。

소 원효가 말하였다. "모든 선을 모을 수 있어야 나중에 경을 홍포할 수 있기 때문에 ('선집'을) 품의 제목으로 삼았다."[1689]

曉云。能集諸善。後能弘經。故爲品目。

경 이에 여래께서는 다시 지신을 위해 과거의 인연을 설하여 게송으로 말씀하셨다.

於是如來。復爲地神。說往因緣而作偈言。

내가 옛날 일찍이
전륜성왕이었을 때
사천하四天下[1690]의 큰 땅과
큰 바다를 버렸네.

我昔曾爲。轉輪聖王。
捨四大地。及以大海。

또 그때

1689 『玄樞』(T56, 690c).
1690 사천하四天下 : 수미산須彌山의 사방에 있는 네 개의 큰 섬. 사대주四大洲·사주四洲 등이라고도 한다. 동쪽의 승신주勝身洲(毘提訶洲)·남쪽의 섬부주贍部洲(閻浮提)·서쪽의 우화주牛貨洲(瞿陀尼洲)·북쪽의 구로주俱盧洲(欝單曰·欝單越)를 가리킨다.

사천하에
가득한 진귀한 보배를
여러 부처님께 받들어 올렸네.……

又於是時。以四天下。
滿中珍寶。奉上諸佛。…

나는 그때
이 큰 땅을 버리고
사천하를 가득 메운
진귀한 보배를 보시하고

我於爾時。捨此大地。
滿四天下。珍寶布施。

이와 같은
『금광명경』을 들었고
이 경을 듣고 나서는
한 번 칭찬하여 훌륭하다! 하였네.

得聞如是。金光明經。
聞是經已。一稱善哉。

이 선근의 업을
인연으로 하여
금색 몸을 얻고

백복百福¹⁶⁹¹으로 장엄하였네.……

以此善根。業因緣故。
身得金色。百福莊嚴。…

내가 원한 대로
보리를 성취하여
정법의 몸을
내가 이제 이미 얻었네.¹⁶⁹²

如我所願。成就菩提。
正法之身。我今已得。

1691 백복百福 : 부처님이 갖춘 32가지 상 하나하나가 모두 백 가지 복덕을 쌓아서 이루어진 것이라는 주장과 관련된 말이다. 『大毘婆娑論』 권177(T27, 889c)에서 "問 경전에서 말하기를 부처님께서 지니신 낱낱의 상相은 백 가지 복덕으로 장엄된 것이라고 하였는데, 무엇을 백 가지 복덕이라 하는가? 答 이 가운데 백 가지 생각(百思)을 백 가지 복덕이라 한다. 무엇을 백 가지 생각이라 하는가? 보살이 족선주상足善住相(발바닥이 평평하고 풍만하여 들어간 것도 없고 나온 것도 없어서 걸을 때 부드럽게 땅에 밀착하고 그 자취가 분명한 것)을 얻는 업을 조작하여 증대시킬 때와 같은 경우에는, 먼저 50가지 생각을 일으켜 몸을 닦아 청정하게 하고 알맞게 다스려 부드러워지게 하며, 다음에 한 생각을 일으켜 그 뒤를 바르게 견인하여 다시 50가지 생각을 일으켜서 그것을 원만하게 한다. 비유하면 농부가 먼저 밭이랑을 갈고 다음에 종자를 심으며 나중에는 거름을 덮고 물을 뿌리는 것처럼 그것도 또한 이와 같다. 족선주상의 업을 이루는 것에 이와 같은 백 가지 생각의 장엄이 있는 것처럼 내지 정상오슬니사상頂上烏瑟膩沙相(정수리가 솟아올라 상투 모양인 것)의 업도 이와 같다. 이것으로 말미암아 부처님이 지니신 낱낱의 상은 백 가지 복덕으로 장엄한 것이라고 한다.(問。如契經說。佛一一相。百福莊嚴。何謂百福。答。此中百思。名爲百福。何謂百思。謂如菩薩。造作增長。足善住相業時。先起五十思。修治身器。令淨調柔。次起一思。正牽引彼後。復起五十思。令其圓滿。譬如農夫。先治畦壟。次下種子。後以糞水。而覆漑之。彼亦如是。如足善住相業。有如是百思莊嚴。乃至頂上烏瑟膩沙相業。亦復如是。由此故說。佛一一相。百福莊嚴。)"이라고 하였다.
1692 『合部金光明經』(T16, 391b).

소 처음은 장행으로 나타내었고, 다음은 게송으로 바로 찬탄하였다.
【가상¹⁶⁹³과 원효는 이것을 취하였다.】¹⁶⁹⁴

初長行標。次頌正歎。【祥曉取之。】

1693 『金光明經疏』(T39, 170c)에서 "품에 나아가서 두 가지가 있다. 처음은 장행으로 나타내었고, 나중은 게송으로 풀이하였다.(就品有二。初長行表。後以偈釋。)"라고 하였다.
1694 『玄樞』(T56, 690c).

제18 귀신품
鬼神品第十八。

경 그때 세존께서 이 뜻을 거듭해서 펼치고자 게송을 설하여 말씀하셨다.

爾時世尊。欲重宣此義。而說偈言。

모든 부처님께
공양하고
삼세의 모든
부처님의 행처를 알고자 하면
저 성읍과 마을의
이 경이 있는 곳에 가서
지극한 마음으로
듣고 수지해야 하네.……

若欲供養。一切諸佛。
欲知三世。諸佛行處。
應當往彼。城邑聚落。
有是經處。至心聽受。…

석제환인釋提桓因과
일천日天과 월천月天
염마라왕閻摩羅王과
풍신風神과 수신水神 등의 온갖 신들

위타천신違馱天神[1695]과

비뉴천毘紐天

대변천신大辯天神과

자재천自在天

釋提桓因。及日月天。
閻摩羅王。風水諸神。
違馱天神。及毘紐天。
大辯天神。及自在天。

화신火神 등의 신들
큰 힘으로 용맹스럽게
항상 세간을 보호하며
밤낮으로 떠나지 않을 것이네.[1696]

火神等神。大力勇猛。
常護世間。晝夜不離。

소 원효가 말하기를 "('염마라왕閻摩羅王'의) 의역어는 정식왕靜息王이다. 업보의 문제로 서로 의견이 엇갈려 싸우는 것을 그치게 하기 때문이다."라고 하고, 덧붙여서 말하기를 "법왕法王이라고도 하니, 중생을 인도

1695 위타천신違馱天神: ⑤ Skanda-deva. 위타천韋馱天이라고도 한다. 인도신화에서는 쉬바(⑤ Śiva)의 아들 중 하나로 머리가 여섯 달린 전쟁의 신으로 묘사된다. 불교에 유입되어 불법의 수호신이 되었다. 색건타塞健陀·색건나塞建那·사건다私建陀·건다建陀 등으로도 음역한다. 색건타를 건타建陀로 줄여서 부르다가 건건을 '위韋(違)'로 잘못 표기하여 위타가 된 것이라는 설도 있다.
1696 『合部金光明經』(T16, 392b).

• 559

하여 고통에서 벗어나게 하기 때문이다."라고 하였다. 이것이 바로 (『금
광명최승왕경』에서 "염라변재閻羅辯才"라고 한 것[1697]에서) 변재의 뜻이
다.[1698]

曉云。此名靜息王。止息業報相違諍故。加云。名法王。引導衆生。令出苦
惱故。卽辯才義也。[1)]

1) ㉠ 이것은 집일문 전체가 세주이다.

경

이 경전을 좋아하여
친근히 하는 이는
모든 중생 가운데에서
수명과 형색의 힘이 늘어나고
공덕과 위의 있는 모양
보통 사람보다 곱절이나 뛰어나게 장엄하리.……

愛樂親近。是經典者。
於諸衆生。增命色力。
功德威貌。莊嚴倍常。…

이와 같이 '금광명'이라는
미묘한 경전
유포하고 강의하고
암송하는 곳마다

1697 『金光明最勝王經』 권9(T16, 445c).
1698 『玄樞』(T56, 693a).

그 국토의 경계 안은
바로 이익이 늘어나니
앞에서 설한 것처럼
한량없는 공덕을 얻을 것이네.[1699]

是金光明。微妙經典。
隨所流布。講誦之處。
其國土境。即得增益。
如上所說。無量功德。

소 세 번째 단락으로 뛰어난 과보를 설한 것이다. 여기에 두 가지가 있다.[원효는 바로 이것을 취하였다.] 처음의 21행의 게송은 개별적으로 밝힌 것이고, 나중의 1행의 게송은 총괄적으로 맺은 것이다.[1700]

第三段勝果有二。【曉即取之。】初二十一行頌別明。後一行頌總結。

1699 『合部金光明經』(T16, 393c).
1700 『玄樞』(T56, 693c).

제19 수기품[1701]

授記品第十九。

[1701] 본 품에 해당하는 집일문은 현재 하나도 남아 있지 않다.

제20 제병품
除病品第二十。

소 지금 여기에서는 바로 수기의 인연을 자세하게 밝혀서 앞의 의심을 없애 버렸다. 여기에 두 가지가 있다. 처음의 두 품[1702]은 직접적으로 제자가 수기를 얻은 원인을 밝혀서 제19「수기품」을 이루었고, 보조적으로 석가의 수행을 나타내어 제2「수량품」을 이루었다. 뒤의 제22「사신품捨身品」은 직접적으로 석가의 (고행이라는) 원인을 밝혀서 제2「수량품」을 이루었고, 보조적으로 제자의 수행을 나타내어 제19「수기품」을 이루었다.[1703]【원효와 승장이 반영하고 취하였으며, 도선과 유칙은 개략적으로 취하였으며, 경흥은 바로 이것을 취하였다.】[1704]

今卽廣明授記因緣。以遣上疑。有二。初[1)]品正明弟子得記之因。成授記品。傍顯釋迦修行。成壽量品。後捨身品。正明釋迦之因。成壽量品。傍顯弟子修行。成授記品。【曉莊影取。宜則略取。興卽取之。】

1) ㉎『金光明疏』에 따르면 '初' 뒤에 '二'가 누락되었다.

소 또 이 세 품은 곧 석가불이 지닌 세 품의 자애로움을 밝혔다. 제20「제병품除病品」은 하품의 자애로움을 밝혔고, 제21「유수장자자품流水長者子品」은 중품의 자애로움을 밝혔으며, 제22「사신품」은 상품의 자애로움을 밝혔다.【원효와 승장이 바로 취하였다.】[1705]

1702 처음의 두 품 : 제20「除病品」과 제21「流水長者子品」을 가리킨다.
1703 "지금 여기에서는 바로~「수기품」을 이루었다."라고 한 것은 길장이 『金光明經疏』(T39, 171b)에서 해석한 것과 혜소가 『金光明最勝王經疏』권6(T39, 324b)에서 진제眞諦의 해석이라고 하여 인용한 것과 내용이 거의 동일하다.
1704 『玄樞』(T56, 697b).
1705 『玄樞』(T56, 697b).

又此三品卽明釋迦三品之慈。除病明下品慈。流水明中品慈。捨身明上品慈也。【曉莊卽取。】

소 또 제2「수량품」에서 "석가불께서는 한량없는 겁 가운데 항상 내지 골수에 이르기까지 또한 보시하여 배부르게 하였으니 하물며 다른 음식이겠는가."[1706]라고 하였다. 이 일을 말하지 않는다면 당시의 대중이 어떻게 알 수 있겠는가? 이 뒤의 세 품은 지금 바로 이것을 설한 것이다.【그러므로 원효와 승장과 경흥이 모두 이 뜻을 따랐다.】[1707]

又壽量云。釋迦無量劫中。常以乃至骨髓。亦持施與。令得飽滿。況餘食。此事不說者。時衆何以得知。此下三品。今正說之。【故曉莊興。皆依此意。】

소 가상이 말하였다. "이것은 석가불께서 과거에 대비大悲에 의해 병을 치유해 준 것을 밝힌 것이다. 그러므로 '제병'이라 하였다."[1708]【원효와 승장과 유칙이 취하였다.】[1709]

祥云。此明釋迦昔日大悲治病。故名治[1]病。【曉莊則取。】

1) ㉠『玄樞』미주에 따르면 '治'는 '除'일 수도 있다.

소 경흥이 말하였다. "㈎ 이 세 품은 이미 인이 과를 이룬 것을 밝혔는데, 어떤 다른 뜻이 있는 것인가? ㈏ 앞의 두 품[1710]은 직접적으로 제자의 과를 밝혔고 겸하여 석가의 과를 밝혔으며, 뒤의 한 품[1711]은 직접적으로

1706 『金光明最勝王經』(T16, 404c);『合部金光明經』권1(T16, 360b).
1707 『玄樞』(T56, 697c).
1708 『金光明經疏』(T39, 171b).
1709 『玄樞』(T56, 697c).
1710 앞의 두 품 :「除病品」과「流水長者子品」을 가리킨다.

석가의 인이 수량의 과를 이룬 것을 밝혔고 겸하여 제자의 수행이 수기의 뜻을 이룬 것을 밝혔다." 이것은 본本의 뜻[1712]이다. 앞에서 모두 살펴본 것과 같다.

> 興云。此三品。旣辨因成果。有何異義。答。前二。正辨弟子果。以兼釋迦之果。後一。正申釋迦之因。成壽量之果。以兼弟子修行。成授記之意。此卽本意。如上悉之。

問 이와 같다면 혜소가 말하기를 "問 앞의 「수량품」에서 '(묘당)보살이 생각하였다. 「여래는 장수의 원인인 자비롭고 해치지 않음을 행하였는데, 어째서 수명이 짧아서 오직 80세에 지나지 않는 것인가.」'[1713]라고 하였다. 앞에서 비록 '수명이 가없다.'고 하였지만 아직 자비롭고 해치지 않음을 행한 것을 풀이하지 않았다. 지금 이 세 품에서는 바로 이 행을 밝혔는데, 어째서 정종분이 아닌가? 答 묘당보살은 단지 원인을 행하였으니 장수를 얻어야 하는 것을 의심한 것이고 장수가 과거의 어떤 원인으로 말미암은 것인지를 의심한 것은 아니다. 이 품(『제병품』)에서 또한 '만 명의 (천자가) 과거세에 세운 서원의 인연을 이제 너를 위해 설할 것이다.'라고 하였고, '장수의 인연을 설할 것이다.'라고는 말하지 않았다. 또한 「유수품」에서 '부처님의 명호를 들은 것 등의 인연으로 말미암아 지금 수기를 얻었다.'라고 하였고 '이것으로 말미암아 긴 수명을 얻었다.'라고는 말하지 않았다. 그러므로 유통분이고 정종분이 아니다."[1714]라고 말한 것인가?

1711 뒤의 한 품 : 「捨身品」을 가리킨다.
1712 『金光明最勝王經疏』 권6(T39, 324b)에서 경흥의 설과 동일한 견해를 진제의 해석이라고 하여 인용하였다. 따라서 여기에서 "본本의 뜻"이란 진제의 입장을 가리키는 것으로 보인다.
1713 『金光明最勝王經』 권1(T16, 404c);『合部金光明經』 권1(T16, 360b).
1714 『金光明最勝王經疏』 권6(T39, 324b).

問。若爾。沼云。前¹⁾品。²⁾菩薩思惟。如來行長壽因。慈悲不害。云何命短。
唯八十年。前雖云壽無邊。未釋慈悲不害之行。今此三品。正明此行。何
非正宗。答。妙幢。但疑行因。應得長壽。不疑行壽。由昔何因。此品又云。
十千本緣。今爲汝說。不云爲說長壽因緣。又流水品云。由聞佛名等。今得
授記。不云。由此得壽命長。故在流通。非正宗³⁾耶。

1) ⓐ『金光明最勝王經疏』에 따르면 '前' 앞에 '間'이 누락되었다.   2) ⓐ『金光明最勝王經疏』에 따르면 '品' 앞에 '壽量'이 누락되었다.   3) ⓐ『金光明最勝王經疏』에 따르면 '宗' 뒤에 '也'가 누락되었다.

답 이 해석은 자세히 살펴야 한다. 누가 묘당보살이 긴 수명의 과보가 과거의 어떤 인연으로 말미암은 것인지를 의심하였다고 말하는가? 직접적으로 의심한 것은 원인과 결과가 합치하지 않음에 있다. 행의 원인이 이미 큰데 과를 얻음은 어찌 적은가? 이러한즉 인으로 과를 의심하고 과로써 인을 의심한 것이다.【원효와 승장과 도선과 경흥이 모두 이 뜻을 취하였다.】¹⁷¹⁵

答。此釋應審。誰言妙幢。疑長命果。由昔何因。正所疑者。因果不合。行因
旣大。得果何少。是卽以因疑果。以果疑因。【曉莊宜興。皆取此意。】

경 부처님께서 도량보리수신道場菩提樹神인 선녀천에게 말씀하셨다.
"잘 들어라, 잘 들어라. 잘 지니고 기억하라. 나는 그대를 위해 과거에 세운 서원의 인연을 연설할 것이다.……이 왕이 다스리던 나라에 어떤 장자가 있었는데 이름이 지수持水였다. 의술을 잘 알아서 모든 병을 치료하고 사대四大의 증가와 감소를 방편으로 교묘하게 잘 알았다. 선녀천이여, 그때 지수 대장자大長者의 집안에 나중에 한 아들이 태어났는데 이름이 유수流水

1715 『玄樞』(T56, 697c).

였다.……선녀천이여, 그때 유수라는 장자의 아들은 이 한량없는 백천의 중생이 온갖 고통을 받는 것을 보았기 때문에 이 중생을 위해 대비심을 일으켜 이렇게 생각하였다.……'그러나 이 한량없는 백천의 중생은 다시 중병에 걸렸어도 구할 이가 없다. 내가 지금 훌륭한 의사인 아버지의 처소에 가서 병을 다스릴 수 있는 의술의 비법을 물어야겠다. 답변을 들어서 알고 나면 성읍과 마을과 시골집에 가서 모든 중생의 여러 가지 병을 다스리고 모두 한량없는 고통에서 벗어나게 해야겠다.'"[1716]

佛告道場菩提樹神善女天。諦聽諦聽。善持憶念。我當爲汝。演說往昔誓願因緣。…是王國中。有一長者。名曰持水。善知醫方。救諸病苦。方便巧知。四大增損。善女天。爾時持水大長者家中。後生一子。名曰流水。…善女天。爾時流水長者子。見是無量百千衆生受諸苦惱故。爲是衆生。生大悲心。作是思惟。…而是無量百千衆生。復遇重病。無能救者。我今當至大醫父所。諮問治病。醫方祕法。諮禀知已。當往城邑聚落村舍。治諸衆生種種重病。悉令得脫無量諸苦。

소 처음의 글[1717]에 두 가지가 있다. 처음은 훈계하면서 허락한 것이고, 나중은 바로 진술한 것이다. 처음에 두 가지가 있다. 첫째는 들을 것을 훈계하였고, 둘째는 설하는 것을 허락하였다.【원효와 승장과 혜소[1718]와 경흥이 모두 이것을 취하였다.】[1719]

1716 『合部金光明經』(T16, 394c).
1717 "잘 들어라. 잘 들어라. 잘 지니고 기억하라. 나는 그대를 위해 과거에 세운 서원의 인연을 연설할 것이다."라고 한 것을 가리킨다.
1718 『金光明最勝王經疏』권6(T39, 324c). 다만 크게 두 가지로 나눈 것이 일치할 뿐이다. 이 밖에 각각을 다시 세분하여 둘로 나누는 것은 혜소의 글에는 보이지 않는다.
1719 『玄樞』(T56, 698a).

初文有二。初誠許。後正述。初有二。一誠聽。二許說。【曉莊沼興。皆取此也。】

경 그때 장자의 아들은 이렇게 생각하고 나서 바로 아버지의 처소로 가서 머리와 얼굴을 땅에 조아려 아버지에게 예를 올리고 손을 모으고 물러나 앉아 사대四大가 늘어나고 줄어드는 것을 아버지에게 질문하여 바로 게송으로 말하였다.

時長者子。思惟是已。卽至父所。頭面著地。爲父作禮。叉手却住。以四大增損。而問於父。卽說偈言。

어떻게 알아야 합니까?
사대四大에 의해 모든 감각기관이
쇠락하고 훼손되고 대체되고 사라지면서
온갖 병이 생겨나는 것을.

云何當知。四大諸根。
衰損代謝。而得諸病。

어떻게 알아야 합니까?
시절에 맞추어 음식을 먹는 것과
음식을 먹고 나서
몸의 화기가 소멸되지 않는 것을.

云何當知。飮食時節。
若食食已。身火不滅。

어떻게 알아야 합니까?

풍병과 열병과

물이 많아 생겨나는 폐병과

골고루 섞여서 생겨나는 병을 다스리는 것을.

云何當知。治風及熱。

水過肺病。及以等分。

어느 때 풍병이 활발해지고

어느 때 열병이 활발해지며

어느 때 수병이 활발해져서

중생을 해치는 것인지를.[1720]

何時動風。何時動熱。

何時動水。以害衆生。

소 여기에 네 가지 일이 있다. 첫째의 한 게송은 병의 인연을 물었고, 둘째의 한 게송은 병과 관련된 음식을 물었으며, 셋째의 한 게송은 병을 약으로 다스리는 것을 물었고, 넷째는 병이 일어나는 시절을 물었다.【가상[1721]과 원효와 경흥이 취하였다.】[1722]

此有四事。一一頌問病因緣。二一頌問病食飮。三一頌問病藥治。四一頌問病時節。【祥曉興取。】

1720 『合部金光明經』(T16, 395a).
1721 『金光明經疏』(T39, 171c).
1722 『玄樞』(T56, 698b).

소 원효가 말하였다. "'시절에 맞추어 음식을 먹는 것'이라는 것은 네 시절(봄·여름·가을·겨울)에 적합한 음식을 어겨서 병을 얻는 것을 말한다. 또한 여섯 시절[1723]의 음식이 있으니 바로 지금 여기에서 설한 것을 취한 것이다."[1724]

曉云。飮食時節者。謂淩[1)]四時飮食得病。又有六時飮食。卽取今也。[2)]

1) ㉠『玄樞』미주에 따르면 '淩'은 '違'일 수도 있다. 2) ㉠ 이것은 집일문 전체가 세주이다.

소 원효가 말하였다. "('몸의 화기가 소멸되지 않는 것을'이라는 것은) 화기에 의해 발생한 열이 소멸되지 않는 것이니 곧 육식六食[1725] 중 처음이다. 음식을 지나치게 많이 먹어서 화기를 소멸시킬 수 없으니 이것으로 병을 이루기 때문이다. 일단 처음의 하나만 제시했을 뿐이다."[1726]

曉云。令火熱不損者。卽六食中之初也。食過量也。火不能消。以此成病故。 且擧初一也。[1)]

1) ㉠ 이것은 집일문 전체가 세주이다.

경 그때 아버지인 장자는 바로 게송으로 의술을 해설하여 그 아들에게

1723 여섯 시절 : 1월과 2월은 화시花時이고, 3월과 4월은 열제熱際이며, 5월과 6월은 우제雨際이고, 7월과 8월은 추시秋時이며, 9월과 10월은 한시寒時이고, 11월과 12월은 빙설冰雪이다.
1724 『玄樞』(T56, 698c).
1725 육식六食 : 첫째는 과량식過量食이니 적정량보다 많이 먹는 것이다. 둘째는 소량식少量食이니 적정량보다 적게 먹는 것이다. 셋째는 과시식過時食이니 적정한 시간이 지나서 밥을 먹는 것이다. 넷째는 역시식逆時食이니 적정한 시간이 되지 않았는데 밥을 먹는 것이다. 다섯째는 방애식妨礙食이니 고기를 먹고 나서 우유 등을 마시는 것이다. 여섯째는 먹어 보지 않았던 음식을 먹는 것이니, 남쪽 지방 사람이 장漿을 마시고 북쪽 지방 사람이 밀蜜을 마시는 것 등과 같은 것이다.
1726 『玄樞』(T56, 698c).

답해 주었다.

時父長者。卽以偈頌。解說醫方。而答其子。

세 달은 여름이고
세 달은 가을이며
세 달은 겨울이고
세 달은 봄이니라.

三月是夏。三月是秋。
三月是冬。三月是春。

이는 열두 달을
세 달씩 나누어 설한 것이니
이와 같이 헤아리면
한 해는 네 시절이니라.

是十二月。三三而說。
從如是數。一歲四時。

두 달씩 나누어서 설하면
여섯 시절이 채워지니라.
세 달마다 셋째 달이 근본을 섭수하고
두 기氣가 두 달마다 시절을 나타내니라.[1727]

1727 『合部金光明經』(T16, 395a).

若二二說。足滿六時。

三三本攝。二二現時。

소 "그때 그 장자는 [아들이 요청하는 것을 듣고서 또 가타伽他(게송)로 답하였다.]"[1728] 이하는 네 번째로 답한 것인데, 여기에 두 가지가 있다. 이것은 처음에 부처님께서 당시의 일을 서술한 것이다. "나는 이제 (옛 선인이 전해 온 모든 치료법에) 의지하여"[1729] 이하는 두 번째로 바로 답한 것이다.[가상[1730]과 경흥은 바로 취하였다. 원효와 승장과 혜소[1731]는 뜻을 반영하였다.][1732]

時彼長者下。第四答有二。此初佛序時事。我今依下。第二正答。【祥興卽取。曉莊沼影。】

소 "세 달은" 이하는 두 번째로 바로 답한 것이다. 여기에 두 가지가 있다. 처음에 네 게송이 있으니 먼저 시절을 정한 것이다. 나중에 26게송이 있으니 바로 병을 다스리는 방책을 답한 것이다.[가상[1733]과 원효는 이것을

1728 『合部金光明經』에 따르면 "그때 아버지인 장자는 바로 게송으로 의술을 해설하여 그 아들에게 답해 주었다."이다.
1729 『合部金光明經』에 따르면 "세 달은 여름이고 세 달은 가을이며"이다.
1730 『金光明經疏』(T39, 172a)에서 "큰 단락의 네 번째에 나아가서 답변한 가운데 두 가지가 있다. 처음의 1행은 부처님께서 아버지가 답변한 것을 서술한 것이고, 나중의 16행은 바로 아버지가 답한 것이다.(就大段第四答中有二。初一行是佛序父答。後十六行正是父答。)"라고 하였다.
1731 『金光明最勝王經疏』 권6(T39, 325b)에서 "이하는 여섯 번째로 아버지가 아들을 위해 해석한 것이다. 이것은 처음에 결집을 나타낸 것이다. 다음에 '나는 이제 옛 선인이 전해 온 모든 치료법에' 이하의 32게송은 아버지가 바로 게송으로 해석한 것이다.(下第六父爲解釋。此初結集標擧。次我今依古仙下。三十二頌。父正頌釋。)"라고 하였다.
1732 『玄樞』(T56, 699a).
1733 『金光明經疏』(T39, 172a)에서 "처음의 3행은 시절을 정한 것이고, 나중의 13행은 바

취하였다. 원효가 말하였다. "처음은 시절을 총괄적으로 밝혔고, 나중은 네 가지 질문[1734]에 개별적으로 답하였다."][1735]

三月是下。第二正答有二。初有四頌。先定時節。後有二十六頌。正答治病之方。【祥曉取之。曉云。初總明時節。後別答四問。】

소 처음의 구절[1736]은 네 시절을 맺은 것이고, 나중의 구절[1737]은 여섯 시절을 맺은 것이다.【원효는 바로 취하였고, 혜소[1738]는 뜻을 반영하였다.】[1739]

初句結四時。後句結六時。【曉卽沼影。】

로 병을 치유하는 방책이다.(初三行定時節。後十三行正是治病之方。)"라고 하였다.
1734 네 가지 질문 : 첫 번째 질문은 경에서 "어떻게 알아야 합니까? 사대四大에 의해 모든 감각기관이 쇠락하고 훼손되고 대체되고 사라지면서 온갖 병이 생겨나는 것을"이라고 한 것으로 병이 발생하는 인연과 관련된 것이고, 두 번째 질문은 경에서 "어떻게 알아야 합니까? 시절에 맞추어 음식을 먹는 것과 음식을 먹고 나서 몸의 화기가 소멸하지 않는 것을"이라고 한 것으로 병과 음식의 관련성에 대한 것이며, 세 번째 질문은 경에서 "어떻게 알아야 합니까? 풍병과 열병과 물이 많아져서 생겨나는 폐병과 이 모든 것이 골고루 섞여서 일어난 병을 다스리는 것을"이라고 한 것으로 병을 다스리는 약과 관련된 것이고, 네 번째 질문은 경에서 "어느 때에 풍병이 활발해지고, 어느 때에 열병이 활발해지며, 어느 때에 수병이 활발해져서 중생을 해치는 것인지를"이라고 한 것으로 병이 발생하는 시절과 관련된 것이다.
1735 『玄樞』(T56, 699a).
1736 "세 달마다 셋째달이 근본을 섭수하고"를 가리킨다.
1737 "두 기氣가 두 달마다 시절을 나타내니라."를 가리킨다.
1738 『金光明最勝王經疏』 권6(T39, 325b)에서 "처음의 네 게송은 시절을 정하였다. '세 달씩 나누어서 설한 것이니'라는 것은 3개월마다 한 시절로 삼는 것이니 앞에 나오는 '네 시절'을 맺은 것이다. '두 달씩 나누어 설하면'이라는 것은 2개월마다 한 시절로 삼는 것이니 뒤에 나오는 '여섯 시절'을 표방한 것이다.(初四頌定時節。三三而別說者。謂三月三月爲一時。結前四時。二二爲一節者。謂二月二月爲一節。標後六時。)"라고 하였다.
1739 『玄樞』(T56, 699b).

🔹 "세 달마다 셋째 달이 근본을 섭수하고"라고 한 것에는 다섯 가지 해석이 있다.

첫째는 동일한 춘분에 세 시기가 있으니, 정월은 맹孟이고 2월은 중仲이며 3월은 계季이다. 만약 맹이 현재이면 중과 계는 미래이고, 중이 현재이면 맹은 과거이다. 세 달은 동일한 시기에 함께 존재하지 않지만 세 달이 아울러 동일한 춘분의 시기에 속하니 섭수하여 춘분을 근본으로 삼는다. 춘분에 세 달이 있는 것이 이미 그러하니 나머지 시기의 세 달도 또한 그러하다. 그러므로 "세 달마다 근본으로 삼아 섭수하여"라고 하였다.

言三三本攝者。此有五釋。一一春有三時。正月孟。二月仲。三月季。若孟有現在。仲季在未來。若仲現在。則孟過去。三月乃不同在一時。而三月倂屬一春時。攝以春爲本。春有三月旣爾。餘時三月亦然。故言三三本攝。

둘째는 앞의 "삼三"은 세 달이고, 뒤의 "삼三"은 맹·중·계이다. 셋째는 두 가지의 셋은 모두 동일한 춘분의 시기에 속하여 섭수하는 것이다.

二上三是三月。下三是孟仲季。三兩種之三。皆屬一春時攝也。

내지乃至[1740] 다섯째는 토기土氣가 춘계春季·하계·추계·동계에 의탁하기 때문에 "세 달마다 셋째 달이 근본을 섭수하고"라고 하였다. 예를 들면 춘분에 목이 왕성한 것에 의탁하다가 (토가) 목의 덕을 섭수하는 것과 같은 것이다.

1740 내지乃至 : 중간에 생략되었음을 나타내는 말이다.

乃至。五土寄四季。故云三三本攝。如寄王於木。爲木德攝也。

【가상은 두 가지 설을 제시하였다.[1741] 처음에 또한 두 가지가 있다. (『현추』에서 다섯 가

[1741] 『玄樞』에서 길장의 견해를 구체적으로 제시하지 않았는데, 이것을 알지 못하면 뒤의 글을 이해하기 어렵기 때문에 그 전문을 제시하기로 한다. 『金光明經疏』(T39, 172a)에서 "[1] 첫 번째 논사가 해석하여 말하였다. (여기에 두 가지가 있는데 ① 그중 첫 번째는 다음과 같다.) 1년에 네 시절이 있으니 봄·여름·가을·겨울이다. 봄은 절기의 처음이고, 겨울은 절기의 끝이다. 한 시절 가운데 각각 세 달이 있으니 맹·중·계이다. 정월은 맹춘이고, 2월은 중춘이며, 3월은 계춘이다. 뒤의 세 시절도 앞의 사례처럼 그러하다. 정월이 근본이 되어서 뒤의 두 달을 섭수하니 모두 춘분에 속한다. 4월이 근본이 되어서 뒤의 두 달을 섭수하니 모두 하분에 속한다. 7월이 근본이 되어서 뒤의 두 달을 섭수하니 모두 추분에 속한다. 10월이 근본이 되어서 뒤의 두 달을 섭수하니 모두 동분에 속한다. 네 시절에 각각 세 달이 있다. 그러므로 '세 달씩 나누어서 설한 것이라네.'라고 하였다. 첫 번째 달이 근본이 되어 뒤에 오는 달과 세 번째 달을 섭수하기 때문에 '세 달마다 근본인 달에 섭수되어 네 시절이고'라고 하였다. 이것은 근본이 지말을 섭수한 것이다. ② (두 번째로) 또한 말하였다. 정월과 2월은 춘시春時이니 목木이 왕성하고 토土가 3월에 의탁하여 춘시를 섭수하여 마무리한다. 4월과 5월은 바로 하시夏時이다. 화火가 왕성하고 토가 6월에 의탁하여 하시를 섭수하여 마무리한다. 7월과 8월은 추시秋時이니 금金이 왕성하고 토가 9월에 의탁하여 추시를 섭수하여 마무리한다. 10월과 11월은 동시冬時이니 수水가 왕성하고 토가 납월臘月(12월)에 의탁하여 동시를 섭수하여 마무리한다. 토가 사계四季(3월·6월·9월·12월)에 의탁하는데 정시正時(四孟과 四仲)를 근본으로 삼는다. 각각 세 번째 달에 아울러서 토에 섭수되기 때문에 '세 달마다 근본인 달이 섭수되어 네 시절이고'라고 하였다. 이것은 주인이 객에 섭수된 것이니 객은 바로 토이다. [2] 두 번째 논사가 해석하여 말하였다. 불법에 의거하면 해마다 세 시절이 있으니 동분과 춘분과 하분이다. 동분은 기氣의 첫머리이고 하분은 기의 끝이다. 한 시절에 각각 네 달이 있다. 추분의 시절이 없는 것은 세 시절 가운데 각각 추분의 시절을 한 달씩 섭수하고 있기 때문이다. 하나의 시절에 네 달이 있기 때문에 '추분의 세 달이 절기마다 근본인 세 달에 섭수되어 세 시절이 있네.'라고 하였다. 처음의 '삼'이라는 글자는 추분의 시기에 해당하는 세 달이고, 다음의 '삼본'이라는 글자는 동분과 춘분과 하분 가운데 근본인 세 달을 가리킨다.(初解云。一年有四時。謂春夏秋冬。春爲氣首。冬爲氣末。一時之中。各有三月日。謂孟仲季。正月孟春。二月仲春。三月季春。後三時例爾。正月爲本。攝後兩月。悉屬春分。四月爲本。攝後兩月。悉屬夏分。七月爲本。攝後兩月。悉屬秋分。十月爲本。攝後兩月。悉屬冬分。四時各有三月。故言三三而說。初月爲本。攝後三月。故云三三本攝。此是本攝末。又言。正月二月。正是春時。木於中王。土寄三月。攝屬春時。四月五月。正是夏時。火於中王。土寄六月。攝屬夏時。七月八月。正是秋時。金於中王。土寄九月。攝屬秋時。十月十一月。正是冬時。水於中王。土寄臘月。攝屬

• 575

지를 설한 것 가운데) 처음의 두 가지 뜻을 취한 것이 (가상이 제시한 첫 번째 논사의 두 가지 설 가운데) 첫 번째 설이 된다. (『현추』의) 다섯 번째 설에 의거하면 (가상이 제시한 첫 번째 논사의 두 가지 설 가운데) 두 번째 설이 된다. (가상이) 뒤의 (두 번째 논사의 설에서) 불법佛法에서 (동분과 춘분과 하분의 세 시절로 나눈) 뜻을 제시하였는데, 본본[1742]의 다섯 가지에 이것을 더하면 바로 여섯 가지 해석이 성립된다. 모두 자세한 것은 그곳에서 설한 것과 같다.

원효는 가상이 설한 첫 번째 논사의 (두 가지 설) 가운데 두 번째 뜻을 취하여 근본인 달이 토에 섭수되는 뜻을 아우르고 종합적인 측면에서 뜻을 서술하여 말하였다. "오행五行에 의거하면 근본을 지말에 섭수시키기 때문에 네 시절을 세운다. 또한 두 가지 기(음기와 양기)에 의해 시절의 차별을 나타내기 때문에 여섯 시절을 세운다. '오행'이라는 것은 1월과 2월은 목木이 왕성해지고, 3월은 쇠약해지면서 토土가 왕성해지며, 4월과 5월은 화火가 왕성해지고, 6월은 쇠약해지면서 토가 왕성해지며, 7월과 8월은 금金이 왕성해지고, 9월은 쇠약해지면서 토가 왕성해지며, 10월과 11월은 수水가 왕성해지고, 12월은 쇠약해지면서 토가 왕성해진다. 이 가운데 맹孟(각 세 달의 첫 번째 달)과 중仲(각 세 달의 두 번째 달)은 근본이고 계季(각 세 달의 마지막 달)는 그 지말이다. 지금 사행四行(목·화·금·수)에 의해 성립되는 근본(1월·2월, 4월·5월, 7월·8월, 10월·11월)을 사계四季(3월·6월·9월·12월)라는 지말에 섭수시키기 때문에 세 달마다 세 번째 달이 근본인 달을 섭수하는 것이다."

경흥은 바로 이것을 취하여 앞에서 "세 달씩 나누어 설한 것이라네.(三三而別說)"라고 한 것의 뜻을 풀이하였다.][1743]

冬時。土寄四季。以正時爲本。各各三月。竝攝於中土。故言三三本攝。此是主攝客。客是土也。第二解云。依佛法中。年有三時。謂冬春夏。冬爲氣首。夏爲氣末。一時之中。各有四月。廢去秋時。三時之中。各攝秋時一月故。一時中有四月日。故言三三本攝。初三字。擧秋時三月也。次三本字。謂冬春夏中本三月也。"라고 하였다.

1742 본본:『玄樞』의 본문에서 제시한 것을 가리킨다. 이것을 본본이라고 한 것은 아마도 진제 삼장의 설이라는 뜻인 것으로 보인다.
1743 『玄樞』(T56, 699b).

【祥有二說。初中又二。取此初二意。爲初說。依第五說。以爲第二。後佛法義。本五加此。卽六種釋。皆具如彼。曉取祥初中第二意。兼本土義合述意云。謂依五行。以本攝末。故立四時。又約二氣。以現時差別。故立六時。言五行者。正月二月木王。三月是季土王。四月五月火王。六月是季土王。七月八月金王。九月是季土王。十月十一月水王。十二月是季土王。此中孟仲是本。季是其末。今以四行之本。而攝四季之末。故成三三以本攝也。興卽取此。釋前三三別說之義。】

소 원효가 또한 서술하여 말하였다. "'두 가지 기'라고 한 것은 음기와 양기이다. 한 해를 크게 나누면 음기와 양기를 넘어서지 않는다. 앞의 여섯 달은 양기가 작용하고 나중의 여섯 달은 음기가 작용한다. 두 가지 기는 각각 세 시절에 따라 차별이 있다. 정월과 2월은 양기가 피어나기 시작하고, 3월과 4월은 양기가 왕성하게 작용하며, 5월과 6월은 양기가 마무리된다. 이것을 양기가 세 시절에 차별되는 것이라고 한다. 7월과 8월은 음기가 일어나기 시작하고, 9월과 10월은 음기가 왕성하게 작용하며, 11월과 12월은 음기가 마무리된다. 이것을 음기가 세 시절에 차별되는 것이라고 한다. 이 두 가지 기에 의해 세 시절의 차별이 나타난다. 그러므로 두 기가 두 달마다 시절을 나타낸다고 하였다."

경흥은 바로 이것과 본木을 취하여 앞에서 "두 달씩 나누어서 한 시절로 삼았네.(二二爲一節。)"[1744] 등이라고 한 것의 뜻을 풀이하였다.[1745]

曉亦述云。言二氣者。所謂陰陽。大分一歲。不過陰陽。前六月陽氣用。後六月陰氣用。二氣各有三時差別。謂正月二月。陽氣始秀。三月四月。陽氣中用。五月六月。陽氣終成。是謂陽氣三時差別。七月八月。陰氣初起。九

[1744] 『金光明最勝王經』 권9(T16, 448a).
[1745] 『玄樞』(T56, 699c).

• 577

月十月。陰氣中用。十一十二月。陰氣終成。是爲陰氣三時差別。依是二氣。
現三時別。故二二月以現時也。興卽取此及本。釋前二二爲一節等之義。[1)]

1) ㉠ 이것은 집일문 전체가 세주이다.

경

이러한 시절에 따라
음식을 바꾸어 조절하는 것
이것이 바로 몸을 이롭게 하는 것이라고
의술에서 말하였느니라.

隨是時節。消息飮食。
是能益身。醫方所說。

시절에 따라
모든 감각기관에 작용하는 사대四大가
대체되고 사라지고 증가하고 줄어들면서
몸에 병을 얻게 하니라.[1746]

隨時歲中。諸根四大。
代謝增損。令身得病。

소

처음의 한 게송은 앞에서 두 번째로 병과 관련된 음식을 물은 것에 답한 것이다. 두 번째의 한 게송은 앞에서 첫 번째로 병의 인연을 물은 것에 답한 것이다. 세 번째의 두 게송은 앞에서 세 번째로 병을 약으로 다스

1746 『合部金光明經』(T16, 395a).

리는 것을 물은 것에 답한 것이다. 네 번째의 두 게송은 앞에서 네 번째로 병이 일어나는 시절을 물은 것에 답한 것이다.[1747] 원효는 대체로 이것을 반영하였다.[1748]

初一頌答上第二病食飮問。二一頌答上第一病因緣問。三兩頌答上第三治病藥問。四二頌答上第四發病時問。曉多影之。

소 원효가 말하였다. "예를 들어 봄에는 목木이 왕성하니 그 맛이 신 것(酢)에 해당한다. 신 것을 먹는 것은 적절하지 않으니 간장肝臟을 손상시켜 병을 일으킨다. 여름에는 화火가 왕성하니 그 맛이 쓴 것(苦)에 해당한다. 쓴 것을 먹는 것은 적절하지 않으니 심장心臟을 손상시켜 병을 일으킨다. 가을에는 금金이 왕성하니 그 맛이 매운 것(辛)에 해당한다. 매운 것을 먹는 것은 적절하지 않으니 폐장肺臟을 손상시켜 병을 일으킨다. 겨울에는 수水가 왕성하니 그 맛이 담백한 것(淡)에 해당한다. 담백한 것을 마시는 것은 적절하지 않으니 신장腎臟을 손상시켜 병을 일으킨다. 사계四季에는 토土가 왕성하니 그 맛은 단것(甛)에 해당한다. 단것을 먹으면 좋지 않으니 비장脾臟을 손상시켜 병을 일으킨다. 이러한 시절에 따라 음식을 바꾸어 조절하면 바로 몸을 이롭게 하여 병을 없앨 수 있다."[1749]

1747 두 경을 대조한 것을 도표로 제시하면 다음과 같다.

	『金光明最勝王經』	『合部金光明經』
1. 병과 관련된 음식을 물은 것에 답한 것	當隨此時中, 調息於飮食, 入腹令消散, 衆病則不生.	隨是時節. 消息飮食. 是能益身. 醫方所說.
2. 병의 인연을 물은 것에 답한 것	節氣若變改, 四大有推移. 此時無藥資, 必生於病苦.	隨時歲中, 諸根四大. 代謝增損, 令身得病.
3. 병을 약으로 다스리는 것을 물은 것에 답한 것	醫人解四時. 復知其六節. 明閑身七界. 食藥使無差, 謂味界血肉, 膏骨及髓腦. 病入此中時, 知其可療不.	有善醫師. 隨順四時. 三月將養. 調和六大. 隨病飮食. 及以湯藥.
4. 병이 일어나는 시절을 물은 것에 답한 것	病有四種別, 謂風熱痰癊, 及以總集病. 應知發動時. 春中痰癊動. 夏內風病生. 秋時黃熱增. 冬節三俱起.	多風病者. 夏則發動. 其熱病者. 秋則發動. 等分病者. 冬則發動. 其肺病者. 春則增劇.

1748 『玄樞』(T56, 699c).

曉云。如春木王。其味是酢。酢不宜食。損肝成病。夏卽火王。其味是苦。苦不依宜。損心成病。秋卽金王。其味是辛。辛不宜食。損腎[1]成病。冬卽水王。其味是淡。淡不宜飮。損肺[2]成病。四季土王。其味是甜。甜不宜食。損脾成病。能隨此時。稍[3]息飮食。卽能笞[4]身而無病也。[5]

1) ㉐ '腎'은 '肺'인 것 같다. 2) ㉐ '肺'는 '腎'인 것 같다. 3) ㉐ '稍'는 '消'인 것 같다.
4) ㉐ '笞'은 '益'인 것 같다. 5) ㉐ 이것은 집일문 전체가 세주이다.

소 원효가 말하였다. "봄에는 수의 기운이 사라지고 목의 기운으로 대체된다. 목의 기운이 증가하면 토의 기운이 손상된다. 목은 간장을 주관하고 담膽(쓸개)은 그것(간)의 부腑[1750]이다. 여름에는 바로 목의 기운이 사라지고 화의 기운으로 대체된다. 화의 기운이 증가하면 금의 기운이 손상된다. 화는 심장을 주관하고 소장小腸은 그것의 부이다. 가을에는 바로 화의 기운이 사라지고 금의 기운으로 대체된다. 금의 기운이 증가하면 목의 기운이 손상된다. 금은 폐를 주관하고 대장大腸은 그것의 부이다. 겨울에는 바로 금의 기운이 사라지고 수의 기운으로 대체된다. 수의 기운이 증가하면 화의 기운이 손상된다. 수는 신장을 주관하고 삼초三焦[1751]는 그것의 부이다. 사계四季(계춘·계하·계추·계동)에는 토의 기운으로 대체된다. 토의 기운이 증가하면 수의 기운이 손상된다. 토는 비장을 주관하고 위장胃

1749 『玄樞』(T56, 699c). 단 이 부분은 오장과 오행의 관계에 대한 일반론에 의거하여 본문을 교감하였다. 곧 가을을 설명한 부분에서 금기는 폐장과 관련된 것이고, 겨울을 설명한 부분에서 수기는 신장과 관련된 것으로 파악하였다.
1750 부腑 : 오장육부五臟六腑라고 할 때의 부를 가리키는 말. 오장육부란 속이 꽉 찬 음陰의 장기를 오장이라고 하니 간장·심장·비장·폐장·신장을 가리키고, 속이 빈 양陽의 장기를 육부라고 하니 위장·담·소장·대장·방광·삼초를 가리킨다.
1751 삼초三焦 : 오장육부 중 육부의 하나. 상초上焦·중초中焦·하초下焦의 셋으로 이루어졌다. 이는 해부학적 기관이 아니라 오장과 육부가 놓여 있는 부위를 지칭하는 말이다. 상초는 횡격막 위쪽 부위를 지칭하는 말로 심장과 폐장이 위치해 있다. 중초는 횡격막과 배꼽 사이의 복부를 지칭하는 말로 비장과 간장과 위장이 위치해 있다. 하초는 배꼽 아래의 하복부를 지칭하는 말로 신장과 소장·대장·방광이 위치하고 있다.

腸과 방광膀胱은 그것의 부이다."¹⁷⁵²

曉云。春卽水謝木代。木增土損。木主於肝。膽爲其腑。夏卽木謝火代。火增金損。火主於心。小腸爲腑。秋卽火謝金代。金增木損。金主於肺。大腸爲腑。王¹⁾卽金謝水代。水增火損。水主於賢。三焦爲腑。四季土冬。²⁾土增水損。土主於脾。胃與膀胱。以爲腑也。³⁾

1) ㉮ '王'은 '冬'인 것 같다. 2) ㉮ '冬'은 '代'인 것 같다. 3) ㉮ 이것은 집일문 전체가 세주이다.

경

좋은 의사가 있으면
네 시절에 수순하여
세 달을 주기로 몸을 길러
육대六大¹⁷⁵³를 조화시키며
병에 따라
음식과 탕약으로 조절하느니라.¹⁷⁵⁴

有善醫師。隨順四時。
三月將養。調和六大。
隨病飮食。及以湯藥。

1752 『玄樞』(T56, 700a).
1753 육대六大 : 보통 육부六腑라고 한다. 인체 내부의 장기 내부가 빈 것을 일컫는 말. 대장大腸·소장小腸·쓸개(膽)·위胃·삼초三焦·방광膀胱이다. 상대어는 오장五藏으로 내부가 충실한 것을 일컫는 말인데, 간장·심장·비장·폐장·신장이 여기에 해당한다.
1754 『合部金光明經』(T16, 395a).

소 원효가 말하였다. "'부'가 '장'보다 크기 때문에 (육부六腑를) 육대六大라고 한 것이다."[1755]

曉云。腑大於臟。故名六大。[1)]

1) ⑲ 이것은 집일문 전체가 세주이다.

경
대체로 풍병이라는 것은
여름에 발동하고
열병이라는 것은
가을에 발동하며
골고루 섞여서 생겨나는 병은
겨울에 발동하고
폐병이라는 것은
봄에 더욱 심해지니라.[1756]

多風病者。夏則發動。
其熱病者。秋則發動。
等分病者。冬則發動。
其肺病者。春則增劇。

소 원효가 말하였다. "폐는 금金을 주인으로 하고 목木의 적賊이다. 그러므로 봄에 목의 기운이 왕성할 때 그 병세가 더욱 심해진다."[1757]

1755 『玄樞』(T56, 700a).
1756 『合部金光明經』(T16, 395a).
1757 『玄樞』(T56, 700a).

曉云。肺是主金。爲木之賊。故春木時。其勢增劇也。[1]

1) ㉰ 이것은 집일문 전체가 세주이다.

소 여름에는 모공이 열리니 외풍外風이 들어와서 내풍內風을 끌어내어 작동하게 한다.[가상[1758]과 원효와 경흥이 일치한다.][1759]

夏日毛孔開通。外風得入。引內風動。【祥曉興卽。】

소 원효가 말하였다. "열은 화기火氣이고 금金의 적이다. 그러므로 가을에 금의 기운이 왕성할 때 그 열이 발동한다."[1760]

曉云。熱是火氣。爲金之賊。故秋金時。其熱發動。[1]

1) ㉰ 이것은 집일문 전체가 세주이다.

소 원효가 말하였다. "골고루 섞여서 생겨나는 병은 토土의 기운이 활발하게 작용하기 때문이다. 추운 기운과 더운 기운이 한편만 증가하지 않기 때문이다. 또 풍병과 열병 등을 고르게 끌어내서 일으키기 때문이다. 토는 수水의 적이다. 그러므로 겨울에 수의 기운이 왕성할 때 그 병이 발동한다."[1761]

曉云。等分是土。於寒熱氣。無偏增故。又能等引風熱等故。土爲水賊。故冬水時。其熱[1]增發。[2]

1) ㉰ '熱'은 '病'인 것 같다. 2) ㉰ 이것은 집일문 전체가 세주이다.

1758 『金光明經疏』(T39, 172c).
1759 『玄樞』(T56, 700a).
1760 『玄樞』(T56, 700a).
1761 『玄樞』(T56, 700a).

경

풍병에 걸린 사람은

여름에 기름진 것과

짠 것과 신 것

뜨거운 음식을 먹어야 하고

열병에 걸린 사람은

가을에 찬 것과 단것을 먹어야 하며

세 가지 병에 고르게 걸린 사람은

겨울에 단것과 신 것과 기름진 것을 먹어야 하며

폐병에 걸린 사람은

봄에 기름진 것과 매운 것과 뜨거운 것을 먹어야 하느니라.[1762]

有風病者。夏則應服。

肥膩鹹酢。及以熱食。

有熱病者。秋服冷甛。

等分冬服。甛酢肥膩。

肺病春服。肥膩辛熱。

소 여름에는 모공이 열린다. "기름진 것"으로 이것을 막아서 바람이 들어오지 못하게 해야 한다. "짠 것"과 "신 것"은 성질이 뜨거워서 물을 제거하고 몸을 뭉쳐서 견실하게 하기 때문에 (이것으로) 풍병을 다스리며, "뜨거운 음식"은 땀을 흘려서 바람을 끌어내어 밖으로 나가게 한다.〔원효는 바로 이것을 취하였다.〕[1763]

1762 『合部金光明經』(T16, 395a).
1763 『玄樞』(T56, 700b).

夏月毛孔開通。宜以肥膩塞之。令風不入。鹹酸性熱消水。令結身堅實。故治於風病。熱食流汗。引風令出。【曉卽取之。】

소 원효가 말하였다. "냉병과 열병은 반대되기 때문에 서로 짝하여 다스린다. 단맛은 차가운 기운이 많기 때문에 또한 열병을 다스린다. (이것을) 가을에 복용하는 것은 그것이 활발해지는 기운을 차단하는 것이다."1764

曉云。冷與熱反。故相對治。甜味多冷。故亦治熱。而秋服者。遮其發時也。1)

1) ㉠ 이것은 집일문 전체가 세주이다.

소 서방인 금은 폐를 주관하고 백색이며 대장을 부로 삼는다. 남방인 화는 심장을 주관하고 적색이며 소장을 부로 삼는다. 동방인 목은 간을 주관하고 청색이며 쓸개를 부로 삼는다. 북방인 수는 신장을 주관하고 흑색이며 삼초를 부로 삼는다. 중앙인 토는 비장을 주관하고 황색이며 방광을 부로 삼는다.【원효는 앞에서 이것을 취하였다.】1765

西方金主肺白色。大腸爲腑。南方火主脾1)赤色。小腸爲腑。東方木主肝青色。膽爲腑。北方水主腎黑色。三焦爲腑。中央心2)主3)土黃色。膀胱爲腑。【曉上取之。】

1) ㉠ 오행의 원리에 따르면 '脾'는 '心'인 것 같다. 2) ㉠ 오행의 원리에 따르면 '心'은 '土'인 것 같다. 3) ㉠ 오행의 원리에 따르면 '土'는 '脾'인 것 같다.

소 원효가 말하였다. "(세 가지 병에 고르게 걸린 사람을 다스리는 법

1764 『玄樞』(T56, 700b).
1765 『玄樞』(T56, 700b).

을 설명한 부분에서) '단맛'은 열병에 해당하는 부분을 대치하는 것이고, '신맛'은 풍병에 해당하는 부분을 대치하는 것이며, '기름진 것'은 폐병에 해당하는 부분을 대치하는 것이다."

경흥의 풀이는 다음과 같다. 앞의 세 가지는 바로 본本의 뜻을 취하였고, 나중의 한 가지는 원효의 풀이에 의거하고 덧붙여서 말하기를 "그러므로 (세 가지가) 모두 모여 있는 병을 다스리는 것이다."라고 하였다.[1766]

曉云。甜對熱分。酢對風分。膩對肺分。興釋。前三卽取本義。後一依曉。加云。故治總集病也。[1)]

1) ㉠ 이것은 집일문 전체가 세주이다.

소 원효가 말하였다. "폐병을 없애는 방법은 다음과 같다. (이 병은) 수의 기운이 지나치게 많아서 생겨나는 것이다. 수의 성질은 차갑기 때문에 '뜨거운 것'으로 다스린다. '매운 것'은 금의 맛이다. 폐가 이미 주관하기 때문에 서로 돕는다. 폐가 허하면 병이 생기기 때문에 '기름진 것'으로 보충한다."[1767]

曉云。肺病無。由水過所成。水性是冷。故以熱治。辛是金味。肺旣主故相助。肺虛致病。故以膩補也。[1)]

1) ㉠ 이것은 집일문 전체가 세주이다.

경
배불리 먹고 나면

1766 『玄樞』(T56, 700b).
1767 『玄樞』(T56, 700b).

폐병이 생기고
음식이 소화될 때에는
열병이 생기며
음식이 소화되고 나면
풍병이 생기는 것이니
이와 같이 사대四大는
세 시기를 따라 일어나느니라.[1768]

飽食然後。則發肺病。
於食消時。則發熱病。
食消已後。則發風病。
如是四大。隨三時發。

소 원효가 말하였다. "폐는 가슴 위에 있기 때문에 음식을 먹을 때 침해당한다."[1769]

曉云。肺在胃上。飮時乃侵也。[1)]

1) ㉰ 이것은 집일문 전체가 세주이다.

소 원효가 말하였다. "소화될 때 화의 기운이 증대하기 때문에 열병이 생겨난다."[1770]

曉云。消時火增。故發熱也。[1)]

1768 『合部金光明經』(T16, 395a).
1769 『玄樞』(T56, 700b).
1770 『玄樞』(T56, 700b).

• 587

1) ㉾ 이것은 집일문 전체가 세주이다.

소 음식이 소화된 이후 점점 속이 비게 되면 풍의 기운이 몸에 들어오기 때문에 풍병이 생겨난다.[가상¹⁷⁷¹과 원효와 경흥은 바로 모두 이것을 취하였다.]¹⁷⁷²

食消已後。轉就虛疎。風入體故發風也。【祥曉及興。卽皆取之。】

소 원효가 말하였다. "고르게 일어나는 것은 지대地大이다. 세 시기에 두루 발동한다. 폐병은 수대이고, 열병은 화대이며, 풍병은 풍대이다. 그러므로 '사대는 세 시기를 따라 일어나느니라.'라고 하였다."¹⁷⁷³

曉云。等分是地。通三時發。肺病是水。熱病是火。風是風大。故言四大三¹⁾ 時發也。²⁾

1) ㉾ '三' 앞에 '隨'가 누락된 것 같다. 2) ㉾ 이것은 집일문 전체가 세주이다.

경
풍병에 걸리면 몸이 야위니
기름진 것으로 보충하고
열병은 설사를 하게 하는 약인
가리륵呵梨勒¹⁷⁷⁴을 복용하며

1771 『金光明經疏』(T39, 172c).
1772 『玄樞』(T56, 700b).
1773 『玄樞』(T56, 700b).
1774 가리륵呵梨勒 : Ⓢ haritaki의 음역어, 하리륵訶梨勒(訶棃勒)이라고도 하고, 천왕지래天王持來라고 의역한다. 중국 남부, 인도 등에서 산출되는 과일 나무. 열매는 청황색으로 달걀 모양이며 안질·풍병 등에 효능이 뛰어난 것으로 알려져 있다.

세 가지 병에 고르게 걸리면
세 가지 미묘한 약을 먹어야 하니
말하자면 단것과
매운 것과 기름진 것이며
폐병은 시기에 맞추어
토하는 약을 먹어야 하느니라.

風病羸損。補以蘇膩。
熱病下藥。服呵梨勒。
等病應服。三種妙藥。
所謂甛辛。及以蘇膩。
肺病應服。隨時吐藥。

풍병과 열병과 폐병과
골고루 섞여서 생겨나는 병이
시절에 어긋나게 생겨나면
의사에게 일임하여
살펴서 헤아리고 병에 따라
음식과 탕약을 복용해야 하느니라.[1775]

若風熱病。肺病等分。
違時而發。應當任師。
籌量隨病。飮食湯藥。

1775 『合部金光明經』(T16, 395a).

소 원효가 말하였다. "뜨거운 기운이 안에서 뭉쳐지기 때문에 설사를 하게 하는 약으로 쓸어 없앤다."[1776]

曉云。熱氣內結。故下利蕩除。[1)]

1) ㉴ 이것은 집일문 전체가 세주이다.

소 원효가 말하였다. "횡격막 위에 가래가 있기 때문에 토하는 약으로 제거한다."[1777]

曉云。鬲上有痰。故吐以遣。[1)]

1) ㉴ 이것은 집일문 전체가 세주이다.

1776 『玄樞』(T56, 700c).
1777 『玄樞』(T56, 700c).

제21 유수장자자품
流水長者子品第二十一。

소 ("유수"는) 석가불의 전신으로 (물이 말라 죽을 지경에 처한) 만 마리의 물고기에게 깨끗한 물을 흘려주었고 나중에는 사람을 길러 내는 덕을 갖추었으며 또한 온갖 품류品類를 길러 내었기 때문에 이것을 이름으로 삼았다. 지금 바로 글을 나타내어서 덕을 드러내었고 아들을 지목하여 행을 밝혔으니 "장자자유수품"[1778]이라고 한 것이다.【원효와 경흥은 본본을 취하였다.】[1779]

釋迦前身。能與萬魚淸流。後有長人之德。又亦長養萬品。以爲名。今卽標文以彰德。指子以明行。故言長者子流水品。【曉興取本。】

경 부처님께서 수신樹神에게 말씀하셨다.

"그때 (지수지수라는) 장자의 아들 유수流水는 천자재광왕天自在光王이 다스리는 나라에서 모든 중생의 한량없는 고통을 치료해 주고 그 몸이 본래대로 바로 회복되어 모든 쾌락을 누릴 수 있게 하였다. (그들은) 병이 제거되었기 때문에 복업을 많이 도모하여 수행하고 보시하였다. 이 장자의 아들을 존중하고 공경하여 이렇게 말하였다. '훌륭합니다! 장자여, 복덕을 크게 증장시키는 일을 하였고 한량없는 수명을 중생에게 보내어 주었습니다. 그대는 지금 진실로 위대한 의술의 왕입니다. 중생의 한량없는 무거운 병을 잘 고치십니다. 틀림없이 보살이시며 처방할 약을 잘 알고 계십니다.' 선녀천이여, 그때 장자의 아들에게 아내가 있었는데 이름이 수공용장水空龍

[1778] 『合部金光明經』에 따르면 "유수장자자품"이다. 지수持水라는 장자의 아들 유수流水라는 뜻이다.
[1779] 『玄樞』(T56, 701b).

藏이었다. 두 아들을 낳았는데, 첫째는 이름이 수공水空이고 둘째는 이름이 수장水藏이었다. 그때 장자의 아들은 두 아들을 데리고 차례대로 성읍과 마을을 유행하면서 가장 마지막에 어떤 크고 물이 마른 연못에 도착하였다. 호랑이와 이리, 개와 새와 짐승으로 대체로 고기를 먹는 것들이 많이 있었는데, 모두 한곳을 향해 달려갔다. 그때 장자의 아들이 이렇게 생각했다. '이 모든 짐승은 어떤 인연으로 한곳을 향해 달려가는 것일까? 내가 뒤를 따라서 좇아가서 보아야겠다.'"[1780]

佛告樹神。爾時流水長者子。於天自在光王國內。治一切衆生無量苦患已。令其身體。平復如本。受諸快樂。以病除故。多設福業。修行布施。尊重恭敬。是長者子。作如是言。善哉長者。能大增長福德之事。能益衆生無量壽命。汝今眞是大醫之王。善治衆生無量重病。必是菩薩善解方藥。善女天。時長者子有妻。名曰水空龍藏。而生二子。一名水空。二名水藏。時長者子。將是二子。次第遊行城邑聚落。最後到一大空澤中。多有虎狼。狗犬鳥獸。多食肉血。悉皆一向。馳奔而去。時長者子。作是念言。是諸禽獸。何因緣故。一向馳走。我當隨後。逐而觀之。

<u>소</u> "그때 (부처님께서 보리수신에게 말씀하셨다.)~바로 회복되어"[1781] 이하는 두 번째로 수기를 얻은 가까운 인연을 밝혔다. 큰 문단은 셋이 있다. 첫째는 이미 병을 다스린 덕이 있음을 찬탄하였고, 둘째는 나중에 만 마리의 물고기를 구한 것을 밝혔으며, 셋째는 옛날의 일과 지금의 일을 회통하였다.[가상[1782]과 원효와 경흥이 의거하였다.][1783]

1780 『合部金光明經』(T16, 395b).
1781 『合部金光明經』에 따르면 "부처님께서 보리수신에게 말씀하셨다.~바로 회복되어" 이다.
1782 『金光明經疏』(T39, 173a).

爾時至平復下。第二明得記之近因。大文有三。一歎已有治病之德。二明後
能救十千魚。三會古今。【祥曉興依。】

경 그때 장자의 아들이 마침내 좇아가서 어떤 연못이 있는 것을 보았는데, 그 물은 말랐고 그 연못에 많은 물고기가 있었다. 그때 장자는 이 물고기를 보고 대비심을 일으켰다. 그때 수신이 몸의 절반을 나타내고 이렇게 말하였다. "훌륭하구나, 훌륭하구나. 훌륭한 선남자여, 이 물고기는 불쌍히 여길 만한데 그대가 물을 줄 수 있기 때문에 그대를 일컬어 유수라고 한 것이다. 다시 두 가지 인연이 있어서 유수라고 하였으니, 첫째는 물을 흐르게 할 수 있고 둘째는 물을 줄 수 있기 때문이다. 그대는 이제 이름이 실상에 부합하게 행해야 한다."[1784]

時長者子。遂便隨逐。見有一池。其水枯涸。於其池中。多有諸魚。時長者子。見是魚已。生大悲心。時有樹神。示現半身。作如是言。善哉善哉。大善男子。此魚可愍。汝可與水。是故號汝。名爲流水。復有二緣。名爲流水。一能流水。二能與水。汝今應當隨名定實。

소 "몸의 절반을 나타내고"라는 것은 여신女神의 모습이 추한 것이다. 또한 이치로는 법신인데 (근기와 인연에) 응하여 이러한 자취를 짓는 것이다. 자취로 나타난 형상은 본래 하나인 것의 절반이다.【원효와 경흥은 이것을 취하였다. 원효는 덧붙여서 말하기를 "여신의 모습이 추하기 때문에 하반신을 숨겼다. 진실을 좇아서 논하면 대권보살大權菩薩[1785]은 근본을 숨기고 자취를 나타내니 이 뜻을

1783 『玄樞』(T56, 701c).
1784 『合部金光明經』(T16, 395c).
1785 대권보살大權菩薩 : 큰 방편을 나타내어 중생을 구제하는 보살. 수행으로 복덕과 지혜를 두루 갖추어서 불·보살의 지위에 올랐거나 그렇게 할 수 있는 조건을 갖추

나타내기 위해 몸의 절반을 나타낸 것이다."]¹⁷⁸⁶

現半身者。女神形醜。又理中是法身。應作此迹。迹形本是一半也。【曉興取之。曉加云。女神形醜。故隱下半。就實論之。大權菩薩。隱本現迹。爲表此義。故現半身。】

경 이 장자의 아들이 다시 훗날 손님을 초대하여 모임을 열고 술에 취하여 누워 있었다. 그때 그 대지가 갑자기 크게 진동하였다.

그때 (장자의 아들이 구해 주었던) 만 마리의 물고기들이 같은 날에 죽고 바로 죽고 나서 도리천忉利天에 태어났는데, 이미 도리천에 태어나서는 이렇게 생각하였다. "우리들은 어떤 선업의 인연으로 이 도리천에 태어났을까?"

다시 서로 말하였다. "우리들은 앞서 염부제에서 축생으로 떨어져 물고기의 몸을 받았다. 장자의 아들 유수가 우리에게 물과 음식을 주고 다시 우리를 위해 매우 심오한 십이인연十二因緣의 법문을 해설하고 보승여래寶勝如來의 명호를 불러 주었다.¹⁷⁸⁷ 이 인연으로 우리들은 이 하늘에 태어날 수 있었다. 그러므로 우리들은 지금 장자의 아들이 있는 곳으로 가서 은혜를 갚고 공양해야 할 것이다."……

그때 세존께서 도량보리수신에게 말씀하셨다. "선녀천이여, 알고자 하는가? 그때의 유수라는 장자의 아들은 지금 나의 몸이고, 큰 아들인 수공은 지금의 라후라羅睺羅¹⁷⁸⁸이며, 둘째 아들인 수장은 지금의 아난阿難¹⁷⁸⁹이고,

---

없음에도 불구하고 중생을 구제하기 위해 이 모든 것을 감추거나 버리고 다른 모습으로 나타나서 중생을 제도하는 사람을 가리킨다.
1786 『玄樞』(T56, 702a).
1787 『合部金光明經』에 따르면 "유수가 물고기를 구제하고 나서 경전에서 목숨을 마칠 때 보승여래의 명호를 듣기만 해도 천상에 태어난다고 한 것을 상기하고 그들에게 이러한 내용을 설법해 주고 다시 십이연기를 설하였다."라고 하였다.

그때의 만 마리의 물고기는 지금의 만 명의 천자이다. 그러므로 나는 지금 그들을 위해 아뇩다라삼먁삼보리를 얻을 것이라는 수기를 주는 것이다. 그때 수신으로 몸을 반만 나타낸 이는 지금 그대의 몸이다."[1790]

是長者子。復於後時。賓客聚會。醉酒而臥。爾時其地。卒大震動。時十千魚。同日命終。卽命終已。生忉利天。旣生天已。作是思惟。我等以何善業因緣。得生於此忉利天中。復相謂言。我等先於閻浮提內。墮畜生中。受於魚身。流水長者子。與我等水及以飮食。復爲我等。解說甚深十二因緣。幷稱寶勝如來名號。以是因緣。令我等輩。得生此天。是故我等。今當往至長者子所。報恩供養。…爾時世尊。告道場菩提樹神。善女天。欲知。爾時流水長者子。今我身是。長子水空。今羅睺羅是。次子水藏。今阿難是。時十千魚者。今十千天子是。是故我今爲其。授阿耨多羅三藐三菩提記。爾時樹神。現半身者。今汝身是。

소 원효가 말하였다. "『광박엄정불퇴전륜경』에서 '어떤 부처님의 법이라도 보고 들으면 허망하지 않다. 아난이여, 어떤 중생이 석가의 명호를 과거에 들었고 지금 들으며 미래에 듣는다면 이들 중생은 모두 아뇩

1788 라후라羅睺羅 : ⑤ Rāhula의 음역어. 부처님의 십대제자 중 한 명. 부처님이 출가하기 전에 낳은 아들. 라운라云(羅雲)이라고도 하고 음역어는 부장覆障·장월障月·집일執日 등이다. 라후라 아수라왕阿修羅王이 달을 가려서 장애할 때 태어났기 때문에 붙여진 이름이라는 설, 6년 동안 태내에 머물러 있었던 것에서 유래한 이름이라는 설 등이 있다. 그 생모에 대해서도 구이瞿夷라는 설, 야수다라耶輸陀羅라는 설 등이 있다. 밀행제일密行第一로 일컬어진다.
1789 아난阿難 : ⑤ Ānanda의 음역어. 갖추어서 아난다阿難陀라고도 하고, 의역어는 환희歡喜·경희慶喜·무염無染 등이다. 부처님의 십대제자 중 한 명. 다문제일多聞第一로 일컬어진다. 출가 후 20여 년 동안 부처님을 떠나지 않고 그 곁에 머물면서 모셨다. 부처님께서 열반에 드신 후 이루어진 교단의 1차 결집結集(經律의 편찬)에서 경장經藏 편찬의 중심인물로 참여했다.
1790 『合部金光明經』(T16, 396b).

보리에서 물러나지 않는 것을 알아야 한다. 그 이유는 무엇인가? 모든 부처님의 보리는 허망하지 않기 때문이다. 어찌 하물며 오늘 내 앞에 나타나 한 송이 꽃을 내 위에 뿌렸음에랴. 중생이 내가 열반에 든 후에 사리舍利에 한 송이 꽃을 가지고 와서 공양하면 이와 같은 중생은 또한 아뇩보리에서 물러나지 않는다. 축생이 석가의 명호를 듣는다면 모두 아뇩보리를 얻을 수 있는 종자種子의 인연을 심는 것이다. 그 이유는 무엇인가? 모든 부처님·여래에 대해 그 명호를 듣는 이는 들은 것이 결코 허망하지 않다. 그러므로 모든 부처님의 말씀에는 두 가지가 있지 않다. 비유하면 니구타수尼拘陀樹[1791]가 (그 가지의 잎을 드리워) 5백 명을 위한 그늘을 만들 수 있는 것과 같다. 그 종자는 매우 작지만 지·수·화·풍·허공의 온갖 연을 얻어 생장하면서 점점 커져갈 수 있다. 이와 같이 중생이 선근의 종자를 심으면 점차 증장하여 보리를 얻고 부패하지 않을 수 있다. 그 이유는 무엇인가? 일체법에 머물지 않고 종자를 짓기 때문이다.'[1792]라고 하고 그 밖에 자세하게 설한 것과 같다. 그러므로 모든 부처님의 명호를 그 감응한 것에 따라 그 명호를 듣는 이가 있다면 모두 뛰어난 이익을 얻는다."[1793] [1794]

曉云。如佛[1)]不退轉德[2)]經云。諸佛之法。見聞不虛。阿難當知。若有衆生。

[1791] 니구타수尼拘陀樹 : '니구타'는 ⑤ nyagrodha의 음역어로 니구율尼拘律이라고도 하고 고견高堅·호견好堅·고현高顯 등으로 의역한다. 큰 교목으로 가지와 잎사귀가 아주 무성하여 나무 그늘은 열대 지방의 폭염을 피하는 데 적절하다. 잎사귀는 폐처럼 생겼다. 전설 속에서는 100년 동안 머물면서 가지와 잎을 갖추었다가 하루 만에 그 모습을 온전하게 드러내는데 그 높이가 100길이 되는 것으로 알려져 있기도 하다.
[1792] 『廣博嚴淨不退轉輪經』 권4(T9, 274b).
[1793] 이상은 『玄樞』에서 반드시 보승여래의 명호만 불러야 하고 다른 부처님의 명호를 부르는 것은 이러한 공덕이 없는 것인가 하는 질문을 일으키고 그에 대한 답변으로 원효의 견해를 제시한 것이다.
[1794] 『玄樞』(T56, 703c).

已聞今聞。當聞釋迦名者。是諸衆生。皆於阿耨菩提。不退轉。所以者何。諸佛菩提。無虛妄故。何況今日。現於我前。能以一花。散我上者。若有衆生。我涅槃後。舍利。能持一花。以供養者。如是衆生。亦於阿耨菩提。不退轉。若有畜生。聞釋迦名者。皆種阿耨菩提種子因緣。所以者何。諸佛如來。其有聞者。必[3]不虛。是故諸佛言無有二。譬如尼拘陀樹。陰五百人。其子甚少。而得地水火風虛空衆生。[4] 而得生長漸次廣大。如是衆生。善根種子。漸次增長。當得菩提。而不腐敗。所以者何。以不住一切法作種子故。乃至廣說。故知諸佛之名。隨其所應。其有聞者。皆有勝利。

1) ㉯ '佛'은 연자인 것 같다. 2) ㉯ '德'은 '輪'인 것 같다. 3) ㉯『廣博嚴淨不退轉輪經』에 따르면 '必' 앞에 '聞'이 누락되었다. 4) ㉯『廣博嚴淨不退轉輪經』에 따르면 '生'은 '緣'이다.

제22 사신품
捨身品第二十二。

소 처음에 본 품이 여기에 놓인 뜻을 밝히면 다음과 같다. 앞의 두 장에서 이미 제자가 수기를 얻은 인을 밝혀서「수기품」을 완성하였다. 지금 이 한 장은 두 번째로 바로 석가의 고행이라는 원인을 제시하여「수량품」의 과를 완성하였다.【가상[1795]과 경흥이 이것을 취하였다.】 또한 여래의 상품上品의 자비를 나타내기 때문이다.【승장은 이것을 반영하여 취하였다. 원효는 두 가지를 합하여 취하였다. 자세한 것은 소의 글에서 밝힌 것과 같다.】[1796]

初來意者。上來兩章。旣明弟子。得記之因。成授記品。今此一章。第二正
擧釋迦苦行之因。以成壽量之果。【祥興取之。】又顯如來上品慈故。【莊影取之。
曉合取二。具如疏文。】

소 원효가 말하기를 "여래께서 과거세에 보살도를 닦을 때 신명과 진귀한 재보가 모두 허깨비와 같고 꿈과 같은 것임을 알아 진귀한 재보와 신체를 아까워하지 않고 아래로 위액에 처한 중생의 목숨을 구제하였다. 이것으로 저「수량품」의 과를 이룬 것이다. 이 품에서 자세하게 이것을 밝혔으니 그러므로 '사신'이라고 하였다."라고 하였는데 바로 삼장三藏의 뜻이다.[1797]

曉云。如來往修菩薩道時。知身命時[1]財。皆如幻夢。不惜貴體。救下危命。
是正成彼壽量品果。品廣明之。故云捨身。卽三藏意。

1) ㉯ '時'는 '珍'인 것 같다.

1795 『金光明經疏』(T39, 171b·173a).
1796 『玄樞』(T56, 704a).
1797 『玄樞』(T56, 704b).

경 그때 도량보리수신이 다시 부처님께 말씀드렸다.

"세존이시여, 제가 듣건대, 세존께서 과거세에 보살도를 수행할 때 한량 없는 백천 가지의 고행을 받아서 지니시고 신명과 살과 피와 골수를 버렸습니다. 원하옵건대 세존이시여, 과거세에 고행의 인연으로 중생을 이익 되게 하고 온갖 쾌락을 주었던 일을 조금이라도 말씀해 주십시오."[1798]

爾時道場菩提樹神。復白佛言。世尊。我聞世尊過去修行菩薩道時。具受無量百千苦行。捐捨身命肉血骨髓。惟願世尊。少說往昔。苦行因緣。爲利衆生。受諸快樂。

소 두 번째로 석가불이 고행을 했던 것을 제시하여「수량품」의 과를 이루었다. 이 품의 글은 본本(『합부금광명경』)에 따르면 두 가지가 있다. 처음은 질문한 것이고, 나중은 대답한 것이다.【가상[1799]과 원효는 이것을 취하였다.】[1800]

第二擧釋迦苦行。以成壽量之果。品文本二。初問後答。【祥曉取之。】

경 그때 세존께서 바로 신족통을 나타내었다. 신족통의 힘 때문에 이 대지가 여섯 가지 형태로 진동[1801]하였다. 대중이 모인 대강당에 칠보탑이 대

1798 『合部金光明經』(T16, 396c).
1799 『金光明經疏』(T39, 173a).
1800 『玄樞』(T56, 704c).
1801 여섯 가지 형태로 진동 : 첫째는 요동치는 것(搖動)이고, 둘째는 두드리고 부딪치는 것(扣擊)이며, 셋째는 옮겨 가는 것이고, 넷째는 솟았다가 덮치는 것이며, 다섯째는 소리를 내는 것이고, 여섯째는 솟았다가 꺼지는 것이다. 이 여섯 가지를 그 세력이나 모양에 따라 다시 셋으로 나누어 모두 열여덟 가지가 된다. 예를 들면 첫 번째는 요동치는 것, 매우 요동치는 것, 두루 요동치는 것 등으로 나뉜다. 대지가 진동하는 것은 여러 가지 상서로운 일을 나타내는 의미가 있다. 예를 들면 경전에서는 보살이 처음 위없는 정각을 이루었을 때, 부처님께서 처음 위없는 법륜을 굴렸을 때, 부

지에서 솟아나왔고 온갖 보배로 장엄한 그물이 그 위를 두루 덮었다. 그때 대중이 이 일을 보고 희유하다는 마음을 일으켰다. 그때 세존께서 바로 자리에서 일어나 이 탑에 예배하고 공경하면서 주위를 돌고 다시 본래의 자리로 돌아왔다.

그때 도량보리수신이 부처님께 말씀드렸다. "세존이시여, 여래께서는 세상의 영웅이십니다. 세상에 출현하시면 항상 모든 이들의 공경을 받습니다. 모든 중생 중에 가장 뛰어나고 가장 존귀한 분이신데, 어떤 인연으로 이 탑에 예배를 드리는 것입니까?"

부처님께서 말씀하셨다. "선녀천이여, 내가 과거세에 보살도를 수행할 때 나의 몸에서 나왔던 사리가 이 탑에 안치되어 있다. 이 몸으로 말미암아 나는 일찍 아뇩다라삼먁삼보리를 얻을 수 있었다."[1802]

爾時世尊。卽現神足。神足力故。令此大地。六種震動。於大講堂衆會之中。有七寶塔。從地踊出。衆寶羅網。彌覆其上。爾時大衆。見是事已。生希有心。爾時世尊。卽從座起。禮拜此塔。恭敬圍繞。還就本座。爾時道場菩提樹神。白佛言。世尊。如來世雄。出現於世。常爲一切之所恭敬。於諸衆生。最勝最尊。何因緣故。禮拜是塔。佛言。善女天。我本修行菩薩道時。我身舍利。安止是塔。因由是身。令我早成阿耨多羅三藐三菩提。

소 "그때~(공덕이) 원만하였다."[1803] 이하는 두 번째로 바로 장수長壽의 원인을 말하였는데 여기에 네 가지가 있다. 첫 번째는 먼저 보탑을 나타내어 사리를 보였고, 두 번째로 "다시 아난에게 말씀하시기를"[1804] 이하

처님께서 열반에 드시려고 할 때, 부처님께서 열반에 드셨을 때 등의 일과 함께하는 나타나는 현상으로 묘사된다.
1802 『合部金光明經』(T16, 397a).
1803 『合部金光明經』에 따르면 "그때 세존께서 바로 신족통을 나타내었다."이다.

는 이 탑과 사리의 인연을 설하였으며, 세 번째는 당시의 대중이 이것을 듣고 이익을 얻었고, 네 번째는 맺으면서 앞의 질문에 답하였다.【가상[1805]과 원효와 경흥은 간략하게 묶어서 세 단락으로 나누었다.】[1806]

爾時至圓滿下。第二正申長壽因也有四。一先現寶塔及示舍利。二復告阿難下。說此塔及舍利因緣。三時衆聞之得益。四結酬上問。【祥曉及興。總略爲三。】

소 원효가 말하였다. "신력神力을 원만하게 갖추었기 때문에 '신족통'이라고 한다. 또한 '신족통'이라는 것은 각족脚足의 '족'이니 비유에 의해 이름을 세운 것이다. 다리가 있으면 뜻하는 장소에 도달할 수 있는 것처럼 신통력이 있는 것도 또한 그러함을 알아야 한다. 뜻하는 대로 도달하지 못하는 곳이 없기 때문에 '신족통'이라고 한다."[1807]

曉云。神力滿足。故名神足。又神足者。脚足之足。寄喩立名。如有足者。隨意所至。有神通力。當知亦爾。意所欲爲無不至。故名神足也。

경 그때 부처님께서 존자 아난에게 말씀하셨다.

1804 『合部金光明經』에 따르면 "그때 세존께서 대중의 의심의 그물을 끊으려고 이 사리의 지난 인연을 말씀하셨다."이다.
1805 가상의 『金光明經疏』(T39, 173a)에서 "답변 가운데 셋이 있다. 처음은 보탑을 나타냈고, 두 번째로 '그때 세존께서 대중의 (의심의 그물을 끊어 없애기 위하여)' 이하는 보탑의 인연을 밝혔으며, 세 번째로 '이것을 탑에 예배한 (과거세의 인연)이라고 한다.' 이하는 짧게 승인하는 글이니 맺으면서 앞의 질문에 답변한 것이다.(答中有三。初現寶塔。二從爾時世尊欲爲大衆下。明寶塔緣。三從是名禮塔下。小許文。結酬上問。)"라고 한 것을 참조할 것.
1806 『玄樞』(T56, 705a).
1807 『玄樞』(T56, 705b).

"너는 탑을 열어서 그 속에 있는 사리를 가져다가 이 대중에게 보이도록 하라. 이 사리라는 것은 한량없는 육바라밀의 공덕의 향이 배어 있는 것이다."

그때 아난이 부처님의 가르침을 듣고 바로 탑이 있는 곳으로 가서 예배하고 공양하고 그 탑의 문을 열어서 그 탑 속에 칠보로 만든 함이 있는 것을 보았다. 손으로 함을 열어 그 사리가 색이 미묘하게 붉고 흰 것을 보고 부처님께 말씀드렸다.

"세존이시여, 이 속에 있는 사리는 그 색깔이 붉고 힙니다."

부처님께서 아난에게 말씀하셨다.

"이것은 대사大士의 진신사리眞身舍利이다."

그때 아난이 바로 보배로 만든 함을 들고 다시 부처님이 계신 곳으로 돌아와서 가져온 것을 부처님께 올렸다. 그때 부처님께서 모든 대중에게 말씀하셨다.

"너희들은 지금 이 사리에 예배하도록 하라. 이 사리라는 것은 계율과 선정과 지혜의 향이 배어 있는 것이다. 매우 얻기 어려운 최상의 복전福田이다."

그때 대중이 이 말씀을 듣고 기뻐하는 마음을 품고 바로 자리에서 일어나 합장하고 공경하며 머리를 숙여 보살대사菩薩大士의 사리에 예배 드렸다.[1808]

爾時佛告尊者阿難。汝可開塔。取中舍利。示此大衆。是舍利者。乃是無量六波羅蜜功德所薰。爾時阿難。聞佛教勅。即往塔所。禮拜供養。開其塔戶。見其塔中。有七寶函。以手開函。見其舍利。色妙紅白。而白佛言。世尊。是中舍利。其色紅白。佛告阿難。汝可持來。此是大士眞身舍利。爾時阿難。

1808 『合部金光明經』(T16, 397a).

卽擧寶函。還至佛所。持以上佛。爾時佛告一切大衆。汝等今可禮是舍利。此舍利者。是戒定慧之所熏修。甚難可得最上福田。爾時大衆。聞是語已。心懷歡喜。卽從坐起。合掌恭敬。頂禮菩薩大士舍利。

소 두 번째로 사리를 나타낸 것이다. 여기에 세 가지가 있다. 첫째는 부처님께서 사리를 취할 것을 명하였고, 둘째는 부처님께서 사리를 가지고 올 것을 명하였으며, 셋째는 부처님께서 대중에게 머리를 숙여 예배할 것을 명하였다. 세 가지에 각각 두 가지가 있다.【이 가운데 승장과 혜소[1809]는 본문을 나눈 것이 지나치게 번다하다. 원효와 유칙은 여섯 단락으로 본문을 나누었는데, 뜻은 본본에서 나온 것임을 알아야 한다.】[1810]

第二現舍利中有三。一佛命取舍利。二佛命將舍利。二佛命衆頂禮。三中各兩。【此中莊沼。文故勞繁。曉則六文。意出於本。應知。】

1809 『金光明最勝王經疏』 권6(T39, 332a).
1810 『玄樞』(T56, 705c).

제23 찬불품
讚佛品第二十三。

경 그때 한량없는 백천만억의 모든 보살대중이 이 세계에서 금보개산왕여래金寶蓋山王如來의 국토에 이르렀고, 그 국토에 이르러서는 온몸을 땅에 대고 엎드려 부처님께 예배 드리고 한쪽으로 물러서서 부처님을 향하여 합장하고 이구동성으로 찬탄하여 말하였다.[1811]

爾時無量百千萬億諸菩薩衆。從此世界。至金寶蓋山王如來國土。到彼土已。五體投地。爲佛作禮。卻一面立。向佛合掌。異口同音。而讚歎曰。

소 그런데 타방세계의 부처님을 찬탄하는 것이라면 많은 부처님이 계셔야 할 것인데 단지 이 한 부처님만을 제시한 것은 그 이유가 다음과 같다. 바로 신상보살이 나중에 성불했을 때의 명호가 금보개산왕여래이니 이름이 같기 때문이다. 이 경이 신상보살로 말미암아 일어난 것임을 보이려고 했기 때문에 특별히 이 부처님을 찬탄한 것이다.【원효는 세 가지 설을 인용하였는데 처음은 바로 이것을 취하였다. 나머지는 그곳에서 설한 것과 같다.】[1812]

然讚他方。應有多佛。而但擧此一者。正言信相。後時成佛。名金寶蓋山王如來。字同。欲示此經興由信相。故偏讚之。【曉引三說。初卽取之。餘如彼也。】

경
여래의 몸은

1811 『合部金光明經』(T16, 399c).
1812 『玄樞』(T56, 710a).

금색으로 미묘하여
금산왕金山王처럼
그 광명이 밝게 빛나네……

如來之身。金色微妙。
其明照曜。如金山王。…

그 음성은 깨끗하고 널리 통하며
범천의 소리처럼 미묘하고
사자가 포효하는 소리와 같고
큰 천둥소리와 같네.

其音淸徹。妙如梵聲。
師子吼聲。大雷震聲。

여섯 가지의 청정하고
미묘한 음성을 내니
가릉빈가迦陵頻迦와
공작孔雀의 소리와 같네.[1813]

六種淸淨。微妙音聲。
迦陵頻伽。孔雀之聲。

소 "부처님의 몸은 미묘하여"[1814] 이하는 찬탄한 일을 나타낸 것이다.

1813 『合部金光明經』(T16, 399c).

보리수신이 찬탄한 것에 준하면 문단은 두 가지가 있다. 첫째는 보살이 찬탄한 것이고, 나중은 여래께서 진술한 것이다. 처음에 11게송이 있고 여기에 두 가지가 있다. 처음의 10게송 반은 찬탄한 것이고, 나중의 반 게송은 회향한 것이다.【가상[1815]과 원효와 승장이 취하였다.】[1816]

佛身微下。出讚事。准樹神讚。文段有二。初菩薩讚。後如來述。就初有十一頌爲二。初十頌半讚嘆。後有半頌迴向。【祥曉莊取。】

소 처음에 세 가지가 있다. 첫 번째의 두 게송은 색을 찬탄하였고, 두 번째의 한 게송은 음성을 찬탄하였으며, 세 번째의 반 게송은 합하여 맺었다.【가상[1817]과 원효가 이것을 취하였다.】[1818]

初有三。一二頌歎色。二一頌歎聲。三半合結。【祥曉取之。】

소 두 번째는 음성을 찬탄한 것이다. 여기에 또 세 가지가 있다. 첫 번째의 반 게송은 멀리까지 퍼지는 것이고, 두 번째의 한 구절은 높고 큰 것이며, 세 번째의 한 구절은 교묘한 것이다. "여덟 가지"[1819]라고 한 것을 본本에서는 "여섯 가지"라고 하였다. 첫째는 큰 자애로움으로 세상을 살펴보는 음성이고 내지 여섯째는 대범천大梵天의 음성이다. 수의 사나굴다

1814 『合部金光明經』에 따르면 "여래의 몸은 금색으로 미묘하여"이다.
1815 『金光明經疏』(T39, 173c)에서 "앞의 19행은 찬탄한 것이고, 뒤의 1행은 회향한 것이다.(初十九行讚嘆。後 一行迴向。)"라고 한 부분만 일치한다.
1816 『玄樞』(T56, 701b).
1817 『金光明經疏』(T39, 173c).
1818 『玄樞』(T56, 701b).
1819 『金光明最勝王經』(T16, 454c)에서 "여덟 가지 미묘한 소리로 중생에 감응하네.(八種微妙應群機)"라고 한 것을 참조할 것.

가 말하였다. "하늘과 인간 가운데 장부의 음성이다."【가상[1820]과 원효는 이것을 취하였다.】[1821]

第二歎聲又三。一半遠徹。二一句高大。三一句妙巧。言八種者。本云六種。一大悲觀世音。乃至六大梵天音。隋云天人丈夫音。【祥曉取之。】

경

티끌 없이 청정하고
위대한 덕을 갖추었으며
백복을 쌓아 얻은 상과 호로
그 몸을 장엄하였네.[1822]

淸淨無垢。威德具足。
百福相好。莊嚴其身。

소 원효가 말하였다. "차례대로 백 배가 되기 때문에 '백복'이라고 하였다.『무상의경』「공덕품」에서 '아난이여, 시방의 모든 중생이 열 가지 선을 모두 행하고 이와 같은 공덕이 다시 백 배 증장하면 이러한 업의 인연으로 오직 보살의 한 터럭의 모양에 일체의 터럭을 받아들이는 모습을 갖추는 공덕을 얻을 수 있다. 다시 백 배 증장하면 그렇게 한 후에 보살의

[1820] 『金光明經疏』(T39, 173c)에서 "첫째는 큰 자애로움으로 세상을 살펴보는 음성이고, 둘째는 큰 자애로움으로 우아하게 스며드는 음성이며, 셋째는 대범천과 같은 청정한 음성이고, 넷째는 큰 광명으로 두루 비추는 음성이며, 다섯째는 사자처럼 두려움이 없는 음성이고, 여섯째는 하늘과 사람 가운데 장부丈夫의 음성이다.(六種淸淨者。一大悲觀世音。二大慈濡雅音。三大梵淸淨音。四大光普照音。五師子無畏音。六天人丈夫音。)"라고 하였다.
[1821] 『玄樞』(T56, 710b).
[1822] 『合部金光明經』(T16, 400a).

하나의 호好에 일체의 호를 받아들이는 모습을 갖추는 공덕을 얻을 수 있다. 다시 백 배 증장하면 그렇게 한 후에 보살의 하나의 상相에 모든 상을 받아들이는 모습을 갖추는 공덕을 얻을 수 있다.'[1823]라고 하고 그 밖에 자세하게 설한 것과 같다."[1824]

曉云。次第百倍。故言百福。如無上依功德品言。阿難。若十方一切衆生。俱行十善。如是功德。更百倍增。以此業緣。唯得菩薩一毛之相[1]功德。更百倍增。然後能得菩薩一好入一切好功德。更百倍增。然後能得菩薩一相。[2] 乃至廣說。

1) ㉠『無上依經』에 따르면 '相' 뒤에 '入一切毛'가 누락되었다. 2) ㉠『無上依經』에 따르면 '相' 뒤에 '一切相功德'이 누락되었다.

1823『無上依經』권하(T16, 474c).
1824『玄樞』(T56, 701c).

제24 부촉품
付囑品第二十四。

경 그때 세존께서 저 대보살대중에게 말씀하셨다. "너희들 착한 장부의 무리여, 누가 이 모든 여래께서 아승기겁 동안 모아서 이룬 보리를 수호하고, 내가 입멸한 후에 이 법의 근본인 것을 널리 나타내서, 정법이 오래도록 머물게 할 수 있을 것인가?"

그때 그 보살대중 가운데 60구치俱致[1825]의 보살과 60구치의 천녀가 모두 한 목소리로 이와 같이 말하였다. "세존이시여, 저희들은 이 모든 여래께서 아승기겁 동안 모아서 이룬 보리를 수호하는 일을 감당할 수 있으니 저 훗날에 마땅히 일으켜서 널리 나타내도록 하겠습니다."[1826]

爾時世尊。告彼大菩薩衆言。汝等善丈夫輩。誰能守護此諸如來阿僧祇劫集成菩提。於我滅後。以此法本。當作廣現。令正法久住故。爾時彼菩薩衆中。有六十俱致菩薩及六十俱致天女。同以一咽喉聲。說如是言。世尊。我等堪能守護。此諸如來。阿僧祇劫。集成菩提。於彼後時。當作廣現。

소 원효가 말하였다. "('구치俱致'라는 것은) 억億이라 의역한다. 앞에서 자세하게 서술한 것과 같다."[1827]

曉云。此云億也。如先述之。

1825 구치俱致 : ⓢ koṭi의 음역어. 구지俱胝라고도 한다. 인도에서 통용되던 수의 단위. 구체적인 수량은 일정하지 않아 천만·억·만억·백천·십만·경京 등으로 다양하게 제시된다.
1826 『合部金光明經』(T16, 401a).
1827 『玄樞』(T56, 713c).

[기타]

『금광명경소』해당처가 불분명한 집일문[1828]

1. 선주善珠[1829]의 『법원의경法苑義鏡』[1830] 집일문
善珠。法苑義鏡。輯逸文。

소 『대승법원의림장』 본문에서 "여기에 다음과 같은 견해가 있다. 전 오식前五識에는 오직 두 가지만 있으니 단지 솔이심率爾心[1831]과 등류심等流心[1832]만 갖추고 있다. 심구심尋求心[1833] 등 세 가지 마음 중 어느 하나를

[1828] 이하는 『金光明經』 관련 주석서가 아닌 문헌에서 인용한 『金光明經疏』를 모은 것이다. 그 집일문에 상응하는 『金光明經疏』 해당처가 불분명하기 때문에 별도로 묶었다. 중복되는 것도 보이지만 『金光明經疏』가 유포된 정황 등과 같은 정보를 제공한다는 측면에서 삭제하지 않고 그대로 두었다.

[1829] 선주善珠 : 723~797. 나라헤이안 시대 전기의 법상종 스님. 흥복사 현방玄昉에게 배웠고 천왕의 칙원勅願에 의해 추소사秋篠寺를 창건하였다. 일반적으로 추소승정 秋篠僧正이라고 부른다. 저술로 『因明入正理論疏明燈鈔』・『唯識義燈增明記』 등이 있다.

[1830] 『법원의경法苑義鏡』 : 당나라 때 규기窺基가 지은 『大乘法義林章』에 대한 주석서이다. 『大正藏』 권71, 『大日本佛教全書』 권81, 『日本大藏經』 권5 등에 수록되어 있다. 본 집일문은 『大正藏』에서 발췌하였고, 배열 순서는 『法苑義鏡』을 그대로 따랐다.

[1831] 솔이심率爾心 : 심식心識이 외경外境을 지각할 때 차례대로 일어나는 다섯 가지 마음 중 첫 번째에 해당하는 것. '솔이'란 갑자기라는 뜻으로 예컨대 안식眼識이 처음에 외경을 대할 때 한 찰나에 일어나는 마음이다. 이 마음은 갑자기 움직이는 대로 맡겨서 일어나는 것이기 때문에 아직 선악의 분별이 있지 않다. 나머지 네 가지는 차례대로 심구심尋求心(외경을 자세히 살펴서 알려고 하는 마음)・결정심決定心(외경을 결단하여 분별하고 선악을 자세히 알고 결정하는 마음)・염정심染淨心(외경에 대해 좋아하고 싫어하는 것 등의 감정을 일으키는 마음)・등류심等流心(선악의 법에 대해 이미 염정을 분별하였으면 각각 그 부류를 따라 상속하여 그치지 않는 마음)이다.

[1832] 등류심等流心 : 심식이 외경을 지각할 때 차례대로 일어나는 다섯 가지 마음 중 다

오식이 따라서 생겨나는 것이 곧 등류심이니 순서에 따르지 않고 생겨나는 것을 허락하기 때문이다."[1834]라고 하였는데, 이것은 세 번째 논사의 뜻이다. 전해지는 설에 따르면, 이것은 태 법사泰法師[1835]의 뜻이다. 원효 법사 등도 또한 이 설을 지었다. 『금고경소』에서 설한 것과 같다.[1836]

文。此中有義。五識唯二。但有率爾及等流心。尋求等中。五隨生者。卽等流心。許亂生故者。此第三師義。傳說此泰法師義。曉法師等。亦作是說。如金鼓疏。

소 『대승법원의림장』 본문에서 "어떤 사람이 말하기를 '솔이심率爾心 뒤에 심구심尋求心이 일어나지 않는 경우도 있다.'라고 한 것은 옳지 않으니 가르침에도 어긋나고 이치에도 어긋나기 때문이다."[1837]라고 하였는데, 원효 스님 등도 또한 이 뜻을 수용하였다. 『금고경소』에서 설한 것과 같다.[1838]

文。有人說言。有率爾後。不起尋求者。不然。違教理故者。元曉師等。亦用

섯 번째에 해당하는 것. 앞서 발생한 마음과 같은 종류의 마음이 발생하는 것이다. 곧 앞서 발생한 마음이 염심染心이라면 염심이, 정심淨心이라면 정심이 발생하는 것이다.
1833 심구심尋求心 : 심식이 외경을 지각할 때 차례대로 일어나는 다섯 가지 마음 중 두 번째에 해당하는 것. 외경을 자세하게 살펴서 분명히 알려고 하는 것이다. 곧 추리하고 살펴서 분별의 견해를 일으키는 마음이다.
1834 『大乘法苑義林章』 권1(T45, 256b).
1835 태 법사泰法師 : 당나라 때 스님 신태神泰를 가리키는 것 같다. 645년 현장이 홍복사弘福寺에서 역경할 때 역장에 참여하여 증의의 소임을 맡았다. 저술로『俱舍論疏』·『攝大乘論疏』·『掌珍論疏』 등이 있다. 혹은 당나라 때 스님으로『成唯識論疏抄』를 지은 영태靈泰를 가리키는 것일 수도 있다.
1836 『法苑義鏡』(T71, 166c).
1837 『大乘法苑義林章』 권1(T45, 257a).
1838 『法苑義鏡』(T71, 168b).

此義。如金鼓疏。

소 문 등류심 뒤에 다시 앞의 네 가지 마음이 일어나는 것인가? 답 원효가 말하였다. "등류심의 오식五識은 직후에 심구심·결정심決定心을 일으키지 않는다. 그 이유는 무엇인가. 이미 결정심을 일으키고 나서야 비로소 염정심染淨心이 일어나고, 염정심이 일어나고 난 뒤에야 등류심이 일어나기 때문이다. 그러므로 이(등류심) 직후에는 도리어 염정심 등을 일으키는 것을 알 수 있다." 『금고경소』에서 설한 것과 같다.[1839]

問。等流心後。更起前四心耶。答。曉云。等流五識無間。不起尋求決定。所以爾者。生已決定。方起染淨。染淨心後。起等流故。故知此無間。還起染淨心等。如金鼓疏。

소 원효가 말하였다. "아직 자재하지 않은 지위에서도 또한 오직 솔이심만 있고 심구심은 없다. 무엇 때문인가. 솔이심이 관습경串習境(익숙한 대상)을 반연하면 이 마음은 직후에 결정심을 일으킨다. 『유가사지론』에서 '오식五識 직후에 생겨나는 의식은 혹은 심구심이거나 혹은 결정심이다.'[1840]라고 하였다. 그러므로 아직 반드시 심구심을 일으키는 것은 아니라는 것을 알 수 있다." 『금고경소』에서 설한 것과 같다.[1841]

曉云。未自在位。亦有唯率爾。無尋求心。何者。若率爾心。緣串習境。此心無間。生決定心。如伽論言。五識無間。所生意識。或尋求或決定。故知未必生尋求心。如金鼓疏。

[1839] 『法苑義鏡』(T71, 168c).
[1840] 『瑜伽師地論』 권3(T30, 291b).
[1841] 『法苑義鏡』(T71, 169b).

2. 청범淸範[1842]의 『오심의약기五心義略記』[1843] 집일문

淸範。五心義略記。輯逸文。

소 문 등류심 뒤에 다시 앞의 네 가지 마음이 일어나는 것인가? 답 원효가 말하였다. "등류심의 오식五識은 직후에 심구심·결정심을 일으키지 않는다. 그 이유는 무엇인가. 이미 결정심을 일으키고 나서야 비로소 염정심이 일어나고 염정심이 일어나고 난 뒤에야 등류심이 일어나기 때문이다. 그러므로 이(등류심) 직후에는 도리어 염정심 등을 일으키는 것을 알 수 있다."[1844] [1845]

問。等流心後。更起前四乎。答。曉云。等流五識無間。不起尋求決定。所以爾者。生已決定。方起染淨。染淨後。起等流故。故知此無間。還起染淨心等。

1842 청범淸範 : 963~999. 일본 헤이안시대 중기의 스님. 흥복사興福寺 수조守朝의 제자로 법상종 소속이다.
1843 『오심의약기五心義略記』: 당나라 때 규기窺基가 지은 『大乘法苑義林章』에 대한 주석서이다. 특히 「五心章」에 관한 것만 자세하게 주석하였다. 『大正藏』 권71에 수록되어 있다. 본 집일문은 『大正藏』에서 발췌하였고, 배열 순서는 『五心義略記』를 그대로 따랐다.
1844 『五心義略記』(T71, 286a).
1845 선주의 『法苑義鏡』에도 동일한 글이 나온다.

3. 기변基辨[1846]의 『대승법원의림장사자후초大乘法苑義林章師子吼鈔』[1847] 집일문

基辨。大乘法苑義林章師子吼鈔。輯逸文。

소 초하여 말한다.[1848] 이것은 세 번째 논사의 뜻이다. 추소秋篠[1849]가 말하였다. "전하는 설에 따르면 이것은 태 법사의 뜻이다. 원효 법사도 또한 이 설을 지었다. 『금고경소』에서 운운한 것과 같다."[1850] [1851]

鈔曰。此第三師義。秋篠曰。傳說此泰法師義。元曉法師。亦作此說。如金鼓疏云云。

소 초하여 말한다.[1852] 스스로 어지럽지 않은 것을 밝힌 것 가운데 세 번째는 이설을 제시하여 분별하고 풀이하였다. "어떤 사람(有人)"이라는 것은 신라의 원효 논사이다. 그 논사가 지은『금고경소』에서 자세하게 밝혔다.『제은전등록濟恩傳燈錄』[1853]에서 말하였다. "『금고경소』8권. 원효 지음. 외제는『금

1846 기변基辨 : 1722~1791. 일본 에도시대 중기의 스님. 호는 대동방大同房이다. 밀교·법상종·삼론 등을 두루 섭렵한 것으로 전해진다.
1847 『대승법원의림장사자후초大乘法苑義林章師子吼鈔』: 당나라 때 규기窺基가 지은 『大乘法苑義林章』에 대한 주석서이다. 『大正藏』권71에 수록되어 있다. 본 집일문은 『大正藏』에서 발췌하였고, 배열 순서는 『大乘法苑義林章師子吼鈔』를 그대로 따랐다.
1848 『鈔』의 주석 대상인 글은『大乘法苑義林章』권1(T45, 256b)이다. 앞에 나오는『法苑義鏡』의 해당처를 참조할 것.
1849 추소秋篠 : 『法苑義鏡』을 지은 선주의 다른 이름. 추소사秋篠寺를 창건하고 그곳에 주석했기 때문에 붙여진 이름이다.
1850 『大乘法苑義林章師子吼鈔』(T71, 582c).
1851 선주의『法苑義鏡』에 동일한 글이 나온다.
1852 『鈔』의 주석 대상인 글은『大乘法苑義林章』권1(T45, 256c)에서 "他亂自不亂者。…有人說言。有率爾後。不起尋求者。不然。違教理故。"라고 한 것이다. 앞에 나오는『法苑義鏡』의 해당처를 참조할 것.

광명경소』라고 하였고, 내제는 『금고경소』라고 하였다."[1854][1855] [1856]

鈔曰。明自不亂中。第三擧異說而辨釋。有人者。新羅元曉師也。彼師所造金鼓經疏中具明。【濟恩傳燈錄云。金鼓經疏八卷。元曉。外題云金光明經疏。內題云金鼓經疏。】

소 추소가 원효의 『금고경소』를 인용하여 말하였다. "등류심의 오식五識은 직후에 심구심·결정심을 일으키지 않는다. 그 이유는 무엇인가. 이미 결정심을 일으키고 나서야 비로소 염정심이 일어나고 염정심이 일어나고 난 뒤에야 등류심이 일어나기 때문이다. 그러므로 이(등류심) 직후에는 도리어 염정심 등을 일으키는 것을 알 수 있다. 『금고경소』에서 설한 것과 같다."[1857] [1858]

秋篠。引元曉金鼓經疏云。等流五識無間。不起尋求決定。所以爾者。生已決定。方起染淨。染淨心後起等流。故知此無間。還起染淨心等。如金鼓疏。

소 셋째는 아직 자재하지 않은 지위에서도 또한 오직 솔이심만 있고 심구심은 없다. 무엇 때문인가. 솔이심이 관습경串習境(익숙한 대상)을 반연하면 이 마음은 직후에 결정심을 일으킨다. 『유가사지론』에서 '오식五識

1853 『제은전등록濟恩傳燈錄』: 일본 스님 영초永超가 1094년에 찬술한 책인 『東域傳燈目錄』을 가리킨다. '제은'은 저자인 영초가 주석하던 절에서 유래한 이름이다. 일본에 유포되던 경전의 목록을 모두 기록하였다.
1854 『東域傳燈目錄』(T55, 1153b).
1855 『五心義略記』(T71, 586a).
1856 선주의 『法苑義鏡』에도 나오는 글이다.
1857 『大乘法苑義林章師子吼鈔』(T71, 587c).
1858 선주의 『法苑義鏡』에도 나오는 글이다.

직후에 생겨나는 의식은 혹은 심구심이거나 혹은 결정심이다.'[1859]라고 하였다. 그러므로 아직 반드시 심구심을 일으키는 것은 아니라는 것을 알수 있다. 이것은 신라의 원효 스님이 『금고경소』에서 설한 것과 뜻이 같다. 지금 말한다. "원효 논사의 뜻은 지금의 논의의 주제가 아니다. 지금 해명의 주제는 단지 오식을 논한 것인데, 원효 논사는 의식에 대하여 논하였다. 추소가 이것을 인용한 것은 잘 살펴보지 않고 남들을 따르게 하려는 뜻이 있다. 그러므로 옳지 않다."[1860] [1861]

三者未自在位。亦有唯率爾。無尋求心。何者。若率爾心。緣串習境。此心無間。生決定心。如瑜伽言。五識無間。所生意識。或尋求或決定。故知未必生尋求心。此是新羅元曉金鼓經疏意也。今云。元曉師意。非今所論。今所明。但於五識而論。元曉師。就意識。秋篠引是。令雷同義。故爲不是。

1859 『瑜伽師地論』 권3(T30, 291b).
1860 『大乘法苑義林章師子吼鈔』(T71, 589a)
1861 선주의 『法苑義鏡』에도 나오는 글이다.

찾아보기

가루라왕迦樓羅王 / 91
가릉빈가迦陵頻伽 / 420
가비라패도국迦毘羅旆兜國 / 216
가상嘉祥 / 41, 260, 273, 424, 429, 440, 575
가수라수伕受羅樹 / 130
가애주삼마제可愛住三摩提 / 375
가타迦他 / 99
가패珂貝 / 529
가행도加行道 / 364
간장肝臟 / 579
감로도甘露道 / 325
감로법甘露法 / 325
개시오입開示悟入 / 441
개회改悔 / 254
건달바乾闥婆 / 108
견見 / 439
견뇌선녀천堅牢善女天 / 415
견도見道 / 299
견도소단見道所斷 / 365
견도위見道位 / 241, 372
견번뇌見煩惱 / 360
『견실삼매경見實三昧經』 / 485
견진속장見眞俗障 / 232
견행상장見行相障 / 232
견혹見惑 / 360
견혹종자見惑種子 / 372
경흥憬興 / 43, 76, 90, 113, 119, 138, 189, 285, 364, 494
경희慶喜 / 126
계경契經 / 62
계외혹界外惑 / 412
계의桂衣 / 131
고독蠱毒 / 524
공교명工巧明 / 347, 523
공덕장엄왕功德莊嚴王 / 160
공무변처空無邊處 / 224
『공작왕주경孔雀王呪經』 / 539
과보장果報障 / 387
관정灌頂 / 350
관정장구灌頂章句 / 530
광목천왕廣目天王 / 495
『광박엄정불퇴전륜경廣博嚴淨不退轉輪經』 / 595
교진여憍陳如 / 124
교체敎體 / 47
구垢 / 236
구룡丘龍 / 68
구무두拘牟頭 / 128
구물두화拘物頭華 / 356
구물화拘物華 / 127
구생기俱生起 / 361
구생아견俱生我見 / 145
구신句身 / 46
구지라拘枳羅 / 129
구치俱致 / 609
구화漚和 / 149
구횡九橫 / 386

굴다본崛多本 / 34
귀성鬼星 / 525
귀자모신鬼子母神 / 91
규기窺基 / 87
극칠반유極七返有 / 85
근본에 의지하는 마음 / 199
근본인 마음 / 199
금강무간도金剛無間道 / 370
『금강반야론金剛般若論』 / 97
금강산金剛山 / 548
『금강선론金剛仙論』 / 69
금강심金剛心 / 396
금강유정金剛喩定 / 396
『금고경의기金鼓經義記』 / 68
금광명계경金光明契經 / 59
『금광명최승왕경현추金光明最勝王經玄樞』 / 35
『금궤요략金匱要略』 / 525
금룡존金龍尊 / 415
금보개산왕여래金寶蓋山王如來 / 604
금산金山 / 497
기사굴산耆闍崛山 / 72
『기신론起信論』 / 215, 447
기청機請 / 46
긴나라왕緊那羅王 / 91

나건하라산那乾訶羅山 / 497
나라연那羅延 / 337
나유타那由他 / 99
나찰羅刹 / 550
난동삼마제難動三摩提 / 375

난승광왕難勝光王 / 492
난승대력難勝大力 / 390
난승지難勝地 / 360
낮과 밤의 여섯 때(日夜六時) / 296
내명內明 / 347
내육처內六處 / 434
네 가지 덕(四德) / 111
네 가지 마구니(四魔) / 446
네 가지의 모든 것이 청정한 것(四一切種淸淨) / 222
네 가지 장藏 / 446
네 가지 전도顚倒 / 411
네 가지 총지總持 / 512
네 가지 훼방(四謗) / 476
누진지증명漏盡智證明 / 305
능연能緣의 의미 / 48
능전能詮 / 49
능취能取 / 52
『능현중변혜일론能顯中邊慧日論』 / 39
니건타尼乾陀 / 113
니구타수尼拘陀樹 / 596
니연하신尼連河神 / 90

다라니陀羅尼 / 331
다라수多羅樹 / 130
다문천왕多聞天王 / 495
다섯 가지 날카로운 번뇌 / 387
다섯 가지 대원大願 / 352
다섯 가지 둔한 번뇌 / 387
다섯 가지 무간업無間業 / 292
단덕斷德 / 440

단바라밀檀波羅蜜 / 337, 344
달마장達摩藏 / 444
대권보살大權菩薩 / 593
『대누탄경大樓炭經』 / 499, 500
대당삼장大唐三藏 / 46
『대반야경大般若經』 / 54
『대방등대집경大方等大集經』 / 537
대범존천大梵尊天 / 91
대법념처大法念處 / 217
『대법론對法論』 / 70, 181
대변천신大辯天神 / 521
『대살차니건자소설경大薩遮尼乾子所說經』 / 218
『대승광백론석론大乘廣百論釋論』 / 428, 460
대승을 배웠으나 유소득有所得의 견해를 지닌 사람 / 459
『대승의장大乘義章』 / 222
『대승장엄경론大乘莊嚴經論』 / 181
대원경지大圓鏡智 / 182, 306
대이익난괴大利益難壞 / 390
대장엄大莊嚴 / 161
『대지도론大智度論』 / 68, 99
대치실단對治悉檀 / 33
『대통방광경大通方廣經』 / 98
『대품반야경大品般若經』 / 218, 321
덕보염길상장여래德寶焰吉上藏如來 / 488
도거심掉擧心 / 231
도사다천覩史多天 / 81
도선道宣 / 42, 76
도솔천兜率天 / 86
도안道安 / 63
도장道障 / 387
도전道前 / 236

도전道前의 법신 / 167
도중道中 / 236
도피안到彼岸 / 354
도후道後 / 236
동분冬分 / 252
동상열반同相涅槃 / 192
동유同喩 / 207
두 가지 무지無知 / 74
등지登地 / 168
등지等至 / 250
등지等持 / 376
뜻으로 지은 세 가지 업 / 278

라후라羅睺羅 / 594
량量 / 95

마구니의 대중 / 104
마야부인摩耶夫人 / 216
마하가섭摩訶迦葉 / 96
마후라가摩睺羅伽 / 108
만족과滿足果 / 490
말나末那 / 200
말후신末後身 / 84
매회魅膾 / 550
멸수상정滅受想定 / 187
멸진정滅盡定 / 187
명견命見 / 112
명근命根 / 97

찾아보기 • 619

명상命相 / 97
명신名身 / 46
명자命者 / 513
명지明地 / 359
명행命行 / 96
명행족明行足 / 528
몸으로 지은 세 가지 업 / 277
묘관찰지妙觀察智 / 182, 306
묘당妙幢 / 101
묘보기삼마제妙寶起三摩提 / 375
무간도無間道 / 364, 371, 372
무견유대無見有對 / 436
무구광無垢光 / 492
무구정無垢淨 / 488, 491
무구지無垢地 / 359
무구청정無垢淸淨 / 491
무량문無量門 / 392
무량수불無量壽佛 / 88
무량지無量智 / 352
무명원품無明元品 / 369
무명주지無明住地 / 370
무몰식無沒識 / 200
무비취無比聚 / 354
무상과無上果 / 490
무상사無上士 / 528
『무상의경無上依經』 / 149, 181, 223, 419, 607
무상정無想定 / 187
무색계無色界 / 224
무생법인無生法忍 / 313
무소유처無所有處 / 224
무심정無心定 / 187
무애도無礙道 / 364
무여열반無餘涅槃 / 190

무위법無爲法 / 328
무자성無自性 / 55
무주열반無住涅槃 / 195
무주처열반無住處涅槃 / 194
무진장無盡藏 / 392
무학도無學道 / 299
문文(글)과 의義(의미) / 46
문수보살文殊菩薩 / 60
문신文身 / 46
문지다라니聞持陀羅尼 / 359, 378
문혜聞慧 / 71, 441
미륵彌勒 / 489
미묘성불微妙聲佛 / 88
미신味身 / 46

바라문婆羅門 / 104
바라밀波羅蜜 / 354
바라사波羅奢 / 142
반야般若 / 171
반야바라밀般若波羅蜜 / 338, 347
반열반般涅槃 / 122
발라마鉢羅摩 / 263
방광膀胱 / 581
방연찰나紡綖刹那 / 302
방장方丈 / 109
방편괴열반方便壞涅槃 / 192
방편도方便度 / 352
방편도方便道 / 364
방편승지方便勝智 / 360
방편승지바라밀方便勝智波羅蜜 / 338, 348
배사背捨 / 376

백보광명주百寶光明珠 / 247
백복百福 / 556, 607
백사십불공百四十不共 / 222
백정왕白淨王 / 216
백정품白淨品 / 182
백팔십불공百八十不共 / 223
백팔십불공불법百八十不共佛法 / 205
번뇌마煩惱魔 / 446
번뇌장煩惱障 / 238, 270, 387
『범망경梵網經』 / 166
범음梵音 / 257, 263
범천梵天의 대중 / 104
법계무량회향法界無量迴向 / 98
법념처法念處 / 218
법무애변法無礙辯 / 368
법승행法勝行 / 391
법신法身 / 132, 163, 166
법아法我 / 218
법안정法眼淨 / 488
법여여法如如 / 178, 179, 185
법운지法雲地 / 98, 99, 361
『법화경法華經』 / 101, 123
『법화경론法華經論』 / 123
『법화의소法華義疏』 / 76
벽옥璧玉 / 529
변계소집遍計所執 / 197
변계소집성遍計所執性 / 38
변역생사變易生死 / 131, 143
변지邊地 / 285
변화신變化身 / 181
별서別序 / 89
보불여래報佛如來 / 123
보살마하살菩薩摩訶薩 / 98
『보살선법경菩薩禪法經』 / 418

보살율의菩薩律儀 / 309
보상불寶相佛 / 88
『보성론寶性論』 / 181
보승여래寶勝如來 / 594
보신報身 / 163, 166
보장報障 / 270
보처補處 / 490
보화공덕해유리금산광조여래寶華功德海琉
　璃金山光照如來 / 544
보화공덕해유리금산조명여래寶華功德海琉
　璃金山照明如來 / 528
보화삼매寶華三昧 / 375
본과本果 / 37, 39
본성주종성本性住種性 / 143
본식本識 / 200, 438
본식심本識心 / 370
부腑 / 580
부가라견富伽羅見 / 113
부동무위不動無爲 / 328
부동상열반不同相涅槃 / 192
부동지不動智 / 305
부동지不動地 / 361
『부법장인연전付法藏因緣傳』 / 96
부사의겁不思議劫 / 262
부사의지不思議智 / 305
북구로주北俱盧洲 / 283
분단생사分段生死 / 131
분별기分別起 / 364
분타리화分陀利華 / 356
불佛 / 528
불견멸상장不見滅相障 / 232
불견생상장不見生相障 / 232
불공불법不共佛法 / 221
불사弗沙 / 525

불상응법不相應法 / 49, 328
불상응취법不相應聚法 / 328
『불성론佛性論』 / 176, 205, 245
불염착다라니不染著陀羅尼 / 513
『불위애왕설경佛爲愛王說經』 / 553
불퇴위不退位 / 490
불퇴전삼매不退轉三昧 / 375
불퇴전지不退轉地 / 346
불핍뇌곤고장不逼惱困苦障 / 231
비견比見 / 479
비뉴천毘紐天 / 342
비니장毘尼藏 / 443
비량比量 / 33
비류륵차毘留勒叉 / 496
비류박차毘留博叉 / 496
비리야바라밀毘梨耶波羅蜜 / 338, 345
비발사나毘鉢舍那 / 348
비상비비상처非想非非想處 / 224
비장脾臟 / 579
비지比智 / 479
비택멸무위非擇滅無爲 / 328
비행법非行法 / 464, 465
빈바頻婆 / 99

사계四季 / 576
사나굴다闍那崛多 / 34, 105, 189, 268, 333
사대四大 / 252, 568
사덕四德 / 36
사량四量 / 34
사량思量 / 199

사륜왕四輪王 / 60
사리舍利 / 125
사리불奢利弗 / 513
사마死魔 / 446
사마타奢摩他 / 348, 376
사명四明 / 523
사무소외四無所畏 / 219
사무애변四無礙辯 / 219, 367
사무애변詞無礙辯 / 368
사문沙門 / 104
사바세계娑婆世界 / 467
사번뇌思煩惱 / 360
사상四相 / 303
사생육도四生六道 / 484
사성제四聖諦 / 136
사악취四惡趣 / 282
사야서나闍耶斜那 / 34
사유번뇌思惟煩惱 / 361
사유분별상思惟分別相 / 196
사자상무애광염보살師子相無礙光焰菩薩 / 332
사자진師子進 / 160
사정근四正勤 / 359
사제四諦 / 56
사천왕四天王 / 495
사천하四天下 / 554
사혜思慧 / 71, 441
사혹思惑 / 360
삭취취數取趣 / 114
산미酢味 / 131
산야珊若 바라문 / 84
산지散脂 / 537
산지수마散脂修摩 / 537
살바다종薩婆多宗 / 81, 303

『살차니건자경薩遮尼乾子經』 / 401
삼계三界 / 243
삼계 밖의 미혹 / 412
삼귀의三歸依 / 324
삼념처三念處 / 221
삼독三毒 / 281
삼량三量 / 34
삼륜三輪 / 299, 374
삼먁삼보리정변지三藐三菩提正遍智 / 305
삼명三明 / 305
삼무수겁三無數劫 / 422
삼불호三不護 / 222
삼생보살三生菩薩 / 86
삼신三身 / 36, 159
삼십삼천三十三天 / 91, 535
삼십이상三十二相 / 170
삼십칠보리분三十七菩提分 / 379
삼악도三惡道 / 260
삼여도三餘道 / 364
삼유三有 / 281
삼자성三自性 / 55
삼재三災 / 386
삼전사제三轉四諦 / 504
삼점三點 / 42
삼천대천세계三千大千世界 / 103
삼초三焦 / 580
삼취三聚 / 349
삼취정계三聚淨戒 / 309
삼학三學 / 445
삼현三賢 / 316
상相과 상처相處 / 211
상사상속찰나相似相續刹那 / 303
상사찰나相似刹那 / 302
상수멸무위想受滅無爲 / 328

상음想陰의 의처 / 182
색음色陰의 의처 / 182
색취법色聚法 / 327
생귀주生貴住 / 493
생멸찰나生滅刹那 / 302
생사지증명生死智證明 / 305
석가모니불釋迦牟尼佛 / 89
석가신釋迦身 / 166
석제환인釋提桓因 / 506
선나바라밀禪那波羅蜜 / 346
선바라밀禪波羅蜜 / 338
선방편장善方便障 / 231
선서善逝 / 518, 528
선안락주善安樂住 / 388
선혜보살善慧菩薩 / 215
선혜지善慧地 / 361
설일체유부說一切有部 / 422
섬부瞻部 / 132
『섭대승론攝大乘論』 / 157, 182
『섭대승론석攝大乘論釋』 / 55
섭선법계攝善法戒 / 309, 389
섭율의계攝律儀戒 / 309, 389
섭중생계攝衆生戒 / 389
성기聖記 / 124
성득性得 / 171
성득지性得智 / 489
성명聲明 / 347
성문사과聲聞四果 / 305
성문승聲聞乘 / 135
성선백聖善白 / 215
성소작지成所作智 / 182, 306
『성유식론成唯識論』 / 234
성정열반性淨涅槃 / 192
성취상成就相 / 196

세 가지 덕(三德) / 74, 209
세 가지 도리 / 151, 163, 209
세 가지 마음 / 209
세 가지 몸 / 163, 209
세 가지 부처님 / 172
세 가지 상 / 209
세 가지 장애 / 209
세간의 팔법八法 / 393
세간해世間解 / 528
세계世界 / 451
세 계절 / 252
세웅世雄 / 264
세존世尊 / 528
세친보살世親菩薩 / 63
소 법사韶法師 / 37, 65
소승의 공처空處 / 136
소전所詮 / 49
소전所詮의 의의 / 48
소지장所知障 / 232
소취所取 / 52
수壽 / 95
수가다修伽多 / 517
수공水空 / 592
수공용장水空龍藏 / 591
수기受記 / 488
수기위授記位 / 489
수기의 과果 / 490
수능가마삼마제首楞伽摩三摩提 / 384
수능엄마가삼매首楞嚴摩伽三昧 / 375
수능엄정首楞嚴定 / 216
수다라장修多羅藏 / 444
수도修道 / 299
수득지修得智 / 489
수락보불受樂報佛 / 167

수면隨眠 / 236
수면睡眠 / 74
수미등왕불須彌燈王佛 / 110
수발나파사울다마수다라修跋那頗沙欝多摩
  修多羅 / 59
수발나파사울다마수다라修髮那波頗沙欝
  多摩修多羅 / 60
수선다불須扇多佛 / 189
수순도隨順道 / 398
수용신受用身 / 181
수음受陰의 의처 / 182
수자상壽者相 / 97
수장水藏 / 592
수종과隨從果 / 490
수행壽行 / 96, 97
수혜修慧 / 72, 441
숙명지증명宿命智證明 / 305
습소성종성習所成種性 / 143
승군勝軍 / 34
승군비량勝軍比量 / 34
승력勝力 / 342
『승만경勝鬘經』 / 370
『승만보굴勝鬘寶窟』 / 194
승응신勝應身 / 177
승장勝莊 / 36, 107, 132, 189, 285, 335
승해행지勝解行地 / 423, 516
시과始果 / 37, 39
시기불尸棄佛 / 537
시바라밀尸波羅蜜 / 337, 344
시수림尸首林 / 73
식무변처識無邊處 / 224
식신食身 / 181
식음識陰의 의처 / 182
『신력입인법문경信力入印法門經』 / 227

신상信相 / 98
신상태자信相太子 / 547
신아神我 / 114
신장腎臟 / 579
신족통神足通 / 601
신통身通 / 529
심소법心所法 / 328
심心·심수법心數法 / 484
심연정장心軟淨障 / 231
심왕心王 / 328
심心·의意·식識 / 198
심일경성心一境性 / 444
심장心臟 / 579
십력十力 / 219
십바라밀十波羅蜜 / 273
십신十信 / 167
십악十惡 / 292
십이분교十二分敎 / 57
십이입十二入 / 432
십이지十二支(십이연기) / 57
십이처十二處 / 50
십이행상十二行相의 방편선교方便善巧 / 351
십종법계十種法界 / 273
십주十住 / 278
십지十地 / 152
십팔계十八界 / 49, 432
십팔불공불법十八不共佛法 / 221
십해十解 / 167

아가니타천阿迦尼吒天 / 160

아견我見 / 112
아난阿難 / 594
아뇩다라삼먁삼보리阿耨多羅三藐三菩提 / 163
아뇩보리阿耨菩提 / 83
아란야처阿蘭若處 / 530
아뢰야阿賴耶 / 200
아뢰야식阿賴耶識 / 201, 436
아리야阿梨耶 / 200
아마라식阿摩羅識 / 336
『아비담비바사론阿毘曇毘婆沙論』 / 48
아사타阿私陀 / 84
아수라왕阿修羅王 / 91
아승기겁阿僧祇劫 / 246
아촉불阿閦佛 / 88
아타나阿陀那 / 199
아파라용왕阿波羅龍王 / 210
암라수菴羅樹 / 130
야차夜叉 / 89
약왕보살藥王菩薩 / 60
양육견養育見 / 112
양족존兩足尊 / 265
양족최승존兩足最勝尊 / 450, 452
어語 / 46
억이거사億耳居士 / 210
업사業事를 일으키는 마음 / 199
업장業障 / 238, 270, 387
여덟 가지 덕 / 157
여덟 가지 맛 / 442
여덟 가지의 자재한 자아(八自在我) / 38
여덟 가지 험난함 / 283
여덟 갈래의 미묘한 음성 / 299
여래성如來性 / 213
여래장如來藏 / 213

여래지如來地의 장애 / 369
여량지如量智 / 153
여리지如理智 / 153
여섯 가지의 문文 / 46
여섯 가지 형태로 진동 / 599
여소유성如所有性 / 306
여여如如 / 170, 171
여여지如如智 / 170, 171, 178, 180, 185
여의보광요선녀천如意寶光耀善女天 / 449
여전비지如前比智 / 480
역도力度 / 352
역바라밀力波羅蜜 / 339, 349
역존상왕力尊相王 / 547
연각승緣覺乘 / 134
연인緣因 / 37
열 가지 대원 / 352
열 가지 선 / 100, 278
열 가지 악 / 278
열 가지의 의義 / 46
열 가지 장애 / 78
열두 가지 행 / 503
『열반경涅槃經』/ 73, 116
열응신劣應身 / 177
염마라왕閻摩羅王 / 559
염매厭魅 / 524
염부수閻浮樹 / 130
염부제閻浮提 / 498
염부주閻浮洲 / 288
염지焰地 / 360
염혜지焰慧地 / 355
영락瓔珞 / 356
예류과預流果 / 85
오둔사五鈍使 / 388
오리사五利使 / 388

오명五明 / 347
오분법신五分法身 / 156
오성五星 / 500
오쇠五衰 / 284
오쇠상五衰相 / 284
오승五乘 / 317
오역五逆 / 292
오온五蘊 / 50
오욕五欲 / 376
오장육부五臟六腑 / 580
오정거천五淨居天 / 485
『오종불성초五種佛性抄』/ 194
오탁五濁 / 112
오행五行 / 576
온마蘊魔 / 446
왕사성王舍城 / 103
외범外凡 / 233
외육처外六處 / 435
요별了別 / 199
요설변樂說辯 / 368
요의了義 / 55, 213
요익유정계饒益有情戒 / 309
요인了因 / 65
욕계欲界의 마지막 처소 / 105
욕계의 여섯 하늘 / 535
용수龍樹 / 376
우담바라화優曇婆羅華 / 120
울파라화欝波羅花 / 356
원도願度 / 352
원바라밀願波羅蜜 / 339, 348
원성실성圓成實性 / 197
원장엄간측왕불願莊嚴間厠王佛 / 493
원지등圓智等 / 391
원측圓測 / 73, 107

원행지遠行地 / 360
원효願曉 / 35
원효 스님(元師) / 56
월수月宿 / 525
월지국月支國 / 210
위역혹違逆惑 / 398
위장胃腸 / 580
유喩 / 207
『유가사지론瑜伽師地論』 / 113, 303, 372, 428, 499
『유마경의소維摩經義疏』 / 87
유수流水 / 591
유식唯識 / 50
유여비지有餘比智 / 479
유여열반有餘涅槃 / 190
유칙有則 / 510, 530, 546, 603
육대六大 / 581
육도六道 / 97
육식六識 / 199
육식六食 / 570
육신통六神通 / 74
육십팔법六十八法 / 223
육통장六通障 / 232
은밀교隱密敎 / 55
은밀상隱密相 / 55
응공應供 / 313, 488, 528
응신應身 / 163, 166
의공덕력依功德力 / 386
『의기義記』 / 41
의무애변義無礙辯 / 368
의방명醫方明 / 347
의보依報 / 95
의타기상依他起相 / 196
이십팔수二十八宿 / 500

이익장利益障 / 231
『이장의二障義』 / 370
『이장장二障章』 / 436
이치에 맞고 이익이 되는 것(義利) / 75
이치에 맞고 이익이 되는 것이 아니고 이치에 맞고 이익이 되는 것이 아닌 것도 아닌 것(非義利非非義利) / 75
이치에 맞고 이익이 되는 것이 아닌 것(非義利) / 75
인因 / 207
인과의 세 가지 법 / 41
인명因明 / 347
인아人我 / 218
『인왕반야경仁王般若經』 / 302
인총지忍總持 / 512
인허진隣虛塵 / 473
일보장엄一寶莊嚴 / 161
일생보처一生補處 / 80, 84, 316
일생소계一生所繫 / 81
일심찰나一心剎那 / 303
일원광염삼매日圓光焰三昧 / 375
일월세수日月歲數 / 247
일천제一闡提 / 111
일체원여의성취삼매一切願如意成就三昧 / 375
일체종지一切種智 / 215
일체지지一切智智 / 305, 324
『입능가경入楞伽經』 / 47, 302
입리실단入理悉檀 / 33
입으로 지은 네 가지 업 / 278

자성신自性身 / 163, 166, 167
자성해탈自性解脫 / 371
자신字身 / 46
자씨慈氏 / 126
잡어雜語 / 496
잡장雜藏 / 444
장수천長壽天 / 285
장식藏識 / 200
『장아함경長阿含經』/ 96, 131, 263, 415, 499
전纏 / 236, 439
전륜성왕轉輪聖王 / 160
전식轉識 / 369, 438
전의轉依 / 153
전의법轉依法 / 153
정등각정변지正等覺正遍智 / 306
정명淨名 / 109
정변지正遍知 / 313, 488, 528
정보正報 / 95
정색淨色 / 436
정식淨識 / 336
정식왕靜息王 / 559
정위定位 / 489
정인正因 / 37
정지淨智 / 305
정체지正體智 / 170
제1인第一印 / 402
제3제第三諦 / 379
제4지의 장애 / 366
제5지의 장애 / 367
제9지의 장애 / 368

제10지第十地 / 98
제10지의 장애 / 368
제10회향第十迴向 / 98
제일의실단第一義悉檀 / 33
조숙익調熟益 / 294
조어장부調御丈夫 / 528
종宗 / 207
종성種姓 / 143
종자種子 / 236
종종공덕장엄種種功德莊嚴 / 391
주다라니呪陀羅尼 / 408
『중관론中觀論』/ 461
중생견衆生見 / 112
중천관정衆天灌頂 / 160
증견證見 / 479
증상의요지增上意樂地 / 516
증장천왕增長天王 / 495
증지證智 / 479
지국천왕持國天王 / 495
지덕智德 / 440
지도智度 / 352
지바라밀智波羅蜜 / 339, 350
지수持水 / 591
지신견뢰地神堅牢 / 91, 533
지쌍산持雙山 / 497
지염리知厭離 / 254
지장智障 / 238
지장삼매智藏三昧 / 375
지전地前 / 168
직언청정直言淸淨 / 491
진공眞空 / 429
진소유성盡所有性 / 306
『진실론眞實論』/ 73
진여眞如 / 39

진여무위眞如無爲 / 328
진제眞諦 / 36, 65, 73, 268, 333
집악執樂 / 550

차별연差別緣 / 164
찬제바라밀羼提波羅蜜 / 337, 345
찰나利那 / 52
찰나시利那時 / 304
찰토利土 / 292
참마비懺摩毘 / 254
참회懺悔 / 254
창 법사暢法師 / 64
처음 발심하고 수행하는 보살(始行菩薩) /
    478, 483
천고天鼓 / 73
천마天魔 / 378
천보광명경千寶光明鏡 / 247
천안통天眼通 / 529
천의天衣 / 247
천인사天人師 / 528
천인오쇠天人五衰 / 284
천자마天子魔 / 446
천자재광왕天自在光王 / 591
천제석天帝釋 / 293
천취天趣 / 105
청정법안淸淨法眼 / 488, 491
초지의 장애 / 363
총서總序 / 89
총지總持 / 331
최승구경最勝究竟 / 354
『최승왕경우족最勝王經羽足』/ 56

최승행最勝行 / 354
최초과最初果 / 490
최후생最後生 / 82
최후신最後身 / 80, 81
추목醜目 / 496
추심麤心 / 363
춘분春分 / 252
『출애왕경出愛王經』/ 546
칠각분七覺分 / 379
칠금산七金山 / 497
『칠사기七事記』/ 73
칠수七宿 / 525

타수용신他受用身 / 173
타심통他心通 / 529
타화자재천他化自在天 / 105, 470
태현太賢 / 40
택멸무위擇滅無爲 / 328
퇴위退位 / 489

파공정破空定 / 454
파괴견고금강산破壞堅固金剛山 / 393
파련불성巴連弗城 / 224
『팔권경소八卷經疏』/ 38
팔부중八部衆 / 92
팔불八不 / 459
팔상성도八相成道 / 173
팔십종호八十種好 / 170

찾아보기 • 629

팔종범음성八種梵音聲 / 299
팔해탈八解脫 / 360
평등견비지平等見比智 / 480
평등성지平等性智 / 182, 306
평등연平等緣 / 164
폐장肺臟 / 579
포쇄布灑 / 525

하분夏分 / 252
하승해탈下乘解脫 / 388
하종익下種益 / 294
학처學處 / 231
『해심밀경解深密經』 / 54, 56, 364
『해심밀경소解深密經疏』 / 81, 107
『해절경解節經』 / 80
해탈解脫 / 171
해탈도解脫道 / 371, 372
해탈익解脫益 / 294
해탈장解脫障 / 387
행다라니行陀羅尼 / 408
행도기과行道器果 / 490, 492
행법行法 / 206, 464, 465
행상行相 / 46, 142
허공무위虛空無爲 / 328
허공장보살마하살虛空藏菩薩摩訶薩 / 160
현료교顯了敎 / 55
『현양성교론顯揚聖敎論』 / 47
현재불현전증주삼매現在佛現前證住三昧 / 375
현전지現前地 / 360
현창玄暢 / 64

현행現行 / 236
혜소慧沼 / 37, 76, 90, 138, 190
호세천왕護世天王 / 495
화기火器 / 124
화신化身 / 163, 166
화신이되 응신이 아닌 것 / 210
『화엄경華嚴經』 / 166
확정적으로 답할 수 없는 일(不定答) / 224
환술사 / 476
환술에 의해 만든 제자 / 476
환희지歡喜地 / 359
회신멸지灰身滅智 / 134
회심悔心 / 231
후득지後得智 / 170
후후지後後智 / 352

3대아승기겁三大阿僧祇劫 / 248
3수銖 / 247
11가지의 추중麤重 / 331
22가지 우치愚癡 / 234
22가지의 무명無明 / 331
28부 / 539
32가지의 홀로 얻는 법 / 223
96술九十六術 / 115

한글본 한국불교전서

신·라·출·간·본

신라 1 인왕경소
원측 | 백진순 옮김 | 신국판 | 800쪽 | 35,000원

신라 2 범망경술기
승장 | 한명숙 옮김 | 신국판 | 620쪽 | 28,000원

신라 3 대승기신론내의약탐기
태현 | 박인석 옮김 | 신국판 | 248쪽 | 15,000원

신라 4 해심밀경소 제1 서품
원측 | 백진순 옮김 | 신국판 | 448쪽 | 24,000원

신라 5 해심밀경소 제2 승의제상품
원측 | 백진순 옮김 | 신국판 | 508쪽 | 26,000원

신라 6 해심밀경소 제3 심의식상품 제4 일체법상품
원측 | 백진순 옮김 | 신국판 | 332쪽 | 20,000원

신라 12 무량수경연의술문찬
경흥 | 한명숙 옮김 | 신국판 | 800쪽 | 35,000원

신라 13 범망경보살계본사기 상권
원효 | 한명숙 옮김 | 신국판 | 272쪽 | 17,000원

신라 14 화엄일승성불묘의
견등 | 김천학 옮김 | 신국판 | 264쪽 | 15,000원

신라 15 범망경고적기
태현 | 한명숙 옮김 | 신국판 | 612쪽 | 28,000원

신라 16 금강삼매경론
원효 | 김호귀 옮김 | 신국판 | 666쪽 | 32,000원

신라 17 대승기신론소기회본
원효 | 은정희 옮김 | 신국판 | 536쪽 | 27,000원

신라 18 미륵상생경종요 외
원효 | 성재헌 외 옮김 | 신국판 | 420쪽 | 22,000원

신라 19 대혜도경종요 외
원효 | 성재헌 외 옮김 | 신국판 | 256쪽 | 15,000원

신라 20 열반종요
원효 | 이평래 옮김 | 신국판 | 272쪽 | 16,000원

고·려·출·간·본

고려 1 일승법계도원통기
균여 | 최연식 옮김 | 신국판 | 216쪽 | 12,000원

고려 2 원감국사집
충지 | 이상현 옮김 | 신국판 | 480쪽 | 25,000원

고려 3 자비도량참법집해
조구 | 성재헌 옮김 | 신국판 | 696쪽 | 30,000원

고려 4 천태사교의
제관 | 최기표 옮김 | 4X6판 | 168쪽 | 10,000원

고려 5 대각국사집
의천 | 이상현 옮김 | 신국판 | 752쪽 | 32,000원

고려 6 법계도기총수록
저자 미상 | 해주 옮김 | 신국판 | 628쪽 | 30,000원

고려 7 보제존자삼종가
고봉 법장 | 하혜정 옮김 | 4X6판 | 216쪽 | 12,000원

고려 8 석가여래행적송·천태말학운묵화상경책
운묵 무기 | 김성옥·박인석 옮김 | 신국판 | 424쪽 | 24,000원

고려 9 법화영험전
요원 | 오지연 옮김 | 신국판 | 264쪽 | 17,000원

고려 10 남명천화상송증도가사실
□련 | 성재헌 옮김 | 신국판 | 418쪽 | 23,000원

조·선·출·간·본

조선 1 작법귀감
백파 긍선 | 김두재 옮김 | 신국판 | 336쪽 | 18,000원

조선 2 정토보서
백암 성총 | 김종진 옮김 | 4X6판 | 224쪽 | 12,000원

조선 3 백암정토찬
백암 성총 | 김종진 옮김 | 4X6판 | 156쪽 | 9,000원

조선 4 일본표해록
풍계 현정 | 김상현 옮김 | 4X6판 | 180쪽 | 10,000원

조선 5 기암집
기암 법견 | 이상현 옮김 | 신국판 | 320쪽 | 18,000원

조선 6 운봉선사심성론
운봉 대지 | 이종수 옮김 | 4X6판 | 200쪽 | 12,000원

조선 7 추파집·추파수간
추파 홍유 | 하혜정 옮김 | 신국판 | 340쪽 | 20,000원

조선 8 침굉집
침굉 현변 | 이상현 옮김 | 신국판 | 300쪽 | 17,000원

조선 9 염불보권문
명연 | 정우영·김종진 옮김 | 신국판 | 224쪽 | 13,000원

조선 10 천지명양수륙재의범음산보집
해동사문 지환 | 김두재 옮김 | 신국판 | 636쪽 | 28,000원

조선 11 삼봉집
화악 지탁 | 김재희 옮김 | 신국판 | 260쪽 | 15,000원

조선 12 선문수경
백파 긍선 | 신규탁 옮김 | 신국판 | 180쪽 | 12,000원

조선 13 선문사변만어
초의 의순 | 김영욱 옮김 | 4X6판 | 192쪽 | 11,000원

조선 14 부휴당대사집
부휴 선수 | 이상현 옮김 | 신국판 | 376쪽 | 22,000원

조선 15 무경집
무경 자수 | 김재희 옮김 | 신국판 | 516쪽 | 26,000원

조선 16 무경실중어록
무경 자수 | 성재헌 옮김 | 신국판 | 340쪽 | 20,000원

조선 17 불조진심선격초
무경 자수 | 성재헌 옮김 | 신국판 | 168쪽 | 11,000원

조선 18 선학입문
김대현 | 성재헌 옮김 | 신국판 | 240쪽 | 14,000원

조선 19 사명당대사집
사명 유정 | 이상현 옮김 | 신국판 | 508쪽 | 26,000원

조선 20 송운대사분충서난록
신유한 엮음 | 이상현 옮김 | 신국판 | 324쪽 | 20,000원

조선 21 의룡집
의룡 체훈 | 김석군 옮김 | 신국판 | 296쪽 | 17,000원

조선 22 응운공여대사유망록
응운 공여 | 이대형 옮김 | 신국판 | 350쪽 | 20,000원

조선 23 사경지험기
백암 성총 | 성재헌 옮김 | 신국판 | 248쪽 | 15,000원

조선 24 무용당유고
무용 수연 | 이상현 옮김 | 신국판 | 292쪽 | 17,000원

조선 25 설담집
설담 자우 | 윤찬호 옮김 | 신국판 | 200쪽 | 13,000원

조선 26 동사열전
범해 각안 | 김두재 옮김 | 신국판 | 652쪽 | 30,000원

조선 27 청허당집
청허 휴정 | 이상현 옮김 | 신국판 | 964쪽 | 47,000원

조선 28 대각등계집
백곡 처능 | 임재완 옮김 | 신국판 | 408쪽 | 23,000원

조선 29 반야바라밀다심경략소연주기회편
석실 명안 엮음 | 강찬국 옮김 | 신국판 | 296쪽 | 17,000원

조선 30 허정집
허정 법종 | 성재헌 옮김 | 신국판 | 488쪽 | 25,000원

조선 31 호은집
호은 유기 | 김종진 옮김 | 신국판 | 264쪽 | 16,000원

| 조선 32 | 월성집
월성 비은 | 이대형 옮김 | 4X6판 | 172쪽 | 11,000원

| 조선 33 | 아암유집
아암 혜장 | 김두재 옮김 | 신국판 | 208쪽 | 13,000원

| 조선 34 | 경허집
경허 성우 | 이상하 옮김 | 신국판 | 572쪽 | 28,000원

| 조선 35 | 송계대선사문집 · 상월대사시집
송계 나식 · 상월 새봉 | 김종진 · 박재금 옮김 | 신국판 | 440쪽 | 24,000원

| 조선 36 | 선문오종강요 · 환성시집
환성 지안 | 성재헌 옮김 | 신국판 | 296쪽 | 17,000원

| 조선 37 | 역산집
영허 선영 | 공근식 옮김 | 신국판 | 368쪽 | 22,000원

| 조선 38 | 함허당득통화상어록
득통 기화 | 박해당 옮김 | 신국판 | 300쪽 | 18,000원

| 조선 39 | 가산고
월하 계오 | 성재헌 옮김 | 신국판 | 446쪽 | 24,000원

| 조선 40 | 선원제전집도서과평
설암 추붕 | 이정희 옮김 | 신국판 | 338쪽 | 20,000원

| 조선 41 | 함홍당집
함홍 치능 | 성재헌 옮김 | 신국판 | 348쪽 | 21,000원

| 조선 42 | 백암집
백암 성총 | 유호선 옮김 | 신국판 | 544쪽 | 27,000원

| 조선 43 | 동계집
동계 경일 | 김승호 옮김 | 신국판 | 380쪽 | 22,000원

| 조선 44 | 용암당유고 · 괄허집
용암 체조 · 괄허 취여 | 김종진 옮김 | 신국판 | 404쪽 | 23,000원

| 조선 45 | 운곡집 · 허백집
운곡 충휘 · 허백 명조 | 김재희 · 김두재 옮김 | 신국판 | 514쪽 | 26,000원

| 조선 46 | 용담집 · 극암집
용담 조관 · 극암 사성 | 성재헌 · 이대형 옮김 | 신국판 | 520쪽 | 26,000원

| 조선 47 | 경암집
경암 응윤 | 김재희 옮김 | 신국판 | 300쪽 | 18,000원

| 조선 48 | 석문상의초 외
벽암 각성 외 | 김두재 옮김 | 신국판 | 338쪽 | 20,000원

| 조선 49 | 월파집 · 해붕집
월파 태율 · 해붕 전령 | 이상현 · 김두재 옮김 | 신국판 | 562쪽 | 28,000원

※ 한글본 한국불교전서는 계속 출간됩니다.

원효元曉
(617~686)

원효는 신라 진평왕 39년(617)에 경상북도 압량군押梁郡에서 태어났고 속성은 설薛씨이다. 대략 15세 전후에 출가한 것으로 전해진다. 특정 스승에게 의탁하지 않고 낭지朗智·혜공惠空·보덕普德 등의 여러 스승에게서 두루 배웠다. 학문적 성향 또한 그러하여, 특정 경론이나 사상에 경도되지 않고 다양한 사상과 경론을 두루 학습하고 연구했다. 34세에 의상義湘과 함께, 현장玄奘에게 유식학을 배우기 위해 당나라로 떠났지만, 상황이 여의치 않아 중간에 되돌아왔다. 45세에 재시도를 감행했으나, 도중에 "마음이 모든 것의 근본이며 마음 밖에 어떤 법도 있지 않다."는 깨달음을 얻고 되돌아왔다. 이후 저술 활동에 전념하여 80여 부 200여 권의 저술이 있었던 것으로 전해지며, 현재 이 가운데 22부가 전해진다. 원효는 오롯이 출가자로서의 삶에 갇혀 있지 않고, 세간을 두루 돌아다니면서 대중과 하나가 되어 불교를 전파하면서, 그들을 교화하는 데 힘을 기울였다. 그의 삶과 사상은 진속일여眞俗一如·염정무이染淨無二·화쟁和諍 등으로 집약할 수 있다. 신문왕 6년(686) 혈사穴寺에서 입적하였다. 고려 숙종이 화쟁국사和諍國師라는 시호諡號를 내렸다.

옮긴이 한명숙

고려대학교 철학과를 졸업하고 동 대학원에서 「길장吉藏의 삼론사상연구三論思想硏究: 무득無得의 전오방식轉悟方式을 중심으로」라는 논문으로 박사학위를 받았다. 현재 동국대학교 불교학술원 조교수로 재직 중이다. 논문으로 「길장吉藏의 관법觀法이 갖는 수행론적 의미에 대한 고찰」, 「원효元曉『금광명경소金光明經疏』 집일輯逸의 현황과 그에 대한 비판적 검토(1)·(2)」, 「정토교淨土敎의 종지는 불교의 근본사상과 공존이 가능한 것인가?」, 「원효元曉『범망경보살계본사기梵網經菩薩戒本私記』의 진찬 여부 논쟁에 대한 연구(1)·(2)」 등이 있고, 역주서로 『유심안락도』·『무량수경연의술문찬』·『범망경술기』·『범망경보살계본사기』·『범망경고적기』·『법구경』 등이 있으며, 공저로 『인물로 보는 한국의 불교사상』·『자료와 해설 한국의 철학사상』·『동서철학 심신관계론의 가치론적 조명』·『동서철학 심신수양론』·『동서철학 심신가치론과 현대사회』 등이 있다.